图书在版编目（CIP）数据

中国高技术产业统计年鉴. 2014：汉英对照 / 国家统计局, 国家发展与改革委员会, 科学技术部编. -- 北京：中国统计出版社, 2014.10
ISBN 978-7-5037-7324-2

Ⅰ. ①中… Ⅱ. ①国… ②国… ③科… Ⅲ. ①高技术产业－统计资料－中国－2014－年鉴－汉、英 Ⅳ. ①F279.244.4-54

中国版本图书馆 CIP 数据核字(2014)第 232728 号

中国高技术产业统计年鉴—2014

作　　者/国家统计局，国家发展和改革委员会，科学技术部编
责任编辑/徐　涛　张　鹏
封面设计/李雪燕
出版发行/中国统计出版社
通信地址/北京市丰台区西三环南路甲 6 号　邮政编码/100073
电　　话/邮购（010）63376909　书店（010）68783171
网　　址/http://csp.stats.gov.cn
印　　刷/河北天普润印刷厂
经　　销/新华书店
开　　本/880mm×1230mm　1/16
字　　数/968 千字
印　　张/30.25
版　　别/2014 年 10 月第 1 版
版　　次/2014 年 10 月第 1 次印刷
定　　价/280.00 元

本书附有版本 CD-ROM 一张，光盘内容以书面文字为准。
如有印装差错，由本社发行部调换。

《中国高技术产业统计年鉴—2014》

指导委员会、编辑委员会、编辑部

CHINA STATISTICS YEARBOOK ON HIGH TECHNOLOGY INDUSTRY-2014

Consultant Board, Editorial Board and Staff

编辑说明

为反映我国高技术产业发展状况和国际竞争能力，满足国家宏观管理部门制订调整产业政策和产业发展规划的需要，我们根据国家统计局 2013 年颁布的《高技术产业（制造业）分类（2013）》，加工整理了这本高技术产业发展状况的统计资料书。

本书收集了 2000-2013 年我国高技术产业生产经营、研发及相关活动、固定资产投资等资料以及相关的国际比较数据，较为全面地描述了“十五”以来我国高技术产业发展的基本状况，是有关管理部门和社会各界了解我国高技术产业发展情况的主要资料工具书。

本书共分五个部分。第一部分主要反映高技术产业企业的生产经营情况。第二部分主要反映高技术产业企业的研发活动、新产品开发和生产、专利、技术获取和改造、企业办研发机构等情况。第三部分主要反映高技术产业企业的固定资产投资情况。第四部分为国际比较资料，根据经济合作与发展组织（OECD）等国际组织公布的高技术产业统计资料整理。第五部分为附录，包括高技术产业统计分类目录、高技术产业统计资料整理公布格式和主要指标解释。

本书中的“空格”表示该项统计指标数据不足本表最小单位数、数据不详或无该项数据；书中因小数取舍而产生的误差均未做配平处理。按地区分组东部地区包括：北京、天津、河北、上海、江苏、浙江、福建、山东、广东和海南；中部地区包括：山西、安徽、江西、河南、湖北和湖南；西部地区包括：内蒙古、广西、重庆、四川、贵州、云南、西藏、陕西、甘肃、青海、宁夏和新疆；东北地区包括：辽宁、吉林和黑龙江。

PREFACE

This Yearbook of High Technology Industry is based on the High Technology Industry (Manufacturing Industry) Classification, which has been published by the National Bureau of Statistics in 2013. The purposes of the Yearbook are to summarize the development and international competitive position of China's hi-tech industry and to facilitate the goals of the state macro administration in formulating policy and programming in support of China's hi-tech industry.

The Yearbook describes the development of China's hi-tech industry during the period from 2000 to 2012. Statistical series for the years 2000 to 2013 include production, R&D and related activities, investment on fixed assets, and relative international comparative measures of this fast-growing industry. The Yearbook should serve as a useful source for the public planning and administration sector as well as the broader business and research communities for understanding recent developments in China's hi-tech industry.

The Yearbook contains five parts. The first part focuses on the production and management of hi-tech industry. The second part of the Yearbook focuses on R&D activities, new products development, patents, technology acquisition and technology reconstruction, and R&D institutions in hi-tech enterprises. The third part focuses on investment on fixed assets in hi-tech industry. The fourth part of the Yearbook focuses on international comparisons among China and the OECD countries. The fifth part is appendix information, including catalogue of Hi-Technology Industry Classifications, Published Format for Sorting-out the Statistical Data of High-Technology Industry and Main Indicators.

Notations used in this book:"(blank space)"indicates that the figure is not large enough to be measured with the smallest unit in the table or data are unknown or are not available. Statistical discrepancies due to rounding are not adjusted in the yearbook. Eastern region include Beijing, Tianjin, Hebei, Shanghai, Jiangsu, Zhejiang, Fujian, Shandong, Guangdong and Hainan. Middle region include Shanxi, Anhui, Jiangxi, Henan, Hubei and Hunan. Western region include Inner Mongolia, Guangxi, Chongqing, Sichuan, Guizhou, Yunnan, Tibet Shaanxi, Gansu, Qinghai, Ningxia and Xinjiang. Northeastern region include Liaoning, Jilin and Heilongjinang.

目　录

Contents

第一部分　生产经营情况

Statistics on Production and Management

第二部分 R&D 及相关活动情况

Statistics on R&D and Related Activities

第三部分 固定资产投资情况

Statistics on Investment in Fixed Assets

第四部分　国际比较情况

International Comparison

附　　录

Appendix

1

生产经营情况
Statistics on Production and Management

1-1-1　高技术产业生产经营情况

Statistics on Production and Management in High-tech Industry

指　标	Indicator	2000	2005	2010	2011	2012	2013
企业数（个）	Number of Enterprises (unit)	9835	17527	28189	21682	24636	26894
从业人员平均人数（万人）	Annual Average Number of Employed Personnel (10 thousand persons)	392	663	1092	1147	1269	1294
主营业务收入（亿元）	Revenue from Principal Business (100 million yuan)	10050	33916	74483	87527	102284	116049
利润总额（亿元）	Profits (100 million yuan)	673	1423	4880	5245	6186	7234
利税（亿元）	Taxes and Profits (100 million yuan)	1034	2090	6753	7814	9494	11117
出口交货值(亿元)	Exports(100 million Yuan)	3396	17636	37002	40600	46701	49285

注：本表2005年及以前年份数据口径为全部国有及年主营业务收入500万元及以上的非国有法人工业企业，2010年为年主营业务收入500万元及以上的法人工业企业，2011年及以后年份为年主营业务收入2000万元及以上的法人工业企业。以下至1-1-14表相同。

1-1-2　制造业生产经营情况

Statistics on Production and Management in Manufacturing Industry

指　标	Indicator	2000	2005	2010	2011	2012	2013
企业数（个）	Number of Enterprises (unit)	148279	251499	422532	301489	318772	343584
从业人员平均人数（万人）	Annual Average Number of Employed Personnel (10 thousand persons)	4606	5935	8391	8054	8395	8614
主营业务收入（亿元）	Revenue from Principal Business (100 million yuan)	71698	213844	606300	729264	805662	909453
利润总额（亿元）	Profits (100 million yuan)	2733	9704	42550	47843	48571	55401
利税（亿元）	Taxes and Profits (100 million yuan)	6700	18441	69587	78806	84909	96953
出口交货值(亿元)	Export(100 million yuan)	14193	47082	89534	99274	106321	112434

1-1-3 按行业分高技术产业生产经营情况

Statistics on Production and Management in High-tech Industry by Industrial Sector

行业	Industry	企业数（个） Number of Enterprises (unit)					
		2000	2005	2010	2011	2012	2013
合计	**Total**	**9835**	**17527**	**28189**	**21682**	**24636**	**26894**
医药制造业	**Manufacture of Medicines**	**3533**	**4971**	**7039**	**5926**	**6387**	**6839**
#化学药品制造	Manufacture of Chemical Medicine	1619	2037	2525	2172	2274	2366
中成药生产	Production of Finished Traditional Chinese Herbal Medicine		1288	1550	1398	1493	1555
生物药品制造	Manufacture of Biological Medicine	271	478	862	731	821	889
航空、航天器及设备制造业	**Manufacture of Aircrafts and Spacecrafts and Related Equipment**	**176**	**167**	**237**	**224**	**304**	**318**
#飞机制造	Manufacture of Airplanes	130	143	197	182	123	126
航天器制造	Manufacture of Spacecrafts	46	24	40	42	27	29
电子及通信设备制造业	**Manufacture of Electronic Equipment and Communication Equipment**	**3996**	**7781**	**13425**	**10220**	**12215**	**13465**
#通信设备制造	Manufacture of Communication Equipment	809	1195	1540	1206	1323	1449
#通信系统设备制造	Manufacture of Communication System Equipment	323	426	542	405	720	756
通信终端设备制造	Manufacture of Communication Terminal Equipment	129	223	225	174	603	693
广播电视设备制造	Manufacture of Broadcasting and TV Equipment	98	361	473	365	447	624
雷达及配套设备制造	Manufacture of Radar and Its Fittings	47	47	54	47	61	58
视听设备制造	Manufacture of TV Set and Radio Receiver	453	855	1090	864	897	1039
电子器件制造	Manufacture of Electronic Appliances	513	1285	2485	2114	2356	2593
#电子真空器件制造	Manufacture of Electronic Vacuum Appliance	105	134	157	116	96	103
半导体分立器件制造	Manufacture of Semiconductor Discreting Appliances	236	258	412	314	327	328
集成电路制造	Manufacture of Integrate Circuit	172	362	492	412	426	438
电子元件制造	Manufacture of Electronic Components	1598	3558	6674	4791	5091	5367
其他电子设备制造	Manufacture of Other Electronic Equipment	478	480	1109	833	960	1095
计算机及办公设备制造业	**Manufacture of Computers and Office Equipment**	**506**	**1267**	**1642**	**1313**	**1387**	**1565**
#计算机整机制造	Manufacture of Entired Computer	139	201	157	154	157	167
计算机零部件制造	Manufacture of Computer Components and Parts	272	886	1256	990	439	510
计算机外围设备制造	Manufacture of Computer Peripheral Equipment					404	441
办公设备制造	Manufacture of Office Equipment	95	180	229	169	194	240
医疗仪器设备及仪器仪表制造业	**Manufacture of Medical Equipments and Measuring Instrument**	**1624**	**3341**	**5846**	**3999**	**4343**	**4707**
1.医疗仪器设备及器械制造	Manufacture of Medical Equipment and Appliance	338	704	1310	878	974	1084
2.仪器仪表制造	Manufacture of Measuring Instrument	1286	2637	4536	3121	3369	3623

注：本表未对“计算机零部件制造”和“计算机外围设备制造”行业2011年及以前年份的历史数据进行调整(有关行业对应情况详见附录2)，下同。

1-1-3 续表 1 continued

行 业	Industry	从业人员平均人数（人） Annual Average Number of Employed Personnel (person)					
		2000	2005	2010	2011	2012	2013
合计	**Total**	**3922875**	**6633422**	**10922252**	**11469153**	**12686722**	**12936870**
医药制造业	**Manufacture of Medicines**	**1045293**	**1234389**	**1731652**	**1786022**	**1966586**	**2085498**
#化学药品制造	Manufacture of Chemical Medicine	612191	641919	832429	832357	885445	922024
中成药生产	Production of Finished Traditional Chinese Herbal Medicine		350233	449042	487421	556175	592006
生物药品制造	Manufacture of Biological Medicine	53451	77122	141614	153551	177311	195386
航空、航天器及设备制造业	**Manufacture of Aircrafts and Spacecrafts and Related Equipment**	**456531**	**304691**	**336630**	**349995**	**359315**	**339551**
#飞机制造	Manufacture of Airplanes	394176	283082	312536	324141	252073	237375
航天器制造	Manufacture of Spacecrafts	62355	21609	24094	25854	24899	27682
电子及通信设备制造业	**Manufacture of Electronic Equipment and Communication Equipment**	**1739147**	**3466681**	**6015152**	**6356687**	**7307914**	**7482696**
#通信设备制造	Manufacture of Communication Equipment	324118	555028	1006802	1236585	1377422	1387344
#通信系统设备制造	Manufacture of Communication System Equipment	151727	161370	351380	398693	535948	441277
通信终端设备制造	Manufacture of Communication Terminal Equipment	56902	115108	117236	120891	841474	946067
广播电视设备制造	Manufacture of Broadcasting and TV Equipment	21493	75849	109621	124673	167031	218860
雷达及配套设备制造	Manufacture of Radar and Its Fittings	54161	39307	35780	37272	42697	50587
视听设备制造	Manufacture of TV Set and Radio Receiver	317255	553288	573280	644624	657685	710770
电子器件制造	Manufacture of Electronic Appliances	268611	616231	1247942	1431397	1561767	1624552
#电子真空器件制造	Manufacture of Electronic Vacuum Appliance	112600	104010	70923	64013	36087	33999
半导体分立器件制造	Manufacture of Semiconductor Discreting Appliances	82007	73727	119304	116070	126805	127932
集成电路制造	Manufacture of Integrate Circuit	74004	188080	293023	290468	288256	294452
电子元件制造	Manufacture of Electronic Components	645061	1495255	2746589	2584111	2712470	2604164
其他电子设备制造	Manufacture of Other Electronic Equipment	108448	131723	295138	298025	361962	436496
计算机及办公设备制造业	**Manufacture of Computers and Office Equipment**	**246902**	**1011417**	**1814873**	**1945089**	**1981602**	**1905640**
#计算机整机制造	Manufacture of Entired Computer	62331	322380	546542	676008	737692	716976
计算机零部件制造	Manufacture of Computer Components and Parts	125570	607302	1165787	1162090	659032	622213
计算机外围设备制造	Manufacture of Computer Peripheral Equipment					348480	307264
办公设备制造	Manufacture of Office Equipment	59001	81735	102544	106991	114918	133391
医疗仪器设备及仪器仪表制造业	**Manufacture of Medical Equipments and Measuring Instrument**	**435002**	**616244**	**1023945**	**1031360**	**1071305**	**1123485**
1.医疗仪器设备及器械制造	Manufacture of Medical Equipment and Appliance	67749	129701	252814	241674	260768	283845
2.仪器仪表制造	Manufacture of Measuring Instrument	367253	486543	771131	789686	810537	839640

1-1-3 续表 2 continued

行 业	Industry	主营业务收入（亿元） Revenue from Principal Business (100 million yuan)					
		2000	2005	2010	2011	2012	2013
合计	**Total**	**10050.1**	**33916.2**	**74482.8**	**87527.2**	**102284.0**	**116048.9**
医药制造业	**Manufacture of Medicines**	**1682.8**	**4019.8**	**11417.3**	**14484.4**	**17337.7**	**20484.2**
#化学药品制造	Manufacture of Chemical Medicine	1000.7	2325.6	5914.2	7118.2	8304.3	9433.8
中成药生产	Production of Finished Traditional Chinese Herbal Medicine		970.8	2520.0	3344.4	4112.5	5022.6
生物药品制造	Manufacture of Biological Medicine	112.3	318.2	1128.7	1525.3	1978.8	2403.7
航空、航天器及设备制造业	**Manufacture of Aircrafts and Spacecrafts and Related Equipment**	**377.8**	**781.4**	**1592.4**	**1934.3**	**2329.9**	**2853.2**
#飞机制造	Manufacture of Airplanes	335.1	735.3	1496.1	1808.6	1689.8	2071.7
航天器制造	Manufacture of Spacecrafts	42.8	46.0	96.3	125.8	140.3	183.5
电子及通信设备制造业	**Manufacture of Electronic Equipment and Communication Equipment**	**5874.5**	**16646.3**	**35984.4**	**43206.3**	**52799.1**	**60633.9**
#通信设备制造	Manufacture of Communication Equipment	2162.2	5834.0	9902.5	11926.5	13770.0	17018.9
#通信系统设备制造	Manufacture of Communication System Equipment	913.2	1403.5	4111.8	4944.3	5918.7	6504.5
通信终端设备制造	Manufacture of Communication Terminal Equipment	283.1	490.4	566.3	612.9	7851.3	10514.5
广播电视设备制造	Manufacture of Broadcasting and TV Equipment	33.2	196.0	559.5	647.0	927.7	1554.0
雷达及配套设备制造	Manufacture of Radar and Its Fittings	34.1	92.5	193.7	230.7	313.1	444.2
视听设备制造	Manufacture of TV Set and Radio Receiver	1467.8	3049.0	4591.3	5489.0	6172.2	7560.7
电子器件制造	Manufacture of Electronic Appliances	920.1	2958.6	8610.4	11318.4	12725.4	13560.6
#电子真空器件制造	Manufacture of Electronic Vacuum Appliance	533.0	563.0	498.1	477.6	194.6	205.0
半导体分立器件制造	Manufacture of Semiconductor Discreting Appliances	126.8	249.0	639.3	670.3	785.3	793.9
集成电路制造	Manufacture of Integrate Circuit	260.3	1118.8	2270.1	2407.7	2491.2	2683.8
电子元件制造	Manufacture of Electronic Components	993.8	4167.0	10702.5	11865.6	13065.7	13613.9
其他电子设备制造	Manufacture of Other Electronic Equipment	263.2	349.1	1424.5	1729.3	2439.9	3043.8
计算机及办公设备制造业	**Manufacture of Computers and Office Equipment**	**1606.7**	**10716.6**	**19957.7**	**21163.5**	**22045.2**	**23214.2**
#计算机整机制造	Manufacture of Entired Computer	657.3	5683.4	10407.8	11820.2	12644.4	13893.5
计算机零部件制造	Manufacture of Computer Components and Parts	763.0	4508.8	8768.9	8448.4	4746.6	4661.7
计算机外围设备制造	Manufacture of Computer Peripheral Equipment					2724.6	2505.6
办公设备制造	Manufacture of Office Equipment	186.4	524.4	781.0	895.0	1029.0	1192.5
医疗仪器设备及仪器仪表制造业	**Manufacture of Medical Equipments and Measuring Instrument**	**508.3**	**1752.2**	**5530.9**	**6738.6**	**7772.1**	**8863.5**
1.医疗仪器设备及器械制造	Manufacture of Medical Equipment and Appliance	95.4	341.6	1148.5	1362.9	1602.0	1853.6
2.仪器仪表制造	Manufacture of Measuring Instrument	412.9	1410.6	4382.4	5375.7	6170.1	7009.9

1-1-3　续表 3　continued

行　业	Industry	利润总额（亿元） Profits (100 million yuan)					
		2000	2005	2010	2011	2012	2013
合计	**Total**	**673.1**	**1423.2**	**4879.7**	**5244.9**	**6186.3**	**7233.7**
医药制造业	**Manufacture of Medicines**	**139.1**	**338.2**	**1331.1**	**1606.0**	**1865.9**	**2132.7**
#化学药品制造	Manufacture of Chemical Medicine	67.2	174.5	667.5	727.0	838.1	936.0
中成药生产	Production of Finished Traditional Chinese Herbal Medicine		97.4	305.4	405.5	471.6	562.6
生物药品制造	Manufacture of Biological Medicine	14.1	38.0	178.5	224.4	273.4	296.1
航空、航天器及设备制造业	**Manufacture of Aircrafts and Spacecrafts and Related Equipment**	**3.8**	**32.4**	**81.3**	**104.0**	**121.8**	**139.3**
#飞机制造	Manufacture of Airplanes	3.8	27.5	72.5	91.3	80.1	86.5
航天器制造	Manufacture of Spacecrafts		4.9	8.7	12.6	11.4	14.0
电子及通信设备制造业	**Manufacture of Electronic Equipment and Communication Equipment**	**426.1**	**650.8**	**2233.7**	**2161.9**	**2679.5**	**3326.8**
#通信设备制造	Manufacture of Communication Equipment	211.1	277.9	732.3	627.4	702.9	897.2
#通信系统设备制造	Manufacture of Communication System Equipment	100.2	77.1	466.3	324.4	308.0	535.5
通信终端设备制造	Manufacture of Communication Terminal Equipment	11.7	8.2	41.5	37.1	394.9	361.7
广播电视设备制造	Manufacture of Broadcasting and TV Equipment	1.6	9.2	39.4	47.6	77.7	106.7
雷达及配套设备制造	Manufacture of Radar and Its Fittings	-0.1	6.5	13.8	18.1	24.0	28.3
视听设备制造	Manufacture of TV Set and Radio Receiver	40.8	64.2	246.8	230.6	242.7	379.5
电子器件制造	Manufacture of Electronic Appliances	82.7	65.4	479.5	506.7	642.3	797.4
#电子真空器件制造	Manufacture of Electronic Vacuum Appliance	57.1	-13.3	20.5	18.6	12.6	15.6
半导体分立器件制造	Manufacture of Semiconductor Discreting Appliances	7.9	7.1	46.5	34.9	37.7	33.7
集成电路制造	Manufacture of Integrate Circuit	17.7	32.6	132.7	150.2	157.2	164.7
电子元件制造	Manufacture of Electronic Components	65.5	209.8	629.1	608.8	614.9	704.1
其他电子设备制造	Manufacture of Other Electronic Equipment	24.4	17.9	92.8	122.7	147.6	166.9
计算机及办公设备制造业	**Manufacture of Computers and Office Equipment**	**76.0**	**262.7**	**690.5**	**710.4**	**790.5**	**810.4**
#计算机整机制造	Manufacture of Entired Computer	36.3	103.6	228.3	287.5	341.7	412.4
计算机零部件制造	Manufacture of Computer Components and Parts	33.6	137.3	411.1	378.1	177.2	165.3
计算机外围设备制造	Manufacture of Computer Peripheral Equipment					133.0	100.2
办公设备制造	Manufacture of Office Equipment	6.1	21.8	51.1	44.9	48.5	64.2
医疗仪器设备及仪器仪表制造业	**Manufacture of Medical Equipments and Measuring Instrument**	**28.2**	**139.1**	**543.2**	**662.6**	**728.7**	**824.6**
1.医疗仪器设备及器械制造	Manufacture of Medical Equipment and Appliance	6.0	30.5	125.6	153.6	187.1	201.1
2.仪器仪表制造	Manufacture of Measuring Instrument	22.2	108.7	417.7	509.1	541.5	623.5

1-1-3 续表 4 continued

行 业	Industry	利税（亿元） Taxes and Profits (100 million yuan)					
		2000	2005	2010	2011	2012	2013
合计	**Total**	**1033.6**	**2089.6**	**6753.1**	**7813.8**	**9494.3**	**11117.0**
医药制造业	**Manufacture of Medicines**	**268.0**	**584.4**	**1955.9**	**2374.7**	**2857.0**	**3316.2**
#化学药品制造	Manufacture of Chemical Medicine	139.4	306.4	997.5	1125.4	1318.2	1502.8
中成药生产	Production of Finished Traditional Chinese Herbal Medicine		177.2	467.5	607.1	752.2	893.5
生物药品制造	Manufacture of Biological Medicine	22.9	56.1	234.3	298.5	376.7	426.9
航空、航天器及设备制造业	**Manufacture of Aircrafts and Spacecrafts and Related Equipment**	**17.2**	**44.5**	**107.0**	**139.7**	**181.7**	**183.9**
#飞机制造	Manufacture of Airplanes	16.5	39.3	97.4	125.9	122.7	113.7
航天器制造	Manufacture of Spacecrafts	0.7	5.2	9.5	13.9	12.7	15.1
电子及通信设备制造业	**Manufacture of Electronic Equipment and Communication Equipment**	**592.5**	**927.3**	**3019.2**	**3356.7**	**4286.5**	**5277.9**
#通信设备制造	Manufacture of Communication Equipment	280.9	392.3	1013.2	1238.3	1325.8	1716.9
#通信系统设备制造	Manufacture of Communication System Equipment	138.6	149.3	642.3	779.0	668.2	957.2
通信终端设备制造	Manufacture of Communication Terminal Equipment	17.8	12.5	49.7	44.6	657.6	759.7
广播电视设备制造	Manufacture of Broadcasting and TV Equipment	3.1	15.0	52.9	65.9	105.2	153.6
雷达及配套设备制造	Manufacture of Radar and Its Fittings	0.3	7.8	20.1	26.1	32.7	38.7
视听设备制造	Manufacture of TV Set and Radio Receiver	64.4	105.5	349.6	343.6	451.2	589.4
电子器件制造	Manufacture of Electronic Appliances	114.7	108.8	622.5	678.6	888.2	1072.5
#电子真空器件制造	Manufacture of Electronic Vacuum Appliance	79.7	-0.1	29.2	24.4	19.3	24.4
半导体分立器件制造	Manufacture of Semiconductor Discreting Appliances	11.5	10.8	58.1	46.7	53.4	48.6
集成电路制造	Manufacture of Integrate Circuit	23.6	46.2	174.7	194.2	210.9	235.8
电子元件制造	Manufacture of Electronic Components	96.1	272.7	831.9	839.5	923.7	1069.3
其他电子设备制造	Manufacture of Other Electronic Equipment	32.9	25.3	128.9	164.8	223.6	262.5
计算机及办公设备制造业	**Manufacture of Computers and Office Equipment**	**104.0**	**331.0**	**918.3**	**1017.7**	**1115.7**	**1148.4**
#计算机整机制造	Manufacture of Entired Computer	52.4	125.5	298.2	470.6	506.6	590.9
计算机零部件制造	Manufacture of Computer Components and Parts	42.5	177.5	557.9	487.7	239.1	232.4
计算机外围设备制造	Manufacture of Computer Peripheral Equipment					172.8	143.7
办公设备制造	Manufacture of Office Equipment	9.2	28.0	62.2	59.3	79.9	91.1
医疗仪器设备及仪器仪表制造业	**Manufacture of Medical Equipments and Measuring Instrument**	**51.9**	**202.3**	**752.7**	**925.0**	**1053.5**	**1190.6**
1.医疗仪器设备及器械制造	Manufacture of Medical Equipment and Appliance	10.5	42.2	164.9	206.9	254.1	264.7
2.仪器仪表制造	Manufacture of Measuring Instrument	41.3	160.1	587.9	718.1	799.4	925.9

1-1-3　续表 5　continued

行　业	Industry	出口交货值（亿元） Exports (100 million yuan)					
		2000	2005	2010	2011	2012	2013
合计	**Total**	**3396.0**	**17636.0**	**37001.6**	**40600.3**	**46701.1**	**49285.1**
医药制造业	**Manufacture of Medicines**	**189.6**	**439.3**	**948.6**	**1030.5**	**1164.9**	**1184.2**
#化学药品制造	Manufacture of Chemical Medicine	139.2	312.7	629.1	634.6	698.9	724.4
中成药生产	Production of Finished Traditional Chinese Herbal Medicine		25.2	40.4	54.3	54.7	48.2
生物药品制造	Manufacture of Biological Medicine	10.1	55.3	149.5	181.5	183.9	194.1
航空、航天器及设备制造业	**Manufacture of Aircrafts and Spacecrafts and Related Equipment**	**31.2**	**77.8**	**202.5**	**274.9**	**358.7**	**370.1**
#飞机制造	Manufacture of Airplanes	27.5	77.3	199.3	269.4	210.5	216.5
航天器制造	Manufacture of Spacecrafts	3.7	0.4	3.2	5.5		0.8
电子及通信设备制造业	**Manufacture of Electronic Equipment and Communication Equipment**	**2158.1**	**9410.0**	**19588.5**	**22239.9**	**27049.0**	**28738.4**
#通信设备制造	Manufacture of Communication Equipment	439.3	3084.6	4879.6	5651.5	7055.0	8102.9
#通信系统设备制造	Manufacture of Communication System Equipment	76.6	417.3	1805.1	2085.5	2423.5	2547.7
通信终端设备制造	Manufacture of Communication Terminal Equipment	103.0	294.3	339.8	368.3	4631.6	5555.2
广播电视设备制造	Manufacture of Broadcasting and TV Equipment	4.2	66.7	226.7	227.6	332.3	575.0
雷达及配套设备制造	Manufacture of Radar and Its Fittings	6.0	14.3	25.2	37.0	58.1	91.3
视听设备制造	Manufacture of TV Set and Radio Receiver	590.3	1707.5	2227.1	2600.6	2885.4	3295.2
电子器件制造	Manufacture of Electronic Appliances	367.7	1819.6	5756.5	7025.4	8376.6	8411.8
#电子真空器件制造	Manufacture of Electronic Vacuum Appliance	117.7	238.9	276.5	279.3	53.7	52.1
半导体分立器件制造	Manufacture of Semiconductor Discreting Appliances	90.5	149.1	338.3	323.5	402.6	407.6
集成电路制造	Manufacture of Integrate Circuit	159.5	833.7	1545.7	1465.8	1641.4	1706.3
电子元件制造	Manufacture of Electronic Components	644.4	2548.7	5917.9	6118.6	6597.1	6309.0
其他电子设备制造	Manufacture of Other Electronic Equipment	106.1	168.6	555.5	579.1	964.5	1252.7
计算机及办公设备制造业	**Manufacture of Computers and Office Equipment**	**910.7**	**7194.6**	**15178.0**	**15879.9**	**16926.4**	**17640.7**
#计算机整机制造	Manufacture of Entired Computer	239.8	3160.9	7741.5	8509.1	9500.9	10524.8
计算机零部件制造	Manufacture of Computer Components and Parts	538.2	3593.3	6920.3	6720.2	4124.2	3990.6
计算机外围设备制造	Manufacture of Computer Peripheral Equipment					2118.7	1875.4
办公设备制造	Manufacture of Office Equipment	132.6	440.3	516.2	650.6	740.7	762.8
医疗仪器设备及仪器仪表制造业	**Manufacture of Medical Equipments and Measuring Instrument**	**106.4**	**514.4**	**1084.0**	**1175.1**	**1202.1**	**1351.8**
1.医疗仪器设备及器械制造	Manufacture of Medical Equipment and Appliance	28.2	114.5	352.0	414.5	394.2	445.2
2.仪器仪表制造	Manufacture of Measuring Instrument	78.2	399.9	732.0	760.7	807.9	906.6

1-1-4 大中型企业分行业高技术产业生产经营情况

Statistics on Production and Management in High-tech Industry of Large and Medium-sized Enterprises by Industrial Sector

行业	Industry	企业数（个） Number of Enterprises (unit)					
		2000	2005	2010	2011	2012	2013
合计	**Total**	**2030**	**3454**	**5654**	**6803**	**7506**	**7809**
医药制造业	**Manufacture of Medicines**	**733**	**795**	**1125**	**1340**	**1463**	**1539**
#化学药品制造	Manufacture of Chemical Medicine	444	441	586	631	672	690
中成药生产	Production of Finished Traditional Chinese Herbal Medicine		240	283	357	392	411
生物药品制造	Manufacture of Biological Medicine	52	45	102	135	157	170
航空、航天器及设备制造业	**Manufacture of Aircrafts and Spacecrafts and Related Equipment**	**156**	**109**	**127**	**132**	**118**	**130**
#飞机制造	Manufacture of Airplanes	116	94	111	113	59	68
航天器制造	Manufacture of Spacecrafts	40	15	16	19	16	18
电子及通信设备制造业	**Manufacture of Electronic Equipment and Communication Equipment**	**784**	**1791**	**3211**	**3890**	**4404**	**4584**
#通信设备制造	Manufacture of Communication Equipment	167	270	404	451	488	538
#通信系统设备制造	Manufacture of Communication System Equipment	85	75	105	114	204	227
通信终端设备制造	Manufacture of Communication Terminal Equipment	34	59	62	72	284	311
广播电视设备制造	Manufacture of Broadcasting and TV Equipment	13	42	70	102	134	170
雷达及配套设备制造	Manufacture of Radar and Its Fittings	35	21	27	26	31	25
视听设备制造	Manufacture of TV Set and Radio Receiver	108	247	312	390	364	418
电子器件制造	Manufacture of Electronic Appliances	142	370	714	871	943	966
#电子真空器件制造	Manufacture of Electronic Vacuum Appliance	45	47	42	45	31	31
半导体分立器件制造	Manufacture of Semiconductor Discreting Appliances	63	59	81	96	104	102
集成电路制造	Manufacture of Integrate Circuit	34	126	176	188	184	185
电子元件制造	Manufacture of Electronic Components	282	790	1507	1821	1882	1853
其他电子设备制造	Manufacture of Other Electronic Equipment	37	51	177	229	258	279
计算机及办公设备制造业	**Manufacture of Computers and Office Equipment**	**88**	**436**	**562**	**627**	**632**	**646**
#计算机整机制造	Manufacture of Entired Computer	27	85	73	86	85	84
计算机零部件制造	Manufacture of Computer Components and Parts	40	308	432	476	213	213
计算机外围设备制造	Manufacture of Computer Peripheral Equipment					187	188
办公设备制造	Manufacture of Office Equipment	21	43	57	65	78	89
医疗仪器设备及仪器仪表制造业	**Manufacture of Medical Equipments and Measuring Instrument**	**269**	**323**	**629**	**814**	**889**	**910**
1.医疗仪器设备及器械制造	Manufacture of Medical Equipment and Appliance	42	65	164	209	239	248
2.仪器仪表制造	Manufacture of Measuring Instrument	227	258	465	605	650	662

注：2010年及以前年份数据口径为从业人员年平均人数300人及以上且年主营业务收入3000万元及以上且年资产合计4000万元及以上的法人工业企业。2011年及以后年份数据口径为从业人员年均人数300人及以上且年主营业务收入2000万元及以上的法人工业企业。

1-1-4　续表 1　continued

行　业	Industry	从业人员平均人数（人）Annual Average Number of Employed Personnel (person)					
		2000	2005	2010	2011	2012	2013
合计	**Total**	**2252216**	**4717460**	**8234957**	**9537086**	**10346625**	**10516563**
医药制造业	**Manufacture of Medicines**	**595461**	**735910**	**1071854**	**1222763**	**1359243**	**1440497**
#化学药品制造	Manufacture of Chemical Medicine	404721	439872	602211	627937	673710	704273
中成药生产	Production of Finished Traditional Chinese Herbal Medicine		208741	288252	347910	406604	436934
生物药品制造	Manufacture of Biological Medicine	26209	34208	66627	88976	104925	115651
航空、航天器及设备制造业	**Manufacture of Aircrafts and Spacecrafts and Related Equipment**	**441174**	**295608**	**325170**	**338768**	**255137**	**320242**
#飞机制造	Manufacture of Airplanes	380543	275002	303959	315819	180842	232291
航天器制造	Manufacture of Spacecrafts	60631	20606	21211	22949	16717	26849
电子及通信设备制造业	**Manufacture of Electronic Equipment and Communication Equipment**	**897501**	**2513846**	**4654846**	**5475802**	**6209351**	**6299280**
#通信设备制造	Manufacture of Communication Equipment	189054	439610	875797	1136387	1265049	1268553
#通信系统设备制造	Manufacture of Communication System Equipment	105929	126338	307116	362070	466682	375541
通信终端设备制造	Manufacture of Communication Terminal Equipment	34660	89351	94184	107244	798367	893012
广播电视设备制造	Manufacture of Broadcasting and TV Equipment	9775	37306	64612	91070	125725	160417
雷达及配套设备制造	Manufacture of Radar and Its Fittings	50285	31809	33021	34285	35711	45331
视听设备制造	Manufacture of TV Set and Radio Receiver	179337	427187	450471	577139	578999	625373
电子器件制造	Manufacture of Electronic Appliances	166699	483607	1016455	1260447	1369870	1407064
#电子真空器件制造	Manufacture of Electronic Vacuum Appliance	95194	92150	59156	55227	28534	25727
半导体分立器件制造	Manufacture of Semiconductor Discreting Appliances	41955	46488	84227	88466	95656	97393
集成电路制造	Manufacture of Integrate Circuit	29550	156367	252187	260656	256935	261894
电子元件制造	Manufacture of Electronic Components	278364	1018103	2030945	2154143	2238951	2119626
其他电子设备制造	Manufacture of Other Electronic Equipment	23987	76224	183545	222331	269645	333089
计算机及办公设备制造业	**Manufacture of Computers and Office Equipment**	**87499**	**874723**	**1646731**	**1845862**	**1870043**	**1775676**
#计算机整机制造	Manufacture of Entired Computer	26408	308291	533647	667459	727333	704900
计算机零部件制造	Manufacture of Computer Components and Parts	48855	509343	1030195	1085612	623487	575249
计算机外围设备制造	Manufacture of Computer Peripheral Equipment					313383	271047
办公设备制造	Manufacture of Office Equipment	12236	57089	82889	92791	100893	115294
医疗仪器设备及仪器仪表制造业	**Manufacture of Medical Equipments and Measuring Instrument**	**230581**	**297373**	**536356**	**653891**	**652851**	**680868**
1.医疗仪器设备及器械制造	Manufacture of Medical Equipment and Appliance	23393	54682	129986	154719	166038	178658
2.仪器仪表制造	Manufacture of Measuring Instrument	207188	242691	406370	499172	486813	502210

1-1-4 续表 2 continued

行 业	Industry	主营业务收入（亿元） Revenue from Principal Business (100 million yuan)					
		2000	2005	2010	2011	2012	2013
合计	**Total**	**6085.2**	**28783.2**	**60501.1**	**72065.5**	**83239.5**	**91634.8**
医药制造业	**Manufacture of Medicines**	**1090.8**	**2674.7**	**6868.2**	**9013.2**	**11036.8**	**13039.0**
#化学药品制造	Manufacture of Chemical Medicine	711.2	1703.8	4194.9	5035.5	6020.1	6851.8
中成药生产	Production of Finished Traditional Chinese Herbal Medicine		694.9	1596.2	2156.1	2716.1	3346.6
生物药品制造	Manufacture of Biological Medicine	63.7	148.0	509.9	815.1	1159.5	1397.9
航空、航天器及设备制造业	**Manufacture of Aircrafts and Spacecrafts and Related Equipment**	**352.3**	**753.9**	**1495.6**	**1831.2**	**1650.8**	**2191.0**
#飞机制造	Manufacture of Airplanes	310.6	714.1	1412.0	1726.9	1235.3	1635.2
航天器制造	Manufacture of Spacecrafts	41.6	39.8	83.6	104.2	103.8	173.0
电子及通信设备制造业	**Manufacture of Electronic Equipment and Communication Equipment**	**3741.9**	**14417.0**	**30120.3**	**37033.5**	**44900.4**	**49173.4**
#通信设备制造	Manufacture of Communication Equipment	1430.8	5272.1	9070.9	11035.3	12705.2	13412.3
#通信系统设备制造	Manufacture of Communication System Equipment	693.9	1250.8	3833.1	4627.7	5287.5	3484.7
通信终端设备制造	Manufacture of Communication Terminal Equipment	232.7	424.1	466.0	520.0	7417.6	9927.6
广播电视设备制造	Manufacture of Broadcasting and TV Equipment	6.7	100.3	360.6	437.4	620.1	1096.6
雷达及配套设备制造	Manufacture of Radar and Its Fittings	31.6	83.6	178.0	207.7	257.6	385.7
视听设备制造	Manufacture of TV Set and Radio Receiver	1113.7	2809.0	4155.7	4965.4	5605.0	6920.8
电子器件制造	Manufacture of Electronic Appliances	632.0	2593.9	7447.9	10099.7	11358.0	11980.2
#电子真空器件制造	Manufacture of Electronic Vacuum Appliance	486.2	529.0	422.5	405.6	147.2	153.5
半导体分立器件制造	Manufacture of Semiconductor Discreting Appliances	43.1	184.5	445.8	462.9	593.5	594.5
集成电路制造	Manufacture of Integrate Circuit	102.8	1025.2	2045.1	2187.7	2219.1	2364.6
电子元件制造	Manufacture of Electronic Components	464.7	3341.8	8065.9	9193.7	10164.0	10401.6
其他电子设备制造	Manufacture of Other Electronic Equipment	62.4	216.2	841.2	1094.5	1697.5	2184.8
计算机及办公设备制造业	**Manufacture of Computers and Office Equipment**	**658.9**	**10028.7**	**19142.0**	**20394.3**	**21262.5**	**22240.1**
#计算机整机制造	Manufacture of Entired Computer	179.5	5571.6	10213.6	11680.0	12518.0	13759.5
计算机零部件制造	Manufacture of Computer Components and Parts	418.4	4001.7	8219.8	7901.2	4566.6	4402.8
计算机外围设备制造	Manufacture of Computer Peripheral Equipment					2470.8	2211.3
办公设备制造	Manufacture of Office Equipment	61.1	455.3	708.5	813.2	929.9	1040.7
医疗仪器设备及仪器仪表制造业	**Manufacture of Medical Equipments and Measuring Instrument**	**241.2**	**909.0**	**2875.1**	**3793.3**	**4389.0**	**4991.2**
1.医疗仪器设备及器械制造	Manufacture of Medical Equipment and Appliance	46.0	171.5	578.8	768.4	931.7	1072.8
2.仪器仪表制造	Manufacture of Measuring Instrument	195.3	737.5	2296.2	3024.9	3457.3	3918.4

1-1-4 续表 3 continued

行业	Industry	利润总额（亿元） Profits (100 million yuan)					
		2000	2005	2010	2011	2012	2013
合计	**Total**	**434.1**	**1153.7**	**3794.9**	**4087.2**	**4858.7**	**5465.1**
医药制造业	**Manufacture of Medicines**	**92.1**	**253.2**	**912.0**	**1109.9**	**1307.7**	**1482.8**
#化学药品制造	Manufacture of Chemical Medicine	45.3	139.7	516.1	550.3	647.3	729.6
中成药生产	Production of Finished Traditional Chinese Herbal Medicine		80.5	219.6	290.3	337.5	409.5
生物药品制造	Manufacture of Biological Medicine	7.5	21.5	104.4	147.7	181.1	179.5
航空、航天器及设备制造业	**Manufacture of Aircrafts and Spacecrafts and Related Equipment**	**0.5**	**29.6**	**74.5**	**95.0**	**83.7**	**111.6**
#飞机制造	Manufacture of Airplanes	0.5	25.3	67.1	85.1	58.5	78.1
航天器制造	Manufacture of Spacecrafts	-0.1	4.3	7.4	9.8	8.6	13.5
电子及通信设备制造业	**Manufacture of Electronic Equipment and Communication Equipment**	**296.1**	**572.9**	**1859.2**	**1810.2**	**2272.9**	**2594.9**
#通信设备制造	Manufacture of Communication Equipment	155.0	267.4	659.6	567.2	638.2	578.0
#通信系统设备制造	Manufacture of Communication System Equipment	83.5	73.7	431.6	297.3	262.8	238.4
通信终端设备制造	Manufacture of Communication Terminal Equipment	8.7	8.3	33.5	30.9	375.4	339.6
广播电视设备制造	Manufacture of Broadcasting and TV Equipment	-0.4	5.8	27.5	35.2	56.3	84.3
雷达及配套设备制造	Manufacture of Radar and Its Fittings	-0.5	5.8	12.2	15.0	19.4	22.5
视听设备制造	Manufacture of TV Set and Radio Receiver	35.1	59.5	228.5	206.0	220.3	361.2
电子器件制造	Manufacture of Electronic Appliances	63.3	55.3	395.0	435.2	581.5	718.6
#电子真空器件制造	Manufacture of Electronic Vacuum Appliance	51.3	-13.9	15.8	14.9	10.9	14.1
半导体分立器件制造	Manufacture of Semiconductor Discreting Appliances	1.5	4.8	33.3	26.0	31.2	28.2
集成电路制造	Manufacture of Integrate Circuit	10.5	28.6	113.3	132.3	144.0	140.0
电子元件制造	Manufacture of Electronic Components	34.6	167.8	484.3	470.5	473.0	529.0
其他电子设备制造	Manufacture of Other Electronic Equipment	8.9	11.3	52.1	81.3	107.0	119.0
计算机及办公设备制造业	**Manufacture of Computers and Office Equipment**	**33.4**	**231.9**	**646.6**	**663.4**	**742.6**	**765.0**
#计算机整机制造	Manufacture of Entired Computer	8.6	104.2	220.8	281.0	334.2	409.7
计算机零部件制造	Manufacture of Computer Components and Parts	22.8	109.9	380.1	342.9	171.1	156.0
计算机外围设备制造	Manufacture of Computer Peripheral Equipment					117.0	86.8
办公设备制造	Manufacture of Office Equipment	2.0	17.8	45.6	39.5	41.3	53.1
医疗仪器设备及仪器仪表制造业	**Manufacture of Medical Equipments and Measuring Instrument**	**12.1**	**66.0**	**302.6**	**408.8**	**451.8**	**510.7**
1.医疗仪器设备及器械制造	Manufacture of Medical Equipment and Appliance	3.2	15.9	72.9	98.2	123.8	133.3
2.仪器仪表制造	Manufacture of Measuring Instrument	8.8	50.1	229.7	310.6	328.0	377.5

1-1-4 续表 4 continued

行 业	Industry	利税（亿元） Taxes and Profits (100 million yuan)					
		2000	2005	2010	2011	2012	2013
合计	**Total**	**666.0**	**1638.5**	**5159.5**	**6109.6**	**7471.4**	**8353.9**
医药制造业	**Manufacture of Medicines**	**179.3**	**428.4**	**1325.8**	**1640.1**	**2008.1**	**2310.0**
#化学药品制造	Manufacture of Chemical Medicine	97.3	239.9	769.0	857.3	1026.5	1176.5
中成药生产	Production of Finished Traditional Chinese Herbal Medicine		141.3	330.8	431.8	538.6	643.4
生物药品制造	Manufacture of Biological Medicine	13.0	30.3	129.2	189.5	245.5	259.9
航空、航天器及设备制造业	**Manufacture of Aircrafts and Spacecrafts and Related Equipment**	**13.2**	**40.6**	**97.0**	**127.6**	**133.1**	**147.9**
#飞机制造	Manufacture of Airplanes	12.5	36.1	89.1	117.1	96.4	103.5
航天器制造	Manufacture of Spacecrafts	0.7	4.5	7.9	10.5	9.3	14.5
电子及通信设备制造业	**Manufacture of Electronic Equipment and Communication Equipment**	**408.8**	**789.3**	**2477.1**	**2831.5**	**3645.8**	**4092.3**
#通信设备制造	Manufacture of Communication Equipment	203.6	368.3	912.8	1150.2	1229.6	1196.8
#通信系统设备制造	Manufacture of Communication System Equipment	115.4	140.9	596.1	740.3	601.7	470.9
通信终端设备制造	Manufacture of Communication Terminal Equipment	12.0	10.8	38.8	35.6	627.9	725.8
广播电视设备制造	Manufacture of Broadcasting and TV Equipment	-0.2	8.3	34.8	47.7	72.8	116.8
雷达及配套设备制造	Manufacture of Radar and Its Fittings	-0.1	6.6	17.7	22.2	26.6	30.9
视听设备制造	Manufacture of TV Set and Radio Receiver	55.9	95.7	322.1	309.7	416.1	556.2
电子器件制造	Manufacture of Electronic Appliances	87.1	89.3	506.8	576.0	790.0	942.9
#电子真空器件制造	Manufacture of Electronic Vacuum Appliance	71.5	-1.8	22.4	18.4	15.7	20.9
半导体分立器件制造	Manufacture of Semiconductor Discreting Appliances	2.9	7.1	40.2	34.2	41.8	37.7
集成电路制造	Manufacture of Integrate Circuit	12.7	39.9	148.8	170.2	191.3	198.1
电子元件制造	Manufacture of Electronic Components	51.2	207.1	612.3	621.2	691.5	788.9
其他电子设备制造	Manufacture of Other Electronic Equipment	11.4	13.9	70.5	104.4	159.1	184.2
计算机及办公设备制造业	**Manufacture of Computers and Office Equipment**	**40.7**	**286.8**	**855.9**	**954.9**	**1046.8**	**1079.2**
#计算机整机制造	Manufacture of Entired Computer	11.6	124.6	285.9	461.8	495.9	585.5
计算机零部件制造	Manufacture of Computer Components and Parts	26.2	140.4	515.6	441.6	228.8	216.8
计算机外围设备制造	Manufacture of Computer Peripheral Equipment					151.2	124.5
办公设备制造	Manufacture of Office Equipment	2.9	21.9	54.4	51.5	69.5	74.2
医疗仪器设备及仪器仪表制造业	**Manufacture of Medical Equipments and Measuring Instrument**	**24.0**	**93.3**	**403.8**	**555.5**	**637.5**	**724.5**
1.医疗仪器设备及器械制造	Manufacture of Medical Equipment and Appliance	5.2	20.4	90.6	129.6	163.1	177.5
2.仪器仪表制造	Manufacture of Measuring Instrument	18.8	73.0	313.2	425.9	474.4	547.0

1-1-4　续表 5　continued

行　　业	Industry	出口交货值（亿元） Exports (100 million yuan)					
		2000	2005	2010	2011	2012	2013
合计	**Total**	**1771.5**	**16271.8**	**34977.9**	**38611.3**	**44345.9**	**45699.0**
医药制造业	**Manufacture of Medicines**	**123.5**	**299.8**	**688.9**	**756.0**	**864.5**	**903.3**
#化学药品制造	Manufacture of Chemical Medicine	101.7	240.5	516.5	510.1	558.1	603.9
中成药生产	Production of Finished Traditional Chinese Herbal Medicine		15.7	23.5	30.0	40.5	31.7
生物药品制造	Manufacture of Biological Medicine	3.7	25.3	81.5	110.8	114.0	117.3
航空、航天器及设备制造业	**Manufacture of Aircrafts and Spacecrafts and Related Equipment**	**24.0**	**72.4**	**169.9**	**240.4**	**247.6**	**308.0**
#飞机制造	Manufacture of Airplanes	20.3	72.2	168.1	237.9	134.4	198.6
航天器制造	Manufacture of Spacecrafts	3.7	0.2	1.8	2.6		0.8
电子及通信设备制造业	**Manufacture of Electronic Equipment and Communication Equipment**	**1194.2**	**8631.2**	**18388.6**	**21031.3**	**25641.8**	**26163.2**
#通信设备制造	Manufacture of Communication Equipment	271.5	2923.1	4792.6	5535.8	6948.1	6825.8
#通信系统设备制造	Manufacture of Communication System Equipment	43.1	403.6	1786.2	2059.0	2360.7	1356.6
通信终端设备制造	Manufacture of Communication Terminal Equipment	93.9	282.8	320.1	346.2	4587.3	5469.2
广播电视设备制造	Manufacture of Broadcasting and TV Equipment	3.2	40.0	194.8	195.5	286.0	510.2
雷达及配套设备制造	Manufacture of Radar and Its Fittings	6.0	13.6	24.4	36.2	52.6	86.2
视听设备制造	Manufacture of TV Set and Radio Receiver	396.3	1590.6	2060.7	2358.7	2707.2	3104.9
电子器件制造	Manufacture of Electronic Appliances	195.2	1693.8	5491.4	6777.9	8106.9	8122.8
#电子真空器件制造	Manufacture of Electronic Vacuum Appliance	100.2	232.7	264.6	269.6	48.6	49.1
半导体分立器件制造	Manufacture of Semiconductor Discreting Appliances	24.4	126.6	293.3	278.5	369.5	371.4
集成电路制造	Manufacture of Integrate Circuit	70.6	797.6	1509.1	1429.9	1586.9	1642.7
电子元件制造	Manufacture of Electronic Components	305.8	2238.1	5362.6	5635.1	5977.5	5750.2
其他电子设备制造	Manufacture of Other Electronic Equipment	16.1	132.0	461.9	492.2	855.7	1153.5
计算机及办公设备制造业	**Manufacture of Computers and Office Equipment**	**380.4**	**6895.8**	**14945.2**	**15699.9**	**16696.5**	**17307.0**
#计算机整机制造	Manufacture of Entired Computer	58.9	3154.5	7732.3	8500.3	9489.6	10509.6
计算机零部件制造	Manufacture of Computer Components and Parts	302.4	3330.6	6716.4	6577.6	4043.9	3874.9
计算机外围设备制造	Manufacture of Computer Peripheral Equipment					2013.0	1723.5
办公设备制造	Manufacture of Office Equipment	19.1	410.7	496.5	622.0	720.1	726.1
医疗仪器设备及仪器仪表制造业	**Manufacture of Medical Equipments and Measuring Instrument**	**49.4**	**372.6**	**785.3**	**883.5**	**895.5**	**1017.5**
1.医疗仪器设备及器械制造	Manufacture of Medical Equipment and Appliance	17.4	76.4	269.8	330.5	309.7	346.5
2.仪器仪表制造	Manufacture of Measuring Instrument	32.1	296.2	515.5	553.1	585.8	671.0

1-1-5 国有及国有控股企业分行业高技术产业生产经营情况

Statistics on Production and Management in High-tech Industry of State-owned and State-controlled Enterprises by Industrial Sector

行 业	Industry	企业数（个） Number of Enterprises (unit)					
		2000	2005	2010	2011	2012	2013
合计	**Total**	**3759**	**2179**	**1707**	**1413**	**1532**	**1504**
医药制造业	**Manufacture of Medicines**	**1558**	**676**	**507**	**420**	**426**	**418**
#化学药品制造	Manufacture of Chemical Medicine	724	320	242	197	196	186
中成药生产	Production of Finished Traditional Chinese Herbal Medicine		207	150	133	135	134
生物药品制造	Manufacture of Biological Medicine	104	54	50	40	41	42
航空、航天器及设备制造业	**Manufacture of Aircrafts and Spacecrafts and Related Equipment**	**167**	**125**	**135**	**130**	**161**	**161**
#飞机制造	Manufacture of Airplanes	123	107	113	109	85	84
航天器制造	Manufacture of Spacecrafts	44	18	22	21	19	20
电子及通信设备制造业	**Manufacture of Electronic Equipment and Communication Equipment**	**1214**	**753**	**633**	**545**	**613**	**598**
#通信设备制造	Manufacture of Communication Equipment	310	199	165	145	140	134
#通信系统设备制造	Manufacture of Communication System Equipment	139	93	74	60	94	89
通信终端设备制造	Manufacture of Communication Terminal Equipment	60	34	22	25	46	45
广播电视设备制造	Manufacture of Broadcasting and TV Equipment	39	24	25	20	18	21
雷达及配套设备制造	Manufacture of Radar and Its Fittings	41	37	28	27	30	26
视听设备制造	Manufacture of TV Set and Radio Receiver	133	59	36	27	31	31
电子器件制造	Manufacture of Electronic Appliances	190	161	170	151	180	186
#电子真空器件制造	Manufacture of Electronic Vacuum Appliance	52	29	23	19	19	17
半导体分立器件制造	Manufacture of Semiconductor Discreting Appliances	113	46	30	24	29	22
集成电路制造	Manufacture of Integrate Circuit	25	28	33	34	41	44
电子元件制造	Manufacture of Electronic Components	381	234	172	140	142	132
其他电子设备制造	Manufacture of Other Electronic Equipment	120	39	37	35	30	23
计算机及办公设备制造业	**Manufacture of Computers and Office Equipment**	**130**	**83**	**65**	**55**	**61**	**57**
#计算机整机制造	Manufacture of Entired Computer	65	24	14	13	15	15
计算机零部件制造	Manufacture of Computer Components and Parts	47	53	42	34	5	5
计算机外围设备制造	Manufacture of Computer Peripheral Equipment					21	18
办公设备制造	Manufacture of Office Equipment	18	6	9	8	7	8
医疗仪器设备及仪器仪表制造业	**Manufacture of Medical Equipments and Measuring Instrument**	**690**	**542**	**367**	**263**	**271**	**270**
1.医疗仪器设备及器械制造	Manufacture of Medical Equipment and Appliance	144	109	49	27	28	28
2.仪器仪表制造	Manufacture of Measuring Instrument	546	433	318	236	243	242

1-1-5 续表 1 continued

行 业	Industry	从业人员平均人数（人） Annual Average Number of Employed Personnel (person)					
		2000	2005	2010	2011	2012	2013
合计	**Total**	**2079749**	**1369536**	**1347248**	**1375122**	**1418484**	**1413200**
医药制造业	**Manufacture of Medicines**	**619460**	**363415**	**309529**	**305063**	**309598**	**311558**
#化学药品制造	Manufacture of Chemical Medicine	405310	239137	197888	177422	181027	179002
中成药生产	Production of Finished Traditional Chinese Herbal Medicine		92390	77169	87829	89876	92408
生物药品制造	Manufacture of Biological Medicine	27507	16156	20287	21190	20523	22594
航空、航天器及设备制造业	**Manufacture of Aircrafts and Spacecrafts and Related Equipment**	**452968**	**295644**	**307688**	**320952**	**319157**	**296604**
#飞机制造	Manufacture of Airplanes	391328	274519	286175	298730	237502	221866
航天器制造	Manufacture of Spacecrafts	61640	21125	21513	22222	23484	26046
电子及通信设备制造业	**Manufacture of Electronic Equipment and Communication Equipment**	**696170**	**507389**	**524572**	**550682**	**597446**	**615718**
#通信设备制造	Manufacture of Communication Equipment	166023	120006	175436	197246	182074	186828
#通信系统设备制造	Manufacture of Communication System Equipment	96078	67181	132493	148557	148477	147379
通信终端设备制造	Manufacture of Communication Terminal Equipment	29872	16771	10233	12007	33597	39449
广播电视设备制造	Manufacture of Broadcasting and TV Equipment	9353	4981	5494	5839	6742	6943
雷达及配套设备制造	Manufacture of Radar and Its Fittings	49261	36056	31039	32112	32669	42212
视听设备制造	Manufacture of TV Set and Radio Receiver	139927	94773	78686	94578	107053	107383
电子器件制造	Manufacture of Electronic Appliances	146365	119209	122290	117684	137800	154376
#电子真空器件制造	Manufacture of Electronic Vacuum Appliance	87622	50984	28012	16750	11739	10940
半导体分立器件制造	Manufacture of Semiconductor Discreting Appliances	44639	14837	8617	9200	10082	7331
集成电路制造	Manufacture of Integrate Circuit	14104	9264	12156	13250	17908	21806
电子元件制造	Manufacture of Electronic Components	158044	126186	97422	94561	90471	74034
其他电子设备制造	Manufacture of Other Electronic Equipment	27197	6178	14205	8662	9061	9664
计算机及办公设备制造业	**Manufacture of Computers and Office Equipment**	**58721**	**53501**	**59305**	**55619**	**64084**	**61735**
#计算机整机制造	Manufacture of Entired Computer	31408	25754	17328	13034	19460	20262
计算机零部件制造	Manufacture of Computer Components and Parts	21381	26022	38862	39442	1282	1987
计算机外围设备制造	Manufacture of Computer Peripheral Equipment					33045	28435
办公设备制造	Manufacture of Office Equipment	5932	1725	3115	3143	2518	3484
医疗仪器设备及仪器仪表制造业	**Manufacture of Medical Equipments and Measuring Instrument**	**252430**	**149587**	**146154**	**142806**	**128199**	**127585**
1.医疗仪器设备及器械制造	Manufacture of Medical Equipment and Appliance	28866	17542	13454	10948	11727	13640
2.仪器仪表制造	Manufacture of Measuring Instrument	223564	132045	132700	131858	116472	113945

1-1-5 续表 2 continued

行 业	Industry	主营业务收入（亿元） Revenue from Principal Business (100 million yuan)					
		2000	2005	2010	2011	2012	2013
合计	**Total**	**4197.4**	**5712.5**	**8410.5**	**9801.0**	**11161.9**	**12149.4**
医药制造业	**Manufacture of Medicines**	**861.9**	**1113.1**	**1752.3**	**2023.1**	**2226.4**	**2301.5**
#化学药品制造	Manufacture of Chemical Medicine	567.1	741.4	1111.7	1169.4	1301.3	1278.5
中成药生产	Production of Finished Traditional Chinese Herbal Medicine		290.4	438.1	565.5	616.6	660.8
生物药品制造	Manufacture of Biological Medicine	42.7	40.1	128.3	156.4	158.1	195.5
航空、航天器及设备制造业	**Manufacture of Aircrafts and Spacecrafts and Related Equipment**	**369.1**	**727.7**	**1337.0**	**1519.5**	**1787.6**	**2131.4**
#飞机制造	Manufacture of Airplanes	326.7	683.4	1251.4	1417.8	1383.0	1660.2
航天器制造	Manufacture of Spacecrafts	42.3	44.3	85.6	101.6	129.5	171.7
电子及通信设备制造业	**Manufacture of Electronic Equipment and Communication Equipment**	**2387.6**	**2735.3**	**3981.6**	**4728.3**	**5527.4**	**6097.1**
#通信设备制造	Manufacture of Communication Equipment	832.1	859.9	1571.1	1917.3	1838.3	1863.8
#通信系统设备制造	Manufacture of Communication System Equipment	468.5	473.4	1209.2	1514.1	1542.5	1594.1
通信终端设备制造	Manufacture of Communication Terminal Equipment	60.9	59.7	75.3	86.7	295.7	269.7
广播电视设备制造	Manufacture of Broadcasting and TV Equipment	6.3	11.6	25.9	26.1	44.5	45.9
雷达及配套设备制造	Manufacture of Radar and Its Fittings	31.5	88.0	174.1	202.4	262.6	376.3
视听设备制造	Manufacture of TV Set and Radio Receiver	823.1	861.1	1173.3	1359.8	1490.7	1672.6
电子器件制造	Manufacture of Electronic Appliances	450.6	447.1	683.5	755.5	1192.9	1490.1
#电子真空器件制造	Manufacture of Electronic Vacuum Appliance	357.9	219.1	158.9	57.4	43.3	45.7
半导体分立器件制造	Manufacture of Semiconductor Discreting Appliances	38.6	29.5	41.4	50.4	56.4	32.9
集成电路制造	Manufacture of Integrate Circuit	54.1	38.4	54.4	81.3	154.5	242.3
电子元件制造	Manufacture of Electronic Components	178.4	445.7	280.4	414.2	432.4	345.5
其他电子设备制造	Manufacture of Other Electronic Equipment	65.6	22.0	73.3	53.1	55.1	58.8
计算机及办公设备制造业	**Manufacture of Computers and Office Equipment**	**395.0**	**841.3**	**656.0**	**725.1**	**792.2**	**765.0**
#计算机整机制造	Manufacture of Entired Computer	263.5	629.4	237.6	349.9	366.1	416.8
计算机零部件制造	Manufacture of Computer Components and Parts	123.7	204.6	396.0	349.7	13.0	51.7
计算机外围设备制造	Manufacture of Computer Peripheral Equipment					347.7	227.5
办公设备制造	Manufacture of Office Equipment	7.7	7.3	22.5	25.5	23.4	27.9
医疗仪器设备及仪器仪表制造业	**Manufacture of Medical Equipments and Measuring Instrument**	**183.8**	**295.1**	**683.4**	**805.0**	**828.3**	**854.4**
1.医疗仪器设备及器械制造	Manufacture of Medical Equipment and Appliance	22.6	30.8	54.1	59.3	68.5	78.9
2.仪器仪表制造	Manufacture of Measuring Instrument	161.1	264.3	629.3	745.7	759.7	775.5

1-1-5 续表 3 continued

行　　业	Industry	利润总额（亿元） Profits (100 million yuan)					
		2000	2005	2010	2011	2012	2013
合计	**Total**	**248.1**	**182.1**	**695.0**	**728.6**	**677.4**	**778.6**
医药制造业	**Manufacture of Medicines**	**68.0**	**94.6**	**219.0**	**246.6**	**233.4**	**232.5**
#化学药品制造	Manufacture of Chemical Medicine	36.5	51.4	117.8	106.1	97.9	85.9
中成药生产	Production of Finished Traditional Chinese Herbal Medicine		33.8	49.1	73.7	82.6	89.4
生物药品制造	Manufacture of Biological Medicine	5.7	6.1	41.1	47.3	31.8	37.2
航空、航天器及设备制造业	**Manufacture of Aircrafts and Spacecrafts and Related Equipment**	**2.3**	**27.3**	**71.5**	**75.0**	**80.3**	**76.2**
#飞机制造	Manufacture of Airplanes	2.1	22.5	62.9	63.6	51.7	47.8
航天器制造	Manufacture of Spacecrafts	0.2	4.8	8.5	11.3	10.9	13.3
电子及通信设备制造业	**Manufacture of Electronic Equipment and Communication Equipment**	**150.9**	**20.1**	**282.9**	**255.3**	**243.4**	**352.8**
#通信设备制造	Manufacture of Communication Equipment	69.1	10.9	140.5	118.7	83.2	99.0
#通信系统设备制造	Manufacture of Communication System Equipment	46.0	18.7	109.2	85.6	68.3	89.2
通信终端设备制造	Manufacture of Communication Terminal Equipment	1.8	-2.5	3.8	5.3	14.8	9.8
广播电视设备制造	Manufacture of Broadcasting and TV Equipment	-0.2		1.6	0.7	3.8	3.1
雷达及配套设备制造	Manufacture of Radar and Its Fittings	-0.4	5.9	12.0	14.6	18.2	21.9
视听设备制造	Manufacture of TV Set and Radio Receiver	20.2	10.9	69.8	60.8	57.5	60.6
电子器件制造	Manufacture of Electronic Appliances	38.2	-24.1	22.4	26.4	40.2	135.2
#电子真空器件制造	Manufacture of Electronic Vacuum Appliance	32.7	-32.4	2.8	0.0	2.8	3.9
半导体分立器件制造	Manufacture of Semiconductor Discreting Appliances	1.3	1.9	4.1	3.9	4.0	-0.4
集成电路制造	Manufacture of Integrate Circuit	4.2	2.1	5.8	6.9	4.9	10.5
电子元件制造	Manufacture of Electronic Components	11.6	16.3	29.7	29.5	25.0	16.9
其他电子设备制造	Manufacture of Other Electronic Equipment	12.5	0.2	6.8	4.6	3.9	4.5
计算机及办公设备制造业	**Manufacture of Computers and Office Equipment**	**22.5**	**18.4**	**49.0**	**66.4**	**50.1**	**48.5**
#计算机整机制造	Manufacture of Entired Computer	18.2	19.4	16.8	15.6	11.4	17.8
计算机零部件制造	Manufacture of Computer Components and Parts	4.2	-1.5	26.7	45.0	1.0	6.5
计算机外围设备制造	Manufacture of Computer Peripheral Equipment					26.7	12.0
办公设备制造	Manufacture of Office Equipment	0.1	0.5	5.5	5.7	6.0	7.5
医疗仪器设备及仪器仪表制造业	**Manufacture of Medical Equipments and Measuring Instrument**	**4.4**	**21.8**	**72.7**	**85.3**	**70.1**	**68.6**
1.医疗仪器设备及器械制造	Manufacture of Medical Equipment and Appliance	1.0	2.6	7.3	6.5	8.7	9.6
2.仪器仪表制造	Manufacture of Measuring Instrument	3.4	19.2	65.4	78.8	61.3	59.0

1-1-5 续表 4 continued

行 业	Industry	利税（亿元） Taxes and Profits (100 million yuan)					
		2000	2005	2010	2011	2012	2013
合计	**Total**	**414.7**	**357.1**	**996.5**	**1197.7**	**1203.4**	**1335.4**
医药制造业	**Manufacture of Medicines**	**134.9**	**166.8**	**322.1**	**360.5**	**367.7**	**376.7**
#化学药品制造	Manufacture of Chemical Medicine	77.0	92.5	175.2	160.9	160.4	154.0
中成药生产	Production of Finished Traditional Chinese Herbal Medicine		59.8	82.2	114.7	133.1	143.7
生物药品制造	Manufacture of Biological Medicine	8.9	9.2	49.9	58.4	43.2	48.7
航空、航天器及设备制造业	**Manufacture of Aircrafts and Spacecrafts and Related Equipment**	**15.6**	**37.7**	**92.5**	**96.4**	**119.6**	**99.5**
#飞机制造	Manufacture of Airplanes	14.7	32.7	83.5	84.6	80.4	62.1
航天器制造	Manufacture of Spacecrafts	1.0	5.0	9.0	11.8	11.5	13.8
电子及通信设备制造业	**Manufacture of Electronic Equipment and Communication Equipment**	**218.5**	**93.8**	**409.2**	**522.9**	**539.5**	**686.6**
#通信设备制造	Manufacture of Communication Equipment	90.3	45.0	190.7	284.8	240.3	268.2
#通信系统设备制造	Manufacture of Communication System Equipment	60.9	48.8	151.0	243.5	217.1	253.0
通信终端设备制造	Manufacture of Communication Terminal Equipment	3.1	-1.6	4.7	6.4	23.2	15.2
广播电视设备制造	Manufacture of Broadcasting and TV Equipment	0.1	0.3	2.4	1.5	4.7	4.4
雷达及配套设备制造	Manufacture of Radar and Its Fittings		6.9	17.5	21.7	24.7	30.1
视听设备制造	Manufacture of TV Set and Radio Receiver	35.9	26.7	111.1	114.9	149.9	156.2
电子器件制造	Manufacture of Electronic Appliances	57.2	-11.9	39.1	56.3	61.5	174.8
#电子真空器件制造	Manufacture of Electronic Vacuum Appliance	48.2	-26.4	5.3	2.0	4.5	6.2
半导体分立器件制造	Manufacture of Semiconductor Discreting Appliances	2.9	2.9	4.9	5.6	4.8	0.2
集成电路制造	Manufacture of Integrate Circuit	6.1	3.3	7.9	9.1	8.7	22.8
电子元件制造	Manufacture of Electronic Components	19.3	25.7	38.9	36.8	36.4	29.2
其他电子设备制造	Manufacture of Other Electronic Equipment	15.7	1.0	9.4	6.9	6.5	7.1
计算机及办公设备制造业	**Manufacture of Computers and Office Equipment**	**31.2**	**24.4**	**64.0**	**96.0**	**69.6**	**64.5**
#计算机整机制造	Manufacture of Entired Computer	24.5	22.8	22.9	28.4	20.0	23.8
计算机零部件制造	Manufacture of Computer Components and Parts	6.3	0.7	34.5	60.4	1.5	6.9
计算机外围设备制造	Manufacture of Computer Peripheral Equipment					32.0	16.5
办公设备制造	Manufacture of Office Equipment	0.4	0.9	6.6	7.2	8.4	9.9
医疗仪器设备及仪器仪表制造业	**Manufacture of Medical Equipments and Measuring Instrument**	**14.5**	**34.4**	**108.6**	**121.9**	**107.0**	**108.1**
1.医疗仪器设备及器械制造	Manufacture of Medical Equipment and Appliance	2.5	4.0	10.4	9.8	12.0	13.2
2.仪器仪表制造	Manufacture of Measuring Instrument	11.9	30.4	98.2	112.1	95.0	94.8

1-1-5　续表 5　continued

行　业	Industry	出口交货值（亿元） Exports (100 million yuan)					
		2000	2005	2010	2011	2012	2013
合计	**Total**	**707.5**	**1566.8**	**1650.4**	**1749.6**	**2051.6**	**2116.5**
医药制造业	**Manufacture of Medicines**	**85.4**	**120.0**	**156.2**	**162.3**	**176.7**	**177.7**
#化学药品制造	Manufacture of Chemical Medicine	75.4	109.5	146.6	147.6	154.1	155.6
中成药生产	Production of Finished Traditional Chinese Herbal Medicine		7.1	7.0	7.4	9.8	6.9
生物药品制造	Manufacture of Biological Medicine	0.5	1.0	1.2	2.0	5.8	6.8
航空、航天器及设备制造业	**Manufacture of Aircrafts and Spacecrafts and Related Equipment**	**25.0**	**48.5**	**130.0**	**159.0**	**182.2**	**172.4**
#飞机制造	Manufacture of Airplanes	21.6	48.3	129.9	158.2	140.5	139.6
航天器制造	Manufacture of Spacecrafts	3.4	0.2	0.1	0.8		0.8
电子及通信设备制造业	**Manufacture of Electronic Equipment and Communication Equipment**	**511.5**	**852.0**	**1057.0**	**1261.7**	**1383.0**	**1506.3**
#通信设备制造	Manufacture of Communication Equipment	124.9	216.1	487.1	645.6	600.0	597.4
#通信系统设备制造	Manufacture of Communication System Equipment	24.4	120.0	421.6	571.3	563.4	568.7
通信终端设备制造	Manufacture of Communication Terminal Equipment	22.7	6.5	9.7	9.8	36.6	28.8
广播电视设备制造	Manufacture of Broadcasting and TV Equipment	0.1	3.2	3.3	2.8	3.7	2.8
雷达及配套设备制造	Manufacture of Radar and Its Fittings	6.0	13.7	24.4	33.9	50.2	86.0
视听设备制造	Manufacture of TV Set and Radio Receiver	203.4	234.3	201.0	194.0	210.9	251.9
电子器件制造	Manufacture of Electronic Appliances	110.2	176.6	268.3	233.4	330.7	404.4
#电子真空器件制造	Manufacture of Electronic Vacuum Appliance	72.1	72.7	90.5	14.1	2.8	2.0
半导体分立器件制造	Manufacture of Semiconductor Discreting Appliances	13.8	5.9	5.7	4.8	6.7	5.7
集成电路制造	Manufacture of Integrate Circuit	24.4	13.6	10.4	15.8	51.1	73.6
电子元件制造	Manufacture of Electronic Components	61.4	206.7	71.7	149.7	153.8	107.8
其他电子设备制造	Manufacture of Other Electronic Equipment	5.4	1.6	1.4	2.4	1.4	4.1
计算机及办公设备制造业	**Manufacture of Computers and Office Equipment**	**67.7**	**519.8**	**252.1**	**95.8**	**269.7**	**233.8**
#计算机整机制造	Manufacture of Entired Computer	13.1	370.0	20.9	15.5	14.8	15.8
计算机零部件制造	Manufacture of Computer Components and Parts	53.9	144.7	226.6	73.6	0.8	7.1
计算机外围设备制造	Manufacture of Computer Peripheral Equipment					250.9	207.2
办公设备制造	Manufacture of Office Equipment	0.6	5.0	4.5	6.6	2.3	3.1
医疗仪器设备及仪器仪表制造业	**Manufacture of Medical Equipments and Measuring Instrument**	**17.9**	**26.5**	**55.1**	**70.9**	**40.0**	**26.4**
1.医疗仪器设备及器械制造	Manufacture of Medical Equipment and Appliance	1.6	5.3	2.7	3.0	3.9	3.5
2.仪器仪表制造	Manufacture of Measuring Instrument	16.3	21.2	52.3	67.8	36.2	23.0

1-1-6 内资企业分行业高技术产业生产经营情况

Statistics on Production and Management in High-tech Industry of Domestic Funded Enterprises by Industrial Sector

行 业	Industry	企业数（个） Number of Enterprises (unit)					
		2000	2005	2010	2011	2012	2013
合计	**Total**	**6767**	**11036**	**18905**	**14075**	**16641**	**18841**
医药制造业	**Manufacture of Medicines**	**2941**	**4081**	**5899**	**4975**	**5441**	**5886**
#化学药品制造	Manufacture of Chemical Medicine	1342	1650	2052	1760	1885	1978
中成药生产	Production of Finished Traditional Chinese Herbal Medicine		1096	1336	1233	1326	1392
生物药品制造	Manufacture of Biological Medicine	201	350	675	573	659	721
航空、航天器及设备制造业	**Manufacture of Aircrafts and Spacecrafts and Related Equipment**	**168**	**137**	**176**	**167**	**239**	**247**
#飞机制造	Manufacture of Airplanes	123	114	142	131	100	98
航天器制造	Manufacture of Spacecrafts	45	23	34	36	27	29
电子及通信设备制造业	**Manufacture of Electronic Equipment and Communication Equipment**	**2162**	**3834**	**7538**	**5387**	**6974**	**8211**
#通信设备制造	Manufacture of Communication Equipment	509	734	994	763	879	1003
#通信系统设备制造	Manufacture of Communication System Equipment	214	291	412	307	548	590
通信终端设备制造	Manufacture of Communication Terminal Equipment	73	125	140	112	331	413
广播电视设备制造	Manufacture of Broadcasting and TV Equipment	77	240	334	255	307	453
雷达及配套设备制造	Manufacture of Radar and Its Fittings	47	44	50	46	56	53
视听设备制造	Manufacture of TV Set and Radio Receiver	225	369	566	410	469	581
电子器件制造	Manufacture of Electronic Appliances	253	557	1325	1059	1260	1521
#电子真空器件制造	Manufacture of Electronic Vacuum Appliance	63	82	106	84	72	76
半导体分立器件制造	Manufacture of Semiconductor Discreting Appliances	124	122	222	163	171	176
集成电路制造	Manufacture of Integrate Circuit	66	125	224	184	212	234
电子元件制造	Manufacture of Electronic Components	802	1612	3577	2346	2639	2967
其他电子设备制造	Manufacture of Other Electronic Equipment	249	278	692	508	591	706
计算机及办公设备制造业	**Manufacture of Computers and Office Equipment**	**201**	**467**	**736**	**552**	**655**	**799**
#计算机整机制造	Manufacture of Entired Computer	85	90	79	77	82	95
计算机零部件制造	Manufacture of Computer Components and Parts	86	307	526	390	172	227
计算机外围设备制造	Manufacture of Computer Peripheral Equipment					178	213
办公设备制造	Manufacture of Office Equipment	30	70	131	85	105	136
医疗仪器设备及仪器仪表制造业	**Manufacture of Medical Equipments and Measuring Instrument**	**1295**	**2517**	**4556**	**2994**	**3332**	**3698**
1.医疗仪器设备及器械制造	Manufacture of Medical Equipment and Appliance	272	503	927	584	683	802
2.仪器仪表制造	Manufacture of Measuring Instrument	1023	2014	3629	2410	2649	2896

1-1-6　续表 1　continued

行　业	Industry	从业人员平均人数（人）Annual Average Number of Employed Personnel (person)					
		2000	2005	2010	2011	2012	2013
合计	**Total**	**2715464**	**2939172**	**4539404**	**4667126**	**5422678**	**5794568**
医药制造业	**Manufacture of Medicines**	**918351**	**1008153**	**1349602**	**1392475**	**1546117**	**1660902**
#化学药品制造	Manufacture of Chemical Medicine	548219	516618	615227	596930	642563	675142
中成药生产	Production of Finished Traditional Chinese Herbal Medicine		299277	391298	432432	493179	527894
生物药品制造	Manufacture of Biological Medicine	44551	59459	103922	111089	133030	148262
航空、航天器及设备制造业	**Manufacture of Aircrafts and Spacecrafts and Related Equipment**	**448315**	**290621**	**309937**	**321920**	**327538**	**304993**
#飞机制造	Manufacture of Airplanes	386175	269263	286911	296941	246127	229552
航天器制造	Manufacture of Spacecrafts	62140	21358	23026	24979	24899	27682
电子及通信设备制造业	**Manufacture of Electronic Equipment and Communication Equipment**	**905668**	**1098897**	**1962031**	**2039218**	**2555144**	**2750244**
#通信设备制造	Manufacture of Communication Equipment	205064	209232	419841	506311	565350	488239
#通信系统设备制造	Manufacture of Communication System Equipment	115684	114900	261743	295697	384305	283341
通信终端设备制造	Manufacture of Communication Terminal Equipment	31227	33704	36097	42199	181045	204898
广播电视设备制造	Manufacture of Broadcasting and TV Equipment	17389	43040	61298	72781	95249	125244
雷达及配套设备制造	Manufacture of Radar and Its Fittings	54161	37585	35529	37161	40361	49393
视听设备制造	Manufacture of TV Set and Radio Receiver	135625	169834	217259	228206	248923	275308
电子器件制造	Manufacture of Electronic Appliances	136864	176289	376296	397194	480997	588166
#电子真空器件制造	Manufacture of Electronic Vacuum Appliance	73683	54507	44155	40830	27954	26023
半导体分立器件制造	Manufacture of Semiconductor Discreting Appliances	43002	32301	40532	39325	48042	54922
集成电路制造	Manufacture of Integrate Circuit	20179	25232	65878	72847	80617	100532
电子元件制造	Manufacture of Electronic Components	312723	417991	740266	686136	747245	784828
其他电子设备制造	Manufacture of Other Electronic Equipment	43842	44926	111542	111429	131810	155014
计算机及办公设备制造业	**Manufacture of Computers and Office Equipment**	**77777**	**130993**	**230471**	**228596**	**252258**	**283354**
#计算机整机制造	Manufacture of Entired Computer	31758	32153	35651	31947	43569	45032
计算机零部件制造	Manufacture of Computer Components and Parts	29304	80424	170266	172092	63275	76199
计算机外围设备制造	Manufacture of Computer Peripheral Equipment					84254	93261
办公设备制造	Manufacture of Office Equipment	16715	18416	24554	24557	25951	31877
医疗仪器设备及仪器仪表制造业	**Manufacture of Medical Equipments and Measuring Instrument**	**365353**	**410508**	**687363**	**684917**	**741621**	**795075**
1.医疗仪器设备及器械制造	Manufacture of Medical Equipment and Appliance	56250	83737	158999	149747	166778	189566
2.仪器仪表制造	Manufacture of Measuring Instrument	309103	326771	528364	535170	574843	605509

1-1-6 续表 2 continued

行业	Industry	主营业务收入（亿元） Revenue from Principal Business (100 million yuan)					
		2000	2005	2010	2011	2012	2013
合计	**Total**	**4036.6**	**9132.0**	**26266.5**	**32551.4**	**41355.4**	**50119.7**
医药制造业	**Manufacture of Medicines**	**1296.5**	**3052.8**	**8386.3**	**10932.7**	**13281.6**	**15945.4**
#化学药品制造	Manufacture of Chemical Medicine	760.6	1679.5	3855.9	4779.1	5702.4	6513.6
中成药生产	Production of Finished Traditional Chinese Herbal Medicine		834.7	2184.7	2927.3	3564.2	4396.3
生物药品制造	Manufacture of Biological Medicine	82.7	219.1	799.1	1132.9	1522.0	1878.6
航空、航天器及设备制造业	**Manufacture of Aircrafts and Spacecrafts and Related Equipment**	**352.7**	**704.9**	**1349.6**	**1616.3**	**1944.3**	**2365.1**
#飞机制造	Manufacture of Airplanes	310.3	659.6	1257.2	1496.2	1521.1	1822.7
航天器制造	Manufacture of Spacecrafts	42.4	45.2	92.4	120.1	140.3	183.5
电子及通信设备制造业	**Manufacture of Electronic Equipment and Communication Equipment**	**1755.9**	**3732.2**	**11337.2**	**13821.8**	**18694.9**	**23154.4**
#通信设备制造	Manufacture of Communication Equipment	623.7	1379.4	4087.3	5068.1	5760.2	7041.4
#通信系统设备制造	Manufacture of Communication System Equipment	430.8	940.7	3183.8	3781.7	4568.3	5031.7
通信终端设备制造	Manufacture of Communication Terminal Equipment	40.5	108.3	174.4	225.8	1192.0	2009.7
广播电视设备制造	Manufacture of Broadcasting and TV Equipment	16.5	104.2	304.8	392.7	588.4	906.8
雷达及配套设备制造	Manufacture of Radar and Its Fittings	34.1	91.1	191.9	229.6	301.0	425.8
视听设备制造	Manufacture of TV Set and Radio Receiver	429.8	871.1	1768.5	2069.1	2296.6	2841.4
电子器件制造	Manufacture of Electronic Appliances	298.4	480.7	1931.8	2309.3	3055.3	4016.4
#电子真空器件制造	Manufacture of Electronic Vacuum Appliance	226.1	155.6	224.8	152.5	122.7	129.7
半导体分立器件制造	Manufacture of Semiconductor Discreting Appliances	28.9	71.1	187.7	221.6	290.0	309.4
集成电路制造	Manufacture of Integrate Circuit	43.4	78.8	389.1	451.3	584.7	804.0
电子元件制造	Manufacture of Electronic Components	264.9	697.2	2484.2	3029.2	3683.0	4354.0
其他电子设备制造	Manufacture of Other Electronic Equipment	88.4	108.4	568.6	723.8	908.8	990.6
计算机及办公设备制造业	**Manufacture of Computers and Office Equipment**	**299.0**	**718.0**	**1656.1**	**1737.3**	**1983.6**	**2330.4**
#计算机整机制造	Manufacture of Entired Computer	153.1	340.3	517.9	577.2	707.4	832.9
计算机零部件制造	Manufacture of Computer Components and Parts	126.8	348.3	1033.7	1033.2	304.7	438.9
计算机外围设备制造	Manufacture of Computer Peripheral Equipment					571.5	550.0
办公设备制造	Manufacture of Office Equipment	19.0	29.5	104.5	126.9	139.1	220.6
医疗仪器设备及仪器仪表制造业	**Manufacture of Medical Equipments and Measuring Instrument**	**332.6**	**924.1**	**3537.2**	**4443.3**	**5451.0**	**6324.4**
1.医疗仪器设备及器械制造	Manufacture of Medical Equipment and Appliance	55.2	153.3	662.9	817.7	1036.8	1258.8
2.仪器仪表制造	Manufacture of Measuring Instrument	277.4	770.8	2874.4	3625.6	4414.2	5065.6

1-1-6　续表 3　continued

行　业	Industry	利润总额（亿元） Profits (100 million yuan)					
		2000	2005	2010	2011	2012	2013
合计	**Total**	**266.3**	**495.2**	**2487.2**	**2754.2**	**3421.8**	**4071.4**
医药制造业	**Manufacture of Medicines**	**105.3**	**235.0**	**919.9**	**1193.4**	**1394.7**	**1628.4**
#化学药品制造	Manufacture of Chemical Medicine	47.4	113.3	400.6	476.7	552.4	627.4
中成药生产	Production of Finished Traditional Chinese Herbal Medicine		77.7	250.0	344.6	399.5	487.5
生物药品制造	Manufacture of Biological Medicine	11.3	22.7	126.7	170.8	205.1	219.8
航空、航天器及设备制造业	**Manufacture of Aircrafts and Spacecrafts and Related Equipment**	**0.3**	**24.5**	**73.3**	**82.4**	**96.7**	**99.0**
#飞机制造	Manufacture of Airplanes	0.1	19.7	65.1	71.8	61.7	59.1
航天器制造	Manufacture of Spacecrafts	0.2	4.8	8.2	10.6	11.4	14.0
电子及通信设备制造业	**Manufacture of Electronic Equipment and Communication Equipment**	**133.5**	**146.2**	**1015.7**	**943.3**	**1303.0**	**1608.1**
#通信设备制造	Manufacture of Communication Equipment	73.5	78.2	490.5	364.8	382.7	499.3
#通信系统设备制造	Manufacture of Communication System Equipment	56.3	70.5	412.1	256.0	282.2	427.6
通信终端设备制造	Manufacture of Communication Terminal Equipment	1.7	-0.1	17.1	18.3	100.5	71.7
广播电视设备制造	Manufacture of Broadcasting and TV Equipment	0.6	5.7	26.6	36.6	63.1	75.7
雷达及配套设备制造	Manufacture of Radar and Its Fittings	-0.1	6.5	13.6	18.0	23.0	27.2
视听设备制造	Manufacture of TV Set and Radio Receiver	11.0	15.9	95.3	95.9	99.7	107.3
电子器件制造	Manufacture of Electronic Appliances	17.1	-3.8	162.8	138.3	183.0	302.4
#电子真空器件制造	Manufacture of Electronic Vacuum Appliance	15.0	-23.6	9.3	6.0	11.0	11.2
半导体分立器件制造	Manufacture of Semiconductor Discreting Appliances	0.5	4.5	14.8	14.8	20.1	19.2
集成电路制造	Manufacture of Integrate Circuit	1.6	5.9	31.5	23.6	27.4	40.3
电子元件制造	Manufacture of Electronic Components	16.9	36.3	179.5	226.6	284.2	331.9
其他电子设备制造	Manufacture of Other Electronic Equipment	14.5	7.3	47.3	63.2	81.7	68.3
计算机及办公设备制造业	**Manufacture of Computers and Office Equipment**	**13.5**	**21.5**	**146.8**	**115.5**	**122.0**	**142.1**
#计算机整机制造	Manufacture of Entired Computer	7.3	9.5	40.0	32.3	31.4	34.3
计算机零部件制造	Manufacture of Computer Components and Parts	6.1	10.4	91.7	68.0	18.8	37.4
计算机外围设备制造	Manufacture of Computer Peripheral Equipment					37.3	24.7
办公设备制造	Manufacture of Office Equipment		1.7	15.1	15.1	13.6	22.6
医疗仪器设备及仪器仪表制造业	**Manufacture of Medical Equipments and Measuring Instrument**	**13.9**	**68.1**	**331.5**	**419.6**	**505.3**	**593.9**
1.医疗仪器设备及器械制造	Manufacture of Medical Equipment and Appliance	2.9	11.4	66.3	90.8	123.2	142.2
2.仪器仪表制造	Manufacture of Measuring Instrument	10.9	56.6	265.2	328.8	382.1	451.7

1-1-6 续表 4 continued

行 业	Industry	利税（亿元） Taxes and Profits (100 million yuan)					
		2000	2005	2010	2011	2012	2013
合计	**Total**	**477.3**	**875.1**	**3555.6**	**4299.2**	**5331.5**	**6336.9**
医药制造业	**Manufacture of Medicines**	**201.6**	**409.9**	**1354.9**	**1721.8**	**2111.4**	**2499.5**
#化学药品制造	Manufacture of Chemical Medicine	98.9	197.1	593.7	697.7	841.8	973.0
中成药生产	Production of Finished Traditional Chinese Herbal Medicine		143.3	388.3	518.4	642.2	775.2
生物药品制造	Manufacture of Biological Medicine	17.3	35.1	167.5	224.0	282.5	322.1
航空、航天器及设备制造业	**Manufacture of Aircrafts and Spacecrafts and Related Equipment**	**12.7**	**33.7**	**94.5**	**105.1**	**139.7**	**127.7**
#飞机制造	Manufacture of Airplanes	11.7	28.6	85.6	93.4	93.6	77.0
航天器制造	Manufacture of Spacecrafts	0.9	5.1	9.0	11.7	12.7	15.1
电子及通信设备制造业	**Manufacture of Electronic Equipment and Communication Equipment**	**213.4**	**285.1**	**1435.9**	**1694.1**	**2144.8**	**2614.8**
#通信设备制造	Manufacture of Communication Equipment	105.4	145.1	685.9	836.7	739.0	913.7
#通信系统设备制造	Manufacture of Communication System Equipment	79.3	127.6	577.3	693.8	605.8	800.3
通信终端设备制造	Manufacture of Communication Terminal Equipment	3.5	2.5	21.6	23.8	133.2	113.4
广播电视设备制造	Manufacture of Broadcasting and TV Equipment	1.4	10.2	35.0	48.5	83.7	106.7
雷达及配套设备制造	Manufacture of Radar and Its Fittings	0.3	7.7	19.9	25.9	31.2	37.3
视听设备制造	Manufacture of TV Set and Radio Receiver	24.2	35.3	152.3	162.4	217.9	231.7
电子器件制造	Manufacture of Electronic Appliances	32.1	12.0	217.0	210.1	265.8	422.1
#电子真空器件制造	Manufacture of Electronic Vacuum Appliance	26.2	-19.6	14.2	10.4	16.3	17.7
半导体分立器件制造	Manufacture of Semiconductor Discreting Appliances	2.1	6.8	19.9	19.6	29.2	29.6
集成电路制造	Manufacture of Integrate Circuit	3.7	8.9	43.4	36.8	46.4	71.1
电子元件制造	Manufacture of Electronic Components	29.9	63.0	258.8	324.2	419.0	497.2
其他电子设备制造	Manufacture of Other Electronic Equipment	20.1	11.8	67.0	86.3	116.0	105.5
计算机及办公设备制造业	**Manufacture of Computers and Office Equipment**	**18.3**	**34.9**	**184.6**	**168.4**	**182.8**	**206.9**
#计算机整机制造	Manufacture of Entired Computer	9.2	14.5	51.3	50.6	56.1	51.5
计算机零部件制造	Manufacture of Computer Components and Parts	8.7	17.5	113.9	96.7	28.9	51.8
计算机外围设备制造	Manufacture of Computer Peripheral Equipment					48.1	37.0
办公设备制造	Manufacture of Office Equipment	0.4	2.9	19.4	21.2	20.9	34.2
医疗仪器设备及仪器仪表制造业	**Manufacture of Medical Equipments and Measuring Instrument**	**31.3**	**111.5**	**485.7**	**609.8**	**752.8**	**888.0**
1.医疗仪器设备及器械制造	Manufacture of Medical Equipment and Appliance	6.2	19.1	92.4	125.0	172.0	201.8
2.仪器仪表制造	Manufacture of Measuring Instrument	25.1	92.5	393.3	484.8	580.8	686.2

1-1-6　续表 5　continued

行　业	Industry	出口交货值（亿元） Exports (100 million yuan)					
		2000	2005	2010	2011	2012	2013
合计	**Total**	**510.8**	**1490.7**	**4202.9**	**4582.6**	**5361.7**	**6139.0**
医药制造业	**Manufacture of Medicines**	**141.1**	**320.7**	**527.1**	**604.6**	**673.6**	**682.6**
#化学药品制造	Manufacture of Chemical Medicine	114.1	242.7	387.2	400.9	444.9	446.0
中成药生产	Production of Finished Traditional Chinese Herbal Medicine		20.3	16.8	24.7	27.8	25.9
生物药品制造	Manufacture of Biological Medicine	5.4	33.9	69.1	111.5	96.7	104.0
航空、航天器及设备制造业	**Manufacture of Aircrafts and Spacecrafts and Related Equipment**	**24.4**	**47.7**	**124.7**	**170.9**	**190.6**	**181.0**
#飞机制造	Manufacture of Airplanes	21.0	47.4	122.2	168.0	175.5	175.6
航天器制造	Manufacture of Spacecrafts	3.4	0.3	2.5	2.9		0.8
电子及通信设备制造业	**Manufacture of Electronic Equipment and Communication Equipment**	**237.1**	**854.4**	**2828.7**	**3105.6**	**3745.5**	**4400.7**
#通信设备制造	Manufacture of Communication Equipment	25.2	336.1	1331.8	1613.6	1812.0	2130.6
#通信系统设备制造	Manufacture of Communication System Equipment	17.2	284.7	1253.7	1463.3	1589.1	1832.9
通信终端设备制造	Manufacture of Communication Terminal Equipment	3.7	4.5	17.8	32.4	222.9	297.7
广播电视设备制造	Manufacture of Broadcasting and TV Equipment	0.5	21.4	67.6	84.1	139.9	191.4
雷达及配套设备制造	Manufacture of Radar and Its Fittings	6.0	13.8	24.5	36.8	53.7	87.1
视听设备制造	Manufacture of TV Set and Radio Receiver	57.1	203.6	494.1	488.6	539.1	615.2
电子器件制造	Manufacture of Electronic Appliances	64.1	126.4	468.7	419.7	510.2	715.2
#电子真空器件制造	Manufacture of Electronic Vacuum Appliance	50.5	57.8	94.1	23.6	9.7	8.1
半导体分立器件制造	Manufacture of Semiconductor Discreting Appliances	5.5	20.8	35.2	41.1	50.8	47.5
集成电路制造	Manufacture of Integrate Circuit	8.1	16.9	51.3	62.9	83.9	147.0
电子元件制造	Manufacture of Electronic Components	77.1	138.6	393.5	414.7	518.8	460.1
其他电子设备制造	Manufacture of Other Electronic Equipment	6.9	14.5	48.4	48.1	63.9	70.6
计算机及办公设备制造业	**Manufacture of Computers and Office Equipment**	**70.8**	**172.9**	**418.6**	**335.6**	**390.2**	**464.9**
#计算机整机制造	Manufacture of Entired Computer	21.8	16.8	33.2	50.5	89.6	123.0
计算机零部件制造	Manufacture of Computer Components and Parts	40.2	145.5	370.3	263.9	38.9	49.5
计算机外围设备制造	Manufacture of Computer Peripheral Equipment					211.1	225.5
办公设备制造	Manufacture of Office Equipment	8.8	10.6	15.0	21.2	20.2	30.0
医疗仪器设备及仪器仪表制造业	**Manufacture of Medical Equipments and Measuring Instrument**	**37.4**	**95.0**	**303.8**	**365.9**	**361.8**	**409.8**
1.医疗仪器设备及器械制造	Manufacture of Medical Equipment and Appliance	8.0	16.2	103.4	118.4	132.5	156.1
2.仪器仪表制造	Manufacture of Measuring Instrument	29.3	78.8	200.5	247.5	229.3	253.7

1-1-7 港澳台资企业分行业高技术产业生产经营情况

Statistics on Production and Management in High-tech Industry of Hong Kong, Macau and Taiwan Funded Enterprises by Industrial Sector

行 业	Industry	企业数（个） Number of Enterprises (unit)					
		2000	2005	2010	2011	2012	2013
合计	**Total**	**1627**	**2856**	**3891**	**3173**	**3311**	**3407**
医药制造业	**Manufacture of Medicines**	**276**	**356**	**444**	**392**	**381**	**396**
#化学药品制造	Manufacture of Chemical Medicine	125	155	180	160	144	150
中成药生产	Production of Finished Traditional Chinese Herbal Medicine		103	110	93	99	95
生物药品制造	Manufacture of Biological Medicine	28	36	58	52	59	64
航空、航天器及设备制造业	**Manufacture of Aircrafts and Spacecrafts and Related Equipment**	**2**	**4**	**9**	**11**	**11**	**14**
#飞机制造	Manufacture of Airplanes	2	4	9	10	1	3
航天器制造	Manufacture of Spacecrafts				1		
电子及通信设备制造业	**Manufacture of Electronic Equipment and Communication Equipment**	**1045**	**1830**	**2644**	**2151**	**2280**	**2341**
#通信设备制造	Manufacture of Communication Equipment	138	183	224	183	190	206
#通信系统设备制造	Manufacture of Communication System Equipment	49	56	57	42	68	71
通信终端设备制造	Manufacture of Communication Terminal Equipment	28	59	49	34	122	135
广播电视设备制造	Manufacture of Broadcasting and TV Equipment	13	61	64	61	77	88
雷达及配套设备制造	Manufacture of Radar and Its Fittings		1			1	2
视听设备制造	Manufacture of TV Set and Radio Receiver	157	280	306	258	236	251
电子器件制造	Manufacture of Electronic Appliances	156	311	428	391	398	410
#电子真空器件制造	Manufacture of Electronic Vacuum Appliance	19	14	13	10	7	7
半导体分立器件制造	Manufacture of Semiconductor Discreting Appliances	67	62	64	51	52	52
集成电路制造	Manufacture of Integrate Circuit	70	97	104	82	77	71
电子元件制造	Manufacture of Electronic Components	457	895	1445	1120	1097	1094
其他电子设备制造	Manufacture of Other Electronic Equipment	124	99	177	138	164	170
计算机及办公设备制造业	**Manufacture of Computers and Office Equipment**	**184**	**390**	**408**	**334**	**339**	**352**
#计算机整机制造	Manufacture of Entired Computer	29	47	32	30	30	27
计算机零部件制造	Manufacture of Computer Components and Parts	121	294	329	268	122	128
计算机外围设备制造	Manufacture of Computer Peripheral Equipment					112	115
办公设备制造	Manufacture of Office Equipment	34	49	47	36	42	48
医疗仪器设备及仪器仪表制造业	**Manufacture of Medical Equipments and Measuring Instrument**	**120**	**276**	**386**	**285**	**300**	**304**
1.医疗仪器设备及器械制造	Manufacture of Medical Equipment and Appliance	20	61	110	82	87	82
2.仪器仪表制造	Manufacture of Measuring Instrument	100	215	276	203	213	222

1-1-7　续表 1　continued

行　业	Industry	从业人员平均人数（人） Annual Average Number of Employed Personnel (person)					
		2000	2005	2010	2011	2012	2013
合计	**Total**	**595800**	**1518686**	**2489372**	**2847497**	**3188950**	**3170590**
医药制造业	**Manufacture of Medicines**	**55317**	**77653**	**147499**	**151972**	**165039**	**159951**
#化学药品制造	Manufacture of Chemical Medicine	28233	36231	75619	82660	81615	84584
中成药生产	Production of Finished Traditional Chinese Herbal Medicine		25897	26225	27891	37275	32662
生物药品制造	Manufacture of Biological Medicine	2773	4409	15975	17878	18298	19115
航空、航天器及设备制造业	**Manufacture of Aircrafts and Spacecrafts and Related Equipment**	**1618**	**3475**	**6050**	**11774**	**10404**	**10659**
#飞机制造	Manufacture of Airplanes	1618	3475	6050	11706	140	336
航天器制造	Manufacture of Spacecrafts				68		
电子及通信设备制造业	**Manufacture of Electronic Equipment and Communication Equipment**	**417128**	**1051800**	**1742415**	**1986772**	**2268279**	**2317522**
#通信设备制造	Manufacture of Communication Equipment	41321	110824	176403	310315	447711	522033
#通信系统设备制造	Manufacture of Communication System Equipment	14035	17226	42619	49409	71344	80514
通信终端设备制造	Manufacture of Communication Terminal Equipment	13511	49249	41192	48020	376367	441519
广播电视设备制造	Manufacture of Broadcasting and TV Equipment	1790	16729	21268	26816	37915	44746
雷达及配套设备制造	Manufacture of Radar and Its Fittings		1500			1147	241
视听设备制造	Manufacture of TV Set and Radio Receiver	111703	240474	213900	236802	240164	262937
电子器件制造	Manufacture of Electronic Appliances	67372	154813	332816	368034	356247	341575
#电子真空器件制造	Manufacture of Electronic Vacuum Appliance	12774	12272	4744	5358	2275	1900
半导体分立器件制造	Manufacture of Semiconductor Discreting Appliances	17873	17952	24086	28745	28569	25727
集成电路制造	Manufacture of Integrate Circuit	36725	48406	81112	64152	60043	50227
电子元件制造	Manufacture of Electronic Components	153496	477794	906234	947155	967944	905565
其他电子设备制造	Manufacture of Other Electronic Equipment	41446	49666	91794	97650	107720	146471
计算机及办公设备制造业	**Manufacture of Computers and Office Equipment**	**96660**	**300184**	**481738**	**575160**	**630961**	**571314**
#计算机整机制造	Manufacture of Entired Computer	19667	45879	105398	226015	302983	262502
计算机零部件制造	Manufacture of Computer Components and Parts	47954	223575	341491	318793	124057	121813
计算机外围设备制造	Manufacture of Computer Peripheral Equipment					137761	116361
办公设备制造	Manufacture of Office Equipment	29039	30730	34849	30352	26269	28709
医疗仪器设备及仪器仪表制造业	**Manufacture of Medical Equipments and Measuring Instrument**	**25077**	**85574**	**111670**	**121819**	**114267**	**111144**
1.医疗仪器设备及器械制造	Manufacture of Medical Equipment and Appliance	4175	13463	27459	25629	30679	28854
2.仪器仪表制造	Manufacture of Measuring Instrument	20902	72111	84211	96190	83588	82290

1-1-7 续表 2 continued

行 业	Industry	主营业务收入（亿元） Revenue from Principal Business (100 million yuan)					
		2000	2005	2010	2011	2012	2013
合计	**Total**	**1872.1**	**6539.4**	**14345.9**	**17534.7**	**21056.7**	**23073.6**
医药制造业	**Manufacture of Medicines**	**134.3**	**254.7**	**1056.2**	**1194.0**	**1377.5**	**1534.9**
#化学药品制造	Manufacture of Chemical Medicine	70.1	145.9	669.3	691.9	764.7	868.5
中成药生产	Production of Finished Traditional Chinese Herbal Medicine		66.6	147.5	198.9	318.7	355.4
生物药品制造	Manufacture of Biological Medicine	8.6	20.2	135.3	161.5	154.0	170.9
航空、航天器及设备制造业	**Manufacture of Aircrafts and Spacecrafts and Related Equipment**	**6.4**	**24.9**	**30.8**	**72.1**	**94.1**	**91.1**
#飞机制造	Manufacture of Airplanes	6.4	24.9	30.8	71.5	2.5	3.3
航天器制造	Manufacture of Spacecrafts				0.6		
电子及通信设备制造业	**Manufacture of Electronic Equipment and Communication Equipment**	**1125.0**	**3541.7**	**7741.3**	**9690.8**	**12441.3**	**13881.7**
#通信设备制造	Manufacture of Communication Equipment	99.0	431.4	1057.1	1687.0	3033.5	3921.8
#通信系统设备制造	Manufacture of Communication System Equipment	32.8	60.7	280.3	419.7	578.5	704.2
通信终端设备制造	Manufacture of Communication Terminal Equipment	28.2	132.9	142.3	143.8	2455.0	3217.6
广播电视设备制造	Manufacture of Broadcasting and TV Equipment	2.8	33.0	103.9	132.9	182.2	238.6
雷达及配套设备制造	Manufacture of Radar and Its Fittings		0.3			5.1	12.1
视听设备制造	Manufacture of TV Set and Radio Receiver	496.8	1135.2	1180.8	1371.7	1766.8	1958.1
电子器件制造	Manufacture of Electronic Appliances	223.0	659.5	1733.6	2157.1	1937.4	2177.7
#电子真空器件制造	Manufacture of Electronic Vacuum Appliance	112.2	110.7	51.2	7.3	7.0	5.6
半导本分立器件制造	Manufacture of Semiconductor Discreting Appliances	31.8	56.0	116.6	129.5	129.0	127.8
集成电路制造	Manufacture of Integrate Circuit	79.1	274.2	415.2	457.3	390.8	403.8
电子元件制造	Manufacture of Electronic Components	234.0	1180.3	3292.5	3912.2	4273.9	4163.6
其他电子设备制造	Manufacture of Other Electronic Equipment	69.3	102.0	373.4	430.0	558.6	765.0
计算机及办公设备制造业	**Manufacture of Computers and Office Equipment**	**563.6**	**2461.8**	**5028.8**	**5959.8**	**6576.8**	**6917.4**
#计算机整机制造	Manufacture of Entired Computer	263.6	1137.7	3053.9	3745.0	4206.2	4647.8
计算机零部件制造	Manufacture of Computer Components and Parts	251.1	1223.5	1729.9	1947.9	602.9	619.0
计算机外围设备制造	Manufacture of Computer Peripheral Equipment					1233.4	1094.9
办公设备制造	Manufacture of Office Equipment	48.9	100.5	245.0	267.0	199.6	240.4
医疗仪器设备及仪器仪表制造业	**Manufacture of Medical Equipments and Measuring Instrument**	**42.8**	**256.3**	**488.9**	**618.0**	**567.0**	**648.5**
1.医疗仪器设备及器械制造	Manufacture of Medical Equipment and Appliance	5.0	32.7	121.5	126.5	118.9	128.6
2.仪器仪表制造	Manufacture of Measuring Instrument	37.8	223.6	367.4	491.5	448.1	519.9

1-1-7　续表 3　continued

行　业	Industry	利润总额（亿元） Profits (100 million yuan)					
		2000	2005	2010	2011	2012	2013
合计	**Total**	**84.4**	**186.0**	**735.3**	**862.3**	**986.6**	**1093.1**
医药制造业	**Manufacture of Medicines**	**11.3**	**22.5**	**147.4**	**154.2**	**174.6**	**191.8**
#化学药品制造	Manufacture of Chemical Medicine	4.9	11.2	90.9	83.3	93.3	105.9
中成药生产	Production of Finished Traditional Chinese Herbal Medicine		7.6	19.1	28.5	39.5	41.5
生物药品制造	Manufacture of Biological Medicine	1.5	2.2	22.5	22.2	22.8	26.8
航空、航天器及设备制造业	**Manufacture of Aircrafts and Spacecrafts and Related Equipment**	**1.7**	**2.6**	**1.7**	**3.7**	**3.4**	**3.5**
#飞机制造	Manufacture of Airplanes	1.7	2.6	1.7	3.8	0.4	0.4
航天器制造	Manufacture of Spacecrafts				-0.1		
电子及通信设备制造业	**Manufacture of Electronic Equipment and Communication Equipment**	**49.4**	**101.9**	**398.8**	**446.5**	**521.1**	**595.1**
#通信设备制造	Manufacture of Communication Equipment	5.9	-1.6	60.5	78.4	146.5	176.2
#通信系统设备制造	Manufacture of Communication System Equipment	2.7	1.5	28.3	44.5	16.0	94.3
通信终端设备制造	Manufacture of Communication Terminal Equipment	1.2	2.3	8.6	6.3	130.5	81.9
广播电视设备制造	Manufacture of Broadcasting and TV Equipment		0.6	3.5	6.0	11.4	15.7
雷达及配套设备制造	Manufacture of Radar and Its Fittings					0.7	0.8
视听设备制造	Manufacture of TV Set and Radio Receiver	7.5	22.2	67.0	56.3	66.3	75.0
电子器件制造	Manufacture of Electronic Appliances	21.5	20.3	73.1	103.1	81.3	93.4
#电子真空器件制造	Manufacture of Electronic Vacuum Appliance	15.8	-4.2	2.3	0.4	-1.0	0.2
半导体分立器件制造	Manufacture of Semiconductor Discreting Appliances	1.6	3.0	7.6	4.8	2.0	3.4
集成电路制造	Manufacture of Integrate Circuit	4.1	11.9	19.6	27.2	27.0	30.2
电子元件制造	Manufacture of Electronic Components	13.5	52.9	180.1	182.1	162.6	169.6
其他电子设备制造	Manufacture of Other Electronic Equipment	1.0	7.5	14.6	20.6	22.3	35.8
计算机及办公设备制造业	**Manufacture of Computers and Office Equipment**	**19.2**	**44.4**	**139.4**	**194.9**	**233.3**	**250.6**
#计算机整机制造	Manufacture of Entired Computer	12.6	4.7	21.8	38.0	73.7	136.9
计算机零部件制造	Manufacture of Computer Components and Parts	5.7	36.4	107.2	148.0	25.3	21.0
计算机外围设备制造	Manufacture of Computer Peripheral Equipment					65.7	46.0
办公设备制造	Manufacture of Office Equipment	0.9	3.4	10.4	8.9	7.0	8.7
医疗仪器设备及仪器仪表制造业	**Manufacture of Medical Equipments and Measuring Instrument**	**2.8**	**14.4**	**48.1**	**62.9**	**54.2**	**52.0**
1.医疗仪器设备及器械制造	Manufacture of Medical Equipment and Appliance	0.4	2.8	18.2	15.8	15.8	12.1
2.仪器仪表制造	Manufacture of Measuring Instrument	2.4	11.7	29.9	47.2	38.4	39.9

1-1-7 续表 4 continued

行 业	Industry	利税（亿元） Taxes and Profits (100 million yuan)					
		2000	2005	2010	2011	2012	2013
合计	**Total**	**127.4**	**270.3**	**945.3**	**1199.0**	**1519.0**	**1711.0**
医药制造业	**Manufacture of Medicines**	**21.6**	**38.7**	**197.9**	**231.2**	**262.1**	**292.3**
#化学药品制造	Manufacture of Chemical Medicine	10.5	18.5	119.5	134.2	140.4	161.7
中成药生产	Production of Finished Traditional Chinese Herbal Medicine		14.1	29.8	42.0	61.4	65.9
生物药品制造	Manufacture of Biological Medicine	2.4	3.5	28.4	29.1	32.8	37.9
航空、航天器及设备制造业	**Manufacture of Aircrafts and Spacecrafts and Related Equipment**	**1.8**	**3.0**	**1.9**	**5.6**	**6.0**	**6.4**
#飞机制造	Manufacture of Airplanes	1.8	3.0	1.9	5.7	0.4	0.4
航天器制造	Manufacture of Spacecrafts				-0.1		
电子及通信设备制造业	**Manufacture of Electronic Equipment and Communication Equipment**	**71.6**	**140.6**	**503.0**	**597.1**	**814.9**	**963.3**
#通信设备制造	Manufacture of Communication Equipment	9.2	3.6	72.1	107.8	255.9	355.1
#通信系统设备制造	Manufacture of Communication System Equipment	4.1	2.8	30.6	46.9	21.8	128.0
通信终端设备制造	Manufacture of Communication Terminal Equipment	2.2	3.1	10.2	7.5	234.0	227.0
广播电视设备制造	Manufacture of Broadcasting and TV Equipment	0.1	1.2	5.2	9.6	15.3	22.6
雷达及配套设备制造	Manufacture of Radar and Its Fittings					1.0	0.8
视听设备制造	Manufacture of TV Set and Radio Receiver	10.2	33.6	80.4	79.9	115.0	117.2
电子器件制造	Manufacture of Electronic Appliances	28.3	27.7	97.7	129.3	106.3	119.1
#电子真空器件制造	Manufacture of Electronic Vacuum Appliance	19.4	-2.8	2.6	0.7	-0.9	0.3
半导体分立器件制造	Manufacture of Semiconductor Discreting Appliances	2.1	3.7	9.5	6.4	2.3	2.9
集成电路制造	Manufacture of Integrate Circuit	6.7	15.2	24.2	32.3	32.8	37.6
电子元件制造	Manufacture of Electronic Components	22.1	65.6	225.9	241.9	235.0	251.8
其他电子设备制造	Manufacture of Other Electronic Equipment	1.8	9.0	21.7	28.7	43.4	57.5
计算机及办公设备制造业	**Manufacture of Computers and Office Equipment**	**28.0**	**67.9**	**180.1**	**282.8**	**362.5**	**375.8**
#计算机整机制造	Manufacture of Entired Computer	18.2	13.4	28.2	89.0	151.9	231.1
计算机零部件制造	Manufacture of Computer Components and Parts	8.5	50.7	140.1	182.5	35.6	31.0
计算机外围设备制造	Manufacture of Computer Peripheral Equipment					83.5	57.5
办公设备制造	Manufacture of Office Equipment	1.3	3.8	11.8	11.2	14.4	9.5
医疗仪器设备及仪器仪表制造业	**Manufacture of Medical Equipments and Measuring Instrument**	**4.5**	**20.1**	**62.5**	**82.3**	**73.6**	**73.2**
1.医疗仪器设备及器械制造	Manufacture of Medical Equipment and Appliance	0.7	3.7	21.5	20.4	20.3	16.3
2.仪器仪表制造	Manufacture of Measuring Instrument	3.8	16.4	41.0	61.9	53.4	56.9

1-1-7　续表 5　continued

行　业	Industry	出口交货值（亿元） Expoats (100 million yuan)					
		2000	2005	2010	2011	2012	2013
合计	**Total**	**867.1**	**4301.8**	**9233.4**	**11214.8**	**14107.7**	**15048.4**
医药制造业	**Manufacture of Medicines**	**18.1**	**34.8**	**151.0**	**150.5**	**171.1**	**171.1**
#化学药品制造	Manufacture of Chemical Medicine	9.6	21.4	109.1	111.2	110.3	116.6
中成药生产	Production of Finished Traditional Chinese Herbal Medicine		2.3	3.6	1.4	16.8	9.8
生物药品制造	Manufacture of Biological Medicine	0.8	5.1	21.8	22.4	15.7	17.1
航空、航天器及设备制造业	**Manufacture of Aircrafts and Spacecrafts and Related Equipment**	**5.6**	**23.4**	**23.5**	**49.5**	**71.7**	**66.7**
#飞机制造	Manufacture of Airplanes	5.6	23.4	23.5	49.5	2.5	3.0
航天器制造	Manufacture of Spacecrafts						
电子及通信设备制造业	**Manufacture of Electronic Equipment and Communication Equipment**	**516.9**	**2347.3**	**5213.4**	**6212.9**	**8429.2**	**9155.2**
#通信设备制造	Manufacture of Communication Equipment	32.0	219.2	723.8	1108.2	2431.9	2907.8
#通信系统设备制造	Manufacture of Communication System Equipment	7.6	38.0	220.9	201.3	398.4	321.7
通信终端设备制造	Manufacture of Communication Terminal Equipment	15.3	104.0	108.6	112.6	2033.5	2586.1
广播电视设备制造	Manufacture of Broadcasting and TV Equipment	1.1	18.5	77.1	75.1	100.9	105.1
雷达及配套设备制造	Manufacture of Radar and Its Fittings		0.2			2.5	2.8
视听设备制造	Manufacture of TV Set and Radio Receiver	145.5	732.4	615.0	689.5	991.3	1096.5
电子器件制造	Manufacture of Electronic Appliances	122.9	477.4	1293.2	1499.8	1381.5	1576.3
#电子真空器件制造	Manufacture of Electronic Vacuum Appliance	27.4	67.6	37.8	3.2	3.4	1.8
半导体分立器件制造	Manufacture of Semiconductor Discreting Appliances	26.3	37.4	75.5	83.4	87.0	88.4
集成电路制造	Manufacture of Integrate Circuit	69.2	213.6	274.6	248.5	297.1	304.1
电子元件制造	Manufacture of Electronic Components	170.8	819.2	2272.1	2576.4	2826.2	2656.3
其他电子设备制造	Manufacture of Other Electronic Equipment	44.5	80.5	232.3	263.9	262.4	457.8
计算机及办公设备制造业	**Manufacture of Computers and Office Equipment**	**309.0**	**1729.9**	**3638.6**	**4566.2**	**5221.7**	**5453.8**
#计算机整机制造	Manufacture of Entired Computer	93.4	731.0	2168.7	2780.0	3298.6	3748.0
计算机零部件制造	Manufacture of Computer Components and Parts	167.7	912.0	1343.2	1574.2	537.1	499.9
计算机外围设备制造	Manufacture of Computer Peripheral Equipment					1078.3	923.3
办公设备制造	Manufacture of Office Equipment	48.0	86.9	126.7	211.9	124.7	121.4
医疗仪器设备及仪器仪表制造业	**Manufacture of Medical Equipments and Measuring Instrument**	**17.5**	**166.5**	**207.0**	**235.8**	**214.1**	**201.7**
1.医疗仪器设备及器械制造	Manufacture of Medical Equipment and Appliance	1.7	18.1	64.9	74.9	44.3	47.8
2.仪器仪表制造	Manufacture of Measuring Instrument	15.8	148.4	142.1	160.9	169.9	154.0

1-1-8 外资企业分行业高技术产业生产经营情况

Statistics on Production and Management in High-tech Industry of Foreign Funded Enterprises by Industrial Sector

行业	Industry	企业数（个） Number of Enterprises (unit)					
		2000	2005	2010	2011	2012	2013
合计	**Total**	**1441**	**3635**	**5393**	**4434**	**4684**	**4646**
医药制造业	**Manufacture of Medicines**	**316**	**534**	**696**	**559**	**565**	**557**
#化学药品制造	Manufacture of Chemical Medicine	152	232	293	252	245	238
中成药生产	Production of Finished Traditional Chinese Herbal Medicine		89	104	72	68	68
生物药品制造	Manufacture of Biological Medicine	42	92	129	106	103	104
航空、航天器及设备制造业	**Manufacture of Aircrafts and Spacecrafts and Related Equipment**	**6**	**26**	**52**	**46**	**54**	**57**
#飞机制造	Manufacture of Airplanes	5	25	46	41	22	25
航天器制造	Manufacture of Spacecrafts	1	1	6	5		
电子及通信设备制造业	**Manufacture of Electronic Equipment and Communication Equipment**	**789**	**2117**	**3243**	**2682**	**2961**	**2913**
#通信设备制造	Manufacture of Communication Equipment	162	278	322	260	254	240
#通信系统设备制造	Manufacture of Communication System Equipment	60	79	73	56	104	95
通信终端设备制造	Manufacture of Communication Terminal Equipment	28	39	36	28	150	145
广播电视设备制造	Manufacture of Broadcasting and TV Equipment	8	60	75	49	63	83
雷达及配套设备制造	Manufacture of Radar and Its Fittings		2	4	1	4	3
视听设备制造	Manufacture of TV Set and Radio Receiver	71	206	218	196	192	207
电子器件制造	Manufacture of Electronic Appliances	104	417	732	664	698	662
#电子真空器件制造	Manufacture of Electronic Vacuum Appliance	23	38	38	22	17	20
半导体分立器件制造	Manufacture of Semiconductor Discreting Appliances	45	74	126	100	104	100
集成电路制造	Manufacture of Integrate Circuit	36	140	164	146	137	133
电子元件制造	Manufacture of Electronic Components	339	1051	1652	1325	1355	1306
其他电子设备制造	Manufacture of Other Electronic Equipment	105	103	240	187	205	219
计算机及办公设备制造业	**Manufacture of Computers and Office Equipment**	**121**	**410**	**498**	**427**	**393**	**414**
#计算机整机制造	Manufacture of Entired Computer	25	64	46	47	45	45
计算机零部件制造	Manufacture of Computer Components and Parts	65	285	401	332	145	155
计算机外围设备制造	Manufacture of Computer Peripheral Equipment					114	113
办公设备制造	Manufacture of Office Equipment	31	61	51	48	47	56
医疗仪器设备及仪器仪表制造业	**Manufacture of Medical Equipments and Measuring Instrument**	**209**	**548**	**904**	**720**	**711**	**705**
1.医疗仪器设备及器械制造	Manufacture of Medical Equipment and Appliance	46	140	273	212	204	200
2.仪器仪表制造	Manufacture of Measuring Instrument	163	408	631	508	507	505

1-1-8　续表 1　continued

行　业	Industry	从业人员平均人数（人） Annual Average Number of Employed Personnel (person)					
		2000	2005	2010	2011	2012	2013
合计	**Total**	**611611**	**2175564**	**3893476**	**3954530**	**4075094**	**3971712**
医药制造业	**Manufacture of Medicines**	**71625**	**148583**	**234551**	**241575**	**255430**	**264645**
#化学药品制造	Manufacture of Chemical Medicine	35739	89070	141583	152767	161267	162298
中成药生产	Production of Finished Traditional Chinese Herbal Medicine		25059	31519	27098	25721	31450
生物药品制造	Manufacture of Biological Medicine	6127	13254	21717	24584	25983	28009
航空、航天器及设备制造业	**Manufacture of Aircrafts and Spacecrafts and Related Equipment**	**6598**	**10595**	**20643**	**16301**	**21373**	**23899**
#飞机制造	Manufacture of Airplanes	6383	10344	19575	15494	5806	7487
航天器制造	Manufacture of Spacecrafts	215	251	1068	807		
电子及通信设备制造业	**Manufacture of Electronic Equipment and Communication Equipment**	**416351**	**1315984**	**2310706**	**2330697**	**2484491**	**2414930**
#通信设备制造	Manufacture of Communication Equipment	77733	234972	410558	419959	364361	377072
#通信系统设备制造	Manufacture of Communication System Equipment	22008	29244	47018	53587	80299	77422
通信终端设备制造	Manufacture of Communication Terminal Equipment	12164	32155	39947	30672	284062	299650
广播电视设备制造	Manufacture of Broadcasting and TV Equipment	2314	16080	27055	25076	33867	48870
雷达及配套设备制造	Manufacture of Radar and Its Fittings		222	251	111	1189	953
视听设备制造	Manufacture of TV Set and Radio Receiver	69927	142980	142121	179616	168598	172525
电子器件制造	Manufacture of Electronic Appliances	64375	285129	538830	666169	724523	694811
#电子真空器件制造	Manufacture of Electronic Vacuum Appliance	26143	37231	22024	17825	5858	6076
半导体分立器件制造	Manufacture of Semiconductor Discreting Appliances	21132	23474	54686	48000	50194	47283
集成电路制造	Manufacture of Integrate Circuit	17100	114442	146033	153469	147596	143693
电子元件制造	Manufacture of Electronic Components	178842	599470	1100089	950820	997281	913771
其他电子设备制造	Manufacture of Other Electronic Equipment	23160	37131	91802	88946	122432	135011
计算机及办公设备制造业	**Manufacture of Computers and Office Equipment**	**72465**	**580240**	**1102664**	**1141333**	**1098383**	**1050972**
#计算机整机制造	Manufacture of Entired Computer	10906	244348	405493	418046	391140	409442
计算机零部件制造	Manufacture of Computer Components and Parts	48312	303303	654030	671205	471700	424201
计算机外围设备制造	Manufacture of Computer Peripheral Equipment					126465	97642
办公设备制造	Manufacture of Office Equipment	13247	32589	43141	52082	62698	72805
医疗仪器设备及仪器仪表制造业	**Manufacture of Medical Equipments and Measuring Instrument**	**44572**	**120162**	**224912**	**224624**	**215417**	**217266**
1.医疗仪器设备及器械制造	Manufacture of Medical Equipment and Appliance	7324	32501	66356	66298	63311	65425
2.仪器仪表制造	Manufacture of Measuring Instrument	37248	87661	158556	158326	152106	151841

1-1-8 续表 2 continued

行业	Industry	主营业务收入（亿元） Revenue from Principal Business (100 million yuan)					
		2000	2005	2010	2011	2012	2013
合计	**Total**	**4141.4**	**18244.8**	**33870.4**	**37441.0**	**39871.9**	**42855.6**
医药制造业	**Manufacture of Medicines**	**252.0**	**712.3**	**1974.8**	**2357.7**	**2678.7**	**3004.0**
#化学药品制造	Manufacture of Chemical Medicine	170.0	500.1	1389.0	1647.2	1837.2	2051.7
中成药生产	Production of Finished Traditional Chinese Herbal Medicine		69.6	187.9	218.2	229.6	271.0
生物药品制造	Manufacture of Biological Medicine	21.0	78.9	194.3	230.9	302.9	354.2
航空、航天器及设备制造业	**Manufacture of Aircrafts and Spacecrafts and Related Equipment**	**18.7**	**51.6**	**211.9**	**245.9**	**291.5**	**397.0**
#飞机制造	Manufacture of Airplanes	18.4	50.8	208.1	240.9	166.3	245.7
航天器制造	Manufacture of Spacecrafts	0.3	0.8	3.9	5.0		
电子及通信设备制造业	**Manufacture of Electronic Equipment and Communication Equipment**	**2993.6**	**9372.3**	**16906.0**	**19693.7**	**21662.9**	**23597.7**
#通信设备制造	Manufacture of Communication Equipment	1439.6	4023.2	4758.2	5171.4	4976.2	6055.8
#通信系统设备制造	Manufacture of Communication System Equipment	449.7	402.2	647.7	742.9	771.9	768.5
通信终端设备制造	Manufacture of Communication Terminal Equipment	214.4	249.2	249.6	243.3	4204.3	5287.2
广播电视设备制造	Manufacture of Broadcasting and TV Equipment	13.9	58.7	150.8	121.4	157.1	408.6
雷达及配套设备制造	Manufacture of Radar and Its Fittings		1.1	1.8	1.1	7.1	6.3
视听设备制造	Manufacture of TV Set and Radio Receiver	541.2	1042.7	1642.0	2048.3	2108.7	2761.2
电子器件制造	Manufacture of Electronic Appliances	398.7	1818.3	4945.0	6852.0	7732.7	7366.5
#电子真空器件制造	Manufacture of Electronic Vacuum Appliance	194.8	296.7	222.0	317.9	64.9	69.7
半导体分立器件制造	Manufacture of Semiconductor Discreting Appliances	66.1	121.9	334.9	319.2	366.3	356.7
集成电路制造	Manufacture of Integrate Circuit	137.7	765.8	1465.8	1499.1	1515.6	1476.0
电子元件制造	Manufacture of Electronic Components	494.9	2289.6	4925.7	4924.1	5108.8	5096.3
其他电子设备制造	Manufacture of Other Electronic Equipment	105.4	138.6	482.5	575.5	972.6	1288.3
计算机及办公设备制造业	**Manufacture of Computers and Office Equipment**	**744.1**	**7536.8**	**13272.9**	**13466.4**	**13484.8**	**13966.4**
#计算机整机制造	Manufacture of Entired Computer	240.6	4205.4	6836.0	7498.0	7730.7	8412.8
计算机零部件制造	Manufacture of Computer Components and Parts	385.1	2936.9	6005.3	5467.3	3839.0	3603.9
计算机外围设备制造	Manufacture of Computer Peripheral Equipment					919.7	860.7
办公设备制造	Manufacture of Office Equipment	118.4	394.5	431.6	501.1	690.4	731.6
医疗仪器设备及仪器仪表制造业	**Manufacture of Medical Equipments and Measuring Instrument**	**133.0**	**571.7**	**1504.8**	**1677.4**	**1754.1**	**1890.6**
1.医疗仪器设备及器械制造	Manufacture of Medical Equipment and Appliance	35.1	155.5	364.2	418.7	446.3	466.2
2.仪器仪表制造	Manufacture of Measuring Instrument	97.8	416.2	1140.7	1258.7	1307.8	1424.3

1-1-8 续表 3 continued

行 业	Industry	利润总额（亿元） Profits (100 million yuan)					
		2000	2005	2010	2011	2012	2013
合计	**Total**	**322.4**	**742.0**	**1657.2**	**1628.5**	**1778.0**	**2069.3**
医药制造业	**Manufacture of Medicines**	**22.6**	**80.7**	**263.9**	**258.4**	**296.6**	**312.5**
#化学药品制造	Manufacture of Chemical Medicine	14.9	50.0	176.0	167.0	192.4	202.6
中成药生产	Production of Finished Traditional Chinese Herbal Medicine		12.1	36.3	32.5	32.7	33.7
生物药品制造	Manufacture of Biological Medicine	1.4	13.2	29.3	31.4	45.5	49.6
航空、航天器及设备制造业	**Manufacture of Aircrafts and Spacecrafts and Related Equipment**	**1.7**	**5.3**	**6.3**	**17.9**	**21.7**	**36.8**
#飞机制造	Manufacture of Airplanes	1.9	5.2	5.8	15.7	18.1	27.0
航天器制造	Manufacture of Spacecrafts	-0.2	0.1	0.5	2.2		
电子及通信设备制造业	**Manufacture of Electronic Equipment and Communication Equipment**	**243.2**	**402.7**	**819.3**	**772.0**	**855.4**	**1123.6**
#通信设备制造	Manufacture of Communication Equipment	131.8	201.2	181.3	184.2	173.6	221.7
#通信系统设备制造	Manufacture of Communication System Equipment	41.3	5.1	25.9	23.9	9.7	13.6
通信终端设备制造	Manufacture of Communication Terminal Equipment	8.8	6.0	15.8	12.4	163.9	208.1
广播电视设备制造	Manufacture of Broadcasting and TV Equipment	0.9	2.8	9.3	5.0	3.3	15.3
雷达及配套设备制造	Manufacture of Radar and Its Fittings		0.1	0.2	0.1	0.3	0.3
视听设备制造	Manufacture of TV Set and Radio Receiver	22.4	26.0	84.4	78.4	76.7	197.3
电子器件制造	Manufacture of Electronic Appliances	44.1	48.8	243.6	265.3	378.0	401.6
#电子真空器件制造	Manufacture of Electronic Vacuum Appliance	26.3	14.6	8.9	12.2	2.6	4.2
半导体分立器件制造	Manufacture of Semiconductor Discreting Appliances	5.8	-0.4	24.1	15.2	15.6	11.1
集成电路制造	Manufacture of Integrate Circuit	11.9	14.8	81.6	99.5	102.8	94.2
电子元件制造	Manufacture of Electronic Components	35.1	120.7	269.5	200.0	168.1	202.5
其他电子设备制造	Manufacture of Other Electronic Equipment	8.9	3.2	30.9	39.0	43.6	62.8
计算机及办公设备制造业	**Manufacture of Computers and Office Equipment**	**43.4**	**196.7**	**404.2**	**400.0**	**435.2**	**417.7**
#计算机整机制造	Manufacture of Entired Computer	16.3	89.4	166.4	217.2	236.6	241.2
计算机零部件制造	Manufacture of Computer Components and Parts	21.9	90.5	212.2	162.0	133.1	106.9
计算机外围设备制造	Manufacture of Computer Peripheral Equipment					29.9	29.5
办公设备制造	Manufacture of Office Equipment	5.2	16.8	25.6	20.8	27.9	32.8
医疗仪器设备及仪器仪表制造业	**Manufacture of Medical Equipments and Measuring Instrument**	**11.5**	**56.7**	**163.6**	**180.2**	**169.1**	**178.6**
1.医疗仪器设备及器械制造	Manufacture of Medical Equipment and Appliance	2.6	16.3	41.1	47.0	48.1	46.9
2.仪器仪表制造	Manufacture of Measuring Instrument	8.9	40.4	122.5	133.2	121.0	131.8

1-1-8 续表 4 continued

行 业	Industry	利税（亿元） Taxes and Profits (100 million yuan)					
		2000	2005	2010	2011	2012	2013
合计	**Total**	**428.9**	**944.2**	**2252.1**	**2315.6**	**2643.8**	**3069.2**
医药制造业	**Manufacture of Medicines**	**44.8**	**135.9**	**403.1**	**421.7**	**483.6**	**524.5**
#化学药品制造	Manufacture of Chemical Medicine	30.0	90.8	284.4	293.4	336.0	368.1
中成药生产	Production of Finished Traditional Chinese Herbal Medicine		19.7	49.4	46.7	48.6	52.4
生物药品制造	Manufacture of Biological Medicine	3.1	17.5	38.4	45.4	61.4	67.0
航空、航天器及设备制造业	**Manufacture of Aircrafts and Spacecrafts and Related Equipment**	**2.8**	**7.8**	**10.5**	**29.0**	**36.0**	**49.8**
#飞机制造	Manufacture of Airplanes	3.0	7.7	9.9	26.7	28.7	36.3
航天器制造	Manufacture of Spacecrafts	-0.2	0.1	0.6	2.2		
电子及通信设备制造业	**Manufacture of Electronic Equipment and Communication Equipment**	**307.5**	**501.6**	**1080.4**	**1065.5**	**1326.8**	**1699.8**
#通信设备制造	Manufacture of Communication Equipment	166.4	243.6	255.2	293.8	330.9	448.1
#通信系统设备制造	Manufacture of Communication System Equipment	55.3	18.9	34.3	38.3	40.5	28.9
通信终端设备制造	Manufacture of Communication Terminal Equipment	12.0	7.0	17.9	13.3	290.4	419.2
广播电视设备制造	Manufacture of Broadcasting and TV Equipment	1.5	3.6	12.8	7.8	6.1	24.3
雷达及配套设备制造	Manufacture of Radar and Its Fittings		0.1	0.3	0.2	0.5	0.6
视听设备制造	Manufacture of TV Set and Radio Receiver	30.0	36.6	117.0	101.3	118.3	240.4
电子器件制造	Manufacture of Electronic Appliances	54.4	69.0	307.8	339.1	516.1	531.4
#电子真空器件制造	Manufacture of Electronic Vacuum Appliance	34.1	22.2	12.4	13.4	3.9	6.3
半导体分立器件制造	Manufacture of Semiconductor Discreting Appliances	7.3	0.3	28.7	20.7	21.9	16.2
集成电路制造	Manufacture of Integrate Circuit	13.1	22.1	107.1	125.2	131.7	127.0
电子元件制造	Manufacture of Electronic Components	44.1	144.1	347.1	273.4	269.7	320.3
其他电子设备制造	Manufacture of Other Electronic Equipment	11.1	4.6	40.2	49.9	64.1	99.4
计算机及办公设备制造业	**Manufacture of Computers and Office Equipment**	**57.8**	**228.2**	**553.6**	**566.5**	**570.3**	**565.7**
#计算机整机制造	Manufacture of Entired Computer	25.0	97.6	218.7	331.0	298.6	308.2
计算机零部件制造	Manufacture of Computer Components and Parts	25.3	109.3	303.9	208.5	174.6	149.6
计算机外围设备制造	Manufacture of Computer Peripheral Equipment					41.1	49.2
办公设备制造	Manufacture of Office Equipment	7.5	21.3	31.0	26.9	44.6	47.3
医疗仪器设备及仪器仪表制造业	**Manufacture of Medical Equipments and Measuring Instrument**	**16.1**	**70.7**	**204.6**	**233.0**	**227.1**	**229.4**
1.医疗仪器设备及器械制造	Manufacture of Medical Equipment and Appliance	3.7	19.5	51.0	61.5	61.8	46.6
2.仪器仪表制造	Manufacture of Measuring Instrument	12.4	51.2	153.6	171.5	165.3	182.8

1-1-8 续表 5 continued

行业	Industry	出口交货值（亿元）Exports (100 million yuan)					
		2000	2005	2010	2011	2012	2013
合计	**Total**	**2018.1**	**11843.4**	**23565.2**	**24802.9**	**27231.7**	**28097.7**
医药制造业	**Manufacture of Medicines**	**30.3**	**83.7**	**270.6**	**275.4**	**320.3**	**330.5**
#化学药品制造	Manufacture of Chemical Medicine	15.5	48.7	132.8	122.6	143.7	161.8
中成药生产	Production of Finished Traditional Chinese Herbal Medicine		2.6	19.9	28.2	10.0	12.5
生物药品制造	Manufacture of Biological Medicine	3.9	16.3	58.7	47.6	71.5	73.0
航空、航天器及设备制造业	**Manufacture of Aircrafts and Spacecrafts and Related Equipment**	**1.2**	**6.7**	**54.3**	**54.6**	**96.5**	**122.4**
#飞机制造	Manufacture of Airplanes	0.9	6.6	53.5	52.0	32.4	37.9
航天器制造	Manufacture of Spacecrafts	0.3	0.2	0.8	2.6		
电子及通信设备制造业	**Manufacture of Electronic Equipment and Communication Equipment**	**1404.2**	**6208.3**	**11546.4**	**12921.5**	**14874.3**	**15182.5**
#通信设备制造	Manufacture of Communication Equipment	382.0	2529.4	2824.1	2929.6	2811.2	3064.5
#通信系统设备制造	Manufacture of Communication System Equipment	51.7	94.5	330.5	420.8	435.9	393.1
通信终端设备制造	Manufacture of Communication Terminal Equipment	84.1	185.8	213.4	223.4	2375.2	2671.4
广播电视设备制造	Manufacture of Broadcasting and TV Equipment	2.6	26.8	82.0	68.5	91.6	278.4
雷达及配套设备制造	Manufacture of Radar and Its Fittings		0.2	0.6	0.2	2.0	1.4
视听设备制造	Manufacture of TV Set and Radio Receiver	387.7	771.6	1118.1	1422.6	1355.0	1583.6
电子器件制造	Manufacture of Electronic Appliances	180.7	1215.8	3994.6	5106.0	6484.9	6120.3
#电子真空器件制造	Manufacture of Electronic Vacuum Appliance	39.8	113.6	144.6	252.5	40.6	42.2
半导体分立器件制造	Manufacture of Semiconductor Discreting Appliances	58.7	90.9	227.6	199.0	264.9	271.8
集成电路制造	Manufacture of Integrate Circuit	82.3	603.2	1219.8	1154.4	1260.4	1255.2
电子元件制造	Manufacture of Electronic Components	396.5	1590.9	3252.2	3127.6	3252.1	3192.6
其他电子设备制造	Manufacture of Other Electronic Equipment	54.7	73.6	274.8	267.0	638.2	724.2
计算机及办公设备制造业	**Manufacture of Computers and Office Equipment**	**530.8**	**5291.8**	**11120.8**	**10978.1**	**11314.5**	**11722.1**
#计算机整机制造	Manufacture of Entired Computer	124.6	2413.2	5539.6	5678.5	6112.7	6653.8
计算机零部件制造	Manufacture of Computer Components and Parts	330.3	2535.8	5206.8	4882.1	3548.2	3441.2
计算机外围设备制造	Manufacture of Computer Peripheral Equipment					829.3	726.6
办公设备制造	Manufacture of Office Equipment	75.8	342.9	374.5	417.5	595.9	611.4
医疗仪器设备及仪器仪表制造业	**Manufacture of Medical Equipments and Measuring Instrument**	**51.6**	**252.9**	**573.1**	**573.4**	**626.1**	**740.2**
1.医疗仪器设备及器械制造	Manufacture of Medical Equipment and Appliance	18.5	80.3	183.7	221.2	217.4	241.3
2.仪器仪表制造	Manufacture of Measuring Instrument	33.1	172.7	389.4	352.3	408.8	498.9

1-1-9 各地区高技术产业生产经营情况
Statistics on Production and Management in High-tech Industry by Region

地 区	Region	企业数（个） Number of Enterprises (unit)					
		2000	2005	2010	2011	2012	2013
全 国	**Total**	**9835**	**17527**	**28189**	**21682**	**24636**	**26894**
东部地区	Eastern Region	6734	13174	20795	15582	17227	18761
中部地区	Middle Region	1361	1920	3773	3239	3805	4319
西部地区	Western Region	1028	1485	1999	1654	2311	2502
东北地区	Northeastern Region	712	948	1622	1207	1293	1312
北 京	Beijing	582	1101	1103	737	760	782
天 津	Tianjin	496	602	817	497	587	585
河 北	Hebei	254	312	438	370	433	504
山 西	Shanxi	127	145	157	118	136	138
内蒙古	Inner Mongolia	55	71	107	98	97	100
辽 宁	Liaoning	350	547	987	701	738	735
吉 林	Jilin	237	246	436	368	394	394
黑龙江	Heilongjiang	125	155	199	138	161	183
上 海	Shanghai	737	1248	1423	962	1030	1024
江 苏	Jiangsu	1144	2220	4868	4061	4598	4865
浙 江	Zhejiang	861	1991	3339	1923	2143	2391
安 徽	Anhui	177	287	745	574	744	841
福 建	Fujian	315	517	791	596	692	742
江 西	Jiangxi	176	272	555	499	602	696
山 东	Shandong	424	1219	1847	1514	1875	2015
河 南	Henan	303	383	728	723	848	933
湖 北	Hubei	333	446	798	544	687	830
湖 南	Hunan	190	316	683	683	788	881
广 东	Guangdong	1711	3693	5774	4601	5059	5802
广 西	Guangxi	160	214	338	275	285	301
海 南	Hainan	50	57	57	46	50	51
重 庆	Chongqing	116	149	324	252	315	383
四 川	Sichuan	277	563	830	727	813	841
贵 州	Guizhou	157	178	150	119	135	149
云 南	Yunnan	92	122	144	104	123	136
西 藏	Tibet	15	12	11	5	6	8
陕 西	Shaanxi	245	307	381	325	379	402
甘 肃	Gansu	69	84	81	59	87	107
青 海	Qinghai	10	24	28	26	27	28
宁 夏	Ningxia	16	20	16	14	19	19
新 疆	Xinjiang	31	26	34	23	25	28

1-1-9　续表 1　continued

地　区	Region	从业人员平均人数（人）Annual Average Number of Employed Personnel (person)					
		2000	2005	2010	2011	2012	2013
全　国	**Total**	**3922875**	**6633422**	**10922252**	**11469153**	**12686722**	**12936870**
东部地区	Eastern Region	2385858	5171091	8644117	8805608	9377423	9388752
中部地区	Middle Region	532438	569739	1130945	1378481	1675962	1855971
西部地区	Western Region	658980	588365	754912	885502	1184464	1238387
东北地区	Northeastern Region	345599	304227	392278	399562	448873	453760
北　京	Beijing	158433	208827	249889	259535	282589	287281
天　津	Tianjin	139192	176089	240022	238898	295597	271138
河　北	Hebei	98710	111211	171439	181494	182291	197432
山　西	Shanxi	41713	44027	120945	121814	147733	142061
内蒙古	Inner Mongolia	17205	21598	27846	31145	30896	32651
辽　宁	Liaoning	179272	162618	218709	198248	212992	218388
吉　林	Jilin	78439	59259	101147	127094	155255	151519
黑龙江	Heilongjiang	87888	82350	72422	74220	80626	83853
上　海	Shanghai	215236	389357	531834	586846	596542	609434
江　苏	Jiangsu	399677	1000337	2267628	2333488	2486148	2461783
浙　江	Zhejiang	218291	429489	646326	586366	644264	670358
安　徽	Anhui	54542	64533	146412	149818	187326	205182
福　建	Fujian	125585	230226	321249	332282	355641	377439
江　西	Jiangxi	97208	109870	218106	239996	267263	277522
山　东	Shandong	172261	356621	545398	553395	674943	691324
河　南	Henan	117308	139235	244892	400204	553026	633971
湖　北	Hubei	129716	121394	214977	221429	268785	293598
湖　南	Hunan	74746	69082	157767	214075	251829	303637
广　东	Guangdong	811708	2214553	3547488	3614903	3842156	3803831
广　西	Guangxi	40522	47455	110210	104282	116808	125132
海　南	Hainan	6243	6926	12634	14119	17252	18732
重　庆	Chongqing	58706	51282	88616	115688	179452	219274
四　川	Sichuan	197771	203812	325736	426474	515131	501539
贵　州	Guizhou	92967	67411	66968	63297	49315	47061
云　南	Yunnan	23264	23326	26672	25390	31775	35272
西　藏	Tibet	1191	1085	1471	1060	1130	1452
陕　西	Shaanxi	222716	196330	198975	211006	216232	230560
甘　肃	Gansu	45729	27156	27545	24873	26974	28398
青　海	Qinghai	3699	4528	5145	4638	5747	5945
宁　夏	Ningxia	7815	8565	6708	5612	7161	6726
新　疆	Xinjiang	5122	4870	7076	7464	3843	4377

1-1-9 续表 2 continued

地 区	Region	主营业务收入（亿元） Revenue from Principal Business (100 million yuan)					
		2000	2005	2010	2011	2012	2013
全 国	**Total**	**10050.1**	**33916.2**	**74482.8**	**87527.2**	**102284.0**	**116048.9**
东部地区	Eastern Region	8084.9	30000.4	62159.5	70102.4	78350.3	85972.2
中部地区	Middle Region	641.2	1456.5	5508.8	8160.6	11104.0	14123.3
西部地区	Western Region	723.1	1392.1	4063.0	5974.8	8952.7	11548.8
东北地区	Northeastern Region	600.9	1067.2	2751.4	3289.3	3877.0	4404.5
北 京	Beijing	1020.8	2168.5	3333.8	3326.3	3569.9	3826.1
天 津	Tianjin	656.3	1909.0	2291.1	2697.4	3526.9	4243.5
河 北	Hebei	155.5	300.2	883.1	1041.4	1204.5	1381.0
山 西	Shanxi	29.1	67.6	233.9	302.4	621.5	707.8
内蒙古	Inner Mongolia	19.4	102.8	225.2	312.2	273.1	344.8
辽 宁	Liaoning	354.0	608.5	1709.8	1898.5	2214.1	2362.4
吉 林	Jilin	80.0	145.4	642.4	918.1	1138.7	1431.3
黑龙江	Heilongjiang	166.9	313.3	399.2	472.7	524.2	610.8
上 海	Shanghai	1057.1	4030.3	7019.7	7063.6	7051.6	6823.4
江 苏	Jiangsu	1235.5	6137.5	16169.6	19396.0	22863.6	24854.0
浙 江	Zhejiang	489.5	1741.8	3323.7	3607.3	3976.9	4360.1
安 徽	Anhui	79.5	156.5	661.5	1055.1	1460.0	1831.4
福 建	Fujian	415.9	1421.9	2576.5	2989.8	3229.4	3545.0
江 西	Jiangxi	100.0	229.9	1039.3	1432.0	1856.7	2289.6
山 东	Shandong	366.1	1737.9	5148.8	6121.4	7729.2	8946.5
河 南	Henan	120.0	297.6	1185.6	2033.5	3257.8	4284.4
湖 北	Hubei	195.1	396.9	1257.0	1552.1	2027.3	2445.3
湖 南	Hunan	98.2	205.1	906.1	1473.4	1880.7	2564.9
广 东	Guangdong	2625.3	10428.8	20952.8	23227.6	25046.6	27871.1
广 西	Guangxi	44.7	94.2	383.8	539.6	806.2	1126.2
海 南	Hainan	18.1	30.4	76.7	92.1	151.9	121.4
重 庆	Chongqing	60.6	136.0	507.8	1111.8	1883.4	2624.2
四 川	Sichuan	297.1	578.3	2104.9	3186.5	3962.1	5160.5
贵 州	Guizhou	67.5	127.9	266.0	305.0	342.9	372.0
云 南	Yunnan	32.3	59.8	160.1	188.7	239.4	291.1
西 藏	Tibet	1.9	3.7	5.1	5.2	7.7	11.8
陕 西	Shaanxi	230.6	414.3	865.2	1001.5	1238.0	1374.0
甘 肃	Gansu	20.0	39.2	76.2	87.6	112.3	140.9
青 海	Qinghai	2.4	6.9	21.3	21.6	38.7	50.7
宁 夏	Ningxia	5.9	15.7	30.9	35.9	31.9	31.8
新 疆	Xinjiang	4.7	10.5	25.5	31.1	16.9	20.7

1-1-9　续表 3　continued

地　区	Region	利润总额（亿元） Profits (100 million yuan)					
		2000	2005	2010	2011	2012	2013
全　国	**Total**	**673.1**	**1423.2**	**4879.7**	**5244.9**	**6186.3**	**7233.7**
东部地区	Eastern Region	558.7	1244.5	3754.2	3864.3	4368.3	5157.4
中部地区	Middle Region	45.3	76.0	547.7	673.7	867.4	949.5
西部地区	Western Region	38.3	59.7	331.6	408.4	650.7	789.7
东北地区	Northeastern Region	30.8	43.0	246.2	298.5	299.9	337.2
北　京	Beijing	82.6	96.8	182.2	228.9	235.6	292.4
天　津	Tianjin	78.0	156.0	115.6	165.1	247.7	297.9
河　北	Hebei	8.0	18.0	89.3	83.6	79.7	107.8
山　西	Shanxi	2.0	2.7	12.8	28.4	109.8	25.1
内蒙古	Inner Mongolia	0.5	6.3	31.1	33.8	20.8	33.9
辽　宁	Liaoning	14.1	16.8	141.0	153.5	160.0	173.1
吉　林	Jilin	9.6	11.8	57.5	98.0	93.4	115.3
黑龙江	Heilongjiang	7.1	14.4	47.7	47.0	46.5	48.8
上　海	Shanghai	92.5	93.9	251.2	222.0	215.5	235.7
江　苏	Jiangsu	66.6	252.3	942.1	1065.1	1282.0	1521.5
浙　江	Zhejiang	41.9	82.0	296.3	350.2	370.9	419.2
安　徽	Anhui	2.5	9.5	69.6	85.9	143.4	157.8
福　建	Fujian	19.7	69.1	197.7	182.8	181.6	176.9
江　西	Jiangxi	3.7	10.8	64.0	85.8	122.1	156.0
山　东	Shandong	21.0	95.7	383.6	463.7	612.9	700.3
河　南	Henan	11.9	15.0	129.7	167.1	205.9	274.1
湖　北	Hubei	19.0	21.3	151.3	130.1	130.1	148.4
湖　南	Hunan	5.6	10.5	89.3	142.5	156.1	188.1
广　东	Guangdong	143.1	367.3	1225.6	1006.5	1110.9	1388.6
广　西	Guangxi	3.8	7.7	55.9	83.7	108.7	124.2
海　南	Hainan	1.5	5.5	14.5	12.8	31.6	17.0
重　庆	Chongqing	0.3	9.1	25.4	36.2	50.2	73.6
四　川	Sichuan	17.2	27.6	154.6	212.3	304.2	370.0
贵　州	Guizhou	2.1	3.0	27.2	29.1	33.1	27.8
云　南	Yunnan	3.6	6.6	21.5	28.9	28.6	42.2
西　藏	Tibet	0.6	1.6	2.1	1.9	2.6	3.3
陕　西	Shaanxi	13.9	6.5	77.6	73.4	77.2	86.2
甘　肃	Gansu	-0.2	2.6	11.7	12.1	14.5	19.1
青　海	Qinghai	0.1	0.8	1.2	2.4	5.0	7.8
宁　夏	Ningxia	0.6	0.9	6.0	7.7	3.1	-0.1
新　疆	Xinjiang	0.1	1.1	4.2	4.4	2.7	1.9

1-1-9 续表 4 continued

地区	Region	利税（亿元） Taxes and Profits (100 million yuan)					
		2000	2005	2010	2011	2012	2013
全 国	**Total**	**1033.6**	**2089.6**	**6753.1**	**7813.8**	**9494.3**	**11117.0**
东部地区	Eastern Region	812.9	1760.9	5143.0	5771.0	6682.7	7809.5
中部地区	Middle Region	81.0	133.8	760.1	973.6	1315.0	1536.7
西部地区	Western Region	77.3	116.1	517.0	671.6	1050.2	1258.7
东北地区	Northeastern Region	62.4	78.7	333.0	397.5	446.4	512.1
北 京	Beijing	110.6	139.4	264.9	312.3	320.4	402.7
天 津	Tianjin	97.5	183.9	187.4	255.9	408.0	546.6
河 北	Hebei	16.3	31.1	123.3	117.4	120.0	155.9
山 西	Shanxi	3.9	6.0	20.4	38.2	127.7	43.2
内蒙古	Inner Mongolia	1.3	9.1	40.3	46.6	31.5	53.0
辽 宁	Liaoning	26.5	27.9	182.8	199.1	231.2	253.0
吉 林	Jilin	15.9	20.1	79.8	130.4	140.2	180.2
黑龙江	Heilongjiang	20.0	30.7	70.4	68.1	75.0	78.9
上 海	Shanghai	124.4	136.5	307.9	279.1	283.8	289.6
江 苏	Jiangsu	117.1	334.4	1285.7	1474.4	1901.5	2155.3
浙 江	Zhejiang	66.2	133.0	404.4	475.0	526.8	599.1
安 徽	Anhui	5.9	14.8	95.1	136.1	200.8	232.6
福 建	Fujian	31.5	85.3	242.1	221.0	237.5	234.3
江 西	Jiangxi	10.3	22.6	101.6	134.2	192.9	243.9
山 东	Shandong	36.1	149.2	554.7	660.9	901.1	1037.3
河 南	Henan	19.4	28.0	169.2	238.1	354.2	466.6
湖 北	Hubei	29.1	33.7	192.1	169.0	188.2	241.6
湖 南	Hunan	11.1	19.7	141.5	211.4	251.1	308.9
广 东	Guangdong	202.8	545.7	1684.1	1853.2	1942.9	2361.1
广 西	Guangxi	7.4	14.1	69.0	101.8	137.6	163.0
海 南	Hainan	2.9	8.4	19.5	19.9	40.8	27.7
重 庆	Chongqing	3.9	15.2	45.9	73.0	86.1	123.1
四 川	Sichuan	33.3	47.3	257.9	368.2	538.4	625.6
贵 州	Guizhou	5.2	9.3	38.6	42.9	50.0	48.2
云 南	Yunnan	5.8	11.2	33.2	41.0	45.7	62.7
西 藏	Tibet	0.9	2.1	2.7	2.6	3.5	4.8
陕 西	Shaanxi	25.4	21.6	108.9	110.3	121.7	139.3
甘 肃	Gansu	0.8	4.7	15.1	16.1	19.5	25.0
青 海	Qinghai	0.4	1.2	2.2	3.5	7.3	10.7
宁 夏	Ningxia	1.0	1.4	7.1	8.8	5.1	0.1
新 疆	Xinjiang	0.5	2.1	5.4	5.2	3.7	3.1

1-1-9　续表 5　continued

地　区	Region	出口交货值（亿元） Exports (100 million yuan)					
		2000	2005	2010	2011	2012	2013
全　国	**Total**	**3396.0**	**17636.0**	**37001.6**	**40600.3**	**46701.1**	**49285.1**
东部地区	Eastern Region	3115.8	17014.1	35129.0	37209.3	40173.1	40541.6
中部地区	Middle Region	43.5	205.7	723.6	1341.3	2947.2	3745.0
西部地区	Western Region	58.0	123.1	611.2	1610.3	3086.8	4548.3
东北地区	Northeastern Region	178.7	293.1	537.8	439.4	494.0	450.2
北　京	Beijing	160.2	832.6	1217.0	1055.8	1081.4	1118.8
天　津	Tianjin	259.2	1054.5	1114.8	1185.3	1545.8	1537.0
河　北	Hebei	17.3	41.8	158.0	157.4	166.9	150.5
山　西	Shanxi	1.7	5.7	53.6	78.5	297.6	388.5
内蒙古	Inner Mongolia	1.1	31.7	6.6	6.5	6.9	11.2
辽　宁	Liaoning	163.9	271.1	516.2	415.8	466.6	417.0
吉　林	Jilin	2.0	6.6	7.2	10.6	13.5	19.7
黑龙江	Heilongjiang	12.8	15.4	14.4	13.0	14.0	13.5
上　海	Shanghai	370.7	2726.0	4987.0	4918.8	4691.2	4503.8
江　苏	Jiangsu	537.0	3876.4	9726.0	10936.9	12525.1	12244.5
浙　江	Zhejiang	120.9	744.7	1290.0	1305.0	1317.6	1425.8
安　徽	Anhui	4.5	15.6	44.7	119.5	200.8	300.3
福　建	Fujian	196.6	827.5	1494.4	1771.1	1832.1	1936.5
江　西	Jiangxi	4.8	27.1	146.9	213.4	242.7	257.7
山　东	Shandong	78.8	423.8	1564.9	1463.7	1597.1	1663.5
河　南	Henan	10.1	33.7	59.5	436.6	1343.2	1894.0
湖　北	Hubei	11.7	61.5	377.7	382.7	546.2	415.9
湖　南	Hunan	9.6	30.5	34.6	104.1	316.8	488.5
广　东	Guangdong	1371.7	6475.2	13479.4	14265.7	15411.2	15957.1
广　西	Guangxi	2.4	9.5	95.1	147.8	157.0	231.8
海　南	Hainan	0.9	2.0	2.3	1.9	4.7	4.1
重　庆	Chongqing	6.3	9.5	57.1	489.4	1216.0	1710.2
四　川	Sichuan	21.6	66.1	453.1	987.8	1556.7	2440.6
贵　州	Guizhou	1.8	10.7	9.7	17.4	13.4	9.2
云　南	Yunnan	4.0	5.0	6.5	6.2	8.2	7.0
西　藏	Tibet						
陕　西	Shaanxi	19.7	24.8	68.9	85.4	109.7	110.6
甘　肃	Gansu	2.7	0.5	2.6	5.7	8.5	17.7
青　海	Qinghai	0.2	0.2	0.1	0.1	0.2	0.2
宁　夏	Ningxia	1.1	6.1	9.3	12.9	9.6	8.8
新　疆	Xinjiang	0.4	0.4	3.8	5.4	0.7	1.0

1-1-10 大中型企业各地区高技术产业生产经营情况

Statistics on Production and Management in High-tech Industry of Large and Medium-sized Enterprises by Region

地 区	Region	企业数（个） Number of Enterprises (unit)					
		2000	2005	2010	2011	2012	2013
全 国	**Total**	**2030**	**3454**	**5654**	**6803**	**7506**	**7809**
东部地区	Eastern Region	1208	2705	4450	5265	5629	5777
中部地区	Middle Region	318	306	590	815	998	1097
西部地区	Western Region	320	310	445	523	663	719
东北地区	Northeastern Region	184	133	169	200	216	216
北 京	Beijing	75	125	149	179	193	209
天 津	Tianjin	106	108	151	167	197	184
河 北	Hebei	52	47	75	86	87	87
山 西	Shanxi	28	28	37	37	42	41
内蒙古	Inner Mongolia	12	15	27	23	21	24
辽 宁	Liaoning	81	67	96	101	112	112
吉 林	Jilin	69	38	44	68	62	59
黑龙江	Heilongjiang	34	28	29	31	42	45
上 海	Shanghai	224	258	294	322	329	320
江 苏	Jiangsu	197	591	1170	1356	1439	1449
浙 江	Zhejiang	85	259	418	459	486	515
安 徽	Anhui	46	50	83	101	139	148
福 建	Fujian	26	102	182	213	235	240
江 西	Jiangxi	47	40	94	163	217	226
山 东	Shandong	118	189	254	338	398	400
河 南	Henan	63	69	148	219	289	322
湖 北	Hubei	83	65	115	140	158	176
湖 南	Hunan	39	39	86	132	153	184
广 东	Guangdong	271	989	1689	2062	2244	2346
广 西	Guangxi	41	29	54	67	80	90
海 南	Hainan	13	8	14	16	21	27
重 庆	Chongqing	35	38	68	93	124	135
四 川	Sichuan	93	100	177	213	243	247
贵 州	Guizhou	60	51	49	48	40	32
云 南	Yunnan	13	17	19	25	31	33
西 藏	Tibet	1		1	1	1	1
陕 西	Shaanxi	80	74	96	112	92	125
甘 肃	Gansu	23	18	21	18	19	20
青 海	Qinghai	4	4	5	5	4	5
宁 夏	Ningxia	5	6	6	5	6	5
新 疆	Xinjiang	6	2	3	3	2	2

注：本表数据口径相同于表1-1-4。

1-1-10 续表 1 continued

地 区	Region	从业人员平均人数（人） Annual Average Number of Employed Personnel (person)					
		2000	2005	2010	2011	2012	2013
全 国	**Total**	**2252216**	**4717460**	**8234957**	**9537086**	**10346625**	**10516563**
东部地区	Eastern Region	1108137	3704130	6652629	7428666	7829850	7708590
中部地区	Middle Region	365378	355992	746169	1075640	1327516	1467343
西部地区	Western Region	521352	438608	579421	744901	869827	1017822
东北地区	Northeastern Region	257349	218730	256738	287879	319432	322808
北 京	Beijing	70587	127846	163350	192969	210544	216590
天 津	Tianjin	87568	119281	180173	199084	249901	226090
河 北	Hebei	67464	74527	127943	145421	137137	146191
山 西	Shanxi	28389	29934	107704	111911	136137	130114
内蒙古	Inner Mongolia	9924	13789	19245	21497	20558	23749
辽 宁	Liaoning	130205	119453	143687	134501	141098	147132
吉 林	Jilin	54155	31630	58946	93435	113303	109509
黑龙江	Heilongjiang	72989	67647	54105	59943	65031	66167
上 海	Shanghai	145747	286602	421724	506100	506696	517469
江 苏	Jiangsu	190250	791908	1844586	1977685	2067990	2021484
浙 江	Zhejiang	81637	247568	379794	398992	439731	446180
安 徽	Anhui	34154	36976	84477	98347	124149	136619
福 建	Fujian	46940	169598	236207	277642	295994	308004
江 西	Jiangxi	77329	76012	134923	188892	211833	212288
山 东	Shandong	113403	213921	362454	422526	501065	506358
河 南	Henan	76979	88429	168770	331945	478106	554748
湖 北	Hubei	85980	72403	153115	178165	210096	223078
湖 南	Hunan	52623	38449	77935	144883	167195	210496
广 东	Guangdong	276531	1645177	2860542	3222867	3408618	3305259
广 西	Guangxi	25495	24487	68844	76199	88588	97478
海 南	Hainan	2515	3215	7012	9181	12174	14965
重 庆	Chongqing	42490	35326	63165	95967	155305	188207
四 川	Sichuan	157478	147969	247418	362269	443769	425235
贵 州	Guizhou	76097	52389	55705	54089	38930	36314
云 南	Yunnan	10104	10812	13179	15692	21172	23614
西 藏	Tibet	181		393	395	395	395
陕 西	Shaanxi	191102	162001	165343	184660	72703	194556
甘 肃	Gansu	33839	18351	21515	19899	19067	19170
青 海	Qinghai	2745	2470	2881	2660	2788	3148
宁 夏	Ningxia	5391	6369	5767	4354	5531	4926
新 疆	Xinjiang	1925	2921	4055	4916	1021	1030

1-1-10 续表 2 continued

地 区	Region	主营业务收入（亿元） Revenue from Principal Business (100 million yuan)					
		2000	2005	2010	2011	2012	2013
全 国	**Total**	**6085.2**	**28783.2**	**60501.1**	**72065.5**	**83239.5**	**91634.8**
东部地区	Eastern Region	4612.6	25859.0	52461.2	59878.0	66523.8	69525.5
中部地区	Middle Region	429.5	972.5	3329.6	5447.9	7971.3	10157.9
西部地区	Western Region	559.1	1091.1	3099.4	4899.4	6562.2	9531.5
东北地区	Northeastern Region	484.0	860.5	1611.0	1840.1	2182.2	2419.8
北 京	Beijing	320.5	1762.4	2823.3	2799.4	2993.7	3205.4
天 津	Tianjin	585.2	1766.0	2015.6	2415.2	3163.3	3589.4
河 北	Hebei	113.5	220.7	578.7	694.0	808.0	905.2
山 西	Shanxi	16.4	44.2	193.2	254.3	561.5	639.3
内蒙古	Inner Mongolia	12.5	76.2	167.0	227.7	170.5	256.7
辽 宁	Liaoning	275.9	496.6	981.2	971.0	1159.6	1199.6
吉 林	Jilin	57.7	94.4	320.3	488.5	597.8	744.6
黑龙江	Heilongjiang	150.4	269.5	309.5	380.6	424.8	475.7
上 海	Shanghai	886.1	3437.4	6332.9	6472.1	6439.0	6134.6
江 苏	Jiangsu	601.5	5454.0	13572.3	16318.7	19002.1	20580.3
浙 江	Zhejiang	210.3	1181.6	2319.6	2539.3	2819.3	2983.4
安 徽	Anhui	36.8	104.5	394.6	619.0	905.5	1128.9
福 建	Fujian	217.6	1283.9	2242.9	2631.4	2835.8	3076.8
江 西	Jiangxi	83.6	172.9	538.8	979.5	1312.7	1454.7
山 东	Shandong	268.4	1278.5	3589.1	4528.9	5602.3	6405.5
河 南	Henan	81.3	193.8	753.7	1493.1	2670.3	3595.2
湖 北	Hubei	136.2	260.9	916.2	1122.1	1497.1	1784.8
湖 南	Hunan	62.5	120.1	366.1	752.3	1024.1	1555.1
广 东	Guangdong	1369.7	9412.6	18737.7	21136.3	22741.9	22550.0
广 西	Guangxi	32.1	49.1	201.4	286.8	521.0	828.4
海 南	Hainan	7.7	12.7	47.8	55.9	118.2	94.8
重 庆	Chongqing	46.3	101.7	357.2	985.8	1697.3	2351.5
四 川	Sichuan	236.0	454.1	1627.8	2637.3	3323.3	4486.1
贵 州	Guizhou	43.3	96.0	191.8	211.5	178.0	202.7
云 南	Yunnan	11.0	32.1	90.2	118.2	158.8	192.5
西 藏	Tibet	1.1		0.8	1.0	1.1	1.2
陕 西	Shaanxi	196.1	354.8	723.3	833.9	408.2	1078.7
甘 肃	Gansu	16.4	28.2	56.9	55.9	61.2	78.4
青 海	Qinghai	1.6	4.0	6.8	6.7	17.4	29.9
宁 夏	Ningxia	5.2	13.7	28.6	28.8	22.6	22.6
新 疆	Xinjiang	2.2	6.4	16.0	20.3	2.7	2.8

1-1-10 续表 3 continued

地 区	Region	利润总额（亿元） Profits (100 million yuan)					
		2000	2005	2010	2011	2012	2013
全 国	**Total**	**434.1**	**1153.7**	**3794.9**	**4087.2**	**4858.7**	**5465.1**
东部地区	Eastern Region	356.2	1021.2	3023.0	3122.9	3581.5	3979.8
中部地区	Middle Region	29.9	51.9	363.7	457.0	617.9	649.3
西部地区	Western Region	25.3	46.9	254.5	313.0	473.4	630.6
东北地区	Northeastern Region	22.6	33.7	153.7	194.3	186.0	205.3
北 京	Beijing	20.5	65.7	127.8	174.8	178.0	230.1
天 津	Tianjin	74.2	150.6	99.6	140.4	226.2	262.4
河 北	Hebei	5.9	12.1	57.2	50.1	43.4	62.6
山 西	Shanxi	1.1	2.5	11.2	24.5	105.7	20.7
内蒙古	Inner Mongolia	0.1	5.2	25.0	26.1	16.5	27.8
辽 宁	Liaoning	11.3	11.0	86.6	91.7	95.6	99.5
吉 林	Jilin	6.1	12.1	33.7	65.4	52.0	67.9
黑龙江	Heilongjiang	5.2	10.6	33.4	37.2	38.4	37.9
上 海	Shanghai	82.6	58.1	185.5	177.5	163.7	178.2
江 苏	Jiangsu	35.6	214.9	767.5	857.3	1035.3	1245.0
浙 江	Zhejiang	19.2	52.3	223.6	266.0	285.7	317.1
安 徽	Anhui	1.4	7.0	45.6	51.6	93.0	100.3
福 建	Fujian	4.9	61.9	166.4	156.1	159.5	151.9
江 西	Jiangxi	2.0	8.0	34.8	56.1	86.4	109.0
山 东	Shandong	14.1	59.3	268.4	349.3	462.8	508.0
河 南	Henan	8.8	8.2	83.2	109.0	151.9	210.4
湖 北	Hubei	14.6	15.7	121.9	99.1	89.0	95.4
湖 南	Hunan	2.0	5.2	42.0	90.6	91.9	113.5
广 东	Guangdong	95.6	338.3	1082.8	895.8	1000.3	1011.0
广 西	Guangxi	3.3	6.2	35.0	48.6	74.3	97.6
海 南	Hainan	0.3	1.8	9.3	6.9	26.7	13.6
重 庆	Chongqing	0.1	7.7	17.2	26.5	37.3	55.1
四 川	Sichuan	10.4	21.9	117.7	169.6	258.6	321.4
贵 州	Guizhou	0.6	1.2	18.9	17.1	17.0	20.2
云 南	Yunnan	1.6	5.3	14.8	23.2	20.9	31.7
西 藏	Tibet	0.5		0.4	0.2	0.3	-0.1
陕 西	Shaanxi	11.2	5.7	66.2	57.0	33.8	60.5
甘 肃	Gansu	0.2	2.5	10.0	8.7	9.2	12.5
青 海	Qinghai	0.1	0.7	0.7	1.4	3.8	4.9
宁 夏	Ningxia	0.7	1.1	5.8	6.3	1.7	-1.1
新 疆	Xinjiang	0.1	0.7	2.9	3.1		0.1

1-1-10 续表 4 continued

地 区	Region	利税（亿元） Taxes and Profits (100 million yuan)					
		2000	2005	2010	2011	2012	2013
全 国	**Total**	**666.0**	**1638.5**	**5159.5**	**6109.6**	**7471.4**	**8353.9**
东部地区	Eastern Region	510.6	1404.0	4085.0	4680.7	5469.9	5961.1
中部地区	Middle Region	54.0	89.3	486.3	650.5	936.6	1082.2
西部地区	Western Region	53.2	86.6	391.9	532.2	793.9	1012.6
东北地区	Northeastern Region	48.2	58.7	196.3	246.2	271.0	298.0
北 京	Beijing	27.4	91.2	187.2	236.2	236.1	311.3
天 津	Tianjin	90.9	174.1	162.5	219.0	369.1	484.4
河 北	Hebei	12.6	22.0	80.2	71.6	70.9	96.4
山 西	Shanxi	2.1	4.7	17.2	32.4	120.6	35.4
内蒙古	Inner Mongolia	0.3	6.6	31.6	36.0	24.5	44.0
辽 宁	Liaoning	21.1	17.4	102.3	110.1	130.8	133.5
吉 林	Jilin	10.4	17.4	43.7	82.5	77.8	102.6
黑龙江	Heilongjiang	16.7	23.9	50.3	53.6	62.4	61.8
上 海	Shanghai	109.0	85.4	220.9	217.6	212.8	222.0
江 苏	Jiangsu	63.3	274.9	1015.4	1158.1	1512.4	1712.7
浙 江	Zhejiang	32.2	86.7	295.9	350.6	393.8	440.3
安 徽	Anhui	3.2	10.2	61.2	87.4	131.6	151.0
福 建	Fujian	9.1	73.9	198.7	184.1	205.1	195.4
江 西	Jiangxi	7.6	17.4	56.8	87.6	138.5	171.2
山 东	Shandong	25.0	96.5	385.4	488.2	669.9	742.0
河 南	Henan	13.8	16.4	106.5	160.0	280.2	382.0
湖 北	Hubei	21.9	24.0	147.3	122.6	125.8	160.6
湖 南	Hunan	5.2	9.8	65.7	124.5	139.7	181.9
广 东	Guangdong	134.0	485.5	1484.3	1686.0	1766.8	1735.0
广 西	Guangxi	6.2	10.9	42.2	58.8	93.4	126.3
海 南	Hainan	0.9	2.8	12.2	10.6	33.0	21.7
重 庆	Chongqing	3.0	12.5	31.4	59.6	66.6	93.8
四 川	Sichuan	22.5	36.2	196.2	304.3	465.6	547.2
贵 州	Guizhou	1.9	5.6	26.6	26.7	28.1	33.7
云 南	Yunnan	2.3	7.9	21.4	31.4	33.4	45.2
西 藏	Tibet	0.6		0.4	0.4	0.5	0.1
陕 西	Shaanxi	20.3	16.3	91.8	86.2	61.1	100.7
甘 肃	Gansu	1.0	4.1	12.6	11.3	12.2	15.8
青 海	Qinghai	0.2	0.9	1.1	1.9	5.2	6.7
宁 夏	Ningxia	1.0	1.5	6.8	7.2	3.0	-1.2
新 疆	Xinjiang	0.3	1.3	3.4	3.2	0.2	0.3

1-1-10 续表 5 continued

地 区	Region	出口交货值（亿元） Exports (100 million yuan)					
		2000	2005	2010	2011	2012	2013
全 国	**Total**	**1771.5**	**16271.8**	**34977.9**	**38611.3**	**44345.9**	**45699.0**
东部地区	Eastern Region	1548.5	15745.0	33319.9	35488.0	38093.8	37208.7
中部地区	Middle Region	34.5	154.9	578.4	1209.0	2832.3	3594.7
西部地区	Western Region	46.1	100.7	570.8	1562.5	2959.4	4480.5
东北地区	Northeastern Region	142.5	271.1	508.8	351.7	460.4	415.1
北 京	Beijing	50.8	806.0	1181.8	997.1	1028.3	1061.9
天 津	Tianjin	241.6	1017.5	1060.4	1143.0	1498.1	1488.3
河 北	Hebei	14.8	35.4	144.3	144.1	153.1	136.6
山 西	Shanxi	1.4	5.6	51.7	76.9	296.1	388.1
内 蒙 古	Inner Mongolia	0.9	25.6	5.6	5.4	5.5	9.0
辽 宁	Liaoning	128.3	256.9	490.1	332.8	440.3	392.9
吉 林	Jilin	1.4	5.3	4.4	6.9	6.7	9.7
黑 龙 江	Heilongjiang	12.8	8.9	14.3	12.0	13.4	12.5
上 海	Shanghai	317.9	2485.8	4803.0	4762.3	4520.5	4316.3
江 苏	Jiangsu	174.8	3702.9	9293.8	10444.9	11833.2	11688.5
浙 江	Zhejiang	40.4	518.5	1075.6	1086.2	1069.5	1186.7
安 徽	Anhui	1.6	12.2	29.4	97.9	172.1	269.8
福 建	Fujian	98.6	790.3	1434.5	1705.9	1773.3	1858.2
江 西	Jiangxi	4.6	23.3	97.0	171.3	202.6	192.2
山 东	Shandong	55.5	341.9	1468.0	1360.2	1451.3	1471.1
河 南	Henan	8.8	26.6	46.9	434.6	1337.5	1888.3
湖 北	Hubei	8.4	33.8	329.2	332.0	516.2	387.7
湖 南	Hunan	8.8	27.8	18.5	91.0	307.8	468.6
广 东	Guangdong	551.8	6038.0	12767.8	13710.8	14761.9	13997.1
广 西	Guangxi	1.6	6.9	88.5	131.8	147.0	216.0
海 南	Hainan	0.5	1.7	2.3	1.9	4.7	4.1
重 庆	Chongqing	3.2	4.1	45.5	481.5	1207.3	1698.7
四 川	Sichuan	17.3	56.8	438.2	968.2	1534.5	2423.7
贵 州	Guizhou	1.7	6.7	5.2	10.6	2.5	5.8
云 南	Yunnan	1.2	3.1	3.7	3.5	5.1	3.2
西 藏	Tibet						
陕 西	Shaanxi	18.6	23.2	63.3	77.1	41.0	98.5
甘 肃	Gansu	2.7	0.4	2.6	3.9	6.9	17.2
青 海	Qinghai	0.2	0.2	0.1	0.1	0.2	0.1
宁 夏	Ningxia	1.1	6.1	9.3	12.9	9.4	8.2
新 疆	Xinjiang	0.1	0.3	2.9	4.7		

1-1-11 国有及国有控股企业各地区高技术产业生产经营情况

Statistics on Production and Management in High-tech Industry of State-owned and State-controlled Enterprises by Region

地　区	Region	企业数（个）Number of Enterprises (unit)					
		2000	2005	2010	2011	2012	2013
全　国	**Total**	**3759**	**2179**	**1707**	**1413**	**1532**	**1504**
东部地区	Eastern Region	1992	1331	986	812	853	834
中部地区	Middle Region	793	340	280	227	236	241
西部地区	Western Region	597	347	328	289	356	342
东北地区	Northeastern Region	377	161	113	85	87	87
北　京	Beijing	317	357	234	188	189	188
天　津	Tianjin	185	185	118	87	100	97
河　北	Hebei	129	53	34	30	33	36
山　西	Shanxi	93	44	22	18	24	19
内蒙古	Inner Mongolia	32	14	9	7	8	8
辽　宁	Liaoning	167	85	58	42	42	42
吉　林	Jilin	143	45	29	23	25	26
黑龙江	Heilongjiang	67	31	26	20	20	19
上　海	Shanghai	272	219	165	128	127	119
江　苏	Jiangsu	242	99	99	89	106	106
浙　江	Zhejiang	133	68	50	40	46	48
安　徽	Anhui	69	42	52	43	51	51
福　建	Fujian	82	43	34	27	32	30
江　西	Jiangxi	135	46	34	28	25	27
山　东	Shandong	141	61	58	51	60	58
河　南	Henan	150	66	47	33	38	37
湖　北	Hubei	198	78	72	61	59	69
湖　南	Hunan	116	50	44	37	39	38
广　东	Guangdong	359	190	169	151	153	145
广　西	Guangxi	109	45	18	14	17	18
海　南	Hainan	23	11	7	7	7	7
重　庆	Chongqing	72	43	54	42	45	47
四　川	Sichuan	113	80	83	73	86	83
贵　州	Guizhou	97	59	43	38	44	30
云　南	Yunnan	58	25	23	22	22	24
西　藏	Tibet	11	9	4	1	1	1
陕　西	Shaanxi	157	89	94	87	102	101
甘　肃	Gansu	48	23	13	14	17	18
青　海	Qinghai	7	3	4	3	5	5
宁　夏	Ningxia	11	6	1			
新　疆	Xinjiang	23	10	9	9	9	7

1-1-11 续表 1 continued

地 区	Region	从业人员平均人数（人） Annual Average Number of Employed Personnel (person)					
		2000	2005	2010	2011	2012	2013
全 国	**Total**	**2079749**	**1369536**	**1347248**	**1375122**	**1418484**	**1413200**
东部地区	Eastern Region	848724	616352	601348	663017	701013	689728
中部地区	Middle Region	409912	236915	258619	237193	247144	238728
西部地区	Western Region	561115	362194	353064	362495	355219	363930
东北地区	Northeastern Region	259998	154075	134217	112417	115108	120814
北 京	Beijing	117353	85785	71811	83460	91415	92913
天 津	Tianjin	54378	51152	43396	47150	62156	42587
河 北	Hebei	73605	58035	37994	35774	35982	37738
山 西	Shanxi	34661	23173	14821	13735	21168	18591
内蒙古	Inner Mongolia	13481	5741	5845	3247	2734	2732
辽 宁	Liaoning	128616	75880	77608	53155	59142	66470
吉 林	Jilin	57934	21848	12724	11459	11359	11027
黑龙江	Heilongjiang	73448	56347	43885	47803	44607	43317
上 海	Shanghai	106081	82416	65216	71944	61116	59243
江 苏	Jiangsu	151107	65176	79961	73081	89419	88109
浙 江	Zhejiang	43114	32798	27878	27036	28147	29097
安 徽	Anhui	31517	22170	39587	36895	44229	47174
福 建	Fujian	33385	30157	13823	19243	21568	24583
江 西	Jiangxi	84883	54225	52807	42622	31446	15406
山 东	Shandong	87667	44191	53272	59809	67925	71158
河 南	Henan	83652	52618	46045	31950	39000	39713
湖 北	Hubei	97190	53570	68835	73944	82544	86312
湖 南	Hunan	64528	25418	30679	34800	28757	31532
广 东	Guangdong	149702	150517	198487	236262	238881	239193
广 西	Guangxi	29102	14116	7022	5140	5418	6032
海 南	Hainan	3230	2009	2488	4118	4404	5107
重 庆	Chongqing	49465	31159	34340	29810	32797	33896
四 川	Sichuan	149260	102535	112248	119351	122204	126485
贵 州	Guizhou	81752	44315	41179	37520	20777	12756
云 南	Yunnan	15427	6514	7008	8132	9133	9811
西 藏	Tibet	870	828	626	395	395	395
陕 西	Shaanxi	207777	152828	142241	153389	147821	157834
甘 肃	Gansu	43667	14562	11227	11118	10829	11487
青 海	Qinghai	2362	1112	789	794	1067	1076
宁 夏	Ningxia	6598	4832	1450			
新 疆	Xinjiang	3937	3509	1956	1986	2044	1426

1-1-11 续表 2 continued

地 区	Region	主营业务收入（亿元） Revenue from Principal Business (100 million yuan)					
		2000	2005	2010	2011	2012	2013
全 国	**Total**	**4197.4**	**5712.5**	**8410.5**	**9801.0**	**11161.9**	**12149.4**
东部地区	Eastern Region	2831.8	3812.9	4587.9	5521.5	6259.4	6780.9
中部地区	Middle Region	448.5	506.9	1116.4	1360.2	1602.8	1752.4
西部地区	Western Region	534.1	785.1	1817.6	2105.1	2417.2	2675.6
东北地区	Northeastern Region	382.9	607.6	888.5	814.3	882.5	940.5
北 京	Beijing	682.4	451.7	437.2	628.3	812.3	893.0
天 津	Tianjin	79.3	268.6	283.2	338.4	432.4	606.0
河 北	Hebei	112.5	153.4	171.8	227.4	298.8	319.4
山 西	Shanxi	19.3	22.8	37.1	36.0	75.9	94.4
内蒙古	Inner Mongolia	14.5	12.9	23.7	27.7	21.8	22.3
辽 宁	Liaoning	197.9	313.5	581.5	470.5	522.8	541.6
吉 林	Jilin	55.2	37.2	29.6	37.3	42.8	53.0
黑龙江	Heilongjiang	129.8	256.9	277.4	306.5	316.8	345.9
上 海	Shanghai	354.3	321.6	507.5	534.0	399.9	398.1
江 苏	Jiangsu	408.8	415.6	523.8	635.7	850.2	943.2
浙 江	Zhejiang	105.0	209.2	188.9	240.6	227.3	200.0
安 徽	Anhui	33.2	48.4	185.2	307.2	394.0	363.0
福 建	Fujian	125.0	206.6	51.8	91.0	111.5	136.3
江 西	Jiangxi	80.4	107.3	210.1	231.0	225.4	259.0
山 东	Shandong	209.1	451.4	753.5	959.1	1028.4	1112.3
河 南	Henan	84.5	102.4	143.9	115.2	130.9	151.4
湖 北	Hubei	139.9	167.1	349.9	401.4	562.5	641.8
湖 南	Hunan	76.7	46.1	166.5	241.7	214.2	242.7
广 东	Guangdong	722.5	1306.8	1617.2	1801.7	2044.0	2156.8
广 西	Guangxi	26.5	22.6	32.2	40.9	56.4	68.4
海 南	Hainan	6.4	5.5	20.8	24.2	54.6	15.9
重 庆	Chongqing	49.5	66.5	160.9	177.5	218.9	247.3
四 川	Sichuan	207.5	313.7	828.0	1029.9	1066.6	1253.8
贵 州	Guizhou	47.3	66.4	127.4	129.7	165.9	122.8
云 南	Yunnan	15.2	18.9	58.9	73.4	91.0	109.3
西 藏	Tibet	0.7	1.5	1.0	1.0	1.1	1.2
陕 西	Shaanxi	186.2	282.1	601.3	657.0	751.7	799.5
甘 肃	Gansu	18.0	15.3	27.5	28.3	31.9	39.7
青 海	Qinghai	1.4	2.3	1.9	1.4	4.5	5.2
宁 夏	Ningxia	5.0	11.1	5.1			
新 疆	Xinjiang	3.2	7.3	5.5	7.0	7.4	6.1

1-1-11　续表 3　continued

地　　区	Region	利润总额（亿元） Profits (100 million yuan)					
		2000	2005	2010	2011	2012	2013
全　　国	**Total**	**248.1**	**182.1**	**695.0**	**728.6**	**677.4**	**778.6**
东部地区	Eastern Region	188.6	138.3	366.1	471.5	408.3	517.9
中部地区	Middle Region	27.5	15.7	128.2	75.8	94.8	109.5
西部地区	Western Region	16.8	18.4	130.7	121.7	129.0	108.0
东北地区	Northeastern Region	15.2	9.8	69.9	59.5	45.3	43.2
北　　京	Beijing	56.2	20.5	51.1	98.5	78.2	113.7
天　　津	Tianjin	8.8	16.5	23.8	29.6	33.2	32.5
河　　北	Hebei	5.2	0.8	9.8	6.7	6.6	8.7
山　　西	Shanxi	0.3	1.0	3.4	2.0	4.1	5.9
内 蒙 古	Inner Mongolia	0.1	0.9	4.4	4.1	1.3	1.4
辽　　宁	Liaoning	6.5	-0.7	39.2	31.4	25.4	27.4
吉　　林	Jilin	4.8	1.2	5.3	7.0	5.6	6.2
黑 龙 江	Heilongjiang	3.9	9.3	25.4	21.1	14.3	9.6
上　　海	Shanghai	40.0	10.1	30.3	29.1	24.5	25.8
江　　苏	Jiangsu	16.5	20.0	37.7	40.7	44.1	75.6
浙　　江	Zhejiang	9.0	7.1	36.7	46.5	26.8	19.8
安　　徽	Anhui	0.8	2.9	13.0	8.6	30.0	31.9
福　　建	Fujian	-0.2	-2.0	8.0	14.1	14.6	15.0
江　　西	Jiangxi	2.7	4.0	11.0	8.7	8.2	8.6
山　　东	Shandong	12.6	9.3	40.5	72.6	76.7	85.3
河　　南	Henan	8.7	-0.2	11.5	8.2	13.1	13.3
湖　　北	Hubei	12.5	6.0	65.9	18.7	25.9	33.9
湖　　南	Hunan	2.3	1.1	19.0	25.8	13.5	16.0
广　　东	Guangdong	39.0	54.9	124.6	125.9	94.1	137.1
广　　西	Guangxi	1.2	0.7	1.4	6.4	8.7	7.5
海　　南	Hainan	0.4	0.4	2.3	1.4	9.6	4.5
重　　庆	Chongqing	-0.7	3.3	6.4	9.2	12.0	4.8
四　　川	Sichuan	7.4	12.9	51.8	57.8	57.1	39.3
贵　　州	Guizhou	0.6	-1.0	6.9	4.9	7.4	-1.2
云　　南	Yunnan	1.5	3.6	8.5	13.6	11.0	20.3
西　　藏	Tibet	0.1	0.2	0.4	0.2	0.3	-0.1
陕　　西	Shaanxi	7.5	-3.3	49.2	29.4	24.5	25.8
甘　　肃	Gansu	-0.3	0.7	6.1	5.8	5.8	9.2
青　　海	Qinghai	0.1	0.6	-0.1		0.3	0.4
宁　　夏	Ningxia	0.5	0.8	1.0			
新　　疆	Xinjiang		0.7	0.6	0.9	0.5	0.6

1-1-11 续表 4 continued

地 区	Region	利税（亿元） Taxes and Profits (100 million yuan)					
		2000	2005	2010	2011	2012	2013
全 国	**Total**	**414.7**	**357.1**	**996.5**	**1197.7**	**1203.4**	**1335.4**
东部地区	Eastern Region	283.1	254.4	534.3	786.8	757.0	903.2
中部地区	Middle Region	51.5	33.4	173.3	133.0	151.8	157.3
西部地区	Western Region	42.2	41.3	194.2	198.5	223.6	209.0
东北地区	Northeastern Region	37.9	28.0	94.7	79.4	71.0	65.8
北 京	Beijing	73.9	35.7	71.2	120.6	102.6	143.7
天 津	Tianjin	14.3	25.8	32.7	44.2	58.3	55.6
河 北	Hebei	11.4	5.9	13.9	12.0	11.1	13.8
山 西	Shanxi	1.4	2.4	4.9	2.6	5.1	6.8
内蒙古	Inner Mongolia	0.5	1.7	5.0	5.1	2.7	2.8
辽 宁	Liaoning	14.2	3.4	47.6	36.7	34.0	33.9
吉 林	Jilin	8.7	3.6	6.8	8.8	7.6	8.5
黑龙江	Heilongjiang	15.0	21.0	40.3	33.9	29.3	23.4
上 海	Shanghai	52.8	20.1	44.0	42.4	37.8	39.0
江 苏	Jiangsu	36.0	35.3	54.1	59.7	72.4	101.0
浙 江	Zhejiang	14.8	12.5	48.2	59.2	37.9	31.6
安 徽	Anhui	2.4	4.7	19.5	33.0	41.2	44.6
福 建	Fujian	1.7	0.7	10.9	18.1	20.1	21.6
江 西	Jiangxi	7.4	7.7	18.0	13.1	18.4	13.5
山 东	Shandong	21.5	22.3	69.9	112.4	123.2	133.3
河 南	Henan	13.9	3.1	16.5	12.0	17.1	16.4
湖 北	Hubei	19.7	10.7	79.5	30.2	41.3	52.3
湖 南	Hunan	6.2	3.0	29.9	37.1	28.8	23.8
广 东	Guangdong	52.8	93.0	184.4	308.2	281.4	356.3
广 西	Guangxi	3.3	2.4	1.8	6.9	9.3	8.3
海 南	Hainan	0.7	0.7	3.2	3.1	12.1	7.4
重 庆	Chongqing	2.3	7.0	12.7	16.4	22.6	17.3
四 川	Sichuan	17.7	20.8	86.7	105.7	115.9	96.6
贵 州	Guizhou	2.2	0.6	8.8	7.1	9.6	1.4
云 南	Yunnan	2.6	5.1	12.9	17.5	16.7	26.4
西 藏	Tibet	0.2	0.4	0.5	0.4	0.5	0.1
陕 西	Shaanxi	15.1	2.9	63.1	43.0	37.6	43.4
甘 肃	Gansu	0.7	1.3	7.4	7.1	7.4	11.3
青 海	Qinghai	0.2	0.7	-0.1	0.1	0.5	0.6
宁 夏	Ningxia	0.9	1.2	1.1			
新 疆	Xinjiang	0.3	1.4	1.0	1.2	0.8	0.8

1-1-11　续表 5　continued

地　　区	Region	出口交货值（亿元） Exports (100 million yuan)					
		2000	2005	2010	2011	2012	2013
全　国	**Total**	**707.5**	**1566.8**	**1650.4**	**1749.6**	**2051.6**	**2116.5**
东部地区	Eastern Region	546.5	1301.3	1208.7	1310.9	1573.2	1524.4
中部地区	Middle Region	33.7	51.8	87.2	128.6	154.7	188.0
西部地区	Western Region	48.4	74.8	127.0	163.3	165.6	255.5
东北地区	Northeastern Region	78.9	138.9	227.6	146.8	158.1	148.6
北　京	Beijing	108.9	91.0	35.5	41.9	83.3	111.7
天　津	Tianjin	9.8	45.4	16.9	22.0	39.4	35.1
河　北	Hebei	14.0	29.8	28.2	29.5	38.9	36.8
山　西	Shanxi	1.6	0.1	4.1	4.8	6.6	15.8
内蒙古	Inner Mongolia	0.8	1.5	2.6	0.0		0.1
辽　宁	Liaoning	74.6	127.8	214.6	133.8	145.2	140.1
吉　林	Jilin	1.5	2.3	0.6	0.9	0.7	0.8
黑龙江	Heilongjiang	2.8	8.8	12.4	12.1	12.2	7.8
上　海	Shanghai	50.2	72.9	146.4	141.5	83.5	62.5
江　苏	Jiangsu	97.1	162.2	104.6	140.7	159.7	153.8
浙　江	Zhejiang	14.5	71.5	54.6	68.9	64.3	52.1
安　徽	Anhui	0.9	1.0	5.1	38.0	73.6	77.7
福　建	Fujian	24.6	63.1	8.4	8.3	10.4	15.0
江　西	Jiangxi	4.7	13.4	25.5	21.4	4.1	5.0
山　东	Shandong	18.9	60.6	101.8	116.0	127.7	128.8
河　南	Henan	8.8	16.3	9.8	11.7	8.0	10.6
湖　北	Hubei	8.1	13.3	30.8	36.7	53.1	67.7
湖　南	Hunan	8.7	6.1	9.2	15.8	9.3	11.2
广　东	Guangdong	207.1	704.2	712.2	742.1	965.7	928.4
广　西	Guangxi	1.4	0.6		0.1	0.2	0.7
海　南	Hainan	0.1				0.2	
重　庆	Chongqing	4.9	3.6	9.0	18.1	9.7	18.2
四　川	Sichuan	16.7	37.8	56.5	67.4	66.9	162.5
贵　州	Guizhou	1.7	6.7	9.5	16.8	12.7	8.2
云　南	Yunnan	1.4	0.6	0.9	0.7	1.2	1.0
西　藏	Tibet						
陕　西	Shaanxi	19.5	21.6	50.7	59.7	74.6	64.5
甘　肃	Gansu	2.7		0.3	0.3	0.3	0.2
青　海	Qinghai						0.2
宁　夏	Ningxia	1.1	4.1				
新　疆	Xinjiang	0.3	0.4	0.1	0.2		

1-1-12 内资企业各地区高技术产业生产经营情况

Statistics on Production and Management in High-tech Industry of Domesdtic Funded Enterprises by Region

地 区	Region	企业数（个） Number of Enterprises (unit)					
		2000	2005	2010	2011	2012	2013
全 国	**Total**	**6767**	**11036**	**18905**	**14075**	**16641**	**18841**
东部地区	Eastern Region	4072	7354	12516	8780	10158	11653
中部地区	Middle Region	1201	1642	3298	2832	3368	3885
西部地区	Western Region	925	1317	1768	1466	2027	2189
东北地区	Northeastern Region	569	723	1323	997	1088	1114
北 京	Beijing	376	814	827	529	565	597
天 津	Tianjin	310	300	379	202	271	275
河 北	Hebei	214	256	368	310	369	449
山 西	Shanxi	109	130	140	106	125	125
内蒙古	Inner Mongolia	49	57	93	88	88	90
辽 宁	Liaoning	257	377	768	548	595	600
吉 林	Jilin	203	212	379	325	348	349
黑龙江	Heilongjiang	109	134	176	124	145	165
上 海	Shanghai	378	583	663	371	414	412
江 苏	Jiangsu	800	1178	2650	2089	2513	2807
浙 江	Zhejiang	701	1510	2675	1410	1606	1868
安 徽	Anhui	149	239	661	513	673	776
福 建	Fujian	137	245	429	319	387	441
江 西	Jiangxi	159	228	441	388	486	581
山 东	Shandong	310	783	1332	1122	1445	1590
河 南	Henan	271	342	674	673	781	865
湖 北	Hubei	295	372	690	462	594	738
湖 南	Hunan	169	274	599	602	709	800
广 东	Guangdong	673	1455	2870	2166	2555	3179
广 西	Guangxi	143	189	282	232	236	243
海 南	Hainan	30	41	41	30	33	35
重 庆	Chongqing	99	131	285	210	254	309
四 川	Sichuan	240	497	734	652	722	747
贵 州	Guizhou	143	157	132	106	124	139
云 南	Yunnan	80	99	122	89	106	118
西 藏	Tibet	15	12	10	5	6	8
陕 西	Shaanxi	225	278	334	289	339	359
甘 肃	Gansu	67	79	79	56	85	105
青 海	Qinghai	10	21	25	24	25	26
宁 夏	Ningxia	16	20	15	13	18	18
新 疆	Xinjiang	30	23	32	22	24	27

1-1-12 续表 1 continued

地区	Region	从业人员平均人数（人） Annual Average Number of Employed Personnel (person)					
		2000	2005	2010	2011	2012	2013
全国	**Total**	**2715464**	**2939172**	**4539404**	**4667126**	**5422678**	**5794568**
东部地区	Eastern Region	1282759	1689891	2790462	2806472	3232150	3414204
中部地区	Middle Region	496948	482699	830469	903147	1059268	1185544
西部地区	Western Region	629782	547314	631522	665401	791866	841792
东北地区	Northeastern Region	305975	219268	286951	292106	339394	353028
北京	Beijing	108682	115587	128295	128345	150075	159012
天津	Tianjin	68555	57253	72370	69118	95779	75856
河北	Hebei	92951	95956	97138	99066	101664	110628
山西	Shanxi	38095	36107	41507	35027	41989	40609
内蒙古	Inner Mongolia	16149	14318	19231	24539	25361	25058
辽宁	Liaoning	149753	109492	145137	125887	143955	156859
吉林	Jilin	73705	53300	94320	119716	146578	143621
黑龙江	Heilongjiang	82517	56476	47494	46503	48861	52548
上海	Shanghai	96515	104428	110948	101360	107914	112094
江苏	Jiangsu	272708	244102	511902	552683	676908	750342
浙江	Zhejiang	175391	286839	412358	346150	379222	418766
安徽	Anhui	46407	55999	119963	122731	158492	173549
福建	Fujian	34587	39861	91280	89088	99595	118650
江西	Jiangxi	93695	95286	153703	163993	191772	212357
山东	Shandong	131612	202621	274369	283856	394428	411085
河南	Henan	108661	123564	207398	230059	273101	312422
湖北	Hubei	122324	101982	162902	155559	196699	221952
湖南	Hunan	71617	55443	125765	171239	197215	224655
广东	Guangdong	259821	496496	1020899	1066738	1214568	1244411
广西	Guangxi	38198	41438	62663	60469	61291	63366
海南	Hainan	3739	5310	8240	9599	11997	13360
重庆	Chongqing	54131	48455	64910	65088	86965	99601
四川	Sichuan	186634	188947	256563	284659	307066	324640
贵州	Guizhou	90076	62581	62556	59243	45496	43337
云南	Yunnan	21086	17151	21060	19728	23700	28116
西藏	Tibet	1191	1085	1389	1060	1130	1452
陕西	Shaanxi	215644	185610	179969	194365	198752	212455
甘肃	Gansu	44468	26163	27189	24429	26636	28076
青海	Qinghai	3699	4092	4572	4155	5276	5493
宁夏	Ningxia	7815	8565	6366	5305	6460	5937
新疆	Xinjiang	5038	4665	6948	7369	3733	4261

1-1-12 续表 2 continued

地区	Region	主营业务收入（亿元） Revenue from Principal Business (100 million yuan)					
		2000	2005	2010	2011	2012	2013
全　国	**Total**	**4036.6**	**9132.0**	**26266.5**	**32551.4**	**41355.4**	**50119.7**
东部地区	Eastern Region	2455.1	6120.8	16905.6	20261.7	25754.0	30989.1
中部地区	Middle Region	511.2	1052.7	4224.6	5926.6	7381.7	9357.5
西部地区	Western Region	614.8	1240.7	3198.3	4027.6	5327.3	6431.6
东北地区	Northeastern Region	455.5	717.8	1938.0	2335.4	2892.4	3341.5
北　京	Beijing	237.5	494.2	761.2	884.3	1146.1	1323.4
天　津	Tianjin	60.0	201.1	390.3	487.9	755.6	939.0
河　北	Hebei	147.3	247.4	527.8	659.8	794.9	941.0
山　西	Shanxi	19.9	47.5	117.5	124.8	176.0	191.5
内蒙古	Inner Mongolia	18.8	36.6	105.2	183.6	172.0	245.4
辽　宁	Liaoning	231.2	387.0	1143.7	1234.5	1557.3	1699.1
吉　林	Jilin	75.8	121.8	583.1	823.9	1017.8	1257.0
黑龙江	Heilongjiang	148.5	209.0	211.2	277.0	317.4	385.3
上　海	Shanghai	200.2	332.7	536.1	565.6	642.8	766.9
江　苏	Jiangsu	413.0	796.9	3545.7	4734.9	6936.8	8449.1
浙　江	Zhejiang	353.2	907.2	1844.9	1836.1	2150.6	2462.7
安　徽	Anhui	54.9	133.1	562.2	876.2	1248.6	1453.5
福　建	Fujian	75.1	117.5	401.8	459.3	552.1	673.2
江　西	Jiangxi	92.8	193.8	811.0	1119.3	1422.0	1826.8
山　东	Shandong	275.5	1048.9	2542.2	3136.6	4440.0	5251.8
河　南	Henan	79.7	229.7	1050.0	1445.3	1758.1	2191.8
湖　北	Hubei	155.7	274.7	821.5	977.1	1320.8	1802.7
湖　南	Hunan	89.4	137.5	757.1	1200.4	1456.2	1891.3
广　东	Guangdong	641.6	1878.0	6051.9	7061.8	8219.9	10099.8
广　西	Guangxi	40.4	74.9	250.9	370.3	487.0	694.2
海　南	Hainan	11.3	22.0	52.7	65.2	115.2	82.1
重　庆	Chongqing	51.1	123.3	309.2	392.8	523.2	694.4
四　川	Sichuan	261.5	531.0	1650.4	2143.4	2366.3	2727.0
贵　州	Guizhou	60.4	112.8	245.4	278.2	321.4	351.0
云　南	Yunnan	25.7	45.2	130.7	152.3	186.4	233.7
西　藏	Tibet	1.9	3.7	5.1	5.2	7.7	11.8
陕　西	Shaanxi	182.7	354.9	709.3	888.1	1071.8	1236.3
甘　肃	Gansu	18.6	38.0	75.6	85.6	111.7	140.3
青　海	Qinghai	2.4	6.3	19.7	20.3	37.2	49.5
宁　夏	Ningxia	5.9	15.7	28.0	31.0	26.6	28.1
新　疆	Xinjiang	4.6	10.0	24.9	30.7	15.8	19.8

1-1-12　续表 3　continued

地　区	Region	利润总额（亿元）Profits (100 million yuan)					
		2000	2005	2010	2011	2012	2013
全　国	**Total**	**266.3**	**495.2**	**2487.2**	**2754.2**	**3421.8**	**4071.4**
东部地区	Eastern Region	191.6	361.5	1625.0	1717.3	2116.6	2553.3
中部地区	Middle Region	26.0	57.2	433.2	497.8	630.8	754.3
西部地区	Western Region	26.1	54.6	272.0	337.3	452.4	507.8
东北地区	Northeastern Region	22.6	21.9	157.0	201.7	222.0	256.0
北　京	Beijing	26.1	24.9	101.7	126.2	150.5	177.3
天　津	Tianjin	5.5	15.2	44.5	59.3	94.9	79.2
河　北	Hebei	7.4	7.7	45.7	48.8	58.1	71.1
山　西	Shanxi	0.3	1.5	7.8	12.1	15.7	16.0
内 蒙 古	Inner Mongolia	0.5	2.8	12.4	17.8	14.9	27.6
辽　宁	Liaoning	7.1	6.8	78.0	82.2	106.1	113.6
吉　林	Jilin	9.0	9.1	52.4	87.4	80.0	101.6
黑 龙 江	Heilongjiang	6.5	6.0	26.6	32.1	35.9	40.8
上　海	Shanghai	11.7	21.5	51.5	46.5	56.1	65.8
江　苏	Jiangsu	16.5	43.1	259.6	370.3	551.1	676.2
浙　江	Zhejiang	29.5	54.4	198.6	180.1	198.4	230.4
安　徽	Anhui	1.6	7.8	55.7	64.9	119.0	132.7
福　建	Fujian	3.7	12.2	44.7	45.7	55.4	72.2
江　西	Jiangxi	2.1	8.3	50.2	66.2	96.2	128.7
山　东	Shandong	16.9	50.6	220.8	272.2	397.6	454.6
河　南	Henan	4.0	14.9	120.3	146.5	168.8	210.0
湖　北	Hubei	14.5	15.5	111.9	75.7	102.2	114.3
湖　南	Hunan	3.2	6.4	74.9	114.8	128.9	152.7
广　东	Guangdong	69.6	119.6	615.9	504.2	536.9	713.9
广　西	Guangxi	3.8	7.6	34.9	56.9	70.8	83.4
海　南	Hainan	0.8	4.7	7.0	7.1	17.6	12.5
重　庆	Chongqing	0.1	9.0	23.0	28.0	39.7	59.1
四　川	Sichuan	13.7	25.1	132.3	170.6	182.3	171.6
贵　州	Guizhou	1.5	9.1	25.9	27.1	29.5	25.4
云　南	Yunnan	2.3	5.8	17.6	22.9	22.4	35.5
西　藏	Tibet	0.6	1.6	2.1	1.9	2.6	3.3
陕　西	Shaanxi	7.5	-1.3	48.0	62.3	66.1	73.4
甘　肃	Gansu	-0.4	2.5	11.6	11.9	14.5	19.0
青　海	Qinghai	0.1	0.8	1.4	2.5	4.9	7.6
宁　夏	Ningxia	0.6	0.9	5.8	5.7	2.0	0.1
新　疆	Xinjiang	0.1	1.1	4.3	4.4	2.6	1.9

1-1-12 续表 4 continued

地 区	Region	利税（亿元） Taxes and Profits (100 million yuan)					
		2000	2005	2010	2011	2012	2013
全 国	**Total**	**477.3**	**875.1**	**3555.6**	**4299.2**	**5331.5**	**6336.9**
东部地区	Eastern Region	315.8	623.1	2316.9	2790.3	3354.3	4025.5
中部地区	Middle Region	52.9	105.6	611.8	731.2	935.0	1121.9
西部地区	Western Region	58.3	102.0	413.8	509.3	717.1	811.4
东北地区	Northeastern Region	50.3	44.4	213.1	268.5	325.1	378.1
北 京	Beijing	36.6	45.7	136.5	166.0	198.3	235.9
天 津	Tianjin	10.0	23.9	62.8	86.6	145.6	127.2
河 北	Hebei	15.3	17.1	64.9	72.5	84.2	101.2
山 西	Shanxi	1.5	4.1	14.0	18.3	24.9	26.2
内蒙古	Inner Mongolia	1.2	5.1	16.3	24.5	22.7	44.8
辽 宁	Liaoning	16.4	14.8	104.6	110.9	154.9	169.0
吉 林	Jilin	14.9	15.9	72.0	115.3	118.3	150.5
黑龙江	Heilongjiang	19.0	13.7	36.5	42.3	51.8	58.6
上 海	Shanghai	20.7	34.5	73.4	68.2	81.9	96.0
江 苏	Jiangsu	38.5	78.1	403.3	563.9	864.3	1057.4
浙 江	Zhejiang	49.6	90.6	273.4	254.2	296.3	347.0
安 徽	Anhui	4.3	12.1	77.1	107.0	168.7	188.3
福 建	Fujian	6.7	17.1	60.7	61.5	76.7	96.8
江 西	Jiangxi	8.1	18.7	81.3	104.6	154.5	199.7
山 东	Shandong	27.6	87.0	325.3	394.5	589.9	693.4
河 南	Henan	7.9	26.2	157.4	196.1	226.3	273.9
湖 北	Hubei	22.0	25.5	146.0	108.7	151.4	185.6
湖 南	Hunan	7.8	13.8	119.6	172.0	209.1	248.2
广 东	Guangdong	102.1	208.9	860.3	1039.7	993.0	1250.1
广 西	Guangxi	7.3	13.6	46.6	71.1	91.2	108.5
海 南	Hainan	1.6	6.7	9.9	12.1	24.2	20.5
重 庆	Chongqing	3.4	14.9	36.5	43.1	68.0	97.4
四 川	Sichuan	27.8	42.1	213.2	272.4	318.3	305.9
贵 州	Guizhou	4.3	15.1	36.2	39.3	44.5	43.5
云 南	Yunnan	4.1	9.3	27.2	32.5	35.9	52.7
西 藏	Tibet	0.9	2.1	2.7	2.6	3.5	4.8
陕 西	Shaanxi	15.4	9.3	68.4	88.0	98.9	115.2
甘 肃	Gansu	0.5	4.5	15.0	15.9	19.5	25.0
青 海	Qinghai	0.4	1.2	2.4	3.6	7.1	10.5
宁 夏	Ningxia	1.0	1.4	6.8	6.8	3.8	0.1
新 疆	Xinjiang	0.5	2.1	5.4	5.2	3.6	3.1

1-1-12　续表 5　continued

地　区	Region	出口交货值（亿元） Exports (100 million yuan)					
		2000	2005	2010	2011	2012	2013
全　国	**Total**	**510.8**	**1490.7**	**4202.9**	**4582.6**	**5361.7**	**6139.0**
东部地区	Eastern Region	355.6	1196.0	3505.7	3785.8	4317.3	4997.8
中部地区	Middle Region	33.2	68.0	245.7	378.9	570.5	579.9
西部地区	Western Region	43.6	104.1	205.1	238.6	289.2	387.0
东北地区	Northeastern Region	78.3	122.6	246.4	179.3	184.7	174.4
北　京	Beijing	6.8	16.8	25.9	29.1	76.6	99.9
天　津	Tianjin	9.2	13.5	24.3	23.0	52.5	53.6
河　北	Hebei	15.5	35.2	44.8	46.9	57.3	56.3
山　西	Shanxi	1.7	0.3	2.5	3.2	2.1	3.1
内蒙古	Inner Mongolia	1.1	1.7	3.6	3.3	5.5	3.4
辽　宁	Liaoning	73.7	105.0	236.1	167.8	168.8	156.9
吉　林	Jilin	1.8	5.4	5.7	8.5	10.0	15.4
黑龙江	Heilongjiang	2.8	12.2	4.6	3.1	5.9	2.1
上　海	Shanghai	13.2	28.5	80.6	75.8	76.3	76.7
江　苏	Jiangsu	86.4	120.3	389.4	441.8	477.8	551.8
浙　江	Zhejiang	70.4	267.6	475.9	444.2	513.3	518.0
安　徽	Anhui	3.7	11.8	30.4	99.7	174.0	206.9
福　建	Fujian	10.3	20.2	51.8	71.9	75.8	87.2
江　西	Jiangxi	4.7	14.1	51.5	76.5	80.7	98.7
山　东	Shandong	23.2	105.6	207.5	231.9	314.8	357.8
河　南	Henan	3.6	17.1	27.0	26.7	103.5	28.4
湖　北	Hubei	9.2	14.9	104.0	96.0	105.3	129.5
湖　南	Hunan	9.3	8.3	26.6	73.5	104.8	113.3
广　东	Guangdong	118.3	584.7	2200.5	2404.6	2672.8	3196.5
广　西	Guangxi	2.1	3.5	5.1	16.4	8.3	16.4
海　南	Hainan	0.1				0.2	
重　庆	Chongqing	4.2	6.2	15.8	24.3	30.9	43.6
四　川	Sichuan	12.3	59.1	108.2	108.1	123.3	204.7
贵　州	Guizhou	1.8	5.1	5.4	10.9	11.6	8.5
云　南	Yunnan	2.2	3.4	5.4	4.7	7.0	6.5
西　藏	Tibet						
陕　西	Shaanxi	18.9	23.3	54.5	66.4	83.6	76.0
甘　肃	Gansu	2.5	0.4	2.6	5.7	8.5	17.7
青　海	Qinghai	0.2	0.2	0.1	0.1	0.2	0.2
宁　夏	Ningxia	1.1	6.1	9.2	12.9	9.6	8.8
新　疆	Xinjiang	0.4	0.3	3.8	5.4	0.7	1.0

1-1-13 港澳台资企业各地区高技术产业生产经营情况

Statistics on Production and Management in High-tech Industry of Hong Kong, Macau and Taiwan Funded Enterprises by Region

地区	Region	企业数（个） Number of Enterprises (unit)					
		2000	2005	2010	2011	2012	2013
全国	**Total**	**1627**	**2856**	**3891**	**3173**	**3311**	**3407**
东部地区	Eastern Region	1449	2595	3500	2822	2891	2977
中部地区	Middle Region	97	145	235	218	235	234
西部地区	Western Region	42	60	86	73	128	136
东北地区	Northeastern Region	39	56	70	60	57	60
北京	Beijing	67	71	75	59	53	52
天津	Tianjin	45	28	43	29	31	32
河北	Hebei	17	17	24	21	22	19
山西	Shanxi	12	8	7	5	6	6
内蒙古	Inner Mongolia	2	7	7	6	6	7
辽宁	Liaoning	23	37	54	46	40	41
吉林	Jilin	12	11	11	11	11	12
黑龙江	Heilongjiang	4	8	5	3	6	7
上海	Shanghai	121	173	204	151	156	154
江苏	Jiangsu	173	432	757	632	670	689
浙江	Zhejiang	91	217	290	227	237	235
安徽	Anhui	18	26	33	25	31	27
福建	Fujian	129	152	196	153	167	163
江西	Jiangxi	9	21	64	64	70	71
山东	Shandong	30	60	72	52	63	57
河南	Henan	19	22	27	25	37	39
湖北	Hubei	23	40	48	42	42	42
湖南	Hunan	14	21	49	51	49	49
广东	Guangdong	752	1418	1800	1465	1485	1569
广西	Guangxi	10	15	31	27	35	38
海南	Hainan	14	12	8	6	7	7
重庆	Chongqing	6	7	16	17	27	29
四川	Sichuan	14	19	28	25	29	28
贵州	Guizhou	8	12	10	6	6	5
云南	Yunnan	8	13	12	9	10	12
西藏	Tibet						
陕西	Shaanxi	5	7	16	13	13	15
甘肃	Gansu	1	1	1	2	1	1
青海	Qinghai			1			
宁夏	Ningxia			1	1	1	1
新疆	Xinjiang		1	1			

1-1-13　续表 1　continued

地　区	Region	从业人员平均人数（人） Annual Average Number of Employed Personnel (person)					
		2000	2005	2010	2011	2012	2013
全　国	**Total**	**595800**	**1518686**	**2489372**	**2847497**	**3188950**	**3170590**
东部地区	Eastern Region	559263	1453041	2269787	2362135	2408998	2344305
中部地区	Middle Region	22441	42932	146484	313601	470499	541844
西部地区	Western Region	7449	13151	56513	155354	293507	267945
东北地区	Northeastern Region	6647	9562	16588	16407	15946	16496
北　京	Beijing	13440	16381	24785	26218	24006	25166
天　津	Tianjin	8039	12211	17107	21951	37909	29337
河　北	Hebei	2752	3657	25659	30951	32298	30429
山　西	Shanxi	3127	3502	1207	18538	61120	67799
内蒙古	Inner Mongolia	341	5602	6436	5406	4495	6984
辽　宁	Liaoning	3356	5032	13389	13510	9101	10423
吉　林	Jilin	2307	2095	1528	2028	3488	2270
黑龙江	Heilongjiang	984	2435	1671	869	3357	3803
上　海	Shanghai	26528	64122	129572	150084	160008	151881
江　苏	Jiangsu	48728	232492	555986	646323	635826	617116
浙　江	Zhejiang	25102	54184	94849	101472	106982	98070
安　徽	Anhui	5566	5330	14123	14816	17208	20385
福　建	Fujian	63975	96057	115347	110247	117389	124534
江　西	Jiangxi	1829	4491	39312	39463	40216	37735
山　东	Shandong	8447	15543	19548	22072	23945	28504
河　南	Henan	6769	6101	24320	153080	258465	303611
湖　北	Hubei	2788	12080	42223	56987	57537	52870
湖　南	Hunan	2021	5826	18863	25311	35953	59444
广　东	Guangdong	358977	954629	1254853	1218556	1268515	1237107
广　西	Guangxi	1727	2558	29931	32510	47727	53756
海　南	Hainan	1548	1207	2150	1751	2120	2161
重　庆	Chongqing	1764	875	8744	30364	62991	68162
四　川	Sichuan	2724	5541	39405	117980	169224	128143
贵　州	Guizhou	597	1271	1068	520	551	503
云　南	Yunnan	1337	3156	2337	2623	4684	5449
西　藏	Tibet						
陕　西	Shaanxi	982	1665	4133	3148	2829	3876
甘　肃	Gansu	45	543	328	412	305	283
青　海	Qinghai			126			
宁　夏	Ningxia			342	307	701	789
新　疆	Xinjiang		100	30			

1-1-13 续表 2 continued

地 区	Region	主营业务收入（亿元） Revenue from Principal Business (100 million yuan)					
		2000	2005	2010	2011	2012	2013
全 国	**Total**	**1872.1**	**6539.4**	**14345.9**	**17534.7**	**21056.7**	**23073.6**
东部地区	Eastern Region	1757.5	6298.3	13219.6	14715.2	15671.6	16243.6
中部地区	Middle Region	79.6	184.9	792.0	1555.3	2859.0	3719.4
西部地区	Western Region	21.2	31.9	227.9	1138.3	2419.8	2993.3
东北地区	Northeastern Region	13.8	24.3	106.4	125.8	106.3	117.2
北 京	Beijing	209.2	287.5	706.6	757.5	832.8	927.5
天 津	Tianjin	9.7	45.3	100.8	196.5	469.3	296.4
河 北	Hebei	3.1	10.9	168.5	188.3	210.2	226.3
山 西	Shanxi	8.3	7.9	4.3	61.2	349.9	418.2
内 蒙 古	Inner Mongolia	0.2	64.1	102.1	103.3	78.6	81.2
辽 宁	Liaoning	7.7	16.5	94.6	109.1	79.8	81.1
吉 林	Jilin	1.8	4.6	6.1	14.2	20.0	25.1
黑 龙 江	Heilongjiang	4.3	3.2	5.7	2.4	6.5	11.1
上 海	Shanghai	127.5	1000.0	2965.8	2768.0	2368.9	2248.9
江 苏	Jiangsu	157.3	953.9	2611.9	3533.9	4209.2	4418.9
浙 江	Zhejiang	37.5	173.5	444.6	652.7	653.6	730.6
安 徽	Anhui	19.5	12.2	39.3	103.9	130.7	293.1
福 建	Fujian	224.9	635.4	791.5	921.3	983.9	1109.0
江 西	Jiangxi	2.1	6.2	139.1	197.2	287.9	310.3
山 东	Shandong	14.1	55.9	184.8	250.2	279.7	415.9
河 南	Henan	37.5	28.8	36.0	441.6	1354.2	1930.5
湖 北	Hubei	8.2	50.3	392.0	514.6	574.5	511.4
湖 南	Hunan	3.9	15.3	79.2	133.4	161.9	255.8
广 东	Guangdong	969.7	3121.0	5150.8	5323.1	5654.5	5856.4
广 西	Guangxi	0.8	9.3	88.6	117.5	255.5	378.4
海 南	Hainan	3.8	5.8	5.9	6.4	9.5	13.7
重 庆	Chongqing	5.4	2.6	64.8	429.3	925.6	989.2
四 川	Sichuan	4.6	15.7	81.0	658.8	1094.2	1451.8
贵 州	Guizhou	0.9	1.4	8.8	8.3	5.5	4.4
云 南	Yunnan	3.3	9.1	17.0	23.2	36.0	47.3
西 藏	Tibet						
陕 西	Shaanxi	6.8	2.4	52.4	12.2	18.7	37.1
甘 肃	Gansu	0.2	0.5	0.3	1.7	0.4	0.3
青 海	Qinghai			0.3			
宁 夏	Ningxia			3.0	4.8	5.3	3.7
新 疆	Xinjiang		0.2	0.2			

1-1-13 续表 3 continued

地 区	Region	利润总额（亿元）Profits (100 million yuan)					
		2000	2005	2010	2011	2012	2013
全 国	**Total**	**84.4**	**186.0**	**735.3**	**862.3**	**986.6**	**1093.1**
东部地区	Eastern Region	70.3	177.2	632.1	697.7	684.5	755.6
中部地区	Middle Region	11.2	6.0	73.3	122.7	184.9	143.5
西部地区	Western Region	1.5	0.6	20.8	32.8	108.8	184.9
东北地区	Northeastern Region	1.3	2.1	9.1	9.1	8.3	9.0
北 京	Beijing	14.6	9.3	22.2	23.2	22.7	28.0
天 津	Tianjin	0.3	2.4	6.2	8.3	10.2	15.7
河 北	Hebei	0.1	1.3	18.0	11.3	5.9	10.4
山 西	Shanxi	1.7	0.4	0.3	8.9	88.8	7.1
内 蒙 古	Inner Mongolia		3.5	15.0	13.1	5.2	4.1
辽 宁	Liaoning	0.8	1.2	7.6	7.5	5.4	5.1
吉 林	Jilin	0.4	0.6	0.7	1.5	1.4	1.6
黑 龙 江	Heilongjiang	0.1	0.3	0.8	0.1	1.5	2.3
上 海	Shanghai	9.2	3.4	60.7	64.0	66.7	68.0
江 苏	Jiangsu	5.6	42.0	158.5	195.1	191.5	194.2
浙 江	Zhejiang	3.5	13.4	32.9	106.5	108.0	122.3
安 徽	Anhui	0.2	0.1	2.7	9.0	15.0	16.6
福 建	Fujian	6.5	12.9	65.2	45.2	44.4	44.0
江 西	Jiangxi	0.1	0.4	8.8	13.5	17.2	18.4
山 东	Shandong	1.5	4.1	15.3	34.4	38.0	45.0
河 南	Henan	7.8	-1.5	3.4	10.3	28.7	57.4
湖 北	Hubei	0.5	1.3	34.9	52.5	19.2	22.9
湖 南	Hunan	0.8	1.9	8.3	15.3	16.1	21.1
广 东	Guangdong	28.8	87.9	235.5	188.1	195.7	226.2
广 西	Guangxi		0.2	17.0	21.1	29.6	33.6
海 南	Hainan	0.3	0.3	0.8	0.7	1.5	1.9
重 庆	Chongqing	0.1	0.1	-2.5	2.2	1.2	3.0
四 川	Sichuan	0.8	0.3	5.7	23.3	65.9	134.5
贵 州	Guizhou	0.1	-0.1	0.2	0.3	0.2	0.6
云 南	Yunnan	0.2	0.1	1.9	4.0	3.9	5.5
西 藏	Tibet						
陕 西	Shaanxi	0.2	0.1	15.5	0.9	1.8	3.9
甘 肃	Gansu				0.1		
青 海	Qinghai			-0.2			
宁 夏	Ningxia			0.1	2.0	1.1	-0.2
新 疆	Xinjiang						

1-1-13 续表 4 continued

地 区	Region	利税（亿元） Taxes and Profits (100 million yuan)					
		2000	2005	2010	2011	2012	2013
全 国	**Total**	**127.4**	**270.3**	**945.3**	**1199.0**	**1519.0**	**1711.0**
东部地区	Eastern Region	106.3	254.8	809.7	930.0	1005.5	1077.9
中部地区	Middle Region	16.6	9.9	93.9	171.3	301.5	326.9
西部地区	Western Region	2.4	2.1	28.2	83.6	198.2	291.2
东北地区	Northeastern Region	2.1	3.5	13.5	14.0	13.8	15.0
北 京	Beijing	20.2	16.6	32.4	33.8	40.0	35.4
天 津	Tianjin	0.5	2.8	8.9	11.7	24.9	24.8
河 北	Hebei	0.2	1.7	22.4	15.1	12.0	19.2
山 西	Shanxi	2.4	0.6	0.7	9.4	92.3	9.2
内蒙古	Inner Mongolia		3.9	19.6	18.4	7.9	5.9
辽 宁	Liaoning	1.2	1.9	11.1	11.6	8.6	7.9
吉 林	Jilin	0.7	1.0	1.3	2.2	3.0	3.8
黑龙江	Heilongjiang	0.2	0.6	1.1	0.2	2.3	3.4
上 海	Shanghai	13.3	7.7	66.2	71.1	72.4	75.0
江 苏	Jiangsu	10.2	53.2	210.9	262.8	286.0	284.7
浙 江	Zhejiang	5.5	20.1	44.4	132.4	135.2	153.9
安 徽	Anhui	0.5	0.6	4.2	13.9	19.0	32.2
福 建	Fujian	10.5	15.4	81.4	55.5	60.2	58.2
江 西	Jiangxi	0.3	0.6	12.9	21.3	26.5	30.7
山 东	Shandong	2.6	6.0	19.2	43.8	51.8	59.1
河 南	Henan	11.2	-0.8	4.3	29.4	116.7	182.9
湖 北	Hubei	1.2	2.0	40.0	56.7	25.6	41.6
湖 南	Hunan	1.2	3.0	12.2	22.4	21.4	30.2
广 东	Guangdong	42.6	130.3	304.9	278.6	320.7	364.4
广 西	Guangxi		0.3	17.7	24.2	37.3	46.0
海 南	Hainan	0.6	0.8	1.2	1.1	2.3	3.0
重 庆	Chongqing	0.2	0.2	-0.8	17.7	3.4	5.9
四 川	Sichuan	1.3	1.2	9.8	56.6	139.2	219.3
贵 州	Guizhou	0.2	0.1	0.4	0.5	0.7	1.0
云 南	Yunnan	0.4	0.4	2.7	5.1	5.4	7.7
西 藏	Tibet						
陕 西	Shaanxi	0.3	0.2	16.0	1.6	2.9	5.3
甘 肃	Gansu				0.2		
青 海	Qinghai			-0.2			
宁 夏	Ningxia			0.3	2.1	1.3	
新 疆	Xinjiang						

1-1-13　续表 5　continued

地　区	Region	出口交货值 (亿元) Exports (100 million yuan)					
		2000	2005	2010	2011	2012	2013
全　国	**Total**	**867.1**	**4301.8**	**9233.4**	**11214.8**	**14107.7**	**15048.4**
东部地区	Eastern Region	854.5	4218.8	8837.1	9425.2	9997.9	9791.0
中部地区	Middle Region	7.3	76.6	332.6	793.4	2069.6	2763.4
西部地区	Western Region	2.8	2.4	39.5	970.3	2033.0	2486.9
东北地区	Northeastern Region	2.5	4.1	24.2	25.9	7.2	7.1
北　京	Beijing	13.0	19.3	120.6	107.6	107.2	94.1
天　津	Tianjin	7.4	27.9	55.8	55.2	343.5	182.0
河　北	Hebei	1.0	4.3	47.6	50.4	50.2	48.0
山　西	Shanxi		5.5		34.8	271.7	360.4
内蒙古	Inner Mongolia		29.9	3.0	3.3	1.2	7.8
辽　宁	Liaoning	2.5	3.9	24.2	25.1	6.4	6.5
吉　林	Jilin		0.1		0.7	0.7	0.5
黑龙江	Heilongjiang		0.1		0.1	0.1	0.1
上　海	Shanghai	31.0	758.8	2503.1	2224.4	1851.1	1823.7
江　苏	Jiangsu	90.7	546.3	1701.6	2379.8	2819.5	2850.9
浙　江	Zhejiang	19.7	64.3	200.9	254.4	267.0	272.5
安　徽	Anhui	0.4	1.5	3.6	3.4	3.4	70.2
福　建	Fujian	127.8	427.1	556.3	651.6	682.9	766.7
江　西	Jiangxi	0.1	1.0	55.7	75.0	103.8	113.7
山　东	Shandong	5.1	19.2	51.4	104.9	66.7	73.8
河　南	Henan	6.1	9.4	5.3	381.6	1222.9	1843.8
湖　北	Hubei	0.4	28.6	263.2	279.1	423.1	264.1
湖　南	Hunan	0.2	0.8	1.9	16.2	44.7	111.3
广　东	Guangdong	558.0	2349.0	3525.7	3497.7	3808.1	3678.4
广　西	Guangxi	0.3	0.9	71.7	97.4	137.6	204.7
海　南	Hainan	0.6	2.0	2.3	1.8	1.7	0.9
重　庆	Chongqing	1.1	0.6	29.8	398.5	869.8	907.0
四　川	Sichuan	0.6	0.3	3.7	563.7	1021.7	1357.2
贵　州	Guizhou	0.1	0.1	4.1	6.0	1.0	
云　南	Yunnan	1.0	1.4	0.6	0.9	0.3	0.4
西　藏	Tibet						
陕　西	Shaanxi			1.2	1.2	1.2	9.9
甘　肃	Gansu						
青　海	Qinghai						
宁　夏	Ningxia						
新　疆	Xinjiang						

1-1-14 外资企业各地区高技术产业生产经营情况
Statistics on Production and Management in High-tech Industry of Foreign Funded Enterprises by Region

地 区	Region	企业数（个） Number of Enterprises (unit)					
		2000	2005	2010	2011	2012	2013
全 国	**Total**	**1441**	**3635**	**5393**	**4434**	**4684**	**4646**
东部地区	Eastern Region	1213	3225	4779	3980	4178	4131
中部地区	Middle Region	63	133	240	189	202	200
西部地区	Western Region	61	108	145	115	156	177
东北地区	Northeastern Region	104	169	229	150	148	138
北 京	Beijing	139	216	201	149	142	133
天 津	Tianjin	141	274	395	266	285	278
河 北	Hebei	23	39	46	39	42	36
山 西	Shanxi	6	7	10	7	5	7
内 蒙 古	Inner Mongolia	4	7	7	4	3	3
辽 宁	Liaoning	70	133	165	107	103	94
吉 林	Jilin	22	23	46	32	35	33
黑 龙 江	Heilongjiang	12	13	18	11	10	11
上 海	Shanghai	238	492	556	440	460	458
江 苏	Jiangsu	171	610	1461	1340	1415	1369
浙 江	Zhejiang	69	264	374	286	300	288
安 徽	Anhui	10	22	51	36	40	38
福 建	Fujian	49	120	166	124	138	138
江 西	Jiangxi	8	23	50	47	46	44
山 东	Shandong	84	376	443	340	367	368
河 南	Henan	13	19	27	25	30	29
湖 北	Hubei	15	34	60	40	51	50
湖 南	Hunan	7	21	35	30	30	32
广 东	Guangdong	286	820	1104	970	1019	1054
广 西	Guangxi	7	10	25	16	14	20
海 南	Hainan	6	4	8	10	10	9
重 庆	Chongqing	11	11	23	25	34	45
四 川	Sichuan	23	47	68	50	62	66
贵 州	Guizhou	6	9	8	7	5	5
云 南	Yunnan	4	10	10	6	7	6
西 藏	Tibet			1			
陕 西	Shaanxi	15	22	31	23	27	28
甘 肃	Gansu	1	4	1	1	1	1
青 海	Qinghai		3	2	2	2	2
宁 夏	Ningxia						
新 疆	Xinjiang	1	2	1	1	1	1

1-1-14 续表 1 continued

地 区	Region	从业人员平均人数（人） Annual Average Number of Employed Personnel (person)					
		2000	2005	2010	2011	2012	2013
全 国	**Total**	**611611**	**2175564**	**3893476**	**3954530**	**4075094**	**3971712**
东部地区	Eastern Region	543836	2028159	3583868	3637001	3736275	3630243
中部地区	Middle Region	13049	44108	153992	161733	146195	128583
西部地区	Western Region	21749	27900	66877	64747	99091	128650
东北地区	Northeastern Region	32977	75397	88739	91049	93533	84236
北 京	Beijing	36311	76859	96809	104972	108508	103103
天 津	Tianjin	62598	106625	150545	147829	161909	165945
河 北	Hebei	3007	11598	48642	51477	48329	56375
山 西	Shanxi	491	4418	78231	68249	44624	33653
内 蒙 古	Inner Mongolia	715	1678	2179	1200	1040	609
辽 宁	Liaoning	26163	48094	60183	58851	59936	51106
吉 林	Jilin	2427	3864	5299	5350	5189	5628
黑 龙 江	Heilongjiang	4387	23439	23257	26848	28408	27502
上 海	Shanghai	92193	220807	291314	335402	328620	345459
江 苏	Jiangsu	78241	523743	1199740	1134482	1173414	1094325
浙 江	Zhejiang	17798	88466	139119	138744	158060	153522
安 徽	Anhui	2569	3204	12326	12271	11626	11248
福 建	Fujian	27023	94308	114622	132947	138657	134255
江 西	Jiangxi	1684	10093	25091	36540	35275	27430
山 东	Shandong	32202	138457	251481	247467	256570	251735
河 南	Henan	1878	9570	13174	17065	21460	17938
湖 北	Hubei	4604	7332	9852	8883	14549	18776
湖 南	Hunan	1108	7813	13139	17525	18661	19538
广 东	Guangdong	192910	763428	1271736	1329609	1359073	1322313
广 西	Guangxi	597	3459	17616	11303	7790	8010
海 南	Hainan	956	409	2244	2769	3135	3211
重 庆	Chongqing	2811	1952	14962	20236	29496	51511
四 川	Sichuan	8413	9324	29768	23835	38841	48756
贵 州	Guizhou	2294	3559	3344	3534	3268	3221
云 南	Yunnan	841	3019	3275	3039	3391	1707
西 藏	Tibet			82			
陕 西	Shaanxi	6090	9055	14873	13493	14651	14229
甘 肃	Gansu	1216	450	28	32	33	39
青 海	Qinghai		436	447	483	471	452
宁 夏	Ningxia						
新 疆	Xinjiang	84	105	98	95	110	116

1-1-14 续表 2 continued

地 区	Region	主营业务收入（亿元） Revenue from Principal Business (100 million yuan)					
		2000	2005	2010	2011	2012	2013
全 国	**Total**	**4141.4**	**18244.8**	**33870.4**	**37441.0**	**39871.9**	**42855.6**
东部地区	Eastern Region	3872.3	17581.4	32034.4	35125.5	36924.7	38739.5
中部地区	Middle Region	50.4	218.9	492.2	678.6	863.2	1046.4
西部地区	Western Region	87.1	119.5	636.8	808.9	1205.6	2123.9
东北地区	Northeastern Region	131.6	325.0	707.1	828.1	878.3	945.8
北 京	Beijing	574.2	1386.8	1866.0	1684.6	1590.9	1575.2
天 津	Tianjin	586.6	1662.6	1800.0	2013.1	2302.0	3008.1
河 北	Hebei	5.2	41.9	186.8	193.3	199.3	213.7
山 西	Shanxi	0.9	12.3	112.1	116.3	95.7	98.0
内 蒙 古	Inner Mongolia	0.5	2.2	17.9	25.3	22.6	18.2
辽 宁	Liaoning	115.1	204.9	471.5	554.8	577.0	582.2
吉 林	Jilin	2.4	18.9	53.3	80.0	100.9	149.2
黑 龙 江	Heilongjiang	14.1	101.2	182.3	193.3	200.4	214.4
上 海	Shanghai	729.4	2697.6	3517.8	3729.9	4039.9	3807.7
江 苏	Jiangsu	665.2	4386.7	10012.0	11127.3	11717.6	11986.0
浙 江	Zhejiang	98.8	661.1	1034.2	1118.5	1172.7	1166.8
安 徽	Anhui	5.1	11.2	60.0	75.0	80.7	84.8
福 建	Fujian	115.9	669.0	1383.2	1609.2	1693.4	1762.8
江 西	Jiangxi	5.1	29.9	89.2	115.5	146.8	152.4
山 东	Shandong	76.5	633.2	2421.9	2734.5	3009.5	3278.8
河 南	Henan	2.8	39.1	99.6	146.6	145.5	162.2
湖 北	Hubei	31.2	72.0	43.5	60.3	132.0	131.2
湖 南	Hunan	4.9	52.3	69.9	139.6	262.6	417.8
广 东	Guangdong	1014.0	5429.8	9750.1	10842.8	11172.3	11914.9
广 西	Guangxi	3.5	10.0	44.4	51.8	63.7	53.7
海 南	Hainan	3.0	2.7	18.1	20.4	27.2	25.6
重 庆	Chongqing	4.1	10.2	133.8	289.6	434.6	940.6
四 川	Sichuan	30.9	31.6	373.6	384.3	501.6	981.6
贵 州	Guizhou	6.2	13.6	11.8	18.5	16.0	16.7
云 南	Yunnan	3.3	5.5	12.3	13.3	17.0	10.0
西 藏	Tibet			0.1			
陕 西	Shaanxi	41.2	57.0	103.5	101.2	147.5	100.6
甘 肃	Gansu	1.3	0.7	0.3	0.3	0.2	0.4
青 海	Qinghai		0.6	1.2	1.3	1.5	1.2
宁 夏	Ningxia						
新 疆	Xinjiang	0.1	0.3	0.4	0.4	1.0	0.8

1-1-14　续表 3　continued

地　区	Region	利润总额（亿元） Profits (100 million yuan)					
		2000	2005	2010	2011	2012	2013
全　国	**Total**	**322.4**	**742.0**	**1657.2**	**1628.5**	**1778.0**	**2069.3**
东部地区	Eastern Region	296.9	705.6	1497.1	1449.3	1567.1	1848.4
中部地区	Middle Region	8.0	12.8	41.2	53.2	51.7	51.7
西部地区	Western Region	10.6	4.6	38.8	38.3	89.5	97.0
东北地区	Northeastern Region	6.9	19.0	80.1	87.7	69.6	72.2
北　京	Beijing	41.9	62.6	58.4	79.5	62.4	87.1
天　津	Tianjin	72.2	138.4	64.9	97.5	142.6	203.0
河　北	Hebei	0.5	9.1	25.6	23.5	15.7	26.3
山　西	Shanxi		0.9	4.7	7.4	5.3	2.0
内蒙古	Inner Mongolia			3.7	3.0	0.7	2.2
辽　宁	Liaoning	6.2	8.9	55.4	63.7	48.6	54.4
吉　林	Jilin	0.1	2.0	4.4	9.1	12.0	12.2
黑龙江	Heilongjiang	0.6	8.1	20.3	14.8	9.1	5.6
上　海	Shanghai	71.5	68.9	139.0	111.5	92.8	101.9
江　苏	Jiangsu	44.5	167.2	524.0	499.8	539.5	651.2
浙　江	Zhejiang	8.9	14.2	64.9	63.7	64.4	66.5
安　徽	Anhui	0.7	1.6	11.2	12.0	9.4	8.5
福　建	Fujian	9.5	43.9	87.8	91.9	81.8	60.8
江　西	Jiangxi	1.6	2.1	4.9	6.1	8.7	9.0
山　东	Shandong	2.7	41.0	147.6	157.1	177.2	200.7
河　南	Henan	0.2	1.6	6.1	10.3	8.4	6.7
湖　北	Hubei	4.0	4.5	4.4	2.0	8.7	11.2
湖　南	Hunan	1.6	2.2	6.1	12.4	11.2	14.4
广　东	Guangdong	44.7	159.8	374.2	314.2	378.3	448.5
广　西	Guangxi			4.0	5.7	8.2	7.3
海　南	Hainan	0.3	0.5	6.8	5.0	12.5	2.6
重　庆	Chongqing		-0.1	4.9	6.0	9.4	11.6
四　川	Sichuan	2.7	2.1	16.6	18.4	56.0	63.9
贵　州	Guizhou	0.4	-6.0	1.1	1.7	3.4	1.9
云　南	Yunnan	1.0	0.7	2.1	2.0	2.3	1.2
西　藏	Tibet						
陕　西	Shaanxi	6.2	7.7	14.0	10.2	9.4	8.8
甘　肃	Gansu	0.2	0.1				0.1
青　海	Qinghai				-0.1	0.1	0.1
宁　夏	Ningxia						
新　疆	Xinjiang					0.1	

1-1-14 续表 4 continued

地 区	Region	利税（亿元） Taxes and Profits (100 million yuan)					
		2000	2005	2010	2011	2012	2013
全 国	**Total**	**428.9**	**944.2**	**2252.1**	**2315.6**	**2643.8**	**3069.2**
东部地区	Eastern Region	390.8	883.0	2016.3	2050.7	2322.9	2706.1
中部地区	Middle Region	11.5	18.4	54.6	71.1	78.5	88.0
西部地区	Western Region	16.7	12.0	75.0	78.7	134.9	156.1
东北地区	Northeastern Region	10.0	30.8	106.3	115.0	107.5	119.0
北 京	Beijing	53.8	77.1	96.0	112.5	82.1	131.4
天 津	Tianjin	87.1	157.2	115.8	157.6	237.5	394.5
河 北	Hebei	0.7	12.2	36.0	29.9	23.7	35.4
山 西	Shanxi		1.3	5.7	10.6	10.5	7.8
内 蒙 古	Inner Mongolia	0.1	0.1	4.3	3.7	0.9	2.3
辽 宁	Liaoning	8.9	11.2	67.2	76.7	67.7	76.1
吉 林	Jilin	0.3	3.1	6.4	12.9	18.9	26.0
黑 龙 江	Heilongjiang	0.8	16.5	32.7	25.5	20.9	16.9
上 海	Shanghai	90.5	94.4	168.3	139.7	129.5	118.5
江 苏	Jiangsu	68.5	203.2	671.5	647.7	751.3	813.1
浙 江	Zhejiang	11.1	22.4	86.6	88.5	95.3	98.2
安 徽	Anhui	1.1	2.1	13.7	15.3	13.1	12.1
福 建	Fujian	14.3	52.9	99.9	104.1	100.6	79.3
江 西	Jiangxi	1.9	3.3	7.4	8.3	11.9	13.4
山 东	Shandong	6.0	56.2	210.2	222.5	259.3	284.8
河 南	Henan	0.3	2.5	7.5	12.6	11.3	9.8
湖 北	Hubei	5.9	6.1	6.2	3.7	11.2	14.3
湖 南	Hunan	2.1	2.9	9.7	17.1	20.6	30.5
广 东	Guangdong	58.1	206.5	518.9	535.0	629.2	746.6
广 西	Guangxi	0.1	0.2	4.6	6.5	9.1	8.5
海 南	Hainan	0.6	0.9	8.5	6.7	14.3	4.2
重 庆	Chongqing	0.3	0.1	10.2	12.2	14.7	19.9
四 川	Sichuan	4.3	4.0	34.9	39.2	81.0	100.4
贵 州	Guizhou	0.7	-5.9	2.0	3.1	4.8	3.7
云 南	Yunnan	1.4	1.5	3.3	3.4	4.3	2.3
西 藏	Tibet						
陕 西	Shaanxi	9.7	12.1	24.4	20.7	19.8	18.8
甘 肃	Gansu	0.3	0.1				0.1
青 海	Qinghai					0.2	0.2
宁 夏	Ningxia						
新 疆	Xinjiang					0.1	

1-1-14　续表 5　continued

地　区	Region	出口交货值（亿元） Exports (100 million yuan) 2000	2005	2010	2011	2012	2013
全　国	**Total**	**2018.1**	**11843.4**	**23565.2**	**24802.9**	**27231.7**	**28097.7**
东部地区	Eastern Region	1905.7	11599.3	22786.1	23998.3	25857.9	25752.7
中部地区	Middle Region	3.0	61.0	145.4	169.0	307.0	401.7
西部地区	Western Region	11.6	16.6	366.7	401.5	764.7	1674.5
东北地区	Northeastern Region	97.9	166.5	267.1	234.1	302.1	268.7
北　京	Beijing	140.5	796.5	1070.6	919.1	897.6	924.7
天　津	Tianjin	242.6	1013.1	1034.7	1107.0	1149.7	1301.4
河　北	Hebei	0.8	2.4	65.6	60.0	59.4	46.2
山　西	Shanxi			51.1	40.6	23.7	25.0
内蒙古	Inner Mongolia		0.1			0.2	
辽　宁	Liaoning	87.7	162.2	255.9	222.9	291.4	253.5
吉　林	Jilin	0.2	1.2	1.4	1.4	2.8	3.9
黑龙江	Heilongjiang	10.0	3.1	9.8	9.8	7.9	11.3
上　海	Shanghai	326.5	1938.7	2403.2	2618.6	2763.8	2603.4
江　苏	Jiangsu	359.9	3209.8	7635.0	8115.3	9227.9	8841.9
浙　江	Zhejiang	30.8	412.7	613.3	606.4	537.3	635.3
安　徽	Anhui	0.4	2.3	10.7	16.4	23.3	23.2
福　建	Fujian	58.5	380.3	886.3	1047.6	1073.4	1082.6
江　西	Jiangxi		12.0	39.7	61.8	58.3	45.3
山　东	Shandong	50.4	299.0	1306.0	1126.8	1215.7	1231.8
河　南	Henan	0.4	7.2	27.2	28.3	16.8	21.9
湖　北	Hubei	2.1	18.1	10.5	7.6	17.7	22.3
湖　南	Hunan	0.1	21.4	6.1	14.4	167.2	263.9
广　东	Guangdong	695.4	3541.5	7753.1	8363.4	8930.3	9082.2
广　西	Guangxi		5.2	18.2	34.1	11.1	10.6
海　南	Hainan	0.3				2.8	3.2
重　庆	Chongqing	1.0	2.8	11.6	66.5	315.3	759.6
四　川	Sichuan	8.8	6.7	341.2	316.0	411.6	878.7
贵　州	Guizhou		5.4	0.2	0.6	0.7	0.7
云　南	Yunnan	0.8	0.2	0.5	0.6	0.9	0.1
西　藏	Tibet						
陕　西	Shaanxi	0.8	1.5	13.2	17.8	24.9	24.7
甘　肃	Gansu	0.2					
青　海	Qinghai						
宁　夏	Ningxia						
新　疆	Xinjiang		0.1				

1-2-1 按行业分高技术产业生产经营情况(2013年)
Statistics on Production and Management in High-tech Industry by Industrial Sector(2013)

单位：个，人，亿元 (unit,person,100 million yuan)

行 业	Industry	企业数 Number of Enterprises	从业人员平均人数 Annual Average Number of Employed Personnel	资产总计 Total Assets	主营业务收入 Revenue from Principal Business	利润总额 Profits	利税 Taxes and Profits	出口交货值 Exports
合计	**Total**	**26894**	**12936870**	**87177.9**	**116048.9**	**7233.7**	**11117.0**	**49285.1**
医药制造业	**Manufacture of Medicines**	**6839**	**2085498**	**18450.0**	**20484.2**	**2132.7**	**3316.2**	**1184.2**
#化学药品制造	Manufacture of Chemical Medicine	2366	922024	9147.1	9433.8	936.0	1502.8	724.4
中成药生产	Production of Finished Traditional Chinese Herbal Medicine	1555	592006	4551.0	5022.6	562.6	893.5	48.2
生物药品制造	Manufacture of Biological Medicine	889	195386	2447.8	2403.7	296.1	426.9	194.1
航空、航天器及设备制造业	**Manufacture of Aircrafts and Spacecrafts and Related Equipment**	**318**	**339551**	**4675.1**	**2853.2**	**139.3**	**183.9**	**370.1**
#飞机制造	Manufacture of Airplanes	126	237375	3620.1	2071.7	86.5	113.7	216.5
航天器制造	Manufacture of Spacecrafts	29	27682	355.7	183.5	14.0	15.1	0.8
电子及通信设备制造业	**Manufacture of Electronic Equipment and Communication Equipment**	**13465**	**7482696**	**45411.8**	**60633.9**	**3326.8**	**5277.9**	**28738.4**
#通信设备制造	Manufacture of Communication Equipment	1449	1387344	12084.3	17018.9	897.2	1716.9	8102.9
#通信系统设备制造	Manufacture of Communication System Equipment	756	441277	6548.8	6504.5	535.5	957.2	2547.7
通信终端设备制造	Manufacture of Communication Terminal Equipment	693	946067	5535.4	10514.5	361.7	759.7	5555.2
广播电视设备制造	Manufacture of Broadcasting and TV Equipment	624	218860	1252.9	1554.0	106.7	153.6	575.0
雷达及配套设备制造	Manufacture of Radar and Its Fittings	58	50587	523.3	444.2	28.3	38.7	91.3
视听设备制造	Manufacture of TV Set and Radio Receiver	1039	710770	4223.6	7560.7	379.5	589.4	3295.2
电子器件制造	Manufacture of Electronic Appliances	2593	1624552	12228.2	13560.6	797.4	1072.5	8411.8
#电子真空器件制造	Manufacture of Electronic Vacuum Appliance	103	33999	407.3	205.0	15.6	24.4	52.1
半导体分立器件制造	Manufacture of Semiconductor Discreting Appliances	328	127932	839.2	793.9	33.7	48.6	407.6
集成电路制造	Manufacture of Integrate Circuit	438	294452	3168.8	2683.8	164.7	235.8	1706.3
电子元件制造	Manufacture of Electronic Components	5367	2604164	9642.3	13613.9	704.1	1069.3	6309.0
其他电子设备制造	Manufacture of Other Electronic Equipment	1095	436496	1974.0	3043.8	166.9	262.5	1252.7
计算机及办公设备制造业	**Manufacture of Computers and Office Equipment**	**1565**	**1905640**	**11023.8**	**23214.2**	**810.4**	**1148.4**	**17640.7**
#计算机整机制造	Manufacture of Entired Computer	167	716976	5855.4	13893.5	412.4	590.9	10524.8
计算机零部件制造	Manufacture of Computer Components and Parts	510	622213	2340.9	4661.7	165.3	232.4	3990.6
计算机外围设备制造	Manufacture of Computer Peripheral Equipment	441	307264	1451.7	2505.6	100.2	143.7	1875.4
办公设备制造	Manufacture of Office Equipment	240	133391	665.2	1192.5	64.2	91.1	762.8
医疗仪器设备及仪器仪表制造业	**Manufacture of Medical Equipments and Measuring Instrument**	**4707**	**1123485**	**7617.3**	**8863.5**	**824.6**	**1190.6**	**1351.8**
1.医疗仪器设备及器械制造	Manufacture of Medical Equipment and Appliance	1084	283845	1575.8	1853.6	201.1	264.7	445.2
2.仪器仪表制造	Manufacture of Measuring Instrument	3623	839640	6041.5	7009.9	623.5	925.9	906.6

注：本表数据口径为年主营业务收入2000万元及以上的法人工业企业。以下至1-2-9表相同。

1-2-2 各地区高技术产业生产经营情况(2013年)

Statistics on Production and Management in High-tech Industry by Region (2013)

单位：个，人，亿元 (unit,person,100 million yuan)

地 区	Region	企业数 Number of Enterprises	从业人员平均人数 Annual Average Number of Employed Personnel	资产总计 Total Assets	主营业务收入 Revenue from Principal Business	利润总额 Profits	利税 Taxes and Profits	出口交货值 Exports
全 国	**Total**	**26894**	**12936870**	**87177.9**	**116048.9**	**7233.7**	**11117.0**	**49285.1**
东部地区	Eastern Region	18761	9388752	61966.8	85972.2	5157.4	7809.5	40541.6
中部地区	Middle Region	4319	1855971	10687.7	14123.3	949.5	1536.7	3745.0
西部地区	Western Region	2502	1238387	10649.7	11548.8	789.7	1258.7	4548.3
东北地区	Northeastern Region	1312	453760	3873.7	4404.5	337.2	512.1	450.2
北 京	Beijing	782	287281	4229.8	3826.1	292.4	402.7	1118.8
天 津	Tianjin	585	271138	2739.8	4243.5	297.9	546.6	1537.0
河 北	Hebei	504	197432	1460.1	1381.0	107.8	155.9	150.5
山 西	Shanxi	138	142061	766.5	707.8	25.1	43.2	388.5
内蒙古	Inner Mongolia	100	32651	358.2	344.8	33.9	53.0	11.2
辽 宁	Liaoning	735	218388	1986.4	2362.4	173.1	253.0	417.0
吉 林	Jilin	394	151519	1096.0	1431.3	115.3	180.2	19.7
黑龙江	Heilongjiang	183	83853	791.3	610.8	48.8	78.9	13.5
上 海	Shanghai	1024	609434	5195.3	6823.4	235.7	289.6	4503.8
江 苏	Jiangsu	4865	2461783	15200.3	24854.0	1521.5	2155.3	12244.5
浙 江	Zhejiang	2391	670358	5060.1	4360.1	419.2	599.1	1425.8
安 徽	Anhui	841	205182	1728.1	1831.4	157.8	232.6	300.3
福 建	Fujian	742	377439	2302.0	3545.0	176.9	234.3	1936.5
江 西	Jiangxi	696	277522	1480.0	2289.6	156.0	243.9	257.7
山 东	Shandong	2015	691324	5050.8	8946.5	700.3	1037.3	1663.5
河 南	Henan	933	633971	3064.7	4284.4	274.1	466.6	1894.0
湖 北	Hubei	830	293598	2407.6	2445.3	148.4	241.6	415.9
湖 南	Hunan	881	303637	1240.8	2564.9	188.1	308.9	488.5
广 东	Guangdong	5802	3803831	20513.1	27871.1	1388.6	2361.1	15957.1
广 西	Guangxi	301	125132	592.2	1126.2	124.2	163.0	231.8
海 南	Hainan	51	18732	215.5	121.4	17.0	27.7	4.1
重 庆	Chongqing	383	219274	1570.4	2624.2	73.6	123.1	1710.2
四 川	Sichuan	841	501539	4712.3	5160.5	370.0	625.6	2440.6
贵 州	Guizhou	149	47061	492.7	372.0	27.8	48.2	9.2
云 南	Yunnan	136	35272	434.5	291.1	42.2	62.7	7.0
西 藏	Tibet	8	1452	26.5	11.8	3.3	4.8	
陕 西	Shaanxi	402	230560	1945.9	1374.0	86.2	139.3	110.6
甘 肃	Gansu	107	28398	278.6	140.9	19.1	25.0	17.7
青 海	Qinghai	28	5945	104.4	50.7	7.8	10.7	0.2
宁 夏	Ningxia	19	6726	85.8	31.8	-0.1	0.1	8.8
新 疆	Xinjiang	28	4377	48.4	20.7	1.9	3.1	1.0

1-2-3　按行业和企业规模分高技术产业生产经营情况(2013年)

Statistics on Production and Management in High-tech Industry by Industrial Sector and Scale of Enterprises(2013)

单位：个，人，亿元　　(unit,perosn,100 million yuan)

行　业	Industry	大型企业 Large-sized Enterprises						
		企业数 Number of Enterp-rises	从业人员平均人数 Annual Average Number of Employed Personnel	资产总计 Total Assets	主营业务收入 Revenue from Principal Business	利润总额 Profits	利税 Taxes and Profits	出口交货值 Exports
合计	**Total**	**1690**	**6875715**	**46933.5**	**67356.9**	**3590.1**	**5555.8**	**39198.9**
医药制造业	**Manufacture of Medicines**	**268**	**787569**	**7245.3**	**6918.7**	**742.1**	**1186.0**	**444.5**
#化学药品制造	Manufacture of Chemical Medicine	147	418743	4513.6	4101.2	402.7	672.2	383.2
中成药生产	Production of Finished Traditional Chinese Herbal Medicine	77	266236	1758.7	1881.6	229.0	356.1	12.2
生物药品制造	Manufacture of Biological Medicine	21	38656	529.0	423.0	48.6	70.6	11.9
航空、航天器及设备制造业	**Manufacture of Aircrafts and Spacecrafts and Related Equipment**	**61**	**272887**	**2886.2**	**1663.2**	**66.2**	**85.5**	**231.3**
#飞机制造	Manufacture of Airplanes	33	205270	2297.4	1312.1	46.6	59.9	151.8
航天器制造	Manufacture of Spacecrafts	10	22130	286.0	116.6	9.6	10.1	0.7
电子及通信设备制造业	**Manufacture of Electronic Equipment and Communication Equipment**	**1041**	**4069367**	**26005.4**	**36834.4**	**1899.4**	**3059.1**	**21910.1**
#通信设备制造	Manufacture of Communication Equipment	158	1034731	7332.0	11674.8	497.8	1070.7	6407.2
#通信系统设备制造	Manufacture of Communication System Equipment	63	286691	3127.0	2892.8	197.8	410.1	1263.0
通信终端设备制造	Manufacture of Communication Terminal Equipment	95	748040	4204.9	8782.0	300.0	660.6	5144.2
广播电视设备制造	Manufacture of Broadcasting and TV Equipment	37	84937	547.6	645.8	51.3	69.9	402.0
雷达及配套设备制造	Manufacture of Radar and Its Fittings	9	33044	372.9	338.6	20.0	27.5	85.3
视听设备制造	Manufacture of TV Set and Radio Receiver	106	427106	2981.9	5357.6	258.1	422.2	2444.6
电子器件制造	Manufacture of Electronic Appliances	260	973919	7865.9	9257.0	581.1	746.8	6865.5
#电子真空器件制造	Manufacture of Electronic Vacuum Appliance	6	10033	222.3	47.3	5.3	8.5	2.4
半导体分立器件制造	Manufacture of Semiconductor Discreting Appliances	25	55500	305.7	358.3	17.1	22.6	269.1
集成电路制造	Manufacture of Integrate Circuit	61	185311	2149.3	1825.1	118.9	161.7	1395.7
电子元件制造	Manufacture of Electronic Components	352	1144959	4482.5	6232.3	286.2	412.6	4320.0
其他电子设备制造	Manufacture of Other Electronic Equipment	55	188618	885.4	1608.0	83.7	127.3	967.8
计算机及办公设备制造业	**Manufacture of Computers and Office Equipment**	**210**	**1492047**	**8763.0**	**19999.9**	**690.7**	**959.4**	**16161.7**
#计算机整机制造	Manufacture of Entired Computer	48	682587	5299.3	12916.2	389.8	558.7	10183.5
计算机零部件制造	Manufacture of Computer Components and Parts	67	478686	1802.1	3938.1	140.0	191.6	3565.7
计算机外围设备制造	Manufacture of Computer Peripheral Equipment	51	176871	885.3	1691.2	75.3	95.9	1342.1
办公设备制造	Manufacture of Office Equipment	22	75324	380.1	794.4	38.8	54.9	627.8
医疗仪器设备及仪器仪表制造业	**Manufacture of Medical Equipments and Measuring Instrument**	**110**	**253845**	**2033.6**	**1940.6**	**191.7**	**265.8**	**451.3**
1.医疗仪器设备及器械制造	Manufacture of Medical Equipment and Appliance	27	58222	365.1	372.0	47.6	61.4	143.9
2.仪器仪表制造	Manufacture of Measuring Instrument	83	195623	1668.5	1568.6	144.1	204.4	307.4

1-2-3　续表　continued

单位：个，人，亿元　　(unit,perosn,100 million yuan)

行　业	Industry	中型企业 Medium-sized Enterprises 企业数 Number of Enterprises	从业人员平均人数 Annual Average Number of Employed Personnel	资产总计 Total Assets	主营业务收入 Revenue from Principal Business	利润总额 Profits	利税 Taxes and Profits	出口交货值 Exports
合计	**Total**	**6119**	**3640848**	**20899.8**	**24277.9**	**1874.9**	**2798.1**	**6500.2**
医药制造业	**Manufacture of Medicines**	**1271**	**652928**	**5830.6**	**6120.3**	**740.7**	**1124.0**	**458.8**
#化学药品制造	Manufacture of Chemical Medicine	543	285530	2646.6	2750.6	326.9	504.3	220.7
中成药生产	Production of Finished Traditional Chinese Herbal Medicine	334	170698	1406.0	1465.0	180.5	287.4	19.5
生物药品制造	Manufacture of Biological Medicine	149	76995	1118.5	974.9	130.9	189.4	105.3
航空、航天器及设备制造业	**Manufacture of Aircrafts and Spacecrafts and Related Equipment**	**69**	**47355**	**514.8**	**527.8**	**45.4**	**62.4**	**76.7**
#飞机制造	Manufacture of Airplanes	35	27021	312.9	323.1	31.5	43.5	46.7
航天器制造	Manufacture of Spacecrafts	8	4719	56.7	56.4	4.0	4.4	0.1
电子及通信设备制造业	**Manufacture of Electronic Equipment and Communication Equipment**	**3543**	**2229913**	**10347.9**	**12339.0**	**695.5**	**1033.2**	**4253.1**
#通信设备制造	Manufacture of Communication Equipment	380	233822	1631.6	1737.5	80.2	126.1	418.6
#通信系统设备制造	Manufacture of Communication System Equipment	164	88850	743.9	591.9	40.5	60.8	93.6
通信终端设备制造	Manufacture of Communication Terminal Equipment	216	144972	887.7	1145.6	39.7	65.3	325.0
广播电视设备制造	Manufacture of Broadcasting and TV Equipment	133	75480	366.6	450.9	33.0	46.9	108.3
雷达及配套设备制造	Manufacture of Radar and Its Fittings	16	12287	78.3	47.0	2.5	3.3	0.9
视听设备制造	Manufacture of TV Set and Radio Receiver	312	198267	803.5	1563.2	103.1	134.0	660.3
电子器件制造	Manufacture of Electronic Appliances	706	433145	2890.6	2723.2	137.5	196.1	1257.3
#电子真空器件制造	Manufacture of Electronic Vacuum Appliance	25	15694	130.7	106.2	8.8	12.5	46.8
半导体分立器件制造	Manufacture of Semiconductor Discreting Appliances	77	41893	344.7	236.3	11.1	15.0	102.3
集成电路制造	Manufacture of Integrate Circuit	124	76583	747.1	539.5	21.1	36.4	247.0
电子元件制造	Manufacture of Electronic Components	1501	974667	3067.3	4169.3	242.8	376.4	1430.3
其他电子设备制造	Manufacture of Other Electronic Equipment	224	144471	513.6	576.8	35.3	56.9	185.7
计算机及办公设备制造业	**Manufacture of Computers and Office Equipment**	**436**	**283629**	**1489.0**	**2240.2**	**74.3**	**119.9**	**1145.3**
#计算机整机制造	Manufacture of Entired Computer	36	22313	419.4	843.3	19.9	26.8	326.1
计算机零部件制造	Manufacture of Computer Components and Parts	146	96563	347.7	464.6	16.0	25.2	309.1
计算机外围设备制造	Manufacture of Computer Peripheral Equipment	137	94176	359.3	520.2	11.5	28.6	381.4
办公设备制造	Manufacture of Office Equipment	67	39970	175.0	246.3	14.3	19.2	98.3
医疗仪器设备及仪器仪表制造业	**Manufacture of Medical Equipments and Measuring Instrument**	**800**	**427023**	**2717.5**	**3050.6**	**319.0**	**458.6**	**566.3**
1.医疗仪器设备及器械制造	Manufacture of Medical Equipment and Appliance	221	120436	616.8	700.8	85.7	116.1	202.7
2.仪器仪表制造	Manufacture of Measuring Instrument	579	306587	2100.7	2349.8	233.4	342.6	363.6

1-2-4 按行业分国有及国有控股企业高技术产业生产经营情况(2013年)
Statistics on Production and Management in High-tech Industry of State-owned and State-controlled Enterprises by Industrial Sector (2013)

单位：个，人，亿元 (unit,person,100 million yuan)

行业	Industry	企业数 Number of Enterprises	从业人员平均人数 Annual Average Number of Employed Personnel	资产总计 Total Assets	主营业务收入 Revenue from Principal Business	利润总额 Profits	利税 Taxes and Profits	出口交货值 Exports
合计	**Total**	**1504**	**1413200**	**17872.3**	**12149.4**	**778.6**	**1335.4**	**2116.5**
医药制造业	**Manufacture of Medicines**	**418**	**311558**	**3213.2**	**2301.5**	**232.5**	**376.7**	**177.7**
#化学药品制造	Manufacture of Chemical Medicine	186	179002	1764.5	1278.5	85.9	154.0	155.6
中成药生产	Production of Finished Traditional Chinese Herbal Medicine	134	92408	898.9	660.8	89.4	143.7	6.9
生物药品制造	Manufacture of Biological Medicine	42	22594	385.9	195.5	37.2	48.7	6.8
航空、航天器及设备制造业	**Manufacture of Aircrafts and Spacecrafts and Related Equipment**	**161**	**296604**	**4172.6**	**2131.4**	**76.2**	**99.5**	**172.4**
#飞机制造	Manufacture of Airplanes	84	221866	3404.2	1660.2	47.8	62.1	139.6
航天器制造	Manufacture of Spacecrafts	20	26046	345.4	171.7	13.3	13.8	0.8
电子及通信设备制造业	**Manufacture of Electronic Equipment and Communication Equipment**	**598**	**615718**	**8371.4**	**6097.1**	**352.8**	**686.6**	**1506.3**
#通信设备制造	Manufacture of Communication Equipment	134	186828	2495.7	1863.8	99.0	268.2	597.4
#通信系统设备制造	Manufacture of Communication System Equipment	89	147379	2163.6	1594.1	89.2	253.0	568.7
通信终端设备制造	Manufacture of Communication Terminal Equipment	45	39449	332.1	269.7	9.8	15.2	28.8
广播电视设备制造	Manufacture of Broadcasting and TV Equipment	21	6943	79.2	45.9	3.1	4.4	2.8
雷达及配套设备制造	Manufacture of Radar and Its Fittings	26	42212	457.8	376.3	21.9	30.1	86.0
视听设备制造	Manufacture of TV Set and Radio Receiver	31	107383	1464.6	1672.6	60.6	156.2	251.9
电子器件制造	Manufacture of Electronic Appliances	186	154376	2953.6	1490.1	135.2	174.8	404.4
#电子真空器件制造	Manufacture of Electronic Vacuum Appliance	17	10940	123.3	45.7	3.9	6.2	2.0
半导体分立器件制造	Manufacture of Semiconductor Discreting Appliances	22	7331	120.9	32.9	-0.4	0.2	5.7
集成电路制造	Manufacture of Integrate Circuit	44	21806	477.6	242.3	10.5	22.8	73.6
电子元件制造	Manufacture of Electronic Components	132	74034	436.4	345.5	16.9	29.2	107.8
其他电子设备制造	Manufacture of Other Electronic Equipment	23	9664	111.4	58.8	4.5	7.1	4.1
计算机及办公设备制造业	**Manufacture of Computers and Office Equipment**	**57**	**61735**	**823.6**	**765.0**	**48.5**	**64.5**	**233.8**
#计算机整机制造	Manufacture of Entired Computer	15	20262	433.2	416.8	17.8	23.8	15.8
计算机零部件制造	Manufacture of Computer Components and Parts	5	1987	22.6	51.7	6.5	6.9	7.1
计算机外围设备制造	Manufacture of Computer Peripheral Equipment	18	28435	265.1	227.5	12.0	16.5	207.2
办公设备制造	Manufacture of Office Equipment	8	3484	54.8	27.9	7.5	9.9	3.1
医疗仪器设备及仪器仪表制造业	**Manufacture of Medical Equipments and Measuring Instrument**	**270**	**127585**	**1291.6**	**854.4**	**68.6**	**108.1**	**26.4**
1.医疗仪器设备及器械制造	Manufacture of Medical Equipment and Appliance	28	13640	139.6	78.9	9.6	13.2	3.5
2.仪器仪表制造	Manufacture of Measuring Instrument	242	113945	1152.0	775.5	59.0	94.8	23.0

1-2-5 按行业和登记注册类型分高技术产业生产经营情况(2013年)

Statistics on Production and Management in High-tech Industry by Industrial Sector and Registration Status(2013)

单位：个，人，亿元 (unit,person,100 million yuan)

行业	Industry	内资企业 Domestic Funded 企业数 Number of Enterprises	从业人员平均人数 Annual Average Number of Employed Personnel	资产总计 Total Assets	主营业务收入 Revenue from Principal Business	利润总额 Profits	利税 Taxes and Profits	出口交货值 Exports
合计	**Total**	**18841**	**5794568**	**47638.6**	**50119.7**	**4071.4**	**6336.9**	**6139.0**
医药制造业	**Manufacture of Medicines**	**5886**	**1660902**	**13948.4**	**15945.4**	**1628.4**	**2499.5**	**682.6**
#化学药品制造	Manufacture of Chemical Medicine	1978	675142	6261.2	6513.6	627.4	973.0	446.0
中成药生产	Production of Finished Traditional Chinese Herbal Medicine	1392	527894	3944.0	4396.3	487.5	775.2	25.9
生物药品制造	Manufacture of Biological Medicine	721	148262	1833.4	1878.6	219.8	322.1	104.0
航空、航天器及设备制造业	**Manufacture of Aircrafts and Spacecrafts and Related Equipment**	**247**	**304993**	**4307.7**	**2365.1**	**99.0**	**127.7**	**181.0**
#飞机制造	Manufacture of Airplanes	98	229552	3468.7	1822.7	59.1	77.0	175.6
航天器制造	Manufacture of Spacecrafts	29	27682	355.7	183.5	14.0	15.1	0.8
电子及通信设备制造业	**Manufacture of Electronic Equipment and Communication Equipment**	**8211**	**2750244**	**21950.3**	**23154.4**	**1608.1**	**2614.8**	**4400.7**
#通信设备制造	Manufacture of Communication Equipment	1003	488239	6840.9	7041.4	499.3	913.7	2130.6
#通信系统设备制造	Manufacture of Communication System Equipment	590	283341	5261.5	5031.7	427.6	800.3	1832.9
通信终端设备制造	Manufacture of Communication Terminal Equipment	413	204898	1579.4	2009.7	71.7	113.4	297.7
广播电视设备制造	Manufacture of Broadcasting and TV Equipment	453	125244	812.4	906.8	75.7	106.7	191.4
雷达及配套设备制造	Manufacture of Radar and Its Fittings	53	49393	494.0	425.8	27.2	37.3	87.1
视听设备制造	Manufacture of TV Set and Radio Receiver	581	275308	2248.9	2841.4	107.3	231.7	615.2
电子器件制造	Manufacture of Electronic Appliances	1521	588166	5217.9	4016.4	302.4	422.1	715.2
#电子真空器件制造	Manufacture of Electronic Vacuum Appliance	76	26023	340.1	129.7	11.2	17.7	8.1
半导体分立器件制造	Manufacture of Semiconductor Discreting Appliances	176	54922	397.0	309.4	19.2	29.6	47.5
集成电路制造	Manufacture of Integrate Circuit	234	100532	910.0	804.0	40.3	71.1	147.0
电子元件制造	Manufacture of Electronic Components	2967	784828	3208.6	4354.0	331.9	497.2	460.1
其他电子设备制造	Manufacture of Other Electronic Equipment	706	155014	846.4	990.6	68.3	105.5	70.6
计算机及办公设备制造业	**Manufacture of Computers and Office Equipment**	**799**	**283354**	**1951.5**	**2330.4**	**142.1**	**206.9**	**464.9**
#计算机整机制造	Manufacture of Entired Computer	95	45032	682.8	832.9	34.3	51.5	123.0
计算机零部件制造	Manufacture of Computer Components and Parts	227	76199	251.2	438.9	37.4	51.8	49.5
计算机外围设备制造	Manufacture of Computer Peripheral Equipment	213	93261	492.1	550.0	24.7	37.0	225.5
办公设备制造	Manufacture of Office Equipment	136	31877	229.7	220.6	22.6	34.2	30.0
医疗仪器设备及仪器仪表制造业	**Manufacture of Medical Equipments and Measuring Instrument**	**3698**	**795075**	**5480.7**	**6324.4**	**593.9**	**888.0**	**409.8**
1.医疗仪器设备及器械制造	Manufacture of Medical Equipment and Appliance	802	189566	1025.2	1258.8	142.2	201.8	156.1
2.仪器仪表制造	Manufacture of Measuring Instrument	2896	605509	4455.6	5065.6	451.7	686.2	253.7

1-2-5 续表 1 continued

单位：个，人，亿元 (unit,person,100 million yuan)

行 业	Industry	#国有企业 State-owned Enterprises 企业数 Number of Enterprises	从业人员平均人数 Annual Average Number of Employed Personnel	资产总计 Total Assets	主营业务收入 Revenue from Principal Business	利润总额 Profits	利税 Taxes and Profits	出口交货值 Exports
合计	**Total**	**215**	**197805**	**2506.7**	**1449.5**	**81.5**	**115.7**	**73.4**
医药制造业	**Manufacture of Medicines**	**50**	**19816**	**215.3**	**143.9**	**18.9**	**27.6**	**2.2**
#化学药品制造	Manufacture of Chemical Medicine	11	3354	30.0	33.8	3.2	4.8	
中成药生产	Production of Finished Traditional Chinese Herbal Medicine	21	9579	80.9	54.1	5.0	8.3	1.2
生物药品制造	Manufacture of Biological Medicine	7	4988	90.6	37.8	9.2	12.4	0.8
航空、航天器及设备制造业	**Manufacture of Aircrafts and Spacecrafts and Related Equipment**	**49**	**91737**	**1347.9**	**694.8**	**27.4**	**34.3**	**18.4**
#飞机制造	Manufacture of Airplanes	22	51154	908.6	455.2	12.9	16.4	17.3
航天器制造	Manufacture of Spacecrafts	12	20526	262.4	107.4	8.3	8.8	0.8
电子及通信设备制造业	**Manufacture of Electronic Equipment and Communication Equipment**	**64**	**57040**	**565.3**	**408.8**	**19.3**	**31.0**	**43.9**
#通信设备制造	Manufacture of Communication Equipment	17	25401	297.6	224.4	10.7	17.1	19.2
#通信系统设备制造	Manufacture of Communication System Equipment	14	24713	290.5	217.8	10.0	16.3	19.2
通信终端设备制造	Manufacture of Communication Terminal Equipment	3	688	7.1	6.6	0.7	0.8	
广播电视设备制造	Manufacture of Broadcasting and TV Equipment							
雷达及配套设备制造	Manufacture of Radar and Its Fittings	7	6498	92.7	43.0	5.3	7.4	1.0
视听设备制造	Manufacture of TV Set and Radio Receiver	3	2607	46.8	49.8	0.8	1.2	19.2
电子器件制造	Manufacture of Electronic Appliances	12	4708	40.5	34.7	1.7	2.8	0.9
#电子真空器件制造	Manufacture of Electronic Vacuum Appliance	1	84	0.2	0.4			
半导体分立器件制造	Manufacture of Semiconductor Discreting Appliances	1	64	0.9	0.3			
集成电路制造	Manufacture of Integrate Circuit	3	2069	13.5	21.6	1.9	2.5	0.7
电子元件制造	Manufacture of Electronic Components	17	14579	61.7	41.5	0.8	2.5	0.8
其他电子设备制造	Manufacture of Other Electronic Equipment	3	469	4.3	2.6	0.1	0.1	
计算机及办公设备制造业	**Manufacture of Computers and Office Equipment**	**2**	**650**	**1.9**	**2.5**		**0.1**	
#计算机整机制造	Manufacture of Entired Computer	1	260	0.4	1.8			
计算机零部件制造	Manufacture of Computer Components and Parts							
计算机外围设备制造	Manufacture of Computer Peripheral Equipment							
办公设备制造	Manufacture of Office Equipment	1	390	1.5	0.7		0.1	
医疗仪器设备及仪器仪表制造业	**Manufacture of Medical Equipments and Measuring Instrument**	**50**	**28562**	**376.3**	**199.4**	**15.8**	**22.7**	**8.9**
1.医疗仪器设备及器械制造	Manufacture of Medical Equipment and Appliance	9	6698	66.1	50.1	4.5	6.0	0.5
2.仪器仪表制造	Manufacture of Measuring Instrument	41	21864	310.3	149.3	11.3	16.8	8.4

1-2-5 续表 2 continued

单位：个，人，亿元 (unit,person,100 million yuan)

行 业	Industry	港澳台投资企业 Enterprises with Funds from Hong Kong, Macau and Tai Wan						
		企业数 Number of Enterprises	从业人员平均人数 Annual Average Number of Employed Personnel	资产总计 Total Assets	主营业务收入 Revenue from Principal Business	利润总额 Profits	利税 Taxes and Profits	出口交货值 Exports
合计	**Total**	**3407**	**3170590**	**15853.3**	**23073.6**	**1093.1**	**1711.0**	**15048.4**
医药制造业	**Manufacture of Medicines**	**396**	**159951**	**1681.5**	**1534.9**	**191.8**	**292.3**	**171.1**
#化学药品制造	Manufacture of Chemical Medicine	150	84584	970.1	868.5	105.9	161.7	116.6
中成药生产	Production of Finished Traditional Chinese Herbal Medicine	95	32662	322.0	355.4	41.5	65.9	9.8
生物药品制造	Manufacture of Biological Medicine	64	19115	260.2	170.9	26.8	37.9	17.1
航空、航天器及设备制造业	**Manufacture of Aircrafts and Spacecrafts and Related Equipment**	**14**	**10659**	**73.4**	**91.1**	**3.5**	**6.4**	**66.7**
#飞机制造	Manufacture of Airplanes	3	336	4.8	3.3	0.4	0.4	3.0
航天器制造	Manufacture of Spacecrafts							
电子及通信设备制造业	**Manufacture of Electronic Equipment and Communication Equipment**	**2341**	**2317522**	**9826.0**	**13881.7**	**595.1**	**963.3**	**9155.2**
#通信设备制造	Manufacture of Communication Equipment	206	522033	2592.0	3921.8	176.2	355.1	2907.8
#通信系统设备制造	Manufacture of Communication System Equipment	71	80514	607.7	704.2	94.3	128.0	321.7
通信终端设备制造	Manufacture of Communication Terminal Equipment	135	441519	1984.3	3217.6	81.9	227.0	2586.1
广播电视设备制造	Manufacture of Broadcasting and TV Equipment	88	44746	160.8	238.6	15.7	22.6	105.1
雷达及配套设备制造	Manufacture of Radar and Its Fittings	2	241	23.2	12.1	0.8	0.8	2.8
视听设备制造	Manufacture of TV Set and Radio Receiver	251	262937	1055.7	1958.1	75.0	117.2	1096.5
电子器件制造	Manufacture of Electronic Appliances	410	341575	1918.8	2177.7	93.4	119.1	1576.3
#电子真空器件制造	Manufacture of Electronic Vacuum Appliance	7	1900	15.7	5.6	0.2	0.3	1.8
半导体分立器件制造	Manufacture of Semiconductor Discreting Appliances	52	25727	145.9	127.8	3.4	2.9	88.4
集成电路制造	Manufacture of Integrate Circuit	71	50227	414.7	403.8	30.2	37.6	304.1
电子元件制造	Manufacture of Electronic Components	1094	905565	3084.6	4163.6	169.6	251.8	2656.3
其他电子设备制造	Manufacture of Other Electronic Equipment	170	146471	412.3	765.0	35.8	57.5	457.8
计算机及办公设备制造业	**Manufacture of Computers and Office Equipment**	**352**	**571314**	**3650.7**	**6917.4**	**250.6**	**375.8**	**5453.8**
#计算机整机制造	Manufacture of Entired Computer	27	262502	2405.9	4647.8	136.9	231.1	3748.0
计算机零部件制造	Manufacture of Computer Components and Parts	128	121813	423.0	619.0	21.0	31.0	499.9
计算机外围设备制造	Manufacture of Computer Peripheral Equipment	115	116361	519.3	1094.9	46.0	57.5	923.3
办公设备制造	Manufacture of Office Equipment	48	28709	106.9	240.4	8.7	9.5	121.4
医疗仪器设备及仪器仪表制造业	**Manufacture of Medical Equipments and Measuring Instrument**	**304**	**111144**	**621.5**	**648.5**	**52.0**	**73.2**	**201.7**
1.医疗仪器设备及器械制造	Manufacture of Medical Equipment and Appliance	82	28854	143.6	128.6	12.1	16.3	47.8
2.仪器仪表制造	Manufacture of Measuring Instrument	222	82290	477.9	519.9	39.9	56.9	154.0

1-2-5 续表 3 continued

单位：个，人，亿元 (unit,person,100 million yuan)

行业	Industry	外商投资企业 Foreign Funded Enterprises 企业数 Number of Enterprises	从业人员平均人数 Annual Average Number of Employed Personnel	资产总计 Total Assets	主营业务收入 Revenue from Principal Business	利润总额 Profits	利税 Taxes and Profits	出口交货值 Exports
合计	**Total**	**4646**	**3971712**	**23686.1**	**42855.6**	**2069.3**	**3069.2**	**28097.7**
医药制造业	**Manufacture of Medicines**	**557**	**264645**	**2820.1**	**3004.0**	**312.5**	**524.5**	**330.5**
#化学药品制造	Manufacture of Chemical Medicine	238	162298	1915.8	2051.7	202.6	368.1	161.8
中成药生产	Production of Finished Traditional Chinese Herbal Medicine	68	31450	285.1	271.0	33.7	52.4	12.5
生物药品制造	Manufacture of Biological Medicine	104	28009	354.3	354.2	49.6	67.0	73.0
航空、航天器及设备制造业	**Manufacture of Aircrafts and Spacecrafts and Related Equipment**	**57**	**23899**	**294.0**	**397.0**	**36.8**	**49.8**	**122.4**
#飞机制造	Manufacture of Airplanes	25	7487	146.6	245.7	27.0	36.3	37.9
航天器制造	Manufacture of Spacecrafts							
电子及通信设备制造业	**Manufacture of Electronic Equipment and Communication Equipment**	**2913**	**2414930**	**13635.5**	**23597.7**	**1123.6**	**1699.8**	**15182.5**
#通信设备制造	Manufacture of Communication Equipment	240	377072	2651.4	6055.8	221.7	448.1	3064.5
#通信系统设备制造	Manufacture of Communication System Equipment	95	77422	679.7	768.5	13.6	28.9	393.1
通信终端设备制造	Manufacture of Communication Terminal Equipment	145	299650	1971.8	5287.2	208.1	419.2	2671.4
广播电视设备制造	Manufacture of Broadcasting and TV Equipment	83	48870	279.7	408.6	15.3	24.3	278.4
雷达及配套设备制造	Manufacture of Radar and Its Fittings	3	953	6.1	6.3	0.3	0.6	1.4
视听设备制造	Manufacture of TV Set and Radio Receiver	207	172525	919.0	2761.2	197.3	240.4	1583.6
电子器件制造	Manufacture of Electronic Appliances	662	694811	5091.5	7366.5	401.6	531.4	6120.3
#电子真空器件制造	Manufacture of Electronic Vacuum Appliance	20	6076	51.4	69.7	4.2	6.3	42.2
半导体分立器件制造	Manufacture of Semiconductor Discreting Appliances	100	47283	296.3	356.7	11.1	16.2	271.8
集成电路制造	Manufacture of Integrate Circuit	133	143693	1844.1	1476.0	94.2	127.0	1255.2
电子元件制造	Manufacture of Electronic Components	1306	913771	3349.1	5096.3	202.5	320.3	3192.6
其他电子设备制造	Manufacture of Other Electronic Equipment	219	135011	715.3	1288.3	62.8	99.4	724.2
计算机及办公设备制造业	**Manufacture of Computers and Office Equipment**	**414**	**1050972**	**5421.6**	**13966.4**	**417.7**	**565.7**	**11722.1**
#计算机整机制造	Manufacture of Entired Computer	45	409442	2766.7	8412.8	241.2	308.2	6653.8
计算机零部件制造	Manufacture of Computer Components and Parts	155	424201	1666.8	3603.9	106.9	149.6	3441.2
计算机外围设备制造	Manufacture of Computer Peripheral Equipment	113	97642	440.3	860.7	29.5	49.2	726.6
办公设备制造	Manufacture of Office Equipment	56	72805	328.5	731.6	32.8	47.3	611.4
医疗仪器设备及仪器仪表制造业	**Manufacture of Medical Equipments and Measuring Instrument**	**705**	**217266**	**1515.0**	**1890.6**	**178.6**	**229.4**	**740.2**
1.医疗仪器设备及器械制造	Manufacture of Medical Equipment and Appliance	200	65425	407.0	466.2	46.9	46.6	241.3
2.仪器仪表制造	Manufacture of Measuring Instrument	505	151841	1108.0	1424.3	131.8	182.8	498.9

1-2-6　按地区和企业规模分高技术产业生产经营情况(2013年)

Statistics on Production and Management in High-tech Industry by Region and Scale of Enterprises(2013)

单位：个，人，亿元　　(unit,perosn,100 million yuan)

地　区	Region	大型企业 Large-sized Enterprises						
		企业数 Number of Enterpr-ises	从业人员平均人数 Annual Average Number of Employed Personnel	资产总计 Total Assets	主营业务收入 Revenue from Principal Business	利润总额 Profits	利税 Taxes and Profits	出口交货值 Exports
全　国	**Total**	**1690**	**6875715**	**46933.5**	**67356.9**	**3590.1**	**5555.8**	**39198.9**
东部地区	Eastern Region	1309	4993322	33211.6	51837.0	2686.0	4038.6	31549.4
中部地区	Middle Region	185	966132	5573.4	6946.2	378.8	673.3	3323.5
西部地区	Western Region	149	687931	6327.3	6946.1	422.2	705.7	3995.7
东北地区	Northeastern Region	47	228330	1821.1	1627.6	103.1	138.3	330.3
北　京	Beijing	47	130787	2134.0	2433.9	139.6	181.4	945.1
天　津	Tianjin	47	140343	1149.3	2694.3	188.9	360.7	1298.9
河　北	Hebei	15	108147	882.9	669.3	40.2	63.9	115.0
山　西	Shanxi	11	111570	496.4	540.6	12.1	22.5	385.4
内蒙古	Inner Mongolia	5	15466	154.7	125.0	13.2	24.4	8.9
辽　宁	Liaoning	25	96894	961.2	764.5	47.6	55.5	313.4
吉　林	Jilin	12	86236	405.3	518.2	45.1	58.6	5.7
黑龙江	Heilongjiang	10	45200	454.6	344.9	10.4	24.2	11.2
上　海	Shanghai	90	375295	3143.2	4916.3	107.2	131.6	3872.9
江　苏	Jiangsu	359	1391207	8447.6	15138.4	817.9	1093.0	10109.9
浙　江	Zhejiang	91	220124	1861.4	1735.6	209.0	277.4	843.7
安　徽	Anhui	31	72619	870.3	711.8	62.4	94.5	235.0
福　建	Fujian	52	196548	1235.9	2333.6	81.5	104.9	1565.6
江　西	Jiangxi	38	114814	407.6	734.6	54.5	84.4	119.0
山　东	Shandong	85	327447	2785.6	4597.7	347.9	501.5	1191.6
河　南	Henan	45	413261	1879.4	2724.2	124.0	269.6	1856.7
湖　北	Hubei	37	142208	1412.8	1317.7	56.0	99.9	332.4
湖　南	Hunan	23	111660	506.9	917.2	69.7	102.4	395.0
广　东	Guangdong	523	2103424	11571.7	17317.8	753.8	1324.1	11606.8
广　西	Guangxi	15	52391	205.4	421.8	48.5	67.0	172.6
海　南	Hainan							
重　庆	Chongqing	31	129594	1006.3	1989.7	31.6	54.0	1651.4
四　川	Sichuan	49	313147	3288.7	3386.1	253.7	443.1	2084.7
贵　州	Guizhou	7	20571	160.6	107.0	11.3	19.3	5.3
云　南	Yunnan	4	8371	141.6	78.2	19.9	26.4	2.4
西　藏	Tibet							
陕　西	Shaanxi	35	139665	1267.7	785.3	36.3	61.5	50.5
甘　肃	Gansu	2	6990	82.1	45.5	7.7	9.8	16.8
青　海	Qinghai							
宁　夏	Ningxia	1	1736	20.2	7.5		0.1	3.1
新　疆	Xinjiang							

1-2-6 续表 continued

单位：个，人，亿元 (unit,perosn,100 million yuan)

地区	Region	中型企业 Medium-sized Enterprises 企业数 Number of Enterpr-ises	从业人员平均人数 Annual Average Number of Employed Personnel	资产总计 Total Assets	主营业务收入 Revenue from Principal Business	利润总额 Profits	利税 Taxes and Profits	出口交货值 Exports
全　国	**Total**	**6119**	**3640848**	**20899.8**	**24277.9**	**1874.9**	**2798.1**	**6500.2**
东部地区	Eastern Region	4468	2715268	15137.9	17688.5	1293.9	1922.5	5659.4
中部地区	Middle Region	912	501211	2428.0	3211.7	270.5	408.9	271.2
西部地区	Western Region	570	329891	2379.9	2585.5	208.4	307.0	484.8
东北地区	Northeastern Region	169	94478	954.2	792.2	102.2	159.7	84.8
北　京	Beijing	162	85803	1128.8	771.6	90.5	129.9	116.8
天　津	Tianjin	137	85747	623.9	895.1	73.5	123.7	189.4
河　北	Hebei	72	38044	269.4	235.9	22.4	32.5	21.6
山　西	Shanxi	30	18544	170.7	98.6	8.6	13.0	2.7
内蒙古	Inner Mongolia	19	8283	110.6	131.7	14.7	19.5	0.1
辽　宁	Liaoning	87	50238	461.3	435.0	51.9	78.0	79.5
吉　林	Jilin	47	23273	296.9	226.4	22.8	44.1	4.1
黑龙江	Heilongjiang	35	20967	196.0	130.8	27.5	37.6	1.3
上　海	Shanghai	230	142174	1275.3	1218.4	71.0	90.3	443.4
江　苏	Jiangsu	1090	630277	3827.4	5441.9	427.1	619.7	1578.6
浙　江	Zhejiang	424	226056	1518.8	1247.8	108.1	162.9	343.0
安　徽	Anhui	117	64000	369.9	417.1	37.8	56.6	34.8
福　建	Fujian	188	111456	620.5	743.2	70.4	90.4	292.6
江　西	Jiangxi	188	97474	355.4	720.1	54.5	86.9	73.2
山　东	Shandong	315	178911	1158.6	1807.8	160.1	240.4	279.5
河　南	Henan	277	141487	704.3	870.9	86.4	112.4	31.6
湖　北	Hubei	139	80870	515.2	467.1	39.4	60.6	55.4
湖　南	Hunan	161	98836	312.5	637.9	43.8	79.5	73.6
广　东	Guangdong	1823	1201835	4564.1	5232.2	257.2	410.9	2390.4
广　西	Guangxi	75	45087	190.1	406.6	49.1	59.3	43.4
海　南	Hainan	27	14965	151.1	94.8	13.6	21.7	4.1
重　庆	Chongqing	104	58613	365.6	361.8	23.5	39.8	47.3
四　川	Sichuan	198	112088	852.1	1100.0	67.7	104.0	339.0
贵　州	Guizhou	25	15743	113.6	95.7	8.8	14.4	0.5
云　南	Yunnan	29	15243	181.3	114.3	11.8	18.9	0.7
西　藏	Tibet	1	395	4.7	1.2	-0.1	0.1	
陕　西	Shaanxi	90	54891	390.1	293.4	24.2	39.3	48.0
甘　肃	Gansu	18	12180	82.1	32.9	4.8	6.0	0.4
青　海	Qinghai	5	3148	35.0	29.9	4.9	6.7	0.1
宁　夏	Ningxia	4	3190	46.9	15.1	-1.1	-1.3	5.1
新　疆	Xinjiang	2	1030	7.8	2.8	0.1	0.3	

1-2-7 按地区分国有及国有控股企业高技术产业生产经营情况(2013年)

Statistics on Production and Management in High-tech Industry of State-owned and State-controlled Enterprises by Region (2013)

单位：个，人，亿元 (unit,person,100 million yuan)

地区	Region	企业数 Number of Enterprises	从业人员平均人数 Annual Average Number of Employed Personnel	资产总计 Total Assets	主营业务收入 Revenue from Principal Business	利润总额 Profits	利税 Taxes and Profits	出口交货值 Exports
全　国	**Total**	**1504**	**1413200**	**17872.3**	**12149.4**	**778.6**	**1335.4**	**2116.5**
东部地区	Eastern Region	834	689728	9770.6	6780.9	517.9	903.2	1524.4
中部地区	Middle Region	241	238728	2833.9	1752.4	109.5	157.3	188.0
西部地区	Western Region	342	363930	4027.2	2675.6	108.0	209.0	255.5
东北地区	Northeastern Region	87	120814	1240.6	940.5	43.2	65.8	148.6
北　京	Beijing	188	92913	1789.4	893.0	113.7	143.7	111.7
天　津	Tianjin	97	42587	1009.1	606.0	32.5	55.6	35.1
河　北	Hebei	36	37738	381.1	319.4	8.7	13.8	36.8
山　西	Shanxi	19	18591	176.5	94.4	5.9	6.8	15.8
内蒙古	Inner Mongolia	8	2732	36.4	22.3	1.4	2.8	0.1
辽　宁	Liaoning	42	66470	729.9	541.6	27.4	33.9	140.1
吉　林	Jilin	26	11027	91.1	53.0	6.2	8.5	0.8
黑龙江	Heilongjiang	19	43317	419.6	345.9	9.6	23.4	7.8
上　海	Shanghai	119	59243	795.3	398.1	25.8	39.0	62.5
江　苏	Jiangsu	106	88109	1496.7	943.2	75.6	101.0	153.8
浙　江	Zhejiang	48	29097	409.5	200.0	19.8	31.6	52.1
安　徽	Anhui	51	47174	530.4	363.0	31.9	44.6	77.7
福　建	Fujian	30	24583	216.6	136.3	15.0	21.6	15.0
江　西	Jiangxi	27	15406	515.7	259.0	8.6	13.5	5.0
山　东	Shandong	58	71158	798.7	1112.3	85.3	133.3	128.8
河　南	Henan	37	39713	316.5	151.4	13.3	16.4	10.6
湖　北	Hubei	69	86312	993.9	641.8	33.9	52.3	67.7
湖　南	Hunan	38	31532	300.9	242.7	16.0	23.8	11.2
广　东	Guangdong	145	239193	2854.4	2156.8	137.1	356.3	928.4
广　西	Guangxi	18	6032	43.3	68.4	7.5	8.3	0.7
海　南	Hainan	7	5107	19.7	15.9	4.5	7.4	
重　庆	Chongqing	47	33896	336.3	247.3	4.8	17.3	18.2
四　川	Sichuan	83	126485	1590.6	1253.8	39.3	96.6	162.5
贵　州	Guizhou	30	12756	225.1	122.8	-1.2	1.4	8.2
云　南	Yunnan	24	9811	207.9	109.3	20.3	26.4	1.0
西　藏	Tibet	1	395	4.7	1.2	-0.1	0.1	
陕　西	Shaanxi	101	157834	1452.0	799.5	25.8	43.4	64.5
甘　肃	Gansu	18	11487	106.7	39.7	9.2	11.3	0.2
青　海	Qinghai	5	1076	6.6	5.2	0.4	0.6	0.2
宁　夏	Ningxia							
新　疆	Xinjiang	7	1426	17.6	6.1	0.6	0.8	

1-2-8 按地区和登记注册类型分高技术产业生产经营情况(2013年)

Statistics on Production and Management in High-tech Industry by Region and Registration Status (2013)

单位：个，人，亿元 (unit,person,100 million yuan)

地区	Region	内资企业 Domestic Funded						
		企业数 Number of Enterprises	从业人员平均人数 Annual Average Number of Employed Personnel	资产总计 Total Assets	主营业务收入 Revenue from Principal Business	利润总额 Profits	利税 Taxes and Profits	出口交货值 Exports
全国	**Total**	**18841**	**5794568**	**47638.6**	**50119.7**	**4071.4**	**6336.9**	**6139.0**
东部地区	Eastern Region	11653	3414204	29603.8	30989.1	2553.3	4025.5	4997.8
中部地区	Middle Region	3885	1185544	7698.1	9357.5	754.3	1121.9	579.9
西部地区	Western Region	2189	841792	7362.9	6431.6	507.8	811.4	387.0
东北地区	Northeastern Region	1114	353028	2973.8	3341.5	256.0	378.1	174.4
北京	Beijing	597	159012	2616.9	1323.4	177.3	235.9	99.9
天津	Tianjin	275	75856	1460.3	939.0	79.2	127.2	53.6
河北	Hebei	449	110628	956.6	941.0	71.1	101.2	56.3
山西	Shanxi	125	40609	352.3	191.5	16.0	26.2	3.1
内蒙古	Inner Mongolia	90	25058	198.5	245.4	27.6	44.8	3.4
辽宁	Liaoning	600	156859	1472.1	1699.1	113.6	169.0	156.9
吉林	Jilin	349	143621	976.4	1257.0	101.6	150.5	15.4
黑龙江	Heilongjiang	165	52548	525.3	385.3	40.8	58.6	2.1
上海	Shanghai	412	112094	1238.2	766.9	65.8	96.0	76.7
江苏	Jiangsu	2807	750342	6096.4	8449.1	676.2	1057.4	551.8
浙江	Zhejiang	1868	418766	3286.0	2462.7	230.4	347.0	518.0
安徽	Anhui	776	173549	1480.7	1453.5	132.7	188.3	206.9
福建	Fujian	441	118650	711.7	673.2	72.2	96.8	87.2
江西	Jiangxi	581	212357	1269.5	1826.8	128.7	199.7	98.7
山东	Shandong	1590	411085	3428.9	5251.8	454.6	693.4	357.8
河南	Henan	865	312422	1622.5	2191.8	210.0	273.9	28.4
湖北	Hubei	738	221952	1976.0	1802.7	114.3	185.6	129.5
湖南	Hunan	800	224655	997.1	1891.3	152.7	248.2	113.3
广东	Guangdong	3179	1244411	9668.4	10099.8	713.9	1250.1	3196.5
广西	Guangxi	243	63366	403.4	694.2	83.4	108.5	16.4
海南	Hainan	35	13360	140.4	82.1	12.5	20.5	
重庆	Chongqing	309	99601	664.9	694.4	59.1	97.4	43.6
四川	Sichuan	747	324640	2895.8	2727.0	171.6	305.9	204.7
贵州	Guizhou	139	43337	468.7	351.0	25.4	43.5	8.5
云南	Yunnan	118	28116	389.7	233.7	35.5	52.7	6.5
西藏	Tibet	8	1452	26.5	11.8	3.3	4.8	
陕西	Shaanxi	359	212455	1808.4	1236.3	73.4	115.2	76.0
甘肃	Gansu	105	28076	277.8	140.3	19.0	25.0	17.7
青海	Qinghai	26	5493	101.8	49.5	7.6	10.5	0.2
宁夏	Ningxia	18	5937	81.0	28.1	0.1	0.1	8.8
新疆	Xinjiang	27	4261	46.2	19.8	1.9	3.1	1.0

1-2-8 续表 1 continued

单位：个，人，亿元 (unit,person,100 million yuan)

地 区	Region	#国有企业 State-owned Enterprises 企业数 Number of Enterpr-ises	从业人员平均人数 Annual Average Number of Employed Personnel	资产总计 Total Assets	主营业务收入 Revenue from Principal Business	利润总额 Profits	利税 Taxes and Profits	出口交货值 Exports
全 国	**Total**	**215**	**197805**	**2506.7**	**1449.5**	**81.5**	**115.7**	**73.4**
东部地区	Eastern Region	84	44711	1041.3	571.0	32.0	45.9	10.9
中部地区	Middle Region	41	49966	527.5	369.1	20.4	30.9	20.3
西部地区	Western Region	76	95070	845.5	443.9	24.9	33.7	23.5
东北地区	Northeastern Region	14	8058	92.4	65.4	4.3	5.1	18.7
北 京	Beijing	23	12022	161.0	66.5	6.5	8.3	
天 津	Tianjin	10	1629	493.6	256.4	5.2	7.8	0.6
河 北	Hebei	4	2636	20.0	11.7	0.7	0.9	
山 西	Shanxi	6	6217	73.8	42.8	4.8	4.9	
内蒙古	Inner Mongolia							
辽 宁	Liaoning	8	3781	66.3	50.5	2.4	2.7	18.7
吉 林	Jilin	3	3169	20.7	9.2	1.2	1.4	
黑龙江	Heilongjiang	3	1108	5.4	5.7	0.7	1.1	0.1
上 海	Shanghai	12	5514	53.4	40.7	6.1	7.5	0.1
江 苏	Jiangsu	12	12151	214.7	104.5	7.8	12.5	9.4
浙 江	Zhejiang	2	604	4.6	4.0	0.1	0.4	
安 徽	Anhui	10	6573	106.5	70.7	6.0	8.8	1.2
福 建	Fujian	2	853	2.2	14.6	1.2	1.8	
江 西	Jiangxi	4	1210	6.3	2.6	0.1	0.2	
山 东	Shandong	3	3472	60.4	47.5	4.1	5.7	0.4
河 南	Henan	8	8957	66.0	36.3	1.0	1.3	0.2
湖 北	Hubei	8	25397	266.2	203.1	7.9	14.2	18.9
湖 南	Hunan	5	1612	8.8	13.7	0.5	1.5	
广 东	Guangdong	14	5168	24.6	21.0	-0.3	0.5	0.4
广 西	Guangxi	9	3371	27.4	29.7	1.7	2.2	0.6
海 南	Hainan	2	662	6.8	4.2	0.5	0.5	
重 庆	Chongqing	5	2834	28.8	9.7	0.6	0.9	
四 川	Sichuan	19	35531	339.4	178.3	7.8	10.6	16.4
贵 州	Guizhou	2	2408	21.7	3.5	-1.9	-1.9	
云 南	Yunnan	4	1431	28.1	7.6	0.4	0.9	
西 藏	Tibet							
陕 西	Shaanxi	34	47516	361.7	200.2	11.3	14.7	6.4
甘 肃	Gansu	2	1748	37.5	14.4	4.9	6.1	
青 海	Qinghai	1	231	0.7	0.4		0.1	
宁 夏	Ningxia							
新 疆	Xinjiang							

1-2-8 续表 2 continued

单位：个，人，亿元 (unit,person,100 million yuan)

地区	Region	港澳台投资企业 Enterprises with Funds from Hong Kong, Macau and Taiwan						
		企业数 Number of Enterpr-ises	从业人员平均人数 Annual Average Number of Employed Personnel	资产总计 Total Assets	主营业务收入 Revenue from Principal Business	利润总额 Profits	利税 Taxes and Profits	出口交货值 Exports
全国	**Total**	**3407**	**3170590**	**15853.3**	**23073.6**	**1093.1**	**1711.0**	**15048.4**
东部地区	Eastern Region	2977	2344305	11553.6	16243.6	755.6	1077.9	9791.0
中部地区	Middle Region	234	541844	2372.0	3719.4	143.5	326.9	2763.4
西部地区	Western Region	136	267945	1779.8	2993.3	184.9	291.2	2486.9
东北地区	Northeastern Region	60	16496	147.8	117.2	9.0	15.0	7.1
北京	Beijing	52	25166	593.0	927.5	28.0	35.4	94.1
天津	Tianjin	32	29337	149.1	296.4	15.7	24.8	182.0
河北	Hebei	19	30429	263.7	226.3	10.4	19.2	48.0
山西	Shanxi	6	67799	253.2	418.2	7.1	9.2	360.4
内蒙古	Inner Mongolia	7	6984	151.5	81.2	4.1	5.9	7.8
辽宁	Liaoning	41	10423	104.0	81.1	5.1	7.9	6.5
吉林	Jilin	12	2270	27.5	25.1	1.6	3.8	0.5
黑龙江	Heilongjiang	7	3803	16.3	11.1	2.3	3.4	0.1
上海	Shanghai	154	151881	1414.3	2248.9	68.0	75.0	1823.7
江苏	Jiangsu	689	617116	2901.4	4418.9	194.2	284.7	2850.9
浙江	Zhejiang	235	98070	831.4	730.6	122.3	153.9	272.5
安徽	Anhui	27	20385	173.0	293.1	16.6	32.2	70.2
福建	Fujian	163	124534	713.7	1109.0	44.0	58.2	766.7
江西	Jiangxi	71	37735	117.1	310.3	18.4	30.7	113.7
山东	Shandong	57	28504	261.2	415.9	45.0	59.1	73.8
河南	Henan	39	303611	1361.8	1930.5	57.4	182.9	1843.8
湖北	Hubei	42	52870	301.2	511.4	22.9	41.6	264.1
湖南	Hunan	49	59444	165.7	255.8	21.1	30.2	111.3
广东	Guangdong	1569	1237107	4410.9	5856.4	226.2	364.4	3678.4
广西	Guangxi	38	53756	153.5	378.4	33.6	46.0	204.7
海南	Hainan	7	2161	14.8	13.7	1.9	3.0	0.9
重庆	Chongqing	29	68162	431.2	989.2	3.0	5.9	907.0
四川	Sichuan	28	128143	959.4	1451.8	134.5	219.3	1357.2
贵州	Guizhou	5	503	3.9	4.4	0.6	1.0	
云南	Yunnan	12	5449	32.5	47.3	5.5	7.7	0.4
西藏	Tibet							
陕西	Shaanxi	15	3876	42.8	37.1	3.9	5.3	9.9
甘肃	Gansu	1	283	0.3	0.3			
青海	Qinghai							
宁夏	Ningxia	1	789	4.8	3.7	-0.2		
新疆	Xinjiang							

1-2-8 续表 3 continued

单位：个，人，亿元 (unit,person,100 million yuan)

地区	Region	外商投资企业 Foreign Funded Enterprises 企业数 Number of Enterprises	从业人员平均人数 Annual Average Number of Employed Personnel	资产总计 Total Assets	主营业务收入 Revenue from Principal Business	利润总额 Profits	利税 Taxes and Profits	出口交货值 Exports
全　国	**Total**	**4646**	**3971712**	**23686.1**	**42855.6**	**2069.3**	**3069.2**	**28097.7**
东部地区	Eastern Region	4131	3630243	20809.4	38739.5	1848.4	2706.1	25752.7
中部地区	Middle Region	200	128583	617.7	1046.4	51.7	88.0	401.7
西部地区	Western Region	177	128650	1506.9	2123.9	97.0	156.1	1674.5
东北地区	Northeastern Region	138	84236	752.1	945.8	72.2	119.0	268.7
北　京	Beijing	133	103103	1019.9	1575.2	87.1	131.4	924.7
天　津	Tianjin	278	165945	1130.4	3008.1	203.0	394.5	1301.4
河　北	Hebei	36	56375	239.7	213.7	26.3	35.4	46.2
山　西	Shanxi	7	33653	161.0	98.0	2.0	7.8	25.0
内蒙古	Inner Mongolia	3	609	8.2	18.2	2.2	2.3	
辽　宁	Liaoning	94	51106	410.3	582.2	54.4	76.1	253.5
吉　林	Jilin	33	5628	92.1	149.2	12.2	26.0	3.9
黑龙江	Heilongjiang	11	27502	249.7	214.4	5.6	16.9	11.3
上　海	Shanghai	458	345459	2542.8	3807.7	101.9	118.5	2603.4
江　苏	Jiangsu	1369	1094325	6202.5	11986.0	651.2	813.1	8841.9
浙　江	Zhejiang	288	153522	942.6	1166.8	66.5	98.2	635.3
安　徽	Anhui	38	11248	74.4	84.8	8.5	12.1	23.2
福　建	Fujian	138	134255	876.6	1762.8	60.8	79.3	1082.6
江　西	Jiangxi	44	27430	93.4	152.4	9.0	13.4	45.3
山　东	Shandong	368	251735	1360.8	3278.8	200.7	284.8	1231.8
河　南	Henan	29	17938	80.4	162.2	6.7	9.8	21.9
湖　北	Hubei	50	18776	130.4	131.2	11.2	14.3	22.3
湖　南	Hunan	32	19538	78.0	417.8	14.4	30.5	263.9
广　东	Guangdong	1054	1322313	6433.7	11914.9	448.5	746.6	9082.2
广　西	Guangxi	20	8010	35.2	53.7	7.3	8.5	10.6
海　南	Hainan	9	3211	60.3	25.6	2.6	4.2	3.2
重　庆	Chongqing	45	51511	474.3	940.6	11.6	19.9	759.6
四　川	Sichuan	66	48756	857.0	981.6	63.9	100.4	878.7
贵　州	Guizhou	5	3221	20.1	16.7	1.9	3.7	0.7
云　南	Yunnan	6	1707	12.3	10.0	1.2	2.3	0.1
西　藏	Tibet							
陕　西	Shaanxi	28	14229	94.6	100.6	8.8	18.8	24.7
甘　肃	Gansu	1	39	0.5	0.4	0.1	0.1	
青　海	Qinghai	2	452	2.6	1.2	0.1	0.2	
宁　夏	Ningxia							
新　疆	Xinjiang	1	116	2.2	0.8			

1-2-9 按地区和行业分高技术产业生产经营情况(2013年)
Statistics on Production and Management in High-tech Industry by Region and Industrial Sector (2013)

单位：个，人，亿元 (unit,person,100 million yuan)

地区	Region	医药制造业 Medical and Pharmaceutical Products Manufacturing						
		企业数 Number of Enterprises	从业人员平均人数 Annual Average Number of Employed Personnel	资产总计 Total Assets	主营业务收入 Revenue from Principal Business	利润总额 Profits	利税 Taxes and Profits	出口交货值 Exports
全　国	**Total**	**7358**	**2204162**	**19351.6**	**21429.3**	**2199.9**	**3421.0**	**1331.6**
东部地区	Eastern Region	3539	1058552	11092.0	11561.0	1250.4	1936.9	1069.1
中部地区	Middle Region	1825	526985	3185.0	4512.9	398.3	601.1	154.5
西部地区	Western Region	1278	376169	3122.9	2908.0	337.3	535.9	75.1
东北地区	Northeastern Region	716	242456	1951.7	2447.5	213.8	347.0	32.8
北　京	Beijing	203	72023	946.5	628.0	110.9	169.5	6.8
天　津	Tianjin	117	46566	685.1	524.0	60.2	106.3	33.3
河　北	Hebei	229	87504	843.5	856.9	59.3	89.0	75.8
山　西	Shanxi	85	32629	270.7	152.9	11.5	20.9	16.3
内蒙古	Inner Mongolia	74	28053	263.2	255.6	27.2	45.0	10.8
辽　宁	Liaoning	279	54841	551.7	782.7	72.2	117.9	16.8
吉　林	Jilin	317	133081	952.1	1247.5	100.8	161.8	8.9
黑龙江	Heilongjiang	120	54534	448.0	417.3	40.9	67.3	7.0
上　海	Shanghai	222	65195	787.5	594.8	75.9	113.5	47.7
江　苏	Jiangsu	795	204551	1860.4	2813.8	283.6	458.2	232.3
浙　江	Zhejiang	462	131144	1398.4	1009.2	108.7	174.5	264.4
安　徽	Anhui	324	61398	415.8	552.5	49.0	70.4	20.1
福　建	Fujian	127	31057	229.4	213.3	26.3	37.0	21.2
江　西	Jiangxi	301	88475	437.8	911.1	66.2	110.1	22.3
山　东	Shandong	858	255970	2565.3	3496.3	359.8	545.9	228.8
河　南	Henan	424	164008	920.9	1348.0	133.8	176.1	19.0
湖　北	Hubei	379	111498	765.5	855.8	77.2	122.2	65.5
湖　南	Hunan	312	68977	374.2	692.6	60.6	101.4	11.4
广　东	Guangdong	483	151782	1585.8	1325.2	152.0	221.4	158.4
广　西	Guangxi	158	40012	262.5	312.2	41.8	62.0	9.0
海　南	Hainan	43	12760	190.2	99.5	13.7	21.7	0.4
重　庆	Chongqing	117	44539	386.9	310.5	31.4	54.1	15.8
四　川	Sichuan	390	127829	895.6	983.1	100.4	162.3	17.2
贵　州	Guizhou	94	31487	251.1	228.4	27.5	44.3	0.2
云　南	Yunnan	101	25516	351.2	237.6	38.3	57.2	4.4
西　藏	Tibet	8	1452	26.5	11.8	3.3	4.8	
陕　西	Shaanxi	189	49295	315.5	396.9	44.0	74.2	7.8
甘　肃	Gansu	84	13218	155.1	85.6	14.2	18.7	0.3
青　海	Qinghai	24	4966	93.0	41.7	7.7	10.7	0.2
宁　夏	Ningxia	14	5623	77.5	25.2	-0.3	-0.3	8.8
新　疆	Xinjiang	25	4179	44.8	19.5	1.7	2.9	0.6

1-2-9 续表 1 continued

单位：个，人，亿元 (unit,person,100 million yuan)

地区	Region	航空、航天器及设备制造业 Manufacture of Aircrafts and Spacecrafts and Related Equipment						
		企业数 Number of Enterpr-ises	从业人员平均人数 Annual Average Number of Employed Personnel	资产总计 Total Assets	主营业务收入 Revenue from Principal Business	利润总额 Profits	利税 Taxes and Profits	出口交货值 Exports
全国	**Total**	**318**	**339551**	**4675.1**	**2853.2**	**139.3**	**183.9**	**370.1**
东部地区	Eastern Region	130	85869	1710.1	1180.9	75.9	99.4	247.4
中部地区	Middle Region	40	42949	756.7	369.7	15.5	19.3	9.0
西部地区	Western Region	117	158817	1616.4	925.3	34.1	49.2	99.2
东北地区	Northeastern Region	31	51916	591.8	377.2	13.7	16.1	14.4
北京	Beijing	26	23792	279.8	151.5	12.7	15.1	8.2
天津	Tianjin	17	2502	584.9	445.2	31.3	42.7	5.0
河北	Hebei	3	5394	50.5	18.3	1.0	1.2	
山西	Shanxi	2	4395	31.2	14.7	0.7	0.8	
内蒙古	Inner Mongolia	1	225	17.1	0.2			
辽宁	Liaoning	22	37946	386.4	253.2	12.1	13.6	13.7
吉林	Jilin							
黑龙江	Heilongjiang	9	13970	205.4	124.0	1.6	2.4	0.7
上海	Shanghai	16	12279	193.6	92.5	4.7	4.6	28.8
江苏	Jiangsu	34	20207	279.8	273.9	15.2	19.8	79.0
浙江	Zhejiang	7	977	6.8	5.6	0.3	0.5	1.4
安徽	Anhui	6	3029	23.0	17.3	1.0	1.1	0.2
福建	Fujian	7	5665	55.8	86.1	1.8	2.5	78.0
江西	Jiangxi	7	363	408.5	160.0	4.2	4.8	4.1
山东	Shandong	9	4128	24.1	27.8	2.0	3.2	1.5
河南	Henan	6	13598	93.9	52.4	4.0	5.0	0.4
湖北	Hubei	9	11037	89.4	53.8	1.9	3.1	1.2
湖南	Hunan	10	10527	110.7	71.5	3.7	4.4	3.0
广东	Guangdong	11	10925	234.7	80.2	7.1	9.7	45.6
广西	Guangxi	1	750	11.2	14.3	0.8	0.8	
海南	Hainan							
重庆	Chongqing	3	865	5.2	3.1	0.4	0.4	0.3
四川	Sichuan	27	42596	437.5	271.5	14.4	19.6	31.7
贵州	Guizhou	22	10069	200.4	80.3	-3.5	-2.4	8.8
云南	Yunnan	1	27	0.4	0.2	0.1	0.1	
西藏	Tibet							
陕西	Shaanxi	59	100594	923.9	546.8	20.8	29.5	58.4
甘肃	Gansu	3	3691	20.6	8.8	1.2	1.2	
青海	Qinghai							
宁夏	Ningxia							
新疆	Xinjiang							

1-2-9 续表 2 continued

单位：个，人，亿元 (unit,person,100 million yuan)

地区	Region	企业数 Number of Enterpr-ises	从业人员平均人数 Annual Average Number of Employed Personnel	资产总计 Total Assets	主营业务收入 Revenue from Principal Business	利润总额 Profits	利税 Taxes and Profits	出口交货值 Exports
		电子及通信设备制造业 Manufacture of Electronic Equipment and Communication Equipment						
全国	**Total**	**12946**	**7364032**	**44510.2**	**59688.8**	**3259.6**	**5173.1**	**28590.9**
东部地区	Eastern Region	10414	5856528	35129.3	48065.6	2624.0	4094.0	24312.6
中部地区	Middle Region	1617	1054437	5457.9	7473.2	385.8	690.3	3261.8
西部地区	Western Region	659	358078	3043.3	3144.4	180.2	301.0	752.3
东北地区	Northeastern Region	256	94989	879.8	1005.6	69.6	87.8	264.3
北京	Beijing	259	123419	1831.6	1952.6	95.5	123.2	1023.6
天津	Tianjin	341	191309	1266.9	2934.9	172.8	347.7	1383.2
河北	Hebei	164	81599	438.3	395.6	33.7	47.5	64.3
山西	Shanxi	32	99193	392.9	491.8	8.2	15.6	371.7
内蒙古	Inner Mongolia	16	3484	69.4	81.3	6.8	8.0	0.1
辽宁	Liaoning	202	79469	720.6	893.6	60.2	75.6	252.7
吉林	Jilin	34	8739	78.0	77.1	5.2	6.8	6.9
黑龙江	Heilongjiang	20	6781	81.1	34.9	4.3	5.4	4.7
上海	Shanghai	466	276765	2382.3	2239.7	84.0	94.6	1330.8
江苏	Jiangsu	2568	1577977	9053.7	13180.4	730.1	1013.3	6781.3
浙江	Zhejiang	1212	380533	2673.0	2468.8	234.8	312.7	870.4
安徽	Anhui	361	102876	998.2	826.0	78.5	109.6	118.5
福建	Fujian	455	265083	1447.8	2282.7	109.9	142.5	1387.0
江西	Jiangxi	291	141815	473.2	928.4	64.1	98.3	141.8
山东	Shandong	697	238393	1469.5	2765.4	168.2	250.8	834.3
河南	Henan	251	381932	1704.5	2469.9	94.6	228.6	1860.2
湖北	Hubei	297	141686	1354.5	1299.0	46.8	84.9	298.6
湖南	Hunan	385	186935	534.5	1458.0	93.5	153.2	471.1
广东	Guangdong	4246	2717832	14543.5	19828.3	994.6	1761.2	10634.0
广西	Guangxi	94	57868	183.8	454.9	50.1	60.7	80.7
海南	Hainan	6	3618	22.7	17.3	0.3	0.5	3.7
重庆	Chongqing	100	46026	205.4	403.4	18.3	32.2	67.7
四川	Sichuan	302	179896	1955.9	1797.0	84.2	168.8	548.3
贵州	Guizhou	21	3349	24.0	50.7	2.5	4.3	0.1
云南	Yunnan	12	4547	31.2	20.7	2.9	3.6	0.3
西藏	Tibet							
陕西	Shaanxi	97	51922	472.5	283.9	11.7	18.6	37.7
甘肃	Gansu	13	10399	91.2	44.2	3.6	4.9	17.0
青海	Qinghai	3	509	9.6	8.0		-0.2	
宁夏	Ningxia							
新疆	Xinjiang	1	78	0.4	0.4			0.4

1-2-9　续表 3　continued

单位：个，人，亿元　　　　(unit,person,100 million yuan)

地　区	Region	计算机及办公设备制造业 Manufacture of Computer and Office Equipments						
		企业数 Number of Enterprises	从业人员平均人数 Annual Average Number of Employed Personnel	资产总计 Total Assets	主营业务收入 Revenue from Principal Business	利润总额 Profits	利税 Taxes and Profits	出口交货值 Exports
全　国	**Total**	**1565**	**1905640**	**11023.8**	**23214.2**	**810.4**	**1148.4**	**17640.7**
东部地区	Eastern Region	1284	1563479	8254.0	18387.3	565.1	761.2	13713.1
中部地区	Middle Region	127	67486	397.5	612.7	36.8	63.2	268.8
西部地区	Western Region	117	257806	2266.0	4084.8	200.0	311.1	3598.4
东北地区	Northeastern Region	37	16869	106.3	129.4	8.4	12.9	60.4
北　京	Beijing	51	19524	589.5	698.5	19.4	21.6	28.8
天　津	Tianjin	17	17034	108.6	252.8	27.3	40.2	100.9
河　北	Hebei	9	3041	13.9	11.2	0.8	1.0	3.4
山　西	Shanxi	1	2026	10.7	3.7	-0.1		
内蒙古	Inner Mongolia	2	276	1.3	1.6	0.1	0.2	
辽　宁	Liaoning	25	13275	77.6	101.1	5.0	8.4	59.5
吉　林	Jilin	5	1625	14.2	17.3	2.5	3.0	
黑龙江	Heilongjiang	7	1969	14.5	10.9	0.9	1.5	0.9
上　海	Shanghai	58	198868	1391.2	3465.1	23.5	30.0	2947.7
江　苏	Jiangsu	301	358863	1625.3	5222.8	206.2	227.3	4757.3
浙　江	Zhejiang	91	23634	125.0	193.4	5.6	9.6	125.0
安　徽	Anhui	18	15033	150.6	237.4	7.0	20.4	142.8
福　建	Fujian	62	55643	490.5	848.1	30.1	40.4	404.5
江　西	Jiangxi	27	19294	52.4	111.1	7.0	10.9	75.5
山　东	Shandong	41	118558	547.8	1798.7	94.3	124.9	536.8
河　南	Henan	28	14392	66.0	70.5	5.6	8.2	2.2
湖　北	Hubei	18	6432	56.4	111.6	10.4	12.7	48.1
湖　南	Hunan	35	10309	61.5	78.4	6.8	10.9	0.3
广　东	Guangdong	654	768314	3362.2	5896.8	157.8	266.3	4808.7
广　西	Guangxi	16	19321	103.9	304.4	29.2	35.9	138.3
海　南	Hainan							
重　庆	Chongqing	65	100870	818.3	1756.5	10.4	16.2	1618.0
四　川	Sichuan	26	134568	1313.2	2004.2	159.9	257.7	1841.8
贵　州	Guizhou	1	30	0.2	0.7	0.2	0.2	
云　南	Yunnan	5	2233	27.5	16.6	0.2	0.7	0.3
西　藏	Tibet							
陕　西	Shaanxi	2	508	1.6	0.9	0.1	0.1	
甘　肃	Gansu							
青　海	Qinghai							
宁　夏	Ningxia							
新　疆	Xinjiang							

1-2-9 续表 4 continued

单位：个，人，亿元 (unit,person,100 million yuan)

地 区	Region	医疗仪器设备及仪器仪表制造业 Manufacture of Medical Equipments and Measuring Instrument						
		企业数 Number of Enterpr-ises	从业人员平均人数 Annual Average Number of Employed Personnel	资产总计 Total Assets	主营业务收入 Revenue from Principal Business	利润总额 Profits	利税 Taxes and Profits	出口交货值 Exports
全 国	**Total**	**4707**	**1123485**	**7617.3**	**8863.5**	**824.6**	**1190.6**	**1351.8**
东部地区	Eastern Region	3394	824324	5781.4	6777.4	641.9	918.0	1199.3
中部地区	Middle Region	710	164114	890.6	1154.9	113.1	162.8	50.9
西部地区	Western Region	331	87517	601.1	486.3	38.0	61.5	23.3
东北地区	Northeastern Region	272	47530	344.1	444.9	31.6	48.3	78.3
北 京	Beijing	243	48523	582.4	395.6	53.9	73.4	51.4
天 津	Tianjin	93	13727	94.2	86.5	6.2	9.8	14.7
河 北	Hebei	99	19894	113.9	99.0	13.0	17.1	6.9
山 西	Shanxi	18	3818	61.0	44.6	4.8	5.8	0.5
内蒙古	Inner Mongolia	7	613	7.2	6.2	-0.1	-0.1	0.2
辽 宁	Liaoning	207	32857	250.2	331.9	23.6	37.5	74.2
吉 林	Jilin	38	8074	51.7	89.4	6.9	8.7	3.9
黑龙江	Heilongjiang	27	6599	42.2	23.6	1.1	2.2	0.2
上 海	Shanghai	262	56327	440.7	431.4	47.8	46.9	148.8
江 苏	Jiangsu	1167	300185	2381.2	3363.1	286.4	436.6	394.7
浙 江	Zhejiang	619	134070	856.9	683.2	69.7	101.8	164.6
安 徽	Anhui	132	22846	140.5	198.2	22.3	31.1	18.8
福 建	Fujian	91	19991	78.5	114.9	8.8	11.8	45.7
江 西	Jiangxi	70	27575	108.0	178.9	14.4	19.7	14.1
山 东	Shandong	410	74275	444.2	858.3	76.0	112.5	62.1
河 南	Henan	224	60041	279.4	343.6	36.1	48.7	12.1
湖 北	Hubei	127	22945	141.8	125.0	12.1	18.6	2.5
湖 南	Hunan	139	26889	159.9	264.4	23.4	39.0	2.8
广 东	Guangdong	408	154978	786.8	740.7	77.1	102.6	310.3
广 西	Guangxi	32	7181	30.8	40.5	2.3	3.5	3.8
海 南	Hainan	2	2354	2.6	4.6	3.1	5.5	
重 庆	Chongqing	98	26974	154.6	150.8	13.1	20.2	8.4
四 川	Sichuan	96	16650	110.0	104.7	10.9	17.2	1.6
贵 州	Guizhou	11	2126	16.9	12.0	1.1	1.8	0.1
云 南	Yunnan	17	2949	24.1	16.0	0.7	1.0	1.9
西 藏	Tibet							
陕 西	Shaanxi	55	28241	232.3	145.5	9.6	16.9	6.7
甘 肃	Gansu	7	1090	11.7	2.4	0.1	0.2	0.5
青 海	Qinghai	1	470	1.9	1.1	0.1	0.2	0.1
宁 夏	Ningxia	5	1103	8.3	6.6	0.1	0.4	
新 疆	Xinjiang	2	120	3.3	0.8	0.1	0.2	

R&D 及相关活动情况
Statistics on R&D and Related Activities

2-1-1 大中型高技术产业企业R&D及相关活动情况
Statistics on R&D and Related Activities in High Technology Industry of Large and Medium-sized Enterprises

指 标	Indicator	2000	2005	2010	2011	2012	2013
R&D活动情况	**Statitstics on R&D Activities**						
R&D人员折合全时当量(人年)	Full-time Equivalent of R&D Personnel (man-year)	91573	173161	399074	426718	525614	559229
R&D经费内部支出(万元)	Intramural Expenditure on R&D (10000 yuan)	1110410	3624985	9678300	12378065	14914940	17343666
新产品开发及生产情况	**Statitstics on New Products Development and Production**						
新产品开发经费支出(万元)	Expenditure on New Products Development (10000 yuan)	1177940	4156916	10069385	15280302	18274769	20694975
新产品销售收入(万元)	Sales Revenue of New Products (10000 yuan)	24838202	69146633	163647630	203845209	237653174	290288371
专利情况	**Statistics on Patents**						
专利申请数(件)	Patent Applications (piece)	2245	16823	59683	77725	97200	102532
有效发明专利数(件)	Number of Patents In Force (piece)	1443	6658	50166	67428	97878	115884
技术改造、技术获取情况	**Statistics on Technology Acquisition and Technology** Reconstruction						
技术改造经费支出(万元)	Expenditure for Technical Renovation (10000 yuan)	1047478	1590214	2687343	2396391	3191778	3671266
引进技术经费支出(万元)	Expenditure for Acquisition of Foreign Technology (10000 yuan)	470463	848184	687810	621819	733053	532130
消化吸收经费支出(万元)	Expenditure for Assimilation of Technology (10000 yuan)	33685	274972	138268	152481	93179	130081
购买国内技术经费支出(万元)	Expenditure for Purchase of Domestic Technology (10000 yuan)	72099	95359	212944	162429	238341	312567
企业办研发机构情况	**Statistics on R&D Institutions**						
机构数(个)	Number of R&D Institutions in Enterprises (unit)	1379	1619	3184	3254	4566	4583
机构人员(人)	Personnel in R&D Institutions (person)	90187	156789	413640	394590	536417	510507
机构经费支出(万元)	Expenditure in R&D Institutions (10000 yuan)	961000	2607837	8784256	9296716	12679661	13594544

注：2010年及以前年份数据口径为从业人员年平均人数300人及以上并且年主营业务收入3000万元及以上并且年资产合计4000万元及以上的法人工业企业。2011年及以后年份数据口径为从业人员年平均人数300人及以上且年主营业务收入2000万元及以上的法人工业企业。以下至2-1-12表相同。

2-1-2 大中型制造业企业R&D及相关活动情况

Statistics on R&D and Related Activities in Large and Medium-sized Manufacturing Enterprises

指标	Indicator	2000	2005	2010	2011	2012	2013
R&D活动情况	**Statitstics on R&D Activities**						
R&D人员折合全时当量(人年)	Full-time Equivalent of R&D Personnel (man-year)	296697	545026	1275556	1478986	1710449	1861263
R&D经费内部支出(万元)	Intramural Expenditure on R&D (10000 yuan)	3230543	11845186	37718648	47537548	56668627	64073415
新产品开发及生产情况	**Statitstics on New Products Development and Production**						
新产品开发经费支出(万元)	Expenditure on New Products Development (10000 yuan)	3791305	14222522	43246348	55887990	64400128	72725501
新产品销售收入(万元)	Sales Revenue of New Products (10000 yuan)	76076657	238042145	723101200	876813240	969399371	1112218465
专利情况	**Statistics on Patents**						
专利申请数(件)	Patent Applications (piece)	11139	53843	192674	255813	309250	351087
有效发明专利数(件)	Number of Patents In Force (piece)	6054	21870	109732	143397	199128	238501
技术改造、技术获取情况	**Statistics on Technology Acquisition and Technology** Reconstruction						
技术改造经费支出(万元)	Expenditure for Technical Renovation (10000 yuan)	9950798	25122468	32809790	32793072	32728378	30773509
引进技术经费支出(万元)	Expenditure for Acquisition of Foreign Technology (10000 yuan)	2355387	2884886	3772500	3970371	3700487	3659155
消化吸收经费支出(万元)	Expenditure for Assimilation of Technology (10000 yuan)	176927	653496	1532166	1525239	1380674	1276875
购买国内技术经费支出(万元)	Expenditure for Purchase of Domestic Technology (10000 yuan)	245781	784587	1909182	1921047	1703639	1811323
企业办研发机构情况	**Statistics on R&D Institutions**						
机构数(个)	Number of R&D Institutions in Enterprises (unit)	7093	8659	16083	15960	21670	22682
机构人员(人)	Personnel in R&D Institutions (person)	399060	579427	1407109	1425632	1750805	1789653
机构经费支出(万元)	Expenditure in R&D Institutions (10000 yuan)	3075258	9678739	31432418	33355983	42966665	47968557

2-1-3 分行业大中型企业R&D及相关活动情况
Statistics on R&D and Related Activities in Large and Medium-sized Enterprises by Industrial Sector

行 业	Industry	R&D人员折合全时当量（人年） Full-time Equivalent of R&D Personnel (man-year)					
		2000	2005	2010	2011	2012	2013
合计	**Total**	**91573**	**173161**	**399074**	**426718**	**525614**	**559229**
医药制造业	**Manufacture of Medicines**	**12238**	**19584**	**55234**	**68682**	**81875**	**94133**
#化学药品制造	Manufacture of Chemical Medicine	7794	12574	37291	43985	48278	53702
中成药生产	Production of Finished Traditional Chinese Herbal Medicine	2797	4976	10458	13856	18930	22236
生物药品制造	Manufacture of Biological Medicine	1406	1534	5374	6284	8743	9701
航空、航天器及设备制造业	**Manufacture of Aircrafts and Spacecrafts and Related Equipment**	**30835**	**29870**	**28249**	**29497**	**37901**	**44440**
#飞机制造	Manufacture of Airplanes	27704	27720	25910	25424	28617	35938
航天器制造	Manufacture of Spacecrafts	3131	2150	2339	4073	4392	3699
电子及通信设备制造业	**Manufacture of Electronic Equipment and Communication Equipment**	**36625**	**95091**	**211512**	**241750**	**301396**	**311390**
#通信设备制造	Manufacture of Communication Equipment	18505	49679	98510	112346	120185	120627
#通信系统设备制造	Manufacture of Communication System Equipment	15728	37954	79031	88657	103432	100535
通信终端设备制造	Manufacture of Communication Terminal Equipment	1023	3983	3541	3484	16753	20092
广播电视设备制造	Manufacture of Broadcasting and TV Equipment	448	1740	2130	4053	7318	9927
雷达及配套设备制造	Manufacture of Radar and Its Fittings	1794	1810	4425	2809	3129	5419
视听设备制造	Manufacture of TV Set and Radio Receiver	4117	11573	21422	16822	24411	31316
电子器件制造	Manufacture of Electronic Appliances	5083	15211	31929	42442	60647	52220
#电子真空器件制造	Manufacture of Electronic Vacuum Appliance	1814	3839	2414	2038	2444	747
半导体分立器件制造	Manufacture of Semiconductor Discreting Appliances	1948	1832	3198	4080	4490	3408
集成电路制造	Manufacture of Integrate Circuit	1321	3908	11149	14684	19243	16725
电子元件制造	Manufacture of Electronic Components	4669	13672	47274	56700	61175	64257
其他电子设备制造	Manufacture of Other Electronic Equipment	2009	1407	5822	6578	9196	11274
计算机及办公设备制造业	**Manufacture of Computers and Office Equipment**	**3941**	**17484**	**68509**	**45697**	**58590**	**55047**
#计算机整机制造	Manufacture of Entired Computer	2950	7452	22225	16152	18542	19427
计算机零部件制造	Manufacture of Computer Components and Parts	806	8943	44846	26690	20519	18119
计算机外围设备制造	Manufacture of Computer Peripheral Equipment					8825	7853
办公设备制造	Manufacture of Office Equipment	185	1089	1438	2855	2906	3794
医疗仪器设备及仪器仪表制造业	**Manufacture of Medical Equipments and Measuring Instrument**	**7934**	**11132**	**35570**	**41092**	**45849**	**54219**
1.医疗仪器设备及器械制造	Manufacture of Medical Equipment and Appliance	796	1262	7303	7097	8814	10028
2.仪器仪表制造	Manufacture of Measuring Instrument	7138	9870	28267	33995	37035	44191

2-1-3 续表 1 continued

行　业	Industry	R&D经费内部支出（万元） Intramural Expenditure on R&D (10000 yuan)					
		2000	2005	2010	2011	2012	2013
合计	**Total**	**1110410**	**3624985**	**9678300**	**12378065**	**14914940**	**17343666**
医药制造业	**Manufacture of Medicines**	**135888**	**399510**	**1226262**	**1562720**	**2148864**	**2588803**
#化学药品制造	Manufacture of Chemical Medicine	88357	273832	814547	1002710	1298451	1532980
中成药生产	Production of Finished Traditional Chinese Herbal Medicine	29227	91512	207721	256329	392304	518065
生物药品制造	Manufacture of Biological Medicine	16571	22955	132828	174290	283437	329758
航空、航天器及设备制造业	**Manufacture of Aircrafts and Spacecrafts and Related Equipment**	**137932**	**277969**	**928427**	**1435570**	**1586828**	**1671450**
#飞机制造	Manufacture of Airplanes	119250	239156	853331	1255553	1254488	1371839
航天器制造	Manufacture of Spacecrafts	18682	38813	75096	180017	247090	219876
电子及通信设备制造业	**Manufacture of Electronic Equipment and Communication Equipment**	**679441**	**2347164**	**5724094**	**7005706**	**8555044**	**10459083**
#通信设备制造	Manufacture of Communication Equipment	397600	1196585	3047068	3532317	3854850	4857306
#通信系统设备制造	Manufacture of Communication System Equipment	345463	914102	2505445	2914668	3307497	4068716
通信终端设备制造	Manufacture of Communication Terminal Equipment	11693	54847	87283	89025	547352	788589
广播电视设备制造	Manufacture of Broadcasting and TV Equipment	2036	18105	40771	78966	128159	215389
雷达及配套设备制造	Manufacture of Radar and Its Fittings	7003	24472	56977	78121	79467	157894
视听设备制造	Manufacture of TV Set and Radio Receiver	86682	500884	635762	757855	891774	1206752
电子器件制造	Manufacture of Electronic Appliances	85820	328721	933299	1290626	1774830	1882363
#电子真空器件制造	Manufacture of Electronic Vacuum Appliance	58896	42632	65854	59890	54161	13439
半导体分立器件制造	Manufacture of Semiconductor Discreting Appliances	9102	23160	102095	76026	88182	67728
集成电路制造	Manufacture of Integrate Circuit	17823	145065	301329	369966	564116	636123
电子元件制造	Manufacture of Electronic Components	79182	257997	870798	1080411	1193080	1342084
其他电子设备制造	Manufacture of Other Electronic Equipment	21118	20401	139420	187410	253264	403986
计算机及办公设备制造业	**Manufacture of Computers and Office Equipment**	**115541**	**434480**	**1175661**	**1513265**	**1580728**	**1378372**
#计算机整机制造	Manufacture of Entired Computer	101235	211999	447584	697904	688980	661926
计算机零部件制造	Manufacture of Computer Components and Parts	12777	207560	690884	747540	338435	264713
计算机外围设备制造	Manufacture of Computer Peripheral Equipment					259232	236763
办公设备制造	Manufacture of Office Equipment	1529	14921	37193	67820	72418	84112
医疗仪器设备及仪器仪表制造业	**Manufacture of Medical Equipments and Measuring Instrument**	**41607**	**165862**	**623856**	**860804**	**1043475**	**1245959**
1.医疗仪器设备及器械制造	Manufacture of Medical Equipment and Appliance	6274	34481	148612	205736	257129	324508
2.仪器仪表制造	Manufacture of Measuring Instrument	35334	131381	475244	655068	786346	921451

2-1-3 续表 2 continued

行 业	Industry	新产品开发经费支出（万元） Expenditure on New Products Development (10000 yuan)					
		2000	2005	2010	2011	2012	2013
合计	**Total**	**1177940**	**4156916**	**10069385**	**15280302**	**18274769**	**20694975**
医药制造业	**Manufacture of Medicines**	**149276**	**447725**	**1314022**	**1691315**	**2334948**	**2669404**
#化学药品制造	Manufacture of Chemical Medicine	91707	300482	878141	1070585	1388701	1536796
中成药生产	Production of Finished Traditional Chinese Herbal Medicine	38556	97048	225868	280804	413394	523000
生物药品制造	Manufacture of Biological Medicine	15925	28373	140126	205828	319138	363044
航空、航天器及设备制造业	**Manufacture of Aircrafts and Spacecrafts and Related Equipment**	**114280**	**301632**	**1033408**	**1340147**	**1528310**	**1776157**
#飞机制造	Manufacture of Airplanes	95570	270864	964989	1156868	1187582	1363744
航天器制造	Manufacture of Spacecrafts	18709	30769	68418	183279	245233	317290
电子及通信设备制造业	**Manufacture of Electronic Equipment and Communication Equipment**	**736736**	**2611326**	**5392710**	**9112209**	**10791283**	**12855333**
#通信设备制造	Manufacture of Communication Equipment	363991	1267879	1994365	4494800	4486099	5775787
#通信系统设备制造	Manufacture of Communication System Equipment	303007	859024	1238300	3622003	3761802	4798164
通信终端设备制造	Manufacture of Communication Terminal Equipment	18365	66003	119958	77626	724297	977623
广播电视设备制造	Manufacture of Broadcasting and TV Equipment	1117	27438	67349	119441	199951	311659
雷达及配套设备制造	Manufacture of Radar and Its Fittings	11129	27487	80554	131179	164741	184152
视听设备制造	Manufacture of TV Set and Radio Receiver	142278	589840	751944	917630	1131182	1435162
电子器件制造	Manufacture of Electronic Appliances	102543	355849	1296953	1784389	2259496	2412205
#电子真空器件制造	Manufacture of Electronic Vacuum Appliance	73629	48067	81119	76186	60039	18495
半导体分立器件制造	Manufacture of Semiconductor Discreting Appliances	9795	30538	106515	86488	108910	98755
集成电路制造	Manufacture of Integrate Circuit	19119	129635	381026	513173	700881	833661
电子元件制造	Manufacture of Electronic Components	97668	315540	1049434	1380871	1574072	1593648
其他电子设备制造	Manufacture of Other Electronic Equipment	18010	27294	152111	283899	400482	564598
计算机及办公设备制造业	**Manufacture of Computers and Office Equipment**	**133132**	**617788**	**1479659**	**2090912**	**2255064**	**1892254**
#计算机整机制造	Manufacture of Entired Computer	100730	271034	563301	1077812	1011171	932923
计算机零部件制造	Manufacture of Computer Components and Parts	28414	307709	861000	928256	571029	391651
计算机外围设备制造	Manufacture of Computer Peripheral Equipment					318660	285730
办公设备制造	Manufacture of Office Equipment	3989	39045	55358	84844	93650	107107
医疗仪器设备及仪器仪表制造业	**Manufacture of Medical Equipments and Measuring Instrument**	**44516**	**178445**	**849586**	**1045718**	**1365164**	**1501827**
1.医疗仪器设备及器械制造	Manufacture of Medical Equipment and Appliance	7174	33142	206115	257477	335862	415948
2.仪器仪表制造	Manufacture of Measuring Instrument	37342	145303	643471	788242	1029301	1085880

2-1-3 续表 3 continued

行 业	Industry	新产品销售收入（万元） Sales Revenue of New Products (10000 yuan)					
		2000	2005	2010	2011	2012	2013
合计	**Total**	**24838202**	**69146633**	**163647630**	**203845209**	**237653174**	**290288371**
医药制造业	**Manufacture of Medicines**	**1720272**	**4693608**	**16755263**	**18253060**	**24493419**	**29908269**
#化学药品制造	Manufacture of Chemical Medicine	1348607	3327695	11455030	10844461	14732281	17841904
中成药生产	Production of Finished Traditional Chinese Herbal Medicine	251856	1045794	2943796	3446421	5128065	6469151
生物药品制造	Manufacture of Biological Medicine	95979	171308	1387671	2048086	1791701	2324121
航空、航天器及设备制造业	**Manufacture of Aircrafts and Spacecrafts and Related Equipment**	**813277**	**3373540**	**4721627**	**4980325**	**6018300**	**7161535**
#飞机制造	Manufacture of Airplanes	696006	3335683	4485881	4619963	5411575	6522618
航天器制造	Manufacture of Spacecrafts	117272	37857	235747	360362	334240	434640
电子及通信设备制造业	**Manufacture of Electronic Equipment and Communication Equipment**	**16308150**	**38520369**	**90714882**	**104118444**	**129043438**	**184246208**
#通信设备制造	Manufacture of Communication Equipment	6717290	16431725	42748773	46192610	49104988	89291716
#通信系统设备制造	Manufacture of Communication System Equipment	2171794	5727443	16789919	22655327	21965299	29338496
通信终端设备制造	Manufacture of Communication Terminal Equipment	1288981	994193	1627424	1491957	27139689	59953219
广播电视设备制造	Manufacture of Broadcasting and TV Equipment	6198	161757	711803	1298986	2365379	3247486
雷达及配套设备制造	Manufacture of Radar and Its Fittings	102849	258585	431244	752468	1378993	1081781
视听设备制造	Manufacture of TV Set and Radio Receiver	6376889	13313107	15392293	19026208	22945964	32703041
电子器件制造	Manufacture of Electronic Appliances	1910948	5127979	14657975	17858509	24596177	26182984
#电子真空器件制造	Manufacture of Electronic Vacuum Appliance	1512257	1205662	1020064	769817	646911	547929
半导体分立器件制造	Manufacture of Semiconductor Discreting Appliances	62650	161634	1094858	842190	891207	775002
集成电路制造	Manufacture of Integrate Circuit	336040	2150651	1752030	3415390	4456503	5326118
电子元件制造	Manufacture of Electronic Components	973788	3023700	14970598	16971775	19412060	20132929
其他电子设备制造	Manufacture of Other Electronic Equipment	220190	203515	1802197	2017889	1855681	4451996
计算机及办公设备制造业	**Manufacture of Computers and Office Equipment**	**5369985**	**20700912**	**44214684**	**67388516**	**66129950**	**56534632**
#计算机整机制造	Manufacture of Entired Computer	2707176	12278252	15335388	33655127	34629249	25927238
计算机零部件制造	Manufacture of Computer Components and Parts	2560950	7750678	27639164	32831137	22404561	22013363
计算机外围设备制造	Manufacture of Computer Peripheral Equipment					5620351	5710976
办公设备制造	Manufacture of Office Equipment	101858	671983	1240132	902253	1042823	1284539
医疗仪器设备及仪器仪表制造业	**Manufacture of Medical Equipments and Measuring Instrument**	**626518**	**1858204**	**7241173**	**9104864**	**11968064**	**12437727**
1.医疗仪器设备及器械制造	Manufacture of Medical Equipment and Appliance	101634	319050	880563	862209	1813170	2139910
2.仪器仪表制造	Manufacture of Measuring Instrument	524884	1539155	6360610	8242654	10154893	10297817

2-1-3 续表 4 continued

行 业	Industry	专利申请数（件） Patent Applications (piece)					
		2000	2005	2010	2011	2012	2013
合计	**Total**	**2245**	**16823**	**59683**	**77725**	**97200**	**102532**
医药制造业	**Manufacture of Medicines**	**579**	**2708**	**5767**	**6413**	**9580**	**10043**
#化学药品制造	Manufacture of Chemical Medicine	215	1133	2792	3229	4814	4501
中成药生产	Production of Finished Traditional Chinese Herbal Medicine	286	1288	2098	2153	2718	3114
生物药品制造	Manufacture of Biological Medicine	43	242	382	524	976	1062
航空、航天器及设备制造业	**Manufacture of Aircrafts and Spacecrafts and Related Equipment**	**79**	**328**	**2172**	**2414**	**3415**	**3828**
#飞机制造	Manufacture of Airplanes	74	314	2014	2125	2600	2845
航天器制造	Manufacture of Spacecrafts	5	14	158	289	418	584
电子及通信设备制造业	**Manufacture of Electronic Equipment and Communication Equipment**	**1099**	**11022**	**35575**	**49360**	**64602**	**64478**
#通信设备制造	Manufacture of Communication Equipment	570	6602	16886	23751	24416	24086
#通信系统设备制造	Manufacture of Communication System Equipment	529	5718	12734	18982	18937	17240
通信终端设备制造	Manufacture of Communication Terminal Equipment	29	177	867	649	5479	6846
广播电视设备制造	Manufacture of Broadcasting and TV Equipment	4	101	1459	2881	2703	2729
雷达及配套设备制造	Manufacture of Radar and Its Fittings	22	9	288	361	395	622
视听设备制造	Manufacture of TV Set and Radio Receiver	331	2434	4212	3275	5791	6088
电子器件制造	Manufacture of Electronic Appliances	65	812	6887	9902	16530	15599
#电子真空器件制造	Manufacture of Electronic Vacuum Appliance	47	110	519	1244	2751	184
半导体分立器件制造	Manufacture of Semiconductor Discreting Appliances	6	10	352	302	725	391
集成电路制造	Manufacture of Integrate Circuit	12	457	2714	3469	3756	4115
电子元件制造	Manufacture of Electronic Components	85	947	4879	7532	7935	9320
其他电子设备制造	Manufacture of Other Electronic Equipment	22	117	964	1658	2095	2243
计算机及办公设备制造业	**Manufacture of Computers and Office Equipment**	**263**	**1863**	**10810**	**11180**	**9475**	**11348**
#计算机整机制造	Manufacture of Entired Computer	166	1020	5644	6284	5389	6806
计算机零部件制造	Manufacture of Computer Components and Parts	93	796	4990	4524	893	1277
计算机外围设备制造	Manufacture of Computer Peripheral Equipment					1314	1364
办公设备制造	Manufacture of Office Equipment	4	47	176	372	608	924
医疗仪器设备及仪器仪表制造业	**Manufacture of Medical Equipments and Measuring Instrument**	**225**	**902**	**5359**	**8358**	**10128**	**12835**
1.医疗仪器设备及器械制造	Manufacture of Medical Equipment and Appliance	68	401	1217	1705	2514	3295
2.仪器仪表制造	Manufacture of Measuring Instrument	157	501	4142	6653	7614	9540

2-1-3 续表 5 continued

行业	Industry	有效发明专利数（件） Number of Patents In Force (piece)					
		2000	2005	2010	2011	2012	2013
合计	**Total**	**1443**	**6658**	**50166**	**67428**	**97878**	**115884**
医药制造业	**Manufacture of Medicines**	**460**	**1134**	**5672**	**6527**	**10073**	**12795**
#化学药品制造	Manufacture of Chemical Medicine	165	495	2598	3306	5141	6302
中成药生产	Production of Finished Traditional Chinese Herbal Medicine	211	497	2270	2346	3442	4661
生物药品制造	Manufacture of Biological Medicine	37	49	402	533	835	1197
航空、航天器及设备制造业	**Manufacture of Aircrafts and Spacecrafts and Related Equipment**	**139**	**192**	**700**	**1277**	**1770**	**2778**
#飞机制造	Manufacture of Airplanes	102	185	585	1053	1463	2111
航天器制造	Manufacture of Spacecrafts	37	7	115	224	160	483
电子及通信设备制造业	**Manufacture of Electronic Equipment and Communication Equipment**	**589**	**4268**	**33677**	**44448**	**64603**	**79689**
#通信设备制造	Manufacture of Communication Equipment	372	2959	23979	31499	42207	52769
#通信系统设备制造	Manufacture of Communication System Equipment	346	2660	21818	28825	39695	50551
通信终端设备制造	Manufacture of Communication Terminal Equipment	9	110	465	313	2512	2218
广播电视设备制造	Manufacture of Broadcasting and TV Equipment	2	13	278	663	935	1699
雷达及配套设备制造	Manufacture of Radar and Its Fittings	15	5	63	44	162	900
视听设备制造	Manufacture of TV Set and Radio Receiver	118	371	1538	1809	3973	4614
电子器件制造	Manufacture of Electronic Appliances	29	540	4451	4970	8381	9007
#电子真空器件制造	Manufacture of Electronic Vacuum Appliance	19	346	260	277	326	158
半导体分立器件制造	Manufacture of Semiconductor Discreting Appliances	6	14	253	213	557	550
集成电路制造	Manufacture of Integrate Circuit	4	115	2004	1835	2800	2797
电子元件制造	Manufacture of Electronic Components	44	369	2840	4358	4433	5148
其他电子设备制造	Manufacture of Other Electronic Equipment	9	11	528	1105	1474	2059
计算机及办公设备制造业	**Manufacture of Computers and Office Equipment**	**131**	**473**	**7552**	**10532**	**14922**	**13302**
#计算机整机制造	Manufacture of Entired Computer	69	146	4641	5947	9938	9992
计算机零部件制造	Manufacture of Computer Components and Parts	57	323	2812	4448	886	910
计算机外围设备制造	Manufacture of Computer Peripheral Equipment					889	1018
办公设备制造	Manufacture of Office Equipment	5	4	99	137	245	323
医疗仪器设备及仪器仪表制造业	**Manufacture of Medical Equipments and Measuring Instrument**	**124**	**591**	**2565**	**4644**	**6510**	**7320**
1.医疗仪器设备及器械制造	Manufacture of Medical Equipment and Appliance	52	90	658	1626	2297	2346
2.仪器仪表制造	Manufacture of Measuring Instrument	72	501	1907	3018	4213	4974

2-1-3 续表 6 continued

行业	Industry	技术改造经费支出（万元） Expenditure for Technical Renovation (10000 yuan)					
		2000	2005	2010	2011	2012	2013
合计	**Total**	**1047478**	**1590214**	**2687343**	**2396391**	**3191778**	**3671266**
医药制造业	**Manufacture of Medicines**	**288150**	**441007**	**600803**	**602350**	**873929**	**1007416**
#化学药品制造	Manufacture of Chemical Medicine	240426	299639	423886	450630	537613	632456
中成药生产	Production of Finished Traditional Chinese Herbal Medicine	41244	115426	87116	75515	179601	202612
生物药品制造	Manufacture of Biological Medicine	4751	14754	41378	40938	92523	66729
航空、航天器及设备制造业	**Manufacture of Aircrafts and Spacecrafts and Related Equipment**	**154666**	**368919**	**387274**	**373716**	**505999**	**488046**
#飞机制造	Manufacture of Airplanes	128203	353441	352979	330906	471001	440456
航天器制造	Manufacture of Spacecrafts	26464	15478	34295	42810	22030	33914
电子及通信设备制造业	**Manufacture of Electronic Equipment and Communication Equipment**	**520752**	**611919**	**1208715**	**846082**	**1164027**	**1724147**
#通信设备制造	Manufacture of Communication Equipment	79122	80990	74395	118517	111674	187618
#通信系统设备制造	Manufacture of Communication System Equipment	44764	32707	17975	57619	76525	158589
通信终端设备制造	Manufacture of Communication Terminal Equipment	31322	12728	25292	18720	35149	29029
广播电视设备制造	Manufacture of Broadcasting and TV Equipment	3394	12355	4142	3666	18286	14117
雷达及配套设备制造	Manufacture of Radar and Its Fittings	8482	17859	10179	29563	25899	40340
视听设备制造	Manufacture of TV Set and Radio Receiver	72331	102632	305377	154353	193681	245918
电子器件制造	Manufacture of Electronic Appliances	142873	160201	597467	293921	332004	826130
#电子真空器件制造	Manufacture of Electronic Vacuum Appliance	86502	42193	69829	11575	10312	4248
半导体分立器件制造	Manufacture of Semiconductor Discreting Appliances	21303	12241	97821	40067	25711	23826
集成电路制造	Manufacture of Integrate Circuit	35068	76839	62147	96822	65700	58244
电子元件制造	Manufacture of Electronic Components	192458	233566	195460	235365	237267	217781
其他电子设备制造	Manufacture of Other Electronic Equipment	22092	4316	21694	10696	23270	21399
计算机及办公设备制造业	**Manufacture of Computers and Office Equipment**	**28852**	**53753**	**201172**	**132809**	**164577**	**83123**
#计算机整机制造	Manufacture of Entired Computer	10885	15313	88406	66152	53442	41787
计算机零部件制造	Manufacture of Computer Components and Parts	17915	35001	106202	64366	11166	23646
计算机外围设备制造	Manufacture of Computer Peripheral Equipment					95193	9546
办公设备制造	Manufacture of Office Equipment	52	3439	6564	2291	3279	1190
医疗仪器设备及仪器仪表制造业	**Manufacture of Medical Equipments and Measuring Instrument**	**55058**	**114617**	**289378**	**441435**	**483244**	**368535**
1.医疗仪器设备及器械制造	Manufacture of Medical Equipment and Appliance	7423	12635	60644	44273	66933	75642
2.仪器仪表制造	Manufacture of Measuring Instrument	47635	101982	228734	397162	416311	292893

2-1-3 续表 7 continued

行　业	Industry	引进技术经费支出（万元） Expenditure for Acquisition of Foreign Technology (10000 yuan)					
		2000	2005	2010	2011	2012	2013
合计	**Total**	**470463**	**848184**	**687810**	**621819**	**733053**	**532130**
医药制造业	**Manufacture of Medicines**	**45441**	**35815**	**48413**	**54311**	**51730**	**50838**
#化学药品制造	Manufacture of Chemical Medicine	28040	28159	39192	45399	40087	29884
中成药生产	Production of Finished Traditional Chinese Herbal Medicine	9602	4874	1225	1240	1675	5240
生物药品制造	Manufacture of Biological Medicine	7353	151	5255	2186	2871	3312
航空、航天器及设备制造业	**Manufacture of Aircrafts and Spacecrafts and Related Equipment**	**29793**	**30369**	**64941**	**21109**	**9693**	**16257**
#飞机制造	Manufacture of Airplanes	19970	28933	64941	21109	7868	6741
航天器制造	Manufacture of Spacecrafts	9823	1436				
电子及通信设备制造业	**Manufacture of Electronic Equipment and Communication Equipment**	**305560**	**665035**	**474667**	**478520**	**563563**	**362574**
#通信设备制造	Manufacture of Communication Equipment	75927	198733	171859	42183	47367	36920
#通信系统设备制造	Manufacture of Communication System Equipment	24209	9472	8769	12938	7247	4663
通信终端设备制造	Manufacture of Communication Terminal Equipment	47938	2550	13324	8448	40119	32257
广播电视设备制造	Manufacture of Broadcasting and TV Equipment	152	833	532	1633	3822	3546
雷达及配套设备制造	Manufacture of Radar and Its Fittings	769	14	547	596	1232	2887
视听设备制造	Manufacture of TV Set and Radio Receiver	42840	155500	77984	105122	198257	67013
电子器件制造	Manufacture of Electronic Appliances	81345	200662	148097	243710	196318	125948
#电子真空器件制造	Manufacture of Electronic Vacuum Appliance	40312	79691	26902	35592	14843	
半导体分立器件制造	Manufacture of Semiconductor Discreting Appliances	7838	236	9411	4600	4926	716
集成电路制造	Manufacture of Integrate Circuit	33195	56049	16436	20124	15161	28593
电子元件制造	Manufacture of Electronic Components	102500	106226	75149	84834	82386	85737
其他电子设备制造	Manufacture of Other Electronic Equipment	2028	3067	499	443	3967	2490
计算机及办公设备制造业	**Manufacture of Computers and Office Equipment**	**77839**	**114665**	**36594**	**8572**	**24123**	**19682**
#计算机整机制造	Manufacture of Entired Computer	34399	41904	3753	4372		6753
计算机零部件制造	Manufacture of Computer Components and Parts	43048	52436	16184	3050	2506	2994
计算机外围设备制造	Manufacture of Computer Peripheral Equipment					16705	9156
办公设备制造	Manufacture of Office Equipment	392	20325	16657	1150	4095	779
医疗仪器设备及仪器仪表制造业	**Manufacture of Medical Equipments and Measuring Instrument**	**11829**	**2300**	**63195**	**59306**	**83943**	**82779**
1.医疗仪器设备及器械制造	Manufacture of Medical Equipment and Appliance	1890	30	27636	32224	60983	49385
2.仪器仪表制造	Manufacture of Measuring Instrument	9940	2270	35559	27082	22959	33394

2-1-3 续表 8 continued

行业	Industry	消化吸收经费支出（万元） Expenditure for Assimilation of Technology (10000 yuan)					
		2000	2005	2010	2011	2012	2013
合计	**Total**	**33685**	**274972**	**138268**	**152481**	**93179**	**130081**
医药制造业	**Manufacture of Medicines**	**12121**	**34971**	**49874**	**43981**	**51356**	**58841**
#化学药品制造	Manufacture of Chemical Medicine	11034	31449	40815	33493	37696	40469
中成药生产	Production of Finished Traditional Chinese Herbal Medicine	226	3417	6210	6414	4889	5721
生物药品制造	Manufacture of Biological Medicine	771	55	859	673	1339	2851
航空、航天器及设备制造业	**Manufacture of Aircrafts and Spacecrafts and Related Equipment**	**1943**	**1438**	**27220**	**5820**	**4346**	**1521**
#飞机制造	Manufacture of Airplanes	1943	1438	23563	5820	4346	1521
航天器制造	Manufacture of Spacecrafts			3657			
电子及通信设备制造业	**Manufacture of Electronic Equipment and Communication Equipment**	**12716**	**226463**	**39048**	**70993**	**30174**	**58834**
#通信设备制造	Manufacture of Communication Equipment	2508	166912	4910	3465	1175	971
#通信系统设备制造	Manufacture of Communication System Equipment	1611	473	912	5	499	198
通信终端设备制造	Manufacture of Communication Terminal Equipment	656	85	1067	791	676	774
广播电视设备制造	Manufacture of Broadcasting and TV Equipment		326		21	867	1289
雷达及配套设备制造	Manufacture of Radar and Its Fittings	1		108	168	510	
视听设备制造	Manufacture of TV Set and Radio Receiver	5442	34519	14325	7607	6969	5754
电子器件制造	Manufacture of Electronic Appliances	2746	15915	10875	6484	10058	30655
#电子真空器件制造	Manufacture of Electronic Vacuum Appliance	2541	176	109	212	140	1540
半导体分立器件制造	Manufacture of Semiconductor Discreting Appliances	87	43	2639	418	1017	848
集成电路制造	Manufacture of Integrate Circuit	118	4375	2764	862	975	9020
电子元件制造	Manufacture of Electronic Components	1978	8779	8377	51678	5271	4550
其他电子设备制造	Manufacture of Other Electronic Equipment	41	11	454	1570	1799	5283
计算机及办公设备制造业	**Manufacture of Computers and Office Equipment**	**6136**	**8795**	**9264**	**8282**	**823**	**3212**
#计算机整机制造	Manufacture of Entired Computer	1413	5447	4563	5927	326	430
计算机零部件制造	Manufacture of Computer Components and Parts	4708	1533	4039	51		
计算机外围设备制造	Manufacture of Computer Peripheral Equipment					164	
办公设备制造	Manufacture of Office Equipment	15	1815	662	2305	17	2761
医疗仪器设备及仪器仪表制造业	**Manufacture of Medical Equipments and Measuring Instrument**	**768**	**3306**	**12862**	**23405**	**6479**	**7674**
1.医疗仪器设备及器械制造	Manufacture of Medical Equipment and Appliance	180	49	423	393	464	384
2.仪器仪表制造	Manufacture of Measuring Instrument	588	3257	12440	23012	6015	7290

2-1-3 续表 9 continued

行　业	Industry	购买国内技术经费支出（万元） Expenditure on Purchase of Domestic Technology (10000 yuan)					
		2000	2005	2010	2011	2012	2013
合计	**Total**	**72099**	**95359**	**212944**	**162429**	**238341**	**312567**
医药制造业	**Manufacture of Medicines**	**61208**	**56041**	**71200**	**69021**	**116787**	**184830**
#化学药品制造	Manufacture of Chemical Medicine	19286	46206	48303	50650	93239	142386
中成药生产	Production of Finished Traditional Chinese Herbal Medicine	37713	8399	17379	8591	13069	27832
生物药品制造	Manufacture of Biological Medicine	3691	897	3645	6473	4017	3834
航空、航天器及设备制造业	**Manufacture of Aircrafts and Spacecrafts and Related Equipment**	**4437**	**10751**	**16530**	**14764**	**8930**	**8448**
#飞机制造	Manufacture of Airplanes	2421	10751	16530	14764	8776	7895
航天器制造	Manufacture of Spacecrafts	2016					
电子及通信设备制造业	**Manufacture of Electronic Equipment and Communication Equipment**	**3013**	**23056**	**83360**	**49191**	**81901**	**102482**
#通信设备制造	Manufacture of Communication Equipment	1019	6046	12221	18483	10253	11115
#通信系统设备制造	Manufacture of Communication System Equipment	745	1100	3364	6257	1217	2720
通信终端设备制造	Manufacture of Communication Terminal Equipment	154	199	593	459	9035	8395
广播电视设备制造	Manufacture of Broadcasting and TV Equipment	10	4300	56	1021	12	4945
雷达及配套设备制造	Manufacture of Radar and Its Fittings	2	488	2822	2268	2412	5314
视听设备制造	Manufacture of TV Set and Radio Receiver	470	2287	3205	7273	29012	30732
电子器件制造	Manufacture of Electronic Appliances	584	4064	48024	7828	15011	12594
#电子真空器件制造	Manufacture of Electronic Vacuum Appliance	224	1163	382			
半导体分立器件制造	Manufacture of Semiconductor Discreting Appliances	357	2159	3810	240	580	743
集成电路制造	Manufacture of Integrate Circuit	3	70	33404	1981	86	992
电子元件制造	Manufacture of Electronic Components	897	5429	14983	10933	11750	31927
其他电子设备制造	Manufacture of Other Electronic Equipment	31	442	2050	1385	1404	1593
计算机及办公设备制造业	**Manufacture of Computers and Office Equipment**	**251**	**2191**	**25477**	**14435**	**11604**	**5847**
#计算机整机制造	Manufacture of Entired Computer	243	1933	804	15	52	118
计算机零部件制造	Manufacture of Computer Components and Parts	9	152	24638	14400	115	160
计算机外围设备制造	Manufacture of Computer Peripheral Equipment					10179	20
办公设备制造	Manufacture of Office Equipment		106	35	20		
医疗仪器设备及仪器仪表制造业	**Manufacture of Medical Equipments and Measuring Instrument**	**3190**	**3320**	**16377**	**15019**	**19117**	**10961**
1.医疗仪器设备及器械制造	Manufacture of Medical Equipment and Appliance	2806	15	1015	4708	1288	1225
2.仪器仪表制造	Manufacture of Measuring Instrument	384	3305	15362	10311	17828	9736

2-1-3 续表 10 continued

行 业	Industry	研发机构数（个） Number of R&D Institutions in Enterprises (unit)					
		2000	2005	2010	2011	2012	2013
合计	**Total**	**1379**	**1619**	**3184**	**3254**	**4566**	**4583**
医药制造业	**Manufacture of Medicines**	**512**	**581**	**929**	**927**	**1134**	**1217**
#化学药品制造	Manufacture of Chemical Medicine	308	339	526	525	605	639
中成药生产	Production of Finished Traditional Chinese Herbal Medicine	145	176	248	239	279	327
生物药品制造	Manufacture of Biological Medicine	43	31	77	88	130	134
航空、航天器及设备制造业	**Manufacture of Aircrafts and Spacecrafts and Related Equipment**	**161**	**103**	**122**	**88**	**117**	**105**
#飞机制造	Manufacture of Airplanes	128	98	109	79	81	71
航天器制造	Manufacture of Spacecrafts	33	5	13	9	10	9
电子及通信设备制造业	**Manufacture of Electronic Equipment and Communication Equipment**	**482**	**643**	**1439**	**1560**	**2357**	**2332**
#通信设备制造	Manufacture of Communication Equipment	168	141	296	254	286	278
#通信系统设备制造	Manufacture of Communication System Equipment	103	65	134	122	180	163
通信终端设备制造	Manufacture of Communication Terminal Equipment	22	28	33	23	106	115
广播电视设备制造	Manufacture of Broadcasting and TV Equipment	8	17	37	49	83	96
雷达及配套设备制造	Manufacture of Radar and Its Fittings	30	25	25	23	36	23
视听设备制造	Manufacture of TV Set and Radio Receiver	80	104	142	145	176	187
电子器件制造	Manufacture of Electronic Appliances	49	118	333	295	550	495
#电子真空器件制造	Manufacture of Electronic Vacuum Appliance	23	36	37	15	15	9
半导体分立器件制造	Manufacture of Semiconductor Discreting Appliances	17	19	46	36	72	59
集成电路制造	Manufacture of Integrate Circuit	9	29	87	68	118	103
电子元件制造	Manufacture of Electronic Components	132	220	505	704	909	870
其他电子设备制造	Manufacture of Other Electronic Equipment	15	18	101	90	128	152
计算机及办公设备制造业	**Manufacture of Computers and Office Equipment**	**63**	**101**	**213**	**209**	**294**	**256**
#计算机整机制造	Manufacture of Entired Computer	44	32	46	48	41	44
计算机零部件制造	Manufacture of Computer Components and Parts	16	61	143	141	89	76
计算机外围设备制造	Manufacture of Computer Peripheral Equipment					90	64
办公设备制造	Manufacture of Office Equipment	3	8	24	20	28	33
医疗仪器设备及仪器仪表制造业	**Manufacture of Medical Equipments and Measuring Instrument**	**161**	**191**	**481**	**470**	**664**	**673**
1.医疗仪器设备及器械制造	Manufacture of Medical Equipment and Appliance	22	25	86	88	134	138
2.仪器仪表制造	Manufacture of Measuring Instrument	139	166	395	382	530	535

2-1-3 续表 11 continued

行 业	Industry	机构人员（人） Personnel in the R&D Institutions (person)					
		2000	2005	2010	2011	2012	2013
合计	**Total**	**90187**	**156789**	**413640**	**394590**	**536417**	**510507**
医药制造业	**Manufacture of Medicines**	**16366**	**22081**	**59036**	**62023**	**78845**	**86986**
#化学药品制造	Manufacture of Chemical Medicine	10749	13181	35962	35684	44654	48302
中成药生产	Production of Finished Traditional Chinese Herbal Medicine	3593	6340	14010	15253	19164	21378
生物药品制造	Manufacture of Biological Medicine	1507	1577	5725	6612	8349	9204
航空、航天器及设备制造业	**Manufacture of Aircrafts and Spacecrafts and Related Equipment**	**15017**	**14518**	**23062**	**22634**	**29445**	**30000**
#飞机制造	Manufacture of Airplanes	12281	14414	21978	21630	24439	24896
航天器制造	Manufacture of Spacecrafts	2736	104	1084	1004	1992	2028
电子及通信设备制造业	**Manufacture of Electronic Equipment and Communication Equipment**	**44988**	**87031**	**234563**	**235921**	**329553**	**297756**
#通信设备制造	Manufacture of Communication Equipment	23216	46175	113258	123514	137696	110659
#通信系统设备制造	Manufacture of Communication System Equipment	18937	37026	92597	102411	120540	93579
通信终端设备制造	Manufacture of Communication Terminal Equipment	1280	3367	4358	2251	17156	17080
广播电视设备制造	Manufacture of Broadcasting and TV Equipment	455	1390	3404	7092	10929	8428
雷达及配套设备制造	Manufacture of Radar and Its Fittings	2811	1983	4494	3861	5595	5407
视听设备制造	Manufacture of TV Set and Radio Receiver	4802	14930	23634	15301	28612	20154
电子器件制造	Manufacture of Electronic Appliances	3531	8028	36457	34984	53600	53329
#电子真空器件制造	Manufacture of Electronic Vacuum Appliance	1857	1998	3111	2205	1401	475
半导体分立器件制造	Manufacture of Semiconductor Discreting Appliances	764	1600	4274	3507	4158	4002
集成电路制造	Manufacture of Integrate Circuit	910	1747	9901	9905	13661	13071
电子元件制造	Manufacture of Electronic Components	8173	12689	47316	44530	66998	65816
其他电子设备制造	Manufacture of Other Electronic Equipment	2000	1836	6000	6639	10257	15594
计算机及办公设备制造业	**Manufacture of Computers and Office Equipment**	**6715**	**21628**	**59788**	**36435**	**49091**	**46063**
#计算机整机制造	Manufacture of Entired Computer	4850	5524	11273	13890	20237	21776
计算机零部件制造	Manufacture of Computer Components and Parts	1678	14911	46966	20444	9360	7512
计算机外围设备制造	Manufacture of Computer Peripheral Equipment					8719	7294
办公设备制造	Manufacture of Office Equipment	187	1193	1549	2101	2655	3471
医疗仪器设备及仪器仪表制造业	**Manufacture of Medical Equipments and Measuring Instrument**	**7101**	**11531**	**37191**	**37577**	**49483**	**49702**
1.医疗仪器设备及器械制造	Manufacture of Medical Equipment and Appliance	957	1789	7374	6918	8046	8637
2.仪器仪表制造	Manufacture of Measuring Instrument	6144	9742	29817	30659	41437	41065

2-1-3 续表 12 continued

行业	Industry	机构经费支出（万元）Expenditure in the R&D Institutions (10000 yuan)					
		2000	2005	2010	2011	2012	2013
合计	**Total**	**961000**	**2607837**	**8784256**	**9296716**	**12679661**	**13594544**
医药制造业	**Manufacture of Medicines**	**121593**	**337652**	**1104925**	**1192574**	**1743456**	**2034537**
#化学药品制造	Manufacture of Chemical Medicine	76463	219877	705108	721205	1045456	1230922
中成药生产	Production of Finished Traditional Chinese Herbal Medicine	30744	90525	233093	237261	360035	414568
生物药品制造	Manufacture of Biological Medicine	10305	16358	113270	157195	211969	243229
航空、航天器及设备制造业	**Manufacture of Aircrafts and Spacecrafts and Related Equipment**	**83791**	**130860**	**382422**	**398750**	**456911**	**521512**
#飞机制造	Manufacture of Airplanes	77214	130334	356578	364680	354133	422511
航天器制造	Manufacture of Spacecrafts	6577	527	25844	34070	49651	42257
电子及通信设备制造业	**Manufacture of Electronic Equipment and Communication Equipment**	**596823**	**1749116**	**5800914**	**5957820**	**8261637**	**8928142**
#通信设备制造	Manufacture of Communication Equipment	359866	971936	3301142	3660095	4054770	4426222
#通信系统设备制造	Manufacture of Communication System Equipment	299900	764386	2848977	3222326	3642267	3925443
通信终端设备制造	Manufacture of Communication Terminal Equipment	13079	50443	65477	41476	412503	500779
广播电视设备制造	Manufacture of Broadcasting and TV Equipment	1374	15044	41910	65555	147535	178163
雷达及配套设备制造	Manufacture of Radar and Its Fittings	8941	16808	66002	74949	132027	147690
视听设备制造	Manufacture of TV Set and Radio Receiver	93887	461781	620418	539939	788187	736742
电子器件制造	Manufacture of Electronic Appliances	62900	100552	945930	835193	1459626	1566790
#电子真空器件制造	Manufacture of Electronic Vacuum Appliance	43653	27702	85527	40190	47353	6949
半导体分立器件制造	Manufacture of Semiconductor Discreting Appliances	4259	12893	60664	41939	70415	54585
集成电路制造	Manufacture of Integrate Circuit	14988	24668	283056	294079	434061	421016
电子元件制造	Manufacture of Electronic Components	51177	171325	744582	683261	1082506	1169265
其他电子设备制造	Manufacture of Other Electronic Equipment	18680	11668	80929	98829	246221	330877
计算机及办公设备制造业	**Manufacture of Computers and Office Equipment**	**125045**	**288173**	**1005461**	**1156083**	**1373423**	**1160869**
#计算机整机制造	Manufacture of Entired Computer	95462	121762	348736	617265	691155	576155
计算机零部件制造	Manufacture of Computer Components and Parts	29057	159259	620651	506324	202017	213522
计算机外围设备制造	Manufacture of Computer Peripheral Equipment					246299	200020
办公设备制造	Manufacture of Office Equipment	526	7153	36075	32495	38963	64585
医疗仪器设备及仪器仪表制造业	**Manufacture of Medical Equipments and Measuring Instrument**	**33748**	**102036**	**490534**	**591489**	**844233**	**949484**
1.医疗仪器设备及器械制造	Manufacture of Medical Equipment and Appliance	5519	12949	106014	158092	177950	201421
2.仪器仪表制造	Manufacture of Measuring Instrument	28229	89087	384521	433397	666283	748063

2-1-4 大中型国有及国有控股企业分行业R&D及相关活动情况

Statistics on R&D and Related Activities of State-owned and State-controlled Enterprises in Large and Medium-sized Enterprises by Industrial Sector

行业	Industry	R&D人员折合全时当量（人年） Full-time Equivalent of R&D Personnel (man-year)					
		2000	2005	2010	2011	2012	2013
合计	**Total**	**58427**	**91740**	**120200**	**128400**	**145058**	**162636**
医药制造业	**Manufacture of Medicines**	**5875**	**8813**	**17519**	**19552**	**21041**	**23745**
#化学药品制造	Manufacture of Chemical Medicine	4347	6234	12592	13995	13689	15130
中成药生产	Production of Finished Traditional Chinese Herbal Medicine	790	1712	3293	2803	3881	4477
生物药品制造	Manufacture of Biological Medicine	722	668	1396	1730	2089	2892
航空、航天器及设备制造业	**Manufacture of Aircrafts and Spacecrafts and Related Equipment**	**29634**	**29869**	**27300**	**28918**	**36538**	**42660**
#飞机制造	Manufacture of Airplanes	26503	27719	25044	24887	27915	35219
航天器制造	Manufacture of Spacecrafts	3131	2150	2256	4031	4392	3699
电子及通信设备制造业	**Manufacture of Electronic Equipment and Communication Equipment**	**15673**	**42179**	**57291**	**57445**	**66491**	**71242**
#通信设备制造	Manufacture of Communication Equipment	6286	21703	31696	36061	35555	34297
#通信系统设备制造	Manufacture of Communication System Equipment	5025	16931	27508	31003	31098	29395
通信终端设备制造	Manufacture of Communication Terminal Equipment	541	2363	1231	1398	4456	4902
广播电视设备制造	Manufacture of Broadcasting and TV Equipment	358	227	187	255	749	917
雷达及配套设备制造	Manufacture of Radar and Its Fittings	1428	1782	3894	2593	2535	5017
视听设备制造	Manufacture of TV Set and Radio Receiver	1894	7790	10729	4037	8714	12304
电子器件制造	Manufacture of Electronic Appliances	3463	7051	5948	7779	10644	11011
#电子真空器件制造	Manufacture of Electronic Vacuum Appliance	1330	2876	1200	750	710	242
半导体分立器件制造	Manufacture of Semiconductor Discreting Appliances	1670	1095	295	739	415	607
集成电路制造	Manufacture of Integrate Circuit	463	721	1338	1440	1888	2225
电子元件制造	Manufacture of Electronic Components	2019	3288	4037	5613	5701	4839
其他电子设备制造	Manufacture of Other Electronic Equipment	225	339	801	1107	924	933
计算机及办公设备制造业	**Manufacture of Computers and Office Equipment**	**984**	**4721**	**5185**	**10594**	**10079**	**10960**
#计算机整机制造	Manufacture of Entired Computer	898	2380	2569	4349	5262	5611
计算机零部件制造	Manufacture of Computer Components and Parts	81	2202	2616	5402	261	295
计算机外围设备制造	Manufacture of Computer Peripheral Equipment					1163	1112
办公设备制造	Manufacture of Office Equipment	6	140		842	886	1212
医疗仪器设备及仪器仪表制造业	**Manufacture of Medical Equipments and Measuring Instrument**	**6261**	**6158**	**12904**	**11891**	**10907**	**14030**
1.医疗仪器设备及器械制造	Manufacture of Medical Equipment and Appliance	401	321	726	609	834	1067
2.仪器仪表制造	Manufacture of Measuring Instrument	5860	5836	12178	11283	10072	12963

2-1-4　续表 1　continued

行　业	Industry	R&D经费内部支出（万元） Intramural Expenditure on R&D (10000 yuan)					
		2000	2005	2010	2011	2012	2013
合计	**Total**	**384700**	**1475400**	**3160532**	**4352362**	**4982793**	**5425509**
医药制造业	**Manufacture of Medicines**	**42131**	**145225**	**316071**	**365066**	**463965**	**512722**
#化学药品制造	Manufacture of Chemical Medicine	30935	103304	207562	238902	275638	299149
中成药生产	Production of Finished Traditional Chinese Herbal Medicine	6627	32040	52860	57365	88484	113054
生物药品制造	Manufacture of Biological Medicine	4320	6280	49429	48907	72543	71425
航空、航天器及设备制造业	**Manufacture of Aircrafts and Spacecrafts and Related Equipment**	**130627**	**277954**	**912701**	**1417420**	**1563513**	**1628898**
#飞机制造	Manufacture of Airplanes	111945	239141	839015	1238888	1235648	1342703
航天器制造	Manufacture of Spacecrafts	18682	38813	73686	178532	247090	219876
电子及通信设备制造业	**Manufacture of Electronic Equipment and Communication Equipment**	**185141**	**872394**	**1605025**	**2049150**	**2399731**	**2682122**
#通信设备制造	Manufacture of Communication Equipment	103769	411782	936271	1191039	1160964	1096132
#通信系统设备制造	Manufacture of Communication System Equipment	92380	330041	870788	1075755	1064178	1007063
通信终端设备制造	Manufacture of Communication Terminal Equipment	5849	31199	25915	24099	96786	89069
广播电视设备制造	Manufacture of Broadcasting and TV Equipment	1878	1598	3805	3096	9721	18209
雷达及配套设备制造	Manufacture of Radar and Its Fittings	3859	23932	50415	74076	72551	151543
视听设备制造	Manufacture of TV Set and Radio Receiver	36242	303240	324692	276786	453719	568158
电子器件制造	Manufacture of Electronic Appliances	24247	85600	222829	339732	484384	611108
#电子真空器件制造	Manufacture of Electronic Vacuum Appliance	13568	25333	36878	31888	28005	2776
半导体分立器件制造	Manufacture of Semiconductor Discreting Appliances	7753	7541	6804	3087	10207	9824
集成电路制造	Manufacture of Integrate Circuit	2926	10232	31986	79393	75929	128700
电子元件制造	Manufacture of Electronic Components	12962	44262	53605	111548	118860	134244
其他电子设备制造	Manufacture of Other Electronic Equipment	2186	1980	13410	52873	44609	41739
计算机及办公设备制造业	**Manufacture of Computers and Office Equipment**	**9180**	**114519**	**126384**	**281818**	**286282**	**319272**
#计算机整机制造	Manufacture of Entired Computer	7236	91644	78965	165229	189260	198669
计算机零部件制造	Manufacture of Computer Components and Parts	1655	20412	47419	102662	5188	7056
计算机外围设备制造	Manufacture of Computer Peripheral Equipment					30799	42711
办公设备制造	Manufacture of Office Equipment	289	2462		13927	20066	24496
医疗仪器设备及仪器仪表制造业	**Manufacture of Medical Equipments and Measuring Instrument**	**17619**	**65308**	**200351**	**238909**	**269300**	**282496**
1.医疗仪器设备及器械制造	Manufacture of Medical Equipment and Appliance	1790	6070	17828	13999	25227	31107
2.仪器仪表制造	Manufacture of Measuring Instrument	15830	59237	182522	224910	244073	251388

2-1-4 续表 2 continued

行 业	Industry	新产品开发经费支出（万元） Expenditure on New Products Development (10000 yuan)					
		2000	2005	2010	2011	2012	2013
合计	**Total**	**436906**	**1583476**	**3674866**	**4784601**	**5524884**	**5971617**
医药制造业	**Manufacture of Medicines**	**48657**	**149858**	**311031**	**349386**	**482155**	**476746**
#化学药品制造	Manufacture of Chemical Medicine	36158	106835	210309	226384	281101	257925
中成药生产	Production of Finished Traditional Chinese Herbal Medicine	6390	32650	48594	56604	104338	117215
生物药品制造	Manufacture of Biological Medicine	5744	5844	43610	46866	73901	77218
航空、航天器及设备制造业	**Manufacture of Aircrafts and Spacecrafts and Related Equipment**	**108459**	**300918**	**1007823**	**1321431**	**1495345**	**1719959**
#飞机制造	Manufacture of Airplanes	89750	270149	940815	1141476	1164905	1333160
航天器制造	Manufacture of Spacecrafts	18709	30769	67008	179954	245233	317290
电子及通信设备制造业	**Manufacture of Electronic Equipment and Communication Equipment**	**249388**	**948548**	**1940192**	**2549276**	**2884089**	**3126174**
#通信设备制造	Manufacture of Communication Equipment	111117	429979	1130441	1510461	1250239	1265391
#通信系统设备制造	Manufacture of Communication System Equipment	95725	284084	1042834	1305907	1120142	1168143
通信终端设备制造	Manufacture of Communication Terminal Equipment	6996	39851	35277	25146	130097	97248
广播电视设备制造	Manufacture of Broadcasting and TV Equipment	991	3662	6430	9699	19444	20802
雷达及配套设备制造	Manufacture of Radar and Its Fittings	6426	26180	73048	117103	156376	177802
视听设备制造	Manufacture of TV Set and Radio Receiver	83449	329126	343972	292946	535745	633549
电子器件制造	Manufacture of Electronic Appliances	24885	93897	264559	410404	605152	749162
#电子真空器件制造	Manufacture of Electronic Vacuum Appliance	13790	28755	35604	32478	28627	2998
半导体分立器件制造	Manufacture of Semiconductor Discreting Appliances	6876	10776	9138	8612	20935	16191
集成电路制造	Manufacture of Integrate Circuit	4219	10977	32914	94801	102836	196159
电子元件制造	Manufacture of Electronic Components	20389	56681	108044	149807	192636	147259
其他电子设备制造	Manufacture of Other Electronic Equipment	2132	9022	13698	58858	53565	59955
计算机及办公设备制造业	**Manufacture of Computers and Office Equipment**	**11245**	**115916**	**151147**	**290036**	**296915**	**344463**
#计算机整机制造	Manufacture of Entired Computer	9359	87774	95355	162300	187536	209818
计算机零部件制造	Manufacture of Computer Components and Parts	1593	25251	55277	113809	5188	7056
计算机外围设备制造	Manufacture of Computer Peripheral Equipment					43978	53908
办公设备制造	Manufacture of Office Equipment	293	2891	514	13927	21600	27557
医疗仪器设备及仪器仪表制造业	**Manufacture of Medical Equipments and Measuring Instrument**	**19157**	**68236**	**264674**	**274473**	**366380**	**304275**
1.医疗仪器设备及器械制造	Manufacture of Medical Equipment and Appliance	1973	5869	24355	20805	28125	34147
2.仪器仪表制造	Manufacture of Measuring Instrument	17183	62367	240319	253667	338254	270128

2-1-4 续表 3 continued

行 业	Industry	新产品销售收入（万元） Sales Revenue of New Products (10000 yuan)					
		2000	2005	2010	2011	2012	2013
合计	**Total**	**5884034**	**20608590**	**31769634**	**39123877**	**45558591**	**49393828**
医药制造业	**Manufacture of Medicines**	**660791**	**1495400**	**3611522**	**4439014**	**4932986**	**5069973**
#化学药品制造	Manufacture of Chemical Medicine	598623	1016304	2309047	2647283	2698089	2881728
中成药生产	Production of Finished Traditional Chinese Herbal Medicine	49137	378861	794064	962774	1337351	1315105
生物药品制造	Manufacture of Biological Medicine	12316	48681	364281	363863	422939	325980
航空、航天器及设备制造业	**Manufacture of Aircrafts and Spacecrafts and Related Equipment**	**799533**	**3371379**	**4692000**	**4532694**	**5034055**	**6001133**
#飞机制造	Manufacture of Airplanes	682261	3333522	4471396	4199646	4520250	5437547
航天器制造	Manufacture of Spacecrafts	117272	37857	220604	333048	334240	434640
电子及通信设备制造业	**Manufacture of Electronic Equipment and Communication Equipment**	**4063063**	**13374188**	**19115563**	**24163534**	**29256447**	**32237543**
#通信设备制造	Manufacture of Communication Equipment	1252911	4897255	10536407	13685081	11291446	10830338
#通信系统设备制造	Manufacture of Communication System Equipment	861797	3324418	8926404	11856548	9960026	9733986
通信终端设备制造	Manufacture of Communication Terminal Equipment	279880	292399	365351	482562	1331419	1096352
广播电视设备制造	Manufacture of Broadcasting and TV Equipment	3789	16144	42814	83332	188406	219924
雷达及配套设备制造	Manufacture of Radar and Its Fittings	39160	245404	386929	687940	1299466	1059598
视听设备制造	Manufacture of TV Set and Radio Receiver	2179853	6231810	5066475	5552084	9643661	11501981
电子器件制造	Manufacture of Electronic Appliances	292590	1397602	2187747	2486405	4461018	6425147
#电子真空器件制造	Manufacture of Electronic Vacuum Appliance	213187	591650	199228	100977	23876	11760
半导体分立器件制造	Manufacture of Semiconductor Discreting Appliances	21285	80094	113423	192027	165246	102587
集成电路制造	Manufacture of Integrate Circuit	58118	64397	91508	251159	631317	757167
电子元件制造	Manufacture of Electronic Components	288863	515825	764327	1462384	1354618	966407
其他电子设备制造	Manufacture of Other Electronic Equipment	5897	70148	130865	206307	215927	238298
计算机及办公设备制造业	**Manufacture of Computers and Office Equipment**	**176921**	**1729158**	**2310484**	**3867371**	**3759396**	**4077140**
#计算机整机制造	Manufacture of Entired Computer	158285	1405272	1843005	2793243	2995645	3191113
计算机零部件制造	Manufacture of Computer Components and Parts	5807	268740	452438	915783	37112	121637
计算机外围设备制造	Manufacture of Computer Peripheral Equipment					265192	316630
办公设备制造	Manufacture of Office Equipment	12829	55147	15041	158346	168445	191761
医疗仪器设备及仪器仪表制造业	**Manufacture of Medical Equipments and Measuring Instrument**	**183726**	**638465**	**2040066**	**2121265**	**2575706**	**2008039**
1.医疗仪器设备及器械制造	Manufacture of Medical Equipment and Appliance	42674	77978	135263	128349	151793	77349
2.仪器仪表制造	Manufacture of Measuring Instrument	141052	560487	1904803	1992915	2423913	1930690

2-1-4 续表 4 continued

行 业	Industry	专利申请数（件） Patent Applications (piece)					
		2000	2005	2010	2011	2012	2013
合计	**Total**	**734**	**5474**	**18596**	**22683**	**27459**	**24997**
医药制造业	**Manufacture of Medicines**	**128**	**859**	**1383**	**1232**	**1467**	**1479**
#化学药品制造	Manufacture of Chemical Medicine	68	467	896	679	696	686
中成药生产	Production of Finished Traditional Chinese Herbal Medicine	52	336	403	415	501	568
生物药品制造	Manufacture of Biological Medicine	8	45	56	72	189	166
航空、航天器及设备制造业	**Manufacture of Aircrafts and Spacecrafts and Related Equipment**	**79**	**305**	**2137**	**2271**	**3205**	**3636**
#飞机制造	Manufacture of Airplanes	74	291	1982	2011	2460	2727
航天器制造	Manufacture of Spacecrafts	5	14	155	260	418	584
电子及通信设备制造业	**Manufacture of Electronic Equipment and Communication Equipment**	**462**	**3794**	**12842**	**15802**	**19048**	**15489**
#通信设备制造	Manufacture of Communication Equipment	251	2143	7826	9954	6636	4329
#通信系统设备制造	Manufacture of Communication System Equipment	242	1681	7343	8888	5747	3614
通信终端设备制造	Manufacture of Communication Terminal Equipment	2	43	170	167	889	715
广播电视设备制造	Manufacture of Broadcasting and TV Equipment	4	1	30	84	100	215
雷达及配套设备制造	Manufacture of Radar and Its Fittings	8	2	255	305	328	611
视听设备制造	Manufacture of TV Set and Radio Receiver	141	1200	2319	1703	2808	2727
电子器件制造	Manufacture of Electronic Appliances	23	227	1438	2657	7184	5993
#电子真空器件制造	Manufacture of Electronic Vacuum Appliance	14	102	225	867	2561	65
半导体分立器件制造	Manufacture of Semiconductor Discreting Appliances	2	3	72	48	134	37
集成电路制造	Manufacture of Integrate Circuit	7	38	97	226	372	1146
电子元件制造	Manufacture of Electronic Components	33	212	946	828	1078	753
其他电子设备制造	Manufacture of Other Electronic Equipment	2	9	28	271	321	444
计算机及办公设备制造业	**Manufacture of Computers and Office Equipment**	**2**	**233**	**949**	**1646**	**1950**	**2123**
#计算机整机制造	Manufacture of Entired Computer	2	168	588	920	1012	1093
计算机零部件制造	Manufacture of Computer Components and Parts		58	356	651	23	28
计算机外围设备制造	Manufacture of Computer Peripheral Equipment					392	372
办公设备制造	Manufacture of Office Equipment		7	5	75	185	383
医疗仪器设备及仪器仪表制造业	**Manufacture of Medical Equipments and Measuring Instrument**	**63**	**283**	**1285**	**1732**	**1789**	**2270**
1.医疗仪器设备及器械制造	Manufacture of Medical Equipment and Appliance	23	30	108	213	252	264
2.仪器仪表制造	Manufacture of Measuring Instrument	40	253	1177	1519	1537	2006

2-1-4 续表 5 continued

行 业	Industry	有效发明专利数（件） Number of Patents In Force (piece)					
		2000	2005	2010	2011	2012	2013
合计	**Total**	**616**	**1650**	**10969**	**16421**	**24748**	**30781**
医药制造业	**Manufacture of Medicines**	**129**	**370**	**1291**	**1413**	**2189**	**2923**
#化学药品制造	Manufacture of Chemical Medicine	101	206	559	619	1067	1311
中成药生产	Production of Finished Traditional Chinese Herbal Medicine	16	148	573	603	827	1235
生物药品制造	Manufacture of Biological Medicine	12	16	137	155	199	319
航空、航天器及设备制造业	**Manufacture of Aircrafts and Spacecrafts and Related Equipment**	**139**	**188**	**686**	**1190**	**1707**	**2676**
#飞机制造	Manufacture of Airplanes	102	181	571	1004	1419	2046
航天器制造	Manufacture of Spacecrafts	37	7	115	186	160	483
电子及通信设备制造业	**Manufacture of Electronic Equipment and Communication Equipment**	**318**	**844**	**8073**	**11956**	**18236**	**22122**
#通信设备制造	Manufacture of Communication Equipment	249	527	6372	9076	11907	14455
#通信系统设备制造	Manufacture of Communication System Equipment	242	388	6268	8260	11119	13948
通信终端设备制造	Manufacture of Communication Terminal Equipment	2	20	13	92	788	507
广播电视设备制造	Manufacture of Broadcasting and TV Equipment	2		14	102	19	189
雷达及配套设备制造	Manufacture of Radar and Its Fittings	4	5	46	40	147	900
视听设备制造	Manufacture of TV Set and Radio Receiver	40	75	403	401	1410	2077
电子器件制造	Manufacture of Electronic Appliances	3	142	851	1511	2914	3111
#电子真空器件制造	Manufacture of Electronic Vacuum Appliance		89	43	132	133	39
半导体分立器件制造	Manufacture of Semiconductor Discreting Appliances	3	2	39	67	34	27
集成电路制造	Manufacture of Integrate Circuit		15	114	183	474	819
电子元件制造	Manufacture of Electronic Components	17	95	378	481	774	668
其他电子设备制造	Manufacture of Other Electronic Equipment	3		9	345	607	529
计算机及办公设备制造业	**Manufacture of Computers and Office Equipment**	**4**	**146**	**176**	**786**	**994**	**1192**
#计算机整机制造	Manufacture of Entired Computer		127	127	236	243	286
计算机零部件制造	Manufacture of Computer Components and Parts	4	19	46	498	3	5
计算机外围设备制造	Manufacture of Computer Peripheral Equipment					144	257
办公设备制造	Manufacture of Office Equipment			3	52	175	103
医疗仪器设备及仪器仪表制造业	**Manufacture of Medical Equipments and Measuring Instrument**	**26**	**102**	**743**	**1076**	**1622**	**1868**
1.医疗仪器设备及器械制造	Manufacture of Medical Equipment and Appliance	1	5	134	178	346	252
2.仪器仪表制造	Manufacture of Measuring Instrument	25	97	609	898	1276	1616

2-1-4 续表 6 continued

行 业	Industry	技术改造经费支出（万元） Expenditure for Technical Renovation (10000 yuan)					
		2000	2005	2010	2011	2012	2013
合计	**Total**	**511340**	**892924**	**1077632**	**785873**	**1110469**	**1539532**
医药制造业	**Manufacture of Medicines**	**110643**	**151727**	**121545**	**175950**	**292439**	**217482**
#化学药品制造	Manufacture of Chemical Medicine	104095	121544	103092	153789	209390	167126
中成药生产	Production of Finished Traditional Chinese Herbal Medicine	4988	28015	16610	10304	19560	34509
生物药品制造	Manufacture of Biological Medicine	1483	1850	1750	1710	51405	3276
航空、航天器及设备制造业	**Manufacture of Aircrafts and Spacecrafts and Related Equipment**	**153555**	**368895**	**385005**	**324774**	**453207**	**435613**
#飞机制造	Manufacture of Airplanes	127092	353417	350710	281964	419609	389456
航天器制造	Manufacture of Spacecrafts	26464	15478	34295	42810	22030	33914
电子及通信设备制造业	**Manufacture of Electronic Equipment and Communication Equipment**	**214112**	**298441**	**458601**	**195031**	**271100**	**805020**
#通信设备制造	Manufacture of Communication Equipment	30530	55435	30912	68858	64129	27478
#通信系统设备制造	Manufacture of Communication System Equipment	27856	32306	8090	45096	52378	9632
通信终端设备制造	Manufacture of Communication Terminal Equipment	770	11527	11422	13241	11751	17846
广播电视设备制造	Manufacture of Broadcasting and TV Equipment	3372	384	1847		11580	
雷达及配套设备制造	Manufacture of Radar and Its Fittings	4772	17400	6544	24633	22028	40127
视听设备制造	Manufacture of TV Set and Radio Receiver	44731	61929	201299	9751	14904	40572
电子器件制造	Manufacture of Electronic Appliances	56573	68123	181668	57541	108260	671363
#电子真空器件制造	Manufacture of Electronic Vacuum Appliance	27870	34838	6027	5369	6693	172
半导体分立器件制造	Manufacture of Semiconductor Discreting Appliances	7504	6923	12046	6847	9107	1527
集成电路制造	Manufacture of Integrate Circuit	21198	13478	19775	1399	2201	6058
电子元件制造	Manufacture of Electronic Components	73930	94233	34349	31739	30066	20352
其他电子设备制造	Manufacture of Other Electronic Equipment	204	938	1983	2510	4461	3289
计算机及办公设备制造业	**Manufacture of Computers and Office Equipment**	**6596**	**12233**	**24772**	**35281**	**48915**	**43531**
#计算机整机制造	Manufacture of Entired Computer	6489	6904	19600	30362	40034	36941
计算机零部件制造	Manufacture of Computer Components and Parts	55	3755	4814	4919	55	430
计算机外围设备制造	Manufacture of Computer Peripheral Equipment					8825	3060
办公设备制造	Manufacture of Office Equipment	52	1573	359			
医疗仪器设备及仪器仪表制造业	**Manufacture of Medical Equipments and Measuring Instrument**	**26433**	**61629**	**87709**	**54837**	**44806**	**37886**
1.医疗仪器设备及器械制造	Manufacture of Medical Equipment and Appliance	2480	5104	8300	6000	6141	7053
2.仪器仪表制造	Manufacture of Measuring Instrument	23953	56525	79409	48837	38665	30833

2-1-4 续表 7 continued

行　业	Industry	引进技术经费支出（万元） Expenditure for Acquisition of Foreign Technology (10000 yuan)					
		2000	2005	2010	2011	2012	2013
合计	**Total**	**125120**	**150492**	**109735**	**93845**	**214172**	**64909**
医药制造业	**Manufacture of Medicines**	**16437**	**12056**	**9385**	**14013**	**16998**	**14161**
#化学药品制造	Manufacture of Chemical Medicine	14811	11320	6962	7413	9809	8166
中成药生产	Production of Finished Traditional Chinese Herbal Medicine	1220	584	56	48	123	206
生物药品制造	Manufacture of Biological Medicine	406	151	2367	1954	2327	199
航空、航天器及设备制造业	**Manufacture of Aircrafts and Spacecrafts and Related Equipment**	**29743**	**30369**	**60573**	**15133**	**6368**	**12585**
#飞机制造	Manufacture of Airplanes	19920	28933	60573	15133	6368	5241
航天器制造	Manufacture of Spacecrafts	9823	1436				
电子及通信设备制造业	**Manufacture of Electronic Equipment and Communication Equipment**	**69882**	**96517**	**24845**	**55814**	**179934**	**36700**
#通信设备制造	Manufacture of Communication Equipment	4075	27368	5483	12222	528	1136
#通信系统设备制造	Manufacture of Communication System Equipment	2128	3528	5197	11154		216
通信终端设备制造	Manufacture of Communication Terminal Equipment	147	2510		410	528	920
广播电视设备制造	Manufacture of Broadcasting and TV Equipment	152			1633		1467
雷达及配套设备制造	Manufacture of Radar and Its Fittings	304				689	2887
视听设备制造	Manufacture of TV Set and Radio Receiver	8113	10194	3654	10602	142490	8136
电子器件制造	Manufacture of Electronic Appliances	26465	18799	12336	30418	30580	16439
#电子真空器件制造	Manufacture of Electronic Vacuum Appliance	10084	5051	7296	28776	7825	
半导体分立器件制造	Manufacture of Semiconductor Discreting Appliances	4996	39				
集成电路制造	Manufacture of Integrate Circuit	11385	162		742	811	15589
电子元件制造	Manufacture of Electronic Components	30508	40152	3372	940	3022	2639
其他电子设备制造	Manufacture of Other Electronic Equipment	265	5			2302	1792
计算机及办公设备制造业	**Manufacture of Computers and Office Equipment**	**1821**	**9867**	**3847**	**3895**	**409**	**1228**
#计算机整机制造	Manufacture of Entired Computer	1821	9297	3753	3825		1198
计算机零部件制造	Manufacture of Computer Components and Parts		570	94	70		
计算机外围设备制造	Manufacture of Computer Peripheral Equipment					409	30
办公设备制造	Manufacture of Office Equipment						
医疗仪器设备及仪器仪表制造业	**Manufacture of Medical Equipments and Measuring Instrument**	**7237**	**1683**	**11086**	**4990**	**10461**	**235**
1.医疗仪器设备及器械制造	Manufacture of Medical Equipment and Appliance	234				180	61
2.仪器仪表制造	Manufacture of Measuring Instrument	7003	1683	11086	4990	10281	174

2-1-4 续表 8 continued

行 业	Industry	消化吸收经费支出（万元） Expenditure for Assimilation of Technology (10000 yuan)					
		2000	2005	2010	2011	2012	2013
合计	**Total**	**15787**	**31659**	**59689**	**29041**	**22693**	**36189**
医药制造业	**Manufacture of Medicines**	**8848**	**10721**	**12285**	**13852**	**12422**	**12655**
#化学药品制造	Manufacture of Chemical Medicine	8609	10292	11890	12267	10299	10538
中成药生产	Production of Finished Traditional Chinese Herbal Medicine	45	377	379	319	490	629
生物药品制造	Manufacture of Biological Medicine	194	52		192	538	229
航空、航天器及设备制造业	**Manufacture of Aircrafts and Spacecrafts and Related Equipment**	**1943**	**1438**	**26269**	**3706**	**3146**	**321**
#飞机制造	Manufacture of Airplanes	1943	1438	22612	3706	3146	321
航天器制造	Manufacture of Spacecrafts			3657			
电子及通信设备制造业	**Manufacture of Electronic Equipment and Communication Equipment**	**4150**	**17916**	**8035**	**4927**	**4855**	**21258**
#通信设备制造	Manufacture of Communication Equipment	577	1323	955	875	525	447
#通信系统设备制造	Manufacture of Communication System Equipment	488	466			200	149
通信终端设备制造	Manufacture of Communication Terminal Equipment	1		372	343	325	298
广播电视设备制造	Manufacture of Broadcasting and TV Equipment		226				272
雷达及配套设备制造	Manufacture of Radar and Its Fittings					210	
视听设备制造	Manufacture of TV Set and Radio Receiver	36	2280	3054	2717	3684	3260
电子器件制造	Manufacture of Electronic Appliances	2265	11553	4011	364	277	16910
#电子真空器件制造	Manufacture of Electronic Vacuum Appliance	2215	176	14	212		
半导体分立器件制造	Manufacture of Semiconductor Discreting Appliances	20		8			
集成电路制造	Manufacture of Integrate Circuit	30	83				1051
电子元件制造	Manufacture of Electronic Components	1231	2523	15	971	26	228
其他电子设备制造	Manufacture of Other Electronic Equipment	41	11				
计算机及办公设备制造业	**Manufacture of Computers and Office Equipment**	**513**	**943**	**4579**	**5925**	**488**	**430**
#计算机整机制造	Manufacture of Entired Computer	513	405	4560	5876	326	430
计算机零部件制造	Manufacture of Computer Components and Parts		539	19	49		
计算机外围设备制造	Manufacture of Computer Peripheral Equipment					162	
办公设备制造	Manufacture of Office Equipment						
医疗仪器设备及仪器仪表制造业	**Manufacture of Medical Equipments and Measuring Instrument**	**334**	**641**	**8522**	**630**	**1780**	**1525**
1.医疗仪器设备及器械制造	Manufacture of Medical Equipment and Appliance	20		13		21	
2.仪器仪表制造	Manufacture of Measuring Instrument	314	641	8509	630	1759	1525

2-1-4 续表 9 continued

行业	Industry	购买国内技术经费支出（万元） Expenditure on Purchase of Domestic Technology (10000 yuan)					
		2000	2005	2010	2011	2012	2013
合计	**Total**	**14799**	**41679**	**42381**	**43663**	**63406**	**56998**
医药制造业	**Manufacture of Medicines**	**9273**	**20216**	**10114**	**13243**	**24366**	**23689**
#化学药品制造	Manufacture of Chemical Medicine	7374	17437	7371	8547	20178	19857
中成药生产	Production of Finished Traditional Chinese Herbal Medicine	1390	2154	2322	961	2191	2590
生物药品制造	Manufacture of Biological Medicine	510	423	400	3329	1413	954
航空、航天器及设备制造业	**Manufacture of Aircrafts and Spacecrafts and Related Equipment**	**4437**	**10751**	**15691**	**8968**	**8930**	**8448**
#飞机制造	Manufacture of Airplanes	2421	10751	15691	8968	8776	7895
航天器制造	Manufacture of Spacecrafts	2016					
电子及通信设备制造业	**Manufacture of Electronic Equipment and Communication Equipment**	**683**	**8166**	**8728**	**13287**	**21251**	**19540**
#通信设备制造	Manufacture of Communication Equipment	238	5537	4060	7120	1210	1666
#通信系统设备制造	Manufacture of Communication System Equipment	120	1020	3135	6192	865	893
通信终端设备制造	Manufacture of Communication Terminal Equipment	53	192		128	345	774
广播电视设备制造	Manufacture of Broadcasting and TV Equipment	10			181		383
雷达及配套设备制造	Manufacture of Radar and Its Fittings	2	333	2421	2213	2391	5314
视听设备制造	Manufacture of TV Set and Radio Receiver	5	374	1614	2277	5213	46
电子器件制造	Manufacture of Electronic Appliances	98	943	553	1291	7454	5284
#电子真空器件制造	Manufacture of Electronic Vacuum Appliance	40	160	382			
半导体分立器件制造	Manufacture of Semiconductor Discreting Appliances	55	88	8	200	418	309
集成电路制造	Manufacture of Integrate Circuit	3	44				
电子元件制造	Manufacture of Electronic Components	299	957	80	205	4845	6478
其他电子设备制造	Manufacture of Other Electronic Equipment	31	21				260
计算机及办公设备制造业	**Manufacture of Computers and Office Equipment**	**106**	**156**	**786**	**3170**	**8101**	**20**
#计算机整机制造	Manufacture of Entired Computer	106		757			
计算机零部件制造	Manufacture of Computer Components and Parts		50	29	3170		
计算机外围设备制造	Manufacture of Computer Peripheral Equipment					8101	20
办公设备制造	Manufacture of Office Equipment		106				
医疗仪器设备及仪器仪表制造业	**Manufacture of Medical Equipments and Measuring Instrument**	**300**	**2390**	**7062**	**4995**	**756**	**5301**
1.医疗仪器设备及器械制造	Manufacture of Medical Equipment and Appliance	89			320	530	585
2.仪器仪表制造	Manufacture of Measuring Instrument	212	2390	7062	4675	226	4716

2-1-4 续表 10 continued

行 业	Industry	研发机构数（个） Number of R&D Institutions in Enterprises (unit)					
		2000	2005	2010	2011	2012	2013
合计	**Total**	**744**	**712**	**722**	**633**	**786**	**746**
医药制造业	**Manufacture of Medicines**	**209**	**216**	**200**	**193**	**221**	**225**
#化学药品制造	Manufacture of Chemical Medicine	140	130	117	117	113	110
中成药生产	Production of Finished Traditional Chinese Herbal Medicine	48	63	66	56	71	84
生物药品制造	Manufacture of Biological Medicine	17	15	12	11	27	22
航空、航天器及设备制造业	**Manufacture of Aircrafts and Spacecrafts and Related Equipment**	**160**	**101**	**116**	**77**	**103**	**93**
#飞机制造	Manufacture of Airplanes	127	96	104	70	70	63
航天器制造	Manufacture of Spacecrafts	33	5	12	7	10	9
电子及通信设备制造业	**Manufacture of Electronic Equipment and Communication Equipment**	**253**	**279**	**254**	**237**	**301**	**289**
#通信设备制造	Manufacture of Communication Equipment	91	75	78	79	73	69
#通信系统设备制造	Manufacture of Communication System Equipment	53	43	52	46	50	44
通信终端设备制造	Manufacture of Communication Terminal Equipment	11	14	6	12	23	25
广播电视设备制造	Manufacture of Broadcasting and TV Equipment	6	7	3	2	6	6
雷达及配套设备制造	Manufacture of Radar and Its Fittings	17	20	14	10	22	17
视听设备制造	Manufacture of TV Set and Radio Receiver	42	41	28	21	26	32
电子器件制造	Manufacture of Electronic Appliances	25	65	61	46	71	75
#电子真空器件制造	Manufacture of Electronic Vacuum Appliance	10	30	17	6	4	1
半导体分立器件制造	Manufacture of Semiconductor Discreting Appliances	10	11	11	5	10	8
集成电路制造	Manufacture of Integrate Circuit	5	5	6	9	11	17
电子元件制造	Manufacture of Electronic Components	66	65	65	70	72	59
其他电子设备制造	Manufacture of Other Electronic Equipment	6	6	5	9	11	15
计算机及办公设备制造业	**Manufacture of Computers and Office Equipment**	**28**	**29**	**23**	**32**	**47**	**40**
#计算机整机制造	Manufacture of Entired Computer	23	19	10	12	12	15
计算机零部件制造	Manufacture of Computer Components and Parts	3	9	12	19	2	2
计算机外围设备制造	Manufacture of Computer Peripheral Equipment					19	11
办公设备制造	Manufacture of Office Equipment	2	1	1	1	4	6
医疗仪器设备及仪器仪表制造业	**Manufacture of Medical Equipments and Measuring Instrument**	**94**	**87**	**129**	**94**	**114**	**99**
1.医疗仪器设备及器械制造	Manufacture of Medical Equipment and Appliance	10	3	8	8	8	5
2.仪器仪表制造	Manufacture of Measuring Instrument	84	84	121	86	106	94

2-1-4 续表 11 continued

行 业	Industry	机构人员（人） Personnel in the R&D Institutions (person)					
		2000	2005	2010	2011	2012	2013
合计	**Total**	**48076**	**77435**	**115667**	**111552**	**139355**	**110728**
医药制造业	**Manufacture of Medicines**	**6359**	**8261**	**12774**	**13853**	**15835**	**15574**
#化学药品制造	Manufacture of Chemical Medicine	4779	5476	8254	8190	9096	8708
中成药生产	Production of Finished Traditional Chinese Herbal Medicine	996	1989	3061	3203	3949	4011
生物药品制造	Manufacture of Biological Medicine	544	522	1169	1459	1682	1780
航空、航天器及设备制造业	**Manufacture of Aircrafts and Spacecrafts and Related Equipment**	**14838**	**14463**	**22472**	**21640**	**28446**	**28501**
#飞机制造	Manufacture of Airplanes	12102	14359	21418	20725	23628	23813
航天器制造	Manufacture of Spacecrafts	2736	104	1054	915	1992	2028
电子及通信设备制造业	**Manufacture of Electronic Equipment and Communication Equipment**	**20272**	**43682**	**63648**	**54955**	**71416**	**43602**
#通信设备制造	Manufacture of Communication Equipment	9305	23434	34948	35296	32036	13081
#通信系统设备制造	Manufacture of Communication System Equipment	6952	18069	30413	30875	29520	10005
通信终端设备制造	Manufacture of Communication Terminal Equipment	700	2270	1722	1237	2516	3076
广播电视设备制造	Manufacture of Broadcasting and TV Equipment	371	365	458	396	1198	1248
雷达及配套设备制造	Manufacture of Radar and Its Fittings	1187	1836	3985	3372	4981	5112
视听设备制造	Manufacture of TV Set and Radio Receiver	2611	8202	11101	3348	12799	4105
电子器件制造	Manufacture of Electronic Appliances	2386	4423	6229	5393	9206	11241
#电子真空器件制造	Manufacture of Electronic Vacuum Appliance	1172	1797	1370	1229	668	86
半导体分立器件制造	Manufacture of Semiconductor Discreting Appliances	566	941	941	766	942	805
集成电路制造	Manufacture of Integrate Circuit	648	247	430	508	1407	1475
电子元件制造	Manufacture of Electronic Components	4255	4398	6033	5840	7321	4625
其他电子设备制造	Manufacture of Other Electronic Equipment	157	1024	894	1310	1603	1720
计算机及办公设备制造业	**Manufacture of Computers and Office Equipment**	**1776**	**5408**	**5432**	**10997**	**10551**	**11788**
#计算机整机制造	Manufacture of Entired Computer	1616	2629	2392	4448	4702	5154
计算机零部件制造	Manufacture of Computer Components and Parts	109	2675	3027	5834	270	275
计算机外围设备制造	Manufacture of Computer Peripheral Equipment					1779	1850
办公设备制造	Manufacture of Office Equipment	51	104	13	715	972	1404
医疗仪器设备及仪器仪表制造业	**Manufacture of Medical Equipments and Measuring Instrument**	**4831**	**5621**	**11341**	**10107**	**13107**	**11263**
1.医疗仪器设备及器械制造	Manufacture of Medical Equipment and Appliance	652	555	876	815	1019	1127
2.仪器仪表制造	Manufacture of Measuring Instrument	4179	5066	10465	9292	12088	10136

2-1-4 续表 12 continued

行 业	Industry	机构经费支出（万元） Expenditure in the R&D Institutions (10000 yuan)					
		2000	2005	2010	2011	2012	2013
合计	**Total**	**325230**	**1241169**	**2499301**	**2635886**	**3308633**	**2695986**
医药制造业	**Manufacture of Medicines**	**41990**	**125836**	**253590**	**268308**	**365298**	**373424**
#化学药品制造	Manufacture of Chemical Medicine	29328	85074	168351	146399	190726	193413
中成药生产	Production of Finished Traditional Chinese Herbal Medicine	7428	31355	55700	68232	102246	111524
生物药品制造	Manufacture of Biological Medicine	3627	4935	22796	34026	50385	45182
航空、航天器及设备制造业	**Manufacture of Aircrafts and Spacecrafts and Related Equipment**	**83240**	**130150**	**372970**	**371120**	**428187**	**487409**
#飞机制造	Manufacture of Airplanes	76663	129623	347368	338504	326273	392747
航天器制造	Manufacture of Spacecrafts	6577	527	25602	32616	49651	42257
电子及通信设备制造业	**Manufacture of Electronic Equipment and Communication Equipment**	**172235**	**822647**	**1610960**	**1619374**	**2062722**	**1361186**
#通信设备制造	Manufacture of Communication Equipment	79568	405311	978592	1121835	955171	264965
#通信系统设备制造	Manufacture of Communication System Equipment	65211	287001	907699	1046816	911715	214524
通信终端设备制造	Manufacture of Communication Terminal Equipment	6567	37704	25873	19525	43455	50441
广播电视设备制造	Manufacture of Broadcasting and TV Equipment	1196	4193	4440	6659	20780	20053
雷达及配套设备制造	Manufacture of Radar and Its Fittings	4671	16147	62535	69582	124520	142890
视听设备制造	Manufacture of TV Set and Radio Receiver	52182	299670	325330	201410	410141	304910
电子器件制造	Manufacture of Electronic Appliances	12075	51263	183589	121460	345527	452083
#电子真空器件制造	Manufacture of Electronic Vacuum Appliance	3076	23579	41888	25892	24152	1265
半导体分立器件制造	Manufacture of Semiconductor Discreting Appliances	2955	6643	7029	3936	8262	6391
集成电路制造	Manufacture of Integrate Circuit	6043	6001	5235	9185	30917	46802
电子元件制造	Manufacture of Electronic Components	21368	38662	45207	71725	112320	84626
其他电子设备制造	Manufacture of Other Electronic Equipment	1176	7401	11268	26704	42959	32298
计算机及办公设备制造业	**Manufacture of Computers and Office Equipment**	**10528**	**124130**	**141175**	**237752**	**237306**	**285692**
#计算机整机制造	Manufacture of Entired Computer	8891	103799	95058	139861	150394	182956
计算机零部件制造	Manufacture of Computer Components and Parts	1348	18807	45877	86536	3401	3320
计算机外围设备制造	Manufacture of Computer Peripheral Equipment					22074	29874
办公设备制造	Manufacture of Office Equipment	289	1525	240	11356	21199	23694
医疗仪器设备及仪器仪表制造业	**Manufacture of Medical Equipments and Measuring Instrument**	**17238**	**38407**	**120605**	**139332**	**215118**	**188275**
1.医疗仪器设备及器械制造	Manufacture of Medical Equipment and Appliance	2726	4250	13501	11293	15297	17888
2.仪器仪表制造	Manufacture of Measuring Instrument	14512	34157	107104	128039	199821	170387

2-1-5 大中型内资企业分行业R&D及相关活动情况

Statistics on R&D and Related Activities of Domestic Funded Enterprises in Large and Medium-sized Enterprises by Industrial Sector

行业	Industry	R&D人员折合全时当量（人年） Full-time Equivalent of R&D Personnel (man-year)					
		2000	2005	2010	2011	2012	2013
合计	**Total**	**78771**	**121421**	**228884**	**268918**	**331204**	**361065**
医药制造业	**Manufacture of Medicines**	**10677**	**16539**	**39477**	**48988**	**60519**	**69892**
#化学药品制造	Manufacture of Chemical Medicine	6855	10352	26682	30159	34869	38000
中成药生产	Production of Finished Traditional Chinese Herbal Medicine	2376	4354	8669	11526	15314	18756
生物药品制造	Manufacture of Biological Medicine	1222	1413	2741	3655	5275	6727
航空、航天器及设备制造业	**Manufacture of Aircrafts and Spacecrafts and Related Equipment**	**29951**	**29837**	**28047**	**28057**	**36696**	**42836**
#飞机制造	Manufacture of Airplanes	26820	27688	25708	23984	28604	35867
航天器制造	Manufacture of Spacecrafts	3131	2150	2339	4073	4392	3699
电子及通信设备制造业	**Manufacture of Electronic Equipment and Communication Equipment**	**28317**	**60818**	**126318**	**148220**	**185895**	**192031**
#通信设备制造	Manufacture of Communication Equipment	14889	37702	78096	93719	101384	95523
#通信系统设备制造	Manufacture of Communication System Equipment	13291	33246	70457	84053	93619	85744
通信终端设备制造	Manufacture of Communication Terminal Equipment	690	2922	1945	2308	7764	9779
广播电视设备制造	Manufacture of Broadcasting and TV Equipment	448	1463	1287	3004	6096	7251
雷达及配套设备制造	Manufacture of Radar and Its Fittings	1794	1810	4425	2809	3129	5419
视听设备制造	Manufacture of TV Set and Radio Receiver	2540	6955	12586	6809	12719	17993
电子器件制造	Manufacture of Electronic Appliances	4270	7331	13143	19769	26542	25693
#电子真空器件制造	Manufacture of Electronic Vacuum Appliance	1676	1388	1678	1738	2299	520
半导体分立器件制造	Manufacture of Semiconductor Discreting Appliances	1778	1448	1447	2858	2434	2053
集成电路制造	Manufacture of Integrate Circuit	816	1054	3769	5466	5953	6725
电子元件制造	Manufacture of Electronic Components	3576	4726	13718	17235	19918	23698
其他电子设备制造	Manufacture of Other Electronic Equipment	798	833	3063	4874	6283	5071
计算机及办公设备制造业	**Manufacture of Computers and Office Equipment**	**2509**	**5288**	**9233**	**13978**	**15086**	**15678**
#计算机整机制造	Manufacture of Entired Computer	2111	2684	3928	5268	6034	6537
计算机零部件制造	Manufacture of Computer Components and Parts	392	2394	4545	6885	2400	2462
计算机外围设备制造	Manufacture of Computer Peripheral Equipment					2804	2474
办公设备制造	Manufacture of Office Equipment	6	211	759	1825	1853	2266
医疗仪器设备及仪器仪表制造业	**Manufacture of Medical Equipments and Measuring Instrument**	**7317**	**8939**	**25809**	**29676**	**33007**	**40628**
1.医疗仪器设备及器械制造	Manufacture of Medical Equipment and Appliance	655	796	5375	4421	5759	7088
2.仪器仪表制造	Manufacture of Measuring Instrument	6662	8143	20434	25255	27247	33540

2-1-5 续表 1 continued

行 业	Industry	R&D经费内部支出（万元） Intramural Expenditure on R&D (10000 yuan)					
		2000	2005	2010	2011	2012	2013
合计	**Total**	**790317**	**2099137**	**6009981**	**7888445**	**9667304**	**11548301**
医药制造业	**Manufacture of Medicines**	**105252**	**306401**	**830477**	**1070889**	**1510316**	**1865599**
#化学药品制造	Manufacture of Chemical Medicine	64927	203950	519775	655266	878023	1029722
中成药生产	Production of Finished Traditional Chinese Herbal Medicine	24645	76775	176042	213977	310699	425519
生物药品制造	Manufacture of Biological Medicine	14090	19148	81048	103361	171317	233892
航空、航天器及设备制造业	**Manufacture of Aircrafts and Spacecrafts and Related Equipment**	**132595**	**275677**	**923108**	**1422192**	**1572723**	**1631902**
#飞机制造	Manufacture of Airplanes	113913	236864	848012	1242175	1254093	1357121
航天器制造	Manufacture of Spacecrafts	18682	38813	75096	180017	247090	219876
电子及通信设备制造业	**Manufacture of Electronic Equipment and Communication Equipment**	**470519**	**1274838**	**3494583**	**4474812**	**5457777**	**6740840**
#通信设备制造	Manufacture of Communication Equipment	291761	793048	2423173	2993980	3293780	3940224
#通信系统设备制造	Manufacture of Communication System Equipment	277127	733409	2264572	2786163	3086355	3601371
通信终端设备制造	Manufacture of Communication Terminal Equipment	7175	34042	36042	47851	207425	338853
广播电视设备制造	Manufacture of Broadcasting and TV Equipment	2036	12572	25900	54991	87954	127876
雷达及配套设备制造	Manufacture of Radar and Its Fittings	7003	24472	56977	78121	79467	157894
视听设备制造	Manufacture of TV Set and Radio Receiver	41554	272004	366141	345312	563019	720148
电子器件制造	Manufacture of Electronic Appliances	57716	95675	348026	541463	705246	919887
#电子真空器件制造	Manufacture of Electronic Vacuum Appliance	42000	16478	50723	55434	50850	9217
半导体分立器件制造	Manufacture of Semiconductor Discreting Appliances	8669	11355	23137	37411	37362	35881
集成电路制造	Manufacture of Integrate Circuit	7047	17355	93780	136666	181121	280185
电子元件制造	Manufacture of Electronic Components	54914	69216	216975	340865	377355	504038
其他电子设备制造	Manufacture of Other Electronic Equipment	15536	7851	57392	120079	136740	122968
计算机及办公设备制造业	**Manufacture of Computers and Office Equipment**	**47653**	**124477**	**300743**	**349069**	**402246**	**446083**
#计算机整机制造	Manufacture of Entired Computer	40350	94082	124943	189686	215605	239533
计算机零部件制造	Manufacture of Computer Components and Parts	7013	27048	159236	128730	48788	43247
计算机外围设备制造	Manufacture of Computer Peripheral Equipment					50714	56794
办公设备制造	Manufacture of Office Equipment	289	3347	16565	30653	39210	45931
医疗仪器设备及仪器仪表制造业	**Manufacture of Medical Equipments and Measuring Instrument**	**34299**	**117744**	**461070**	**571483**	**724240**	**863877**
1.医疗仪器设备及器械制造	Manufacture of Medical Equipment and Appliance	3686	12954	99224	107134	156948	182450
2.仪器仪表制造	Manufacture of Measuring Instrument	30613	104791	361847	464349	567291	681427

2-1-5 续表 2 continued

行 业	Industry	新产品开发经费支出（万元） Expenditure on New Products Development (10000 yuan)					
		2000	2005	2010	2011	2012	2013
合计	**Total**	**808228**	**2237723**	**5365011**	**9042866**	**11070439**	**13422766**
医药制造业	**Manufacture of Medicines**	**118340**	**335802**	**880270**	**1157776**	**1671572**	**1951942**
#化学药品制造	Manufacture of Chemical Medicine	71081	217035	560165	698471	954670	1050724
中成药生产	Production of Finished Traditional Chinese Herbal Medicine	31824	77861	190271	239491	343020	440609
生物药品制造	Manufacture of Biological Medicine	12492	24091	80761	121189	193235	257535
航空、航天器及设备制造业	**Manufacture of Aircrafts and Spacecrafts and Related Equipment**	**108942**	**296293**	**1016455**	**1317951**	**1498945**	**1721988**
#飞机制造	Manufacture of Airplanes	90233	265524	948037	1134672	1183183	1350108
航天器制造	Manufacture of Spacecrafts	18709	30769	68418	183279	245233	317290
电子及通信设备制造业	**Manufacture of Electronic Equipment and Communication Equipment**	**504817**	**1347212**	**2486185**	**5477564**	**6541523**	**8199919**
#通信设备制造	Manufacture of Communication Equipment	261902	781128	1119219	3593733	3635310	4647467
#通信系统设备制造	Manufacture of Communication System Equipment	242007	684949	922719	3294187	3401943	4200482
通信终端设备制造	Manufacture of Communication Terminal Equipment	9094	41760	54695	52439	233366	446986
广播电视设备制造	Manufacture of Broadcasting and TV Equipment	1117	20566	47646	75550	124553	190939
雷达及配套设备制造	Manufacture of Radar and Its Fittings	11129	27487	80554	131179	164113	184152
视听设备制造	Manufacture of TV Set and Radio Receiver	87768	311046	421669	380003	676617	818400
电子器件制造	Manufacture of Electronic Appliances	58356	111855	444140	699556	900443	1183319
#电子真空器件制造	Manufacture of Electronic Vacuum Appliance	42174	19476	69880	70001	55675	14667
半导体分立器件制造	Manufacture of Semiconductor Discreting Appliances	7670	15058	30876	41041	57057	57688
集成电路制造	Manufacture of Integrate Circuit	8512	23109	90155	175299	229479	380590
电子元件制造	Manufacture of Electronic Components	67393	81050	308502	453499	499842	607736
其他电子设备制造	Manufacture of Other Electronic Equipment	17152	14081	64455	144044	168203	183516
计算机及办公设备制造业	**Manufacture of Computers and Office Equipment**	**40953**	**136348**	**381667**	**407760**	**458497**	**540762**
#计算机整机制造	Manufacture of Entired Computer	30484	92085	149323	191403	230741	259828
计算机零部件制造	Manufacture of Computer Components and Parts	10176	38698	210365	180381	51523	52645
计算机外围设备制造	Manufacture of Computer Peripheral Equipment					68249	84459
办公设备制造	Manufacture of Office Equipment	293	5565	21979	35976	44490	55196
医疗仪器设备及仪器仪表制造业	**Manufacture of Medical Equipments and Measuring Instrument**	**35176**	**122068**	**600435**	**681815**	**899900**	**1008155**
1.医疗仪器设备及器械制造	Manufacture of Medical Equipment and Appliance	4205	13166	119019	137319	171657	228992
2.仪器仪表制造	Manufacture of Measuring Instrument	30971	108902	481416	544496	728243	779163

2-1-5 续表 3 continued

行 业	Industry	新产品销售收入（万元） Sales Revenue of New Products (10000 yuan)					
		2000	2005	2010	2011	2012	2013
合计	**Total**	**9880026**	**22804873**	**59419070**	**68764411**	**91001519**	**110671980**
医药制造业	**Manufacture of Medicines**	**1382686**	**3827635**	**12152367**	**12872676**	**17893504**	**23092736**
#化学药品制造	Manufacture of Chemical Medicine	1082852	2592266	8170904	7239845	10002777	12684404
中成药生产	Production of Finished Traditional Chinese Herbal Medicine	213073	926895	2453055	2924884	4110166	5676796
生物药品制造	Manufacture of Biological Medicine	70466	164505	742799	1133437	1360242	1884620
航空、航天器及设备制造业	**Manufacture of Aircrafts and Spacecrafts and Related Equipment**	**813277**	**3366753**	**4712321**	**4966752**	**5952943**	**7063489**
#飞机制造	Manufacture of Airplanes	696006	3328896	4476575	4606390	5376866	6436680
航天器制造	Manufacture of Spacecrafts	117272	37857	235747	360362	334240	434640
电子及通信设备制造业	**Manufacture of Electronic Equipment and Communication Equipment**	**6212548**	**12261940**	**32553104**	**39969328**	**53053957**	**65755004**
#通信设备制造	Manufacture of Communication Equipment	2508581	4815723	16399305	21276510	21629922	27518235
#通信系统设备制造	Manufacture of Communication System Equipment	2028201	3483039	14642927	19174667	19873547	24110882
通信终端设备制造	Manufacture of Communication Terminal Equipment	356827	322889	498701	789418	1756374	3407353
广播电视设备制造	Manufacture of Broadcasting and TV Equipment	6198	143250	444836	1032841	1763039	1654436
雷达及配套设备制造	Manufacture of Radar and Its Fittings	102849	258585	431244	752468	1378993	1081781
视听设备制造	Manufacture of TV Set and Radio Receiver	2519020	5213165	6365975	6772963	10929105	14235843
电子器件制造	Manufacture of Electronic Appliances	443258	917332	4272602	4891386	7292576	10187348
#电子真空器件制造	Manufacture of Electronic Vacuum Appliance	308024	303425	278186	274069	192620	77630
半导体分立器件制造	Manufacture of Semiconductor Discreting Appliances	37007	106341	328184	385318	586289	525046
集成电路制造	Manufacture of Integrate Circuit	98227	145452	807423	1038856	1090213	1722480
电子元件制造	Manufacture of Electronic Components	442934	796187	4010674	4238828	4602253	5816707
其他电子设备制造	Manufacture of Other Electronic Equipment	189708	117698	628468	1004333	1227102	1165241
计算机及办公设备制造业	**Manufacture of Computers and Office Equipment**	**1012211**	**2009549**	**5069468**	**5269429**	**5468659**	**5653412**
#计算机整机制造	Manufacture of Entired Computer	838867	1571203	2803410	3310568	3675541	3825786
计算机零部件制造	Manufacture of Computer Components and Parts	160317	353399	2032198	1680448	299304	352354
计算机外围设备制造	Manufacture of Computer Peripheral Equipment					569185	665862
办公设备制造	Manufacture of Office Equipment	13027	84947	233860	278413	340397	334638
医疗仪器设备及仪器仪表制造业	**Manufacture of Medical Equipments and Measuring Instrument**	**459304**	**1338995**	**4931811**	**5686226**	**8632455**	**9107339**
1.医疗仪器设备及器械制造	Manufacture of Medical Equipment and Appliance	80040	173972	581609	616209	1452612	1837545
2.仪器仪表制造	Manufacture of Measuring Instrument	379264	1165023	4350202	5070016	7179843	7269795

2-1-5　续表 4　continued

行　业	Industry	专利申请数（件） Patent Applications (piece)					
		2000	2005	2010	2011	2012	2013
合计	**Total**	**1663**	**10787**	**35149**	**48692**	**63774**	**65045**
医药制造业	**Manufacture of Medicines**	**492**	**2114**	**4324**	**4911**	**7545**	**7939**
#化学药品制造	Manufacture of Chemical Medicine	200	870	1882	2226	3496	3152
中成药生产	Production of Finished Traditional Chinese Herbal Medicine	242	1033	1925	2016	2474	2898
生物药品制造	Manufacture of Biological Medicine	15	171	181	265	634	778
航空、航天器及设备制造业	**Manufacture of Aircrafts and Spacecrafts and Related Equipment**	**79**	**305**	**2155**	**2359**	**3323**	**3730**
#飞机制造	Manufacture of Airplanes	74	291	1997	2070	2562	2822
航天器制造	Manufacture of Spacecrafts	5	14	158	289	418	584
电子及通信设备制造业	**Manufacture of Electronic Equipment and Communication Equipment**	**795**	**7387**	**22506**	**33230**	**42281**	**40217**
#通信设备制造	Manufacture of Communication Equipment	504	5595	13235	19736	18978	16962
#通信系统设备制造	Manufacture of Communication System Equipment	490	5440	12026	18335	17703	15077
通信终端设备制造	Manufacture of Communication Terminal Equipment	4	65	440	467	1275	1885
广播电视设备制造	Manufacture of Broadcasting and TV Equipment	4	61	711	2073	2137	1650
雷达及配套设备制造	Manufacture of Radar and Its Fittings	22	9	288	361	389	622
视听设备制造	Manufacture of TV Set and Radio Receiver	145	1005	2921	2201	3841	3960
电子器件制造	Manufacture of Electronic Appliances	38	285	2793	4610	9487	8751
#电子真空器件制造	Manufacture of Electronic Vacuum Appliance	22	55	421	1230	2696	128
半导体分立器件制造	Manufacture of Semiconductor Discreting Appliances	6	10	150	148	544	303
集成电路制造	Manufacture of Integrate Circuit	10	50	780	776	1195	1717
电子元件制造	Manufacture of Electronic Components	60	354	2062	2907	3653	4086
其他电子设备制造	Manufacture of Other Electronic Equipment	22	78	496	1342	1494	1298
计算机及办公设备制造业	**Manufacture of Computers and Office Equipment**	**85**	**378**	**2451**	**2463**	**2744**	**3461**
#计算机整机制造	Manufacture of Entired Computer	22	177	741	985	1084	1193
计算机零部件制造	Manufacture of Computer Components and Parts	62	154	1580	1174	304	208
计算机外围设备制造	Manufacture of Computer Peripheral Equipment					555	622
办公设备制造	Manufacture of Office Equipment	1	47	130	304	425	757
医疗仪器设备及仪器仪表制造业	**Manufacture of Medical Equipments and Measuring Instrument**	**212**	**603**	**3713**	**5729**	**7881**	**9698**
1.医疗仪器设备及器械制造	Manufacture of Medical Equipment and Appliance	66	247	801	1104	1716	2569
2.仪器仪表制造	Manufacture of Measuring Instrument	146	356	2912	4625	6165	7129

2-1-5 续表 5 continued

行　业	Industry	有效发明专利数（件） Number of Patents In Force (piece)					
		2000	2005	2010	2011	2012	2013
合计	**Total**	**1008**	**4745**	**34267**	**45852**	**66893**	**82650**
医药制造业	**Manufacture of Medicines**	**292**	**861**	**4074**	**4736**	**7747**	**10037**
#化学药品制造	Manufacture of Chemical Medicine	154	427	1628	2140	3586	4458
中成药生产	Production of Finished Traditional Chinese Herbal Medicine	77	366	2023	2028	3046	4194
生物药品制造	Manufacture of Biological Medicine	14	40	282	324	611	872
航空、航天器及设备制造业	**Manufacture of Aircrafts and Spacecrafts and Related Equipment**	**139**	**188**	**692**	**1276**	**1747**	**2743**
#飞机制造	Manufacture of Airplanes	102	181	577	1052	1463	2088
航天器制造	Manufacture of Spacecrafts	37	7	115	224	160	483
电子及通信设备制造业	**Manufacture of Electronic Equipment and Communication Equipment**	**401**	**3068**	**25980**	**35645**	**50472**	**62730**
#通信设备制造	Manufacture of Communication Equipment	277	2604	21790	29509	39580	48211
#通信系统设备制造	Manufacture of Communication System Equipment	262	2523	21236	28248	38850	47345
通信终端设备制造	Manufacture of Communication Terminal Equipment	2	36	294	229	730	866
广播电视设备制造	Manufacture of Broadcasting and TV Equipment	2	10	202	506	651	874
雷达及配套设备制造	Manufacture of Radar and Its Fittings	15	5	63	44	162	900
视听设备制造	Manufacture of TV Set and Radio Receiver	44	87	658	710	1685	2440
电子器件制造	Manufacture of Electronic Appliances	13	157	1790	2382	3775	4377
#电子真空器件制造	Manufacture of Electronic Vacuum Appliance	5	85	211	265	215	79
半导体分立器件制造	Manufacture of Semiconductor Discreting Appliances	6	9	113	155	475	462
集成电路制造	Manufacture of Integrate Circuit	2	16	297	573	721	1196
电子元件制造	Manufacture of Electronic Components	41	197	1096	1535	1819	2304
其他电子设备制造	Manufacture of Other Electronic Equipment	9	8	381	959	1065	1174
计算机及办公设备制造业	**Manufacture of Computers and Office Equipment**	**66**	**197**	**1630**	**769**	**1466**	**1623**
#计算机整机制造	Manufacture of Entired Computer	11	134	353	254	285	397
计算机零部件制造	Manufacture of Computer Components and Parts	55	59	1198	415	130	81
计算机外围设备制造	Manufacture of Computer Peripheral Equipment					261	492
办公设备制造	Manufacture of Office Equipment		4	79	100	227	160
医疗仪器设备及仪器仪表制造业	**Manufacture of Medical Equipments and Measuring Instrument**	**110**	**431**	**1891**	**3426**	**5461**	**5517**
1.医疗仪器设备及器械制造	Manufacture of Medical Equipment and Appliance	46	60	480	1330	1857	1738
2.仪器仪表制造	Manufacture of Measuring Instrument	64	371	1411	2096	3604	3779

2-1-5 续表 6 continued

行 业	Industry	技术改造经费支出（万元） Expenditure for Technical Renovation (10000 yuan)					
		2000	2005	2010	2011	2012	2013
合计	**Total**	**924581**	**1183084**	**1826384**	**1664720**	**2352550**	**2870736**
医药制造业	**Manufacture of Medicines**	**263464**	**363380**	**451146**	**463076**	**724350**	**873390**
#化学药品制造	Manufacture of Chemical Medicine	223744	257301	316705	340057	429881	522857
中成药生产	Production of Finished Traditional Chinese Herbal Medicine	34240	81966	80354	66179	151048	189416
生物药品制造	Manufacture of Biological Medicine	3751	13554	15546	27451	81833	58944
航空、航天器及设备制造业	**Manufacture of Aircrafts and Spacecrafts and Related Equipment**	**154666**	**364356**	**385746**	**373716**	**505999**	**483533**
#飞机制造	Manufacture of Airplanes	128203	348878	351451	330906	471001	435943
航天器制造	Manufacture of Spacecrafts	26464	15478	34295	42810	22030	33914
电子及通信设备制造业	**Manufacture of Electronic Equipment and Communication Equipment**	**435972**	**337168**	**735038**	**403391**	**699131**	**1174366**
#通信设备制造	Manufacture of Communication Equipment	46178	56507	55882	94039	88387	43280
#通信系统设备制造	Manufacture of Communication System Equipment	40793	27960	17451	57616	62791	23237
通信终端设备制造	Manufacture of Communication Terminal Equipment	2900	11727	17613	18286	25595	20044
广播电视设备制造	Manufacture of Broadcasting and TV Equipment	3394	7981	4124	3656	15036	9725
雷达及配套设备制造	Manufacture of Radar and Its Fittings	8482	17859	10179	29563	25899	40340
视听设备制造	Manufacture of TV Set and Radio Receiver	48867	47562	211896	18858	35452	62387
电子器件制造	Manufacture of Electronic Appliances	120232	89982	318149	121936	200959	731221
#电子真空器件制造	Manufacture of Electronic Vacuum Appliance	75414	24045	13785	9076	9803	4248
半导体分立器件制造	Manufacture of Semiconductor Discreting Appliances	10473	10359	12675	20135	18521	22098
集成电路制造	Manufacture of Integrate Circuit	34345	44123	37533	3149	37284	12952
电子元件制造	Manufacture of Electronic Components	186727	115214	115742	125118	127235	110902
其他电子设备制造	Manufacture of Other Electronic Equipment	22092	2063	19067	10221	21231	18103
计算机及办公设备制造业	**Manufacture of Computers and Office Equipment**	**19277**	**14873**	**35975**	**45707**	**57559**	**49856**
#计算机整机制造	Manufacture of Entired Computer	10369	6904	24125	37798	43244	36941
计算机零部件制造	Manufacture of Computer Components and Parts	8856	6396	9704	7149	224	605
计算机外围设备制造	Manufacture of Computer Peripheral Equipment					11926	7520
办公设备制造	Manufacture of Office Equipment	52	1573	2147	761	668	936
医疗仪器设备及仪器仪表制造业	**Manufacture of Medical Equipments and Measuring Instrument**	**51202**	**103307**	**218479**	**378831**	**365510**	**289591**
1.医疗仪器设备及器械制造	Manufacture of Medical Equipment and Appliance	6210	11972	42357	37796	54126	72571
2.仪器仪表制造	Manufacture of Measuring Instrument	44992	91335	176122	341034	311383	217020

2-1-5 续表 7 continued

行 业	Industry	引进技术经费支出（万元） Expenditure for Acquisition of Foreign Technology (10000 yuan)					
		2000	2005	2010	2011	2012	2013
合计	**Total**	**235804**	**96198**	**155978**	**145378**	**270747**	**132821**
医药制造业	**Manufacture of Medicines**	**36257**	**22772**	**16013**	**44917**	**39819**	**36042**
#化学药品制造	Manufacture of Chemical Medicine	25613	15551	12481	36438	28364	18573
中成药生产	Production of Finished Traditional Chinese Herbal Medicine	9202	4440	422	1240	1612	3436
生物药品制造	Manufacture of Biological Medicine	1120	151	2367	1974	2871	2261
航空、航天器及设备制造业	**Manufacture of Aircrafts and Spacecrafts and Related Equipment**	**29793**	**27419**	**60573**	**16210**	**7868**	**14085**
#飞机制造	Manufacture of Airplanes	19970	25982	60573	16210	7868	6741
航天器制造	Manufacture of Spacecrafts	9823	1436				
电子及通信设备制造业	**Manufacture of Electronic Equipment and Communication Equipment**	**155175**	**33696**	**57919**	**71218**	**214008**	**67359**
#通信设备制造	Manufacture of Communication Equipment	7653	8556	8742	8487	6447	1649
#通信系统设备制造	Manufacture of Communication System Equipment	3256	2613	2820	5919	6447	1049
通信终端设备制造	Manufacture of Communication Terminal Equipment	2292	2510	141	410		600
广播电视设备制造	Manufacture of Broadcasting and TV Equipment	152	300		1633	1376	1467
雷达及配套设备制造	Manufacture of Radar and Its Fittings	769	14	547	596	1232	2887
视听设备制造	Manufacture of TV Set and Radio Receiver	8501	5719	7388	12357	148326	13676
电子器件制造	Manufacture of Electronic Appliances	45516	6795	35198	43775	45156	24104
#电子真空器件制造	Manufacture of Electronic Vacuum Appliance	14892	4109	7296	28776	7825	
半导体分立器件制造	Manufacture of Semiconductor Discreting Appliances	6978	126		10	30	42
集成电路制造	Manufacture of Integrate Circuit	23646		691	1609	1645	16186
电子元件制造	Manufacture of Electronic Components	90808	10715	5807	4147	6783	7060
其他电子设备制造	Manufacture of Other Electronic Equipment	1778	1597	238	224	3340	2490
计算机及办公设备制造业	**Manufacture of Computers and Office Equipment**	**5492**	**10348**	**9629**	**4116**	**1444**	**7081**
#计算机整机制造	Manufacture of Entired Computer	2994	9297	3753	3825		6753
计算机零部件制造	Manufacture of Computer Components and Parts	2498	570	5876	291		
计算机外围设备制造	Manufacture of Computer Peripheral Equipment					409	30
办公设备制造	Manufacture of Office Equipment		481			218	297
医疗仪器设备及仪器仪表制造业	**Manufacture of Medical Equipments and Measuring Instrument**	**9087**	**1963**	**11844**	**8918**	**7606**	**8254**
1.医疗仪器设备及器械制造	Manufacture of Medical Equipment and Appliance	1709	30	185	234	726	239
2.仪器仪表制造	Manufacture of Measuring Instrument	7377	1933	11659	8684	6880	8015

2-1-5 续表 8 continued

行 业	Industry	消化吸收经费支出（万元） Expenditure for Assimilation of Technology (10000 yuan)					
		2000	2005	2010	2011	2012	2013
合计	**Total**	**21260**	**31699**	**94809**	**70417**	**68067**	**84939**
医药制造业	**Manufacture of Medicines**	**11140**	**21741**	**30925**	**35133**	**41810**	**45769**
#化学药品制造	Manufacture of Chemical Medicine	10054	18575	24680	26302	29640	28314
中成药生产	Production of Finished Traditional Chinese Herbal Medicine	225	3061	3821	5401	3570	5073
生物药品制造	Manufacture of Biological Medicine	771	55	659	673	1339	2851
航空、航天器及设备制造业	**Manufacture of Aircrafts and Spacecrafts and Related Equipment**	**1943**	**1438**	**26269**	**4937**	**4346**	**1521**
#飞机制造	Manufacture of Airplanes	1943	1438	22612	4937	4346	1521
航天器制造	Manufacture of Spacecrafts			3657			
电子及通信设备制造业	**Manufacture of Electronic Equipment and Communication Equipment**	**4926**	**7337**	**21842**	**19643**	**16377**	**34056**
#通信设备制造	Manufacture of Communication Equipment	666	561	3296	2219	669	472
#通信系统设备制造	Manufacture of Communication System Equipment	523	466	510		309	192
通信终端设备制造	Manufacture of Communication Terminal Equipment	1	85	507	791	360	280
广播电视设备制造	Manufacture of Broadcasting and TV Equipment		100			26	337
雷达及配套设备制造	Manufacture of Radar and Its Fittings	1		108	168	510	
视听设备制造	Manufacture of TV Set and Radio Receiver	50	1226	10389	3988	4500	5096
电子器件制造	Manufacture of Electronic Appliances	2342	361	4888	3877	2852	18853
#电子真空器件制造	Manufacture of Electronic Vacuum Appliance	2215	10	14	212		
半导体分立器件制造	Manufacture of Semiconductor Discreting Appliances	87	43	8	29	80	692
集成电路制造	Manufacture of Integrate Circuit	40		11			1056
电子元件制造	Manufacture of Electronic Components	1826	5078	2805	7822	2630	1259
其他电子设备制造	Manufacture of Other Electronic Equipment	41	11	357	1570	1799	4075
计算机及办公设备制造业	**Manufacture of Computers and Office Equipment**	**2825**	**577**	**4579**	**5925**	**821**	**570**
#计算机整机制造	Manufacture of Entired Computer	1413	405	4560	5876	326	430
计算机零部件制造	Manufacture of Computer Components and Parts	1412	157	19	49		
计算机外围设备制造	Manufacture of Computer Peripheral Equipment					162	
办公设备制造	Manufacture of Office Equipment		15			17	119
医疗仪器设备及仪器仪表制造业	**Manufacture of Medical Equipments and Measuring Instrument**	**426**	**606**	**11194**	**4779**	**4710**	**3023**
1.医疗仪器设备及器械制造	Manufacture of Medical Equipment and Appliance	20	49	326	372	443	380
2.仪器仪表制造	Manufacture of Measuring Instrument	406	557	10868	4406	4267	2642

2-1-5 续表 9 continued

行 业	Industry	购买国内技术经费支出（万元） Expenditure on Purchase of Domestic Technology (10000 yuan)					
		2000	2005	2010	2011	2012	2013
合计	**Total**	**63674**	**69133**	**134285**	**102882**	**146982**	**192927**
医药制造业	**Manufacture of Medicines**	**56493**	**45482**	**43618**	**52308**	**83331**	**128658**
#化学药品制造	Manufacture of Chemical Medicine	15849	37349	28050	36686	65224	94721
中成药生产	Production of Finished Traditional Chinese Herbal Medicine	36570	7138	12635	7879	7774	20633
生物药品制造	Manufacture of Biological Medicine	3556	605	1125	6430	3958	2921
航空、航天器及设备制造业	**Manufacture of Aircrafts and Spacecrafts and Related Equipment**	**4437**	**10751**	**15691**	**8968**	**8930**	**8448**
#飞机制造	Manufacture of Airplanes	2421	10751	15691	8968	8776	7895
航天器制造	Manufacture of Spacecrafts	2016					
电子及通信设备制造业	**Manufacture of Electronic Equipment and Communication Equipment**	**2030**	**9553**	**61266**	**22071**	**41559**	**39914**
#通信设备制造	Manufacture of Communication Equipment	918	1535	5549	7857	3187	4945
#通信系统设备制造	Manufacture of Communication System Equipment	745	1097	3363	6192	917	2464
通信终端设备制造	Manufacture of Communication Terminal Equipment	53	102	580	448	2269	2481
广播电视设备制造	Manufacture of Broadcasting and TV Equipment	10	4300	56	986	12	3838
雷达及配套设备制造	Manufacture of Radar and Its Fittings	2	488	2822	2268	2412	5314
视听设备制造	Manufacture of TV Set and Radio Receiver	150	139	2073	2685	5554	4434
电子器件制造	Manufacture of Electronic Appliances	444	1136	47542	4251	9870	8479
#电子真空器件制造	Manufacture of Electronic Vacuum Appliance	84	150	382			
半导体分立器件制造	Manufacture of Semiconductor Discreting Appliances	357	337	3569	240	580	709
集成电路制造	Manufacture of Integrate Circuit	3		33314	1551		
电子元件制造	Manufacture of Electronic Components	475	1714	1293	2878	9918	10389
其他电子设备制造	Manufacture of Other Electronic Equipment	31	241	1931	1145	1404	1593
计算机及办公设备制造业	**Manufacture of Computers and Office Equipment**	**243**	**252**	**789**	**6716**	**9524**	**5827**
#计算机整机制造	Manufacture of Entired Computer	243		757			118
计算机零部件制造	Manufacture of Computer Components and Parts		146	32	6716	115	160
计算机外围设备制造	Manufacture of Computer Peripheral Equipment					8151	
办公设备制造	Manufacture of Office Equipment		106				
医疗仪器设备及仪器仪表制造业	**Manufacture of Medical Equipments and Measuring Instrument**	**471**	**3095**	**12922**	**12818**	**3636**	**10081**
1.医疗仪器设备及器械制造	Manufacture of Medical Equipment and Appliance	99		505	4708	1130	1223
2.仪器仪表制造	Manufacture of Measuring Instrument	372	3095	12417	8111	2506	8858

2-1-5　续表 10　continued

行　业	Industry	研发机构数（个） Number of R&D Institutions in Enterprises (unit)					
		2000	2005	2010	2011	2012	2013
合计	**Total**	**1190**	**1168**	**1970**	**1981**	**2757**	**2960**
医药制造业	**Manufacture of Medicines**	**452**	**483**	**711**	**721**	**881**	**959**
#化学药品制造	Manufacture of Chemical Medicine	278	268	394	410	471	494
中成药生产	Production of Finished Traditional Chinese Herbal Medicine	124	153	210	195	232	279
生物药品制造	Manufacture of Biological Medicine	35	29	50	54	92	98
航空、航天器及设备制造业	**Manufacture of Aircrafts and Spacecrafts and Related Equipment**	**161**	**100**	**120**	**84**	**108**	**96**
#飞机制造	Manufacture of Airplanes	128	95	107	75	77	68
航天器制造	Manufacture of Spacecrafts	33	5	13	9	10	9
电子及通信设备制造业	**Manufacture of Electronic Equipment and Communication Equipment**	**380**	**385**	**689**	**736**	**1165**	**1287**
#通信设备制造	Manufacture of Communication Equipment	131	85	164	151	185	187
#通信系统设备制造	Manufacture of Communication System Equipment	84	51	99	99	138	129
通信终端设备制造	Manufacture of Communication Terminal Equipment	15	16	19	17	47	58
广播电视设备制造	Manufacture of Broadcasting and TV Equipment	8	14	27	35	54	53
雷达及配套设备制造	Manufacture of Radar and Its Fittings	30	25	25	23	35	23
视听设备制造	Manufacture of TV Set and Radio Receiver	55	38	57	68	76	97
电子器件制造	Manufacture of Electronic Appliances	39	76	150	149	235	254
#电子真空器件制造	Manufacture of Electronic Vacuum Appliance	16	26	26	14	13	7
半导体分立器件制造	Manufacture of Semiconductor Discreting Appliances	15	14	21	20	36	34
集成电路制造	Manufacture of Integrate Circuit	8	16	25	28	43	49
电子元件制造	Manufacture of Electronic Components	109	135	211	241	368	398
其他电子设备制造	Manufacture of Other Electronic Equipment	8	12	55	69	81	97
计算机及办公设备制造业	**Manufacture of Computers and Office Equipment**	**50**	**46**	**106**	**94**	**107**	**110**
#计算机整机制造	Manufacture of Entired Computer	40	20	24	20	22	26
计算机零部件制造	Manufacture of Computer Components and Parts	8	23	68	67	15	23
计算机外围设备制造	Manufacture of Computer Peripheral Equipment					39	24
办公设备制造	Manufacture of Office Equipment	2	3	14	7	15	22
医疗仪器设备及仪器仪表制造业	**Manufacture of Medical Equipments and Measuring Instrument**	**147**	**154**	**344**	**346**	**496**	**508**
1.医疗仪器设备及器械制造	Manufacture of Medical Equipment and Appliance	18	21	55	61	80	96
2.仪器仪表制造	Manufacture of Measuring Instrument	129	133	289	285	416	412

2-1-5 续表 11 continued

行 业	Industry	机构人员（人） Personnel in the R&D Institutions (person)					
		2000	2005	2010	2011	2012	2013
合计	**Total**	**76168**	**109651**	**251977**	**263327**	**345486**	**324035**
医药制造业	**Manufacture of Medicines**	**14513**	**18434**	**42951**	**45636**	**58719**	**64217**
#化学药品制造	Manufacture of Chemical Medicine	9796	10562	26074	25289	32411	34365
中成药生产	Production of Finished Traditional Chinese Herbal Medicine	3005	5623	11853	12670	16001	17979
生物药品制造	Manufacture of Biological Medicine	1209	1358	2934	3910	5228	5753
航空、航天器及设备制造业	**Manufacture of Aircrafts and Spacecrafts and Related Equipment**	**15017**	**14176**	**22955**	**22329**	**28967**	**29076**
#飞机制造	Manufacture of Airplanes	12281	14072	21871	21325	24299	24574
航天器制造	Manufacture of Spacecrafts	2736	104	1084	1004	1992	2028
电子及通信设备制造业	**Manufacture of Electronic Equipment and Communication Equipment**	**36493**	**63054**	**147293**	**155798**	**208475**	**179460**
#通信设备制造	Manufacture of Communication Equipment	19033	37640	92163	103808	116534	87285
#通信系统设备制造	Manufacture of Communication System Equipment	16312	33371	84277	96839	111158	80603
通信终端设备制造	Manufacture of Communication Terminal Equipment	842	2327	3017	1557	5376	6682
广播电视设备制造	Manufacture of Broadcasting and TV Equipment	455	1080	2345	5777	9026	5523
雷达及配套设备制造	Manufacture of Radar and Its Fittings	2811	1983	4494	3861	5575	5407
视听设备制造	Manufacture of TV Set and Radio Receiver	3113	8252	13841	6527	17381	9867
电子器件制造	Manufacture of Electronic Appliances	3172	5080	15245	14672	19501	25476
#电子真空器件制造	Manufacture of Electronic Vacuum Appliance	1601	1600	2194	2116	1308	311
半导体分立器件制造	Manufacture of Semiconductor Discreting Appliances	722	1195	2277	2433	2588	2723
集成电路制造	Manufacture of Integrate Circuit	849	762	2901	2378	3399	4747
电子元件制造	Manufacture of Electronic Components	6366	7409	15251	16262	21996	24436
其他电子设备制造	Manufacture of Other Electronic Equipment	1543	1610	3954	4891	6376	7384
计算机及办公设备制造业	**Manufacture of Computers and Office Equipment**	**3343**	**5310**	**12215**	**12523**	**12589**	**14086**
#计算机整机制造	Manufacture of Entired Computer	2463	2565	4098	5183	5744	5703
计算机零部件制造	Manufacture of Computer Components and Parts	829	2570	7306	6222	950	1249
计算机外围设备制造	Manufacture of Computer Peripheral Equipment					3156	3342
办公设备制造	Manufacture of Office Equipment	51	175	811	1118	1573	2092
医疗仪器设备及仪器仪表制造业	**Manufacture of Medical Equipments and Measuring Instrument**	**6802**	**8677**	**26563**	**27041**	**36736**	**37196**
1.医疗仪器设备及器械制造	Manufacture of Medical Equipment and Appliance	912	1358	4738	4650	4423	5465
2.仪器仪表制造	Manufacture of Measuring Instrument	5890	7319	21825	22391	32313	31731

2-1-5　续表 12　continued

行　业	Industry	机构经费支出（万元） Expenditure in the R&D Institutions (10000 yuan)					
		2000	2005	2010	2011	2012	2013
合计	**Total**	**669580**	**1817148**	**5421344**	**5860691**	**7802691**	**8599141**
医药制造业	**Manufacture of Medicines**	**98836**	**275045**	**751434**	**808462**	**1226500**	**1415999**
#化学药品制造	Manufacture of Chemical Medicine	60200	171180	459600	467437	710281	793763
中成药生产	Production of Finished Traditional Chinese Herbal Medicine	26239	81481	199843	199483	293914	340405
生物药品制造	Manufacture of Biological Medicine	8803	14143	58835	81457	122715	168852
航空、航天器及设备制造业	**Manufacture of Aircrafts and Spacecrafts and Related Equipment**	**83791**	**125611**	**380594**	**390164**	**434535**	**495017**
#飞机制造	Manufacture of Airplanes	77214	125084	354750	356095	349018	414220
航天器制造	Manufacture of Spacecrafts	6577	527	25844	34070	49651	42257
电子及通信设备制造业	**Manufacture of Electronic Equipment and Communication Equipment**	**426296**	**1217536**	**3668325**	**4028743**	**5313132**	**5733429**
#通信设备制造	Manufacture of Communication Equipment	263185	769444	2710725	3119722	3464901	3617968
#通信系统设备制造	Manufacture of Communication System Equipment	244223	690664	2615355	3028437	3384057	3484343
通信终端设备制造	Manufacture of Communication Terminal Equipment	8205	37090	37544	23130	80844	133625
广播电视设备制造	Manufacture of Broadcasting and TV Equipment	1374	11304	23591	50662	95527	96110
雷达及配套设备制造	Manufacture of Radar and Its Fittings	8941	16808	66002	74949	131923	147690
视听设备制造	Manufacture of TV Set and Radio Receiver	55069	304221	386767	277250	515791	436376
电子器件制造	Manufacture of Electronic Appliances	45422	44889	269158	230454	413952	603113
#电子真空器件制造	Manufacture of Electronic Vacuum Appliance	30876	10506	68723	39690	45077	5251
半导体分立器件制造	Manufacture of Semiconductor Discreting Appliances	3478	8433	23714	20332	31898	29239
集成电路制造	Manufacture of Integrate Circuit	11068	10055	31272	46149	68618	107111
电子元件制造	Manufacture of Electronic Components	36142	60191	171888	201166	310722	429027
其他电子设备制造	Manufacture of Other Electronic Equipment	16163	10680	40195	74539	117424	127474
计算机及办公设备制造业	**Manufacture of Computers and Office Equipment**	**29880**	**124338**	**300935**	**248731**	**265801**	**321607**
#计算机整机制造	Manufacture of Entired Computer	20735	102219	139594	151194	170125	203937
计算机零部件制造	Manufacture of Computer Components and Parts	8856	19515	147794	80983	10103	12350
计算机外围设备制造	Manufacture of Computer Peripheral Equipment					36626	43487
办公设备制造	Manufacture of Office Equipment	289	2604	13547	16555	27971	31897
医疗仪器设备及仪器仪表制造业	**Manufacture of Medical Equipments and Measuring Instrument**	**30777**	**74619**	**320056**	**384591**	**562722**	**633089**
1.医疗仪器设备及器械制造	Manufacture of Medical Equipment and Appliance	4649	11433	48872	71046	55995	82660
2.仪器仪表制造	Manufacture of Measuring Instrument	26128	63186	271184	313545	506727	550429

2-1-6 大中型港澳台资企业分行业R&D及相关活动情况
Statistics on R&D and Related Activities of Hong Kong, Macau and Taiwan Funded Enterprises in Large and Medium-sized Enterprises by Industry Sector

行业	Industry	R&D人员折合全时当量（人年） Full-time Equivalent of R&D Personnel (man-year)					
		2000	2005	2010	2011	2012	2013
合计	**Total**	**3428**	**17880**	**57034**	**71830**	**81932**	**81905**
医药制造业	**Manufacture of Medicines**	**438**	**622**	**7580**	**9907**	**11220**	**11009**
#化学药品制造	Manufacture of Chemical Medicine	274	328	4498	6433	5883	5702
中成药生产	Production of Finished Traditional Chinese Herbal Medicine	89	289	775	1205	2676	1905
生物药品制造	Manufacture of Biological Medicine	75		2088	1801	2329	1735
航空、航天器及设备制造业	**Manufacture of Aircrafts and Spacecrafts and Related Equipment**				**1256**	**583**	**457**
#飞机制造	Manufacture of Airplanes				1256		
航天器制造	Manufacture of Spacecrafts						
电子及通信设备制造业	**Manufacture of Electronic Equipment and Communication Equipment**	**2050**	**11216**	**37163**	**45893**	**55769**	**58665**
#通信设备制造	Manufacture of Communication Equipment	329	3012	5714	7828	8348	11925
#通信系统设备制造	Manufacture of Communication System Equipment	43	355	1235	1027	5351	9318
通信终端设备制造	Manufacture of Communication Terminal Equipment	251	503	1074	546	2996	2607
广播电视设备制造	Manufacture of Broadcasting and TV Equipment		77	405	577	560	743
雷达及配套设备制造	Manufacture of Radar and Its Fittings						
视听设备制造	Manufacture of TV Set and Radio Receiver	959	2892	5713	7893	9281	9787
电子器件制造	Manufacture of Electronic Appliances	111	2421	6783	8470	8738	9242
#电子真空器件制造	Manufacture of Electronic Vacuum Appliance	18	1854	457	209	86	84
半导体分立器件制造	Manufacture of Semiconductor Discreting Appliances	14	108	303	683	612	275
集成电路制造	Manufacture of Integrate Circuit	80	197	2173	3218	2659	2916
电子元件制造	Manufacture of Electronic Components	515	2636	17788	20001	24074	22166
其他电子设备制造	Manufacture of Other Electronic Equipment	135	179	759	1123	1292	1612
计算机及办公设备制造业	**Manufacture of Computers and Office Equipment**	**884**	**4942**	**9303**	**11242**	**9600**	**6639**
#计算机整机制造	Manufacture of Entired Computer	702	1998	304	744	1431	1410
计算机零部件制造	Manufacture of Computer Components and Parts	82	2879	8725	10007	990	892
计算机外围设备制造	Manufacture of Computer Peripheral Equipment					4202	3971
办公设备制造	Manufacture of Office Equipment	100	65	274	492	187	293
医疗仪器设备及仪器仪表制造业	**Manufacture of Medical Equipments and Measuring Instrument**	**56**	**1100**	**2987**	**3532**	**4758**	**5136**
1.医疗仪器设备及器械制造	Manufacture of Medical Equipment and Appliance			509	493	774	680
2.仪器仪表制造	Manufacture of Measuring Instrument	56	1100	2478	3039	3983	4456

2-1-6 续表 1 continued

行 业	Industry	R&D经费内部支出（万元） Intramural Expenditure on R&D (10000 yuan)					
		2000	2005	2010	2011	2012	2013
合计	**Total**	**117433**	**506685**	**1215278**	**1700201**	**2005351**	**2277974**
医药制造业	**Manufacture of Medicines**	**6145**	**18666**	**155760**	**222322**	**304389**	**320022**
#化学药品制造	Manufacture of Chemical Medicine	4546	10180	97477	135961	164151	205941
中成药生产	Production of Finished Traditional Chinese Herbal Medicine	1033	8394	10790	13949	44877	42455
生物药品制造	Manufacture of Biological Medicine	566		42278	55025	85429	51866
航空、航天器及设备制造业	**Manufacture of Aircrafts and Spacecrafts and Related Equipment**				**6201**	**9889**	**9636**
#飞机制造	Manufacture of Airplanes				6201		
航天器制造	Manufacture of Spacecrafts						
电子及通信设备制造业	**Manufacture of Electronic Equipment and Communication Equipment**	**48793**	**299025**	**713751**	**961727**	**1184687**	**1580928**
#通信设备制造	Manufacture of Communication Equipment	4884	63417	122570	152778	158321	409522
#通信系统设备制造	Manufacture of Communication System Equipment	759	9773	9212	12025	69161	281303
通信终端设备制造	Manufacture of Communication Terminal Equipment	2245	14261	37552	22085	89159	128219
广播电视设备制造	Manufacture of Broadcasting and TV Equipment		1407	5942	11267	12054	23434
雷达及配套设备制造	Manufacture of Radar and Its Fittings						
视听设备制造	Manufacture of TV Set and Radio Receiver	22108	151939	149510	185933	212951	289884
电子器件制造	Manufacture of Electronic Appliances	9315	29280	141781	232316	280860	299737
#电子真空器件制造	Manufacture of Electronic Vacuum Appliance	7089	11657	7403	4021	1704	622
半导体分立器件制造	Manufacture of Semiconductor Discreting Appliances	240	2700	12996	14240	13077	7510
集成电路制造	Manufacture of Integrate Circuit	1987	9771	39657	77477	80102	91310
电子元件制造	Manufacture of Electronic Components	11629	46720	279912	355878	415287	443747
其他电子设备制造	Manufacture of Other Electronic Equipment	858	6262	14036	23555	31536	47012
计算机及办公设备制造业	**Manufacture of Computers and Office Equipment**	**61029**	**174549**	**297978**	**441062**	**439922**	**284137**
#计算机整机制造	Manufacture of Entired Computer	59794	94137	70717	89120	113545	93692
计算机零部件制造	Manufacture of Computer Components and Parts	1055	80222	219950	341434	33711	25252
计算机外围设备制造	Manufacture of Computer Peripheral Equipment					169433	159010
办公设备制造	Manufacture of Office Equipment	180	190	7310	10508	3647	4947
医疗仪器设备及仪器仪表制造业	**Manufacture of Medical Equipments and Measuring Instrument**	**1466**	**14446**	**47790**	**68888**	**66463**	**83252**
1.医疗仪器设备及器械制造	Manufacture of Medical Equipment and Appliance			12362	10684	14438	27851
2.仪器仪表制造	Manufacture of Measuring Instrument	1466	14446	35428	58204	52024	55400

2-1-6 续表 2 continued

行 业	Industry	新产品开发经费支出（万元） Expenditure on New Products Development (10000 yuan)					
		2000	2005	2010	2011	2012	2013
合计	**Total**	**147684**	**702806**	**1652721**	**2081090**	**2531344**	**2784040**
医药制造业	**Manufacture of Medicines**	**6992**	**21745**	**172666**	**244928**	**328548**	**330550**
#化学药品制造	Manufacture of Chemical Medicine	4842	13129	104392	146268	183685	213095
中成药生产	Production of Finished Traditional Chinese Herbal Medicine	1031	8189	15077	16819	35974	40248
生物药品制造	Manufacture of Biological Medicine	1118		42217	56879	90488	54002
航空、航天器及设备制造业	**Manufacture of Aircrafts and Spacecrafts and Related Equipment**		**540**	**6977**	**11375**	**14313**	**14860**
#飞机制造	Manufacture of Airplanes		540	6977	11375		
航天器制造	Manufacture of Spacecrafts						
电子及通信设备制造业	**Manufacture of Electronic Equipment and Communication Equipment**	**69510**	**386800**	**1050970**	**1261066**	**1553539**	**1947167**
#通信设备制造	Manufacture of Communication Equipment	3488	80721	170121	191575	212318	460390
#通信系统设备制造	Manufacture of Communication System Equipment	765	13444	12961	17935	75796	319819
通信终端设备制造	Manufacture of Communication Terminal Equipment	843	15084	44706	17228	136522	140571
广播电视设备制造	Manufacture of Broadcasting and TV Equipment		1911	5351	16227	28640	41496
雷达及配套设备制造	Manufacture of Radar and Its Fittings					628	
视听设备制造	Manufacture of TV Set and Radio Receiver	29094	176521	195760	241305	292845	364048
电子器件制造	Manufacture of Electronic Appliances	20146	49280	306233	345153	369601	402426
#电子真空器件制造	Manufacture of Electronic Vacuum Appliance	18214	9728	6727	4021	2510	863
半导体分立器件制造	Manufacture of Semiconductor Discreting Appliances	1932	3520	26735	21606	13832	9487
集成电路制造	Manufacture of Integrate Circuit		18220	95916	71795	76119	105800
电子元件制造	Manufacture of Electronic Components	15923	71955	343801	443239	515754	520656
其他电子设备制造	Manufacture of Other Electronic Equipment	858	6414	29705	23567	42957	72833
计算机及办公设备制造业	**Manufacture of Computers and Office Equipment**	**70522**	**276098**	**356773**	**477030**	**506600**	**367384**
#计算机整机制造	Manufacture of Entired Computer	69730	135150	75454	108874	142188	153822
计算机零部件制造	Manufacture of Computer Components and Parts	612	134239	267787	353745	41651	32329
计算机外围设备制造	Manufacture of Computer Peripheral Equipment					191649	169317
办公设备制造	Manufacture of Office Equipment	180	6709	13532	14411	8798	6703
医疗仪器设备及仪器仪表制造业	**Manufacture of Medical Equipments and Measuring Instrument**	**661**	**17623**	**65336**	**86691**	**128343**	**124080**
1.医疗仪器设备及器械制造	Manufacture of Medical Equipment and Appliance			21445	18440	40485	41134
2.仪器仪表制造	Manufacture of Measuring Instrument	661	17623	43891	68251	87857	82946

2-1-6 续表 3 continued

行 业	Industry	新产品销售收入（万元） Sales Revenue of New Products (10000 yuan)					
		2000	2005	2010	2011	2012	2013
合计	**Total**	**4687313**	**18624925**	**24992899**	**35147172**	**38754675**	**58237693**
医药制造业	**Manufacture of Medicines**	**64247**	**124649**	**1717173**	**2377701**	**2996961**	**2813873**
#化学药品制造	Manufacture of Chemical Medicine	51719	77245	861423	1187271	1827944	1930933
中成药生产	Production of Finished Traditional Chinese Herbal Medicine	10373	45363	154516	231834	628416	328366
生物药品制造	Manufacture of Biological Medicine	2155		585427	785769	314401	338064
航空、航天器及设备制造业	**Manufacture of Aircrafts and Spacecrafts and Related Equipment**		**1854**		**1596**		
#飞机制造	Manufacture of Airplanes		1854		1596		
航天器制造	Manufacture of Spacecrafts						
电子及通信设备制造业	**Manufacture of Electronic Equipment and Communication Equipment**	**2807445**	**7652261**	**14374701**	**18983672**	**24873414**	**46430032**
#通信设备制造	Manufacture of Communication Equipment	142288	1094951	2318983	1895596	1881734	22713779
#通信系统设备制造	Manufacture of Communication System Equipment	2200	87501	124997	186198	453738	2418027
通信终端设备制造	Manufacture of Communication Terminal Equipment	110607	150594	676845	659607	1427996	20295751
广播电视设备制造	Manufacture of Broadcasting and TV Equipment		7566	136197	48687	208200	485045
雷达及配套设备制造	Manufacture of Radar and Its Fittings						
视听设备制造	Manufacture of TV Set and Radio Receiver	1811294	4753213	3874773	5818552	7823740	7778364
电子器件制造	Manufacture of Electronic Appliances	600997	1320316	2941902	5255489	5764855	5964565
#电子真空器件制造	Manufacture of Electronic Vacuum Appliance	586654	421945	61136	90026	25191	19091
半导体分立器件制造	Manufacture of Semiconductor Discreting Appliances	14342	22183	318492	275526	145204	92833
集成电路制造	Manufacture of Integrate Circuit		248761	481411	677872	808228	1038567
电子元件制造	Manufacture of Electronic Components	222384	460137	4799048	5679245	6954283	7167478
其他电子设备制造	Manufacture of Other Electronic Equipment	30482	16077	303799	286103	358705	650141
计算机及办公设备制造业	**Manufacture of Computers and Office Equipment**	**1801450**	**10751823**	**8292545**	**12868832**	**9669817**	**7809707**
#计算机整机制造	Manufacture of Entired Computer	1750498	5966348	2532071	4658846	3102403	3132585
计算机零部件制造	Manufacture of Computer Components and Parts	30158	4502705	5757950	8108146	1104758	492099
计算机外围设备制造	Manufacture of Computer Peripheral Equipment					4189710	4071194
办公设备制造	Manufacture of Office Equipment	20794	282770	2523	101840	17685	23129
医疗仪器设备及仪器仪表制造业	**Manufacture of Medical Equipments and Measuring Instrument**	**14171**	**94338**	**608480**	**915371**	**1214482**	**1184081**
1.医疗仪器设备及器械制造	Manufacture of Medical Equipment and Appliance			99211	67195	129633	150187
2.仪器仪表制造	Manufacture of Measuring Instrument	14171	94338	509269	848176	1084848	1033894

2-1-6 续表 4 continued

行 业	Industry	专利申请数（件） Patent Applications (piece)					
		2000	2005	2010	2011	2012	2013
合计	**Total**	**451**	**3203**	**8285**	**10111**	**14255**	**13648**
医药制造业	**Manufacture of Medicines**	**39**	**135**	**602**	**604**	**985**	**968**
#化学药品制造	Manufacture of Chemical Medicine	2	75	401	457	730	665
中成药生产	Production of Finished Traditional Chinese Herbal Medicine	15	60	65	42	144	132
生物药品制造	Manufacture of Biological Medicine	22		110	72	97	148
航空、航天器及设备制造业	**Manufacture of Aircrafts and Spacecrafts and Related Equipment**		**23**		**27**	**16**	**26**
#飞机制造	Manufacture of Airplanes		23		27		
航天器制造	Manufacture of Spacecrafts						
电子及通信设备制造业	**Manufacture of Electronic Equipment and Communication Equipment**	**257**	**1637**	**4759**	**6029**	**9068**	**8538**
#通信设备制造	Manufacture of Communication Equipment	26	488	1366	1158	1303	2079
#通信系统设备制造	Manufacture of Communication System Equipment	2	172	201	238	775	1752
通信终端设备制造	Manufacture of Communication Terminal Equipment	24	59	427	162	528	327
广播电视设备制造	Manufacture of Broadcasting and TV Equipment		1	8	25	200	304
雷达及配套设备制造	Manufacture of Radar and Its Fittings					6	
视听设备制造	Manufacture of TV Set and Radio Receiver	181	579	1126	767	971	1411
电子器件制造	Manufacture of Electronic Appliances	25	221	888	1368	2175	1644
#电子真空器件制造	Manufacture of Electronic Vacuum Appliance	25	54	21	12	14	7
半导体分立器件制造	Manufacture of Semiconductor Discreting Appliances			117	131	97	32
集成电路制造	Manufacture of Integrate Circuit		158	429	642	979	603
电子元件制造	Manufacture of Electronic Components	25	312	1199	2567	2035	2225
其他电子设备制造	Manufacture of Other Electronic Equipment		36	172	144	235	317
计算机及办公设备制造业	**Manufacture of Computers and Office Equipment**	**148**	**1339**	**2285**	**2222**	**3232**	**2994**
#计算机整机制造	Manufacture of Entired Computer	144	837	462	750	2099	2363
计算机零部件制造	Manufacture of Computer Components and Parts	3	502	1818	1451	100	146
计算机外围设备制造	Manufacture of Computer Peripheral Equipment					497	458
办公设备制造	Manufacture of Office Equipment	1		5	21	14	1
医疗仪器设备及仪器仪表制造业	**Manufacture of Medical Equipments and Measuring Instrument**	**7**	**69**	**639**	**1229**	**954**	**1122**
1.医疗仪器设备及器械制造	Manufacture of Medical Equipment and Appliance			119	204	296	190
2.仪器仪表制造	Manufacture of Measuring Instrument	7	69	520	1025	658	932

2-1-6 续表 5 continued

行 业	Industry	有效发明专利数（件） Number of Patents In Force (piece)					
		2000	2005	2010	2011	2012	2013
合计	**Total**	**265**	**719**	**5640**	**8359**	**11990**	**12150**
医药制造业	**Manufacture of Medicines**	**101**	**21**	**612**	**874**	**1147**	**1413**
#化学药品制造	Manufacture of Chemical Medicine	6	12	415	552	697	915
中成药生产	Production of Finished Traditional Chinese Herbal Medicine	73	9	115	202	264	277
生物药品制造	Manufacture of Biological Medicine	22		58	103	145	165
航空、航天器及设备制造业	**Manufacture of Aircrafts and Spacecrafts and Related Equipment**		**4**		**1**	**1**	**4**
#飞机制造	Manufacture of Airplanes		4		1		
航天器制造	Manufacture of Spacecrafts						
电子及通信设备制造业	**Manufacture of Electronic Equipment and Communication Equipment**	**99**	**467**	**2851**	**3681**	**5635**	**8028**
#通信设备制造	Manufacture of Communication Equipment	8	182	859	669	877	2827
#通信系统设备制造	Manufacture of Communication System Equipment	2	65	287	157	366	2551
通信终端设备制造	Manufacture of Communication Terminal Equipment	6	63	171	74	511	276
广播电视设备制造	Manufacture of Broadcasting and TV Equipment			10	15	40	39
雷达及配套设备制造	Manufacture of Radar and Its Fittings						
视听设备制造	Manufacture of TV Set and Radio Receiver	74	155	584	886	1365	1776
电子器件制造	Manufacture of Electronic Appliances	14	16	747	941	1256	1050
#电子真空器件制造	Manufacture of Electronic Vacuum Appliance	14	10	41	12	1	1
半导体分立器件制造	Manufacture of Semiconductor Discreting Appliances		3	82	55	30	37
集成电路制造	Manufacture of Integrate Circuit		1	370	507	808	311
电子元件制造	Manufacture of Electronic Components	3	112	526	1085	1119	1594
其他电子设备制造	Manufacture of Other Electronic Equipment		2	125	85	78	75
计算机及办公设备制造业	**Manufacture of Computers and Office Equipment**	**61**	**113**	**1876**	**3202**	**4843**	**2028**
#计算机整机制造	Manufacture of Entired Computer	58	11	1206	1279	2320	1567
计算机零部件制造	Manufacture of Computer Components and Parts		102	650	1908	111	64
计算机外围设备制造	Manufacture of Computer Peripheral Equipment					457	394
办公设备制造	Manufacture of Office Equipment	3		20	15		
医疗仪器设备及仪器仪表制造业	**Manufacture of Medical Equipments and Measuring Instrument**	**4**	**114**	**301**	**601**	**364**	**677**
1.医疗仪器设备及器械制造	Manufacture of Medical Equipment and Appliance			43	115	169	163
2.仪器仪表制造	Manufacture of Measuring Instrument	4	114	258	486	195	514

2-1-6 续表 6 continued

行 业	Industry	技术改造经费支出（万元） Expenditure for Technical Renovation (10000 yuan)					
		2000	2005	2010	2011	2012	2013
合计	**Total**	**42477**	**128312**	**334633**	**321057**	**454181**	**476872**
医药制造业	**Manufacture of Medicines**	**8708**	**25435**	**54442**	**69269**	**48733**	**56712**
#化学药品制造	Manufacture of Chemical Medicine	8202	12367	25851	51682	20784	41529
中成药生产	Production of Finished Traditional Chinese Herbal Medicine	506	12899	2882	8057	19595	5510
生物药品制造	Manufacture of Biological Medicine			25252	8978	8035	7573
航空、航天器及设备制造业	**Manufacture of Aircrafts and Spacecrafts and Related Equipment**						
#飞机制造	Manufacture of Airplanes						
航天器制造	Manufacture of Spacecrafts						
电子及通信设备制造业	**Manufacture of Electronic Equipment and Communication Equipment**	**31860**	**85330**	**210034**	**176395**	**261747**	**376478**
#通信设备制造	Manufacture of Communication Equipment	793	3667	9527	8020	15574	120993
#通信系统设备制造	Manufacture of Communication System Equipment	198	10	347		11957	116891
通信终端设备制造	Manufacture of Communication Terminal Equipment	137	500	43	434	3617	4102
广播电视设备制造	Manufacture of Broadcasting and TV Equipment		4344		10	3250	4391
雷达及配套设备制造	Manufacture of Radar and Its Fittings						
视听设备制造	Manufacture of TV Set and Radio Receiver	18570	26584	39599	94167	124933	181145
电子器件制造	Manufacture of Electronic Appliances	7733	20758	114159	31062	38523	10138
#电子真空器件制造	Manufacture of Electronic Vacuum Appliance	4903	11415	55706			
半导体分立器件制造	Manufacture of Semiconductor Discreting Appliances	2830	60	5269	2060	1750	1473
集成电路制造	Manufacture of Integrate Circuit		619	1401	10509	1342	6482
电子元件制造	Manufacture of Electronic Components	4764	27844	44343	42767	61320	57090
其他电子设备制造	Manufacture of Other Electronic Equipment		2132	2406	369	696	1864
计算机及办公设备制造业	**Manufacture of Computers and Office Equipment**	**157**	**12470**	**37260**	**44625**	**92381**	**19792**
#计算机整机制造	Manufacture of Entired Computer		7834	1	26981	10197	
计算机零部件制造	Manufacture of Computer Components and Parts	157	3702	37258	17644	697	19732
计算机外围设备制造	Manufacture of Computer Peripheral Equipment					81453	60
办公设备制造	Manufacture of Office Equipment		935			32	
医疗仪器设备及仪器仪表制造业	**Manufacture of Medical Equipments and Measuring Instrument**	**1752**	**5077**	**32898**	**30768**	**51318**	**23890**
1.医疗仪器设备及器械制造	Manufacture of Medical Equipment and Appliance			18243	2265	9424	1240
2.仪器仪表制造	Manufacture of Measuring Instrument	1752	5077	14654	28503	41894	22650

2-1-6 续表 7 continued

行 业	Industry	引进技术经费支出（万元） Expenditure for Acquisition of Foreign Technology (10000 yuan)					
		2000	2005	2010	2011	2012	2013
合计	**Total**	**20698**	**129886**	**66251**	**117533**	**117755**	**127709**
医药制造业	**Manufacture of Medicines**	**287**	**3660**	**5674**	**1280**	**1309**	**4572**
#化学药品制造	Manufacture of Chemical Medicine	287	3426	5360	1067	1201	2145
中成药生产	Production of Finished Traditional Chinese Herbal Medicine		234	74		62	1804
生物药品制造	Manufacture of Biological Medicine				213		623
航空、航天器及设备制造业	**Manufacture of Aircrafts and Spacecrafts and Related Equipment**			**1512**	**4900**	**1824**	**2072**
#飞机制造	Manufacture of Airplanes			1512	4900		
航天器制造	Manufacture of Spacecrafts						
电子及通信设备制造业	**Manufacture of Electronic Equipment and Communication Equipment**	**20136**	**124567**	**49618**	**105884**	**108940**	**114647**
#通信设备制造	Manufacture of Communication Equipment	538	8922	2846	1285	3951	2347
#通信系统设备制造	Manufacture of Communication System Equipment		7		627	800	700
通信终端设备制造	Manufacture of Communication Terminal Equipment	77	40			3151	1647
广播电视设备制造	Manufacture of Broadcasting and TV Equipment						
雷达及配套设备制造	Manufacture of Radar and Its Fittings						
视听设备制造	Manufacture of TV Set and Radio Receiver	8160	42020	14373	10960	789	652
电子器件制造	Manufacture of Electronic Appliances	6979	70892	18967	69637	62319	77027
#电子真空器件制造	Manufacture of Electronic Vacuum Appliance	6119	57859	8521			
半导体分立器件制造	Manufacture of Semiconductor Discreting Appliances	860	110	5811	184		
集成电路制造	Manufacture of Integrate Circuit		11854	131	6617	6716	4700
电子元件制造	Manufacture of Electronic Components	4459	2384	13171	24002	12384	12517
其他电子设备制造	Manufacture of Other Electronic Equipment		350	261		626	
计算机及办公设备制造业	**Manufacture of Computers and Office Equipment**	**91**	**1323**	**7537**	**2617**	**180**	**791**
#计算机整机制造	Manufacture of Entired Computer				100		
计算机零部件制造	Manufacture of Computer Components and Parts	9	1273	7537	2517		
计算机外围设备制造	Manufacture of Computer Peripheral Equipment					180	791
办公设备制造	Manufacture of Office Equipment	82	50				
医疗仪器设备及仪器仪表制造业	**Manufacture of Medical Equipments and Measuring Instrument**	**184**	**336**	**1910**	**2853**	**5501**	**5628**
1.医疗仪器设备及器械制造	Manufacture of Medical Equipment and Appliance					436	363
2.仪器仪表制造	Manufacture of Measuring Instrument	184	336	1910	2853	5065	5265

2-1-6 续表 8 continued

行　业	Industry	消化吸收经费支出（万元） Expenditure for Assimilation of Technology (10000 yuan)					
		2000	2005	2010	2011	2012	2013
合计	**Total**	**689**	**51254**	**13420**	**12155**	**15388**	**24473**
医药制造业	**Manufacture of Medicines**	**20**	**9825**	**5413**	**2346**	**7650**	**7085**
#化学药品制造	Manufacture of Chemical Medicine	20	9825	5213	2346	7163	7063
中成药生产	Production of Finished Traditional Chinese Herbal Medicine					476	22
生物药品制造	Manufacture of Biological Medicine			200			
航空、航天器及设备制造业	**Manufacture of Aircrafts and Spacecrafts and Related Equipment**			**581**	**883**		
#飞机制造	Manufacture of Airplanes			581	883		
航天器制造	Manufacture of Spacecrafts						
电子及通信设备制造业	**Manufacture of Electronic Equipment and Communication Equipment**	**554**	**36335**	**5567**	**8181**	**7072**	**15802**
#通信设备制造	Manufacture of Communication Equipment	3	863	265	154	159	38
#通信系统设备制造	Manufacture of Communication System Equipment		6				
通信终端设备制造	Manufacture of Communication Terminal Equipment	3				159	38
广播电视设备制造	Manufacture of Broadcasting and TV Equipment		226		21		
雷达及配套设备制造	Manufacture of Radar and Its Fittings						
视听设备制造	Manufacture of TV Set and Radio Receiver	173	31405	764	754	426	266
电子器件制造	Manufacture of Electronic Appliances	326	3838	71	1332	5144	6929
#电子真空器件制造	Manufacture of Electronic Vacuum Appliance	326	166	23		140	
半导体分立器件制造	Manufacture of Semiconductor Discreting Appliances			48			
集成电路制造	Manufacture of Integrate Circuit		3645			50	6929
电子元件制造	Manufacture of Electronic Components	52	3	4370	5921	1208	995
其他电子设备制造	Manufacture of Other Electronic Equipment			97			1208
计算机及办公设备制造业	**Manufacture of Computers and Office Equipment**	**115**	**5047**	**1586**	**52**	**1**	
#计算机整机制造	Manufacture of Entired Computer		5042	3	51		
计算机零部件制造	Manufacture of Computer Components and Parts	100	5	1584	1		
计算机外围设备制造	Manufacture of Computer Peripheral Equipment					1	
办公设备制造	Manufacture of Office Equipment	15					
医疗仪器设备及仪器仪表制造业	**Manufacture of Medical Equipments and Measuring Instrument**		**47**	**273**	**693**	**663**	**1587**
1.医疗仪器设备及器械制造	Manufacture of Medical Equipment and Appliance			87			4
2.仪器仪表制造	Manufacture of Measuring Instrument		47	186	693	663	1583

2-1-6 续表 9 continued

行业	Industry	购买国内技术经费支出（万元）Expenditure on Purchase of Domestic Technology (10000 yuan)					
		2000	2005	2010	2011	2012	2013
合计	**Total**	**4047**	**13067**	**56585**	**35605**	**67286**	**89113**
医药制造业	**Manufacture of Medicines**	**3158**	**3751**	**15036**	**5218**	**17142**	**35371**
#化学药品制造	Manufacture of Chemical Medicine	2875	3258	9160	3340	15108	29519
中成药生产	Production of Finished Traditional Chinese Herbal Medicine	163	343	3355	400	1950	5354
生物药品制造	Manufacture of Biological Medicine	120		2520	20	58	443
航空、航天器及设备制造业	**Manufacture of Aircrafts and Spacecrafts and Related Equipment**			**839**	**5796**		
#飞机制造	Manufacture of Airplanes			839	5796		
航天器制造	Manufacture of Spacecrafts						
电子及通信设备制造业	**Manufacture of Electronic Equipment and Communication Equipment**	**880**	**9069**	**19696**	**16126**	**33252**	**52892**
#通信设备制造	Manufacture of Communication Equipment		4426	5119	4665	1243	502
#通信系统设备制造	Manufacture of Communication System Equipment		4		60	300	250
通信终端设备制造	Manufacture of Communication Terminal Equipment		97	13	11	943	252
广播电视设备制造	Manufacture of Broadcasting and TV Equipment						282
雷达及配套设备制造	Manufacture of Radar and Its Fittings						
视听设备制造	Manufacture of TV Set and Radio Receiver	320	1464	1132	1561	23458	24350
电子器件制造	Manufacture of Electronic Appliances	140	22	11	3146	4206	3504
#电子真空器件制造	Manufacture of Electronic Vacuum Appliance	140					
半导体分立器件制造	Manufacture of Semiconductor Discreting Appliances			11			
集成电路制造	Manufacture of Integrate Circuit						992
电子元件制造	Manufacture of Electronic Components	420	3157	13434	6517	1636	21020
其他电子设备制造	Manufacture of Other Electronic Equipment				236		
计算机及办公设备制造业	**Manufacture of Computers and Office Equipment**	**9**	**95**	**19293**	**7561**	**2027**	**20**
#计算机整机制造	Manufacture of Entired Computer		89	5	15		
计算机零部件制造	Manufacture of Computer Components and Parts	9	6	19288	7546		
计算机外围设备制造	Manufacture of Computer Peripheral Equipment					2027	20
办公设备制造	Manufacture of Office Equipment						
医疗仪器设备及仪器仪表制造业	**Manufacture of Medical Equipments and Measuring Instrument**		**152**	**1722**	**904**	**14864**	**830**
1.医疗仪器设备及器械制造	Manufacture of Medical Equipment and Appliance			500		93	2
2.仪器仪表制造	Manufacture of Measuring Instrument		152	1222	904	14770	828

2-1-6 续表 10 continued

行业	Industry	研发机构数（个） Number of R&D Institutions in Enterprises (unit)					
		2000	2005	2010	2011	2012	2013
合计	**Total**	**74**	**177**	**545**	**660**	**740**	**696**
医药制造业	**Manufacture of Medicines**	**24**	**36**	**93**	**88**	**118**	**119**
#化学药品制造	Manufacture of Chemical Medicine	14	25	51	46	65	67
中成药生产	Production of Finished Traditional Chinese Herbal Medicine	7	11	20	21	29	28
生物药品制造	Manufacture of Biological Medicine	3		15	17	18	15
航空、航天器及设备制造业	**Manufacture of Aircrafts and Spacecrafts and Related Equipment**		**1**			**1**	**1**
#飞机制造	Manufacture of Airplanes		1				
航天器制造	Manufacture of Spacecrafts						
电子及通信设备制造业	**Manufacture of Electronic Equipment and Communication Equipment**	**39**	**91**	**370**	**482**	**497**	**460**
#通信设备制造	Manufacture of Communication Equipment	5	15	71	51	36	31
#通信系统设备制造	Manufacture of Communication System Equipment	1	1	21	16	15	12
通信终端设备制造	Manufacture of Communication Terminal Equipment	3	7	11	3	21	19
广播电视设备制造	Manufacture of Broadcasting and TV Equipment		2	2	2	11	24
雷达及配套设备制造	Manufacture of Radar and Its Fittings						
视听设备制造	Manufacture of TV Set and Radio Receiver	17	26	48	45	49	45
电子器件制造	Manufacture of Electronic Appliances	5	16	67	60	93	71
#电子真空器件制造	Manufacture of Electronic Vacuum Appliance	4	5	4	1	1	1
半导体分立器件制造	Manufacture of Semiconductor Discreting Appliances	1	2	14	7	5	4
集成电路制造	Manufacture of Integrate Circuit		1	21	11	20	9
电子元件制造	Manufacture of Electronic Components	12	28	155	309	259	237
其他电子设备制造	Manufacture of Other Electronic Equipment		4	27	15	22	30
计算机及办公设备制造业	**Manufacture of Computers and Office Equipment**	**6**	**32**	**38**	**47**	**72**	**59**
#计算机整机制造	Manufacture of Entired Computer	2	2	5	7	6	7
计算机零部件制造	Manufacture of Computer Components and Parts	3	26	29	34	26	21
计算机外围设备制造	Manufacture of Computer Peripheral Equipment					26	25
办公设备制造	Manufacture of Office Equipment	1	4	4	6	5	1
医疗仪器设备及仪器仪表制造业	**Manufacture of Medical Equipments and Measuring Instrument**	**5**	**17**	**44**	**43**	**52**	**57**
1.医疗仪器设备及器械制造	Manufacture of Medical Equipment and Appliance			6	4	18	16
2.仪器仪表制造	Manufacture of Measuring Instrument	5	17	38	39	34	41

2-1-6 续表 11 continued

行 业	Industry	机构人员（人） Personnel in the R&D Institutions (person)					
		2000	2005	2010	2011	2012	2013
合计	**Total**	**6846**	**21584**	**59293**	**58242**	**74591**	**74388**
医药制造业	**Manufacture of Medicines**	**772**	**952**	**7831**	**7989**	**10267**	**11014**
#化学药品制造	Manufacture of Chemical Medicine	466	660	4367	4962	5915	6459
中成药生产	Production of Finished Traditional Chinese Herbal Medicine	129	292	963	1164	1806	1881
生物药品制造	Manufacture of Biological Medicine	177		1992	1600	1809	1609
航空、航天器及设备制造业	**Manufacture of Aircrafts and Spacecrafts and Related Equipment**		**34**			**115**	**115**
#飞机制造	Manufacture of Airplanes		34				
航天器制造	Manufacture of Spacecrafts						
电子及通信设备制造业	**Manufacture of Electronic Equipment and Communication Equipment**	**2971**	**8952**	**40378**	**36499**	**48084**	**50957**
#通信设备制造	Manufacture of Communication Equipment	383	2392	6768	6607	5137	8891
#通信系统设备制造	Manufacture of Communication System Equipment	3	59	952	836	2847	6930
通信终端设备制造	Manufacture of Communication Terminal Equipment	345	388	918	285	2290	1961
广播电视设备制造	Manufacture of Broadcasting and TV Equipment		60	348	56	789	1126
雷达及配套设备制造	Manufacture of Radar and Its Fittings						
视听设备制造	Manufacture of TV Set and Radio Receiver	1369	3759	6959	6163	7812	6497
电子器件制造	Manufacture of Electronic Appliances	219	1230	9591	8146	8552	9043
#电子真空器件制造	Manufacture of Electronic Vacuum Appliance	185	184	531	89	72	63
半导体分立器件制造	Manufacture of Semiconductor Discreting Appliances	34	254	1102	299	134	142
集成电路制造	Manufacture of Integrate Circuit		12	2714	2273	2367	1726
电子元件制造	Manufacture of Electronic Components	1000	1328	15701	14448	22436	20815
其他电子设备制造	Manufacture of Other Electronic Equipment		183	1011	1079	1395	2717
计算机及办公设备制造业	**Manufacture of Computers and Office Equipment**	**2955**	**10044**	**7729**	**10030**	**11838**	**8213**
#计算机整机制造	Manufacture of Entired Computer	2247	302	1211	1367	2335	3869
计算机零部件制造	Manufacture of Computer Components and Parts	572	9525	6182	8145	2440	1362
计算机外围设备制造	Manufacture of Computer Peripheral Equipment					3881	2748
办公设备制造	Manufacture of Office Equipment	136	217	336	518	228	86
医疗仪器设备及仪器仪表制造业	**Manufacture of Medical Equipments and Measuring Instrument**	**148**	**1602**	**3355**	**3724**	**4287**	**4089**
1.医疗仪器设备及器械制造	Manufacture of Medical Equipment and Appliance			741	359	694	534
2.仪器仪表制造	Manufacture of Measuring Instrument	148	1602	2614	3365	3593	3555

2-1-6 续表 12 continued

行业	Industry	机构经费支出（万元） Expenditure in the R&D Institutions (10000 yuan)					
		2000	2005	2010	2011	2012	2013
合计	**Total**	**142452**	**314620**	**1225299**	**1374307**	**1813957**	**1888652**
医药制造业	**Manufacture of Medicines**	**5239**	**20590**	**155712**	**172424**	**253531**	**259870**
#化学药品制造	Manufacture of Chemical Medicine	3772	15708	92559	97340	144211	166499
中成药生产	Production of Finished Traditional Chinese Herbal Medicine	650	4882	16167	14547	32496	34321
生物药品制造	Manufacture of Biological Medicine	817		40320	53489	63232	39583
航空、航天器及设备制造业	**Manufacture of Aircrafts and Spacecrafts and Related Equipment**		**536**			**9856**	**5628**
#飞机制造	Manufacture of Airplanes		536				
航天器制造	Manufacture of Spacecrafts						
电子及通信设备制造业	**Manufacture of Electronic Equipment and Communication Equipment**	**56750**	**201132**	**738753**	**760323**	**1030447**	**1273724**
#通信设备制造	Manufacture of Communication Equipment	2546	45460	105883	101513	86907	290088
#通信系统设备制造	Manufacture of Communication System Equipment	5	335	7636	5527	30501	245711
通信终端设备制造	Manufacture of Communication Terminal Equipment	690	4553	13411	5700	56406	44378
广播电视设备制造	Manufacture of Broadcasting and TV Equipment		2055	6222	112	22008	30268
雷达及配套设备制造	Manufacture of Radar and Its Fittings						
视听设备制造	Manufacture of TV Set and Radio Receiver	30480	112339	163293	176572	159262	178322
电子器件制造	Manufacture of Electronic Appliances	12532	22249	195647	234876	306238	288468
#电子真空器件制造	Manufacture of Electronic Vacuum Appliance	11764	11107	7680	500	1461	856
半导体分立器件制造	Manufacture of Semiconductor Discreting Appliances	768	828	19535	5813	6806	3934
集成电路制造	Manufacture of Integrate Circuit		326	49226	66867	78042	42990
电子元件制造	Manufacture of Electronic Components	11192	18319	249820	234282	401771	405661
其他电子设备制造	Manufacture of Other Electronic Equipment		710	17887	12968	16050	47942
计算机及办公设备制造业	**Manufacture of Computers and Office Equipment**	**79157**	**74073**	**289896**	**389033**	**454214**	**286683**
#计算机整机制造	Manufacture of Entired Computer	73937	6347	76357	105796	128365	119414
计算机零部件制造	Manufacture of Computer Components and Parts	4983	64976	202941	273645	32194	21960
计算机外围设备制造	Manufacture of Computer Peripheral Equipment					185666	140384
办公设备制造	Manufacture of Office Equipment	237	2749	10599	9592	1681	1129
医疗仪器设备及仪器仪表制造业	**Manufacture of Medical Equipments and Measuring Instrument**	**1307**	**18289**	**40938**	**52528**	**65907**	**62748**
1.医疗仪器设备及器械制造	Manufacture of Medical Equipment and Appliance			13790	3707	13432	10672
2.仪器仪表制造	Manufacture of Measuring Instrument	1307	18289	27148	48821	52475	52076

2-1-7 大中型外资企业分行业R&D及相关活动情况

Statistics on R&D and Related Activities of Foreign Funded Enterprises in Large and Medium-sized Enterprises by Region

行 业	Industry	R&D人员折合全时当量（人年） Full-time Equivalent of R&D Personnel (man-year)					
		2000	2005	2010	2011	2012	2013
合计	**Total**	**9375**	**33860**	**113156**	**85971**	**112477**	**116260**
医药制造业	**Manufacture of Medicines**	**1123**	**2424**	**8176**	**9787**	**10136**	**13232**
#化学药品制造	Manufacture of Chemical Medicine	665	1894	6111	7394	7525	10000
中成药生产	Production of Finished Traditional Chinese Herbal Medicine	332	333	1014	1125	939	1575
生物药品制造	Manufacture of Biological Medicine	109	121	545	827	1138	1239
航空、航天器及设备制造业	**Manufacture of Aircrafts and Spacecrafts and Related Equipment**	**884**	**33**	**202**	**185**	**621**	**1147**
#飞机制造	Manufacture of Airplanes	884	33	202	185	13	71
航天器制造	Manufacture of Spacecrafts						
电子及通信设备制造业	**Manufacture of Electronic Equipment and Communication Equipment**	**6258**	**23056**	**48031**	**47637**	**59732**	**60694**
#通信设备制造	Manufacture of Communication Equipment	3287	8964	14700	10799	10452	13179
#通信系统设备制造	Manufacture of Communication System Equipment	2394	4353	7339	3578	4461	5473
通信终端设备制造	Manufacture of Communication Terminal Equipment	83	557	523	630	5991	7707
广播电视设备制造	Manufacture of Broadcasting and TV Equipment		200	437	472	662	1933
雷达及配套设备制造	Manufacture of Radar and Its Fittings						
视听设备制造	Manufacture of TV Set and Radio Receiver	617	1726	3123	2119	2410	3536
电子器件制造	Manufacture of Electronic Appliances	702	5460	12002	14202	25366	17284
#电子真空器件制造	Manufacture of Electronic Vacuum Appliance	120	597	278	91	57	143
半导体分立器件制造	Manufacture of Semiconductor Discreting Appliances	157	277	1449	539	1443	1080
集成电路制造	Manufacture of Integrate Circuit	425	2657	5207	6000	10630	7084
电子元件制造	Manufacture of Electronic Components	578	6311	15769	19464	17182	18393
其他电子设备制造	Manufacture of Other Electronic Equipment	1075	395	2000	581	1620	4591
计算机及办公设备制造业	**Manufacture of Computers and Office Equipment**	**549**	**7254**	**49973**	**20478**	**33903**	**32730**
#计算机整机制造	Manufacture of Entired Computer	138	2771	17992	10140	11076	11480
计算机零部件制造	Manufacture of Computer Components and Parts	332	3670	31576	9799	17128	14765
计算机外围设备制造	Manufacture of Computer Peripheral Equipment					1818	1408
办公设备制造	Manufacture of Office Equipment	79	814	404	539	865	1236
医疗仪器设备及仪器仪表制造业	**Manufacture of Medical Equipments and Measuring Instrument**	**562**	**1093**	**6774**	**7884**	**8084**	**8455**
1.医疗仪器设备及器械制造	Manufacture of Medical Equipment and Appliance	141	466	1419	2184	2280	2259
2.仪器仪表制造	Manufacture of Measuring Instrument	420	627	5354	5701	5804	6196

2-1-7 续表 1 continued

行 业	Industry	R&D经费内部支出（万元） Intramural Expenditure on R&D (10000 yuan)					
		2000	2005	2010	2011	2012	2013
合计	**Total**	**202661**	**1019163**	**2453041**	**2789420**	**3242284**	**3517391**
医药制造业	**Manufacture of Medicines**	**24491**	**74443**	**240025**	**269509**	**334158**	**403182**
#化学药品制造	Manufacture of Chemical Medicine	18884	59703	197295	211483	256276	297316
中成药生产	Production of Finished Traditional Chinese Herbal Medicine	3549	6344	20888	28403	36727	50091
生物药品制造	Manufacture of Biological Medicine	1915	3807	9502	15904	26690	44000
航空、航天器及设备制造业	**Manufacture of Aircrafts and Spacecrafts and Related Equipment**	**5337**	**2292**	**5319**	**7177**	**4215**	**29912**
#飞机制造	Manufacture of Airplanes	5337	2292	5319	7177	395	14718
航天器制造	Manufacture of Spacecrafts						
电子及通信设备制造业	**Manufacture of Electronic Equipment and Communication Equipment**	**160130**	**773302**	**1515760**	**1569167**	**1912579**	**2137315**
#通信设备制造	Manufacture of Communication Equipment	100956	340120	501326	385558	402748	507560
#通信系统设备制造	Manufacture of Communication System Equipment	67578	170920	231660	116480	151980	186043
通信终端设备制造	Manufacture of Communication Terminal Equipment	2273	6544	13689	19090	250767	321518
广播电视设备制造	Manufacture of Broadcasting and TV Equipment		4126	8929	12709	28150	64078
雷达及配套设备制造	Manufacture of Radar and Its Fittings						
视听设备制造	Manufacture of TV Set and Radio Receiver	23021	76941	120111	226610	115804	196721
电子器件制造	Manufacture of Electronic Appliances	18790	203766	443492	516847	788723	662739
#电子真空器件制造	Manufacture of Electronic Vacuum Appliance	9807	14497	7728	434	1606	3601
半导体分立器件制造	Manufacture of Semiconductor Discreting Appliances	193	9105	65963	24376	37743	24337
集成电路制造	Manufacture of Integrate Circuit	8789	117939	167892	155824	302893	264628
电子元件制造	Manufacture of Electronic Components	12639	142061	373912	383667	400437	394300
其他电子设备制造	Manufacture of Other Electronic Equipment	4725	6288	67991	43775	84987	234006
计算机及办公设备制造业	**Manufacture of Computers and Office Equipment**	**6859**	**135454**	**576940**	**723134**	**738559**	**648152**
#计算机整机制造	Manufacture of Entired Computer	1091	23780	251923	419098	359829	328701
计算机零部件制造	Manufacture of Computer Components and Parts	4708	100290	311698	277377	255935	196215
计算机外围设备制造	Manufacture of Computer Peripheral Equipment					39085	20959
办公设备制造	Manufacture of Office Equipment	1060	11384	13319	26659	29560	33233
医疗仪器设备及仪器仪表制造业	**Manufacture of Medical Equipments and Measuring Instrument**	**5843**	**33672**	**114996**	**220434**	**252772**	**298830**
1.医疗仪器设备及器械制造	Manufacture of Medical Equipment and Appliance	2588	21527	37026	87918	85741	114207
2.仪器仪表制造	Manufacture of Measuring Instrument	3255	12145	77970	132516	167030	184624

2-1-7 续表 2 continued

行 业	Industry	新产品开发经费支出（万元） Expenditure on New Products Development (10000 yuan)					
		2000	2005	2010	2011	2012	2013
合计	**Total**	**222028**	**1216386**	**3051653**	**4156346**	**4672985**	**4488169**
医药制造业	**Manufacture of Medicines**	**23945**	**90178**	**261087**	**288611**	**334826**	**386912**
#化学药品制造	Manufacture of Chemical Medicine	15784	70318	213583	225846	250345	272977
中成药生产	Production of Finished Traditional Chinese Herbal Medicine	5701	10997	20520	24493	34400	42142
生物药品制造	Manufacture of Biological Medicine	2315	4282	17148	27760	35415	51507
航空、航天器及设备制造业	**Manufacture of Aircrafts and Spacecrafts and Related Equipment**	**5337**	**4800**	**9976**	**10821**	**15051**	**39310**
#飞机制造	Manufacture of Airplanes	5337	4800	9976	10821	4399	13636
航天器制造	Manufacture of Spacecrafts						
电子及通信设备制造业	**Manufacture of Electronic Equipment and Communication Equipment**	**162410**	**877314**	**1855555**	**2373579**	**2696219**	**2708247**
#通信设备制造	Manufacture of Communication Equipment	98600	406031	705024	709492	638470	667931
#通信系统设备制造	Manufacture of Communication System Equipment	60236	160631	302619	309881	284063	277864
通信终端设备制造	Manufacture of Communication Terminal Equipment	8428	9159	20558	7959	354407	390067
广播电视设备制造	Manufacture of Broadcasting and TV Equipment		4961	14353	27664	46758	79224
雷达及配套设备制造	Manufacture of Radar and Its Fittings						
视听设备制造	Manufacture of TV Set and Radio Receiver	25416	102273	134515	296323	161719	252714
电子器件制造	Manufacture of Electronic Appliances	24041	194714	546581	739680	989451	826460
#电子真空器件制造	Manufacture of Electronic Vacuum Appliance	13241	18863	4512	2164	1853	2965
半导体分立器件制造	Manufacture of Semiconductor Discreting Appliances	193	11959	48904	23841	38020	31580
集成电路制造	Manufacture of Integrate Circuit	10608	88306	194955	266079	395282	347271
电子元件制造	Manufacture of Electronic Components	14352	162535	397132	484132	558475	465256
其他电子设备制造	Manufacture of Other Electronic Equipment		6800	57951	116288	189320	308250
计算机及办公设备制造业	**Manufacture of Computers and Office Equipment**	**21658**	**205341**	**741220**	**1206122**	**1289967**	**984108**
#计算机整机制造	Manufacture of Entired Computer	516	43798	338524	777535	638240	519272
计算机零部件制造	Manufacture of Computer Components and Parts	17626	134773	382849	394130	477854	306677
计算机外围设备制造	Manufacture of Computer Peripheral Equipment					58761	31954
办公设备制造	Manufacture of Office Equipment	3516	26770	19847	34457	40361	45208
医疗仪器设备及仪器仪表制造业	**Manufacture of Medical Equipments and Measuring Instrument**	**8679**	**38754**	**183815**	**277213**	**336920**	**369592**
1.医疗仪器设备及器械制造	Manufacture of Medical Equipment and Appliance	2969	19976	65651	101718	123719	145822
2.仪器仪表制造	Manufacture of Measuring Instrument	5710	18778	118164	175495	213201	223770

2-1-7 续表 3 continued

行业	Industry	新产品销售收入（万元） Sales Revenue of New Products (10000 yuan)					
		2000	2005	2010	2011	2012	2013
合计	**Total**	**10270862**	**27716836**	**79235660**	**99933626**	**107896980**	**121378698**
医药制造业	**Manufacture of Medicines**	**273340**	**741324**	**2885723**	**3002683**	**3602953**	**4001660**
#化学药品制造	Manufacture of Chemical Medicine	214036	658184	2422704	2417345	2901559	3226567
中成药生产	Production of Finished Traditional Chinese Herbal Medicine	28409	73537	336226	289703	389482	463989
生物药品制造	Manufacture of Biological Medicine	23358	6803	59446	128880	117057	101438
航空、航天器及设备制造业	**Manufacture of Aircrafts and Spacecrafts and Related Equipment**		**4933**	**9306**	**11977**	**65357**	**98046**
#飞机制造	Manufacture of Airplanes		4933	9306	11977	34709	85938
航天器制造	Manufacture of Spacecrafts						
电子及通信设备制造业	**Manufacture of Electronic Equipment and Communication Equipment**	**7288157**	**18606168**	**43787077**	**45165444**	**51116067**	**72061172**
#通信设备制造	Manufacture of Communication Equipment	4066420	10521050	24030485	23020504	25593331	39059702
#通信系统设备制造	Manufacture of Communication System Equipment	141393	2156903	2021995	3294462	1638013	2809587
通信终端设备制造	Manufacture of Communication Terminal Equipment	821547	520710	451878	42932	23955318	36250115
广播电视设备制造	Manufacture of Broadcasting and TV Equipment		10942	130771	217459	394139	1108005
雷达及配套设备制造	Manufacture of Radar and Its Fittings						
视听设备制造	Manufacture of TV Set and Radio Receiver	2046575	3346729	5151545	6434693	4193118	10688835
电子器件制造	Manufacture of Electronic Appliances	866693	2890331	7443471	7711633	11538746	10031072
#电子真空器件制造	Manufacture of Electronic Vacuum Appliance	617579	480293	680742	405723	429100	451208
半导体分立器件制造	Manufacture of Semiconductor Discreting Appliances	11301	33110	448182	181346	159713	157124
集成电路制造	Manufacture of Integrate Circuit	237813	1756438	463196	1698662	2558060	2565071
电子元件制造	Manufacture of Electronic Components	308469	1767376	6160875	7053702	7855523	7148744
其他电子设备制造	Manufacture of Other Electronic Equipment		69740	869930	727453	269873	2636614
计算机及办公设备制造业	**Manufacture of Computers and Office Equipment**	**2556323**	**7939540**	**30852672**	**49250256**	**50991474**	**43071513**
#计算机整机制造	Manufacture of Entired Computer	117812	4740700	9999907	25685712	27851304	18968867
计算机零部件制造	Manufacture of Computer Components and Parts	2370475	2894574	19849016	23042543	21000498	21168911
计算机外围设备制造	Manufacture of Computer Peripheral Equipment					861455	973920
办公设备制造	Manufacture of Office Equipment	68037	304266	1003749	522000	684741	926772
医疗仪器设备及仪器仪表制造业	**Manufacture of Medical Equipments and Measuring Instrument**	**153043**	**424870**	**1700883**	**2503267**	**2121127**	**2146307**
1.医疗仪器设备及器械制造	Manufacture of Medical Equipment and Appliance	21594	145078	199743	178805	230924	152179
2.仪器仪表制造	Manufacture of Measuring Instrument	131449	279793	1501140	2324462	1890202	1994129

2-1-7 续表 4 continued

行 业	Industry	专利申请数（件） Patent Applications (piece)					
		2000	2005	2010	2011	2012	2013
合计	**Total**	**131**	**2833**	**16249**	**18922**	**19171**	**23839**
医药制造业	**Manufacture of Medicines**	**48**	**459**	**841**	**898**	**1050**	**1136**
#化学药品制造	Manufacture of Chemical Medicine	13	188	509	546	588	684
中成药生产	Production of Finished Traditional Chinese Herbal Medicine	29	195	108	95	100	84
生物药品制造	Manufacture of Biological Medicine	6	71	91	187	245	136
航空、航天器及设备制造业	**Manufacture of Aircrafts and Spacecrafts and Related Equipment**			**17**	**28**	**76**	**72**
#飞机制造	Manufacture of Airplanes			17	28	38	23
航天器制造	Manufacture of Spacecrafts						
电子及通信设备制造业	**Manufacture of Electronic Equipment and Communication Equipment**	**47**	**1998**	**8310**	**10101**	**13253**	**15723**
#通信设备制造	Manufacture of Communication Equipment	40	519	2285	2857	4135	5045
#通信系统设备制造	Manufacture of Communication System Equipment	37	106	507	409	459	411
通信终端设备制造	Manufacture of Communication Terminal Equipment	1	53		20	3676	4634
广播电视设备制造	Manufacture of Broadcasting and TV Equipment		39	740	783	366	775
雷达及配套设备制造	Manufacture of Radar and Its Fittings						
视听设备制造	Manufacture of TV Set and Radio Receiver	5	850	165	307	979	717
电子器件制造	Manufacture of Electronic Appliances	2	306	3206	3924	4868	5204
#电子真空器件制造	Manufacture of Electronic Vacuum Appliance		1	77	2	41	49
半导体分立器件制造	Manufacture of Semiconductor Discreting Appliances			85	23	84	56
集成电路制造	Manufacture of Integrate Circuit	2	249	1505	2051	1582	1795
电子元件制造	Manufacture of Electronic Components		281	1618	2058	2247	3009
其他电子设备制造	Manufacture of Other Electronic Equipment		3	296	172	366	628
计算机及办公设备制造业	**Manufacture of Computers and Office Equipment**	**30**	**146**	**6074**	**6495**	**3499**	**4893**
#计算机整机制造	Manufacture of Entired Computer		6	4441	4549	2206	3250
计算机零部件制造	Manufacture of Computer Components and Parts	28	140	1592	1899	489	923
计算机外围设备制造	Manufacture of Computer Peripheral Equipment					262	284
办公设备制造	Manufacture of Office Equipment	2		41	47	169	166
医疗仪器设备及仪器仪表制造业	**Manufacture of Medical Equipments and Measuring Instrument**	**6**	**230**	**1007**	**1400**	**1293**	**2015**
1.医疗仪器设备及器械制造	Manufacture of Medical Equipment and Appliance	2	154	297	397	502	536
2.仪器仪表制造	Manufacture of Measuring Instrument	4	76	710	1003	791	1479

2-1-7 续表 5 continued

行 业	Industry	有效发明专利数（件） Number of Patents In Force (piece)					
		2000	2005	2010	2011	2012	2013
合计	**Total**	**170**	**1194**	**10259**	**13217**	**18995**	**21084**
医药制造业	**Manufacture of Medicines**	**67**	**252**	**986**	**917**	**1179**	**1345**
#化学药品制造	Manufacture of Chemical Medicine	5	56	555	614	858	929
中成药生产	Production of Finished Traditional Chinese Herbal Medicine	61	122	132	116	132	190
生物药品制造	Manufacture of Biological Medicine	1	9	62	106	79	160
航空、航天器及设备制造业	**Manufacture of Aircrafts and Spacecrafts and Related Equipment**			**8**		**22**	**31**
#飞机制造	Manufacture of Airplanes			8			23
航天器制造	Manufacture of Spacecrafts						
电子及通信设备制造业	**Manufacture of Electronic Equipment and Communication Equipment**	**89**	**733**	**4846**	**5122**	**8496**	**8931**
#通信设备制造	Manufacture of Communication Equipment	87	173	1330	1321	1750	1731
#通信系统设备制造	Manufacture of Communication System Equipment	82	72	295	420	479	655
通信终端设备制造	Manufacture of Communication Terminal Equipment	1	11		10	1271	1076
广播电视设备制造	Manufacture of Broadcasting and TV Equipment		3	66	142	244	786
雷达及配套设备制造	Manufacture of Radar and Its Fittings						
视听设备制造	Manufacture of TV Set and Radio Receiver		129	296	213	923	398
电子器件制造	Manufacture of Electronic Appliances	2	367	1914	1647	3350	3580
#电子真空器件制造	Manufacture of Electronic Vacuum Appliance		251	8		110	78
半导体分立器件制造	Manufacture of Semiconductor Discreting Appliances		2	58	3	52	51
集成电路制造	Manufacture of Integrate Circuit	2	98	1337	755	1271	1290
电子元件制造	Manufacture of Electronic Components		60	1218	1738	1495	1250
其他电子设备制造	Manufacture of Other Electronic Equipment		1	22	61	331	810
计算机及办公设备制造业	**Manufacture of Computers and Office Equipment**	**4**	**163**	**4046**	**6561**	**8613**	**9651**
#计算机整机制造	Manufacture of Entired Computer		1	3082	4414	7333	8028
计算机零部件制造	Manufacture of Computer Components and Parts	2	162	964	2125	645	765
计算机外围设备制造	Manufacture of Computer Peripheral Equipment					171	132
办公设备制造	Manufacture of Office Equipment	2			22	18	163
医疗仪器设备及仪器仪表制造业	**Manufacture of Medical Equipments and Measuring Instrument**	**10**	**46**	**373**	**617**	**685**	**1126**
1.医疗仪器设备及器械制造	Manufacture of Medical Equipment and Appliance	6	30	135	181	271	445
2.仪器仪表制造	Manufacture of Measuring Instrument	4	16	238	436	414	681

2-1-7 续表 6 continued

行 业	Industry	技术改造经费支出（万元） Expenditure for Technical Renovation (10000 yuan)					
		2000	2005	2010	2011	2012	2013
合计	**Total**	**80420**	**278819**	**526326**	**410614**	**385046**	**323658**
医药制造业	**Manufacture of Medicines**	**15978**	**52192**	**95215**	**70004**	**100845**	**77313**
#化学药品制造	Manufacture of Chemical Medicine	8480	29971	81330	58892	86947	68070
中成药生产	Production of Finished Traditional Chinese Herbal Medicine	6498	20560	3880	1278	8956	7686
生物药品制造	Manufacture of Biological Medicine	1000	1200	580	4510	2654	211
航空、航天器及设备制造业	**Manufacture of Aircrafts and Spacecrafts and Related Equipment**		**4564**	**1529**			**4513**
#飞机制造	Manufacture of Airplanes		4564	1529			4513
航天器制造	Manufacture of Spacecrafts						
电子及通信设备制造业	**Manufacture of Electronic Equipment and Communication Equipment**	**52920**	**189421**	**263643**	**266296**	**203148**	**173303**
#通信设备制造	Manufacture of Communication Equipment	32151	20815	8986	16459	7712	23344
#通信系统设备制造	Manufacture of Communication System Equipment	3772	4737	178	3	1776	18461
通信终端设备制造	Manufacture of Communication Terminal Equipment	28286	501	7636		5935	4883
广播电视设备制造	Manufacture of Broadcasting and TV Equipment		30	18			
雷达及配套设备制造	Manufacture of Radar and Its Fittings						
视听设备制造	Manufacture of TV Set and Radio Receiver	4894	28486	53882	41328	33295	2386
电子器件制造	Manufacture of Electronic Appliances	14908	49460	165160	140923	92521	84772
#电子真空器件制造	Manufacture of Electronic Vacuum Appliance	6185	6733	338	2499	508	
半导体分立器件制造	Manufacture of Semiconductor Discreting Appliances	8000	1822	79877	17872	5439	255
集成电路制造	Manufacture of Integrate Circuit	723	32097	23213	83163	27073	38810
电子元件制造	Manufacture of Electronic Components	967	90508	35375	67480	48711	49789
其他电子设备制造	Manufacture of Other Electronic Equipment		121	222	107	1342	1432
计算机及办公设备制造业	**Manufacture of Computers and Office Equipment**	**9417**	**26410**	**127937**	**42477**	**14636**	**13475**
#计算机整机制造	Manufacture of Entired Computer	516	575	64280	1374		4846
计算机零部件制造	Manufacture of Computer Components and Parts	8902	24903	59240	39572	10244	3310
计算机外围设备制造	Manufacture of Computer Peripheral Equipment					1813	1966
办公设备制造	Manufacture of Office Equipment		932	4417	1530	2578	254
医疗仪器设备及仪器仪表制造业	**Manufacture of Medical Equipments and Measuring Instrument**	**2105**	**6233**	**38002**	**31837**	**66415**	**55054**
1.医疗仪器设备及器械制造	Manufacture of Medical Equipment and Appliance	1213	663	43	4212	3382	1831
2.仪器仪表制造	Manufacture of Measuring Instrument	892	5570	37959	27625	63033	53223

2-1-7 续表 7 continued

行 业	Industry	引进技术经费支出（万元） Expenditure for Acquisition of Foreign Technology (10000 yuan)					
		2000	2005	2010	2011	2012	2013
合计	**Total**	**213961**	**622099**	**465580**	**358907**	**344551**	**271601**
医药制造业	**Manufacture of Medicines**	**8898**	**9383**	**26725**	**8114**	**10602**	**10224**
#化学药品制造	Manufacture of Chemical Medicine	2140	9183	21350	7894	10522	9166
中成药生产	Production of Finished Traditional Chinese Herbal Medicine	400	200	728			
生物药品制造	Manufacture of Biological Medicine	6233		2887			428
航空、航天器及设备制造业	**Manufacture of Aircrafts and Spacecrafts and Related Equipment**		**2950**	**2856**			**100**
#飞机制造	Manufacture of Airplanes		2950	2856			
航天器制造	Manufacture of Spacecrafts						
电子及通信设备制造业	**Manufacture of Electronic Equipment and Communication Equipment**	**130248**	**506772**	**367130**	**301419**	**240615**	**180568**
#通信设备制造	Manufacture of Communication Equipment	67737	181256	160272	32411	36967	32924
#通信系统设备制造	Manufacture of Communication System Equipment	20953	6852	5949	6392		2914
通信终端设备制造	Manufacture of Communication Terminal Equipment	45569		13183	8038	36967	30010
广播电视设备制造	Manufacture of Broadcasting and TV Equipment		533	532		2446	2079
雷达及配套设备制造	Manufacture of Radar and Its Fittings						
视听设备制造	Manufacture of TV Set and Radio Receiver	26179	107761	56224	81805	49140	52685
电子器件制造	Manufacture of Electronic Appliances	28850	122975	93932	130299	88841	24817
#电子真空器件制造	Manufacture of Electronic Vacuum Appliance	19300	17723	11085	6816	7018	
半导体分立器件制造	Manufacture of Semiconductor Discreting Appliances			3600	4407	4896	674
集成电路制造	Manufacture of Integrate Circuit	9549	44195	15614	11899	6798	7707
电子元件制造	Manufacture of Electronic Components	7233	93128	56171	56685	63218	66159
其他电子设备制造	Manufacture of Other Electronic Equipment	250	1120		219		
计算机及办公设备制造业	**Manufacture of Computers and Office Equipment**	**72256**	**102994**	**19427**	**1840**	**22498**	**11811**
#计算机整机制造	Manufacture of Entired Computer	31405	32607		447		
计算机零部件制造	Manufacture of Computer Components and Parts	40540	50593	2771	243	2506	2994
计算机外围设备制造	Manufacture of Computer Peripheral Equipment					16116	8336
办公设备制造	Manufacture of Office Equipment	310	19794	16657	1150	3876	482
医疗仪器设备及仪器仪表制造业	**Manufacture of Medical Equipments and Measuring Instrument**	**2559**		**49441**	**47535**	**70834**	**68898**
1.医疗仪器设备及器械制造	Manufacture of Medical Equipment and Appliance	180		27451	31990	59820	48784
2.仪器仪表制造	Manufacture of Measuring Instrument	2379		21991	15545	11014	20114

2-1-7 续表 8 continued

行 业	Industry	消化吸收经费支出（万元） Expenditure for Assimilation of Technology (10000 yuan)					
		2000	2005	2010	2011	2012	2013
合计	**Total**	**11736**	**192020**	**30039**	**69909**	**9723**	**20669**
医药制造业	**Manufacture of Medicines**	**961**	**3405**	**13536**	**6502**	**1894**	**5986**
#化学药品制造	Manufacture of Chemical Medicine	960	3049	10923	4846	892	5093
中成药生产	Production of Finished Traditional Chinese Herbal Medicine	1	356	2389	1014	842	627
生物药品制造	Manufacture of Biological Medicine						
航空、航天器及设备制造业	**Manufacture of Aircrafts and Spacecrafts and Related Equipment**			**370**			
#飞机制造	Manufacture of Airplanes			370			
航天器制造	Manufacture of Spacecrafts						
电子及通信设备制造业	**Manufacture of Electronic Equipment and Communication Equipment**	**7236**	**182791**	**11639**	**43169**	**6724**	**8976**
#通信设备制造	Manufacture of Communication Equipment	1839	165488	1348	1092	347	462
#通信系统设备制造	Manufacture of Communication System Equipment	1088		402	5	190	6
通信终端设备制造	Manufacture of Communication Terminal Equipment	652		561		157	456
广播电视设备制造	Manufacture of Broadcasting and TV Equipment					841	952
雷达及配套设备制造	Manufacture of Radar and Its Fittings						
视听设备制造	Manufacture of TV Set and Radio Receiver	5219	1889	3172	2866	2041	392
电子器件制造	Manufacture of Electronic Appliances	78	11716	5916	1275	2061	4873
#电子真空器件制造	Manufacture of Electronic Vacuum Appliance			72			1540
半导体分立器件制造	Manufacture of Semiconductor Discreting Appliances			2583	389	936	156
集成电路制造	Manufacture of Integrate Circuit	78	730	2753	862	925	1035
电子元件制造	Manufacture of Electronic Components	100	3698	1202	37935	1431	2296
其他电子设备制造	Manufacture of Other Electronic Equipment						
计算机及办公设备制造业	**Manufacture of Computers and Office Equipment**	**3197**	**3171**	**3099**	**2305**		**2642**
#计算机整机制造	Manufacture of Entired Computer						
计算机零部件制造	Manufacture of Computer Components and Parts	3197	1371	2436			
计算机外围设备制造	Manufacture of Computer Peripheral Equipment						
办公设备制造	Manufacture of Office Equipment		1800	662	2305		2642
医疗仪器设备及仪器仪表制造业	**Manufacture of Medical Equipments and Measuring Instrument**	**342**	**2653**	**1396**	**17934**	**1104**	**3065**
1.医疗仪器设备及器械制造	Manufacture of Medical Equipment and Appliance	160		10	21	21	
2.仪器仪表制造	Manufacture of Measuring Instrument	182	2653	1386	17913	1083	3065

2-1-7 续表 9 continued

行 业	Industry	购买国内技术经费支出（万元） Expenditure on Purchase of Domestic Technology (10000 yuan)					
		2000	2005	2010	2011	2012	2013
合计	**Total**	**4379**	**13159**	**22074**	**23943**	**24072**	**30527**
医药制造业	**Manufacture of Medicines**	**1557**	**6808**	**12546**	**11495**	**16314**	**20801**
#化学药品制造	Manufacture of Chemical Medicine	562	5598	11093	10624	12906	18146
中成药生产	Production of Finished Traditional Chinese Herbal Medicine	980	918	1388	312	3344	1844
生物药品制造	Manufacture of Biological Medicine	15	292		23		470
航空、航天器及设备制造业	**Manufacture of Aircrafts and Spacecrafts and Related Equipment**						
#飞机制造	Manufacture of Airplanes						
航天器制造	Manufacture of Spacecrafts						
电子及通信设备制造业	**Manufacture of Electronic Equipment and Communication Equipment**	**102**	**4434**	**2399**	**10994**	**7089**	**9676**
#通信设备制造	Manufacture of Communication Equipment	101	85	1553	5961	5822	5668
#通信系统设备制造	Manufacture of Communication System Equipment			1	5		6
通信终端设备制造	Manufacture of Communication Terminal Equipment	101				5822	5662
广播电视设备制造	Manufacture of Broadcasting and TV Equipment				36		825
雷达及配套设备制造	Manufacture of Radar and Its Fittings						
视听设备制造	Manufacture of TV Set and Radio Receiver		684		3026		1947
电子器件制造	Manufacture of Electronic Appliances		2906	470	430	934	611
#电子真空器件制造	Manufacture of Electronic Vacuum Appliance		1013				
半导体分立器件制造	Manufacture of Semiconductor Discreting Appliances		1822	230			34
集成电路制造	Manufacture of Integrate Circuit		70	90	430	86	
电子元件制造	Manufacture of Electronic Components	2	558	256	1538	195	518
其他电子设备制造	Manufacture of Other Electronic Equipment		200	119	4		
计算机及办公设备制造业	**Manufacture of Computers and Office Equipment**		**1844**	**5396**	**158**	**52**	
#计算机整机制造	Manufacture of Entired Computer		1844	42		52	
计算机零部件制造	Manufacture of Computer Components and Parts			5319	138		
计算机外围设备制造	Manufacture of Computer Peripheral Equipment						
办公设备制造	Manufacture of Office Equipment			35	20		
医疗仪器设备及仪器仪表制造业	**Manufacture of Medical Equipments and Measuring Instrument**	**2720**	**74**	**1734**	**1296**	**616**	**50**
1.医疗仪器设备及器械制造	Manufacture of Medical Equipment and Appliance	2707	15	10		65	
2.仪器仪表制造	Manufacture of Measuring Instrument	12	59	1724	1296	551	50

2-1-7 续表 10 continued

行 业	Industry	研发机构数（个） Number of R&D Institutions in Enterprises (unit)					
		2000	2005	2010	2011	2012	2013
合计	**Total**	**115**	**274**	**669**	**613**	**1069**	**927**
医药制造业	**Manufacture of Medicines**	**36**	**62**	**125**	**118**	**135**	**139**
#化学药品制造	Manufacture of Chemical Medicine	16	46	81	69	69	78
中成药生产	Production of Finished Traditional Chinese Herbal Medicine	14	12	18	23	18	20
生物药品制造	Manufacture of Biological Medicine	5	2	12	17	20	21
航空、航天器及设备制造业	**Manufacture of Aircrafts and Spacecrafts and Related Equipment**		**2**	**2**	**4**	**8**	**8**
#飞机制造	Manufacture of Airplanes		2	2	4	4	3
航天器制造	Manufacture of Spacecrafts						
电子及通信设备制造业	**Manufacture of Electronic Equipment and Communication Equipment**	**63**	**167**	**380**	**342**	**695**	**585**
#通信设备制造	Manufacture of Communication Equipment	32	41	61	52	65	60
#通信系统设备制造	Manufacture of Communication System Equipment	18	13	14	7	27	22
通信终端设备制造	Manufacture of Communication Terminal Equipment	4	5	3	3	38	38
广播电视设备制造	Manufacture of Broadcasting and TV Equipment		1	8	12	18	19
雷达及配套设备制造	Manufacture of Radar and Its Fittings					1	
视听设备制造	Manufacture of TV Set and Radio Receiver	8	40	37	32	51	45
电子器件制造	Manufacture of Electronic Appliances	5	26	116	86	222	170
#电子真空器件制造	Manufacture of Electronic Vacuum Appliance	3	5	7		1	1
半导体分立器件制造	Manufacture of Semiconductor Discreting Appliances	1	3	11	9	31	21
集成电路制造	Manufacture of Integrate Circuit	1	12	41	29	55	45
电子元件制造	Manufacture of Electronic Components	11	57	139	154	282	235
其他电子设备制造	Manufacture of Other Electronic Equipment	7	2	19	6	25	25
计算机及办公设备制造业	**Manufacture of Computers and Office Equipment**	**7**	**23**	**69**	**68**	**115**	**87**
#计算机整机制造	Manufacture of Entired Computer	2	10	17	21	13	11
计算机零部件制造	Manufacture of Computer Components and Parts	5	12	46	40	48	32
计算机外围设备制造	Manufacture of Computer Peripheral Equipment					25	15
办公设备制造	Manufacture of Office Equipment		1	6	7	8	10
医疗仪器设备及仪器仪表制造业	**Manufacture of Medical Equipments and Measuring Instrument**	**9**	**20**	**93**	**81**	**116**	**108**
1.医疗仪器设备及器械制造	Manufacture of Medical Equipment and Appliance	4	4	25	23	36	26
2.仪器仪表制造	Manufacture of Measuring Instrument	5	16	68	58	80	82

2-1-7 续表 11 continued

行业	Industry	机构人员（人） Personnel in the R&D Institutions (person)					
		2000	2005	2010	2011	2012	2013
合计	**Total**	**7173**	**25554**	**102370**	**73021**	**116340**	**112084**
医药制造业	**Manufacture of Medicines**	**1081**	**2695**	**8254**	**8398**	**9859**	**11755**
#化学药品制造	Manufacture of Chemical Medicine	487	1959	5521	5433	6328	7478
中成药生产	Production of Finished Traditional Chinese Herbal Medicine	459	425	1194	1419	1357	1518
生物药品制造	Manufacture of Biological Medicine	121	219	799	1102	1312	1842
航空、航天器及设备制造业	**Manufacture of Aircrafts and Spacecrafts and Related Equipment**		**308**	**107**	**305**	**363**	**809**
#飞机制造	Manufacture of Airplanes		308	107	305	140	322
航天器制造	Manufacture of Spacecrafts						
电子及通信设备制造业	**Manufacture of Electronic Equipment and Communication Equipment**	**5524**	**15025**	**46892**	**43624**	**72994**	**67339**
#通信设备制造	Manufacture of Communication Equipment	3800	6143	14327	13099	16025	14483
#通信系统设备制造	Manufacture of Communication System Equipment	2622	3596	7368	4736	6535	6046
通信终端设备制造	Manufacture of Communication Terminal Equipment	93	652	423	409	9490	8437
广播电视设备制造	Manufacture of Broadcasting and TV Equipment		250	711	1259	1114	1779
雷达及配套设备制造	Manufacture of Radar and Its Fittings					20	
视听设备制造	Manufacture of TV Set and Radio Receiver	320	2919	2834	2611	3419	3790
电子器件制造	Manufacture of Electronic Appliances	140	1718	11621	12166	25547	18810
#电子真空器件制造	Manufacture of Electronic Vacuum Appliance	71	214	386		21	101
半导体分立器件制造	Manufacture of Semiconductor Discreting Appliances	8	151	895	775	1436	1137
集成电路制造	Manufacture of Integrate Circuit	61	973	4286	5254	7895	6598
电子元件制造	Manufacture of Electronic Components	807	3952	16364	13820	22566	20565
其他电子设备制造	Manufacture of Other Electronic Equipment	457	43	1035	669	2486	5493
计算机及办公设备制造业	**Manufacture of Computers and Office Equipment**	**417**	**6274**	**39844**	**13882**	**24664**	**23764**
#计算机整机制造	Manufacture of Entired Computer	140	2657	5964	7340	12158	12204
计算机零部件制造	Manufacture of Computer Components and Parts	277	2816	33478	6077	5970	4901
计算机外围设备制造	Manufacture of Computer Peripheral Equipment					1682	1204
办公设备制造	Manufacture of Office Equipment		801	402	465	854	1293
医疗仪器设备及仪器仪表制造业	**Manufacture of Medical Equipments and Measuring Instrument**	**151**	**1252**	**7273**	**6812**	**8460**	**8417**
1.医疗仪器设备及器械制造	Manufacture of Medical Equipment and Appliance	45	431	1895	1909	2929	2638
2.仪器仪表制造	Manufacture of Measuring Instrument	106	821	5378	4903	5531	5779

2-1-7 续表 12 continued

行 业	Industry	机构经费支出（万元） Expenditure in the R&D Institutions (10000 yuan)					
		2000	2005	2010	2011	2012	2013
合计	**Total**	**148968**	**476070**	**2137613**	**2061718**	**3063012**	**3106750**
医药制造业	**Manufacture of Medicines**	**17518**	**42017**	**197780**	**211688**	**263423**	**358668**
#化学药品制造	Manufacture of Chemical Medicine	12491	32989	152949	156427	190963	270660
中成药生产	Production of Finished Traditional Chinese Herbal Medicine	3856	4162	17083	23231	33624	39842
生物药品制造	Manufacture of Biological Medicine	685	2216	14115	22249	26021	34794
航空、航天器及设备制造业	**Manufacture of Aircrafts and Spacecrafts and Related Equipment**		**4713**	**1828**	**8586**	**12519**	**20867**
#飞机制造	Manufacture of Airplanes		4713	1828	8586	5115	8291
航天器制造	Manufacture of Spacecrafts						
电子及通信设备制造业	**Manufacture of Electronic Equipment and Communication Equipment**	**113778**	**330448**	**1393836**	**1168755**	**1918058**	**1920989**
#通信设备制造	Manufacture of Communication Equipment	94135	157033	484534	438859	502960	518166
#通信系统设备制造	Manufacture of Communication System Equipment	55672	73388	225986	188363	227709	195390
通信终端设备制造	Manufacture of Communication Terminal Equipment	4185	8799	14522	12647	275251	322776
广播电视设备制造	Manufacture of Broadcasting and TV Equipment		1686	12097	14782	29998	51786
雷达及配套设备制造	Manufacture of Radar and Its Fittings					103	
视听设备制造	Manufacture of TV Set and Radio Receiver	8339	45221	70359	86117	113133	122045
电子器件制造	Manufacture of Electronic Appliances	4946	33415	481125	369863	739436	675209
#电子真空器件制造	Manufacture of Electronic Vacuum Appliance	1013	6088	9124		814	843
半导体分立器件制造	Manufacture of Semiconductor Discreting Appliances	13	3632	17415	15795	31709	21412
集成电路制造	Manufacture of Integrate Circuit	3920	14287	202558	181064	287400	270915
电子元件制造	Manufacture of Electronic Components	3843	92816	322874	247813	370012	334577
其他电子设备制造	Manufacture of Other Electronic Equipment	2516	278	22847	11322	112745	155460
计算机及办公设备制造业	**Manufacture of Computers and Office Equipment**	**16008**	**89763**	**414630**	**518319**	**653407**	**552579**
#计算机整机制造	Manufacture of Entired Computer	791	13195	132786	360275	392664	252804
计算机零部件制造	Manufacture of Computer Components and Parts	15218	74768	269916	151697	159720	179212
计算机外围设备制造	Manufacture of Computer Peripheral Equipment					24007	16148
办公设备制造	Manufacture of Office Equipment		1800	11928	6347	9310	31559
医疗仪器设备及仪器仪表制造业	**Manufacture of Medical Equipments and Measuring Instrument**	**1664**	**9128**	**129540**	**154370**	**215603**	**253647**
1.医疗仪器设备及器械制造	Manufacture of Medical Equipment and Appliance	870	1516	43352	83339	108522	108090
2.仪器仪表制造	Manufacture of Measuring Instrument	794	7612	86189	71031	107080	145558

2-1-8 各地区大中型企业R&D及相关活动情况

Statistics on R&D and Related Activities of Enterprises in Large and Medium-sized Enterprises by Region

地 区	Region	R&D人员折合全时当量（人年） Full-time Equivalent of R&D Personnel (man-year)					
		2000	2005	2010	2011	2012	2013
全 国	**Total**	**91573**	**173161**	**399074**	**426718**	**525614**	**559229**
东部地区	Eastern Region	45397	112545	317475	345745	418575	431848
中部地区	Middle Region	13932	23154	36124	41565	50983	59078
西部地区	Western Region	25138	25244	34860	25928	38858	51675
东北地区	Northeastern Region	7106	12219	10615	13480	17196	16629
北 京	Beijing	4374	8591	8440	12955	14930	17562
天 津	Tianjin	1895	3464	6750	8205	8793	10042
河 北	Hebei	1768	3469	6632	5689	6488	7146
山 西	Shanxi	286	302	1098	1385	2734	2593
内蒙古	Inner Mongolia	20	108	227	159	224	274
辽 宁	Liaoning	3725	6089	4047	5094	8595	7844
吉 林	Jilin	1136	630	1644	2828	3637	2762
黑龙江	Heilongjiang	2245	5500	4924	5559	4963	6022
上 海	Shanghai	7128	7045	19278	15630	18876	22873
江 苏	Jiangsu	6272	18901	64496	63191	70473	78316
浙 江	Zhejiang	1724	11571	24485	28734	34315	37902
安 徽	Anhui	1136	1404	6693	6192	7085	7215
福 建	Fujian	1595	5277	14034	19058	22529	24392
江 西	Jiangxi	6493	5441	5418	6924	7512	8665
山 东	Shandong	3195	5836	15618	23865	31274	39141
河 南	Henan	1217	3826	7262	7886	8853	13219
湖 北	Hubei	2704	8461	10461	14596	18994	21146
湖 南	Hunan	2077	3611	4964	4422	5802	6241
广 东	Guangdong	16915	47488	156235	167069	210298	193281
广 西	Guangxi	491	870	1115	1132	1313	1146
海 南	Hainan	39	33	392	218	595	1193
重 庆	Chongqing	1379	2094	4000	4055	4132	4054
四 川	Sichuan	2425	9401	11640	5111	12176	18038
贵 州	Guizhou	2393	2451	4932	688	2364	6398
云 南	Yunnan	118	246	1002	1418	1826	1295
西 藏	Tibet			10			5
陕 西	Shaanxi	17561	9686	12006	13039	15624	19221
甘 肃	Gansu	1116	848	727	730	825	708
青 海	Qinghai	61	12	22	13	48	170
宁 夏	Ningxia	85	480	408	394	303	347
新 疆	Xinjiang		25	114	480	19	19

2-1-8 续表 1 continued

地区	Region	R&D经费内部支出（万元） Intramural Expenditure on R&D (10000 yuan)					
		2000	2005	2010	2011	2012	2013
全国	**Total**	**1110410**	**3624985**	**9678300**	**12378065**	**14914940**	**17343666**
东部地区	Eastern Region	815839	3008915	7871363	9905284	11971280	13584120
中部地区	Middle Region	86856	179047	637548	994714	1192353	1593392
西部地区	Western Region	161628	288813	732536	782789	1102368	1459007
东北地区	Northeastern Region	46087	148210	436853	695278	648939	707148
北京	Beijing	107059	207216	368388	626895	775203	877623
天津	Tianjin	60429	90124	220547	251607	289196	330655
河北	Hebei	15687	34702	90836	103594	129320	178067
山西	Shanxi	1577	2949	13882	23271	45447	45194
内蒙古	Inner Mongolia	73	1174	3672	4564	4832	7315
辽宁	Liaoning	19875	78649	258646	482418	432952	469878
吉林	Jilin	7870	13897	19327	50970	48353	46340
黑龙江	Heilongjiang	18342	55664	158880	161890	167633	190929
上海	Shanghai	119707	341939	673565	619208	802296	936529
江苏	Jiangsu	68974	381402	1351327	1737028	2060527	2199586
浙江	Zhejiang	43078	328463	524402	637981	845079	953002
安徽	Anhui	8765	18711	122141	162140	171111	210635
福建	Fujian	28198	139019	373649	462941	482354	596365
江西	Jiangxi	17724	43024	104371	138099	150116	185063
山东	Shandong	49329	267923	612385	868851	1143258	1251546
河南	Henan	11431	29571	98992	101271	123753	200216
湖北	Hubei	40537	63366	198633	420870	552623	637199
湖南	Hunan	6749	20253	95857	144501	149301	315085
广东	Guangdong	319979	1206178	3630850	4551770	5423062	6228787
广西	Guangxi	2827	11391	15746	36396	36824	41843
海南	Hainan	573	560	9668	9014	20980	31961
重庆	Chongqing	7960	24712	64451	61831	83812	130567
四川	Sichuan	24759	109765	247534	176643	348968	564865
贵州	Guizhou	7274	22100	98334	16311	42326	102611
云南	Yunnan	1701	2846	17283	31243	41925	45509
西藏	Tibet			648			97
陕西	Shaanxi	116030	119312	261870	450657	506251	527461
甘肃	Gansu	3464	4496	30314	21641	26487	22697
青海	Qinghai	284	38	722	183	778	4919
宁夏	Ningxia	157	5165	7680	7896	8418	10341
新疆	Xinjiang		380	3701	16385	1741	782

2-1-8 续表 2 continued

地 区	Region	新产品开发经费支出（万元） Expenditure on New Products Development (10000 yuan)					
		2000	2005	2010	2011	2012	2013
全 国	**Total**	**1177940**	**4156916**	**10069385**	**15280302**	**18274769**	**20694975**
东部地区	Eastern Region	875860	3472865	7977871	12498323	14839631	16439492
中部地区	Middle Region	87719	196713	788760	1172196	1405131	1745130
西部地区	Western Region	170484	305893	936082	955604	1453930	1777411
东北地区	Northeastern Region	43877	181445	366672	654179	576075	732942
北 京	Beijing	96740	222839	503264	791684	999613	1193114
天 津	Tianjin	65426	73238	286850	239216	307348	314430
河 北	Hebei	17761	29647	84196	103164	136997	158885
山 西	Shanxi	1983	4845	14488	29213	52147	53290
内 蒙 古	Inner Mongolia	181	1314	3962	4610	4174	32210
辽 宁	Liaoning	20382	88205	187839	432049	326271	465670
吉 林	Jilin	10559	25342	20702	61632	64568	72064
黑 龙 江	Heilongjiang	12936	67898	158131	160498	185235	195208
上 海	Shanghai	142679	340142	851462	1005813	1154728	1245459
江 苏	Jiangsu	97846	534778	1839490	2617921	3498145	3327767
浙 江	Zhejiang	38881	384648	580192	718215	869679	1089171
安 徽	Anhui	6208	25874	151688	211458	291846	289836
福 建	Fujian	28892	190738	401274	511819	525643	612343
江 西	Jiangxi	13422	45405	123956	156085	137577	178872
山 东	Shandong	104224	323607	685158	944538	1218569	1339139
河 南	Henan	16914	29634	129567	129766	153533	193891
湖 北	Hubei	41304	56204	285418	482625	593543	685579
湖 南	Hunan	7708	33438	79681	158439	176483	343663
广 东	Guangdong	278654	1360287	2710412	5503043	6093940	7119026
广 西	Guangxi	3683	12147	20935	46803	43286	40634
海 南	Hainan	1073	794	14639	16108	34964	40158
重 庆	Chongqing	8571	28943	57767	74253	91791	133097
四 川	Sichuan	41501	112205	372848	336348	632592	734959
贵 州	Guizhou	10049	30087	134270	20846	88135	130715
云 南	Yunnan	4217	4330	13069	30473	37165	48713
西 藏	Tibet					82	240
陕 西	Shaanxi	99505	117805	326309	446259	514357	608083
甘 肃	Gansu	5582	6771	16562	20110	31143	37584
青 海	Qinghai	3	58	710	1132	922	681
宁 夏	Ningxia	951	4288	6555	8868	8447	9431
新 疆	Xinjiang	105	1407	7992	17314	1833	1067

2-1-8 续表 3 continued

地区	Region	新产品销售收入（万元） Sales Revenue of New Products (10000 yuan)					
		2000	2005	2010	2011	2012	2013
全国	**Total**	**24838202**	**69146633**	**163647630**	**203845209**	**237653174**	**290288371**
东部地区	Eastern Region	21149400	60959695	147015851	182636750	209126662	236262483
中部地区	Middle Region	726582	1604267	8173351	9652452	13477314	36563110
西部地区	Western Region	1991396	4199611	5663147	7949597	10554887	12435948
东北地区	Northeastern Region	970824	2383061	2795282	3606411	4494310	5026831
北京	Beijing	3830492	3777312	13607777	13299197	11263682	14056165
天津	Tianjin	2561451	8959529	8481937	7444982	10731674	17131319
河北	Hebei	223976	233586	701062	697650	1419564	1828836
山西	Shanxi	22065	74075	478459	266004	412272	424625
内蒙古	Inner Mongolia	777	17420	85620	44163	83049	167885
辽宁	Liaoning	476716	1344617	2185478	2594695	3236318	3497457
吉林	Jilin	55312	97961	317110	615757	766622	964346
黑龙江	Heilongjiang	438796	940483	292694	395960	491369	565028
上海	Shanghai	3174322	12571834	11761955	9146581	7829314	7203905
江苏	Jiangsu	2824340	5294970	25619005	46004626	55482350	57469853
浙江	Zhejiang	1003813	2779731	6956994	8927026	10706727	14119542
安徽	Anhui	43246	348387	841827	2112693	3232533	3231999
福建	Fujian	1529296	6120112	8074863	10443966	11633960	11606813
江西	Jiangxi	130176	356989	1175791	1339551	1931650	2606500
山东	Shandong	1229598	3971258	11133363	14780965	16877161	16925532
河南	Henan	313657	460775	1323861	1155186	1123518	19521946
湖北	Hubei	125908	142090	2781652	2673095	4213685	4804486
湖南	Hunan	90753	204531	1486141	2061761	2563654	5973554
广东	Guangdong	4726973	17159425	60464340	71682228	83121251	95786435
广西	Guangxi	43301	91789	199155	174451	450882	776694
海南	Hainan	1838	150	15401	35077	60976	134082
重庆	Chongqing	84774	513508	1469500	3665576	1431173	1270422
四川	Sichuan	1289807	2235391	1385860	1319503	5489428	6797871
贵州	Guizhou	82183	229843	581453	184131	347984	618334
云南	Yunnan	43546	60538	261031	340912	287242	444579
西藏	Tibet						
陕西	Shaanxi	377599	1038495	1586068	1997131	2071035	1975150
甘肃	Gansu	91462	38676	170318	198930	284347	261351
青海	Qinghai	5	1300	215	237		
宁夏	Ningxia	22019	44660	178064	148734	107656	121989
新疆	Xinjiang		37200	30638	94443	2087	1673

2-1-8 续表 4 continued

地 区	Region	专利申请数（件） Patent Applications (piece)					
		2000	2005	2010	2011	2012	2013
全 国	**Total**	**2245**	**16823**	**59683**	**77725**	**97200**	**102532**
东部地区	Eastern Region	1550	14150	51219	67793	80537	83489
中部地区	Middle Region	181	903	4049	5544	7138	9005
西部地区	Western Region	410	1085	3382	2931	7361	7414
东北地区	Northeastern Region	104	685	1033	1457	2164	2624
北 京	Beijing	7	777	2804	5184	8544	6693
天 津	Tianjin	73	393	1889	1990	2478	2395
河 北	Hebei	27	118	349	367	392	534
山 西	Shanxi	4	18	100	152	208	258
内蒙古	Inner Mongolia	1	13	12	14	16	22
辽 宁	Liaoning	30	445	650	746	1151	1404
吉 林	Jilin	27	126	113	221	401	554
黑龙江	Heilongjiang	47	114	270	490	612	666
上 海	Shanghai	118	1445	3453	3572	4772	5223
江 苏	Jiangsu	129	1000	7528	9659	10502	11194
浙 江	Zhejiang	54	838	3358	3787	5261	5676
安 徽	Anhui	3	43	938	1203	1803	2255
福 建	Fujian	50	233	1865	1752	2507	2692
江 西	Jiangxi	17	202	349	390	678	1155
山 东	Shandong	155	991	3087	4555	5291	5709
河 南	Henan	26	141	997	1128	1195	1363
湖 北	Hubei	81	409	886	1316	1882	2480
湖 南	Hunan	49	77	767	1341	1372	1494
广 东	Guangdong	922	8268	26740	36742	40711	43176
广 西	Guangxi	11	87	92	111	127	188
海 南	Hainan	4		54	74	79	197
重 庆	Chongqing	54	80	420	803	812	641
四 川	Sichuan	146	261	1452	663	4218	3599
贵 州	Guizhou	38	98	520	136	479	645
云 南	Yunnan	40	167	110	164	186	166
西 藏	Tibet			1	2	2	2
陕 西	Shaanxi	53	395	732	964	1252	1867
甘 肃	Gansu	4	48	114	129	219	167
青 海	Qinghai	13	1				1
宁 夏	Ningxia	62	20	18	54	48	114
新 疆	Xinjiang		15	15	16	2	2

2-1-8 续表 5 continued

地 区	Region	有效发明专利数（件） Number of Patents In Force (piece)					
		2000	2005	2010	2011	2012	2013
全 国	**Total**	**1443**	**6658**	**50166**	**67428**	**97878**	**115884**
东部地区	Eastern Region	941	5648	45079	60911	87182	100969
中部地区	Middle Region	125	375	2656	3361	4686	6414
西部地区	Western Region	232	462	1872	2031	4360	6554
东北地区	Northeastern Region	145	173	559	1125	1650	1947
北 京	Beijing	18	500	2136	3464	6693	6877
天 津	Tianjin	6	113	872	922	1420	1850
河 北	Hebei	12	42	285	399	679	784
山 西	Shanxi	1	8	79	109	154	146
内 蒙 古	Inner Mongolia		13	8	18	15	21
辽 宁	Liaoning	62	92	271	598	829	1178
吉 林	Jilin	15	30	105	186	384	410
黑 龙 江	Heilongjiang	68	51	183	341	437	359
上 海	Shanghai	110	264	2509	2495	3904	3861
江 苏	Jiangsu	84	489	3604	4924	7498	9979
浙 江	Zhejiang	50	333	2199	3111	4265	4559
安 徽	Anhui	1	34	347	337	903	1568
福 建	Fujian	1	434	624	874	1522	2206
江 西	Jiangxi	12	42	203	302	496	845
山 东	Shandong	97	247	1268	1842	2943	3591
河 南	Henan	32	47	328	383	489	687
湖 北	Hubei	28	160	1201	1717	2067	2476
湖 南	Hunan	51	71	490	495	577	692
广 东	Guangdong	552	3197	31356	42741	58182	67038
广 西	Guangxi	9	29	195	101	219	241
海 南	Hainan	2		31	38	76	224
重 庆	Chongqing	15	38	320	308	435	684
四 川	Sichuan	81	91	417	391	1838	2848
贵 州	Guizhou	33	84	399	212	374	672
云 南	Yunnan	17	73	221	215	311	499
西 藏	Tibet				1		1
陕 西	Shaanxi	68	154	466	828	1089	1503
甘 肃	Gansu	5	3	29	48	64	58
青 海	Qinghai	4	1				
宁 夏	Ningxia	9	15	11	14	7	25
新 疆	Xinjiang		3	9	14	8	2

2-1-8 续表 6 continued

地 区	Region	技术改造经费支出（万元） Expenditure for Technical Renovation (10000 yuan)					
		2000	2005	2010	2011	2012	2013
全 国	**Total**	**1047478**	**1590214**	**2687343**	**2396391**	**3191778**	**3671266**
东部地区	Eastern Region	569560	919104	1792542	1712997	2171436	2680806
中部地区	Middle Region	95484	158537	222323	275943	388999	402335
西部地区	Western Region	231467	295319	570275	206264	398059	382434
东北地区	Northeastern Region	150967	217254	102202	201187	233283	205692
北 京	Beijing	7625	18144	8930	22309	17257	11830
天 津	Tianjin	51416	47343	90271	61997	28078	4550
河 北	Hebei	33335	17614	27409	25443	35263	44677
山 西	Shanxi	4632	3975	812	2560	8414	12176
内蒙古	Inner Mongolia	3961	210	6091	7301	1415	
辽 宁	Liaoning	76013	51994	39851	99690	101630	65411
吉 林	Jilin	14919	21988	531	17607	43764	53854
黑龙江	Heilongjiang	60035	143272	61820	83890	87887	86426
上 海	Shanghai	58546	53656	102880	83524	110582	48673
江 苏	Jiangsu	107929	216469	693797	785871	1080619	1002907
浙 江	Zhejiang	86613	212220	261491	228686	275779	256292
安 徽	Anhui	10450	32871	34269	34566	51664	57383
福 建	Fujian	16177	33522	98744	135505	118044	154140
江 西	Jiangxi	15333	34012	28630	28119	132110	93355
山 东	Shandong	92982	132152	170118	172283	269657	349669
河 南	Henan	21323	44723	43790	40623	31140	50961
湖 北	Hubei	32884	15126	35837	51283	65668	63737
湖 南	Hunan	6903	27620	72896	111492	100001	124722
广 东	Guangdong	110504	173141	322451	171626	217599	793371
广 西	Guangxi	3867	14845	16268	20826	36892	18434
海 南	Hainan	566		184	4929	18555	14699
重 庆	Chongqing	5901	32133	43668	15469	35501	34663
四 川	Sichuan	38775	63437	306163	65886	142893	145690
贵 州	Guizhou	27235	35210	35281	1380	31216	25910
云 南	Yunnan	3973	9228	2224	3342	3564	13317
西 藏	Tibet						
陕 西	Shaanxi	133595	129342	156236	108964	128228	123583
甘 肃	Gansu	5495	18726	19130	3344	2823	88
青 海	Qinghai	1002					
宁 夏	Ningxia	15407	963	7146	4378	6224	15540
新 疆	Xinjiang	85	6281	427	3500	9300	5210

2-1-8 续表 7 continued

地区	Region	引进技术经费支出（万元） Expenditure for Acquisition of Foreign Technology (10000 yuan)					
		2000	2005	2010	2011	2012	2013
全 国	**Total**	**470463**	**848184**	**687810**	**621819**	**733053**	**532130**
东部地区	Eastern Region	320932	797643	608629	571201	576357	489658
中部地区	Middle Region	27460	11339	15340	33117	6074	24961
西部地区	Western Region	102037	24803	31098	16732	145946	14975
东北地区	Northeastern Region	20034	14399	32742	769	4675	2537
北 京	Beijing	2904	31155	58452	56689	83618	76812
天 津	Tianjin	6088	248797	153264	18317	50041	42877
河 北	Hebei	8208	1882	2122	886	779	949
山 西	Shanxi	315					387
内蒙古	Inner Mongolia	2263					
辽 宁	Liaoning	12396	5813	5090	105	226	2537
吉 林	Jilin	3071	706	706	663	4449	
黑龙江	Heilongjiang	4567	7880	26946			
上 海	Shanghai	153586	141906	49054	62829	67756	38339
江 苏	Jiangsu	54830	168260	130605	192444	142437	139866
浙 江	Zhejiang	8306	9197	22273	19515	23523	19743
安 徽	Anhui	1906	3374	312	8138	874	2236
福 建	Fujian	11572	27311	102565	156441	88814	66064
江 西	Jiangxi	3365	4442	5020	3020	1655	450
山 东	Shandong	5957	7565	11068	19662	36438	41613
河 南	Henan	3786	498	1131	20786	1775	470
湖 北	Hubei	13060	1672	620	919	1727	20595
湖 南	Hunan	2765	1354	8257	255	42	823
广 东	Guangdong	68671	161527	78986	42298	82947	62095
广 西	Guangxi	239	42	240	1806		
海 南	Hainan	573			315		1300
重 庆	Chongqing	609	2490	33	108	907	424
四 川	Sichuan	21569	4069	30166	15811	142758	13011
贵 州	Guizhou	11654	7223	251	35		
云 南	Yunnan	427	217	20	5	883	55
西 藏	Tibet						
陕 西	Shaanxi	64595	10804	628	419	1124	1485
甘 肃	Gansu	3058			355	273	
青 海	Qinghai	2					
宁 夏	Ningxia	64					
新 疆	Xinjiang	60					

2-1-8 续表 8 continued

地 区	Region	消化吸收经费支出（万元） Expenditure for Assimilation of Technology (10000 yuan)					
		2000	2005	2010	2011	2012	2013
全 国	**Total**	**33685**	**274972**	**138268**	**152481**	**93179**	**130081**
东部地区	Eastern Region	20561	265981	90355	135831	74894	109378
中部地区	Middle Region	1960	3603	20730	10293	9343	13748
西部地区	Western Region	2345	2471	5413	6086	7686	3730
东北地区	Northeastern Region	8819	2917	21769	272	1254	3226
北 京	Beijing	4538	196	260	1504	599	851
天 津	Tianjin	816	158030	1443	1113	321	1360
河 北	Hebei	1806	785	1265	1651	4849	5729
山 西	Shanxi	13	30	124	121	122	2932
内蒙古	Inner Mongolia			12			
辽 宁	Liaoning	2240	43	142	257	34	33
吉 林	Jilin		252		15	1220	3062
黑龙江	Heilongjiang	6579	2622	21627			130
上 海	Shanghai	1637	9373	5991	11773	3308	14185
江 苏	Jiangsu	2373	11721	21596	71459	25796	37600
浙 江	Zhejiang	1129	7904	17394	12348	13706	13248
安 徽	Anhui	749	280	7413	3416	388	394
福 建	Fujian	858	3328	4261	3641	1850	11715
江 西	Jiangxi	22	1309	1856	1784	1250	138
山 东	Shandong	1315	2581	22651	18065	19064	14188
河 南	Henan	53	820	677	1669	862	1082
湖 北	Hubei	794	280	341	1161	6033	6582
湖 南	Hunan	330	884	10308	2142	688	2621
广 东	Guangdong	5972	71581	12319	10597	5221	9576
广 西	Guangxi	15	423	1430	3583	146	30
海 南	Hainan	102	60	1745	99	176	926
重 庆	Chongqing	400	1025	733	955	536	49
四 川	Sichuan	532	899	280	1594	5962	2593
贵 州	Guizhou	35	44	596	35		3
云 南	Yunnan	654		80	384	409	426
西 藏	Tibet						
陕 西	Shaanxi	702	504	3711	2632	585	149
甘 肃	Gansu				35	47	
青 海	Qinghai						
宁 夏	Ningxia	12		13	450		480
新 疆	Xinjiang	10					

2-1-8 续表 9 continued

地 区	Region	购买国内技术经费支出 (万元) Expenditure on Purchase of Domestic Technology (10000 yuan)					
		2000	2005	2010	2011	2012	2013
全 国	**Total**	**72099**	**95359**	**212944**	**162429**	**238341**	**312567**
东部地区	Eastern Region	27678	70402	175655	129482	202096	262407
中部地区	Middle Region	7373	11196	15172	12507	15185	19090
西部地区	Western Region	3143	12246	15059	16920	18431	27770
东北地区	Northeastern Region	33905	1515	7057	3520	2628	3299
北 京	Beijing	86	3274	4375	5593	934	1837
天 津	Tianjin	2231	1254	6310	800	242	113
河 北	Hebei	2066	1637	1812	4006	6147	7051
山 西	Shanxi	145	181	908	925	4255	964
内蒙古	Inner Mongolia	2018					800
辽 宁	Liaoning	327	592	2123	284	1404	986
吉 林	Jilin	32722	323	90	2529	1169	1874
黑龙江	Heilongjiang	856	600	4844	707	55	439
上 海	Shanghai	4683	5669	11728	13935	5999	16499
江 苏	Jiangsu	8472	16724	52315	24539	30162	40089
浙 江	Zhejiang	3303	11229	12226	17806	24032	31820
安 徽	Anhui	1511	348	2935	3657	1974	1647
福 建	Fujian	540	9702	30784	21904	47399	62322
江 西	Jiangxi	173	5129	790	109	220	60
山 东	Shandong	4205	3812	11295	18101	49095	60052
河 南	Henan	82	4653	2838	1959	1395	4560
湖 北	Hubei	2952	774	2765	1613	2975	7179
湖 南	Hunan	493	110	4937	4244	4363	4681
广 东	Guangdong	1329	16220	36610	19239	32839	18868
广 西	Guangxi	388	602	1257	1248	1993	3438
海 南	Hainan	375	280	6943	2313	5242	23757
重 庆	Chongqing	1024	2488	2722	3502	1001	6426
四 川	Sichuan	887	1705	10312	12164	13735	15504
贵 州	Guizhou	100	6102	8	255	87	
云 南	Yunnan	40	297	482	135	718	572
西 藏	Tibet						
陕 西	Shaanxi	1001	1484	1534	804	870	1010
甘 肃	Gansu	41	100		60	26	
青 海	Qinghai						
宁 夏	Ningxia	10	56				20
新 疆	Xinjiang	40	15				

2-1-8 续表 10 continued

地 区	Region	研发机构数（个） Number of R&D Institutions in Enterprises (unit)					
		2000	2005	2010	2011	2012	2013
全 国	**Total**	**1379**	**1619**	**3184**	**3254**	**4566**	**4583**
东部地区	Eastern Region	762	1042	2357	2546	3558	3507
中部地区	Middle Region	212	214	425	375	513	571
西部地区	Western Region	277	268	305	246	400	380
东北地区	Northeastern Region	128	95	97	87	95	125
北 京	Beijing	49	32	104	125	128	130
天 津	Tianjin	38	41	61	70	67	74
河 北	Hebei	35	27	40	41	56	60
山 西	Shanxi	18	23	21	12	12	19
内 蒙 古	Inner Mongolia	3	3	9	10	8	3
辽 宁	Liaoning	56	34	54	34	35	52
吉 林	Jilin	41	29	16	25	22	36
黑 龙 江	Heilongjiang	31	32	27	28	38	37
上 海	Shanghai	82	74	170	108	115	102
江 苏	Jiangsu	193	225	620	663	1588	1506
浙 江	Zhejiang	68	193	388	365	447	460
安 徽	Anhui	27	33	81	78	152	135
福 建	Fujian	25	43	101	106	134	149
江 西	Jiangxi	27	39	48	45	53	84
山 东	Shandong	81	123	175	217	273	280
河 南	Henan	43	49	131	110	133	146
湖 北	Hubei	62	37	84	74	103	99
湖 南	Hunan	32	30	51	46	60	88
广 东	Guangdong	168	264	656	814	731	727
广 西	Guangxi	17	17	26	23	31	36
海 南	Hainan	6	3	16	14	19	19
重 庆	Chongqing	25	43	57	48	53	61
四 川	Sichuan	75	54	63	54	115	102
贵 州	Guizhou	45	41	41	15	27	34
云 南	Yunnan	6	9	16	18	19	24
西 藏	Tibet			1			1
陕 西	Shaanxi	106	89	96	90	121	103
甘 肃	Gansu	11	23	18	11	20	8
青 海	Qinghai	3	2	1	1		1
宁 夏	Ningxia	5	6	10	8	5	5
新 疆	Xinjiang	1	1	2	1	1	2

2-1-8　续表 11　continued

地　区	Region	机构人员（人） Personnel in the R&D Institutions (person)					
		2000	2005	2010	2011	2012	2013
全　国	**Total**	**90187**	**156789**	**413640**	**394590**	**536417**	**510507**
东部地区	Eastern Region	54377	112007	328667	322950	433998	403699
中部地区	Middle Region	11253	13989	38379	35563	45358	55590
西部地区	Western Region	16145	21814	35520	24869	43985	37761
东北地区	Northeastern Region	8412	8979	11074	11208	13076	13457
北　京	Beijing	4556	1983	11629	13685	15316	16060
天　津	Tianjin	1865	2401	6016	6443	8472	10697
河　北	Hebei	1805	3058	5089	4882	6128	6668
山　西	Shanxi	643	756	1250	1510	1632	2078
内蒙古	Inner Mongolia	59	124	236	274	372	154
辽　宁	Liaoning	3803	4252	6305	5314	7083	7333
吉　林	Jilin	1956	2087	2119	2600	2128	2535
黑龙江	Heilongjiang	2653	2640	2650	3294	3865	3589
上　海	Shanghai	4789	8518	24723	16498	20110	20182
江　苏	Jiangsu	9033	14095	50152	50126	111594	111110
浙　江	Zhejiang	2790	11397	29852	32954	39250	41782
安　徽	Anhui	1191	1417	5347	5794	9448	8102
福　建	Fujian	1414	4896	12119	14112	16879	17889
江　西	Jiangxi	2614	3257	6518	5363	7050	8404
山　东	Shandong	6824	8134	19346	28696	38824	36016
河　南	Henan	2851	2241	9130	9066	9669	12753
湖　北	Hubei	2352	4651	11282	9159	13270	18089
湖　南	Hunan	1543	1543	4616	4397	4289	6164
广　东	Guangdong	20702	56472	167866	153681	176506	141854
广　西	Guangxi	503	989	1218	1351	1362	1579
海　南	Hainan	96	64	657	522	919	1441
重　庆	Chongqing	1427	2041	2940	2845	3122	3361
四　川	Sichuan	4800	8446	16400	7301	21340	12384
贵　州	Guizhou	2568	2447	4088	1010	1893	3821
云　南	Yunnan	277	365	1259	1488	1580	1380
西　藏	Tibet			8			8
陕　西	Shaanxi	6060	7305	8957	10258	12065	13139
甘　肃	Gansu	764	770	1223	1310	1189	877
青　海	Qinghai	68	26	8	14		12
宁　夏	Ningxia	181	391	577	640	1059	1011
新　疆	Xinjiang		23	60	3	3	35

2-1-8 续表 12 continued

地 区	Region	机构经费支出（万元） Expenditure in the R&D Institutions (10000 yuan)					
		2000	2005	2010	2011	2012	2013
全 国	**Total**	**961000**	**2607837**	**8784256**	**9296716**	**12679661**	**13594544**
东部地区	Eastern Region	763576	2147524	7599298	8195338	11035979	11608944
中部地区	Middle Region	68174	147760	486297	504604	672482	1053765
西部地区	Western Region	94504	242990	508148	415274	734352	662130
东北地区	Northeastern Region	34747	69564	190513	181501	236846	269705
北 京	Beijing	93430	34981	388112	448528	573268	529756
天 津	Tianjin	51922	51146	135963	109292	156317	179277
河 北	Hebei	10559	21291	63988	64094	93357	121910
山 西	Shanxi	2250	3822	10159	13829	19006	31535
内 蒙 古	Inner Mongolia	331	1251	4360	4614	5437	6067
辽 宁	Liaoning	12920	21392	139792	119205	166062	187344
吉 林	Jilin	5227	23316	18265	26076	22436	31709
黑 龙 江	Heilongjiang	16600	24856	32456	36220	48347	50653
上 海	Shanghai	87868	170503	713007	663981	594850	748833
江 苏	Jiangsu	79704	245943	1183946	1194825	2804953	2692739
浙 江	Zhejiang	35530	180522	545013	612042	774237	925526
安 徽	Anhui	4467	22432	80471	84045	160060	193691
福 建	Fujian	22457	115969	337694	347176	390141	500424
江 西	Jiangxi	20987	50582	58138	62154	94078	134360
山 东	Shandong	69872	242094	651911	793069	990005	1004674
河 南	Henan	14745	23778	101200	88732	100248	175639
湖 北	Hubei	17648	34510	165486	182928	256928	433629
湖 南	Hunan	7746	11387	66483	68302	42159	84912
广 东	Guangdong	307542	1073765	3548905	3927497	4640604	4873330
广 西	Guangxi	3076	10784	18749	23524	31685	30810
海 南	Hainan	1615	526	12010	11309	18241	32475
重 庆	Chongqing	8234	14299	40917	45068	54588	59487
四 川	Sichuan	25813	134953	246285	136116	400889	247327
贵 州	Guizhou	7037	22470	36604	13693	22788	77311
云 南	Yunnan	3681	2697	22926	31032	46934	49872
西 藏	Tibet			335			98
陕 西	Shaanxi	45287	58724	132758	158637	140014	166386
甘 肃	Gansu	3150	5742	12734	20665	23938	14561
青 海	Qinghai	284	54	80	100		232
宁 夏	Ningxia	1019	3672	7653	9953	8059	9322
新 疆	Xinjiang		380	7857	11	15	658

2-1-9 各地区大中型国有及国有控股企业R&D及相关活动情况

Statistics on R&D and Related Activities of State-owned and State-controlled Enterprises in Large and Medium-sized Enterprises by Region

地 区	Region	R&D人员折合全时当量（人年） Full-time Equivalent of R&D Personnel (man-year)					
		2000	2005	2010	2011	2012	2013
全 国	**Total**	**58427**	**91740**	**120200**	**128400**	**145058**	**162636**
东部地区	Eastern Region	19305	40860	61416	76878	80767	84220
中部地区	Middle Region	12404	19913	21172	23740	25157	26612
西部地区	Western Region	21734	21995	30034	18570	27623	40297
东北地区	Northeastern Region	4985	8972	7577	9212	11509	11507
北 京	Beijing	2750	4139	4209	7131	8199	9473
天 津	Tianjin	616	1598	2483	3956	3590	4034
河 北	Hebei	1501	3105	3656	2431	2911	3076
山 西	Shanxi	96	213	388	376	1849	1238
内 蒙 古	Inner Mongolia	14	48	39	32		58
辽 宁	Liaoning	2337	3526	2911	3839	7008	6652
吉 林	Jilin	624	320	221	606	755	400
黑 龙 江	Heilongjiang	2024	5126	4445	4767	3745	4455
上 海	Shanghai	3218	1902	7225	5504	4903	7529
江 苏	Jiangsu	3885	3421	6073	4534	7189	8799
浙 江	Zhejiang	246	2761	4860	4950	3708	4078
安 徽	Anhui	993	806	4447	3541	2376	2410
福 建	Fujian	213	3301	1661	3016	4945	5876
江 西	Jiangxi	6443	4941	4277	5047	4622	4263
山 东	Shandong	1939	3523	6680	10900	9899	11448
河 南	Henan	923	3125	3001	2845	2536	3743
湖 北	Hubei	2149	7333	6458	9859	11169	12468
湖 南	Hunan	1785	3448	2562	2039	2603	2490
广 东	Guangdong	4581	16641	23844	34127	35316	29484
广 西	Guangxi	351	461	449	262	235	62
海 南	Hainan	6	7	277	65	103	424
重 庆	Chongqing	731	1674	2836	2397	2859	2218
四 川	Sichuan	1617	8206	10969	3251	7854	13950
贵 州	Guizhou	2301	2252	4483	117	1640	5440
云 南	Yunnan	37	180	230	435	460	267
西 藏	Tibet			10			5
陕 西	Shaanxi	16053	8574	11174	11969	14157	17859
甘 肃	Gansu	971	644	328	396	397	436
青 海	Qinghai	24	12				
宁 夏	Ningxia		453				
新 疆	Xinjiang			6	6	19	3

2-1-9 续表 1 continued

地区	Region	R&D经费内部支出（万元） Intramural Expenditure on R&D (10000 yuan)					
		2000	2005	2010	2011	2012	2013
全国	**Total**	**384700**	**1475400**	**3160532**	**4352362**	**4982793**	**5425509**
东部地区	Eastern Region	188894	978804	1753379	2460842	2878211	2917760
中部地区	Middle Region	67043	142244	393834	626684	681118	800847
西部地区	Western Region	96156	248303	628596	644616	871997	1132853
东北地区	Northeastern Region	32607	106049	384724	620220	551465	574049
北京	Beijing	18721	77902	160958	394179	461961	522168
天津	Tianjin	3402	19501	46409	75915	86045	99194
河北	Hebei	13477	30614	42066	35618	48358	61521
山西	Shanxi	466	2234	8418	8812	29189	18650
内蒙古	Inner Mongolia	70	340	206	267		1685
辽宁	Liaoning	13236	43072	237173	458998	391456	401811
吉林	Jilin	2903	10435	3768	15030	10439	8310
黑龙江	Heilongjiang	16468	52542	143783	146193	149568	163929
上海	Shanghai	13517	43938	257831	238682	290005	272652
江苏	Jiangsu	33122	59117	122742	101105	191038	220522
浙江	Zhejiang	3100	59118	79623	98550	77832	80650
安徽	Anhui	7844	13335	89989	84998	68506	71306
福建	Fujian	1613	61989	15421	51509	67486	86031
江西	Jiangxi	17363	37738	76697	109041	94716	95955
山东	Shandong	27191	190681	259748	406293	441208	498304
河南	Henan	5898	22667	40670	30734	40200	54436
湖北	Hubei	31081	50205	123110	305888	387865	453074
湖南	Hunan	4321	15725	54745	86943	60640	107426
广东	Guangdong	73325	429998	757688	1047982	1213643	1072559
广西	Guangxi	1332	5553	4274	7169	5103	6487
海南	Hainan	94	392	6619	3840	631	4160
重庆	Chongqing	3697	15656	41072	32148	50503	52133
四川	Sichuan	16294	101893	231225	148514	274710	453126
贵州	Guizhou	6386	20428	89994	1587	25750	83513
云南	Yunnan	379	2039	9684	12680	18406	21497
西藏	Tibet			648			97
陕西	Shaanxi	66870	101395	238439	435255	479394	501364
甘肃	Gansu	2487	2005	17452	14334	16386	12805
青海	Qinghai	43	38				
宁夏	Ningxia		4850				
新疆	Xinjiang			81	98	1741	147

2-1-9 续表 2 continued

地 区	Region	新产品开发经费支出（万元） Expenditure on New Products Development (10000 yuan)					
		2000	2005	2010	2011	2012	2013
全 国	**Total**	**436906**	**1583476**	**3674866**	**4784601**	**5524884**	**5971617**
东部地区	Eastern Region	254847	1052655	2039694	2820968	3168013	3298269
中部地区	Middle Region	54411	138483	491227	710366	809473	852413
西部地区	Western Region	93387	265044	836963	748935	1131085	1301495
东北地区	Northeastern Region	34261	127294	306982	504332	416311	519441
北 京	Beijing	15608	85880	194212	441274	529206	664477
天 津	Tianjin	3348	23235	52685	71194	85130	90769
河 北	Hebei	15190	22403	35191	35888	53678	49604
山 西	Shanxi	1209	3922	6848	8671	27755	22309
内蒙古	Inner Mongolia	149	80	148	375		1822
辽 宁	Liaoning	19065	50126	163252	348534	239502	341900
吉 林	Jilin	3479	14896	1626	14653	14706	12054
黑龙江	Heilongjiang	11717	62272	142104	141145	162103	165488
上 海	Shanghai	10156	56606	299231	317578	384813	326177
江 苏	Jiangsu	49369	72772	148118	156226	276784	284882
浙 江	Zhejiang	3510	88534	83370	94973	71711	75221
安 徽	Anhui	5642	9604	103733	103689	149646	103400
福 建	Fujian	2270	73515	17408	54034	62151	75907
江 西	Jiangxi	12925	37148	95178	115243	80109	83884
山 东	Shandong	76047	224405	282946	398848	432362	502578
河 南	Henan	6670	22120	60195	42924	64696	60900
湖 北	Hubei	23727	43682	185010	344652	408524	461005
湖 南	Hunan	4089	21927	40115	94812	78743	120915
广 东	Guangdong	77120	398347	915080	1239985	1267022	1222204
广 西	Guangxi	1915	6959	4834	7169	8888	6640
海 南	Hainan	313		6619	3798	5151	6449
重 庆	Chongqing	3623	19859	39336	42127	57422	46667
四 川	Sichuan	24699	102835	356645	266697	501161	553511
贵 州	Guizhou	7461	27610	124404	3249	59943	107827
云 南	Yunnan	619	2909	4134	10225	16118	19021
西 藏	Tibet					82	240
陕 西	Shaanxi	53380	103884	303421	415136	468745	553159
甘 肃	Gansu	3585	4153	8879	10475	16740	12482
青 海	Qinghai	3	53			150	
宁 夏	Ningxia	18	3743				
新 疆	Xinjiang			144	1027	1833	127

2-1-9 续表 3 continued

地 区	Region	新产品销售收入（万元） Sales Revenue of New Products (10000 yuan)					
		2000	2005	2010	2011	2012	2013
全 国	**Total**	**5884034**	**20608590**	**31769634**	**39123877**	**45558591**	**49393828**
东部地区	Eastern Region	3120003	13943711	22726701	28685172	29503500	31437028
中部地区	Middle Region	284722	998485	3444682	4639204	5857103	6630047
西部地区	Western Region	1605769	3508823	3376127	3278661	7128381	7952732
东北地区	Northeastern Region	873540	2157570	2222125	2520841	3069606	3374020
北 京	Beijing	201276	1107350	1401003	2326430	2724759	3005983
天 津	Tianjin	56644	171574	609712	733465	1057091	1080889
河 北	Hebei	202721	170976	257811	281218	325650	445833
山 西	Shanxi	16053	55780	32340	133567	332635	253950
内 蒙 古	Inner Mongolia	732	3001		5730		20807
辽 宁	Liaoning	425003	1229677	1991695	2233323	2703103	2962295
吉 林	Jilin	10145	31468	19425	27867	35675	35883
黑 龙 江	Heilongjiang	438392	896425	211005	259650	330826	375843
上 海	Shanghai	128874	554157	2500109	2724421	868628	818692
江 苏	Jiangsu	855881	1788730	1734392	1483358	2784228	3158978
浙 江	Zhejiang	53273	1054020	672844	1360294	1000542	912116
安 徽	Anhui	21125	105266	309511	909495	1421929	1571850
福 建	Fujian	9397	1536275	137671	406882	480704	469492
江 西	Jiangxi	129799	273934	878320	871670	1119391	1038226
山 东	Shandong	859098	3338496	5691126	7111830	7563826	8321847
河 南	Henan	46509	346317	500618	339234	360679	371499
湖 北	Hubei	47327	97695	949859	1160558	1849579	2441204
湖 南	Hunan	23177	116493	774035	1218950	772888	953319
广 东	Guangdong	734653	4208028	9713444	12248721	12698070	13203717
广 西	Guangxi	16346	14108	6607	8553	13084	27289
海 南	Hainan	1838		1984			19482
重 庆	Chongqing	28148	199673	666151	744919	867476	627655
四 川	Sichuan	1212226	2049251	814518	625275	4116172	5336827
贵 州	Guizhou	63662	214228	435377	34942	178533	230740
云 南	Yunnan	1859	41476	81221	115601	95442	42888
西 藏	Tibet						
陕 西	Shaanxi	278677	925690	1340190	1690613	1742934	1626711
甘 肃	Gansu	9730	33834	35427	65137	112651	39817
青 海	Qinghai	5					
宁 夏	Ningxia	11462	44617				
新 疆	Xinjiang		54	3243	2174	2087	

2-1-9 续表 4 continued

地 区	Region	专利申请数（件） Patent Applications (piece) 2000	2005	2010	2011	2012	2013
全 国	**Total**	**734**	**5474**	**18596**	**22683**	**27459**	**24997**
东部地区	Eastern Region	407	3966	13373	17536	19385	15036
中部地区	Middle Region	98	481	2168	2708	3346	3986
西部地区	Western Region	177	582	2410	1579	3503	4539
东北地区	Northeastern Region	52	445	645	860	1225	1436
北 京	Beijing	7	509	891	2508	4836	2637
天 津	Tianjin	10	60	672	685	817	738
河 北	Hebei	15	72	74	71	98	184
山 西	Shanxi	4	15	14	26	104	126
内 蒙 古	Inner Mongolia	1			2		
辽 宁	Liaoning	15	328	412	450	703	864
吉 林	Jilin	8	41	16	52	107	97
黑 龙 江	Heilongjiang	29	76	217	358	415	475
上 海	Shanghai	14	299	806	769	1083	1599
江 苏	Jiangsu	46	152	667	862	1133	1302
浙 江	Zhejiang	1	118	215	252	191	163
安 徽	Anhui	3	30	526	616	843	985
福 建	Fujian	4	113	109	370	494	442
江 西	Jiangxi	17	107	209	201	240	278
山 东	Shandong	65	548	1695	2362	2881	2725
河 南	Henan	21	114	495	480	513	464
湖 北	Hubei	42	160	566	870	1184	1610
湖 南	Hunan	10	55	358	513	462	523
广 东	Guangdong	241	2076	8238	9647	7852	5240
广 西	Guangxi	4	19	6	9	18	40
海 南	Hainan				1		6
重 庆	Chongqing	6	44	207	362	310	195
四 川	Sichuan	114	206	1141	333	1795	2345
贵 州	Guizhou	10	72	398	26	270	436
云 南	Yunnan		63	27	54	78	57
西 藏	Tibet			1	2	2	2
陕 西	Shaanxi	44	181	614	771	992	1458
甘 肃	Gansu	3	9	18	29	36	6
青 海	Qinghai		1				
宁 夏	Ningxia		6				
新 疆	Xinjiang			4	2	2	

2-1-9 续表 5 continued

地 区	Region	有效发明专利数（件） Number of Patents In Force (piece)					
		2000	2005	2010	2011	2012	2013
全 国	**Total**	**616**	**1650**	**10969**	**16421**	**24748**	**30781**
东部地区	Eastern Region	358	1033	8535	12719	18979	22621
中部地区	Middle Region	41	256	1184	1996	2735	3317
西部地区	Western Region	138	232	967	1085	2345	4019
东北地区	Northeastern Region	79	129	283	621	689	824
北 京	Beijing	13	293	670	1678	2760	3245
天 津	Tianjin	1	21	152	250	454	534
河 北	Hebei	11	21	57	91	161	191
山 西	Shanxi	1	6	31	23	45	64
内蒙古	Inner Mongolia				5		
辽 宁	Liaoning	49	77	130	376	264	540
吉 林	Jilin	11	10	21	29	74	40
黑龙江	Heilongjiang	19	42	132	216	351	244
上 海	Shanghai	3	85	509	798	993	1146
江 苏	Jiangsu	32	82	333	564	1271	1318
浙 江	Zhejiang	5	36	175	343	314	391
安 徽	Anhui	1	24	111	121	460	506
福 建	Fujian		23	58	269	505	721
江 西	Jiangxi	12	30	63	82	241	332
山 东	Shandong	55	103	417	580	931	1222
河 南	Henan	12	25	115	156	213	247
湖 北	Hubei	10	129	728	1369	1533	1844
湖 南	Hunan	5	42	136	240	243	324
广 东	Guangdong	235	360	6164	8137	11588	13851
广 西	Guangxi	3	9		7	11	23
海 南	Hainan				2	2	2
重 庆	Chongqing	6	21	179	129	194	170
四 川	Sichuan	60	42	217	113	995	2024
贵 州	Guizhou	10	30	119	1	124	218
云 南	Yunnan		53	55	86	143	281
西 藏	Tibet				1		1
陕 西	Shaanxi	56	77	391	725	830	1275
甘 肃	Gansu	5	1	5	23	40	26
青 海	Qinghai	1	1				
宁 夏	Ningxia		7				
新 疆	Xinjiang			1	7	8	1

2-1-9 续表 6 continued

地区	Region	技术改造经费支出（万元） Expenditure for Technical Renovation (10000 yuan)					
		2000	2005	2010	2011	2012	2013
全　国	**Total**	**511340**	**892924**	**1077632**	**785873**	**1110469**	**1539532**
东部地区	Eastern Region	223929	329980	383980	309435	409254	928917
中部地区	Middle Region	56908	115505	103551	144202	229970	204453
西部地区	Western Region	95077	251719	492847	167273	298332	278915
东北地区	Northeastern Region	135426	195720	97254	164964	172912	127247
北　京	Beijing	6935	17515	6793	17311	14619	7301
天　津	Tianjin	2269	9983	33314	59158	26805	3189
河　北	Hebei	31532	13209	11287	10578	13045	17285
山　西	Shanxi	3321	3734	631	1397	8229	5280
内蒙古	Inner Mongolia	3569	210				
辽　宁	Liaoning	71355	48217	37137	93825	99837	62202
吉　林	Jilin	7683	7851	32	74		46
黑龙江	Heilongjiang	56388	139652	60085	71065	73075	64999
上　海	Shanghai	4835	24259	50166	21793	68920	12354
江　苏	Jiangsu	45602	87015	34958	25245	32803	29703
浙　江	Zhejiang	10970	44219	44531	42051	89465	71785
安　徽	Anhui	9601	26550	13537	4279	21785	28762
福　建	Fujian	1646	22251	7816	11411	10666	15825
江　西	Jiangxi	15321	27979	20552	18740	110806	67817
山　东	Shandong	49770	40325	47728	93425	92321	103868
河　南	Henan	14540	22809	29540	23865	16111	31448
湖　北	Hubei	6766	11594	8128	35752	43328	33974
湖　南	Hunan	3792	22629	31163	60169	29710	37172
广　东	Guangdong	69533	67420	145437	26866	58070	665086
广　西	Guangxi	588	3783	1891	1148	733	2881
海　南	Hainan	250		60	450	2537	2522
重　庆	Chongqing	2085	27037	31921	7789	15426	13925
四　川	Sichuan	17290	56224	274293	49535	117872	118910
贵　州	Guizhou	14838	31569	34211	50	29715	24516
云　南	Yunnan	49	9228		769	3120	3067
西　藏	Tibet						
陕　西	Shaanxi	58062	122538	149975	103614	120656	111982
甘　肃	Gansu	2710	4371	2021	2017	1506	
青　海	Qinghai	2					
宁　夏	Ningxia	18	753				
新　疆	Xinjiang	24		427	3500	9300	3635

2-1-9 续表 7 continued

地区	Region	引进技术经费支出（万元） Expenditure for Acquisition of Foreign Technology (10000 yuan)					
		2000	2005	2010	2011	2012	2013
全国	**Total**	**125120**	**150492**	**109735**	**93845**	**214172**	**64909**
东部地区	Eastern Region	50750	107980	36559	54690	70783	30909
中部地区	Middle Region	12031	10313	10257	25649	2465	17553
西部地区	Western Region	44885	18488	30981	13506	140777	13981
东北地区	Northeastern Region	17454	13711	31937		146	2467
北京	Beijing	654	19754	7271	8578	10966	3482
天津	Tianjin	1903	3309	3322	388	180	1259
河北	Hebei	7727	1822	1083	434	526	655
山西	Shanxi	260					
内蒙古	Inner Mongolia	2151					
辽宁	Liaoning	12284	5780	4590		146	2467
吉林	Jilin	803	151	401			
黑龙江	Heilongjiang	4367	7780	26946			
上海	Shanghai	282	1962	10131	17816	24866	2380
江苏	Jiangsu	21110	29905	336	861	784	
浙江	Zhejiang	12	5006	3780	6886	8911	6221
安徽	Anhui	1906	3360	182	4928	594	250
福建	Fujian	180	21727	2520	900	10175	666
江西	Jiangxi	3355	4229	2520	350	5	
山东	Shandong	3108	3100	7768	16078	12579	13950
河南	Henan	1196	448	187	20232	1503	
湖北	Hubei	2073	1672	120	69	320	17303
湖南	Hunan	1090	604	7249	70	42	
广东	Guangdong	15704	21355	348	2748	1793	2295
广西	Guangxi	39	42				
海南	Hainan	33					
重庆	Chongqing	434	73		63	123	230
四川	Sichuan	19416	2492	30102	12989	138785	12267
贵州	Guizhou	11025	4902	251	35		
云南	Yunnan	369	217			823	
西藏	Tibet						
陕西	Shaanxi	10987	10804	628	419	773	1485
甘肃	Gansu	2653				273	
青海	Qinghai	2					
宁夏	Ningxia						
新疆	Xinjiang						

2-1-9 续表 8 continued

地　区	Region	消化吸收经费支出（万元） Expenditure for Assimilation of Technology (10000 yuan)					
		2000	2005	2010	2011	2012	2013
全　国	**Total**	**15787**	**31659**	**59689**	**29041**	**22693**	**36189**
东部地区	Eastern Region	5561	25737	23145	24760	18630	33681
中部地区	Middle Region	1206	2090	9763	915	545	2307
西部地区	Western Region	803	1314	5033	3136	3483	39
东北地区	Northeastern Region	8218	2517	21748	230	34	163
北　京	Beijing	37	110		1256	326	702
天　津	Tianjin	13	90	760	1091	321	1360
河　北	Hebei	1745	642	488	1080	830	1038
山　西	Shanxi	13		100			
内蒙古	Inner Mongolia						
辽　宁	Liaoning	2225		121	230	34	33
吉　林	Jilin		52				
黑龙江	Heilongjiang	5993	2465	21627			130
上　海	Shanghai		686	554	2229	2068	772
江　苏	Jiangsu	1221	1380	1025	134	40	16905
浙　江	Zhejiang		5619	8807	7413	8185	7761
安　徽	Anhui	749	215	231	150	50	136
福　建	Fujian	463	2327	1820	40	78	10
江　西	Jiangxi	20	1306	1856			108
山　东	Shandong	667	1220	8951	9962	6382	5069
河　南	Henan	53	370	123	210		149
湖　北	Hubei	365	65	106	127	455	1914
湖　南	Hunan	6	134	7347	428	39	
广　东	Guangdong	1357	13485	742	1556	397	64
广　西	Guangxi	15	179				
海　南	Hainan	42					
重　庆	Chongqing	380	875	725	469	84	39
四　川	Sichuan	11	249			3198	
贵　州	Guizhou		3	596	35		
云　南	Yunnan	10					
西　藏	Tibet						
陕　西	Shaanxi	402	188	3711	2632	200	
甘　肃	Gansu						
青　海	Qinghai						
宁　夏	Ningxia						
新　疆	Xinjiang						

2-1-9 续表 9 continued

地 区	Region	购买国内技术经费支出（万元） Expenditure on Purchase of Domestic Technology (10000 yuan)					
		2000	2005	2010	2011	2012	2013
全 国	**Total**	**14799**	**41679**	**42381**	**43663**	**63406**	**56998**
东部地区	Eastern Region	8678	25190	18070	29178	43308	36070
中部地区	Middle Region	4435	6193	5754	4835	5270	5227
西部地区	Western Region	1100	9080	11630	8674	13372	14276
东北地区	Northeastern Region	586	1215	6927	977	1455	1425
北 京	Beijing	25	2867	410	1589	238	351
天 津	Tianjin	1375	434	779	696	188	13
河 北	Hebei	2016	829	755	1182	1226	2055
山 西	Shanxi	10		22	100	1651	
内 蒙 古	Inner Mongolia	2018					
辽 宁	Liaoning	285	592	2083	270	1400	986
吉 林	Jilin		123				
黑 龙 江	Heilongjiang	301	500	4844	707	55	439
上 海	Shanghai	81	5492	8436	9494	5018	11788
江 苏	Jiangsu	2263	819	839	1898	2192	2429
浙 江	Zhejiang	1687	3941	2737	4955	12770	13570
安 徽	Anhui	1511	206	1970	1915	595	387
福 建	Fujian	75	4952	50	1192	4127	2335
江 西	Jiangxi	168	4597	290			
山 东	Shandong	538	78	1999	7259	8376	3034
河 南	Henan	81	1044	949	915	619	272
湖 北	Hubei	563	236	307	136	490	3212
湖 南	Hunan	85	110	2216	1769	1914	1357
广 东	Guangdong	336	5426	415	414	9171	497
广 西	Guangxi	8	352				
海 南	Hainan	275		1650	500		
重 庆	Chongqing	104	908	809	315	295	348
四 川	Sichuan	257	503	9558	7620	12264	13597
贵 州	Guizhou	17	6029	8	35	87	
云 南	Yunnan	40	43			80	
西 藏	Tibet						
陕 西	Shaanxi	642	1484	1256	704	645	331
甘 肃	Gansu	41	100				
青 海	Qinghai						
宁 夏	Ningxia						
新 疆	Xinjiang		15				

2-1-9 续表 10 continued

地 区	Region	研发机构数（个） Number of R&D Institutions in Enterprises (unit)					
		2000	2005	2010	2011	2012	2013
全 国	**Total**	**744**	**712**	**722**	**633**	**786**	**746**
东部地区	Eastern Region	328	340	363	359	416	413
中部地区	Middle Region	149	121	133	119	138	124
西部地区	Western Region	189	200	183	123	197	163
东北地区	Northeastern Region	78	51	43	32	35	46
北 京	Beijing	38	21	38	54	57	54
天 津	Tianjin	17	27	32	29	32	35
河 北	Hebei	17	17	14	14	16	17
山 西	Shanxi	13	15	9	4	4	5
内 蒙 古	Inner Mongolia	3	1	1	1		
辽 宁	Liaoning	34	20	26	15	18	28
吉 林	Jilin	20	10	2	2	3	3
黑 龙 江	Heilongjiang	24	21	15	15	14	15
上 海	Shanghai	25	35	37	27	22	26
江 苏	Jiangsu	114	96	81	57	100	90
浙 江	Zhejiang	9	31	22	24	27	37
安 徽	Anhui	20	17	18	19	27	22
福 建	Fujian	8	10	8	12	19	24
江 西	Jiangxi	24	29	26	18	16	15
山 东	Shandong	35	25	41	51	53	46
河 南	Henan	26	19	32	26	29	23
湖 北	Hubei	38	23	31	30	40	39
湖 南	Hunan	25	17	16	21	22	20
广 东	Guangdong	56	72	80	83	82	78
广 西	Guangxi	8	6	1	2	4	2
海 南	Hainan	1		9	6	8	6
重 庆	Chongqing	17	33	36	21	24	21
四 川	Sichuan	37	35	34	18	38	33
贵 州	Guizhou	36	31	30	4	16	21
云 南	Yunnan	1	5	2	4	6	3
西 藏	Tibet			1			1
陕 西	Shaanxi	87	74	75	71	95	79
甘 肃	Gansu	7	16	4	4	13	2
青 海	Qinghai	2	1				
宁 夏	Ningxia	1	5				
新 疆	Xinjiang	1		1	1	1	1

2-1-9 续表 11 continued

地 区	Region	机构人员（人） Personnel in the R&D Institutions (person)					
		2000	2005	2010	2011	2012	2013
全 国	**Total**	**48076**	**77435**	**115667**	**111552**	**139355**	**110728**
东部地区	Eastern Region	22333	40814	61165	68682	77808	54817
中部地区	Middle Region	7994	10284	19300	18866	21556	24079
西部地区	Western Region	11676	19035	28351	17103	31241	23877
东北地区	Northeastern Region	6073	7302	6851	6901	8750	7955
北 京	Beijing	1935	1477	3904	5209	6749	6609
天 津	Tianjin	797	1239	2605	2573	3417	3278
河 北	Hebei	1177	2215	2174	1593	1757	2049
山 西	Shanxi	271	659	624	401	720	635
内蒙古	Inner Mongolia	59	33	35	31		
辽 宁	Liaoning	2778	3810	4774	4468	6264	5504
吉 林	Jilin	829	1068	54	165	232	237
黑龙江	Heilongjiang	2466	2424	2023	2268	2254	2214
上 海	Shanghai	963	1467	7881	5882	3355	4445
江 苏	Jiangsu	5826	4256	7445	6578	13237	10349
浙 江	Zhejiang	304	3500	3199	3619	2946	3199
安 徽	Anhui	1077	781	2138	2483	3349	2148
福 建	Fujian	318	2810	675	3188	3608	3834
江 西	Jiangxi	2411	2956	4593	3378	4178	4180
山 东	Shandong	3729	5314	8190	11516	12552	12467
河 南	Henan	1448	1150	2882	3237	2829	2362
湖 北	Hubei	1530	3725	6866	6615	8295	12111
湖 南	Hunan	1198	980	2162	2721	2185	2643
广 东	Guangdong	7015	18257	24660	28176	29945	8392
广 西	Guangxi	251	279	184	186	220	35
海 南	Hainan	18		248	162	242	195
重 庆	Chongqing	658	1813	1964	1550	1861	1589
四 川	Sichuan	2828	7544	14502	4922	16124	6852
贵 州	Guizhou	2274	2232	3360	307	1023	2729
云 南	Yunnan	21	292	194	378	500	259
西 藏	Tibet			8			8
陕 西	Shaanxi	5171	6339	7886	9303	11011	12058
甘 肃	Gansu	678	459	434	640	499	344
青 海	Qinghai	31	15				
宁 夏	Ningxia	15	341				
新 疆	Xinjiang			3	3	3	3

2-1-9 续表 12 continued

地　区	Region	机构经费支出（万元） Expenditure in the R&D Institutions (10000 yuan)					
		2000	2005	2010	2011	2012	2013
全　国	**Total**	**325230**	**1241169**	**2499301**	**2635886**	**3308633**	**2695986**
东部地区	Eastern Region	197183	864078	1643598	1891009	2229564	1552889
中部地区	Middle Region	42659	103943	287302	314314	367802	544449
西部地区	Western Region	60162	220669	419186	294709	524459	417294
东北地区	Northeastern Region	25227	52479	149215	135854	186807	181354
北　京	Beijing	12922	25829	128429	182861	241201	188455
天　津	Tianjin	3864	18241	38348	36337	61997	64813
河　北	Hebei	8435	16350	16166	15835	17325	26882
山　西	Shanxi	821	3442	5854	4415	6809	8382
内蒙古	Inner Mongolia	331	403	206	380		
辽　宁	Liaoning	8322	17114	124875	105782	153226	149444
吉　林	Jilin	1715	13266	513	1510	1772	1807
黑龙江	Heilongjiang	15190	22099	23827	28562	31808	30104
上　海	Shanghai	7971	41605	236909	213902	84135	151143
江　苏	Jiangsu	47321	54701	89891	89669	260972	224362
浙　江	Zhejiang	2181	82767	77777	86941	65619	74501
安　徽	Anhui	4070	6197	44052	33115	56165	69163
福　建	Fujian	2306	62757	9633	44746	50612	60324
江　西	Jiangxi	20387	46217	34207	40787	51906	78359
山　东	Shandong	43008	208074	323906	376464	416467	448808
河　南	Henan	4981	15823	39621	32596	35009	36924
湖　北	Hubei	8372	27731	120647	158385	204016	329747
湖　南	Hunan	3699	4132	42716	44636	13894	21875
广　东	Guangdong	67699	350209	715553	839350	1027092	308356
广　西	Guangxi	1163	3546	1437	1676	1870	201
海　南	Hainan	313		5547	3230	4141	5245
重　庆	Chongqing	4088	11347	26986	25839	36010	24904
四　川	Sichuan	12564	128729	226521	95602	314721	150003
贵　州	Guizhou	5528	21050	25105	1107	8196	59864
云　南	Yunnan	38	1862	8579	11280	22243	18950
西　藏	Tibet			335			98
陕　西	Shaanxi	35884	49571	122970	149477	127085	152827
甘　肃	Gansu	1981	4930	8681	11394	14315	10446
青　海	Qinghai	43	53				
宁　夏	Ningxia	36	3127				
新　疆	Xinjiang			9	11	15	3

2-1-10 各地区大中型内资企业R&D及相关活动情况

Statistics on R&D and Related Activities of Domestic Funded Enterprises in Large and Medium-sized Enterprises by Region

地区	Region	R&D人员折合全时当量（人年） Full-time Equivalent of R&D Personnel (man-year)					
		2000	2005	2010	2011	2012	2013
全国	**Total**	**78771**	**121421**	**228884**	**268918**	**331204**	**361065**
东部地区	Eastern Region	35160	65010	156252	196483	233065	246109
中部地区	Middle Region	13732	21194	31687	37210	45189	50893
西部地区	Western Region	24005	24665	32610	23920	37518	49648
东北地区	Northeastern Region	5874	10553	8334	11304	15430	14415
北京	Beijing	3787	4678	5791	9416	11018	12736
天津	Tianjin	1010	1875	3328	5117	5865	6362
河北	Hebei	1666	3388	4991	3921	4389	5322
山西	Shanxi	286	283	883	1078	2545	2427
内蒙古	Inner Mongolia	20	108	201	137	224	264
辽宁	Liaoning	2533	4964	3433	4589	7972	7610
吉林	Jilin	1110	621	1644	2758	3500	2708
黑龙江	Heilongjiang	2231	4968	3257	3957	3958	4097
上海	Shanghai	3911	1337	4088	3991	6092	9054
江苏	Jiangsu	5501	5627	18582	21044	28186	33533
浙江	Zhejiang	1658	6962	16725	18370	21573	24460
安徽	Anhui	1088	1342	5993	5463	5986	6318
福建	Fujian	977	729	3299	4786	5026	6144
江西	Jiangxi	6489	5435	5298	6789	6837	7629
山东	Shandong	2950	5129	12394	18149	22119	28725
河南	Henan	1210	2012	5750	6912	7354	10245
湖北	Hubei	2562	8434	9707	13057	17414	18952
湖南	Hunan	2077	3579	3855	3773	5050	5322
广东	Guangdong	13180	34408	85734	110562	128295	118957
广西	Guangxi	488	870	958	965	1059	919
海南	Hainan	33	7	362	163	497	816
重庆	Chongqing	964	2070	2609	3050	3833	3599
四川	Sichuan	2255	9212	11639	4906	12003	17405
贵州	Guizhou	2380	2437	4675	457	2292	6276
云南	Yunnan	101	205	803	1268	1661	1105
西藏	Tibet			10			5
陕西	Shaanxi	17068	9375	11683	12733	15312	18913
甘肃	Gansu	1091	848	727	730	825	708
青海	Qinghai	61	12	22	13	48	170
宁夏	Ningxia	85	480	328	283	238	265
新疆	Xinjiang		25	114	480	19	19

2-1-10 续表 1 continued

地区	Region	R&D经费内部支出（万元） Intramural Expenditure on R&D (10000 yuan)					
		2000	2005	2010	2011	2012	2013
全国	**Total**	**790317**	**2099137**	**6009981**	**7888445**	**9667304**	**11548301**
东部地区	Eastern Region	523864	1538978	4351528	5589698	6965110	8179966
中部地区	Middle Region	77389	164548	556026	893202	1038050	1337264
西部地区	Western Region	148102	279373	699531	747248	1057082	1377348
东北地区	Northeastern Region	40962	116239	402896	658297	607061	653723
北京	Beijing	47504	87864	174759	358952	475405	598570
天津	Tianjin	24203	40977	78061	94534	143778	154095
河北	Hebei	14469	33103	58215	57717	74888	100749
山西	Shanxi	1577	2888	11492	18480	40745	41289
内蒙古	Inner Mongolia	73	1174	2030	4299	4832	4840
辽宁	Liaoning	14810	53654	250660	472261	416615	447647
吉林	Jilin	7838	13399	19327	50514	46843	45737
黑龙江	Heilongjiang	18314	49186	132909	135522	143601	160340
上海	Shanghai	21368	31845	125677	203167	327987	332732
江苏	Jiangsu	52975	122828	429281	502923	819013	969220
浙江	Zhejiang	42272	146358	378339	339522	457633	524852
安徽	Anhui	8134	18472	113358	150279	144050	167145
福建	Fujian	14634	19391	67059	80342	103817	119337
江西	Jiangxi	17702	42928	101994	133261	132304	161469
山东	Shandong	43570	215452	414795	629992	823749	951798
河南	Henan	7315	17520	76500	86755	101657	151961
湖北	Hubei	35839	62963	166053	372111	487973	568875
湖南	Hunan	6749	18603	84600	128016	131319	246527
广东	Guangdong	259559	829378	2603017	3282305	3725868	4409136
广西	Guangxi	2810	11391	14045	34269	30777	35202
海南	Hainan	501	392	8282	5976	12970	19477
重庆	Chongqing	6491	23842	46949	46365	72325	90009
四川	Sichuan	24048	108754	247480	173236	343288	548211
贵州	Guizhou	7250	21950	97505	14341	39204	100052
云南	Yunnan	1628	2314	13675	23215	33459	40283
西藏	Tibet			648			97
陕西	Shaanxi	104894	112435	252881	447086	498275	522387
甘肃	Gansu	3352	4496	30314	21641	26487	22697
青海	Qinghai	284	38	722	183	778	4919
宁夏	Ningxia	157	5165	5655	4796	5911	7870
新疆	Xinjiang		380	3701	16385	1741	782

2-1-10 续表 2 continued

地 区	Region	新产品开发经费支出（万元） Expenditure on New Products Development (10000 yuan)					
		2000	2005	2010	2011	2012	2013
全 国	**Total**	**808228**	**2237723**	**5365011**	**9042866**	**11070439**	**13422766**
东部地区	Eastern Region	532331	1616896	3425807	6498760	7977030	9676056
中部地区	Middle Region	73270	175275	687248	1055422	1227243	1480727
西部地区	Western Region	159145	298194	907781	900969	1377786	1631435
东北地区	Northeastern Region	43482	147358	344175	587715	488378	634548
北 京	Beijing	23308	64983	225476	437726	585725	804243
天 津	Tianjin	24517	25532	90365	90081	129664	136371
河 北	Hebei	16571	25923	54866	62833	90540	93227
山 西	Shanxi	1909	4635	12026	21030	47322	49177
内蒙古	Inner Mongolia	181	1314	1896	4610	4174	4622
辽 宁	Liaoning	20156	60689	179215	379882	268352	399244
吉 林	Jilin	10407	24800	20702	61403	64197	70942
黑龙江	Heilongjiang	12919	61869	144258	146431	155827	164362
上 海	Shanghai	19477	41794	140726	162323	412328	405638
江 苏	Jiangsu	71677	152407	564810	668003	1226112	1340205
浙 江	Zhejiang	35780	195521	397257	365408	450923	611401
安 徽	Anhui	5834	25320	139975	192723	254657	232441
福 建	Fujian	15135	24643	74045	99332	110469	126940
江 西	Jiangxi	13400	45150	118172	151335	117224	155030
山 东	Shandong	97741	262757	477532	638245	880918	1026506
河 南	Henan	8414	20142	107089	107450	128319	161885
湖 北	Hubei	35825	54359	239268	437548	529953	615504
湖 南	Hunan	7708	24355	68824	140726	149766	266691
广 东	Guangdong	223644	810564	1369738	3917967	4063500	5103073
广 西	Guangxi	3628	12147	19463	44588	37358	33959
海 南	Hainan	854	626	11529	12254	26847	28453
重 庆	Chongqing	7522	28084	47916	60231	77064	82736
四 川	Sichuan	39881	110981	371962	324180	617876	718487
贵 州	Guizhou	10021	29937	133849	20249	85624	128742
云 南	Yunnan	4144	3184	7702	22788	26912	40023
西 藏	Tibet					82	240
陕 西	Shaanxi	90947	113490	316431	429197	489482	576428
甘 肃	Gansu	5571	6771	16562	20110	31143	37584
青 海	Qinghai	3	53	710	1132	772	681
宁 夏	Ningxia	951	4288	4658	5769	5463	6867
新 疆	Xinjiang	105	1407	7992	17314	1833	1067

2-1-10 续表 3 continued

地 区	Region	新产品销售收入（万元） Sales Revenue of New Products (10000 yuan)					
		2000	2005	2010	2011	2012	2013
全 国	**Total**	**9880026**	**22804873**	**59419070**	**68764411**	**91001519**	**110671980**
东部地区	Eastern Region	6601650	15137702	46453364	53650380	67404804	80718236
中部地区	Middle Region	426147	1331792	5667816	7431989	9810775	13752459
西部地区	Western Region	1898184	4118064	4619631	4424633	9522809	11541266
东北地区	Northeastern Region	954045	2217314	2678259	3257410	4263130	4660020
北 京	Beijing	507966	1161045	1871951	2468560	3094771	3564951
天 津	Tianjin	67238	215575	978192	975207	1693900	1878125
河 北	Hebei	223424	196163	480104	445906	493236	804562
山 西	Shanxi	22065	68953	69010	108279	283709	287833
内 蒙 古	Inner Mongolia	777	17420	195	44163	83049	167885
辽 宁	Liaoning	461266	1312466	2153653	2358256	3089963	3330949
吉 林	Jilin	53986	94760	317110	585885	764254	936703
黑 龙 江	Heilongjiang	438793	810088	207496	313269	408913	392368
上 海	Shanghai	336024	361061	885918	1216926	1232536	1357020
江 苏	Jiangsu	1426725	1915941	7746569	6944573	13187041	14450817
浙 江	Zhejiang	979752	2183048	4731325	4658681	6011173	7785716
安 徽	Anhui	21851	348366	787086	1639294	2238082	2440667
福 建	Fujian	309753	267586	1000672	775832	906129	1002469
江 西	Jiangxi	130139	356647	1144136	1289739	1809001	2387780
山 东	Shandong	1126820	3722466	7977311	10049782	12246077	13362924
河 南	Henan	75657	236226	1017057	1012286	985025	1747433
湖 北	Hubei	84905	138356	1565085	1645004	2847607	3638555
湖 南	Hunan	90753	165825	1085247	1693224	1647349	3250192
广 东	Guangdong	1580373	5022878	20593758	25919702	28501335	36483329
广 西	Guangxi	41739	91789	172307	160773	358247	620301
海 南	Hainan	1838	150	15255	34438	38604	28323
重 庆	Chongqing	68225	512141	789028	630086	915043	1047539
四 川	Sichuan	1288848	2203986	1278418	1268178	5368552	6675467
贵 州	Guizhou	81254	229843	540798	127450	270534	527468
云 南	Yunnan	43546	58564	225676	277538	258516	362787
西 藏	Tibet						
陕 西	Shaanxi	302977	993022	1408516	1722323	1909452	1782302
甘 肃	Gansu	91310	38648	170318	198930	284347	261351
青 海	Qinghai	5		215	237		
宁 夏	Ningxia	22019	44660	176026	105449	72976	94494
新 疆	Xinjiang		37200	30638	94443	2087	1673

2-1-10 续表 4 continued

地 区	Region	专利申请数（件）Patent Applications (piece)					
		2000	2005	2010	2011	2012	2013
全 国	**Total**	**1663**	**10787**	**35149**	**48692**	**63774**	**65045**
东部地区	Eastern Region	1005	8510	27626	39880	48733	47786
中部地区	Middle Region	177	848	3439	4983	6168	8067
西部地区	Western Region	381	1025	3161	2595	6959	6962
东北地区	Northeastern Region	100	404	923	1234	1914	2230
北 京	Beijing	7	279	1064	2464	4905	2785
天 津	Tianjin	67	305	1332	1537	2087	2021
河 北	Hebei	27	99	235	272	295	467
山 西	Shanxi	4	18	61	125	168	240
内蒙古	Inner Mongolia	1	13	12	12	16	16
辽 宁	Liaoning	26	182	571	635	1006	1115
吉 林	Jilin	27	126	113	219	401	540
黑龙江	Heilongjiang	47	96	239	380	507	575
上 海	Shanghai	49	217	697	668	1376	1860
江 苏	Jiangsu	125	472	3050	4228	5646	6357
浙 江	Zhejiang	49	393	1922	1801	3324	3072
安 徽	Anhui	3	43	908	1160	1715	2043
福 建	Fujian	8	21	457	420	710	1142
江 西	Jiangxi	17	202	306	361	596	1084
山 东	Shandong	149	711	2658	3467	4856	5144
河 南	Henan	24	97	896	1075	1110	1269
湖 北	Hubei	79	406	789	1236	1597	2160
湖 南	Hunan	49	69	467	1014	982	1271
广 东	Guangdong	510	5926	16097	24851	25471	24751
广 西	Guangxi	10	87	90	102	104	166
海 南	Hainan	4		24	70	63	187
重 庆	Chongqing	54	80	284	624	706	529
四 川	Sichuan	144	257	1448	641	4060	3410
贵 州	Guizhou	13	93	520	130	460	643
云 南	Yunnan	39	160	81	122	146	145
西 藏	Tibet			1	2	2	2
陕 西	Shaanxi	52	351	691	907	1218	1829
甘 肃	Gansu	4	48	114	129	219	167
青 海	Qinghai	13	1				1
宁 夏	Ningxia	62	20	7	24	26	52
新 疆	Xinjiang		15	15	16	2	2

2-1-10 续表 5 continued

地区	Region	有效发明专利数（件） Number of Patents In Force (piece)					
		2000	2005	2010	2011	2012	2013
全 国	**Total**	**1008**	**4745**	**34267**	**45852**	**66893**	**82650**
东部地区	Eastern Region	549	3814	29853	39878	57255	69121
中部地区	Middle Region	121	366	2293	3154	4178	5802
西部地区	Western Region	197	400	1667	1861	3946	6126
东北地区	Northeastern Region	141	165	454	959	1514	1601
北 京	Beijing	14	317	738	1252	2750	3634
天 津	Tianjin	6	76	615	758	1222	1731
河 北	Hebei	12	40	115	220	422	413
山 西	Shanxi	1	8	74	105	150	143
内蒙古	Inner Mongolia		13	8	15	15	18
辽 宁	Liaoning	59	88	196	472	751	941
吉 林	Jilin	14	30	105	183	384	401
黑龙江	Heilongjiang	68	47	153	304	379	259
上 海	Shanghai	10	74	412	778	1143	1288
江 苏	Jiangsu	84	232	1093	2033	4035	5506
浙 江	Zhejiang	14	304	1789	891	1499	1793
安 徽	Anhui	1	34	347	305	847	1404
福 建	Fujian		28	164	357	443	642
江 西	Jiangxi	12	42	171	262	427	750
山 东	Shandong	93	177	761	1358	2365	2804
河 南	Henan	30	42	255	348	443	647
湖 北	Hubei	26	160	1180	1669	1812	2272
湖 南	Hunan	51	67	258	450	499	586
广 东	Guangdong	306	2537	23959	32125	43306	51102
广 西	Guangxi	8	29	184	70	186	195
海 南	Hainan	2		23	36	70	208
重 庆	Chongqing	15	38	252	233	355	566
四 川	Sichuan	72	87	379	351	1666	2686
贵 州	Guizhou	13	53	377	210	373	644
云 南	Yunnan	15	68	162	175	256	487
西 藏	Tibet				1		1
陕 西	Shaanxi	64	132	448	815	1016	1446
甘 肃	Gansu	5	3	29	48	64	58
青 海	Qinghai	4	1				
宁 夏	Ningxia	9	15	11	14	7	23
新 疆	Xinjiang		3	9	14	8	2

2-1-10 续表 6 continued

地 区	Region	技术改造经费支出（万元） Expenditure for Technical Renovation (10000 yuan)					
		2000	2005	2010	2011	2012	2013
全 国	**Total**	**924581**	**1183084**	**1826384**	**1664720**	**2352550**	**2870736**
东部地区	Eastern Region	465138	560319	1037716	1052443	1417048	1956291
中部地区	Middle Region	92480	145573	164012	233576	348971	362788
西部地区	Western Region	217146	291226	540003	201663	365538	365866
东北地区	Northeastern Region	149817	185966	84653	177039	220992	185792
北 京	Beijing	7295	17769	8327	20071	15132	8122
天 津	Tianjin	50463	21211	34761	53726	27251	4434
河 北	Hebei	33285	17433	17693	14636	17108	25407
山 西	Shanxi	4632	3050	391	1763	4241	11754
内蒙古	Inner Mongolia	3961	210	629	3501	1415	
辽 宁	Liaoning	75062	50193	39802	96813	101525	64223
吉 林	Jilin	14917	11896	531	17404	43764	53854
黑龙江	Heilongjiang	59838	123877	44320	62822	75701	67715
上 海	Shanghai	17439	7729	51320	26178	75294	15329
江 苏	Jiangsu	98094	116979	300334	455151	652542	575976
浙 江	Zhejiang	82185	180377	204555	173403	217668	223067
安 徽	Anhui	10045	32612	33591	33066	48377	44089
福 建	Fujian	3372	9319	27179	47700	37005	53958
江 西	Jiangxi	15333	33832	28417	24204	129812	93355
山 东	Shandong	85169	100021	156384	160684	252522	324999
河 南	Henan	18823	35659	40814	38053	27052	46079
湖 北	Hubei	32784	14023	17310	50221	48885	61076
湖 南	Hunan	6903	26188	42860	82768	90602	106436
广 东	Guangdong	83703	74637	227812	75912	111196	712686
广 西	Guangxi	3867	14845	9201	20286	19768	16033
海 南	Hainan	266		148	4697	11327	12313
重 庆	Chongqing	5901	29370	19640	13971	25856	29860
四 川	Sichuan	28270	63298	303659	65577	142456	141177
贵 州	Guizhou	27235	35210	35281	1380	31216	25910
云 南	Yunnan	3973	9226	498	3108	3203	9917
西 藏	Tibet						
陕 西	Shaanxi	129836	128152	155421	106423	124297	122680
甘 肃	Gansu	5484	18726	19130	3344	2823	88
青 海	Qinghai	1002					
宁 夏	Ningxia	15407	963	5946	4359	5200	14992
新 疆	Xinjiang	39	6281	427	3500	9300	5210

2-1-10 续表 7 continued

地 区	Region	引进技术经费支出（万元） Expenditure for Acquisition of Foreign Technology (10000 yuan)					
		2000	2005	2010	2011	2012	2013
全 国	**Total**	**235804**	**96198**	**155978**	**145378**	**270747**	**132821**
东部地区	Eastern Region	95979	46023	79328	97118	116418	92894
中部地区	Middle Region	18287	11340	13879	32905	6074	22583
西部地区	Western Region	101587	24803	31065	14667	143659	14877
东北地区	Northeastern Region	19952	14033	31706	689	4595	2467
北 京	Beijing	2202	6139	7346	8578	10966	9042
天 津	Tianjin	4690	3309	3322	389	1	1200
河 北	Hebei	7858	1882	1140	434	526	655
山 西	Shanxi	315					387
内蒙古	Inner Mongolia	2263					
辽 宁	Liaoning	12314	5813	5090	25	146	2467
吉 林	Jilin	3071	706	706	663	4449	
黑龙江	Heilongjiang	4567	7514	25910			
上 海	Shanghai	1766	485	4290	8693	21195	2977
江 苏	Jiangsu	39073	5076	4737	22221	20884	13939
浙 江	Zhejiang	7903	6123	19257	15464	21254	17857
安 徽	Anhui	1906	3374	312	8138	874	2236
福 建	Fujian	1901	9472	12302	6289	15216	4466
江 西	Jiangxi	3365	4442	5020	3020	1655	450
山 东	Shandong	4757	6359	9097	17089	19054	31395
河 南	Henan	1336	498	993	20573	1775	42
湖 北	Hubei	6337	1672	120	919	1727	18691
湖 南	Hunan	2765	1354	7434	255	42	777
广 东	Guangdong	25018	7136	17836	16156	7320	10065
广 西	Guangxi	239	42		1806		
海 南	Hainan	573					1300
重 庆	Chongqing	559	2490		55	861	381
四 川	Sichuan	21169	4069	30166	13799	140517	13011
贵 州	Guizhou	11654	7223	251	35		
云 南	Yunnan	427	217	20	5	883	
西 藏	Tibet						
陕 西	Shaanxi	64595	10804	628	419	1124	1485
甘 肃	Gansu	3058			355	273	
青 海	Qinghai	2					
宁 夏	Ningxia	64					
新 疆	Xinjiang	60					

2-1-10 续表 8 continued

地 区	Region	消化吸收经费支出（万元） Expenditure for Assimilation of Technology (10000 yuan)					
		2000	2005	2010	2011	2012	2013
全 国	**Total**	**21260**	**31699**	**94809**	**70417**	**68067**	**84939**
东部地区	Eastern Region	8488	25714	47887	54167	50183	64493
中部地区	Middle Region	1624	3437	19829	10293	9043	13517
西部地区	Western Region	2344	2131	5405	5692	7585	3704
东北地区	Northeastern Region	8804	417	21687	265	1254	3226
北 京	Beijing	37	109		1256	326	702
天 津	Tianjin	67	390	1343	1092	300	1360
河 北	Hebei	1759	785	673	1080	911	1038
山 西	Shanxi	13	30	124	121	122	2932
内蒙古	Inner Mongolia			12			
辽 宁	Liaoning	2225	43	106	250	34	33
吉 林	Jilin		252		15	1220	3062
黑龙江	Heilongjiang	6579	122	21581			130
上 海	Shanghai	53	71	1308	2799	2068	832
江 苏	Jiangsu	1514	9159	10715	10335	13195	30190
浙 江	Zhejiang	1109	7152	14638	11014	13227	12687
安 徽	Anhui	749	280	7413	3416	388	394
福 建	Fujian	508	1466	2873	1173	733	2260
江 西	Jiangxi	22	1309	1856	1784	1250	138
山 东	Shandong	715	2106	11675	13619	16945	14064
河 南	Henan	53	654	630	1669	562	882
湖 北	Hubei	457	280	331	1161	6033	6581
湖 南	Hunan	330	884	9465	2142	688	2591
广 东	Guangdong	2610	3992	3232	8216	2475	1360
广 西	Guangxi	15	423	1430	3583	146	30
海 南	Hainan	102	60				
重 庆	Chongqing	400	1010	725	562	536	49
四 川	Sichuan	531	890	280	1594	5962	2593
贵 州	Guizhou	35	44	596	35		3
云 南	Yunnan	654		80	384	308	400
西 藏	Tibet						
陕 西	Shaanxi	702	188	3711	2632	585	149
甘 肃	Gansu				35	47	
青 海	Qinghai						
宁 夏	Ningxia	12		13	450		480
新 疆	Xinjiang	10					

2-1-10 续表 9 continued

地区	Region	购买国内技术经费支出（万元） Expenditure on Purchase of Domestic Technology (10000 yuan)					
		2000	2005	2010	2011	2012	2013
全　国	**Total**	**63674**	**69133**	**134285**	**102882**	**146982**	**192927**
东部地区	Eastern Region	19987	44954	99628	72751	113247	143421
中部地区	Middle Region	7138	11018	13364	11399	13219	18787
西部地区	Western Region	2763	12246	14980	16920	17942	27749
东北地区	Northeastern Region	33785	915	6314	1813	2573	2970
北　京	Beijing	86	3167	427	2179	934	1394
天　津	Tianjin	2204	434	6310	765	242	113
河　北	Hebei	2066	1117	755	1560	1449	2530
山　西	Shanxi	10	181	908	825	2712	964
内蒙古	Inner Mongolia	2018					800
辽　宁	Liaoning	327	592	2053	284	1404	986
吉　林	Jilin	32602	323	90	1529	1169	1874
黑龙江	Heilongjiang	856		4171			110
上　海	Shanghai	1846	5568	9025	9680	5350	11875
江　苏	Jiangsu	7821	12581	46567	15198	18456	25696
浙　江	Zhejiang	2848	7176	8701	9816	21240	30666
安　徽	Anhui	1511	348	2935	3441	1974	1627
福　建	Fujian	200	4783	4199	5798	10096	6809
江　西	Jiangxi	173	5129	790	109	64	60
山　东	Shandong	1275	2470	6911	15972	39681	30103
河　南	Henan	82	4653	2186	1959	1395	4560
湖　北	Hubei	2852	596	1864	1613	2838	7072
湖　南	Hunan	493	110	4681	3452	4233	4505
广　东	Guangdong	879	6776	13661	9273	13868	13611
广　西	Guangxi	388	602	1257	1248	1993	3438
海　南	Hainan	375	280	1814	1263	1927	20625
重　庆	Chongqing	1024	2488	2717	3502	1001	6426
四　川	Sichuan	507	1705	10312	12164	13735	15504
贵　州	Guizhou	100	6102	8	255	87	
云　南	Yunnan	40	297	432	135	230	551
西　藏	Tibet						
陕　西	Shaanxi	1001	1484	1510	804	870	1010
甘　肃	Gansu	41	100		60	26	
青　海	Qinghai						
宁　夏	Ningxia	10	56				20
新　疆	Xinjiang	40	15				

2-1-10 续表 10 continued

地 区	Region	研发机构数（个） Number of R&D Institutions in Enterprises (unit)					
		2000	2005	2010	2011	2012	2013
全 国	**Total**	**1190**	**1168**	**1970**	**1981**	**2757**	**2960**
东部地区	Eastern Region	608	645	1275	1354	1863	2025
中部地区	Middle Region	203	192	351	337	452	491
西部地区	Western Region	266	255	271	221	364	340
东北地区	Northeastern Region	113	76	73	69	78	104
北 京	Beijing	44	24	55	72	88	85
天 津	Tianjin	29	32	38	44	47	55
河 北	Hebei	33	24	31	34	46	50
山 西	Shanxi	16	19	15	10	10	17
内 蒙 古	Inner Mongolia	3	3	6	9	8	2
辽 宁	Liaoning	44	28	38	26	28	43
吉 林	Jilin	39	27	16	23	21	35
黑 龙 江	Heilongjiang	30	21	19	20	29	26
上 海	Shanghai	43	30	64	33	42	34
江 苏	Jiangsu	174	158	313	348	648	725
浙 江	Zhejiang	61	147	255	246	295	341
安 徽	Anhui	24	30	64	70	136	121
福 建	Fujian	17	17	36	44	55	82
江 西	Jiangxi	27	38	45	44	47	69
山 东	Shandong	72	92	131	166	239	240
河 南	Henan	41	43	109	101	118	120
湖 北	Hubei	60	34	72	64	89	87
湖 南	Hunan	32	25	40	39	52	77
广 东	Guangdong	114	102	316	336	387	397
广 西	Guangxi	17	17	23	19	27	30
海 南	Hainan	4	2	13	12	16	16
重 庆	Chongqing	24	41	39	37	42	48
四 川	Sichuan	71	50	60	52	105	97
贵 州	Guizhou	44	40	40	13	26	33
云 南	Yunnan	6	6	11	12	14	15
西 藏	Tibet			1			1
陕 西	Shaanxi	102	87	90	87	117	99
甘 肃	Gansu	10	23	18	11	20	8
青 海	Qinghai	3	1	1	1		1
宁 夏	Ningxia	5	6	9	7	4	4
新 疆	Xinjiang	1	1	2	1	1	2

2-1-10 续表 11 continued

地区	Region	机构人员（人） Personnel in the R&D Institutions (person)					
		2000	2005	2010	2011	2012	2013
全国	**Total**	**76168**	**109651**	**251977**	**263327**	**345486**	**324035**
东部地区	Eastern Region	42181	66824	175025	197612	252315	229673
中部地区	Middle Region	10995	13281	33430	32576	39224	47042
西部地区	Western Region	15243	21140	33846	22893	41959	35628
东北地区	Northeastern Region	7749	8406	9676	10246	11988	11692
北京	Beijing	2772	1441	6467	8124	9783	9515
天津	Tianjin	1078	1513	3440	4388	6137	6577
河北	Hebei	1469	2865	3349	3169	4136	4631
山西	Shanxi	620	718	1073	1103	1103	1665
内蒙古	Inner Mongolia	59	124	186	250	372	135
辽宁	Liaoning	3194	4095	5287	4857	6643	6312
吉林	Jilin	1914	2029	2119	2520	2078	2485
黑龙江	Heilongjiang	2641	2282	2270	2869	3267	2895
上海	Shanghai	2307	1159	3748	2245	4206	5098
江苏	Jiangsu	8060	7335	18483	20728	40272	43185
浙江	Zhejiang	2609	8924	18463	18275	22925	27611
安徽	Anhui	1140	1310	4772	5628	8505	7384
福建	Fujian	791	731	3171	3424	3607	5191
江西	Jiangxi	2614	3251	6414	5273	6487	7498
山东	Shandong	6279	7261	15274	21043	28397	25342
河南	Henan	2752	2102	6972	8208	8210	8709
湖北	Hubei	2267	4566	10757	8494	11694	16562
湖南	Hunan	1543	1210	3256	3620	3225	5224
广东	Guangdong	16239	34568	101069	114612	132120	101495
广西	Guangxi	503	989	1104	1138	1151	1177
海南	Hainan	74	38	457	466	732	1028
重庆	Chongqing	835	2018	2172	2041	2612	2947
四川	Sichuan	4661	8185	16362	7000	20952	12032
贵州	Guizhou	2555	2419	3914	827	1713	3641
云南	Yunnan	277	306	1034	1197	1337	1091
西藏	Tibet			8			8
陕西	Shaanxi	5918	7013	8572	9974	11761	12767
甘肃	Gansu	748	770	1223	1310	1189	877
青海	Qinghai	68	15	8	14		12
宁夏	Ningxia	181	391	493	527	869	906
新疆	Xinjiang		23	60	3	3	35

2-1-10 续表 12 continued

地 区	Region	机构经费支出（万元） Expenditure in the R&D Institutions (10000 yuan)					
		2000	2005	2010	2011	2012	2013
全 国	**Total**	**669580**	**1817148**	**5421344**	**5860691**	**7802691**	**8599141**
东部地区	Eastern Region	487593	1385094	4351222	4849573	6315975	6847832
中部地区	Middle Region	59928	132383	412207	463807	573902	894691
西部地区	Western Region	90256	238459	483792	385204	697439	624452
东北地区	Northeastern Region	31803	61212	174123	162107	215374	232167
北 京	Beijing	21511	25519	146459	200332	273364	243594
天 津	Tianjin	22919	33237	73859	52234	93562	104147
河 北	Hebei	9423	19876	32352	34766	48667	66264
山 西	Shanxi	2162	3682	8074	10118	16992	23909
内蒙古	Inner Mongolia	331	1251	2164	4254	5437	3667
辽 宁	Liaoning	10146	19685	132111	111448	159270	162874
吉 林	Jilin	5075	22810	18265	25602	22210	31525
黑龙江	Heilongjiang	16582	18717	23747	25057	33892	37768
上 海	Shanghai	14194	35527	90953	49957	97758	178233
江 苏	Jiangsu	66936	107408	310505	383774	959798	995508
浙 江	Zhejiang	33749	155967	366493	288774	392367	512441
安 徽	Anhui	4262	21656	65075	74893	134125	161078
福 建	Fujian	8103	17920	45639	42707	56456	91924
江 西	Jiangxi	20987	50414	56333	62051	84506	122274
山 东	Shandong	60396	231089	475909	540058	747565	781105
河 南	Henan	7025	14611	70097	77974	80934	126676
湖 北	Hubei	17417	32497	155156	176179	222641	393075
湖 南	Hunan	7746	8272	55307	58339	34702	67680
广 东	Guangdong	245812	747409	2780813	3227202	3634441	3855419
广 西	Guangxi	3076	10784	18426	20777	28404	24367
海 南	Hainan	1473	358	9815	8992	11992	19197
重 庆	Chongqing	6400	14142	27337	34278	43287	50412
四 川	Sichuan	24972	132132	246131	130434	396837	242547
贵 州	Guizhou	6968	22415	36203	12741	21968	75591
云 南	Yunnan	3681	2162	17191	22882	34016	40344
西 藏	Tibet			335			98
陕 西	Shaanxi	43965	57762	129539	156433	137772	164252
甘 肃	Gansu	2968	5742	12734	20665	23938	14561
青 海	Qinghai	284	53	80	100		232
宁 夏	Ningxia	1019	3672	6385	7660	5759	7722
新 疆	Xinjiang		380	7857	11	15	658

2-1-11 各地区大中型港澳台资企业R&D及相关活动情况

Statistics on R&D and Related Activities of Hong Kong,Macau and Taiwan Funded Enterprises in Large and Medium-sized Enterprises by Region

地区	Region	R&D人员折合全时当量（人年） Full-time Equivalent of R&D Personnel (man-year)					
		2000	2005	2010	2011	2012	2013
全　国	**Total**	**3428**	**17880**	**57034**	**71830**	**81932**	**81905**
东部地区	Eastern Region	3300	15879	53660	68587	77622	75038
中部地区	Middle Region	17	1842	2651	2328	3384	6004
西部地区	Western Region	10	72	314	579	546	585
东北地区	Northeastern Region	101	87	409	336	377	278
北　京	Beijing	532	1867	740	712	820	1398
天　津	Tianjin	13	43	514	1368	612	591
河　北	Hebei	96		1230	1365	1512	1172
山　西	Shanxi		19	45		30	90
内蒙古	Inner Mongolia			6	22		10
辽　宁	Liaoning	101	49	353	275	248	175
吉　林	Jilin		9		44	56	6
黑龙江	Heilongjiang		29	56	17	72	96
上　海	Shanghai	212	717	4205	2925	4405	4330
江　苏	Jiangsu	126	3300	13958	16507	14748	16600
浙　江	Zhejiang	66	1707	3885	6299	7424	6984
安　徽	Anhui			118	9	725	537
福　建	Fujian	447	2734	4187	6724	8040	8110
江　西	Jiangxi	4	6	19	62	173	649
山　东	Shandong	95	69	308	660	867	737
河　南	Henan	6	1758	901	328	568	2310
湖　北	Hubei	7	27	529	1300	1236	1748
湖　南	Hunan		32	1032	608	649	670
广　东	Guangdong	1708	5416	24476	31882	39168	34975
广　西	Guangxi			155	145	229	202
海　南	Hainan	6	26			22	142
重　庆	Chongqing		19	124	304	156	179
四　川	Sichuan	10	45	1	110	17	1
贵　州	Guizhou						
云　南	Yunnan		8	109	54	78	90
西　藏	Tibet						
陕　西	Shaanxi						21
甘　肃	Gansu						
青　海	Qinghai						
宁　夏	Ningxia			80	111	64	82
新　疆	Xinjiang						

2-1-11 续表 1 continued

地 区	Region	R&D经费内部支出（万元） Intramural Expenditure on R&D (10000 yuan)					
		2000	2005	2010	2011	2012	2013
全 国	**Total**	**117433**	**506685**	**1215278**	**1700201**	**2005351**	**2277974**
东部地区	Eastern Region	112939	490670	1141205	1614479	1891440	2074782
中部地区	Middle Region	4242	12980	59930	64052	83898	162136
西部地区	Western Region	53	1485	7395	15240	22967	24304
东北地区	Northeastern Region	199	1551	6747	6429	7045	16752
北 京	Beijing	55730	68996	84366	90340	118717	106155
天 津	Tianjin	322	970	9033	40486	8138	8389
河 北	Hebei	1190		21170	28560	34439	54260
山 西	Shanxi		61	781		897	2059
内蒙古	Inner Mongolia			636	264		2475
辽 宁	Liaoning	199	753	5636	5918	5102	15150
吉 林	Jilin		498		363	995	159
黑龙江	Heilongjiang		300	1111	148	947	1443
上 海	Shanghai	3805	54103	74063	117555	160898	147662
江 苏	Jiangsu	5125	63352	223986	353327	327747	403805
浙 江	Zhejiang	807	61150	87621	211429	265611	282583
安 徽	Anhui			2479	852	14866	32315
福 建	Fujian	9839	73592	157124	154348	178118	209532
江 西	Jiangxi	22	96	178	1490	5766	15934
山 东	Shandong	1750	2349	11684	30756	35310	30201
河 南	Henan	4116	10770	16741	5941	11118	36405
湖 北	Hubei	104	402	28914	41687	37058	42963
湖 南	Hunan		1651	10203	13818	14190	32459
广 东	Guangdong	34300	165991	470657	585659	761610	829598
广 西	Guangxi			1501	2017	5802	6291
海 南	Hainan	72	168			848	2599
重 庆	Chongqing		805	3468	5354	8223	8883
四 川	Sichuan	53	502	54	1007	373	152
贵 州	Guizhou						
云 南	Yunnan		178	1849	5780	6061	3384
西 藏	Tibet						
陕 西	Shaanxi						649
甘 肃	Gansu						
青 海	Qinghai						
宁 夏	Ningxia			2025	3100	2507	2471
新 疆	Xinjiang						

2-1-11 续表 2 continued

地 区	Region	新产品开发经费支出（万元） Expenditure on New Products Development (10000 yuan)					
		2000	2005	2010	2011	2012	2013
全 国	**Total**	**147684**	**702806**	**1652721**	**2081090**	**2531344**	**2784040**
东部地区	Eastern Region	138315	687944	1561681	2000606	2397199	2540325
中部地区	Middle Region	8925	10567	74242	62984	97081	162831
西部地区	Western Region	125	2084	9094	10973	26220	58707
东北地区	Northeastern Region	319	2211	7704	6528	10843	22176
北 京	Beijing	69369	104785	93742	131563	163190	165890
天 津	Tianjin	371	1050	11286	41509	12783	14301
河 北	Hebei	1190		20735	27150	33532	52199
山 西	Shanxi	74	100	781		3322	4049
内 蒙 古	Inner Mongolia			2066			27588
辽 宁	Liaoning	199	1558	6293	6177	9307	20723
吉 林	Jilin	120	503		117	370	228
黑 龙 江	Heilongjiang		150	1411	233	1165	1225
上 海	Shanghai	11653	58931	107421	134305	195063	196764
江 苏	Jiangsu	7263	86795	375340	489755	549587	598997
浙 江	Zhejiang	1799	64905	98125	236920	283413	312873
安 徽	Anhui	79	90	2479	4500	17846	40836
福 建	Fujian	10031	102513	177303	175721	194859	212836
江 西	Jiangxi	22	255	3585	1224	6342	16452
山 东	Shandong	1754	5950	16182	38568	46927	37022
河 南	Henan	8500	8200	13567	3706	11171	21583
湖 北	Hubei	250	1751	41963	38005	34610	37682
湖 南	Hunan		172	9803	15548	23787	42229
广 东	Guangdong	34665	262848	660077	723012	917842	949445
广 西	Guangxi			1472	2105	5765	6311
海 南	Hainan	220	168				
重 庆	Chongqing		794	2281	2295	10036	10616
四 川	Sichuan	125	498	730	1327	1018	1068
贵 州	Guizhou						
云 南	Yunnan		792	3407	3976	6416	7145
西 藏	Tibet						
陕 西	Shaanxi			779	275		3417
甘 肃	Gansu						
青 海	Qinghai						
宁 夏	Ningxia			1897	3100	2983	2564
新 疆	Xinjiang						

2-1-11 续表 3 continued

地　区	Region	新产品销售收入（万元） Sales Revenue of New Products (10000 yuan)					
		2000	2005	2010	2011	2012	2013
全　国	**Total**	**4687313**	**18624925**	**24992899**	**35147172**	**38754675**	**58237693**
东部地区	Eastern Region	4435932	18353382	22761301	31265734	36009862	38062656
中部地区	Middle Region	238037	245677	1839416	1561858	2236752	19665580
西部地区	Western Region	929	3056	367103	2249979	473846	408361
东北地区	Northeastern Region	12415	22811	25080	69601	34213	101096
北　京	Beijing	1410749	1841038	2860558	3294285	3212167	5253538
天　津	Tianjin	4672	167283	140100	278927	250538	133493
河　北	Hebei	552		68878	102296	504836	563016
山　西	Shanxi		20	12135			
内蒙古	Inner Mongolia			85425			
辽　宁	Liaoning	12415	19610	25080	66351	31845	78319
吉　林	Jilin		3201		3250	2368	2160
黑龙江	Heilongjiang						20617
上　海	Shanghai	378021	4613506	1723242	1300378	2088081	1696037
江　苏	Jiangsu	50799	860875	4759572	7893767	8300684	8872172
浙　江	Zhejiang	14058	106152	868039	2284882	2921779	3193194
安　徽	Anhui		21	12990	97519	591738	735697
福　建	Fujian	543311	4668466	3988059	4251238	4348820	4401237
江　西	Jiangxi	37	342	988	2146	54089	65137
山　东	Shandong	44682	64898	187391	525722	553016	313050
河　南	Henan	238000	207809	245213	86533	37491	17704843
湖　北	Hubei			1174261	1017301	961265	758820
湖　南	Hunan		37485	308405	358359	592167	401083
广　东	Guangdong	1989087	6031162	8138615	11320562	13808630	13565011
广　西	Guangxi			26848	13678	92334	138209
海　南	Hainan					21308	71911
重　庆	Chongqing		1053	204237	2157375	237956	123110
四　川	Sichuan	929		107442	23171	84129	17557
贵　州	Guizhou						
云　南	Yunnan		1974	13492	26148	24746	81792
西　藏	Tibet						
陕　西	Shaanxi			39895			20198
甘　肃	Gansu		28				
青　海	Qinghai						
宁　夏	Ningxia			2038	43286	34679	27495
新　疆	Xinjiang						

2-1-11　续表 4　continued

地　区	Region	专利申请数（件） Patent Applications (piece) 2000	2005	2010	2011	2012	2013
全　国	**Total**	**451**	**3203**	**8285**	**10111**	**14255**	**13648**
东部地区	Eastern Region	448	3145	7734	9588	13319	12663
中部地区	Middle Region	2	47	410	408	709	705
西部地区	Western Region		4	70	73	172	169
东北地区	Northeastern Region	1	7	71	42	55	111
北　京	Beijing		195	430	767	2141	2366
天　津	Tianjin			129	111	113	131
河　北	Hebei			94	73	75	46
山　西	Shanxi			22		35	16
内蒙古	Inner Mongolia				2		6
辽　宁	Liaoning	1	7	61	40	48	97
吉　林	Jilin						9
黑龙江	Heilongjiang			10	2	7	5
上　海	Shanghai	27	318	595	709	1287	784
江　苏	Jiangsu	1	404	2360	2834	1934	1885
浙　江	Zhejiang	2	274	707	1412	1252	1860
安　徽	Anhui			4	16	65	192
福　建	Fujian	42	116	567	522	649	482
江　西	Jiangxi			3	1	9	30
山　东	Shandong	2	2	59	161	117	143
河　南	Henan	2	38	41	20	15	48
湖　北	Hubei		3	46	52	218	212
湖　南	Hunan		6	294	317	367	207
广　东	Guangdong	374	1836	2791	2992	5741	4964
广　西	Guangxi			2	7	19	14
海　南	Hainan					10	2
重　庆	Chongqing			21	28	63	48
四　川	Sichuan		3	2	3	51	8
贵　州	Guizhou						
云　南	Yunnan		1	11	12	17	18
西　藏	Tibet						
陕　西	Shaanxi			25			13
甘　肃	Gansu						
青　海	Qinghai						
宁　夏	Ningxia			11	30	22	62
新　疆	Xinjiang						

2-1-11 续表 5 continued

地 区	Region	有效发明专利数（件） Number of Patents In Force (piece)					
		2000	2005	2010	2011	2012	2013
全 国	**Total**	**265**	**719**	**5640**	**8359**	**11990**	**12150**
东部地区	Eastern Region	258	705	5210	8138	11614	11597
中部地区	Middle Region	2	5	299	78	195	351
西部地区	Western Region	2	5	56	73	129	105
东北地区	Northeastern Region	3	4	75	70	52	97
北 京	Beijing	4	61	1036	1265	2337	1639
天 津	Tianjin			6	108	43	15
河 北	Hebei			144	154	222	303
山 西	Shanxi			4		1	1
内 蒙 古	Inner Mongolia				3		3
辽 宁	Liaoning	3	4	65	68	49	79
吉 林	Jilin						9
黑 龙 江	Heilongjiang			10	2	3	9
上 海	Shanghai	13	11	421	587	1042	693
江 苏	Jiangsu		113	790	1189	1201	1923
浙 江	Zhejiang	8	17	211	1900	2348	2357
安 徽	Anhui				13	36	140
福 建	Fujian	1	104	244	155	261	313
江 西	Jiangxi				1	3	13
山 东	Shandong	2	2	16	64	69	90
河 南	Henan	2	4	58	16	24	23
湖 北	Hubei			11	11	67	80
湖 南	Hunan		1	226	34	64	94
广 东	Guangdong	230	397	2331	2700	4085	4251
广 西	Guangxi			11	16	23	27
海 南	Hainan					6	13
重 庆	Chongqing			7	31	33	25
四 川	Sichuan	2	4	34	31	59	39
贵 州	Guizhou						
云 南	Yunnan		1	8	11	14	3
西 藏	Tibet						
陕 西	Shaanxi			7			6
甘 肃	Gansu						
青 海	Qinghai						
宁 夏	Ningxia						2
新 疆	Xinjiang						

2-1-11 续表 6 continued

地　区	Region	技术改造经费支出（万元） Expenditure for Technical Renovation (10000 yuan)					
		2000	2005	2010	2011	2012	2013
全　国	**Total**	**42477**	**128312**	**334633**	**321057**	**454181**	**476872**
东部地区	Eastern Region	39184	106927	305743	282440	410093	429296
中部地区	Middle Region	2600	9432	26010	37532	16249	34615
西部地区	Western Region	475	463	2797	823	27732	10890
东北地区	Northeastern Region	218	11490	84	262	105	2072
北　京	Beijing	328	44	195	216	230	
天　津	Tianjin	105		55310		626	
河　北	Hebei	50		1448	1921	1536	2124
山　西	Shanxi		125				
内蒙古	Inner Mongolia			5440	3800		
辽　宁	Liaoning	21	1162	49	59	105	1189
吉　林	Jilin		10093		203		
黑龙江	Heilongjiang	197	235	35			883
上　海	Shanghai	3722	9213	10892	13069	12242	7146
江　苏	Jiangsu	3333	13393	143353	140779	282577	308930
浙　江	Zhejiang	4338	13751	23836	28269	20442	15325
安　徽	Anhui		259	678	1500	3000	13072
福　建	Fujian	11447	21203	27043	20751	15545	26368
江　西	Jiangxi		160		3915	2258	
山　东	Shandong	2000	9730	1635	2782	4184	6523
河　南	Henan	2500	6353	436		713	3500
湖　北	Hubei	100	1103	18400	420	1625	1473
湖　南	Hunan		1432	1056	27897	8653	16570
广　东	Guangdong	13562	39593	34965	74114	72707	60895
广　西	Guangxi			7067	540	17124	2251
海　南	Hainan	300					1985
重　庆	Chongqing		263		804	9224	4803
四　川	Sichuan	475		44			
贵　州	Guizhou						
云　南	Yunnan			1553		360	3288
西　藏	Tibet						
陕　西	Shaanxi		200				
甘　肃	Gansu						
青　海	Qinghai						
宁　夏	Ningxia			1200	19	1024	548
新　疆	Xinjiang						

2-1-11 续表 7 continued

地 区	Region	引进技术经费支出（万元） Expenditure for Acquisition of Foreign Technology (10000 yuan)					
		2000	2005	2010	2011	2012	2013
全 国	**Total**	**20698**	**129886**	**66251**	**117533**	**117755**	**127709**
东部地区	Eastern Region	17966	129886	65290	117240	117675	127593
中部地区	Middle Region	2650		961	213		46
西部地区	Western Region						
东北地区	Northeastern Region	82			80	80	70
北 京	Beijing		239				9
天 津	Tianjin		28534	8384		26036	18971
河 北	Hebei	350		453	452	253	294
山 西	Shanxi						
内蒙古	Inner Mongolia						
辽 宁	Liaoning	82			80	80	70
吉 林	Jilin						
黑龙江	Heilongjiang						
上 海	Shanghai	4343	15737	10487	22271	18702	11635
江 苏	Jiangsu	1892	2845	14292	59802	52458	42592
浙 江	Zhejiang	381	51	1214	3424	406	1485
安 徽	Anhui						
福 建	Fujian	7761	9479	15932	27310	10562	42598
江 西	Jiangxi						
山 东	Shandong		300	402	1305		300
河 南	Henan	2450		138	213		
湖 北	Hubei	200					
湖 南	Hunan			823			46
广 东	Guangdong	3239	72702	13888	2678	9254	9710
广 西	Guangxi			240			
海 南	Hainan						
重 庆	Chongqing						
四 川	Sichuan						
贵 州	Guizhou						
云 南	Yunnan						
西 藏	Tibet						
陕 西	Shaanxi						
甘 肃	Gansu						
青 海	Qinghai						
宁 夏	Ningxia						
新 疆	Xinjiang						

2-1-11 续表 8 continued

地 区	Region	消化吸收经费支出（万元） Expenditure for Assimilation of Technology (10000 yuan)					
		2000	2005	2010	2011	2012	2013
全 国	**Total**	**689**	**51254**	**13420**	**12155**	**15388**	**24473**
东部地区	Eastern Region	664	50988	12492	12148	15287	24243
中部地区	Middle Region	10	166	890			230
西部地区	Western Region					101	
东北地区	Northeastern Region	15	100	37	7		
北 京	Beijing						
天 津	Tianjin						
河 北	Hebei	18		393	395	3432	4118
山 西	Shanxi						
内蒙古	Inner Mongolia						
辽 宁	Liaoning	15		37	7		
吉 林	Jilin						
黑龙江	Heilongjiang		100				
上 海	Shanghai	124	3645	200	2270	710	7240
江 苏	Jiangsu	326	82	5602	5274	5475	1227
浙 江	Zhejiang	20		916	659	112	124
安 徽	Anhui						
福 建	Fujian	173	1857	1083	1447	1028	7012
江 西	Jiangxi						
山 东	Shandong		300	312	859	1782	70
河 南	Henan		166	47			200
湖 北	Hubei	10					
湖 南	Hunan			843			30
广 东	Guangdong	3	45104	3987	1245	2746	4453
广 西	Guangxi						
海 南	Hainan						
重 庆	Chongqing						
四 川	Sichuan						
贵 州	Guizhou						
云 南	Yunnan					101	
西 藏	Tibet						
陕 西	Shaanxi						
甘 肃	Gansu						
青 海	Qinghai						
宁 夏	Ningxia						
新 疆	Xinjiang						

2-1-11 续表 9 continued

地 区	Region	购买国内技术经费支出（万元） Expenditure on Purchase of Domestic Technology (10000 yuan)					
		2000	2005	2010	2011	2012	2013
全 国	**Total**	**4047**	**13067**	**56585**	**35605**	**67286**	**89113**
东部地区	Eastern Region	3692	12789	55339	34812	66925	88937
中部地区	Middle Region	235	178	1115	793	130	176
西部地区	Western Region			60		231	
东北地区	Northeastern Region	120	100	71			
北 京	Beijing			3948	3414		443
天 津	Tianjin						
河 北	Hebei			1057	2446	3323	3921
山 西	Shanxi	135					
内 蒙 古	Inner Mongolia						
辽 宁	Liaoning			71			
吉 林	Jilin	120					
黑 龙 江	Heilongjiang		100				
上 海	Shanghai	39		2640	125	45	
江 苏	Jiangsu	180	84	182	1033	5531	1957
浙 江	Zhejiang	453	100	2117	7245	1897	871
安 徽	Anhui						
福 建	Fujian	340	4917	25609	11742	31636	48953
江 西	Jiangxi						
山 东	Shandong	2330	200	21	531	5909	27720
河 南	Henan						
湖 北	Hubei	100	178	901			
湖 南	Hunan			215	793	130	176
广 东	Guangdong	350	7487	19766	8276	18583	4673
广 西	Guangxi						
海 南	Hainan						400
重 庆	Chongqing						
四 川	Sichuan						
贵 州	Guizhou						
云 南	Yunnan			50		231	
西 藏	Tibet						
陕 西	Shaanxi			10			
甘 肃	Gansu						
青 海	Qinghai						
宁 夏	Ningxia						
新 疆	Xinjiang						

2-1-11 续表 10 continued

地 区	Region	研发机构数（个） Number of R&D Institutions in Enterprises (unit)					
		2000	2005	2010	2011	2012	2013
全 国	**Total**	**74**	**177**	**545**	**660**	**740**	**696**
东部地区	Eastern Region	64	156	489	628	685	624
中部地区	Middle Region	6	13	34	18	29	38
西部地区	Western Region	2	4	9	9	18	24
东北地区	Northeastern Region	2	4	13	5	8	10
北 京	Beijing	4	2	14	15	7	10
天 津	Tianjin	2	1	6	10	6	5
河 北	Hebei	1		3	2	5	5
山 西	Shanxi	2	2	1		1	1
内蒙古	Inner Mongolia			2	1		1
辽 宁	Liaoning	1	2	11	3	5	6
吉 林	Jilin	1	2		1	1	1
黑龙江	Heilongjiang			2	1	2	3
上 海	Shanghai	6	9	34	22	17	19
江 苏	Jiangsu	4	19	111	121	309	284
浙 江	Zhejiang	5	12	60	63	67	49
安 徽	Anhui	1	1	2	3	7	6
福 建	Fujian	6	16	25	24	43	36
江 西	Jiangxi		1	2		3	7
山 东	Shandong	4	4	9	5	9	8
河 南	Henan	2	4	11	3	7	13
湖 北	Hubei	1	2	6	6	8	4
湖 南	Hunan		3	10	5	3	7
广 东	Guangdong	30	92	224	363	221	207
广 西	Guangxi			3	3	2	4
海 南	Hainan	2	1			1	1
重 庆	Chongqing		1	3	5	9	12
四 川	Sichuan	2	1	1		3	1
贵 州	Guizhou						
云 南	Yunnan		2	2	3	2	3
西 藏	Tibet						
陕 西	Shaanxi			2		1	2
甘 肃	Gansu						
青 海	Qinghai						
宁 夏	Ningxia			1	1	1	1
新 疆	Xinjiang						

2-1-11 续表 11 continued

地 区	Region	机构人员（人） Personnel in the R&D Institutions (person)					
		2000	2005	2010	2011	2012	2013
全 国	**Total**	**6846**	**21584**	**59293**	**58242**	**74591**	**74388**
东部地区	Eastern Region	6479	20907	55097	56039	69863	66557
中部地区	Middle Region	205	458	3300	1536	3467	5980
西部地区	Western Region	16	86	282	460	802	1168
东北地区	Northeastern Region	146	133	614	207	459	683
北 京	Beijing	1628	16	1464	1747	1511	2176
天 津	Tianjin	23	25	447	756	712	1934
河 北	Hebei	326		1214	1187	1425	1394
山 西	Shanxi	23	18	52		268	271
内 蒙 古	Inner Mongolia			35	24		19
辽 宁	Liaoning	136	75	518	137	209	400
吉 林	Jilin	10	58		50	50	50
黑 龙 江	Heilongjiang			96	20	200	233
上 海	Shanghai	266	523	5576	2876	2995	3766
江 苏	Jiangsu	190	2051	10502	11160	22788	22050
浙 江	Zhejiang	141	400	4999	8643	9027	7463
安 徽	Anhui	28	5	42	50	512	276
福 建	Fujian	544	2646	3606	3899	5374	4892
江 西	Jiangxi		6	86		142	370
山 东	Shandong	306	303	414	223	507	530
河 南	Henan	99	78	1382	291	609	3384
湖 北	Hubei	55	76	383	525	1080	905
湖 南	Hunan		275	1320	646	856	774
广 东	Guangdong	3033	14917	26761	25437	25393	22191
广 西	Guangxi			114	111	102	348
海 南	Hainan	22	26			131	161
重 庆	Chongqing		13	39	204	318	374
四 川	Sichuan	16	41	17		105	90
贵 州	Guizhou						
云 南	Yunnan		32	74	143	82	151
西 藏	Tibet						
陕 西	Shaanxi			68		5	81
甘 肃	Gansu						
青 海	Qinghai						
宁 夏	Ningxia			84	113	190	105
新 疆	Xinjiang						

2-1-11　续表 12　continued

地　区	Region	机构经费支出 (万元) Expenditure in the R&D Institutions (10000 yuan)					
		2000	2005	2010	2011	2012	2013
全　国	**Total**	**142452**	**314620**	**1225299**	**1374307**	**1813957**	**1888652**
东部地区	Eastern Region	133988	298301	1170208	1337006	1743883	1751336
中部地区	Middle Region	8047	13154	40217	22937	43481	93240
西部地区	Western Region	60	1298	7420	11824	20967	26863
东北地区	Northeastern Region	357	1868	7455	2540	5624	17213
北　京	Beijing	71514	52	85091	120091	138485	131077
天　津	Tianjin	70	311	10120	24295	3065	2701
河　北	Hebei	1109		21245	20970	31882	35359
山　西	Shanxi	88	55	12		1398	1540
内蒙古	Inner Mongolia			1213	360		2400
辽　宁	Liaoning	237	1362	6144	1978	3953	15172
吉　林	Jilin	120	506		363	226	184
黑龙江	Heilongjiang			1311	200	1444	1858
上　海	Shanghai	5353	9404	102742	125464	110254	105153
江　苏	Jiangsu	4416	30307	261063	280356	514446	529791
浙　江	Zhejiang	1531	6047	90336	218363	272486	285924
安　徽	Anhui	79	72	2417	2375	10120	17943
福　建	Fujian	12226	70337	163234	133521	153073	172765
江　西	Jiangxi		168	1358		2484	5336
山　东	Shandong	6182	6042	12550	10444	21379	30137
河　南	Henan	7720	8175	16104	6822	11023	40898
湖　北	Hubei	160	1828	8122	4930	12563	12659
湖　南	Hunan		2857	10991	8449	5892	14865
广　东	Guangdong	31446	175632	423506	401627	497556	455579
广　西	Guangxi			323	1876	2428	6143
海　南	Hainan	142	168			1252	2849
重　庆	Chongqing		92	2101	4169	8872	8282
四　川	Sichuan	60	1000	28		947	303
贵　州	Guizhou						
云　南	Yunnan		206	3012	5363	6416	7707
西　藏	Tibet						
陕　西	Shaanxi			1011		3	429
甘　肃	Gansu						
青　海	Qinghai						
宁　夏	Ningxia			1268	2293	2300	1600
新　疆	Xinjiang						

2-1-12 各地区大中型外资企业R&D及相关活动情况

Statistics on R&D and Related Activities of Foreign Funded Enterprises in Large and Medium-sized Enterprises by Region

地 区	Region	R&D人员折合全时当量（人年） Full-time Equivalent of R&D Personnel (man-year)					
		2000	2005	2010	2011	2012	2013
全 国	**Total**	**9375**	**33860**	**113156**	**85971**	**112477**	**116260**
东部地区	Eastern Region	6938	31656	107563	80675	107887	110700
中部地区	Middle Region	183	118	1785	2027	2408	2181
西部地区	Western Region	1123	506	1936	1429	793	1442
东北地区	Northeastern Region	1131	1579	1873	1840	1387	1936
北 京	Beijing	55	2046	1909	2828	3091	3428
天 津	Tianjin	873	1546	2907	1720	2315	3089
河 北	Hebei	6	81	411	403	586	652
山 西	Shanxi			170	307	158	76
内 蒙 古	Inner Mongolia			20			
辽 宁	Liaoning	1091	1076	261	229	374	60
吉 林	Jilin	27			26	80	48
黑 龙 江	Heilongjiang	13	503	1612	1585	932	1829
上 海	Shanghai	3006	4991	10984	8714	8378	9489
江 苏	Jiangsu	645	9975	31955	25640	27538	28183
浙 江	Zhejiang		2902	3875	4065	5317	6457
安 徽	Anhui	48	62	582	720	373	360
福 建	Fujian	171	1814	6548	7549	9462	10138
江 西	Jiangxi			101	73	500	387
山 东	Shandong	151	638	2916	5055	8287	9680
河 南	Henan		56	611	646	930	663
湖 北	Hubei	135		225	238	344	446
湖 南	Hunan			76	42	101	250
广 东	Guangdong	2028	7664	46025	24625	42834	39349
广 西	Guangxi	4		1	22	24	24
海 南	Hainan			30	55	76	235
重 庆	Chongqing	414	5	1267	702	142	277
四 川	Sichuan	160	144		94	155	632
贵 州	Guizhou	13	14	257	231	72	122
云 南	Yunnan	17	32	90	95	87	100
西 藏	Tibet						
陕 西	Shaanxi	493	311	322	306	311	288
甘 肃	Gansu	25					
青 海	Qinghai						
宁 夏	Ningxia						
新 疆	Xinjiang						

2-1-12 续表 1 continued

地 区	Region	R&D经费内部支出（万元） Intramural Expenditure on R&D (10000 yuan)					
		2000	2005	2010	2011	2012	2013
全 国	**Total**	**202661**	**1019163**	**2453041**	**2789420**	**3242284**	**3517391**
东部地区	Eastern Region	179037	979268	2378630	2701107	3114728	3329372
中部地区	Middle Region	5225	1520	21591	37460	70404	93992
西部地区	Western Region	13473	7955	25610	20300	22318	57355
东北地区	Northeastern Region	4926	30420	27210	30552	34833	36672
北 京	Beijing	3826	50356	109263	177602	181079	172897
天 津	Tianjin	35904	48177	133452	116587	137279	168171
河 北	Hebei	27	1599	11450	17317	19992	23059
山 西	Shanxi			1609	4791	3804	1846
内蒙古	Inner Mongolia			1007			
辽 宁	Liaoning	4866	24242	2350	4239	11234	7081
吉 林	Jilin	32			94	514	445
黑龙江	Heilongjiang	28	6178	24860	26219	23084	29146
上 海	Shanghai	94533	255992	473826	298485	313411	456134
江 苏	Jiangsu	10874	195222	698061	880778	913766	826560
浙 江	Zhejiang		120955	58442	87030	121835	145567
安 徽	Anhui	631	239	6304	11009	12193	11175
福 建	Fujian	3726	46036	149466	228251	200418	267497
江 西	Jiangxi			2199	3347	12045	7660
山 东	Shandong	4009	50122	185907	208103	284199	269547
河 南	Henan		1281	5751	8575	10976	11851
湖 北	Hubei	4594		3667	7072	27592	25360
湖 南	Hunan			1055	2667	3791	36099
广 东	Guangdong	26121	210810	557176	683807	935583	990053
广 西	Guangxi	17		201	110	245	350
海 南	Hainan			1386	3038	7162	9886
重 庆	Chongqing	1469	65	14034	10112	3263	31675
四 川	Sichuan	658	509		2400	5305	16502
贵 州	Guizhou	24	150	829	1969	3122	2559
云 南	Yunnan	74	354	1759	2248	2405	1843
西 藏	Tibet						
陕 西	Shaanxi	11136	6878	8988	3571	7975	4426
甘 肃	Gansu	112					
青 海	Qinghai						
宁 夏	Ningxia						
新 疆	Xinjiang						

2-1-12 续表 2 continued

地区	Region	新产品开发经费支出（万元） Expenditure on New Products Development (10000 yuan)					
		2000	2005	2010	2011	2012	2013
全国	**Total**	**222028**	**1216386**	**3051653**	**4156346**	**4672985**	**4488169**
东部地区	Eastern Region	205214	1168024	2990384	3998957	4465400	4223110
中部地区	Middle Region	5524	10870	27269	53790	80807	101572
西部地区	Western Region	11214	5615	19207	43662	49923	87269
东北地区	Northeastern Region	76	31877	14794	59937	76853	76218
北京	Beijing	4064	53072	184045	222395	250697	222982
天津	Tianjin	40538	46656	185199	107626	164901	163759
河北	Hebei		3724	8596	13182	12924	13459
山西	Shanxi		110	1681	8183	1502	64
内蒙古	Inner Mongolia						
辽宁	Liaoning	27	25958	2331	45990	48611	45703
吉林	Jilin	32	40		112		894
黑龙江	Heilongjiang	17	5879	12463	13834	28242	29621
上海	Shanghai	111550	239418	603316	709186	547336	643056
江苏	Jiangsu	18905	295576	899341	1460163	1722446	1388565
浙江	Zhejiang	1303	124222	84810	115888	135341	164897
安徽	Anhui	296	464	9234	14235	19342	16559
福建	Fujian	3726	63583	149927	236766	220315	272568
江西	Jiangxi			2199	3526	14010	7389
山东	Shandong	4730	54899	191444	267725	290724	275612
河南	Henan		1292	8912	18611	14043	10423
湖北	Hubei	5228	93	4188	7072	28980	32393
湖南	Hunan		8911	1055	2165	2929	34743
广东	Guangdong	20345	286875	680597	862065	1112597	1066508
广西	Guangxi	55			110	162	365
海南	Hainan			3110	3854	8117	11705
重庆	Chongqing	1049	65	7571	11728	4690	39745
四川	Sichuan	1496	726	155	10842	13697	15404
贵州	Guizhou	28	150	422	597	2510	1973
云南	Yunnan	74	354	1960	3709	3837	1545
西藏	Tibet						
陕西	Shaanxi	8558	4316	9100	16787	24875	28238
甘肃	Gansu	11					
青海	Qinghai		5			150	
宁夏	Ningxia						
新疆	Xinjiang						

2-1-12 续表 3 continued

地　区	Region	新产品销售收入（万元） Sales Revenue of New Products (10000 yuan)					
		2000	2005	2010	2011	2012	2013
全　国	**Total**	**10270862**	**27716836**	**79235660**	**99933626**	**107896980**	**121378698**
东部地区	Eastern Region	10111817	27468611	77801186	97720636	105711995	117481591
中部地区	Middle Region	62398	26796	666119	658605	1429786	3145071
西部地区	Western Region	92282	78491	676413	1274985	558232	486321
东北地区	Northeastern Region	4365	142937	91943	279400	196966	265715
北　京	Beijing	1911777	775229	8875267	7536353	4956744	5237676
天　津	Tianjin	2489541	8576670	7363645	6190848	8787235	15119701
河　北	Hebei		37423	152080	149448	421492	461258
山　西	Shanxi		5102	397315	157725	128563	136792
内蒙古	Inner Mongolia						
辽　宁	Liaoning	3035	12541	6745	170088	114510	88189
吉　林	Jilin	1327			26622		25483
黑龙江	Heilongjiang	3	130396	85198	82691	82456	152043
上　海	Shanghai	2460277	7597266	9152795	6629278	4508696	4150848
江　苏	Jiangsu	1346817	2518154	13112864	31166286	33994625	34146864
浙　江	Zhejiang	10003	490531	1357630	1983463	1773775	3140632
安　徽	Anhui	21396		41752	375880	402712	55635
福　建	Fujian	676232	1184060	3086132	5416897	6379010	6203108
江　西	Jiangxi			30667	47666	68560	153583
山　东	Shandong	58096	183894	2968660	4205462	4078067	3249559
河　南	Henan		16740	61591	56367	101000	69670
湖　北	Hubei	41003	3734	42306	10790	404813	407111
湖　南	Hunan		1221	92489	10177	324137	2322280
广　东	Guangdong	1157513	6105385	31731966	34441964	40811285	45738096
广　西	Guangxi	1562				300	18185
海　南	Hainan			146	638	1062	33848
重　庆	Chongqing	16549	313	476235	878115	278173	99774
四　川	Sichuan	30	31406		28154	36746	104846
贵　州	Guizhou	929		40655	56682	77450	90866
云　南	Yunnan			21864	37226	3980	
西　藏	Tibet						
陕　西	Shaanxi	74622	45473	137658	274808	161582	172651
甘　肃	Gansu	152					
青　海	Qinghai		1300				
宁　夏	Ningxia						
新　疆	Xinjiang						

2-1-12 续表 4 continued

地区	Region	专利申请数（件） Patent Applications (piece) 2000	2005	2010	2011	2012	2013
全国	**Total**	**131**	**2833**	**16249**	**18922**	**19171**	**23839**
东部地区	Eastern Region	97	2495	15859	18325	18485	23040
中部地区	Middle Region	2	8	200	153	261	233
西部地区	Western Region	29	56	151	263	230	283
东北地区	Northeastern Region	3	274	39	181	195	283
北京	Beijing		303	1310	1953	1498	1542
天津	Tianjin	6	88	428	342	278	243
河北	Hebei		19	20	22	22	21
山西	Shanxi			17	27	5	2
内蒙古	Inner Mongolia						
辽宁	Liaoning	3	256	18	71	97	192
吉林	Jilin				2		5
黑龙江	Heilongjiang		18	21	108	98	86
上海	Shanghai	42	910	2161	2195	2109	2579
江苏	Jiangsu	3	124	2118	2597	2922	2952
浙江	Zhejiang	3	171	729	574	685	744
安徽	Anhui			26	27	23	20
福建	Fujian		96	841	810	1148	1068
江西	Jiangxi			40	28	73	41
山东	Shandong	4	278	370	927	318	422
河南	Henan		6	60	33	70	46
湖北	Hubei	2		51	28	67	108
湖南	Hunan		2	6	10	23	16
广东	Guangdong	38	506	7852	8899	9499	13461
广西	Guangxi	1			2	4	8
海南	Hainan			30	4	6	8
重庆	Chongqing			115	151	43	64
四川	Sichuan	2	1	2	19	107	181
贵州	Guizhou	25	5		6	19	2
云南	Yunnan	1	6	18	30	23	3
西藏	Tibet						
陕西	Shaanxi	1	44	16	57	34	25
甘肃	Gansu						
青海	Qinghai						
宁夏	Ningxia						
新疆	Xinjiang						

2-1-12 续表 5 continued

地 区	Region	有效发明专利数（件） Number of Patents In Force (piece)					
		2000	2005	2010	2011	2012	2013
全 国	**Total**	**170**	**1194**	**10259**	**13217**	**18995**	**21084**
东部地区	Eastern Region	134	1129	10016	12895	18313	20251
中部地区	Middle Region	2	4	64	129	313	261
西部地区	Western Region	33	57	149	97	285	323
东北地区	Northeastern Region	1	4	30	96	84	249
北 京	Beijing		122	362	947	1606	1604
天 津	Tianjin		37	251	56	155	104
河 北	Hebei		2	26	25	35	68
山 西	Shanxi			1	4	3	2
内蒙古	Inner Mongolia						
辽 宁	Liaoning			10	58	29	158
吉 林	Jilin	1			3		
黑龙江	Heilongjiang		4	20	35	55	91
上 海	Shanghai	87	179	1676	1130	1719	1880
江 苏	Jiangsu		144	1721	1702	2262	2550
浙 江	Zhejiang	28	12	199	320	418	409
安 徽	Anhui				19	20	24
福 建	Fujian		302	216	362	818	1251
江 西	Jiangxi			32	39	66	82
山 东	Shandong	2	68	491	420	509	697
河 南	Henan		1	15	19	22	17
湖 北	Hubei	2		10	37	188	124
湖 南	Hunan		3	6	11	14	12
广 东	Guangdong	16	263	5066	7916	10791	11685
广 西	Guangxi	1			15	10	19
海 南	Hainan			8	2		3
重 庆	Chongqing			61	44	47	93
四 川	Sichuan	7		4	9	113	123
贵 州	Guizhou	20	31	22	2	1	28
云 南	Yunnan	2	4	51	29	41	9
西 藏	Tibet						
陕 西	Shaanxi	4	22	11	13	73	51
甘 肃	Gansu						
青 海	Qinghai						
宁 夏	Ningxia						
新 疆	Xinjiang						

2-1-12 续表 6 continued

地 区	Region	技术改造经费支出（万元） Expenditure for Technical Renovation (10000 yuan)					
		2000	2005	2010	2011	2012	2013
全 国	**Total**	**80420**	**278819**	**526326**	**410614**	**385046**	**323658**
东部地区	Eastern Region	65237	251858	449084	378114	344294	295220
中部地区	Middle Region	405	3530	32300	4836	23777	4932
西部地区	Western Region	13846	3631	27476	3778	4788	5678
东北地区	Northeastern Region	932	19801	17466	23886	12185	17828
北 京	Beijing	2	331	408	2022	1894	3708
天 津	Tianjin	848	26132	200	8270	201	116
河 北	Hebei		181	8268	8887	16619	17146
山 西	Shanxi		800	421	797	4173	422
内蒙古	Inner Mongolia			22			
辽 宁	Liaoning	930	640		2819		
吉 林	Jilin	2					
黑龙江	Heilongjiang		19161	17466	21068	12185	17828
上 海	Shanghai	37385	36715	40668	44277	23045	26197
江 苏	Jiangsu	6502	86097	250109	189941	145499	118001
浙 江	Zhejiang	90	18092	33100	27014	37668	17899
安 徽	Anhui	405				286	222
福 建	Fujian	1358	2999	44522	67054	65492	73814
江 西	Jiangxi		20	212		39	
山 东	Shandong	5813	22400	12099	8817	12950	18148
河 南	Henan		2710	2539	2570	3375	1383
湖 北	Hubei			127	642	15158	1189
湖 南	Hunan			28980	827	745	1716
广 东	Guangdong	13240	58911	59674	21600	33695	19790
广 西	Guangxi						150
海 南	Hainan			36	232	7227	402
重 庆	Chongqing		2500	24028	694	420	
四 川	Sichuan	10030	139	2460	309	437	4513
贵 州	Guizhou						
云 南	Yunnan		2	173	235		112
西 藏	Tibet						
陕 西	Shaanxi	3759	990	815	2541	3931	903
甘 肃	Gansu	11					
青 海	Qinghai						
宁 夏	Ningxia						
新 疆	Xinjiang	47					

2-1-12 续表 7 continued

地 区	Region	引进技术经费支出（万元） Expenditure for Acquisition of Foreign Technology (10000 yuan)					
		2000	2005	2010	2011	2012	2013
全 国	**Total**	**213961**	**622099**	**465580**	**358907**	**344551**	**271601**
东部地区	Eastern Region	206988	621734	464011	356843	342264	269171
中部地区	Middle Region	6523		501			2332
西部地区	Western Region	450		33	2065	2286	98
东北地区	Northeastern Region		366	1035			
北 京	Beijing	702	24778	51106	48111	72652	67761
天 津	Tianjin	1398	216953	141559	17927	24003	22706
河 北	Hebei			528			
山 西	Shanxi						
内 蒙 古	Inner Mongolia						
辽 宁	Liaoning						
吉 林	Jilin						
黑 龙 江	Heilongjiang		366	1035			
上 海	Shanghai	147477	125685	34278	31865	27858	23727
江 苏	Jiangsu	13865	160340	111576	110422	69094	83336
浙 江	Zhejiang	22	3022	1802	627	1863	402
安 徽	Anhui						
福 建	Fujian	1910	8360	74331	122843	63035	19000
江 西	Jiangxi						
山 东	Shandong	1200	906	1569	1268	17384	9918
河 南	Henan						428
湖 北	Hubei	6523		501			1904
湖 南	Hunan						
广 东	Guangdong	40414	81690	47263	23465	66372	42321
广 西	Guangxi						
海 南	Hainan				315		
重 庆	Chongqing	50		33	53	46	43
四 川	Sichuan	400			2012	2240	
贵 州	Guizhou						
云 南	Yunnan						55
西 藏	Tibet						
陕 西	Shaanxi						
甘 肃	Gansu						
青 海	Qinghai						
宁 夏	Ningxia						
新 疆	Xinjiang						

2-1-12 续表 8 continued

地 区	Region	消化吸收经费支出（万元） Expenditure for Assimilation of Technology (10000 yuan)					
		2000	2005	2010	2011	2012	2013
全 国	**Total**	**11736**	**192020**	**30039**	**69909**	**9723**	**20669**
东部地区	Eastern Region	11408	189280	29975	69516	9423	20642
中部地区	Middle Region	327		10		300	1
西部地区	Western Region	1	340	8	394		26
东北地区	Northeastern Region		2400	47			
北 京	Beijing	4501	86	260	248	273	150
天 津	Tianjin	749	157640	100	21	21	
河 北	Hebei	29		199	176	506	573
山 西	Shanxi						
内 蒙 古	Inner Mongolia						
辽 宁	Liaoning						
吉 林	Jilin						
黑 龙 江	Heilongjiang		2400	47			
上 海	Shanghai	1460	5657	4483	6704	528	6113
江 苏	Jiangsu	534	2479	5280	55850	7126	6183
浙 江	Zhejiang		752	1840	675	366	437
安 徽	Anhui						
福 建	Fujian	177	5	305	1021	89	2444
江 西	Jiangxi						
山 东	Shandong	600	175	10663	3586	336	54
河 南	Henan					300	
湖 北	Hubei	327		10			1
湖 南	Hunan						
广 东	Guangdong	3360	22485	5100	1136		3763
广 西	Guangxi						
海 南	Hainan			1745	99	176	926
重 庆	Chongqing		15	8	394		
四 川	Sichuan	1	9				
贵 州	Guizhou						
云 南	Yunnan						26
西 藏	Tibet						
陕 西	Shaanxi		316				
甘 肃	Gansu						
青 海	Qinghai						
宁 夏	Ningxia						
新 疆	Xinjiang						

2-1-12 续表 9 continued

地 区	Region	购买国内技术经费支出（万元） Expenditure on Purchase of Domestic Technology (10000 yuan)					
		2000	2005	2010	2011	2012	2013
全 国	**Total**	**4379**	**13159**	**22074**	**23943**	**24072**	**30527**
东部地区	Eastern Region	3999	12659	20688	21920	21922	30049
中部地区	Middle Region			693	316	1836	128
西部地区	Western Region	380		19		257	21
东北地区	Northeastern Region		500	673	1707	55	329
北 京	Beijing		107				
天 津	Tianjin	27	820		36		
河 北	Hebei		520			1375	600
山 西	Shanxi				100	1543	
内 蒙 古	Inner Mongolia						
辽 宁	Liaoning						
吉 林	Jilin				1000		
黑 龙 江	Heilongjiang		500	673	707	55	329
上 海	Shanghai	2798	101	63	4130	603	4624
江 苏	Jiangsu	472	4059	5566	8308	6174	12436
浙 江	Zhejiang	2	3953	1408	745	894	284
安 徽	Anhui				216		20
福 建	Fujian		2	977	4364	5667	6561
江 西	Jiangxi					156	
山 东	Shandong	600	1142	4363	1598	3505	2230
河 南	Henan			652			
湖 北	Hubei					137	108
湖 南	Hunan			42			
广 东	Guangdong	100	1956	3183	1690	387	584
广 西	Guangxi						
海 南	Hainan			5129	1050	3315	2732
重 庆	Chongqing			5			
四 川	Sichuan	380					
贵 州	Guizhou						
云 南	Yunnan					257	21
西 藏	Tibet						
陕 西	Shaanxi			14			
甘 肃	Gansu						
青 海	Qinghai						
宁 夏	Ningxia						
新 疆	Xinjiang						

2-1-12 续表 10 continued

地 区	Region	研发机构数（个） Number of R&D Institutions in Enterprises (unit)					
		2000	2005	2010	2011	2012	2013
全 国	**Total**	**115**	**274**	**669**	**613**	**1069**	**927**
东部地区	Eastern Region	90	241	593	564	1010	858
中部地区	Middle Region	3	9	40	20	32	42
西部地区	Western Region	9	9	25	16	18	16
东北地区	Northeastern Region	13	15	11	13	9	11
北 京	Beijing	1	6	35	38	33	35
天 津	Tianjin	7	8	17	16	14	14
河 北	Hebei	1	3	6	5	5	5
山 西	Shanxi		2	5	2	1	1
内 蒙 古	Inner Mongolia			1			
辽 宁	Liaoning	11	4	5	5	2	3
吉 林	Jilin	1			1		
黑 龙 江	Heilongjiang	1	11	6	7	7	8
上 海	Shanghai	33	35	72	53	56	49
江 苏	Jiangsu	15	48	196	194	631	497
浙 江	Zhejiang	2	34	73	56	85	70
安 徽	Anhui	2	2	15	5	9	8
福 建	Fujian	2	10	40	38	36	31
江 西	Jiangxi			1	1	3	8
山 东	Shandong	5	27	35	46	25	32
河 南	Henan		2	11	6	8	13
湖 北	Hubei	1	1	6	4	6	8
湖 南	Hunan		2	1	2	5	4
广 东	Guangdong	24	70	116	115	123	123
广 西	Guangxi				1	2	2
海 南	Hainan			3	2	2	2
重 庆	Chongqing	1	1	15	6	2	1
四 川	Sichuan	2	3	2	2	7	4
贵 州	Guizhou	1	1	1	2	1	1
云 南	Yunnan		1	3	3	3	6
西 藏	Tibet						
陕 西	Shaanxi	4	2	4	3	3	2
甘 肃	Gansu	1					
青 海	Qinghai		1				
宁 夏	Ningxia						
新 疆	Xinjiang						

2-1-12 续表 11 continued

地 区	Region	机构人员（人） Personnel in the R&D Institutions (person)					
		2000	2005	2010	2011	2012	2013
全 国	**Total**	**7173**	**25554**	**102370**	**73021**	**116340**	**112084**
东部地区	Eastern Region	5717	24276	98545	69299	111820	107469
中部地区	Middle Region	53	250	1649	1451	2667	2568
西部地区	Western Region	886	588	1392	1516	1224	965
东北地区	Northeastern Region	517	440	784	755	629	1082
北 京	Beijing	156	526	3698	3814	4022	4369
天 津	Tianjin	764	863	2129	1299	1623	2186
河 北	Hebei	10	193	526	526	567	643
山 西	Shanxi		20	125	407	261	142
内 蒙 古	Inner Mongolia			15			
辽 宁	Liaoning	473	82	500	320	231	621
吉 林	Jilin	32			30		
黑 龙 江	Heilongjiang	12	358	284	405	398	461
上 海	Shanghai	2216	6836	15399	11377	12909	11318
江 苏	Jiangsu	783	4709	21167	18238	48534	45875
浙 江	Zhejiang	40	2073	6390	6036	7298	6708
安 徽	Anhui	23	102	533	116	431	442
福 建	Fujian	79	1519	5342	6789	7898	7806
江 西	Jiangxi			18	90	421	536
山 东	Shandong	239	570	3658	7430	9920	10144
河 南	Henan		61	776	567	850	660
湖 北	Hubei	30	9	142	140	496	622
湖 南	Hunan		58	40	131	208	166
广 东	Guangdong	1430	6987	40036	13632	18993	18168
广 西	Guangxi				102	109	54
海 南	Hainan			200	56	56	252
重 庆	Chongqing	592	10	729	600	192	40
四 川	Sichuan	123	220	21	301	283	262
贵 州	Guizhou	13	28	174	183	180	180
云 南	Yunnan		27	151	148	161	138
西 藏	Tibet						
陕 西	Shaanxi	142	292	317	284	299	291
甘 肃	Gansu	16					
青 海	Qinghai		11				
宁 夏	Ningxia						
新 疆	Xinjiang						

2-1-12 续表 12 continued

地 区	Region	机构经费支出（万元） Expenditure in the R&D Institutions (10000 yuan)					
		2000	2005	2010	2011	2012	2013
全 国	**Total**	**148968**	**476070**	**2137613**	**2061718**	**3063012**	**3106750**
东部地区	Eastern Region	141995	464129	2077867	2008759	2976120	3009776
中部地区	Middle Region	198	2225	33872	17860	55098	65833
西部地区	Western Region	4188	3233	16937	18246	15945	10816
东北地区	Northeastern Region	2588	6483	8937	16853	15848	20325
北 京	Beijing	406	9410	156562	128105	161418	155085
天 津	Tianjin	28933	17597	51985	32763	59689	72429
河 北	Hebei	27	1415	10391	8359	12808	20287
山 西	Shanxi		85	2073	3711	615	6085
内蒙古	Inner Mongolia			983			
辽 宁	Liaoning	2537	345	1538	5779	2837	9298
吉 林	Jilin	32			111		
黑龙江	Heilongjiang	19	6138	7399	10964	13010	11027
上 海	Shanghai	68321	125571	519312	488561	386838	465447
江 苏	Jiangsu	8352	108229	612378	530695	1330709	1167440
浙 江	Zhejiang	250	18508	88184	104905	109383	127161
安 徽	Anhui	126	704	12978	6777	15814	14670
福 建	Fujian	2128	27711	128822	170948	180611	235735
江 西	Jiangxi			446	103	7088	6751
山 东	Shandong	3295	4962	163452	242567	221060	193432
河 南	Henan		992	14999	3935	8291	8065
湖 北	Hubei	72	185	2208	1819	21724	27895
湖 南	Hunan		259	185	1514	1564	2367
广 东	Guangdong	30284	150725	344587	298668	508605	562332
广 西	Guangxi				871	852	300
海 南	Hainan			2195	2318	4995	10428
重 庆	Chongqing	1834	65	11480	6621	2428	793
四 川	Sichuan	781	1822	126	5682	3105	4477
贵 州	Guizhou	69	55	401	952	819	1720
云 南	Yunnan		329	2723	2787	6500	1821
西 藏	Tibet						
陕 西	Shaanxi	1322	962	2208	2204	2239	1705
甘 肃	Gansu	182					
青 海	Qinghai		1				
宁 夏	Ningxia						
新 疆	Xinjiang						

2-2-1 按行业分高技术产业R&D活动人员情况(2013年)
R&D Personnel in High-tech Industry by Industrial Sector(2013)

行业	Industry	有R&D活动的企业数(个) Number of Enterprises Having R&D Activities (unit)	R&D人员(人) R&D Personnel (person)	#全时人员 Full-time Personnel	#研究人员 Researchers	R&D人员折合全时当量(人年) Full-time Equivalent (man-year)
合计	**Total**	**9519**	**840824**	**638209**	**288405**	**670222**
医药制造业	**Manufacture of Medicines**	**2586**	**163248**	**114571**	**50496**	**123200**
#化学药品制造	Manufacture of Chemical Medicine	1070	84635	61895	26881	65241
中成药生产	Production of Finished Traditional Chinese Herbal Medicine	622	38175	25535	12718	28340
生物药品制造	Manufacture of Biological Medicine	430	21456	15383	6266	15855
航空、航天器及设备制造业	**Manufacture of Aircrafts and Spacecrafts and Related Equipment**	**153**	**59260**	**42040**	**29330**	**47875**
#飞机制造	Manufacture of Airplanes	77	47657	32869	23958	38290
航天器制造	Manufacture of Spacecrafts	14	3943	3013	2703	3701
电子及通信设备制造业	**Manufacture of Electronic Equipment and Communication Equipment**	**4322**	**436524**	**341180**	**163054**	**356885**
#通信设备制造	Manufacture of Communication Equipment	556	142677	125445	86940	127711
#通信系统设备制造	Manufacture of Communication System Equipment	325	111538	103400	78271	105608
通信终端设备制造	Manufacture of Communication Terminal Equipment	231	31139	22045	8669	22103
广播电视设备制造	Manufacture of Broadcasting and TV Equipment	229	16681	13013	6679	12721
雷达及配套设备制造	Manufacture of Radar and Its Fittings	32	7902	6874	3300	5980
视听设备制造	Manufacture of TV Set and Radio Receiver	270	41371	31554	10224	33348
电子器件制造	Manufacture of Electronic Appliances	987	79773	61114	20386	62396
#电子真空器件制造	Manufacture of Electronic Vacuum Appliance	35	1388	872	657	1074
半导体分立器件制造	Manufacture of Semiconductor Discreting Appliances	128	7388	4626	1842	4998
集成电路制造	Manufacture of Integrate Circuit	205	24484	18563	6210	19917
电子元件制造	Manufacture of Electronic Components	1513	97890	68051	23429	77165
其他电子设备制造	Manufacture of Other Electronic Equipment	323	22048	13856	5230	15937
计算机及办公设备制造业	**Manufacture of Computers and Office Equipment**	**461**	**73629**	**59975**	**13307**	**59940**
#计算机整机制造	Manufacture of Entired Computer	59	24860	21705	4190	19877
计算机零部件制造	Manufacture of Computer Components and Parts	114	21593	19460	2578	19090
计算机外围设备制造	Manufacture of Computer Peripheral Equipment	125	12878	7525	3758	9153
办公设备制造	Manufacture of Office Equipment	85	5869	3969	1305	4643
医疗仪器设备及仪器仪表制造业	**Manufacture of Medical Equipments and Measuring Instrument**	**1997**	**108163**	**80443**	**32218**	**82322**
1.医疗仪器设备及器械制造	Manufacture of Medical Equipment and Appliance	451	21107	15479	4776	16065
2.仪器仪表制造	Manufacture of Measuring Instrument	1546	87056	64964	27442	66257

注：本表数据口径范围为年主营业务收入2000万元及以上的法人工业企业。以下至2-7-9表相同。

2-2-2 各地区高技术产业R&D活动人员情况(2013年)

R&D Personnel in High-tech Industry by Region(2013)

地区	Region	有R&D活动的企业数(个) Number of Enterprises Having R&D Activities (unit)	R&D人员(人) R&D Personnel (person)	#全时人员 Full-time Personnel	#研究人员 Researchers	R&D人员折合全时当量(人年) Full-time Equivalent (man-year)
全　国	**Total**	**9519**	**840824**	**638209**	**288405**	**670222**
东部地区	Eastern Region	7038	627313	486243	201757	514475
中部地区	Middle Region	1406	99119	71107	37231	73364
西部地区	Western Region	761	83354	57789	34143	61745
东北地区	Northeaastern Region	314	31038	23079	15274	20638
北　京	Beijing	417	31646	27365	9754	23707
天　津	Tianjin	212	16113	12102	4703	13242
河　北	Hebei	130	11869	9210	5282	8960
山　西	Shanxi	56	4430	3006	1519	3076
内蒙古	Inner Mongolia	24	926	557	295	625
辽　宁	Liaoning	142	15320	11860	8212	9717
吉　林	Jilin	86	5556	3949	1973	3706
黑龙江	Heilongjiang	86	10162	7270	5089	7216
上　海	Shanghai	366	32721	25637	9425	26865
江　苏	Jiangsu	2068	127989	89450	30300	100729
浙　江	Zhejiang	1329	66862	48451	13039	55109
安　徽	Anhui	308	16324	10963	4104	11100
福　建	Fujian	345	33727	25111	7329	29186
江　西	Jiangxi	188	13512	7929	5115	9553
山　东	Shandong	535	60097	48492	19638	46887
河　南	Henan	246	20230	15313	8010	15947
湖　北	Hubei	298	31683	24996	12839	24479
湖　南	Hunan	310	12940	8900	5644	9211
广　东	Guangdong	1600	243873	198809	101724	208174
广　西	Guangxi	90	3255	2463	1580	1989
海　南	Hainan	36	2416	1607	563	1617
重　庆	Chongqing	121	7839	6141	2929	5392
四　川	Sichuan	200	26689	18662	9359	19814
贵　州	Guizhou	58	10113	7592	3796	9100
云　南	Yunnan	66	2563	1581	851	1885
西　藏	Tibet	3	58	12	30	11
陕　西	Shaanxi	147	28835	18377	14182	21120
甘　肃	Gansu	26	1505	1133	720	1035
青　海	Qinghai	5	232	199	47	199
宁　夏	Ningxia	12	1181	983	299	473
新　疆	Xinjiang	9	158	89	55	103

2-2-3 按行业和企业规模分高技术产业R&D活动人员情况(2013年)

R&D Personnel in High-tech Industry by Industrial Sector and Scale of Enterprises (2013)

行业	Industry	大型企业 Large-size Enterprises				
		有R&D活动的企业数(个) Number of Enterprises Having R&D Activities (unit)	R&D人员(人) R&D Personnel (person)	#全时人员 Full-time Personnel	#研究人员 Researchers	R&D人员折合全时当量(人年) Full-time Equivalent (man-year)
合计	**Total**	**1053**	**466834**	**372928**	**183162**	**394242**
医药制造业	**Manufacture of Medicines**	**212**	**62284**	**47300**	**21631**	**52022**
#化学药品制造	Manufacture of Chemical Medicine	118	39996	32003	14850	33303
中成药生产	Production of Finished Traditional Chinese Herbal Medicine	64	14981	10799	4942	12768
生物药品制造	Manufacture of Biological Medicine	19	3394	2574	1221	2542
航空、航天器及设备制造业	**Manufacture of Aircrafts and Spacecrafts and Related Equipment**	**47**	**48574**	**33745**	**24936**	**38968**
#飞机制造	Manufacture of Airplanes	30	42087	28694	21801	33636
航天器制造	Manufacture of Spacecrafts	8	3156	2424	2196	2965
电子及通信设备制造业	**Manufacture of Electronic Equipment and Communication Equipment**	**614**	**270098**	**221732**	**117701**	**232517**
#通信设备制造	Manufacture of Communication Equipment	94	114527	103286	77558	105970
#通信系统设备制造	Manufacture of Communication System Equipment	41	94720	90025	72581	92292
通信终端设备制造	Manufacture of Communication Terminal Equipment	53	19807	13261	4977	13678
广播电视设备制造	Manufacture of Broadcasting and TV Equipment	21	8242	7173	4463	6775
雷达及配套设备制造	Manufacture of Radar and Its Fittings	7	5124	4571	2365	3949
视听设备制造	Manufacture of TV Set and Radio Receiver	60	30109	23522	8050	24805
电子器件制造	Manufacture of Electronic Appliances	151	41926	33380	9448	33848
#电子真空器件制造	Manufacture of Electronic Vacuum Appliance	2	338	208	272	328
半导体分立器件制造	Manufacture of Semiconductor Discreting Appliances	14	2398	1311	590	1317
集成电路制造	Manufacture of Integrate Circuit	35	13001	9968	2088	10569
电子元件制造	Manufacture of Electronic Components	205	46878	34133	11072	39331
其他电子设备制造	Manufacture of Other Electronic Equipment	28	9912	4880	1937	6755
计算机及办公设备制造业	**Manufacture of Computers and Office Equipment**	**96**	**54543**	**46694**	**8543**	**46585**
#计算机整机制造	Manufacture of Entired Computer	21	22528	19762	3563	18473
计算机零部件制造	Manufacture of Computer Components and Parts	33	17798	16567	1567	16419
计算机外围设备制造	Manufacture of Computer Peripheral Equipment	22	6710	3671	2298	4993
办公设备制造	Manufacture of Office Equipment	11	2884	2231	542	2545
医疗仪器设备及仪器仪表制造业	**Manufacture of Medical Equipments and Measuring Instrument**	**84**	**31335**	**23457**	**10351**	**24150**
1.医疗仪器设备及器械制造	Manufacture of Medical Equipment and Appliance	17	4517	3849	866	3914
2.仪器仪表制造	Manufacture of Measuring Instrument	67	26818	19608	9485	20236

2-2-3 续表 continued

行 业	Industry	中型企业 Medium-sized Enterprises				
		有R&D活动的企业数（个）Number of Enterprises Having R&D Activities (unit)	R&D人员（人）R&D Personnel (person)	#全时人员 Full-time Personnel	#研究人员 Researchers	R&D人员折合全时当量（人年）Full-time Equivalent (man-year)
合计	**Total**	**2964**	**220589**	**158337**	**61415**	**164571**
医药制造业	**Manufacture of Medicines**	**817**	**59399**	**40450**	**16445**	**42111**
#化学药品制造	Manufacture of Chemical Medicine	380	28628	19228	7369	20400
中成药生产	Production of Finished Traditional Chinese Herbal Medicine	211	13774	8938	4568	9468
生物药品制造	Manufacture of Biological Medicine	115	9703	7172	2681	7160
航空、航天器及设备制造业	**Manufacture of Aircrafts and Spacecrafts and Related Equipment**	**46**	**6676**	**5256**	**3050**	**5472**
#飞机制造	Manufacture of Airplanes	25	3009	2255	1347	2302
航天器制造	Manufacture of Spacecrafts	5	765	586	485	734
电子及通信设备制造业	**Manufacture of Electronic Equipment and Communication Equipment**	**1445**	**103776**	**75032**	**28286**	**78356**
#通信设备制造	Manufacture of Communication Equipment	160	17992	14301	6708	14279
#通信系统设备制造	Manufacture of Communication System Equipment	86	10044	8214	3801	8243
通信终端设备制造	Manufacture of Communication Terminal Equipment	74	7948	6087	2907	6036
广播电视设备制造	Manufacture of Broadcasting and TV Equipment	65	4715	3510	1061	3152
雷达及配套设备制造	Manufacture of Radar and Its Fittings	10	1863	1636	682	1470
视听设备制造	Manufacture of TV Set and Radio Receiver	102	8554	6020	1473	6511
电子器件制造	Manufacture of Electronic Appliances	324	23307	17297	6875	18233
#电子真空器件制造	Manufacture of Electronic Vacuum Appliance	12	544	267	172	420
半导体分立器件制造	Manufacture of Semiconductor Discreting Appliances	39	2679	1812	679	2183
集成电路制造	Manufacture of Integrate Circuit	63	7263	5416	3050	6155
电子元件制造	Manufacture of Electronic Components	585	33874	22400	7768	24926
其他电子设备制造	Manufacture of Other Electronic Equipment	83	6023	4532	1738	4519
计算机及办公设备制造业	**Manufacture of Computers and Office Equipment**	**153**	**12082**	**8220**	**2976**	**8557**
#计算机整机制造	Manufacture of Entired Computer	15	1468	1257	378	1007
计算机零部件制造	Manufacture of Computer Components and Parts	38	2292	1848	645	1700
计算机外围设备制造	Manufacture of Computer Peripheral Equipment	46	4407	2685	1032	2902
办公设备制造	Manufacture of Office Equipment	28	1931	1003	449	1250
医疗仪器设备及仪器仪表制造业	**Manufacture of Medical Equipments and Measuring Instrument**	**503**	**38656**	**29379**	**10658**	**30074**
1.医疗仪器设备及器械制造	Manufacture of Medical Equipment and Appliance	126	8440	5941	1907	6114
2.仪器仪表制造	Manufacture of Measuring Instrument	377	30216	23438	8751	23961

2-2-4 按行业分国有及国有控股企业高技术产业R&D活动人员情况(2013年)

R&D Personnel in High-tech Industry of State-owned and State-controlled Enterprises by Industrial Sector (2013)

行业	Industry	有R&D活动的企业数(个) Number of Enterprises Having R&D Activities (unit)	R&D人员(人) R&D Personnel (person)	#全时人员 Full-time Personnel	#研究人员 Researchers	R&D人员折合全时当量(人年) Full-time Equivalent (man-year)
合计	**Total**	**968**	**215588**	**171360**	**100195**	**175602**
医药制造业	**Manufacture of Medicines**	**258**	**32073**	**23002**	**13982**	**25256**
#化学药品制造	Manufacture of Chemical Medicine	119	19568	14304	8806	15818
中成药生产	Production of Finished Traditional Chinese Herbal Medicine	83	6561	4649	2922	4872
生物药品制造	Manufacture of Biological Medicine	32	3867	2759	1549	3167
航空、航天器及设备制造业	**Manufacture of Aircrafts and Spacecrafts and Related Equipment**	**101**	**55659**	**39358**	**28170**	**45383**
#飞机制造	Manufacture of Airplanes	63	46320	31914	23665	37395
航天器制造	Manufacture of Spacecrafts	13	3921	3010	2681	3699
电子及通信设备制造业	**Manufacture of Electronic Equipment and Communication Equipment**	**402**	**91376**	**78078**	**43588**	**77209**
#通信设备制造	Manufacture of Communication Equipment	98	38112	35755	25371	35552
#通信系统设备制造	Manufacture of Communication System Equipment	68	32667	31028	22918	30402
通信终端设备制造	Manufacture of Communication Terminal Equipment	30	5445	4727	2453	5150
广播电视设备制造	Manufacture of Broadcasting and TV Equipment	18	1348	1245	574	1173
雷达及配套设备制造	Manufacture of Radar and Its Fittings	18	6830	6105	2936	5265
视听设备制造	Manufacture of TV Set and Radio Receiver	17	15087	11533	5201	12312
电子器件制造	Manufacture of Electronic Appliances	128	17079	13196	4850	12620
#电子真空器件制造	Manufacture of Electronic Vacuum Appliance	6	391	237	248	282
半导体分立器件制造	Manufacture of Semiconductor Discreting Appliances	14	1622	878	553	846
集成电路制造	Manufacture of Integrate Circuit	33	3447	2649	1164	2835
电子元件制造	Manufacture of Electronic Components	82	8422	6303	2954	6663
其他电子设备制造	Manufacture of Other Electronic Equipment	13	1427	1252	455	1303
计算机及办公设备制造业	**Manufacture of Computers and Office Equipment**	**38**	**14576**	**13338**	**3395**	**11406**
#计算机整机制造	Manufacture of Entired Computer	12	7436	6918	1734	5694
计算机零部件制造	Manufacture of Computer Components and Parts	3	471	413	77	323
计算机外围设备制造	Manufacture of Computer Peripheral Equipment	12	2325	1773	801	1190
办公设备制造	Manufacture of Office Equipment	6	1344	1306	418	1296
医疗仪器设备及仪器仪表制造业	**Manufacture of Medical Equipments and Measuring Instrument**	**169**	**21904**	**17584**	**11060**	**16349**
1.医疗仪器设备及器械制造	Manufacture of Medical Equipment and Appliance	16	1683	1355	676	1190
2.仪器仪表制造	Manufacture of Measuring Instrument	153	20221	16229	10384	15160

2-2-5 按行业和登记注册类型分高技术产业R&D活动人员情况(2013年)

R&D Personnel in High-tech Industry by Industrial Sector and Registration Status(2013)

行 业	Industry	内资企业 Domestic Funded				
		有R&D活动的企业数(个) Number of Enterprises Having R&D Activities (unit)	R&D人员(人) R&D Personnel (person)	#全时人员 Full-time Personnel	#研究人员 Researchers	R&D人员折合全时当量(人年) Full-time Equivalent (man-year)
合计	**Total**	**6903**	**567092**	**435249**	**229847**	**449859**
医药制造业	**Manufacture of Medicines**	**2080**	**125511**	**85806**	**39870**	**93172**
#化学药品制造	Manufacture of Chemical Medicine	834	62138	43394	19834	47008
中成药生产	Production of Finished Traditional Chinese Herbal Medicine	521	32207	21572	10855	23848
生物药品制造	Manufacture of Biological Medicine	325	15443	10803	5046	11440
航空、航天器及设备制造业	**Manufacture of Aircrafts and Spacecrafts and Related Equipment**	**138**	**56482**	**39967**	**28584**	**46056**
#飞机制造	Manufacture of Airplanes	69	47269	32496	23829	38040
航天器制造	Manufacture of Spacecrafts	14	3943	3013	2703	3701
电子及通信设备制造业	**Manufacture of Electronic Equipment and Communication Equipment**	**2809**	**273945**	**223380**	**127481**	**227111**
#通信设备制造	Manufacture of Communication Equipment	400	110596	101145	79389	101508
#通信系统设备制造	Manufacture of Communication Equipment	261	94173	90172	74681	89991
通信终端设备制造	Manufacture of Communication Terminal Equipment	139	16423	10973	4708	11517
广播电视设备制造	Manufacture of Broadcasting and TV Equipment	169	12216	9126	5453	9479
雷达及配套设备制造	Manufacture of Radar and Its Fittings	30	7839	6827	3279	5926
视听设备制造	Manufacture of TV Set and Radio Receiver	151	23994	17840	7006	19316
电子器件制造	Manufacture of Electronic Appliances	633	43560	33377	12575	32895
#电子真空器件制造	Manufacture of Electronic Vacuum Appliance	29	1101	705	612	825
半导体分立器件制造	Manufacture of Semiconductor Discreting Appliances	76	4616	3127	1252	3049
集成电路制造	Manufacture of Integrate Circuit	123	10356	8015	3312	8804
电子元件制造	Manufacture of Electronic Components	886	43251	30674	11125	33308
其他电子设备制造	Manufacture of Other Electronic Equipment	223	11726	9301	3310	8877
计算机及办公设备制造业	**Manufacture of Computers and Office Equipment**	**266**	**26534**	**21683**	**6634**	**19433**
#计算机整机制造	Manufacture of Entired Computer	35	9060	8134	2033	6875
计算机零部件制造	Manufacture of Computer Components and Parts	47	4290	3788	1143	3262
计算机外围设备制造	Manufacture of Computer Peripheral Equipment	64	5366	3840	1481	3252
办公设备制造	Manufacture of Office Equipment	61	3807	2751	1042	3041
医疗仪器设备及仪器仪表制造业	**Manufacture of Medical Equipments and Measuring Instrument**	**1610**	**84620**	**64413**	**27278**	**64086**
1.医疗仪器设备及器械制造	Manufacture of Medical Equipment and Appliance	340	15270	11356	3489	11620
2.仪器仪表制造	Manufacture of Measuring Instrument	1270	69350	53057	23789	52467

2-2-5 续表 1 continued

行 业	Industry	#国有企业 State-owned Enterprises				
		有R&D活动的企业数（个）Number of Enterprises Having R&D Activities (unit)	R&D人员（人）R&D Personnel (person)	#全时人员 Full-time Personnel	#研究人员 Researchers	R&D人员折合全时当量（人年）Full-time Equivalent (man-year)
合计	**Total**	**122**	**25887**	**20864**	**14334**	**22518**
医药制造业	**Manufacture of Medicines**	**22**	**2551**	**2310**	**1200**	**2376**
#化学药品制造	Manufacture of Chemical Medicine	5	321	265	107	286
中成药生产	Production of Finished Traditional Chinese Herbal Medicine	5	604	554	289	574
生物药品制造	Manufacture of Biological Medicine	7	1386	1315	662	1333
航空、航天器及设备制造业	**Manufacture of Aircrafts and Spacecrafts and Related Equipment**	**30**	**8933**	**6863**	**4456**	**8258**
#飞机制造	Manufacture of Airplanes	14	4648	3477	1924	4313
航天器制造	Manufacture of Spacecrafts	7	2288	1530	1525	2088
电子及通信设备制造业	**Manufacture of Electronic Equipment and Communication Equipment**	**37**	**9232**	**7563**	**5493**	**7735**
#通信设备制造	Manufacture of Communication Equipment	13	5033	4483	3667	4426
#通信系统设备制造	Manufacture of Communication Equipment	12	4828	4278	3538	4223
通信终端设备制造	Manufacture of Communication Terminal Equipment	1	205	205	129	203
广播电视设备制造	Manufacture of Broadcasting and TV Equipment					
雷达及配套设备制造	Manufacture of Radar and Its Fittings	6	2807	2301	1246	2495
视听设备制造	Manufacture of TV Set and Radio Receiver	1	64	42	8	39
电子器件制造	Manufacture of Electronic Appliances	3	165	98	103	82
#电子真空器件制造	Manufacture of Electronic Vacuum Appliance					
半导体分立器件制造	Manufacture of Semiconductor Discreting Appliances					
集成电路制造	Manufacture of Integrate Circuit	1	35	35	26	31
电子元件制造	Manufacture of Electronic Components	10	966	540	395	659
其他电子设备制造	Manufacture of Other Electronic Equipment	2	57	15	25	25
计算机及办公设备制造业	**Manufacture of Computers and Office Equipment**	**1**	**35**		**25**	**32**
#计算机整机制造	Manufacture of Entired Computer					
计算机零部件制造	Manufacture of Computer Components and Parts					
计算机外围设备制造	Manufacture of Computer Peripheral Equipment					
办公设备制造	Manufacture of Office Equipment	1	35		25	32
医疗仪器设备及仪器仪表制造业	**Manufacture of Medical Equipments and Measuring Instrument**	**32**	**5136**	**4128**	**3160**	**4117**
1.医疗仪器设备及器械制造	Manufacture of Medical Equipment and Appliance	2	594	459	360	594
2.仪器仪表制造	Manufacture of Measuring Instrument	30	4542	3669	2800	3523

2-2-5 续表 2 continued

行业	Industry	港澳台投资企业 Enterprises with Funds from Hong Kong, Macau and Taiwan				
		有R&D活动的企业数(个) Number of Enterprises Having R&D Activities (unit)	R&D人员(人) R&D Personnel (person)	#全时人员 Full-time Personnel	#研究人员 Researchers	R&D人员折合全时当量(人年) Full-time Equivalent (man-year)
合计	**Total**	**1178**	**114967**	**82031**	**26386**	**91919**
医药制造业	**Manufacture of Medicines**	**225**	**17497**	**12869**	**4305**	**13782**
#化学药品制造	Manufacture of Chemical Medicine	100	9110	7315	2590	6998
中成药生产	Production of Finished Traditional Chinese Herbal Medicine	57	3367	2404	1004	2570
生物药品制造	Manufacture of Biological Medicine	43	2941	2236	432	2290
航空、航天器及设备制造业	**Manufacture of Aircrafts and Spacecrafts and Related Equipment**	**3**	**644**	**634**	**144**	**501**
#飞机制造	Manufacture of Airplanes	2	50	40	23	44
航天器制造	Manufacture of Spacecrafts					
电子及通信设备制造业	**Manufacture of Electronic Equipment and Communication Equipment**	**730**	**78144**	**58564**	**17292**	**63764**
#通信设备制造	Manufacture of Communication Equipment	63	14313	11949	3249	12440
#通信系统设备制造	Manufacture of Communication Equipment	26	9918	8263	1618	9582
通信终端设备制造	Manufacture of Communication Terminal Equipment	37	4395	3686	1631	2859
广播电视设备制造	Manufacture of Broadcasting and TV Equipment	34	1717	1339	407	1037
雷达及配套设备制造	Manufacture of Radar and Its Fittings	1	26	10	1	17
视听设备制造	Manufacture of TV Set and Radio Receiver	59	12646	10190	2520	10124
电子器件制造	Manufacture of Electronic Appliances	156	13029	9696	2700	10838
#电子真空器件制造	Manufacture of Electronic Vacuum Appliance	2	104	98	16	99
半导体分立器件制造	Manufacture of Semiconductor Discreting Appliances	18	695	506	68	411
集成电路制造	Manufacture of Integrate Circuit	28	4179	2690	939	3519
电子元件制造	Manufacture of Electronic Components	322	29202	19545	7181	23781
其他电子设备制造	Manufacture of Other Electronic Equipment	53	3011	2096	447	2054
计算机及办公设备制造业	**Manufacture of Computers and Office Equipment**	**86**	**9468**	**4733**	**2823**	**7113**
#计算机整机制造	Manufacture of Entired Computer	8	2316	1764	710	1443
计算机零部件制造	Manufacture of Computer Components and Parts	26	1251	714	258	957
计算机外围设备制造	Manufacture of Computer Peripheral Equipment	37	5233	2006	1733	4303
办公设备制造	Manufacture of Office Equipment	9	522	172	71	324
医疗仪器设备及仪器仪表制造业	**Manufacture of Medical Equipments and Measuring Instrument**	**134**	**9214**	**5231**	**1822**	**6758**
1.医疗仪器设备及器械制造	Manufacture of Medical Equipment and Appliance	33	1349	886	364	917
2.仪器仪表制造	Manufacture of Measuring Instrument	101	7865	4345	1458	5841

2-2-5 续表 3 continued

行 业	Industry	外商投资企业 Foreign Funded Enterprises				
		有R&D活动的企业数 (个) Number of Enterprises Having R&D Activities (unit)	R&D人员 (人) R&D Personnel (person)	#全时人员 Full-time Personnel	#研究人员 Researchers	R&D人员折合全时当量 (人年) Full-time Equivalent (man-year)
合计	**Total**	**1438**	**158765**	**120929**	**32172**	**128445**
医药制造业	**Manufacture of Medicines**	**281**	**20240**	**15896**	**6321**	**16246**
#化学药品制造	Manufacture of Chemical Medicine	136	13387	11186	4457	11229
中成药生产	Production of Finished Traditional Chinese Herbal Medicine	44	2601	1559	859	1922
生物药品制造	Manufacture of Biological Medicine	62	3072	2344	788	2125
航空、航天器及设备制造业	**Manufacture of Aircrafts and Spacecrafts and Related Equipment**	**12**	**2134**	**1439**	**602**	**1318**
#飞机制造	Manufacture of Airplanes	6	338	333	106	206
航天器制造	Manufacture of Spacecrafts					
电子及通信设备制造业	**Manufacture of Electronic Equipment and Communication Equipment**	**783**	**84435**	**59236**	**18281**	**66010**
#通信设备制造	Manufacture of Communication Equipment	93	17768	12351	4302	13762
#通信系统设备制造	Manufacture of Communication Equipment	38	7447	4965	1972	6035
通信终端设备制造	Manufacture of Communication Terminal Equipment	55	10321	7386	2330	7727
广播电视设备制造	Manufacture of Broadcasting and TV Equipment	26	2748	2548	819	2205
雷达及配套设备制造	Manufacture of Radar and Its Fittings	1	37	37	20	37
视听设备制造	Manufacture of TV Set and Radio Receiver	60	4731	3524	698	3908
电子器件制造	Manufacture of Electronic Appliances	198	23184	18041	5111	18663
#电子真空器件制造	Manufacture of Electronic Vacuum Appliance	4	183	69	29	150
半导体分立器件制造	Manufacture of Semiconductor Discreting Appliances	34	2077	993	522	1537
集成电路制造	Manufacture of Integrate Circuit	54	9949	7858	1959	7594
电子元件制造	Manufacture of Electronic Components	305	25437	17832	5123	20076
其他电子设备制造	Manufacture of Other Electronic Equipment	47	7311	2459	1473	5006
计算机及办公设备制造业	**Manufacture of Computers and Office Equipment**	**109**	**37627**	**33559**	**3850**	**33393**
#计算机整机制造	Manufacture of Entired Computer	16	13484	11807	1447	11559
计算机零部件制造	Manufacture of Computer Components and Parts	41	16052	14958	1177	14871
计算机外围设备制造	Manufacture of Computer Peripheral Equipment	24	2279	1679	544	1598
办公设备制造	Manufacture of Office Equipment	15	1540	1046	192	1278
医疗仪器设备及仪器仪表制造业	**Manufacture of Medical Equipments and Measuring Instrument**	**253**	**14329**	**10799**	**3118**	**11478**
1.医疗仪器设备及器械制造	Manufacture of Medical Equipment and Appliance	78	4488	3237	923	3528
2.仪器仪表制造	Manufacture of Measuring Instrument	175	9841	7562	2195	7950

2-2-6 按地区和企业规模分高技术产业R&D活动人员情况(2013年)

R&D Personnel in High-tech Industry by Region and Industrial Sector(2013)

地 区	Region	大型企业 Large-sized Enterprises				
		有R&D活动的企业数(个) Number of Enterprises Having R&D Activities (unit)	R&D人员(人) R&D Personnel (person)	#全时人员 Full-time Personnel	#研究人员 Researchers	R&D人员折合全时当量(人年) Full-time Equivalent (man-year)
全 国	**Total**	**1053**	**466834**	**372928**	**183162**	**394242**
东部地区	Eastern Region	812	354113	290197	131811	306260
中部地区	Middle Region	126	45689	34053	19240	36896
西部地区	Western Region	84	49005	34138	21415	38818
东北地区	Norheastern Region	31	18027	14540	10696	12268
北 京	Beijing	33	11767	10013	4140	9236
天 津	Tianjin	20	7195	5806	1973	6275
河 北	Hebei	11	6181	5021	3443	5159
山 西	Shanxi	4	1038	889	142	984
内 蒙 古	Inner Mongolia	2	118	90	51	87
辽 宁	Liaoning	11	9791	8034	6371	6483
吉 林	Jilin	10	1770	1453	546	1372
黑 龙 江	Heilongjiang	10	6466	5053	3779	4412
上 海	Shanghai	53	17801	14817	5433	15678
江 苏	Jiangsu	244	62100	43926	12540	49630
浙 江	Zhejiang	74	22929	17957	4076	20124
安 徽	Anhui	20	4267	3354	1117	3109
福 建	Fujian	36	17330	13427	3784	15644
江 西	Jiangxi	26	7788	4124	3093	5856
山 东	Shandong	53	36517	31553	12189	29553
河 南	Henan	31	8796	7127	4492	7299
湖 北	Hubei	30	18709	15229	8196	16025
湖 南	Hunan	15	5091	3330	2200	3623
广 东	Guangdong	288	172293	147677	84233	154962
广 西	Guangxi	6	687	421	264	334
海 南	Hainan					
重 庆	Chongqing	11	2607	2061	1204	2088
四 川	Sichuan	22	18140	12882	6475	14506
贵 州	Guizhou	9	4135	3200	1308	3771
云 南	Yunnan	3	487	424	201	466
西 藏	Tibet					
陕 西	Shaanxi	28	21867	14283	11484	16815
甘 肃	Gansu	2	721	568	362	523
青 海	Qinghai					
宁 夏	Ningxia	1	243	209	66	228
新 疆	Xinjiang					

2-2-6 续表 continued

地 区	Region	中型企业 Medium-sized Enterprises 有R&D活动的企业数(个) Number of Enterprises Having R&D Activities (unit)	R&D人员(人) R&D Personnel (person)	#全时人员 Full-time Personnel	#研究人员 Researchers	R&D人员折合全时当量(人年) Full-time Equivalent (man-year)
全 国	**Total**	**2964**	**220589**	**158337**	**61415**	**164571**
东部地区	Eastern Region	2191	162873	117786	40897	125404
中部地区	Middle Region	436	31533	22275	10516	22181
西部地区	Western Region	250	19249	13452	7465	12625
东北地区	Norheastern Region	87	6934	4824	2537	4361
北 京	Beijing	119	11770	10058	3344	8326
天 津	Tianjin	56	4763	3363	1719	3767
河 北	Hebei	37	3145	2124	913	1987
山 西	Shanxi	19	2551	1588	1122	1609
内 蒙 古	Inner Mongolia	3	328	159	35	187
辽 宁	Liaoning	37	2744	1924	973	1361
吉 林	Jilin	27	2249	1631	774	1390
黑 龙 江	Heilongjiang	23	1941	1269	790	1610
上 海	Shanghai	103	9014	6770	2224	7195
江 苏	Jiangsu	680	36969	25222	10045	28779
浙 江	Zhejiang	311	22324	16143	4111	17778
安 徽	Anhui	74	6373	3915	1425	4106
福 建	Fujian	110	10457	7296	2004	8749
江 西	Jiangxi	90	4361	2904	1478	2808
山 东	Shandong	136	12336	9151	3994	9588
河 南	Henan	105	7630	5682	2296	5920
湖 北	Hubei	72	7194	5617	2680	5120
湖 南	Hunan	76	3424	2569	1515	2619
广 东	Guangdong	621	50447	36600	12142	38042
广 西	Guangxi	30	1364	1209	829	812
海 南	Hainan	18	1648	1059	401	1193
重 庆	Chongqing	41	3102	2590	1033	1966
四 川	Sichuan	67	5001	3516	1764	3301
贵 州	Guizhou	24	3046	2150	1391	2627
云 南	Yunnan	20	1112	678	287	828
西 藏	Tibet	1	24	5	5	5
陕 西	Shaanxi	51	4039	2113	1756	2406
甘 肃	Gansu	5	251	227	153	185
青 海	Qinghai	3	198	181	35	170
宁 夏	Ningxia	3	757	614	171	120
新 疆	Xinjiang	2	27	10	6	19

2-2-7 各地区国有及国有控股企业高技术产业R&D活动人员情况(2013年)
R&D Personnel in High-tech Industry of State-owned and State-controlled Enterprises by Region (2013)

地区	Region	有R&D活动的企业数(个) Number of Enterprises Having R&D Activities (unit)	R&D人员(人) R&D Personnel (person)	#全时人员 Full-time Personnel	#研究人员 Researchers	R&D人员折合全时当量(人年) Full-time Equivalent (man-year)
全国	**Total**	**968**	**215588**	**171360**	**100195**	**175602**
东部地区	Eastern Region	568	107728	91906	48699	91165
中部地区	Middle Region	151	33759	25628	15404	28134
西部地区	Western Region	202	56578	40062	25557	44464
东北地区	Northeastern Region	47	17523	13764	10535	11839
北京	Beijing	129	15093	12138	6886	11404
天津	Tianjin	71	6048	4490	2347	4977
河北	Hebei	22	4292	3214	2331	3444
山西	Shanxi	8	1433	1063	707	1252
内蒙古	Inner Mongolia	4	238	134	33	139
辽宁	Liaoning	22	10205	8201	6521	6755
吉林	Jilin	11	880	547	269	606
黑龙江	Heilongjiang	14	6438	5016	3745	4477
上海	Shanghai	78	9615	8206	2925	8170
江苏	Jiangsu	78	12305	10113	5333	9754
浙江	Zhejiang	34	4778	3952	1953	4537
安徽	Anhui	31	4184	3242	1338	2777
福建	Fujian	22	6567	5968	1250	6282
江西	Jiangxi	16	5204	2331	2410	4360
山东	Shandong	36	15116	12972	5896	11884
河南	Henan	21	4013	2945	1639	3789
湖北	Hubei	47	15079	13330	7560	13017
湖南	Hunan	28	3846	2717	1750	2939
广东	Guangdong	95	33488	30429	19632	30290
广西	Guangxi	4	463	415	408	75
海南	Hainan	3	426	424	146	424
重庆	Chongqing	31	3324	2558	1528	2485
四川	Sichuan	45	18342	13223	6709	14276
贵州	Guizhou	34	8469	6753	3480	8051
云南	Yunnan	11	473	354	230	369
西藏	Tibet	1	24	5	5	5
陕西	Shaanxi	61	24692	16114	12898	18543
甘肃	Gansu	6	475	471	243	465
青海	Qinghai	1	9	5	8	8
宁夏	Ningxia					
新疆	Xinjiang	4	69	30	15	49

2-2-8 按地区和登记注册类型分高技术产业R&D活动人员情况(2013年)
R&D Personnel in High-tech Industry by Region and Registration Status(2013)

地区	Region	内资企业 Domestic Funded				
		有R&D活动的企业数(个) Number of Enterprises Having R&D Activities (unit)	R&D人员(人) R&D Personnel (person)	#全时人员 Full-time Personnel	#研究人员 Researchers	R&D人员折合全时当量(人年) Full-time Equivalent (man-year)
全国	**Total**	**6903**	**567092**	**435249**	**229847**	**449859**
东部地区	Eastern Region	4697	375142	299260	151321	308439
中部地区	Middle Region	1259	86133	61481	32694	64025
西部地区	Western Region	677	79123	55054	32665	59357
东北地区	Northeastern Region	270	26694	19454	13167	18038
北京	Beijing	330	23369	20320	8210	17960
天津	Tianjin	159	10979	8292	3411	9000
河北	Hebei	114	9430	6846	4112	6978
山西	Shanxi	48	4129	2808	1465	2815
内蒙古	Inner Mongolia	21	874	509	276	582
辽宁	Liaoning	125	14422	11071	8001	9441
吉林	Jilin	74	5247	3684	1820	3536
黑龙江	Heilongjiang	71	7025	4699	3346	5061
上海	Shanghai	200	14214	11806	4474	11501
江苏	Jiangsu	1227	62089	45002	17561	49674
浙江	Zhejiang	1048	46898	32983	10027	37800
安徽	Anhui	287	14557	9538	3805	9952
福建	Fujian	213	11835	8196	2852	9638
江西	Jiangxi	155	11840	6777	4727	8483
山东	Shandong	450	45556	36616	16914	35220
河南	Henan	217	15924	11521	5746	12769
湖北	Hubei	267	28581	23236	12096	21880
湖南	Hunan	285	11102	7601	4855	8127
广东	Guangdong	933	149124	128179	83401	129593
广西	Guangxi	76	2703	2123	1367	1706
海南	Hainan	23	1648	1020	359	1076
重庆	Chongqing	105	6560	5072	2433	4798
四川	Sichuan	180	25801	18123	9027	19285
贵州	Guizhou	54	9742	7546	3737	8928
云南	Yunnan	55	2171	1310	748	1607
西藏	Tibet	3	58	12	30	11
陕西	Shaanxi	133	28254	18062	13965	20734
甘肃	Gansu	25	1484	1117	713	1014
青海	Qinghai	5	232	199	47	199
宁夏	Ningxia	11	1086	892	267	390
新疆	Xinjiang	9	158	89	55	103

2-2-8 续表 1 continued

地区	Region	#国有企业 State-owned Enterprises				
		有R&D活动的企业数(个) Number of Enterprises Having R&D Activities (unit)	R&D人员(人) R&D Personnel (person)	#全时人员 Full-time Personnel	#研究人员 Researchers	R&D人员折合全时当量(人年) Full-time Equivalent (man-year)
全　国	**Total**	**122**	**25887**	**20864**	**14334**	**22518**
东部地区	Eastern Region	49	7070	5780	3637	5918
中部地区	Middle Region	19	7830	6464	4672	7320
西部地区	Western Region	51	10779	8518	5868	9117
东北地区	Northeastern Region	3	208	102	157	163
北　京	Beijing	17	1602	881	1038	1402
天　津	Tianjin	3	302	232	128	277
河　北	Hebei	3	716	703	194	698
山　西	Shanxi	3	755	493	520	680
内蒙古	Inner Mongolia					
辽　宁	Liaoning	1	35		18	3
吉　林	Jilin					
黑龙江	Heilongjiang	2	173	102	139	160
上　海	Shanghai	7	614	404	215	535
江　苏	Jiangsu	8	2313	2252	1292	1572
浙　江	Zhejiang	2	103	89	10	70
安　徽	Anhui	5	1294	1273	401	1146
福　建	Fujian	1	35	35	26	31
江　西	Jiangxi	3	357	317	282	239
山　东	Shandong	3	877	734	544	858
河　南	Henan	2	471	94	358	462
湖　北	Hubei	4	4879	4260	3083	4748
湖　南	Hunan	2	74	27	28	46
广　东	Guangdong	4	303	245	61	274
广　西	Guangxi	2	400	397	376	39
海　南	Hainan	1	205	205	129	203
重　庆	Chongqing	1	37	23	27	29
四　川	Sichuan	13	1840	1555	680	1608
贵　州	Guizhou	7	1468	1283	882	1402
云　南	Yunnan	2	81	52	60	69
西　藏	Tibet	1	24	5	5	5
陕　西	Shaanxi	23	6611	4885	3688	5652
甘　肃	Gansu	2	318	318	150	313
青　海	Qinghai					
宁　夏	Ningxia					
新　疆	Xinjiang					

2-2-8 续表 2 continued

地区	Region	港澳台投资企业 Enterprises with Funds from Hong Kong, Macau and Taiwan				
		有R&D活动的企业数(个) Number of Enterprises Having R&D Activities (unit)	R&D人员(人) R&D Personnel (person)	#全时人员 Full-time Personnel	#研究人员 Researchers	R&D人员折合全时当量(人年) Full-time Equivalent (man-year)
全国	**Total**	**1178**	**114967**	**82031**	**26386**	**91919**
东部地区	Eastern Region	1042	103798	73543	22258	83910
中部地区	Middle Region	78	8650	6698	3308	6657
西部地区	Western Region	38	1652	1176	479	951
东北地区	Northeastern Region	20	867	614	341	402
北京	Beijing	30	2532	2246	313	1737
天津	Tianjin	10	1110	777	363	709
河北	Hebei	6	1532	1494	864	1226
山西	Shanxi	4	150	111	8	137
内蒙古	Inner Mongolia	2	36	32	13	28
辽宁	Liaoning	10	519	443	163	176
吉林	Jilin	5	113	95	84	69
黑龙江	Heilongjiang	5	235	76	94	157
上海	Shanghai	51	6217	4466	1569	4914
江苏	Jiangsu	311	23787	18249	4728	18850
浙江	Zhejiang	134	9910	7746	1349	8943
安徽	Anhui	12	1019	857	186	704
福建	Fujian	72	10238	6524	2308	8838
江西	Jiangxi	20	974	568	190	675
山东	Shandong	15	1175	1020	312	1030
河南	Henan	15	3149	3029	2089	2403
湖北	Hubei	14	2116	1011	325	1956
湖南	Hunan	13	1242	1122	510	782
广东	Guangdong	407	46932	30752	10391	37407
广西	Guangxi	9	475	289	172	240
海南	Hainan	6	365	269	61	257
重庆	Chongqing	6	556	439	90	291
四川	Sichuan	7	131	112	97	50
贵州	Guizhou	2	35	21	11	34
云南	Yunnan	6	188	139	44	165
西藏	Tibet					
陕西	Shaanxi	5	136	53	20	60
甘肃	Gansu					
青海	Qinghai					
宁夏	Ningxia	1	95	91	32	82
新疆	Xinjiang					

2-2-8 续表 3 continued

地区	Region	外商投资企业 Foreign Funded Enterprises 有R&D活动的企业数（个）Number of Enterprises Having R&D Activities (unit)	R&D人员（人）R&D Personnel (person)	#全时人员 Full-time Personnel	#研究人员 Researchers	R&D人员折合全时当量（人年）Full-time Equivalent (man-year)
全国	**Total**	**1438**	**158765**	**120929**	**32172**	**128445**
东部地区	Eastern Region	1299	148373	113431	28178	122126
中部地区	Middle Region	69	4336	2928	1229	2683
西部地区	Western Region	46	2579	1559	999	1437
东北地区	Northeastern Region	24	3477	3011	1766	2199
北京	Beijing	57	5745	4799	1231	4010
天津	Tianjin	43	4024	3033	929	3533
河北	Hebei	10	907	870	306	757
山西	Shanxi	4	151	87	46	124
内蒙古	Inner Mongolia	1	16	16	6	15
辽宁	Liaoning	7	379	346	48	100
吉林	Jilin	7	196	170	69	101
黑龙江	Heilongjiang	10	2902	2495	1649	1997
上海	Shanghai	115	12290	9365	3382	10451
江苏	Jiangsu	530	42113	26199	8011	32205
浙江	Zhejiang	147	10054	7722	1663	8366
安徽	Anhui	9	748	568	113	444
福建	Fujian	60	11654	10391	2169	10710
江西	Jiangxi	13	698	584	198	395
山东	Shandong	70	13366	10856	2412	10637
河南	Henan	14	1157	763	175	776
湖北	Hubei	17	986	749	418	642
湖南	Hunan	12	596	177	279	302
广东	Guangdong	260	47817	39878	7932	41173
广西	Guangxi	5	77	51	41	44
海南	Hainan	7	403	318	143	284
重庆	Chongqing	10	723	630	406	303
四川	Sichuan	13	757	427	235	479
贵州	Guizhou	2	336	25	48	138
云南	Yunnan	5	204	132	59	113
西藏	Tibet					
陕西	Shaanxi	9	445	262	197	326
甘肃	Gansu	1	21	16	7	21
青海	Qinghai					
宁夏	Ningxia					
新疆	Xinjiang					

2-2-9 按地区和行业分高技术产业R&D活动人员情况(2013年)
R&D Personnel in High-tech Industry by Region and Industrial Sector(2013)

地 区	Region	医药制造业 Medical and Pharmaceutical Products Manufacturing				
		有R&D活动的企业数(个) Number of Enterprises Having R&D Activities (unit)	R&D人员(人) R&D Personnel (person)	#全时人员 Full-time Personnel	#研究人员 Researchers	R&D人员折合全时当量(人年) Full-time Equivalent (man-year)
全 国	**Total**	**2586**	**163248**	**114571**	**50496**	**123200**
东部地区	Eastern Region	1459	97996	71903	28564	77714
中部地区	Middle Region	580	32903	21180	10157	23437
西部地区	Western Region	376	19845	12939	6524	13482
东北地区	Northeastern Region	171	12504	8549	5251	8568
北 京	Beijing	97	6838	5295	1677	4930
天 津	Tianjin	71	6460	4659	1836	5384
河 北	Hebei	59	6494	4997	3349	5177
山 西	Shanxi	35	2121	1295	583	1404
内蒙古	Inner Mongolia	14	667	401	157	433
辽 宁	Liaoning	50	2867	1904	1188	1772
吉 林	Jilin	69	4417	2975	1555	3128
黑龙江	Heilongjiang	52	5220	3670	2508	3668
上 海	Shanghai	102	5676	4084	1301	4200
江 苏	Jiangsu	327	18490	14063	4972	15377
浙 江	Zhejiang	283	15680	11330	3780	13055
安 徽	Anhui	108	4891	2937	1203	3103
福 建	Fujian	67	3106	1990	835	2252
江 西	Jiangxi	71	3115	2248	1005	2334
山 东	Shandong	220	19286	14709	6950	15279
河 南	Henan	123	7964	5446	2544	5752
湖 北	Hubei	127	10713	6479	3102	7949
湖 南	Hunan	116	4099	2775	1720	2896
广 东	Guangdong	199	13762	9380	3432	10653
广 西	Guangxi	52	1722	1205	865	1219
海 南	Hainan	34	2204	1396	432	1407
重 庆	Chongqing	58	3446	2716	1048	2364
四 川	Sichuan	82	5727	3751	1806	4229
贵 州	Guizhou	18	1558	808	300	1014
云 南	Yunnan	56	2273	1358	750	1672
西 藏	Tibet	3	58	12	30	11
陕 西	Shaanxi	50	1997	805	762	1139
甘 肃	Gansu	24	1033	814	478	783
青 海	Qinghai	4	222	189	45	194
宁 夏	Ningxia	8	1002	808	233	336
新 疆	Xinjiang	7	140	72	50	88

2-2-9 续表 1 continued

地　区	Region	航空、航天器及设备制造业 Manufacture of Aircrafts and Spacecrafts and Related Equipment 有R&D活动的企业数（个） Number of Enterprises Having R&D Activities (unit)	R&D人员（人） R&D Personnel (person)	#全时人员 Full-time Personnel	#研究人员 Researchers	R&D人员折合全时当量（人年） Full-time Equivalent (man-year)
全　国	**Total**	**153**	**59260**	**42040**	**29330**	**47875**
东部地区	Eastern Region	53	12719	10313	5760	11039
中部地区	Middle Region	17	9941	5636	4417	9015
西部地区	Western Region	67	25649	16717	12165	20685
东北地区	Northeastern Region	16	10951	9374	6988	7137
北　京	Beijing	15	3866	2536	2155	3055
天　津	Tianjin	2	144	143	10	142
河　北	Hebei	2	899	899	292	899
山　西	Shanxi					
内蒙古	Inner Mongolia	1	48		48	44
辽　宁	Liaoning	7	7610	6912	5134	4969
吉　林	Jilin					
黑龙江	Heilongjiang	9	3341	2462	1854	2168
上　海	Shanghai	5	3117	2803	1155	3033
江　苏	Jiangsu	15	3016	2378	1685	2562
浙　江	Zhejiang	6	126	78	31	99
安　徽	Anhui					
福　建	Fujian					
江　西	Jiangxi	2	3558	848	1666	3162
山　东	Shandong	4	841	832	288	716
河　南	Henan	2	1819	1701	400	1805
湖　北	Hubei	6	2649	1880	1636	2589
湖　南	Hunan	7	1915	1207	715	1459
广　东	Guangdong	4	710	644	144	534
广　西	Guangxi					
海　南	Hainan					
重　庆	Chongqing					
四　川	Sichuan	14	3843	2572	1704	2232
贵　州	Guizhou	22	6707	5731	2766	6566
云　南	Yunnan					
西　藏	Tibet					
陕　西	Shaanxi	30	15051	8414	7647	11842
甘　肃	Gansu					
青　海	Qinghai					
宁　夏	Ningxia					
新　疆	Xinjiang					

2-2-9 续表 2 continued

地 区	Region	电子及通信设备制造业 Manufacture of Electronic Equipment and Communication Equipment				
		有R&D活动的企业数（个） Number of Enterprises Having R&D Activities (unit)	R&D人员（人） R&D Personnel (person)	#全时人员 Full-time Personnel	#研究人员 Researchers	R&D人员折合全时当量（人年） Full-time Equivalent (man-year)
全 国	**Total**	**4322**	**436524**	**341180**	**163054**	**356885**
东部地区	Eastern Region	3538	367492	287945	135065	306649
中部地区	Middle Region	536	40062	32509	16745	28841
西部地区	Western Region	188	25476	18009	9895	19445
东北地区	Northeastern Region	60	3494	2717	1349	1950
北 京	Beijing	143	12412	11695	3655	9580
天 津	Tianjin	88	6816	5459	1990	5845
河 北	Hebei	37	2455	1494	946	1729
山 西	Shanxi	12	850	608	251	391
内蒙古	Inner Mongolia	2	64	31	33	63
辽 宁	Liaoning	43	2674	2018	976	1530
吉 林	Jilin	8	455	445	173	160
黑龙江	Heilongjiang	9	365	254	200	260
上 海	Shanghai	154	17820	13881	5164	14911
江 苏	Jiangsu	1042	70166	45616	14318	54251
浙 江	Zhejiang	615	34295	25790	5935	28495
安 徽	Anhui	148	8842	6442	2361	6173
福 建	Fujian	205	19642	15621	3966	16526
江 西	Jiangxi	88	4826	3515	1558	2880
山 东	Shandong	165	19919	15665	8504	15392
河 南	Henan	55	5008	4312	3018	3848
湖 北	Hubei	117	16157	14868	7469	12675
湖 南	Hunan	116	4379	2764	2088	2875
广 东	Guangdong	1087	183755	152513	90456	159709
广 西	Guangxi	24	1204	989	619	567
海 南	Hainan	2	212	211	131	210
重 庆	Chongqing	25	1263	1005	425	826
四 川	Sichuan	74	15786	11278	5384	12422
贵 州	Guizhou	14	1615	992	684	1366
云 南	Yunnan	4	109	74	31	57
西 藏	Tibet					
陕 西	Shaanxi	43	4983	3341	2483	3897
甘 肃	Gansu	1	412	259	214	214
青 海	Qinghai					
宁 夏	Ningxia	1	40	40	22	34
新 疆	Xinjiang					

2-2-9 续表 3 continued

地 区	Region	计算机及办公设备制造业 Manufacture of Computer and Office Equipments				
		有R&D活动的企业数（个）Number of Enterprises Having R&D Activities (unit)	R&D人员（人）R&D Personnel (person)	#全时人员 Full-time Personnel	#研究人员 Researchers	R&D人员折合全时当量（人年）Full-time Equivalent (man-year)
全 国	**Total**	**461**	**73629**	**59975**	**13307**	**59940**
东部地区	Eastern Region	396	69217	56858	11864	57183
中部地区	Middle Region	38	2585	1818	731	1781
西部地区	Western Region	14	977	743	449	432
东北地区	Northeastern Region	13	850	556	263	544
北 京	Beijing	24	2285	2224	370	1416
天 津	Tianjin	9	1112	685	390	653
河 北	Hebei	2	143	131	15	122
山 西	Shanxi	1	136	112	100	52
内 蒙 古	Inner Mongolia	2	29	21	19	18
辽 宁	Liaoning	5	287	171	119	131
吉 林	Jilin	2	80	7	36	7
黑 龙 江	Heilongjiang	6	483	378	108	406
上 海	Shanghai	10	698	517	90	656
江 苏	Jiangsu	121	11044	8504	1828	8625
浙 江	Zhejiang	50	1661	1053	419	1281
安 徽	Anhui	7	1101	517	207	706
福 建	Fujian	30	8776	5711	2250	8452
江 西	Jiangxi	6	177	111	61	92
山 东	Shandong	17	13764	12284	1878	10769
河 南	Henan	4	233	225	71	197
湖 北	Hubei	8	364	350	43	229
湖 南	Hunan	12	574	503	249	505
广 东	Guangdong	133	29734	25749	4624	25209
广 西	Guangxi	1	45	27	5	6
海 南	Hainan					
重 庆	Chongqing	1	385	351	249	142
四 川	Sichuan	8	341	194	100	132
贵 州	Guizhou					
云 南	Yunnan	1	104	99	36	95
西 藏	Tibet					
陕 西	Shaanxi	1	73	51	40	40
甘 肃	Gansu					
青 海	Qinghai					
宁 夏	Ningxia					
新 疆	Xinjiang					

2-2-9 续表 4 continued

地 区	Region	医疗仪器设备及仪器仪表制造业 Manufacture of Medical Equipments and Measuring Instrument				
		有R&D活动的企业数（个）Number of Enterprises Having R&D Activities (unit)	R&D人员（人）R&D Personnel (person)	#全时人员 Full-time Personnel	#研究人员 Researchers	R&D人员折合全时当量（人年）Full-time Equivalent (man-year)
全 国	**Total**	**1997**	**108163**	**80443**	**32218**	**82322**
东部地区	Eastern Region	1592	79889	59215	20504	61891
中部地区	Middle Region	235	13628	9964	5181	10289
西部地区	Western Region	116	11407	9381	5110	7702
东北地区	Northeastern Region	54	3239	1883	1423	2441
北 京	Beijing	138	6245	5615	1897	4727
天 津	Tianjin	42	1581	1156	477	1217
河 北	Hebei	30	1878	1689	680	1033
山 西	Shanxi	8	1323	991	585	1228
内 蒙 古	Inner Mongolia	5	118	104	38	66
辽 宁	Liaoning	37	1882	855	795	1315
吉 林	Jilin	7	604	522	209	411
黑 龙 江	Heilongjiang	10	753	506	419	715
上 海	Shanghai	95	5410	4352	1715	4066
江 苏	Jiangsu	563	25273	18889	7497	19914
浙 江	Zhejiang	375	15100	10200	2874	12179
安 徽	Anhui	45	1490	1067	333	1118
福 建	Fujian	43	2203	1789	278	1956
江 西	Jiangxi	21	1836	1207	825	1084
山 东	Shandong	129	6287	5002	2018	4731
河 南	Henan	62	5206	3629	1977	4346
湖 北	Hubei	40	1800	1419	589	1037
湖 南	Hunan	59	1973	1651	872	1476
广 东	Guangdong	177	15912	10523	3068	12069
广 西	Guangxi	13	284	242	91	198
海 南	Hainan					
重 庆	Chongqing	37	2745	2069	1207	2060
四 川	Sichuan	22	992	867	365	799
贵 州	Guizhou	4	233	61	46	155
云 南	Yunnan	5	77	50	34	61
西 藏	Tibet					
陕 西	Shaanxi	23	6731	5766	3250	4202
甘 肃	Gansu	1	60	60	28	38
青 海	Qinghai	1	10	10	2	5
宁 夏	Ningxia	3	139	135	44	103
新 疆	Xinjiang	2	18	17	5	15

2-3-1 按行业分高技术产业R&D活动经费情况(2013年)

R&D Expenditure in High-tech Industry by Industrial Sector(2013)

单位：万元 (10000 yuan)

行业	Industry	R&D经费内部支出 Intramural Expenditure on R&D	#人员劳务费 Labor Cost	#仪器和设备 Equip-ment	#政府资金 Govern-ment Funds	#企业资金 Self-raised Funds by Enterprises	R&D经费外部支出 External Expenditure on R&D
合计	**Total**	**20343380**	**7301920**	**1987317**	**1663516**	**18284650**	**1296167**
医药制造业	**Manufacture of Medicines**	**3476553**	**926401**	**425837**	**204243**	**3223942**	**408188**
#化学药品制造	Manufacture of Chemical Medicine	1854316	526643	234594	85574	1749003	275238
中成药生产	Production of Finished Traditional Chinese Herbal Medicine	717620	182939	72727	52598	660198	86979
生物药品制造	Manufacture of Biological Medicine	537284	129808	74114	40652	487818	30915
航空、航天器及设备制造业	**Manufacture of Aircrafts and Spacecrafts and Related Equipment**	**1747135**	**272620**	**122547**	**708364**	**973100**	**229464**
#飞机制造	Manufacture of Airplanes	1425122	199144	109604	613265	793519	173149
航天器制造	Manufacture of Spacecrafts	220058	38045	3525	88016	86253	44855
电子及通信设备制造业	**Manufacture of Electronic Equipment and Communication Equipment**	**11703282**	**4760953**	**1188886**	**580030**	**10905708**	**559984**
#通信设备制造	Manufacture of Communication Equipment	5042582	2687740	333681	173863	4838604	331730
#通信系统设备制造	Manufacture of Communication Equipment	4194310	2355744	247764	157472	4023919	235451
通信终端设备制造	Manufacture of Communication Terminal Equipment	848272	331996	85917	16391	814685	96279
广播电视设备制造	Manufacture of Broadcasting and TV Equipment	285109	121385	17025	7138	251486	12594
雷达及配套设备制造	Manufacture of Radar and Its Fittings	172095	41130	20016	30207	141793	36834
视听设备制造	Manufacture of TV Set and Radio Receiver	1255146	357024	155508	55333	1175473	46513
电子器件制造	Manufacture of Electronic Appliances	2185723	648667	336660	167445	1993233	64394
#电子真空器件制造	Manufacture of Electronic Vacuum Appliance	22693	7044	3602	715	21808	373
半导体分立器件制造	Manufacture of Semiconductor Discreting Appliances	104346	35075	19235	5150	98643	6447
集成电路制造	Manufacture of Integrate Circuit	753810	232073	152150	89372	659807	14138
电子元件制造	Manufacture of Electronic Components	1681004	572696	203116	44623	1589887	20573
其他电子设备制造	Manufacture of Other Electronic Equipment	511014	168388	46779	51283	399634	36940
计算机及办公设备制造业	**Manufacture of Computers and Office Equipment**	**1484825**	**617258**	**70030**	**42543**	**1418165**	**20341**
#计算机整机制造	Manufacture of Entired Computer	677800	273729	21306	24509	642381	11356
计算机零部件制造	Manufacture of Computer Components and Parts	287111	126627	19799	1323	285243	3858
计算机外围设备制造	Manufacture of Computer Peripheral Equipment	264307	88329	9733	5788	249036	1836
办公设备制造	Manufacture of Office Equipment	102442	42486	9115	3754	97031	1702
医疗仪器设备及仪器仪表制造业	**Manufacture of Medical Equipments and Measuring Instrument**	**1931585**	**724689**	**180017**	**128336**	**1763736**	**78190**
1.医疗仪器设备及器械制造	Manufacture of Medical Equipment and Appliance	486942	184760	49822	26939	453493	15500
2.仪器仪表制造	Manufacture of Measuring Instrument	1444643	539929	130196	101397	1310243	62690

2-3-2 各地区高技术产业R&D活动经费情况(2013年)

R&D Expenditure in High-tech Industry by Region(2013)

单位：万元　　(10000 yuan)

地区	Region	R&D经费内部支出 Intramural Expenditure on R&D	#人员劳务费 Labor Cost	#仪器和设备 Equipment	#政府资金 Government Funds	#企业资金 Self-raised Funds by Enterprises	R&D经费外部支出 External Expenditure on R&D
全　国	**Total**	**20343380**	**7301920**	**1987317**	**1663516**	**18284650**	**1296167**
东部地区	Eastern Region	15817080	6171505	1533360	833649	14651290	1017494
中部地区	Middle Region	1990256	579229	235557	222431	1739138	133723
西部地区	Western Region	1719199	404000	176904	349171	1354504	93583
东北地区	Northeaastern Region	816845	147187	41495	258265	539718	51367
北　京	Beijing	1065430	386369	42828	176270	833376	80395
天　津	Tianjin	451315	142175	83591	24171	392382	20052
河　北	Hebei	216687	54566	28309	18193	195045	29601
山　西	Shanxi	58480	11079	6424	3577	54823	3562
内蒙古	Inner Mongolia	15532	3260	912	497	14995	6870
辽　宁	Liaoning	533576	81527	15536	161523	360034	16643
吉　林	Jilin	72387	16138	10852	8287	62605	14249
黑龙江	Heilongjiang	210882	49521	15107	88456	117079	20476
上　海	Shanghai	1061501	424852	140192	135391	896489	206802
江　苏	Jiangsu	2798080	843155	370129	97669	2609478	124579
浙　江	Zhejiang	1304677	523296	101481	49770	1245361	80029
安　徽	Anhui	301380	81259	43799	24182	272165	31657
福　建	Fujian	705357	237062	66517	22763	672648	51466
江　西	Jiangxi	214956	66715	18090	21008	188311	25364
山　东	Shandong	1562172	407548	133353	76207	1446978	89980
河　南	Henan	249531	88926	26635	15620	232636	11865
湖　北	Hubei	732174	243523	95652	88895	633980	22246
湖　南	Hunan	433737	87727	44958	69150	357223	39030
广　东	Guangdong	6612820	3144888	561836	231030	6322701	320895
广　西	Guangxi	63038	17889	5654	3761	58873	3683
海　南	Hainan	39039	7594	5124	2185	36834	13696
重　庆	Chongqing	166156	50314	23499	9714	154139	13211
四　川	Sichuan	618378	165054	68754	51060	561835	34390
贵　州	Guizhou	155535	34855	7851	36157	114022	4498
云　南	Yunnan	61105	12229	5761	7605	53499	8034
西　藏	Tibet	1454	482	51	206	1248	605
陕　西	Shaanxi	583150	108363	54718	234036	347389	17594
甘　肃	Gansu	30488	7171	4641	3338	27055	3541
青　海	Qinghai	6093	808	380	56	6037	273
宁　夏	Ningxia	14822	3205	3463	1946	12760	460
新　疆	Xinjiang	3448	369	1223	794	2654	425

2-3-3　按行业和企业规模分高技术产业R&D活动经费情况(2013年)
R&D Expenditure in High-tech Industry by Industrial Sector and Scale of Enterprises(2013)

单位：万元　　(10000 yuan)

行　业	Industry	大型企业 Large-sized Enterprises					
		R&D经费内部支出 Intramural Expenditure on R&D	#人员劳务费 Labor Cost	#仪器和设备 Equip-ment	#政府资金 Govern-ment Funds	#企业资金 Self-raised Funds by Enterprises	R&D经费外部支出 External Expenditure on R&D
合计	**Total**	**13200275**	**4998492**	**1188760**	**1114686**	**11852870**	**891970**
医药制造业	**Manufacture of Medicines**	**1441973**	**402781**	**148323**	**92093**	**1342747**	**169183**
#化学药品制造	Manufacture of Chemical Medicine	981377	289612	107880	51839	924527	136543
中成药生产	Production of Finished Traditional Chinese Herbal Medicine	292233	73705	21394	24033	266466	25043
生物药品制造	Manufacture of Biological Medicine	78420	21729	11443	7055	71174	5556
航空、航天器及设备制造业	**Manufacture of Aircrafts and Spacecrafts and Related Equipment**	**1474351**	**225986**	**104018**	**596848**	**825661**	**175755**
#飞机制造	Manufacture of Airplanes	1323072	175254	97163	585535	724064	172233
航天器制造	Manufacture of Spacecrafts	116361	30532	3070	11112	66880	1485
电子及通信设备制造业	**Manufacture of Electronic Equipment and Communication Equipment**	**8585990**	**3670052**	**847720**	**363363**	**8079646**	**489467**
#通信设备制造	Manufacture of Communication Equipment	4483715	2440196	297053	153216	4324315	320033
#通信系统设备制造	Manufacture of Communication Equipment	3888929	2210361	225821	143984	3741804	227922
通信终端设备制造	Manufacture of Communication Terminal Equipment	594786	229835	71233	9232	582511	92111
广播电视设备制造	Manufacture of Broadcasting and TV Equipment	129301	66769	4749	2156	102162	10887
雷达及配套设备制造	Manufacture of Radar and Its Fittings	143129	30065	18750	26203	116915	24114
视听设备制造	Manufacture of TV Set and Radio Receiver	1052775	273920	138116	50313	983292	36609
电子器件制造	Manufacture of Electronic Appliances	1399612	376553	231957	85745	1300069	52955
#电子真空器件制造	Manufacture of Electronic Vacuum Appliance	5676	1472	896	28	5649	164
半导体分立器件制造	Manufacture of Semiconductor Discreting Appliances	30383	9029	8163	202	30181	4664
集成电路制造	Manufacture of Integrate Circuit	404609	109867	104493	36131	367812	10744
电子元件制造	Manufacture of Electronic Components	820072	308726	88634	20859	777649	10583
其他电子设备制造	Manufacture of Other Electronic Equipment	279688	90686	26146	11462	213796	30785
计算机及办公设备制造业	**Manufacture of Computers and Office Equipment**	**1172535**	**486365**	**44580**	**27102**	**1125373**	**15745**
#计算机整机制造	Manufacture of Entired Computer	614141	253532	15589	17987	585465	10490
计算机零部件制造	Manufacture of Computer Components and Parts	226736	100161	13103	157	226559	2890
计算机外围设备制造	Manufacture of Computer Peripheral Equipment	177924	53723	4957	1809	167386	952
办公设备制造	Manufacture of Office Equipment	61218	26211	5767	2650	57947	1213
医疗仪器设备及仪器仪表制造业	**Manufacture of Medical Equipments and Measuring Instrument**	**525426**	**213308**	**44121**	**35280**	**479443**	**41821**
1.医疗仪器设备及器械制造	Manufacture of Medical Equipment and Appliance	124105	51916	10326	8484	115017	7958
2.仪器仪表制造	Manufacture of Measuring Instrument	401321	161392	33794	26795	364426	33863

2-3-3 续表 continued

单位：万元 (10000 yuan)

行业	Industry	中型企业 Medium-sized Enterprises R&D经费内部支出 Intramural Expenditure on R&D	#人员劳务费 Labor Cost	#仪器和设备 Equipment	#政府资金 Government Funds	#企业资金 Self-raised Funds by Enterprises	R&D经费外部支出 External Expenditure on R&D
合计	**Total**	**4133576**	**1396863**	**430884**	**353615**	**3680924**	**274860**
医药制造业	**Manufacture of Medicines**	**1146829**	**310707**	**146816**	**60048**	**1072238**	**174833**
#化学药品制造	Manufacture of Chemical Medicine	551603	154851	78484	18460	522980	111386
中成药生产	Production of Finished Traditional Chinese Herbal Medicine	225831	64447	25850	15352	209543	43670
生物药品制造	Manufacture of Biological Medicine	251338	60862	27112	18831	229778	13964
航空、航天器及设备制造业	**Manufacture of Aircrafts and Spacecrafts and Related Equipment**	**197099**	**30097**	**5799**	**99211**	**86280**	**46898**
#飞机制造	Manufacture of Airplanes	48767	13478	2683	15617	29013	785
航天器制造	Manufacture of Spacecrafts	103515	7424	379	76903	19193	43361
电子及通信设备制造业	**Manufacture of Electronic Equipment and Communication Equipment**	**1860104**	**694822**	**198795**	**133846**	**1673895**	**32839**
#通信设备制造	Manufacture of Communication Equipment	363006	168736	16533	11006	333592	7434
#通信系统设备制造	Manufacture of Communication Equipment	179787	90871	9000	7892	165784	4663
通信终端设备制造	Manufacture of Communication Terminal Equipment	183219	77865	7533	3114	167808	2771
广播电视设备制造	Manufacture of Broadcasting and TV Equipment	86088	32016	6927	2396	82433	818
雷达及配套设备制造	Manufacture of Radar and Its Fittings	14765	6482	821	1309	13456	2165
视听设备制造	Manufacture of TV Set and Radio Receiver	153977	66455	12490	3059	147110	9085
电子器件制造	Manufacture of Electronic Appliances	480348	175091	68593	61159	413040	4364
#电子真空器件制造	Manufacture of Electronic Vacuum Appliance	7763	2836	1062	231	7532	
半导体分立器件制造	Manufacture of Semiconductor Discreting Appliances	40032	15354	5471	2940	36835	960
集成电路制造	Manufacture of Integrate Circuit	231514	84816	38667	43209	185742	576
电子元件制造	Manufacture of Electronic Components	522013	168437	68941	14735	488277	6574
其他电子设备制造	Manufacture of Other Electronic Equipment	124297	41264	11624	32447	88835	517
计算机及办公设备制造业	**Manufacture of Computers and Office Equipment**	**208875**	**86818**	**15930**	**10096**	**195656**	**1538**
#计算机整机制造	Manufacture of Entired Computer	50466	15570	4136	6232	44068	415
计算机零部件制造	Manufacture of Computer Components and Parts	37977	18055	3445	179	37667	282
计算机外围设备制造	Manufacture of Computer Peripheral Equipment	59195	23042	2754	1613	57025	220
办公设备制造	Manufacture of Office Equipment	22893	9429	1469	575	21283	61
医疗仪器设备及仪器仪表制造业	**Manufacture of Medical Equipments and Measuring Instrument**	**720668**	**274418**	**63544**	**50414**	**652855**	**18751**
1.医疗仪器设备及器械制造	Manufacture of Medical Equipment and Appliance	200403	79807	19710	8345	189249	3016
2.仪器仪表制造	Manufacture of Measuring Instrument	520266	194611	43834	42069	463606	15735

2-3-4 按行业分国有及国有控股企业高技术产业R&D活动经费情况(2013年)

R&D Expenditure in High-tech Industry of State-owned and State-controlled Enterprises by Industrial Sector (2013)

单位：万元 (10000 yuan)

行业	Industry	R&D经费内部支出 Intramural Expenditure on R&D	#人员劳务费 Labor Cost	#仪器和设备 Equip-ment	#政府资金 Govern-ment Funds	#企业资金 Self-raised Funds by Enterprises	R&D经费外部支出 External Expenditure on R&D
合计	**Total**	**5795201**	**1732895**	**563672**	**1112697**	**4576804**	**384236**
医药制造业	**Manufacture of Medicines**	**558787**	**183195**	**65227**	**40832**	**515824**	**65274**
#化学药品制造	Manufacture of Chemical Medicine	322589	109002	45540	21242	299767	44908
中成药生产	Production of Finished Traditional Chinese Herbal Medicine	126127	42720	9232	10569	115364	15068
生物药品制造	Manufacture of Biological Medicine	76710	22205	8751	7993	68463	3731
航空、航天器及设备制造业	**Manufacture of Aircrafts and Spacecrafts and Related Equipment**	**1686281**	**259203**	**109778**	**706709**	**913916**	**222566**
#飞机制造	Manufacture of Airplanes	1392851	193723	100517	611793	762720	172930
航天器制造	Manufacture of Spacecrafts	219876	37956	3448	88014	86073	44846
电子及通信设备制造业	**Manufacture of Electronic Equipment and Communication Equipment**	**2877168**	**1023176**	**349886**	**298128**	**2556752**	**74335**
#通信设备制造	Manufacture of Communication Equipment	1132850	534982	107050	106713	1020231	12348
#通信系统设备制造	Manufacture of Communication System Equipment	1035211	479150	101074	103215	926728	6740
通信终端设备制造	Manufacture of Communication Terminal Equipment	97640	55831	5976	3499	93503	5608
广播电视设备制造	Manufacture of Broadcasting and TV Equipment	23899	11092	894	1240	22659	5139
雷达及配套设备制造	Manufacture of Radar and Its Fittings	159534	36127	19196	29594	129928	36338
视听设备制造	Manufacture of TV Set and Radio Receiver	568240	151696	62034	24902	532271	6322
电子器件制造	Manufacture of Electronic Appliances	678634	189032	122603	66985	609205	9424
#电子真空器件制造	Manufacture of Electronic Vacuum Appliance	4652	1813	417	59	4558	164
半导体分立器件制造	Manufacture of Semiconductor Discreting Appliances	12245	4776	886	992	10996	195
集成电路制造	Manufacture of Integrate Circuit	171121	40997	47826	26941	143814	1229
电子元件制造	Manufacture of Electronic Components	171686	59177	30860	20210	149166	1302
其他电子设备制造	Manufacture of Other Electronic Equipment	48187	15310	1002	24857	22779	539
计算机及办公设备制造业	**Manufacture of Computers and Office Equipment**	**331696**	**147954**	**11450**	**27560**	**293322**	**3985**
#计算机整机制造	Manufacture of Entired Computer	204124	81752	5319	20655	181444	2888
计算机零部件制造	Manufacture of Computer Components and Parts	8214	4467	315	120	8094	30
计算机外围设备制造	Manufacture of Computer Peripheral Equipment	44686	22784	2767	2055	33843	623
办公设备制造	Manufacture of Office Equipment	25645	9714	1127	1636	24009	20
医疗仪器设备及仪器仪表制造业	**Manufacture of Medical Equipments and Measuring Instrument**	**341270**	**119367**	**27331**	**39468**	**296989**	**18077**
1.医疗仪器设备及器械制造	Manufacture of Medical Equipment and Appliance	36289	11750	5104	4083	32127	994
2.仪器仪表制造	Manufacture of Measuring Instrument	304981	107618	22227	35384	264863	17084

2-3-5 按行业和登记注册类型分高技术产业R&D活动经费情况(2013年)

R&D Expenditure in High-tech Industry by Industrial Sector and Registration Status(2013)

单位：万元 (10000 yuan)

行业	Industry	内资企业 Domestic Funded R&D经费内部支出 Intramural Expenditure on R&D	#人员劳务费 Labor Cost	#仪器和设备 Equip-ment	#政府资金 Govern-ment Funds	#企业资金 Self-raised Funds by Enterprises	R&D经费外部支出 External Expenditure on R&D
合计	**Total**	**13973024**	**5048209**	**1340639**	**1468689**	**12320331**	**918377**
医药制造业	**Manufacture of Medicines**	**2593832**	**664988**	**334785**	**160676**	**2400095**	**279179**
#化学药品制造	Manufacture of Chemical Medicine	1274991	353070	176955	61331	1203693	175387
中成药生产	Production of Finished Traditional Chinese Herbal Medicine	601864	150662	62717	43248	555251	67743
生物药品制造	Manufacture of Biological Medicine	398426	88051	56187	31877	360166	23367
航空、航天器及设备制造业	**Manufacture of Aircrafts and Spacecrafts and Related Equipment**	**1703046**	**254048**	**112369**	**708289**	**932246**	**228950**
#飞机制造	Manufacture of Airplanes	1407335	196300	101802	613265	778892	173149
航天器制造	Manufacture of Spacecrafts	220058	38045	3525	88016	86253	44855
电子及通信设备制造业	**Manufacture of Electronic Equipment and Communication Equipment**	**7716936**	**3391344**	**722706**	**461789**	**7196966**	**350118**
#通信设备制造	Manufacture of Communication Equipment	4101557	2286542	284179	153366	3933833	254142
#通信系统设备制造	Manufacture of Communication System Equipment	3706848	2117217	219588	144905	3549309	207144
通信终端设备制造	Manufacture of Communication Terminal Equipment	394709	169325	64591	8461	384524	46998
广播电视设备制造	Manufacture of Broadcasting and TV Equipment	185959	68093	12696	5755	178723	12367
雷达及配套设备制造	Manufacture of Radar and Its Fittings	170315	40457	20016	30207	140013	36808
视听设备制造	Manufacture of TV Set and Radio Receiver	755219	221493	76779	31218	709550	10338
电子器件制造	Manufacture of Electronic Appliances	1149970	350338	159003	124924	1017813	15366
#电子真空器件制造	Manufacture of Electronic Vacuum Applianc	17524	4769	2789	715	16639	370
半导体分立器件制造	Manufacture of Semiconductor Discreting Appliances	56149	18719	11190	4869	50936	428
集成电路制造	Manufacture of Integrate Circuit	370719	105556	79226	58308	311407	1887
电子元件制造	Manufacture of Electronic Components	756655	234026	105213	37174	706812	8407
其他电子设备制造	Manufacture of Other Electronic Equipment	204002	79117	15649	36156	163346	3523
计算机及办公设备制造业	**Manufacture of Computers and Office Equipment**	**531175**	**233756**	**30006**	**31503**	**487297**	**6956**
#计算机整机制造	Manufacture of Entired Computer	253029	94154	7327	21635	229148	3284
计算机零部件制造	Manufacture of Computer Components and Parts	61183	33775	8445	915	59936	963
计算机外围设备制造	Manufacture of Computer Peripheral Equipme	74675	39462	5606	2505	63925	871
办公设备制造	Manufacture of Office Equipment	62768	24491	3018	2451	60285	487
医疗仪器设备及仪器仪表制造业	**Manufacture of Medical Equipments and Measuring Instrument**	**1428036**	**504073**	**140772**	**106431**	**1303727**	**53175**
1.医疗仪器设备及器械制造	Manufacture of Medical Equipment and Appliance	307577	104695	32582	17610	287774	11909
2.仪器仪表制造	Manufacture of Measuring Instrument	1120459	399378	108191	88822	1015953	41266

2-3-5 续表 1 continued

单位：万元 (10000 yuan)

行 业	Industry	#国有企业 State-owned Enterprises					
		R&D经费内部支出 Intramural Expenditure on R&D	#人员劳务费 Labor Cost	#仪器和设备 Equip-ment	#政府资金 Govern-ment Funds	#企业资金 Self-raised Funds by Enterprises	R&D经费外部支出 External Expenditure on R&D
合计	**Total**	**534117**	**161809**	**54382**	**95874**	**422960**	**39770**
医药制造业	**Manufacture of Medicines**	**53035**	**17030**	**6430**	**5691**	**47164**	**4461**
#化学药品制造	Manufacture of Chemical Medicine	6546	2536	622	148	6398	1070
中成药生产	Production of Finished Traditional Chinese Herbal Medicine	11823	4565	1288	1072	10752	1147
生物药品制造	Manufacture of Biological Medicine	29130	8878	4034	4301	24649	2229
航空、航天器及设备制造业	**Manufacture of Aircrafts and Spacecrafts and Related Equipment**	**162109**	**38122**	**11354**	**40323**	**110377**	**4594**
#飞机制造	Manufacture of Airplanes	80277	19303	6395	26747	53375	1207
航天器制造	Manufacture of Spacecrafts	61770	11942	2568	13352	37994	1583
电子及通信设备制造业	**Manufacture of Electronic Equipment and Communication Equipment**	**237307**	**83355**	**30322**	**38201**	**195414**	**21745**
#通信设备制造	Manufacture of Communication Equipment	192337	71653	26441	28854	159937	508
#通信系统设备制造	Manufacture of Communication System Equipment	189263	70488	26410	28854	156863	508
通信终端设备制造	Manufacture of Communication Terminal Equipment	3073	1165	31		3073	
广播电视设备制造	Manufacture of Broadcasting and TV Equipment						
雷达及配套设备制造	Manufacture of Radar and Its Fittings	29072	6973	3237	7567	21505	20846
视听设备制造	Manufacture of TV Set and Radio Receiver	368	111	20		368	3
电子器件制造	Manufacture of Electronic Appliances	4298	972	149	225	4073	
#电子真空器件制造	Manufacture of Electronic Vacuum Appliance						
半导体分立器件制造	Manufacture of Semiconductor Discreting Appliances						
集成电路制造	Manufacture of Integrate Circuit	2617	358			2617	
电子元件制造	Manufacture of Electronic Components	9416	2974	376	1356	8060	388
其他电子设备制造	Manufacture of Other Electronic Equipment	1187	455	82	190	850	
计算机及办公设备制造业	**Manufacture of Computers and Office Equipment**	**197**	**85**	**75**		**197**	
#计算机整机制造	Manufacture of Entired Computer						
计算机零部件制造	Manufacture of Computer Components and Parts						
计算机外围设备制造	Manufacture of Computer Peripheral Equipment						
办公设备制造	Manufacture of Office Equipment	197	85	75		197	
医疗仪器设备及仪器仪表制造业	**Manufacture of Medical Equipments and Measuring Instrument**	**81470**	**23217**	**6201**	**11660**	**69809**	**8970**
1.医疗仪器设备及器械制造	Manufacture of Medical Equipment and Appliance	13746	4014	4123	1724	12022	423
2.仪器仪表制造	Manufacture of Measuring Instrument	67724	19203	2078	9936	57787	8547

2-3-5 续表 2 continued

单位：万元 (10000 yuan)

行 业	Industry	港澳台投资企业 Enterprises with Funds from Hong Kong, Macau and Taiwan					
		R&D经费内部支出 Intramural Expenditure on R&D	#人员劳务费 Labor Cost	#仪器和设备 Equip-ment	#政府资金 Govern-ment Funds	#企业资金 Self-raised Funds by Enterprises	R&D经费外部支出 External Expenditure on R&D
合计	**Total**	**2542486**	**849092**	**204123**	**96881**	**2413654**	**138920**
医药制造业	**Manufacture of Medicines**	**395530**	**101066**	**48106**	**20247**	**370657**	**69706**
#化学药品制造	Manufacture of Chemical Medicine	247922	57510	32327	14484	232422	54895
中成药生产	Production of Finished Traditional Chinese Herbal Medicine	55646	16861	5841	1789	52618	10529
生物药品制造	Manufacture of Biological Medicine	65444	19732	8322	3455	59646	3737
航空、航天器及设备制造业	**Manufacture of Aircrafts and Spacecrafts and Related Equipment**	**10876**	**7196**			**10876**	**9**
#飞机制造	Manufacture of Airplanes	1239	615			1239	
航天器制造	Manufacture of Spacecrafts						
电子及通信设备制造业	**Manufacture of Electronic Equipment and Communication Equipment**	**1719237**	**601784**	**131436**	**64254**	**1633119**	**58023**
#通信设备制造	Manufacture of Communication Equipment	421632	192423	13795	8272	412409	18133
#通信系统设备制造	Manufacture of Communication System Equipment	286794	132094	8608	7752	278978	9500
通信终端设备制造	Manufacture of Communication Terminal Equipment	134838	60329	5187	520	133431	8633
广播电视设备制造	Manufacture of Broadcasting and TV Equipment	30573	9883	1995	86	30257	9
雷达及配套设备制造	Manufacture of Radar and Its Fittings	260	188			260	
视听设备制造	Manufacture of TV Set and Radio Receiver	295456	83172	15822	23778	267295	9870
电子器件制造	Manufacture of Electronic Appliances	341839	101953	35348	20533	317241	15813
#电子真空器件制造	Manufacture of Electronic Vacuum Appliance	1177	293	556		1177	3
半导体分立器件制造	Manufacture of Semiconductor Discreting Appliances	14447	3264	1819	10	14341	447
集成电路制造	Manufacture of Integrate Circuit	104979	37423	12299	16833	88004	2712
电子元件制造	Manufacture of Electronic Components	489463	167253	45174	5346	473284	9060
其他电子设备制造	Manufacture of Other Electronic Equipment	62318	22072	9443	3170	58459	4584
计算机及办公设备制造业	**Manufacture of Computers and Office Equipment**	**293534**	**88198**	**11659**	**5942**	**285048**	**9469**
#计算机整机制造	Manufacture of Entired Computer	94186	37289	4942	2874	89963	7767
计算机零部件制造	Manufacture of Computer Components and Parts	27086	11308	2447	185	26832	1100
计算机外围设备制造	Manufacture of Computer Peripheral Equipment	165333	36819	1886	2821	161955	561
办公设备制造	Manufacture of Office Equipment	5518	2222	2016	30	4920	
医疗仪器设备及仪器仪表制造业	**Manufacture of Medical Equipments and Measuring Instrument**	**123309**	**50850**	**12922**	**6439**	**113955**	**1714**
1.医疗仪器设备及器械制造	Manufacture of Medical Equipment and Appliance	36548	14228	2899	1692	34504	79
2.仪器仪表制造	Manufacture of Measuring Instrument	86761	36622	10023	4747	79451	1635

2-3-5 续表 3 continued

单位：万元 (10000 yuan)

行业	Industry	外商投资企业 Foreign Funded Enterprises R&D经费内部支出 Intramural Expenditure on R&D	#人员劳务费 Labor Cost	#仪器和设备 Equip-ment	#政府资金 Govern-ment Funds	#企业资金 Self-raised Funds by Enterprises	R&D经费外部支出 External Expenditure on R&D
合计	**Total**	**3827869**	**1404619**	**442556**	**97946**	**3550665**	**238870**
医药制造业	**Manufacture of Medicines**	**487191**	**160347**	**42946**	**23320**	**453191**	**59303**
#化学药品制造	Manufacture of Chemical Medicine	331403	116062	25312	9759	312888	44957
中成药生产	Production of Finished Traditional Chinese Herbal Medicine	60110	15416	4169	7562	52329	8707
生物药品制造	Manufacture of Biological Medicine	73414	22025	9605	5320	68006	3811
航空、航天器及设备制造业	**Manufacture of Aircrafts and Spacecrafts and Related Equipment**	**33213**	**11376**	**10178**	**75**	**29978**	**506**
#飞机制造	Manufacture of Airplanes	16548	2229	7802		13387	
航天器制造	Manufacture of Spacecrafts						
电子及通信设备制造业	**Manufacture of Electronic Equipment and Communication Equipment**	**2267109**	**767825**	**334743**	**53987**	**2075624**	**151843**
#通信设备制造	Manufacture of Communication Equipment	519393	208775	35707	12225	492362	59455
#通信系统设备制造	Manufacture of Communication System Equipment	200669	106433	19568	4816	195632	18806
通信终端设备制造	Manufacture of Communication Terminal Equipment	318725	102342	16139	7410	296730	40648
广播电视设备制造	Manufacture of Broadcasting and TV Equipment	68577	43409	2334	1298	42506	218
雷达及配套设备制造	Manufacture of Radar and Its Fittings	1521	485			1521	26
视听设备制造	Manufacture of TV Set and Radio Receiver	204472	52358	62908	337	198628	26305
电子器件制造	Manufacture of Electronic Appliances	693915	196375	142309	21987	658178	33216
#电子真空器件制造	Manufacture of Electronic Vacuum Appliance	3992	1981	257		3992	
半导体分立器件制造	Manufacture of Semiconductor Discreting Appliances	33750	13092	6225	271	33366	5572
集成电路制造	Manufacture of Integrate Circuit	278112	89094	60625	14231	260397	9539
电子元件制造	Manufacture of Electronic Components	434886	171417	52729	2104	409792	3105
其他电子设备制造	Manufacture of Other Electronic Equipment	244695	67200	21688	11957	177829	28833
计算机及办公设备制造业	**Manufacture of Computers and Office Equipment**	**660116**	**295304**	**28366**	**5098**	**645819**	**3917**
#计算机整机制造	Manufacture of Entired Computer	330586	142287	9037		323270	304
计算机零部件制造	Manufacture of Computer Components and Parts	198842	81543	8907	223	198474	1794
计算机外围设备制造	Manufacture of Computer Peripheral Equipment	24300	12049	2242	462	23156	403
办公设备制造	Manufacture of Office Equipment	34156	15773	4081	1273	31826	1215
医疗仪器设备及仪器仪表制造业	**Manufacture of Medical Equipments and Measuring Instrument**	**380240**	**169767**	**26323**	**15466**	**346054**	**23301**
1.医疗仪器设备及器械制造	Manufacture of Medical Equipment and Appliance	142817	65837	14341	7637	131215	3513
2.仪器仪表制造	Manufacture of Measuring Instrument	237423	103929	11982	7829	214839	19788

2-3-6 按地区和企业规模分高技术产业R&D活动经费情况(2013年)
R&D Expenditure in High-tech Industry by Region and Industrial Sector(2013)

单位：万元 (10000 yuan)

地区	Region	大型企业 Large-sized Enterprises					
		R&D经费内部支出 Intramural Expenditure on R&D	#人员劳务费 Labor Cost	#仪器和设备 Equipment	#政府资金 Government Funds	#企业资金 Self-raised Funds by Enterprises	R&D经费外部支出 External Expenditure on R&D
全　国	**Total**	**13200275**	**4998492**	**1188760**	**1114686**	**11852870**	**891970**
东部地区	Eastern Region	10303987	4317986	944404	429407	9678652	732150
中部地区	Middle Region	1127984	338725	120594	173414	940651	80245
西部地区	Western Region	1179609	246776	106571	288110	884635	51357
东北地区	Northeaastern Region	588696	95005	17192	223754	348932	28218
北　京	Beijing	454064	180547	20167	23351	392076	20372
天　津	Tianjin	235635	82356	60747	7754	201083	9553
河　北	Hebei	141340	34322	19937	11473	129644	25541
山　西	Shanxi	8933	2677	492	639	8294	12
内蒙古	Inner Mongolia	3590	432	157		3590	4
辽　宁	Liaoning	403347	53263	6395	133632	258648	6788
吉　林	Jilin	19197	4863	2600	2939	16258	4595
黑龙江	Heilongjiang	166152	36879	8197	87184	74025	16835
上　海	Shanghai	688863	283091	102116	85263	579816	192096
江　苏	Jiangsu	1468437	436574	186737	63124	1351095	64116
浙　江	Zhejiang	589982	241124	34595	23573	565584	50555
安　徽	Anhui	113018	28544	10087	11581	101437	20502
福　建	Fujian	428685	135079	32905	7787	415555	40697
江　西	Jiangxi	139568	44045	7476	16925	118635	11832
山　东	Shandong	965610	269169	52469	44093	914941	41283
河　南	Henan	111882	44061	10900	8304	103273	6410
湖　北	Hubei	534153	182958	74077	76752	454001	13900
湖　南	Hunan	220430	36440	17563	59214	155012	27589
广　东	Guangdong	5331370	2655726	434731	162989	5128860	287937
广　西	Guangxi	12922	3599	758	707	11970	2177
海　南	Hainan						
重　庆	Chongqing	70021	18248	10246	3328	66623	1764
四　川	Sichuan	492163	124239	49219	42016	448387	26425
贵　州	Guizhou	66302	14572	845	16270	46167	1269
云　南	Yunnan	26167	1943	1676	1574	24593	3728
西　藏	Tibet						
陕　西	Shaanxi	486435	78238	40976	221187	264324	13910
甘　肃	Gansu	16716	4129	2442	2710	14006	2016
青　海	Qinghai						
宁　夏	Ningxia	5294	1376	254	319	4975	64
新　疆	Xinjiang						

2-3-6 续表 continued

单位：万元 (10000 yuan)

地 区	Region	中型企业 Medium-sized Enterprises R&D经费内部支出 Intramural Expenditure on R&D	#人员劳务费 Labor Cost	#仪器和设备 Equipment	#政府资金 Government Funds	#企业资金 Self-raised Funds by Enterprises	R&D经费外部支出 External Expenditure on R&D
全 国	**Total**	**4133576**	**1396863**	**430884**	**353615**	**3680924**	**274860**
东部地区	Eastern Region	3275409	1145533	336092	275948	2915828	196140
中部地区	Middle Region	465408	137969	55579	26377	431708	37900
西部地区	Western Region	274308	84736	26917	32214	235637	24313
东北地区	Northeaastern Region	118452	28625	12295	19076	97752	16508
北 京	Beijing	423559	135838	14462	125705	285918	51721
天 津	Tianjin	95020	29242	11947	8320	81889	5586
河 北	Hebei	36727	9716	5218	2757	31952	1254
山 西	Shanxi	36261	5488	2373	1307	34954	3076
内 蒙 古	Inner Mongolia	3725	714	222	10	3715	475
辽 宁	Liaoning	66531	15469	4643	14877	51654	6474
吉 林	Jilin	27144	6218	4220	4033	21752	7669
黑 龙 江	Heilongjiang	24777	6938	3433	166	24346	2365
上 海	Shanghai	247665	86175	28650	38747	205248	9947
江 苏	Jiangsu	733835	230485	102123	16374	689873	37698
浙 江	Zhejiang	363020	152556	30693	13929	345318	14060
安 徽	Anhui	97617	29421	12683	6741	87454	4975
福 建	Fujian	167680	64986	19666	10788	153913	6085
江 西	Jiangxi	45495	15851	6746	1940	43291	12459
山 东	Shandong	285936	82184	30356	15919	255313	40560
河 南	Henan	88334	29690	9383	4657	83065	4703
湖 北	Hubei	103046	35097	10666	5953	94233	5112
湖 南	Hunan	94655	22421	13728	5780	88710	7575
广 东	Guangdong	890006	348984	88878	41692	836181	19405
广 西	Guangxi	28920	9552	2566	1426	27351	934
海 南	Hainan	31961	5368	4099	1718	30223	9825
重 庆	Chongqing	60546	20620	7788	3467	54847	10441
四 川	Sichuan	67612	24431	8446	5634	58497	4953
贵 州	Guizhou	36309	6097	1251	11506	24725	2777
云 南	Yunnan	19343	7040	1599	3741	15601	1697
西 藏	Tibet	97	21		7	90	
陕 西	Shaanxi	41027	13017	2701	4979	35735	1783
甘 肃	Gansu	5980	1482	422	137	5751	458
青 海	Qinghai	4919	692	103	56	4863	212
宁 夏	Ningxia	5047	990	1387	1100	3831	324
新 疆	Xinjiang	782	81	431	152	630	260

2-3-7 各地区国有及国有控股企业高技术产业R&D活动经费情况(2013年)

R&D Expenditure in High-tech Industry of State-owned and State-controlled Enterprises by Region (2013)

单位：万元 (10000 yuan)

地区	Region	R&D经费内部支出 Intramural Expenditure on R&D	#人员劳务费 Labor Cost	#仪器和设备 Equipment	#政府资金 Government Funds	#企业资金 Self-raised Funds by Enterprises	R&D经费外部支出 External Expenditure on R&D
全国	**Total**	**5795201**	**1732895**	**563672**	**1112697**	**4576804**	**384236**
东部地区	Eastern Region	3152771	1111011	333706	402532	2675933	275636
中部地区	Middle Region	832483	252688	94360	167709	662837	43700
西部地区	Western Region	1225049	276340	117060	316722	896710	42706
东北地区	Northeaastern Region	584898	92857	18546	225734	341323	22195
北京	Beijing	594630	172934	17763	149037	397440	52752
天津	Tianjin	142160	44732	9515	13954	123782	9080
河北	Hebei	70399	20285	14932	4626	64396	1390
山西	Shanxi	19349	1975	347	633	18716	283
内蒙古	Inner Mongolia	4295	894	32	200	4095	
辽宁	Liaoning	406536	53923	8119	136848	258396	6990
吉林	Jilin	13452	2910	2709	1465	10647	3
黑龙江	Heilongjiang	164911	36024	7718	87421	72281	15202
上海	Shanghai	295463	83315	57883	75959	218103	137234
江苏	Jiangsu	252080	70546	33467	40824	205712	22173
浙江	Zhejiang	91142	38154	4883	6770	83746	24553
安徽	Anhui	78094	17996	6430	10469	67524	21493
福建	Fujian	98715	54619	7746	4562	94020	4562
江西	Jiangxi	97972	30299	4985	16203	81758	10542
山东	Shandong	510123	147702	22144	25159	482526	11205
河南	Henan	55458	25587	6034	5529	49610	3448
湖北	Hubei	461689	164844	67335	73114	387070	4629
湖南	Hunan	119921	11988	9228	61762	58159	3305
广东	Guangdong	1093900	477241	165199	81642	1002048	12165
广西	Guangxi	6603	4102	219	74	6529	196
海南	Hainan	4160	1483	175		4160	521
重庆	Chongqing	55627	19793	8276	4261	50575	2405
四川	Sichuan	465072	125280	51276	44390	416046	21842
贵州	Guizhou	133420	30321	6990	34325	94197	849
云南	Yunnan	23397	4565	432	3106	20290	392
西藏	Tibet	97	21		7	90	
陕西	Shaanxi	520826	87313	48410	228084	291452	14448
甘肃	Gansu	13738	3792	804	1887	11852	2412
青海	Qinghai	535	59	254		535	
宁夏	Ningxia						
新疆	Xinjiang	1438	200	366	388	1050	163

2-3-8 按地区和登记注册类型分高技术产业R&D活动经费情况(2013年)
R&D Expenditure in High-tech Industry by Region and Registration Status(2013)

单位：万元 (10000 yuan)

地区	Region	内资企业 Domestic Funded					
		R&D经费内部支出 Intramural Expenditure on R&D	#人员劳务费 Labor Cost	#仪器和设备 Equipment	#政府资金 Government Funds	#企业资金 Self-raised Funds by Enterprises	R&D经费外部支出 External Expenditure on R&D
全国	**Total**	**13973024**	**5048209**	**1340639**	**1468689**	**12320331**	**918377**
东部地区	Eastern Region	9890387	4040291	922076	652789	9097270	682453
中部地区	Middle Region	1709063	504088	215307	213695	1482109	106194
西部地区	Western Region	1620019	377650	167187	345204	1262921	90663
东北地区	Northeaastern Region	753555	126181	36069	257001	478030	39068
北京	Beijing	758701	258847	25222	163437	543890	63020
天津	Tianjin	262004	80304	23518	21551	234525	15677
河北	Hebei	133043	37042	22103	10788	118806	3330
山西	Shanxi	52214	10254	5190	2275	49859	3407
内蒙古	Inner Mongolia	12698	3090	835	396	12302	6866
辽宁	Liaoning	509766	74478	14886	160991	336955	12023
吉林	Jilin	65593	15360	10210	8127	55971	8274
黑龙江	Heilongjiang	178196	36343	10973	87883	85105	18771
上海	Shanghai	405303	118942	65995	88813	313687	139318
江苏	Jiangsu	1395307	375890	198098	80519	1295422	63629
浙江	Zhejiang	796126	321305	75396	30198	758412	53042
安徽	Anhui	253214	66113	39416	23153	228294	31116
福建	Fujian	200400	82336	23801	11889	185137	10858
江西	Jiangxi	190153	58382	16080	20003	168726	23704
山东	Shandong	1226606	304950	108814	65822	1139844	54171
河南	Henan	198821	71674	21742	14213	183908	11279
湖北	Hubei	655398	226642	92000	85856	561335	19778
湖南	Hunan	359264	71022	40878	68195	289988	16909
广东	Guangdong	4688979	2455140	375662	177746	4485655	272252
广西	Guangxi	54540	14541	5000	3345	50944	3680
海南	Hainan	23919	5535	3467	2027	21893	7155
重庆	Chongqing	120649	40447	19150	8815	109563	13177
四川	Sichuan	599625	159217	66497	50681	546635	34337
贵州	Guizhou	151618	34175	7851	35512	110749	4258
云南	Yunnan	52603	9369	4581	7039	45563	5977
西藏	Tibet	1454	482	51	206	1248	605
陕西	Shaanxi	574607	105497	53881	233896	339216	17199
甘肃	Gansu	30335	7059	4641	3338	26903	3541
青海	Qinghai	6093	808	380	56	6037	273
宁夏	Ningxia	12351	2598	3100	1126	11109	325
新疆	Xinjiang	3448	369	1223	794	2654	425

2-3-8 续表 1 continued

单位：万元 (10000 yuan)

地 区	Region	#国有企业 State-owned Enterprises R&D经费内部支出 Intramural Expenditure on R&D	#人员劳务费 Labor Cost	#仪器和设备 Equipment	#政府资金 Government Funds	#企业资金 Self-raised Funds by Enterprises	R&D经费外部支出 External Expenditure on R&D
全 国	**Total**	**534117**	**161809**	**54382**	**95874**	**422960**	**39770**
东部地区	Eastern Region	144557	44078	13596	19999	110657	12077
中部地区	Middle Region	215963	73346	28160	38272	177691	20243
西部地区	Western Region	169800	43576	12398	37456	131108	7450
东北地区	Northeaastern Region	3797	809	228	147	3504	
北 京	Beijing	42928	10930	1320	7951	25402	2866
天 津	Tianjin	8995	1646	27	119	6014	3
河 北	Hebei	4460	2922	1027		4460	50
山 西	Shanxi	15604	1296			15604	225
内 蒙 古	Inner Mongolia						
辽 宁	Liaoning	293	236			147	
吉 林	Jilin						
黑 龙 江	Heilongjiang	3504	573	228	147	3357	
上 海	Shanghai	18602	4077	2284	4189	13267	163
江 苏	Jiangsu	33823	13639	1548	5634	28050	7961
浙 江	Zhejiang	2337	813	331	24	2313	11
安 徽	Anhui	21725	2915	3346	7392	14333	19254
福 建	Fujian	2617	358			2617	
江 西	Jiangxi	4917	2048	11	973	3944	
山 东	Shandong	20522	5406	6634	1791	18552	476
河 南	Henan	1532	827	71		1532	255
湖 北	Hubei	171658	66020	24653	29908	141751	450
湖 南	Hunan	528	240	80		528	60
广 东	Guangdong	7200	3122	394	291	6909	548
广 西	Guangxi	6301	4041	190	35	6266	196
海 南	Hainan	3073	1165	31		3073	
重 庆	Chongqing	442	263	21	39	403	
四 川	Sichuan	26614	6124	2769	3319	23295	3246
贵 州	Guizhou	18960	4256	670	7111	11018	284
云 南	Yunnan	4003	1569	202	1591	2411	7
西 藏	Tibet	97	21		7	90	
陕 西	Shaanxi	103535	24474	8047	23550	79581	1702
甘 肃	Gansu	9848	2827	498	1804	8043	2016
青 海	Qinghai						
宁 夏	Ningxia						
新 疆	Xinjiang						

2-3-8 续表 2 continued

单位：万元 (10000 yuan)

地区	Region	港澳台投资企业 Enterprises with Funds from Hong Kong, Macau and Taiwan					
		R&D经费内部支出 Intramural Expenditure on R&D	#人员劳务费 Labor Cost	#仪器和设备 Equipment	#政府资金 Government Funds	#企业资金 Self-raised Funds by Enterprises	R&D经费外部支出 External Expenditure on R&D
全国	**Total**	**2542486**	**849092**	**204123**	**96881**	**2413654**	**138920**
东部地区	Eastern Region	2307625	787048	184945	88468	2192282	129356
中部地区	Middle Region	174027	45376	12592	5670	163791	4202
西部地区	Western Region	38530	10840	5739	2252	35969	2024
东北地区	Northeaastern Region	22304	5829	847	491	21613	3339
北京	Beijing	119390	52468	4516	3950	114128	16824
天津	Tianjin	10978	4024	1633	1098	7728	
河北	Hebei	58817	12443	3872	6461	52356	20152
山西	Shanxi	3746	272	1074	1210	2536	111
内蒙古	Inner Mongolia	2776	141	75	101	2675	4
辽宁	Liaoning	15550	4775	463	431	14919	3138
吉林	Jilin	4533	291	47	60	4473	
黑龙江	Heilongjiang	2221	763	336		2221	201
上海	Shanghai	170376	77259	13266	19237	149542	5251
江苏	Jiangsu	467624	143235	54867	5272	457789	25945
浙江	Zhejiang	322331	123880	13570	10663	310545	10393
安徽	Anhui	35498	8773	3083	515	33831	404
福建	Fujian	225425	57797	23828	4037	219817	650
江西	Jiangxi	16260	5330	373	804	13688	1411
山东	Shandong	37342	6880	2864	1944	32971	27068
河南	Henan	37819	13088	3559	820	36424	482
湖北	Hubei	45523	9069	2318	1446	43083	1538
湖南	Hunan	35180	8844	2184	875	34228	257
广东	Guangdong	890964	308629	65255	35781	843053	23038
广西	Guangxi	7183	2347	652	346	6772	
海南	Hainan	4378	432	1273	25	4353	35
重庆	Chongqing	11171	4699	2348	188	10984	3
四川	Sichuan	5142	386	732	97	5031	33
贵州	Guizhou	532	116		201	331	7
云南	Yunnan	6259	1751	1069	359	5900	1614
西藏	Tibet						
陕西	Shaanxi	2995	795	500	140	2625	228
甘肃	Gansu						
青海	Qinghai						
宁夏	Ningxia	2471	607	363	820	1651	135
新疆	Xinjiang						

2-3-8　续表 3　continued

单位：万元　(10000 yuan)

地　区	Region	外商投资企业 Foreign Funded Enterprises R&D经费内部支出 Intramural Expenditure on R&D	#人员劳务费 Labor Cost	#仪器和设备 Equipment	#政府资金 Government Funds	#企业资金 Self-raised Funds by Enterprises	R&D经费外部支出 External Expenditure on R&D
全　国	**Total**	**3827869**	**1404619**	**442556**	**97946**	**3550665**	**238870**
东部地区	Eastern Region	3619068	1344167	426339	92392	3361738	205685
中部地区	Middle Region	107166	29766	7658	3066	93238	23327
西部地区	Western Region	60650	15510	3979	1715	55614	897
东北地区	Northeaastern Region	40986	15177	4580	773	40075	8961
北　京	Beijing	187339	75053	13091	8883	175358	551
天　津	Tianjin	178334	57847	58440	1522	150128	4375
河　北	Hebei	24827	5082	2334	944	23884	6119
山　西	Shanxi	2520	553	160	92	2428	44
内蒙古	Inner Mongolia	58	30	2		17	
辽　宁	Liaoning	8260	2274	187	100	8160	1482
吉　林	Jilin	2261	487	595	100	2161	5975
黑龙江	Heilongjiang	30465	12415	3797	573	29754	1504
上　海	Shanghai	485822	228651	60931	27340	433261	62233
江　苏	Jiangsu	935150	324030	117164	11878	856266	35005
浙　江	Zhejiang	186220	78112	12515	8909	176404	16594
安　徽	Anhui	12667	6372	1300	513	10040	136
福　建	Fujian	279532	96928	18888	6837	267694	39958
江　西	Jiangxi	8543	3004	1637	201	5897	249
山　东	Shandong	298225	95718	21675	8441	274164	8741
河　南	Henan	12891	4164	1334	587	12304	104
湖　北	Hubei	31252	7812	1333	1593	29562	930
湖　南	Hunan	39293	7861	1896	80	33008	21864
广　东	Guangdong	1032878	381119	120918	17504	993993	25605
广　西	Guangxi	1314	1002	3	70	1157	3
海　南	Hainan	10742	1628	383	134	10588	6506
重　庆	Chongqing	34336	5169	2000	711	33592	31
四　川	Sichuan	13611	5452	1525	282	10169	19
贵　州	Guizhou	3385	564		444	2942	233
云　南	Yunnan	2244	1109	111	208	2036	443
西　藏	Tibet						
陕　西	Shaanxi	5548	2072	338		5548	168
甘　肃	Gansu	153	112			153	
青　海	Qinghai						
宁　夏	Ningxia						
新　疆	Xinjiang						

2-3-9 按地区和行业分高技术产业R&D活动经费情况(2013年)

R&D Expenditure in High-tech Industry by Region and Industrial Sector(2013)

单位：万元 (10000 yuan)

地区	Region	医药制造业 Medical and Pharmaceutical Products Manufacturing					
		R&D经费内部支出 Intramural Expenditure on R&D	#人员劳务费 Labor Cost	#仪器和设备 Equipment	#政府资金 Government Funds	#企业资金 Self-raised Funds by Enterprises	R&D经费外部支出 External Expenditure on R&D
全　国	**Total**	**3476553**	**926401**	**425837**	**204243**	**3223942**	**408188**
东部地区	Eastern Region	2390325	654082	280250	136046	2217345	266589
中部地区	Middle Region	524725	138739	79057	26146	489930	65632
西部地区	Western Region	384360	86658	42320	28829	352886	46169
东北地区	Northeaastern Region	177143	46922	24211	13222	163781	29798
北　京	Beijing	134259	44641	9188	9298	124115	13437
天　津	Tianjin	146588	48666	12622	8503	137672	10124
河　北	Hebei	153473	32634	22223	12721	139539	29046
山　西	Shanxi	27897	6729	3789	1464	26353	3152
内蒙古	Inner Mongolia	9916	1949	660	160	9756	502
辽　宁	Liaoning	53851	13933	6090	6130	47717	9413
吉　林	Jilin	56933	12649	7073	5905	50892	14170
黑龙江	Heilongjiang	66359	20339	11048	1187	65172	6215
上　海	Shanghai	147797	60028	14537	6139	140121	12310
江　苏	Jiangsu	505922	135450	56485	16817	478009	46180
浙　江	Zhejiang	276155	93362	33728	14445	259370	48564
安　徽	Anhui	75449	16917	19929	4716	68662	10543
福　建	Fujian	52801	15076	7463	4111	48657	6006
江　西	Jiangxi	47782	13859	6030	2183	44425	14879
山　东	Shandong	611811	127569	69211	37755	557435	71377
河　南	Henan	106546	31739	13100	5727	100097	8470
湖　北	Hubei	160514	42970	22395	8303	147868	15955
湖　南	Hunan	106537	26525	13815	3753	102524	12633
广　东	Guangdong	325623	90255	49700	24072	298737	15849
广　西	Guangxi	35814	7633	3403	2187	33304	3028
海　南	Hainan	35896	6402	5092	2185	33690	13696
重　庆	Chongqing	80767	23177	12186	6751	73101	11624
四　川	Sichuan	110006	23277	11386	5199	104081	11173
贵　州	Guizhou	20457	4152	719	1742	18406	3548
云　南	Yunnan	55794	10194	5392	6327	49465	8002
西　藏	Tibet	1454	482	51	206	1248	605
陕　西	Shaanxi	28852	6844	3246	2464	26229	3182
甘　肃	Gansu	22771	5679	2274	2379	20298	3541
青　海	Qinghai	6030	800	337	56	5974	273
宁　夏	Ningxia	9488	2171	1445	845	8528	325
新　疆	Xinjiang	3011	302	1220	513	2498	366

2-3-9 续表 1 continued

单位：万元 (10000 yuan)

地 区	Region	航空、航天器及设备制造业 Manufacture of Aircrafts and Spacecrafts and Related Equipment					
		R&D经费内部支出 Intramural Expenditure on R&D	#人员劳务费 Labor Cost	#仪器和设备 Equipment	#政府资金 Government Funds	#企业资金 Self-raised Funds by Enterprises	R&D经费外部支出 External Expenditure on R&D
全 国	**Total**	**1747135**	**272620**	**122547**	**708364**	**973100**	**229464**
东部地区	Eastern Region	399898	73651	44751	151293	198384	176142
中部地区	Middle Region	210753	43204	22457	82591	128163	10155
西部地区	Western Region	693856	97649	52380	256334	427152	23472
东北地区	Northeaastern Region	442628	58116	2960	218146	219402	19695
北 京	Beijing	207746	42754	3261	81246	81666	45076
天 津	Tianjin	2088	439	171		1443	
河 北	Hebei	5662	4062	890		4822	50
山 西	Shanxi						
内 蒙 古	Inner Mongolia	1199	31			1199	6363
辽 宁	Liaoning	314757	35114	815	131826	182931	5857
吉 林	Jilin						
黑 龙 江	Heilongjiang	127871	23003	2145	86320	36471	13838
上 海	Shanghai	102171	9489	25237	44184	57347	130595
江 苏	Jiangsu	55633	5432	7690	25832	26539	413
浙 江	Zhejiang	1380	618	28	6	1374	
安 徽	Anhui						
福 建	Fujian						
江 西	Jiangxi	70680	20965	2752	15061	55619	8518
山 东	Shandong	12673	2952	7475	25	12648	
河 南	Henan	24693	13271	916	3118	21575	
湖 北	Hubei	65648	7989	18627	16329	49319	327
湖 南	Hunan	49733	979	162	48083	1650	1310
广 东	Guangdong	12546	7905			12546	9
广 西	Guangxi						
海 南	Hainan						
重 庆	Chongqing						
四 川	Sichuan	181780	27899	3734	9940	167215	9242
贵 州	Guizhou	111977	22077	5309	31948	75217	270
云 南	Yunnan						
西 藏	Tibet						
陕 西	Shaanxi	398900	47642	43337	214446	183520	7598
甘 肃	Gansu						
青 海	Qinghai						
宁 夏	Ningxia						
新 疆	Xinjiang						

2-3-9 续表 2 continued

单位：万元 (10000 yuan)

地 区	Region	电子及通信设备制造业 Manufacture of Electronic Equipment and Communication Equipment					
		R&D经费内部支出 Intramural Expenditure on R&D	#人员劳务费 Labor Cost	#仪器和设备 Equipment	#政府资金 Government Funds	#企业资金 Self-raised Funds by Enterprises	R&D经费外部支出 External Expenditure on R&D
全 国	**Total**	**11703282**	**4760953**	**1188886**	**580030**	**10905708**	**559984**
东部地区	Eastern Region	10104160	4256106	999286	422998	9495352	488593
中部地区	Middle Region	1009092	320033	112548	99582	891311	53499
西部地区	Western Region	465834	158585	70051	50034	413959	16941
东北地区	Northeaastern Region	124197	26229	7001	7417	105087	952
北 京	Beijing	423860	172545	16276	61460	356859	11176
天 津	Tianjin	258759	79981	66499	8824	219886	8039
河 北	Hebei	40059	10660	3307	4315	34508	86
山 西	Shanxi	10225	2175	2217	813	9412	314
内蒙古	Inner Mongolia	669	390	70	63	565	
辽 宁	Liaoning	116504	23678	6675	5758	99209	586
吉 林	Jilin	4759	1261	125	1593	3147	71
黑龙江	Heilongjiang	2935	1291	202	66	2731	295
上 海	Shanghai	647380	273887	88877	74929	555009	48368
江 苏	Jiangsu	1457437	439415	224142	33495	1359790	51549
浙 江	Zhejiang	766894	316102	49488	23284	738885	18149
安 徽	Anhui	172937	45187	18727	16901	153073	20218
福 建	Fujian	426919	133831	47356	11991	405628	44620
江 西	Jiangxi	75561	24407	7428	2034	69493	1567
山 东	Shandong	564242	129686	36477	19015	526344	11692
河 南	Henan	64549	22978	6068	3375	61056	2102
湖 北	Hubei	459494	179845	53734	61535	393970	5483
湖 南	Hunan	226327	45442	24373	14924	204308	23816
广 东	Guangdong	5515468	2698806	466832	185684	5295301	294914
广 西	Guangxi	20193	8109	1830	1283	18845	641
海 南	Hainan	3143	1192	31		3143	
重 庆	Chongqing	25040	7452	7793	789	23030	168
四 川	Sichuan	307800	104198	51719	35022	272646	13386
贵 州	Guizhou	19781	7811	1350	2320	17453	645
云 南	Yunnan	1403	326	368	180	1223	6
西 藏	Tibet						
陕 西	Shaanxi	83408	28805	4876	9271	73761	2095
甘 肃	Gansu	6985	1317	2044	906	6079	
青 海	Qinghai						
宁 夏	Ningxia	556	178		200	357	
新 疆	Xinjiang						

2-3-9 续表 3 continued

单位：万元 (10000 yuan)

地区	Region	计算机及办公设备制造业 Manufacture of Computer and Office Equipments					
		R&D经费内部支出 Intramural Expenditure on R&D	#人员劳务费 Labor Cost	#仪器和设备 Equipment	#政府资金 Government Funds	#企业资金 Self-raised Funds by Enterprises	R&D经费外部支出 External Expenditure on R&D
全　国	**Total**	**1484825**	**617258**	**70030**	**42543**	**1418165**	**20341**
东部地区	Eastern Region	1376275	587747	62732	39442	1313060	19437
中部地区	Middle Region	64015	19049	4369	1254	62418	316
西部地区	Western Region	33425	7062	1552	1253	32171	81
东北地区	Northeaastern Region	11110	3400	1377	594	10516	508
北　京	Beijing	130460	50646	5826	5594	123937	8619
天　津	Tianjin	12142	2844	1308	4941	5849	6
河　北	Hebei	1854	560	373		1854	85
山　西	Shanxi	140	49			140	46
内蒙古	Inner Mongolia	173	70	48		173	
辽　宁	Liaoning	2604	893	493	320	2284	508
吉　林	Jilin	3237	499	800		3237	
黑龙江	Heilongjiang	5269	2008	85	274	4995	
上　海	Shanghai	24575	9147	1359	84	24071	28
江　苏	Jiangsu	255332	95761	12977	604	254591	3141
浙　江	Zhejiang	26954	10433	925	2752	24080	892
安　徽	Anhui	28189	8688	2309	842	27347	220
福　建	Fujian	180313	76954	8150	5417	174887	484
江　西	Jiangxi	2351	580	718	21	2042	
山　东	Shandong	244003	108480	2824	12887	228593	2761
河　南	Henan	2501	1488	196	109	2392	
湖　北	Hubei	21390	4368	140	229	21106	9
湖　南	Hunan	9444	3876	1007	54	9390	40
广　东	Guangdong	500644	232922	28991	7163	475198	3422
广　西	Guangxi	354	56	94		354	
海　南	Hainan						
重　庆	Chongqing	24777	3065	351		24777	
四　川	Sichuan	4564	1935	959	273	4291	81
贵　州	Guizhou						
云　南	Yunnan	2812	1398		980	1832	
西　藏	Tibet						
陕　西	Shaanxi	745	540	100		745	
甘　肃	Gansu						
青　海	Qinghai						
宁　夏	Ningxia						
新　疆	Xinjiang						

2-3-9 续表 4 continued

单位：万元 (10000 yuan)

地 区	Region	医疗仪器设备及仪器仪表制造业 Manufacture of Medical Equipments and Measuring Instrument					
		R&D经费内部支出 Intramural Expenditure on R&D	#人员劳务费 Labor Cost	#仪器和设备 Equipment	#政府资金 Government Funds	#企业资金 Self-raised Funds by Enterprises	R&D经费外部支出 External Expenditure on R&D
全 国	**Total**	**1931585**	**724689**	**180017**	**128336**	**1763736**	**78190**
东部地区	Eastern Region	1546422	599919	146342	83871	1427150	66733
中部地区	Middle Region	181672	58204	17127	12859	167318	4122
西部地区	Western Region	141725	54046	10603	12721	128336	6920
东北地区	Northeaastern Region	61767	12520	5946	18886	40933	415
北 京	Beijing	169106	75782	8277	18672	146799	2087
天 津	Tianjin	31740	10245	2991	1903	27533	1884
河 北	Hebei	15640	6650	1516	1157	14323	334
山 西	Shanxi	20218	2126	418	1300	18918	50
内 蒙 古	Inner Mongolia	3576	821	133	274	3302	5
辽 宁	Liaoning	45860	7910	1465	17488	27893	280
吉 林	Jilin	7458	1729	2855	789	5329	8
黑 龙 江	Heilongjiang	8449	2881	1626	609	7711	128
上 海	Shanghai	139579	72301	10183	10054	119942	15500
江 苏	Jiangsu	523757	167098	68836	20921	490549	23297
浙 江	Zhejiang	233294	102782	17313	9283	221652	12424
安 徽	Anhui	24804	10467	2835	1722	23083	677
福 建	Fujian	45325	11200	3549	1245	43476	356
江 西	Jiangxi	18582	6904	1162	1710	16732	400
山 东	Shandong	129444	38862	17366	6525	121956	4150
河 南	Henan	51242	19450	6355	3291	47517	1293
湖 北	Hubei	25128	8352	756	2499	21717	472
湖 南	Hunan	41697	10906	5601	2337	39351	1231
广 东	Guangdong	258539	114999	16313	14111	240920	6702
广 西	Guangxi	6677	2092	327	292	6370	14
海 南	Hainan						
重 庆	Chongqing	35573	16621	3169	2174	33231	1420
四 川	Sichuan	14228	7746	956	626	13603	509
贵 州	Guizhou	3320	816	473	147	2945	35
云 南	Yunnan	1097	311		118	979	25
西 藏	Tibet						
陕 西	Shaanxi	71246	24533	3159	7855	63134	4720
甘 肃	Gansu	732	175	323	53	679	
青 海	Qinghai	63	8	43		63	
宁 夏	Ningxia	4777	856	2018	901	3876	135
新 疆	Xinjiang	437	67	3	281	156	59

2-4-1 按行业分高技术产业新产品开发和生产情况(2013年)

New Products Development and Production in High-tech Industry by Industrial Sector (2013)

单位：万元 (10000 yuan)

行业	Industry	新产品开发项目数(项) New Products (item)	新产品开发经费支出 Expenditure on New Products Development	新产品销售收入 Sales Revenue of New Products	#出口 Exports
合计	**Total**	**97230**	**24279546**	**312296100**	**122333390**
医药制造业	**Manufacture of Medicines**	**29247**	**3645006**	**36061674**	**3168255**
#化学药品制造	Manufacture of Chemical Medicine	18579	1888503	20282116	2376198
中成药生产	Production of Finished Traditional Chinese Herbal Medicine	4629	747376	8296029	85244
生物药品制造	Manufacture of Biological Medicine	3348	596301	3266623	472717
航空、航天器及设备制造业	**Manufacture of Aircrafts and Spacecrafts and Related Equipment**	**3825**	**1856287**	**7566092**	**438492**
#飞机制造	Manufacture of Airplanes	2202	1416974	6683992	428265
航天器制造	Manufacture of Spacecrafts	1105	317472	435840	
电子及通信设备制造业	**Manufacture of Electronic Equipment and Communication Equipment**	**44751**	**14414560**	**193907207**	**78984744**
#通信设备制造	Manufacture of Communication Equipment	8212	6034498	90731953	40650874
#通信系统设备制造	Manufacture of Communication System Equipment	5806	4966033	30178607	13757529
通信终端设备制造	Manufacture of Communication Terminal Equipment	2406	1068466	60553347	26893346
广播电视设备制造	Manufacture of Broadcasting and TV Equipment	1935	404330	3709958	1357137
雷达及配套设备制造	Manufacture of Radar and Its Fittings	1112	201544	1204193	64754
视听设备制造	Manufacture of TV Set and Radio Receiver	6668	1508341	33199982	11570292
电子器件制造	Manufacture of Electronic Appliances	10049	2807635	28557741	12985822
#电子真空器件制造	Manufacture of Electronic Vacuum Appliance	245	29507	628798	353577
半导体分立器件制造	Manufacture of Semiconductor Discreting Appliances	1055	132491	998409	302204
集成电路制造	Manufacture of Integrate Circuit	1988	1008634	6093248	3323460
电子元件制造	Manufacture of Electronic Components	11002	1987548	22923691	9375768
其他电子设备制造	Manufacture of Other Electronic Equipment	2627	706562	5385038	672674
计算机及办公设备制造业	**Manufacture of Computers and Office Equipment**	**4338**	**2041757**	**57374228**	**37281236**
#计算机整机制造	Manufacture of Entired Computer	914	955832	26037166	12794494
计算机零部件制造	Manufacture of Computer Components and Parts	816	420288	22195318	20411069
计算机外围设备制造	Manufacture of Computer Peripheral Equipment	1309	324029	5964034	3084719
办公设备制造	Manufacture of Office Equipment	553	134190	1451598	507858
医疗仪器设备及仪器仪表制造业	**Manufacture of Medical Equipments and Measuring Instrument**	**15069**	**2321937**	**17386899**	**2460663**
1.医疗仪器设备及器械制造	Manufacture of Medical Equipment and Appliance	3338	610727	3014633	645838
2.仪器仪表制造	Manufacture of Measuring Instrument	11731	1711210	14372266	1814825

2-4-2 各地区高技术产业新产品开发和生产情况(2013年)

New Products Development and Production in High-tech Industry by Region(2013)

单位：万元 (10000 yuan)

地区	Region	新产品开发项目数(项) New Products (item)	新产品开发经费支出 Expenditure on New Products Development	新产品销售收入 Sales Revenue of New Products	#出口 Exports
全国	**Total**	**97230**	**24279546**	**312296100**	**122333390**
东部地区	Eastern Region	68249	19063624	252004184	101303834
中部地区	Middle Region	9881	2230945	40446000	19937058
西部地区	Western Region	12065	2122651	14001371	685048
东北地区	Northeaastern Region	7035	862326	5844545	407450
北京	Beijing	6801	1500594	15844619	4416106
天津	Tianjin	2510	438171	18228710	8551080
河北	Hebei	1603	198076	1994115	223606
山西	Shanxi	479	76544	473710	10201
内蒙古	Inner Mongolia	94	37388	181415	17852
辽宁	Liaoning	1265	537321	3852562	356827
吉林	Jilin	4786	108333	1336505	13970
黑龙江	Heilongjiang	984	216672	655479	36654
上海	Shanghai	3979	1421741	7950113	2607658
江苏	Jiangsu	13744	4023235	61542994	26939959
浙江	Zhejiang	8114	1475047	18187699	4367763
安徽	Anhui	2738	409680	4199537	500534
福建	Fujian	2407	728582	12232979	5713162
江西	Jiangxi	1300	206844	2783578	254157
山东	Shandong	5756	1636704	18191965	3516105
河南	Henan	1673	246938	19808745	17726009
湖北	Hubei	2309	796119	5563646	515426
湖南	Hunan	1382	494820	7616784	930731
广东	Guangdong	22815	7594487	97687742	44968394
广西	Guangxi	544	66433	906869	41493
海南	Hainan	520	46988	143249	
重庆	Chongqing	1154	172709	1522376	58587
四川	Sichuan	6267	853626	7309076	284826
贵州	Guizhou	828	187538	882589	46019
云南	Yunnan	293	64896	524205	24486
西藏	Tibet	3	520	23454	141
陕西	Shaanxi	2295	675881	2183206	88922
甘肃	Gansu	285	43730	295040	98467
青海	Qinghai	18	1009	10065	
宁夏	Ningxia	240	12522	140505	24255
新疆	Xinjiang	44	6399	22573	

2-4-3 按行业和企业规模分高技术产业新产品开发和生产情况(2013年)

New Products Development and Production in High-tech Industry by Industrial Sector and Scale of Enterprises(2013)

单位：万元 (10000 yuan)

行 业	Industry	大型企业 Large-sized Enterprises			
		新产品开发项目数(项) New Products (item)	新产品开发经费支出 Expenditure on New Products Development	新产品销售收入 Sales Revenue of New Products	#出口 Exports
合计	**Total**	**30684**	**15457341**	**244246851**	**110563082**
医药制造业	**Manufacture of Medicines**	**6001**	**1432851**	**18219059**	**1708835**
#化学药品制造	Manufacture of Chemical Medicine	4106	947482	11403685	1508379
中成药生产	Production of Finished Traditional Chinese Herbal Medicine	1318	273400	3996408	25307
生物药品制造	Manufacture of Biological Medicine	305	95091	818650	85118
航空、航天器及设备制造业	**Manufacture of Aircrafts and Spacecrafts and Related Equipment**	**3000**	**1492424**	**6741665**	**384070**
#飞机制造	Manufacture of Airplanes	1750	1294474	6350040	378609
航天器制造	Manufacture of Spacecrafts	1071	153794	292148	
电子及通信设备制造业	**Manufacture of Electronic Equipment and Communication Equipment**	**17846**	**10333281**	**159818759**	**70889638**
#通信设备制造	Manufacture of Communication Equipment	4037	5285633	85150490	39590101
#通信系统设备制造	Manufacture of Communication System Equipment	3057	4551184	27568859	13471898
通信终端设备制造	Manufacture of Communication Terminal Equipment	980	734449	57581631	26118203
广播电视设备制造	Manufacture of Broadcasting and TV Equipment	600	165458	1896252	948851
雷达及配套设备制造	Manufacture of Radar and Its Fittings	843	160996	915215	47485
视听设备制造	Manufacture of TV Set and Radio Receiver	4618	1218078	28245690	10474297
电子器件制造	Manufacture of Electronic Appliances	2675	1732988	21140106	10397350
#电子真空器件制造	Manufacture of Electronic Vacuum Appliance	65	5718	49435	2660
半导体分立器件制造	Manufacture of Semiconductor Discreting Appliances	150	40174	286986	113969
集成电路制造	Manufacture of Integrate Circuit	658	515740	4140620	2551505
电子元件制造	Manufacture of Electronic Components	3630	966281	13477448	7194294
其他电子设备制造	Manufacture of Other Electronic Equipment	552	399406	3591884	352108
计算机及办公设备制造业	**Manufacture of Computers and Office Equipment**	**1570**	**1621681**	**53530645**	**36478493**
#计算机整机制造	Manufacture of Entired Computer	598	871631	25232048	12739916
计算机零部件制造	Manufacture of Computer Components and Parts	274	345694	21222438	20277289
计算机外围设备制造	Manufacture of Computer Peripheral Equipment	335	210143	4922428	2606692
办公设备制造	Manufacture of Office Equipment	120	73413	882787	404669
医疗仪器设备及仪器仪表制造业	**Manufacture of Medical Equipments and Measuring Instrument**	**2267**	**577105**	**5936723**	**1102045**
1.医疗仪器设备及器械制造	Manufacture of Medical Equipment and Appliance	546	144585	1091144	337385
2.仪器仪表制造	Manufacture of Measuring Instrument	1721	432520	4845580	764660

2-4-3 续表 continued

单位：万元 (10000 yuan)

行业	Industry	中型企业 Medium-sized Enterprises			
		新产品开发项目数（项）New Products (item)	新产品开发经费支出 Expenditure on New Products Development	新产品销售收入 Sales Revenue of New Products	#出口 Exports
合计	**Total**	**27937**	**5237621**	**46041520**	**8992011**
医药制造业	**Manufacture of Medicines**	**8990**	**1236553**	**11689210**	**1022497**
#化学药品制造	Manufacture of Chemical Medicine	4689	589314	6438219	642253
中成药生产	Production of Finished Traditional Chinese Herbal Medicine	1856	249600	2472743	38472
生物药品制造	Manufacture of Biological Medicine	1560	267953	1505471	246548
航空、航天器及设备制造业	**Manufacture of Aircrafts and Spacecrafts and Related Equipment**	**422**	**283734**	**419870**	**8487**
#飞机制造	Manufacture of Airplanes	255	69271	172578	8487
航天器制造	Manufacture of Spacecrafts	31	163496	142493	
电子及通信设备制造业	**Manufacture of Electronic Equipment and Communication Equipment**	**12486**	**2522052**	**24427449**	**6339129**
#通信设备制造	Manufacture of Communication Equipment	1794	490155	4141225	928656
#通信系统设备制造	Manufacture of Communication System Equipment	1014	246980	1769638	250048
通信终端设备制造	Manufacture of Communication Terminal Equipment	780	243175	2371588	678608
广播电视设备制造	Manufacture of Broadcasting and TV Equipment	598	146201	1351234	313580
雷达及配套设备制造	Manufacture of Radar and Its Fittings	183	23156	166566	1309
视听设备制造	Manufacture of TV Set and Radio Receiver	1461	217084	4457351	959810
电子器件制造	Manufacture of Electronic Appliances	2683	679217	5042878	1772764
#电子真空器件制造	Manufacture of Electronic Vacuum Appliance	101	12777	498494	340508
半导体分立器件制造	Manufacture of Semiconductor Discreting Appliances	305	58581	488016	155455
集成电路制造	Manufacture of Integrate Circuit	631	317921	1185498	399240
电子元件制造	Manufacture of Electronic Components	3985	627367	6655480	1833115
其他电子设备制造	Manufacture of Other Electronic Equipment	770	165192	860112	232029
计算机及办公设备制造业	**Manufacture of Computers and Office Equipment**	**1240**	**270560**	**3003987**	**685356**
#计算机整机制造	Manufacture of Entired Computer	135	61291	695190	53271
计算机零部件制造	Manufacture of Computer Components and Parts	246	45957	790925	97924
计算机外围设备制造	Manufacture of Computer Peripheral Equipment	431	75573	788548	443365
办公设备制造	Manufacture of Office Equipment	195	33695	401752	61364
医疗仪器设备及仪器仪表制造业	**Manufacture of Medical Equipments and Measuring Instrument**	**4799**	**924722**	**6501004**	**936543**
1.医疗仪器设备及器械制造	Manufacture of Medical Equipment and Appliance	1079	271363	1048766	173854
2.仪器仪表制造	Manufacture of Measuring Instrument	3720	653359	5452238	762689

2-4-4　按行业分国有及国有控股企业高技术产业新产品开发和生产情况(2013年)

New Products Development and Production in High-tech Industry of State-owned and State-controlled Enterprises by Industrial Sector (2013)

单位：万元　(10000 yuan)

行　业	Industry	新产品开发项目数(项) New Products (item)	新产品开发经费支出 Expenditure on New Products Development	新产品销售收入 Sales Revenue of New Products	#出口 Exports
合计	**Total**	**22792**	**6415475**	**51866423**	**10104011**
医药制造业	**Manufacture of Medicines**	**3911**	**532585**	**5356394**	**764313**
#化学药品制造	Manufacture of Chemical Medicine	2167	289139	3058905	682275
中成药生产	Production of Finished Traditional Chinese Herbal Medicine	984	128556	1369932	7030
生物药品制造	Manufacture of Biological Medicine	554	84565	345204	28758
航空、航天器及设备制造业	**Manufacture of Aircrafts and Spacecrafts and Related Equipment**	**3389**	**1779207**	**6218962**	**194566**
#飞机制造	Manufacture of Airplanes	1986	1383003	5563377	193499
航天器制造	Manufacture of Spacecrafts	1102	317290	434640	
电子及通信设备制造业	**Manufacture of Electronic Equipment and Communication Equipment**	**12229**	**3368920**	**33739332**	**8839180**
#通信设备制造	Manufacture of Communication Equipment	1969	1311228	11211360	4484407
#通信系统设备制造	Manufacture of Communication System Equipment	1361	1200652	9972789	4370593
通信终端设备制造	Manufacture of Communication Terminal Equipment	608	110576	1238571	113814
广播电视设备制造	Manufacture of Broadcasting and TV Equipment	313	29318	248595	19142
雷达及配套设备制造	Manufacture of Radar and Its Fittings	1010	188492	1097219	49010
视听设备制造	Manufacture of TV Set and Radio Receiver	3570	634491	11518286	1434399
电子器件制造	Manufacture of Electronic Appliances	3014	836827	7014539	2439489
#电子真空器件制造	Manufacture of Electronic Vacuum Appliance	55	5160	27223	2360
半导体分立器件制造	Manufacture of Semiconductor Discreting Appliances	139	18234	133372	37916
集成电路制造	Manufacture of Integrate Circuit	401	254796	1213191	728923
电子元件制造	Manufacture of Electronic Components	1673	190781	1229668	170056
其他电子设备制造	Manufacture of Other Electronic Equipment	187	70034	321115	16210
计算机及办公设备制造业	**Manufacture of Computers and Office Equipment**	**696**	**363353**	**4162196**	**223012**
#计算机整机制造	Manufacture of Entired Computer	308	215905	3207366	148388
计算机零部件制造	Manufacture of Computer Components and Parts	54	11855	133941	9024
计算机外围设备制造	Manufacture of Computer Peripheral Equipment	175	57229	347357	45887
办公设备制造	Manufacture of Office Equipment	65	29106	200140	15229
医疗仪器设备及仪器仪表制造业	**Manufacture of Medical Equipments and Measuring Instrument**	**2567**	**371411**	**2389539**	**82940**
1.医疗仪器设备及器械制造	Manufacture of Medical Equipment and Appliance	172	38588	100528	7811
2.仪器仪表制造	Manufacture of Measuring Instrument	2395	332823	2289011	75130

2-4-5 按行业和登记注册类型分高技术产业新产品开发和生产情况(2013年)

New Products Development and Production in High-tech Industry by Industrial Sector and Registration Status(2013)

单位：万元 (10000 yuan)

行业	Industry	内资企业 Domestic Funded			
		新产品开发项目数(项) New Products (item)	新产品开发经费支出 Expenditure on New Products Development	新产品销售收入 Sales Revenue of New Products	#出口 Exports
合计	**Total**	**70751**	**16278995**	**127802255**	**26680982**
医药制造业	**Manufacture of Medicines**	**19953**	**2746619**	**28082566**	**2409903**
#化学药品制造	Manufacture of Chemical Medicine	11624	1325912	14579319	1834937
中成药生产	Production of Finished Traditional Chinese Herbal Medicine	3877	636032	7267976	52702
生物药品制造	Manufacture of Biological Medicine	2196	440230	2589775	345930
航空、航天器及设备制造业	**Manufacture of Aircrafts and Spacecrafts and Related Equipment**	**3666**	**1796864**	**7445052**	**410569**
#飞机制造	Manufacture of Airplanes	2168	1400071	6575950	405764
航天器制造	Manufacture of Spacecrafts	1105	317472	435840	
电子及通信设备制造业	**Manufacture of Electronic Equipment and Communication Equipment**	**32739**	**9397907**	**72811105**	**21732687**
#通信设备制造	Manufacture of Communication Equipment	6372	4859062	28661043	13939422
#通信系统设备制造	Manufacture of Communication System Equipment	5014	4343250	24834529	12680919
通信终端设备制造	Manufacture of Communication Terminal Equipment	1358	515812	3826514	1258503
广播电视设备制造	Manufacture of Broadcasting and TV Equipment	1494	262800	1976546	296596
雷达及配套设备制造	Manufacture of Radar and Its Fittings	1097	199957	1173818	49217
视听设备制造	Manufacture of TV Set and Radio Receiver	4768	873525	14582655	2781261
电子器件制造	Manufacture of Electronic Appliances	7293	1480632	11948165	2890791
#电子真空器件制造	Manufacture of Electronic Vacuum Appliance	213	24624	152748	13086
半导体分立器件制造	Manufacture of Semiconductor Discreting Appliances	778	77942	631075	143751
集成电路制造	Manufacture of Integrate Circuit	1129	515218	2379417	912727
电子元件制造	Manufacture of Electronic Components	7341	893126	7824113	1155843
其他电子设备制造	Manufacture of Other Electronic Equipment	1940	297864	1898692	130413
计算机及办公设备制造业	**Manufacture of Computers and Office Equipment**	**2640**	**664408**	**6250856**	**679784**
#计算机整机制造	Manufacture of Entired Computer	500	278280	3881433	242515
计算机零部件制造	Manufacture of Computer Components and Parts	384	76536	469442	54183
计算机外围设备制造	Manufacture of Computer Peripheral Equipment	785	112524	832617	221231
办公设备制造	Manufacture of Office Equipment	390	78894	491102	62277
医疗仪器设备及仪器仪表制造业	**Manufacture of Medical Equipments and Measuring Instrument**	**11753**	**1673197**	**13212677**	**1448038**
1.医疗仪器设备及器械制造	Manufacture of Medical Equipment and Appliance	2448	372762	2532187	521352
2.仪器仪表制造	Manufacture of Measuring Instrument	9305	1300435	10680490	926687

2-4-5 续表 1 continued

单位：万元 (10000 yuan)

行业	Industry	#国有企业 State-owned Enterprises 新产品开发项目数(项) New Products (item)	新产品开发经费支出 Expenditure on New Products Development	新产品销售收入 Sales Revenue of New Products	#出口 Exports
合计	**Total**	**2338**	**619947**	**1982627**	**39761**
医药制造业	**Manufacture of Medicines**	**475**	**55229**	**190487**	**547**
#化学药品制造	Manufacture of Chemical Medicine	62	7094	51604	146
中成药生产	Production of Finished Traditional Chinese Herbal Medicine	138	12887	70965	206
生物药品制造	Manufacture of Biological Medicine	227	30605	43843	195
航空、航天器及设备制造业	**Manufacture of Aircrafts and Spacecrafts and Related Equipment**	**372**	**215392**	**550231**	**2656**
#飞机制造	Manufacture of Airplanes	154	96095	112591	2617
航天器制造	Manufacture of Spacecrafts	103	95953	299414	
电子及通信设备制造业	**Manufacture of Electronic Equipment and Communication Equipment**	**977**	**260678**	**1004498**	**29003**
#通信设备制造	Manufacture of Communication Equipment	195	192565	638019	7220
#通信系统设备制造	Manufacture of Communication System Equipment	191	187689	633961	7220
通信终端设备制造	Manufacture of Communication Terminal Equipment	4	4876	4057	
广播电视设备制造	Manufacture of Broadcasting and TV Equipment				
雷达及配套设备制造	Manufacture of Radar and Its Fittings	301	42622	59592	17665
视听设备制造	Manufacture of TV Set and Radio Receiver	26	400	168022	3640
电子器件制造	Manufacture of Electronic Appliances	31	5875	15600	
#电子真空器件制造	Manufacture of Electronic Vacuum Appliance				
半导体分立器件制造	Manufacture of Semiconductor Discreting Appliances				
集成电路制造	Manufacture of Integrate Circuit	1	2617		
电子元件制造	Manufacture of Electronic Components	409	16170	108982	478
其他电子设备制造	Manufacture of Other Electronic Equipment	14	2857	13275	
计算机及办公设备制造业	**Manufacture of Computers and Office Equipment**	**4**	**197**	**163**	
#计算机整机制造	Manufacture of Entired Computer				
计算机零部件制造	Manufacture of Computer Components and Parts				
计算机外围设备制造	Manufacture of Computer Peripheral Equipment				
办公设备制造	Manufacture of Office Equipment	4	197	163	
医疗仪器设备及仪器仪表制造业	**Manufacture of Medical Equipments and Measuring Instrument**	**510**	**88452**	**237247**	**7555**
1.医疗仪器设备及器械制造	Manufacture of Medical Equipment and Appliance	41	14273	13670	4703
2.仪器仪表制造	Manufacture of Measuring Instrument	469	74180	223577	2852

2-4-5 续表 2 continued

单位：万元 (10000 yuan)

行业	Industry	港澳台投资企业 Enterprises with Funds from Hong Kong, Macau and Taiwan 新产品开发项目数(项) New Products (item)	新产品开发经费支出 Expenditure on New Products Development	新产品销售收入 Sales Revenue of New Products	#出口 Exports
合计	**Total**	**9697**	**3107885**	**60467939**	**32783105**
医药制造业	**Manufacture of Medicines**	**2516**	**419966**	**3308316**	**256421**
#化学药品制造	Manufacture of Chemical Medicine	1344	259626	2231385	177961
中成药生产	Production of Finished Traditional Chinese Herbal Medicine	485	60105	403178	3047
生物药品制造	Manufacture of Biological Medicine	505	67638	391759	57656
航空、航天器及设备制造业	**Manufacture of Aircrafts and Spacecrafts and Related Equipment**	**75**	**16297**	**22104**	**21600**
#飞机制造	Manufacture of Airplanes	12	1438	22104	21600
航天器制造	Manufacture of Spacecrafts				
电子及通信设备制造业	**Manufacture of Electronic Equipment and Communication Equipment**	**5402**	**2118227**	**47727946**	**29810576**
#通信设备制造	Manufacture of Communication Equipment	852	474704	22838379	18148476
#通信系统设备制造	Manufacture of Communication System Equipment	240	326223	2481311	469069
通信终端设备制造	Manufacture of Communication Terminal Equipment	612	148481	20357068	17679408
广播电视设备制造	Manufacture of Broadcasting and TV Equipment	247	56012	587481	243066
雷达及配套设备制造	Manufacture of Radar and Its Fittings			20770	15424
视听设备制造	Manufacture of TV Set and Radio Receiver	844	372305	7867849	2769553
电子器件制造	Manufacture of Electronic Appliances	1076	455610	6348386	3399182
#电子真空器件制造	Manufacture of Electronic Vacuum Appliance	12	1418	19091	13120
半导体分立器件制造	Manufacture of Semiconductor Discreting Appliances	61	16540	142949	58432
集成电路制造	Manufacture of Integrate Circuit	233	126029	1110791	741375
电子元件制造	Manufacture of Electronic Components	1736	577327	7559216	3580071
其他电子设备制造	Manufacture of Other Electronic Equipment	339	86805	699919	375485
计算机及办公设备制造业	**Manufacture of Computers and Office Equipment**	**571**	**378838**	**7924542**	**2302836**
#计算机整机制造	Manufacture of Entired Computer	95	155065	3136603	180787
计算机零部件制造	Manufacture of Computer Components and Parts	132	34145	551941	77630
计算机外围设备制造	Manufacture of Computer Peripheral Equipment	291	175794	4116115	2023408
办公设备制造	Manufacture of Office Equipment	27	7926	23205	19686
医疗仪器设备及仪器仪表制造业	**Manufacture of Medical Equipments and Measuring Instrument**	**1133**	**174558**	**1485031**	**391672**
1.医疗仪器设备及器械制造	Manufacture of Medical Equipment and Appliance	305	54785	201887	47633
2.仪器仪表制造	Manufacture of Measuring Instrument	828	119773	1283145	344038

2-4-5 续表 3 continued

单位：万元 (10000 yuan)

行业	Industry	外商投资企业 Foreign Funded Enterprises 新产品开发项目数(项) New Products (item)	新产品开发经费支出 Expenditure on New Products Development	新产品销售收入 Sales Revenue of New Products	#出口 Exports
合计	**Total**	**16782**	**4892666**	**124025906**	**62869304**
医药制造业	**Manufacture of Medicines**	**6778**	**478421**	**4670793**	**501930**
#化学药品制造	Manufacture of Chemical Medicine	5611	302965	3471412	363300
中成药生产	Production of Finished Traditional Chinese Herbal Medicine	267	51239	624874	29495
生物药品制造	Manufacture of Biological Medicine	647	88433	285090	69131
航空、航天器及设备制造业	**Manufacture of Aircrafts and Spacecrafts and Related Equipment**	**84**	**43126**	**98936**	**6323**
#飞机制造	Manufacture of Airplanes	22	15466	85938	901
航天器制造	Manufacture of Spacecrafts				
电子及通信设备制造业	**Manufacture of Electronic Equipment and Communication Equipment**	**6610**	**2898426**	**73368156**	**27441480**
#通信设备制造	Manufacture of Communication Equipment	988	700733	39232531	8562976
#通信系统设备制造	Manufacture of Communication System Equipment	552	296560	2862767	607541
通信终端设备制造	Manufacture of Communication Terminal Equipment	436	404173	36369765	7955435
广播电视设备制造	Manufacture of Broadcasting and TV Equipment	194	85518	1145930	817475
雷达及配套设备制造	Manufacture of Radar and Its Fittings	15	1587	9605	114
视听设备制造	Manufacture of TV Set and Radio Receiver	1056	262511	10749478	6019479
电子器件制造	Manufacture of Electronic Appliances	1680	871393	10261190	6695849
#电子真空器件制造	Manufacture of Electronic Vacuum Appliance	20	3465	456959	327370
半导体分立器件制造	Manufacture of Semiconductor Discreting Appliances	216	38009	224385	100021
集成电路制造	Manufacture of Integrate Circuit	626	367387	2603040	1669359
电子元件制造	Manufacture of Electronic Components	1925	517096	7540362	4639855
其他电子设备制造	Manufacture of Other Electronic Equipment	348	321893	2786428	166776
计算机及办公设备制造业	**Manufacture of Computers and Office Equipment**	**1127**	**998511**	**43198831**	**34298617**
#计算机整机制造	Manufacture of Entired Computer	319	522487	19019130	12371192
计算机零部件制造	Manufacture of Computer Components and Parts	300	309608	21173935	20279257
计算机外围设备制造	Manufacture of Computer Peripheral Equipment	233	35710	1015302	840081
办公设备制造	Manufacture of Office Equipment	136	47370	937292	425896
医疗仪器设备及仪器仪表制造业	**Manufacture of Medical Equipments and Measuring Instrument**	**2183**	**474181**	**2689190**	**620954**
1.医疗仪器设备及器械制造	Manufacture of Medical Equipment and Appliance	585	183180	280559	76853
2.仪器仪表制造	Manufacture of Measuring Instrument	1598	291002	2408631	544101

2-4-6 按地区和企业规模分高技术产业新产品开发和生产情况(2013年)
New Products Development and Production in High-tech Industry by Region and Industrial Sector(2013)

单位：万元 (10000 yuan)

地 区	Region	大型企业 Large-sized Enterprises			
		新产品开发项目数(项) New Products (item)	新产品开发经费支出 Expenditure on New Products Development	新产品销售收入 Sales Revenue of New Products	#出口 Exports
全 国	**Total**	**30684**	**15457341**	**244246851**	**110563082**
东部地区	Eastern Region	21027	12321835	199932204	90541279
中部地区	Middle Region	2715	1174131	30705133	19274199
西部地区	Western Region	5885	1375790	9664348	395721
东北地区	Northeaastern Region	1057	585585	3945166	351883
北 京	Beijing	1497	557696	11130840	4072102
天 津	Tianjin	560	215319	16023109	8062219
河 北	Hebei	855	114631	1528419	190877
山 西	Shanxi	118	13551	236815	6046
内 蒙 古	Inner Mongolia	4	2782	86501	
辽 宁	Liaoning	380	384047	3026002	310986
吉 林	Jilin	162	34877	466331	4420
黑 龙 江	Heilongjiang	515	166660	452834	36477
上 海	Shanghai	1402	895704	5207889	2012550
江 苏	Jiangsu	3779	2345517	46732236	24401913
浙 江	Zhejiang	1151	684550	8603998	2372216
安 徽	Anhui	422	149290	1585272	185845
福 建	Fujian	552	441840	9797471	5211626
江 西	Jiangxi	620	132995	1982769	218402
山 东	Shandong	2572	1032358	14680113	3243836
河 南	Henan	437	97566	18838918	17669378
湖 北	Hubei	921	541982	3606812	318391
湖 南	Hunan	197	238746	4454548	876136
广 东	Guangdong	8659	6034220	86228131	40973941
广 西	Guangxi	74	12695	599998	4169
海 南	Hainan				
重 庆	Chongqing	326	76250	476990	28724
四 川	Sichuan	3707	592334	5966014	141862
贵 州	Guizhou	279	88840	473651	28361
云 南	Yunnan	50	29043	149595	17958
西 藏	Tibet				
陕 西	Shaanxi	1232	537434	1608870	59161
甘 肃	Gansu	165	31719	251755	93980
青 海	Qinghai				
宁 夏	Ningxia	48	4693	50974	21505
新 疆	Xinjiang				

2-4-6 续表 continued

单位：万元 (10000 yuan)

地区	Region	中型企业 Medium-sized Enterprises 新产品开发项目数(项) New Products (item)	新产品开发经费支出 Expenditure on New Products Development	新产品销售收入 Sales Revenue of New Products	#出口 Exports
全国	**Total**	**27937**	**5237621**	**46041520**	**8992011**
东部地区	Eastern Region	20711	4117643	36330279	8329320
中部地区	Middle Region	3112	570999	5857977	415450
西部地区	Western Region	3099	401621	2771600	212575
东北地区	Northeaastern Region	1015	147357	1081665	34666
北京	Beijing	1856	635418	2925325	248809
天津	Tianjin	1025	99111	1108210	156248
河北	Hebei	351	44254	300417	21155
山西	Shanxi	155	39739	187810	3363
内蒙古	Inner Mongolia	46	29428	81383	17850
辽宁	Liaoning	446	81623	471455	30128
吉林	Jilin	280	37187	498015	4533
黑龙江	Heilongjiang	289	28548	112194	6
上海	Shanghai	1138	349755	1996016	521077
江苏	Jiangsu	4333	982250	10737617	2039518
浙江	Zhejiang	2484	404621	5515545	1262827
安徽	Anhui	751	140546	1646727	165502
福建	Fujian	990	170503	1809343	356317
江西	Jiangxi	461	45876	623732	33331
山东	Shandong	1621	306781	2245419	148030
河南	Henan	651	96325	683027	11273
湖北	Hubei	688	143597	1197674	172765
湖南	Hunan	406	104917	1519007	29217
广东	Guangdong	6511	1084792	9558305	3575338
广西	Guangxi	235	27940	176697	33569
海南	Hainan	402	40158	134082	
重庆	Chongqing	445	56847	793432	15691
四川	Sichuan	1280	142625	831856	117620
贵州	Guizhou	194	41875	144683	314
云南	Yunnan	113	19669	294984	4417
西藏	Tibet	2	240		
陕西	Shaanxi	630	70649	366280	20365
甘肃	Gansu	66	5865	9596	
青海	Qinghai	16	681		
宁夏	Ningxia	56	4738	71015	2750
新疆	Xinjiang	16	1067	1673	

2-4-7 各地区国有及国有控股企业高技术产业新产品开发和生产情况(2013年)

New Products Development and Production in High-tech Industry of State-owned and State-controlled Enterprises by Region (2013)

单位：万元 (10000 yuan)

地 区	Region	新产品开发项目数（项）New Products (item)	新产品开发经费支出 Expenditure on New Products Development	新产品销售收入 Sales Revenue of New Products	#出口 Exports
全 国	**Total**	**22792**	**6415475**	**51866423**	**10104011**
东部地区	Eastern Region	12097	3592334	33141876	9063024
中部地区	Middle Region	2444	888629	6914060	496696
西部地区	Western Region	7217	1401129	8397787	303315
东北地区	Northeaastern Region	1034	533383	3412701	240977
北 京	Beijing	4014	775647	3640352	341683
天 津	Tianjin	1373	135758	1500426	412902
河 北	Hebei	453	57932	477078	56760
山 西	Shanxi	138	26191	253950	6971
内蒙古	Inner Mongolia	17	3136	20807	17850
辽 宁	Liaoning	412	348067	2978945	234578
吉 林	Jilin	95	17406	52863	3234
黑龙江	Heilongjiang	527	167910	380893	3165
上 海	Shanghai	948	358515	965013	102484
江 苏	Jiangsu	1231	318950	3318390	528640
浙 江	Zhejiang	330	87560	963498	314804
安 徽	Anhui	595	112523	1697339	175765
福 建	Fujian	332	88056	531309	50468
江 西	Jiangxi	281	86529	1070649	12521
山 东	Shandong	1298	515346	8375596	1217109
河 南	Henan	331	62850	398067	63769
湖 北	Hubei	862	469639	2464372	200574
湖 南	Hunan	237	130896	1029684	37096
广 东	Guangdong	2089	1248122	13350734	6038173
广 西	Guangxi	32	7828	37306	
海 南	Hainan	29	6449	19482	
重 庆	Chongqing	468	50165	649992	28349
四 川	Sichuan	4268	569256	5434459	147671
贵 州	Guizhou	631	160984	471770	46019
云 南	Yunnan	56	21040	51747	2960
西 藏	Tibet	2	240		
陕 西	Shaanxi	1673	573520	1647517	60465
甘 肃	Gansu	60	13298	60223	
青 海	Qinghai	1	178	10065	
宁 夏	Ningxia				
新 疆	Xinjiang	9	1484	13900	

2-4-8 按地区和登记注册类型分高技术产业新产品开发和生产情况(2013年)

New Products Development and Production in High-tech Industry by Region and Registration Status (2013)

单位：万元 (10000 yuan)

地区	Region	内资企业 Domestic Funded			
		新产品开发项目数(项) New Products (item)	新产品开发经费支出 Expenditure on New Products Development	新产品销售收入 Sales Revenue of New Products	#出口 Exports
全　国	**Total**	**70751**	**16278995**	**127802255**	**26680982**
东部地区	Eastern Region	48199	11644262	92129113	23776457
中部地区	Middle Region	8933	1930023	17387426	2013242
西部地区	Western Region	11227	1949237	12984328	614104
东北地区	Northeaastern Region	2392	755474	5301389	277179
北　京	Beijing	5893	1060513	4973482	214818
天　津	Tianjin	2132	247186	2906483	466015
河　北	Hebei	1121	126097	957422	94339
山　西	Shanxi	455	67166	334986	4194
内蒙古	Inner Mongolia	90	9441	181415	17852
辽　宁	Liaoning	994	468420	3663389	262296
吉　林	Jilin	613	103408	1155239	12871
黑龙江	Heilongjiang	785	183646	482761	2013
上　海	Shanghai	1918	507581	1796882	153619
江　苏	Jiangsu	8402	1837407	17211591	1944545
浙　江	Zhejiang	6267	905317	10734981	2449805
安　徽	Anhui	2587	347779	3359277	401165
福　建	Fujian	1319	205250	1310600	212400
江　西	Jiangxi	1191	181505	2562298	193480
山　东	Shandong	4889	1282622	14495490	1591292
河　南	Henan	1429	211363	2000843	139804
湖　北	Hubei	2014	713921	4328439	359464
湖　南	Hunan	1257	408289	4801584	915135
广　东	Guangdong	15909	5440678	37707397	16649624
广　西	Guangxi	456	57266	731155	18092
海　南	Hainan	349	31611	34784	
重　庆	Chongqing	987	116665	1277975	36163
四　川	Sichuan	5923	827531	7131153	264870
贵　州	Guizhou	817	184662	786050	46019
云　南	Yunnan	244	52684	437243	22809
西　藏	Tibet	3	520	23454	141
陕　西	Shaanxi	2160	639526	1975197	85436
甘　肃	Gansu	282	43578	295040	98467
青　海	Qinghai	18	1009	10065	
宁　夏	Ningxia	203	9958	113010	24255
新　疆	Xinjiang	44	6399	22573	

2-4-8 续表 1 continued

单位：万元 (10000 yuan)

地区	Region	#国有企业 State-owned Enterprises 新产品开发项目数(项) New Products (item)	新产品开发经费支出 Expenditure on New Products Development	新产品销售收入 Sales Revenue of New Products	#出口 Exports
全国	**Total**	**2338**	**619947**	**1982627**	**39761**
东部地区	Eastern Region	727	157991	609200	8692
中部地区	Middle Region	488	214773	826278	28347
西部地区	Western Region	1094	241722	546698	2722
东北地区	Northeaastern Region	29	5462	451	
北京	Beijing	146	47268	257700	338
天津	Tianjin	39	7498	17472	
河北	Hebei	8	478	6	
山西	Shanxi	56	21120	98013	39
内蒙古	Inner Mongolia				
辽宁	Liaoning	6	1152		
吉林	Jilin	8	778		
黑龙江	Heilongjiang	15	3532	451	
上海	Shanghai	139	22253	92096	797
江苏	Jiangsu	168	40166	195948	3082
浙江	Zhejiang	5	2402	250	
安徽	Anhui	213	28099	219054	21308
福建	Fujian	1	2617		
江西	Jiangxi	38	3635	300	
山东	Shandong	177	22138	16234	4476
河南	Henan	43	2412	1784	
湖北	Hubei	130	158481	506963	7000
湖南	Hunan	8	1026	165	
广东	Guangdong	40	8293	29494	
广西	Guangxi	13	6342	25895	
海南	Hainan	4	4876		
重庆	Chongqing	9	526	1810	
四川	Sichuan	326	32018	118881	175
贵州	Guizhou	58	20780	68487	
云南	Yunnan	17	3115	2726	
西藏	Tibet	2	240		
陕西	Shaanxi	639	168970	290087	2547
甘肃	Gansu	30	9733	38812	
青海	Qinghai				
宁夏	Ningxia				
新疆	Xinjiang				

2-4-8 续表 2 continued

单位：万元 (10000 yuan)

地 区	Region	港澳台投资企业 Enterprises with Funds from Hong Kong, Macau and Taiwan 新产品开发项目数(项) New Products (item)	新产品开发经费支出 Expenditure on New Products Development	新产品销售收入 Sales Revenue of New Products	#出口 Exports
全 国	**Total**	**9697**	**3107885**	**60467939**	**32783105**
东部地区	Eastern Region	8660	2823580	40124845	14957623
中部地区	Middle Region	531	183415	19771271	17767895
西部地区	Western Region	296	76232	459608	39992
东北地区	Northeaastern Region	210	24658	112215	17595
北 京	Beijing	306	192783	5442011	183143
天 津	Tianjin	153	16951	139069	66469
河 北	Hebei	288	56799	568135	3261
山 西	Shanxi	15	8700		
内 蒙 古	Inner Mongolia	3	27889		
辽 宁	Liaoning	157	21544	82670	17595
吉 林	Jilin	30	1211	8928	
黑 龙 江	Heilongjiang	23	1903	20617	
上 海	Shanghai	650	223495	1793569	949064
江 苏	Jiangsu	1806	670386	9462503	4883287
浙 江	Zhejiang	807	357980	3805822	1231804
安 徽	Anhui	102	43750	770045	75740
福 建	Fujian	595	237832	4599697	2054392
江 西	Jiangxi	77	16916	67433	37927
山 东	Shandong	177	44883	338216	127259
河 南	Henan	94	24097	17729889	17576509
湖 北	Hubei	145	41182	791075	75356
湖 南	Hunan	98	48770	412829	2364
广 东	Guangdong	3837	1019695	13901208	5458945
广 西	Guangxi	73	8182	152447	5218
海 南	Hainan	41	2776	74616	
重 庆	Chongqing	81	12904	132611	22393
四 川	Sichuan	26	6562	29993	7911
贵 州	Guizhou	7	904	5673	
云 南	Yunnan	25	10020	83550	1677
西 藏	Tibet				
陕 西	Shaanxi	44	7208	27839	2794
甘 肃	Gansu				
青 海	Qinghai				
宁 夏	Ningxia	37	2564	27495	
新 疆	Xinjiang				

2-4-8 续表 3 continued

单位：万元 (10000 yuan)

地区	Region	外商投资企业 Foreign Funded Enterprises 新产品开发项目数(项) New Products (item)	新产品开发经费支出 Expenditure on New Products Development	新产品销售收入 Sales Revenue of New Products	#出口 Exports
全国	**Total**	**16782**	**4892666**	**124025906**	**62869304**
东部地区	Eastern Region	11390	4595783	119750226	62569753
中部地区	Middle Region	417	117507	3287303	155921
西部地区	Western Region	542	97182	557436	30953
东北地区	Northeaastern Region	4433	82194	430941	112676
北京	Beijing	602	247298	5429127	4018145
天津	Tianjin	225	174034	15183158	8018596
河北	Hebei	194	15180	468558	126006
山西	Shanxi	9	677	138723	6007
内蒙古	Inner Mongolia	1	58		
辽宁	Liaoning	114	47357	106503	76937
吉林	Jilin	4143	3713	172338	1099
黑龙江	Heilongjiang	176	31123	152101	34641
上海	Shanghai	1411	690665	4359662	1504975
江苏	Jiangsu	3536	1515441	34868900	20112127
浙江	Zhejiang	1040	211751	3646896	686155
安徽	Anhui	49	18152	70215	23630
福建	Fujian	493	285500	6322682	3446370
江西	Jiangxi	32	8424	153848	22750
山东	Shandong	690	309200	3358259	1797554
河南	Henan	150	11477	78013	9696
湖北	Hubei	150	41016	444133	80606
湖南	Hunan	27	37761	2402371	13232
广东	Guangdong	3069	1134114	46079137	22859826
广西	Guangxi	15	985	23267	18184
海南	Hainan	130	12601	33848	
重庆	Chongqing	86	43141	111790	31
四川	Sichuan	318	19534	147929	12046
贵州	Guizhou	4	1973	90866	
云南	Yunnan	24	2193	3412	
西藏	Tibet				
陕西	Shaanxi	91	29147	180171	692
甘肃	Gansu	3	153		
青海	Qinghai				
宁夏	Ningxia				
新疆	Xinjiang				

2-4-9 按地区和行业分高技术产业新产品开发和生产情况(2013年)

New Products Development and Productionl in High-tech Industry by Region and Industrial Sector (2013)

单位：万元 (10000 yuan)

地 区	Region	医药制造业 Medical and Pharmaceutical Products Manufacturing			
		新产品开发项目数(项) New Products (item)	新产品开发经费支出 Expenditure on New Products Development	新 产 品销售收入 Sales Revenue of New Products	#出口 Exports
全 国	**Total**	**29247**	**3645006**	**36061674**	**3168255**
东部地区	Eastern Region	17073	2453209	23926794	2629989
中部地区	Middle Region	3682	545250	6475485	346763
西部地区	Western Region	2839	429276	3827200	133977
东北地区	Northeaastern Region	5653	217270	1832195	57526
北 京	Beijing	1242	180330	1690636	10786
天 津	Tianjin	765	113120	1532401	158974
河 北	Hebei	1021	122783	1287315	64781
山 西	Shanxi	230	31905	299304	6799
内蒙古	Inner Mongolia	80	9365	171325	17852
辽 宁	Liaoning	448	63952	437964	50106
吉 林	Jilin	4664	82905	1156920	6091
黑龙江	Heilongjiang	541	70414	237311	1329
上 海	Shanghai	994	163278	1409377	66180
江 苏	Jiangsu	2625	561122	4770177	385451
浙 江	Zhejiang	2119	249161	3704738	1304551
安 徽	Anhui	837	101170	1049092	56705
福 建	Fujian	545	57169	564063	31171
江 西	Jiangxi	453	48473	911196	60481
山 东	Shandong	2540	634119	6463944	578244
河 南	Henan	723	94716	1004813	34408
湖 北	Hubei	859	149695	1741568	158697
湖 南	Hunan	580	119292	1469513	29673
广 东	Guangdong	4716	335422	2363600	29851
广 西	Guangxi	325	34275	644991	15080
海 南	Hainan	506	36707	140543	
重 庆	Chongqing	602	74493	791163	36035
四 川	Sichuan	807	136519	831606	3310
贵 州	Guizhou	186	24151	384719	
云 南	Yunnan	262	61973	456135	17998
西 藏	Tibet	3	520	23454	141
陕 西	Shaanxi	252	52038	307634	19286
甘 肃	Gansu	108	20550	75018	20
青 海	Qinghai	17	859	10065	
宁 夏	Ningxia	156	8271	108518	24255
新 疆	Xinjiang	41	6263	22573	

2-4-9 续表 1 continued

单位：万元 (10000 yuan)

地 区	Region	航空、航天器及设备制造业 Manufacture of Aircrafts and Spacecrafts and Related Equipment			
		新产品开发项目数(项) New Products (item)	新产品开发经费支出 Expenditure on New Products Development	新产品销售收入 Sales Revenue of New Products	#出口 Exports
全 国	**Total**	**3825**	**1856287**	**7566092**	**438492**
东部地区	Eastern Region	1613	493095	1667594	248051
中部地区	Middle Region	343	202318	1289384	19701
西部地区	Western Region	1279	784092	2358826	114684
东北地区	Northeaastern Region	590	376782	2250288	56056
北 京	Beijing	1095	274322	353059	2870
天 津	Tianjin	24	2371	11105	777
河 北	Hebei	34	6749	21612	
山 西	Shanxi	38	5256	26844	39
内蒙古	Inner Mongolia				
辽 宁	Liaoning	272	249450	1952634	56056
吉 林	Jilin				
黑龙江	Heilongjiang	318	127332	297654	
上 海	Shanghai	87	105608	103075	
江 苏	Jiangsu	212	63141	1051879	237075
浙 江	Zhejiang	29	2057	21523	1627
安 徽	Anhui				
福 建	Fujian	6	5223		
江 西	Jiangxi	74	61204	833568	5825
山 东	Shandong	36	13107	100828	5422
河 南	Henan	31	27423	76017	
湖 北	Hubei	154	59264	82967	7066
湖 南	Hunan	46	49171	269987	6771
广 东	Guangdong	90	20515	4513	280
广 西	Guangxi				
海 南	Hainan				
重 庆	Chongqing				
四 川	Sichuan	479	195791	841554	25420
贵 州	Guizhou	259	135792	336604	43781
云 南	Yunnan				
西 藏	Tibet				
陕 西	Shaanxi	541	452509	1180669	45483
甘 肃	Gansu				
青 海	Qinghai				
宁 夏	Ningxia				
新 疆	Xinjiang				

2-4-9 续表 2 continued

单位：万元 (10000 yuan)

地区	Region	电子及通信设备制造业 Manufacture of Electronic Equipment and Communication Equipment			
		新产品开发项目数（项） New Products (item)	新产品开发经费支出 Expenditure on New Products Development	新产品销售收入 Sales Revenue of New Products	#出口 Exports
全国	**Total**	**44751**	**14414560**	**193907207**	**78984744**
东部地区	Eastern Region	33857	12366796	156011688	58902299
中部地区	Middle Region	4142	1171630	29706657	19385696
西部地区	Western Region	6373	697554	6802371	409611
东北地区	Northeaastern Region	379	178580	1386492	287138
北京	Beijing	2841	591746	9005948	4182331
天津	Tianjin	1160	268573	16293338	8365526
河北	Hebei	307	45660	535152	126796
山西	Shanxi	95	13333	110974	2438
内蒙古	Inner Mongolia	3	25782	6440	
辽宁	Liaoning	295	163602	1188179	245954
吉林	Jilin	47	10035	136865	7866
黑龙江	Heilongjiang	37	4944	61448	33318
上海	Shanghai	1833	884185	5416429	2357785
江苏	Jiangsu	6278	2174916	25782123	7722643
浙江	Zhejiang	3509	938457	10713301	2505402
安徽	Anhui	1595	240109	2886078	433342
福建	Fujian	1318	451166	9058571	5352552
江西	Jiangxi	626	76602	919027	185073
山东	Shandong	1799	602343	7211167	1992331
河南	Henan	349	60441	18046631	17599239
湖北	Hubei	1039	534802	2949773	275326
湖南	Hunan	438	246344	4794174	890279
广东	Guangdong	14804	6400029	71992954	26296935
广西	Guangxi	145	22687	141690	22695
海南	Hainan	8	9721	2706	
重庆	Chongqing	172	25591	282438	18125
四川	Sichuan	4612	475197	5501407	254360
贵州	Guizhou	368	23289	132088	2187
云南	Yunnan	11	732	16871	1567
西藏	Tibet				
陕西	Shaanxi	886	101583	508496	16698
甘肃	Gansu	135	21987	212943	93980
青海	Qinghai	1	150		
宁夏	Ningxia	40	556		
新疆	Xinjiang				

2-4-9 续表 3 continued

单位：万元 (10000 yuan)

地区	Region	计算机及办公设备制造业 Manufacture of Computer and Office Equipments 新产品开发项目数(项) New Products (item)	新产品开发经费支出 Expenditure on New Products Development	新产品销售收入 Sales Revenue of New Products	#出口 Exports
全国	**Total**	**4338**	**2041757**	**57374228**	**37281236**
东部地区	Eastern Region	3914	1895130	56190943	37195840
中部地区	Middle Region	213	87809	954763	79861
西部地区	Western Region	144	41912	138219	3579
东北地区	Northeaastern Region	67	16906	90303	1957
北京	Beijing	322	216420	3493305	161558
天津	Tianjin	128	19823	180842	19663
河北	Hebei	38	2843	4491	
山西	Shanxi	7	110		
内蒙古	Inner Mongolia	6	202	3050	
辽宁	Liaoning	27	4918	66697	1957
吉林	Jilin	8	6163	16269	
黑龙江	Heilongjiang	32	5826	7337	
上海	Shanghai	122	93115	393209	76312
江苏	Jiangsu	759	542809	24225487	17894435
浙江	Zhejiang	262	30960	580202	40952
安徽	Anhui	78	34978	66340	4538
福建	Fujian	305	174638	2421239	281261
江西	Jiangxi	7	1822	24198	1800
山东	Shandong	533	258133	3479722	881273
河南	Henan	18	6459	60189	
湖北	Hubei	35	21739	564029	72156
湖南	Hunan	68	22702	240006	1367
广东	Guangdong	1445	556389	21412446	17840386
广西	Guangxi	7	371	82045	729
海南	Hainan				
重庆	Chongqing	22	34056		
四川	Sichuan	36	5742	9436	
贵州	Guizhou				
云南	Yunnan	3	796	40162	2850
西藏	Tibet				
陕西	Shaanxi	70	745	3526	
甘肃	Gansu				
青海	Qinghai				
宁夏	Ningxia				
新疆	Xinjiang				

2-4-9 续表 4 continued

单位：万元 (10000 yuan)

地 区	Region	医疗仪器设备及仪器仪表制造业 Manufacture of Medical Equipments and Measuring Instrument			
		新产品开发项目数（项）New Products (item)	新产品开发经费支出 Expenditure on New Products Development	新产品销售收入 Sales Revenue of New Products	#出口 Exports
全 国	**Total**	**15069**	**2321937**	**17386899**	**2460663**
东部地区	Eastern Region	11792	1855394	14207165	2327655
中部地区	Middle Region	1501	223937	2019711	105038
西部地区	Western Region	1430	169819	874755	23197
东北地区	Northeaastern Region	346	72787	285268	4773
北 京	Beijing	1301	237777	1301672	58562
天 津	Tianjin	433	34283	211024	6141
河 北	Hebei	203	20040	145546	32030
山 西	Shanxi	109	25940	36587	925
内蒙古	Inner Mongolia	5	2039	600	
辽 宁	Liaoning	223	55400	207088	2754
吉 林	Jilin	67	9231	26450	12
黑龙江	Heilongjiang	56	8156	51730	2007
上 海	Shanghai	943	175556	628023	107382
江 苏	Jiangsu	3870	681247	5713328	700355
浙 江	Zhejiang	2195	254412	3167935	515230
安 徽	Anhui	228	33424	198027	5950
福 建	Fujian	233	40386	189105	48178
江 西	Jiangxi	140	18743	95589	978
山 东	Shandong	848	129002	936304	58835
河 南	Henan	552	57899	621094	92363
湖 北	Hubei	222	30618	225308	2182
湖 南	Hunan	250	57312	843104	2641
广 东	Guangdong	1760	282132	1914229	800943
广 西	Guangxi	67	9100	38143	2989
海 南	Hainan	6	560		
重 庆	Chongqing	358	38569	448775	4426
四 川	Sichuan	333	40378	125074	1736
贵 州	Guizhou	15	4307	29179	51
云 南	Yunnan	17	1395	11037	2071
西 藏	Tibet				
陕 西	Shaanxi	546	69006	182881	7456
甘 肃	Gansu	42	1194	7079	4467
青 海	Qinghai				
宁 夏	Ningxia	44	3695	31987	
新 疆	Xinjiang	3	136		

2-5-1 按行业分高技术产业专利情况(2013年)

Statistics on Patents in High-tech Industry by Industrial Sector(2013)

单位：件 (piece)

行业	Industry	专利申请数 Patent Applications	#发明专利 Invention Patents	有效发明专利数 Number of Patents In Force
合计	**Total**	**143005**	**74059**	**138785**
医药制造业	**Manufacture of Medicines**	**17124**	**10475**	**19558**
#化学药品制造	Manufacture of Chemical Medicine	6951	4366	8162
中成药生产	Production of Finished Traditional Chinese Herbal Medicine	4762	3331	7309
生物药品制造	Manufacture of Biological Medicine	2421	1447	2401
航空、航天器及设备制造业	**Manufacture of Aircrafts and Spacecrafts and Related Equipment**	**4336**	**2131**	**3133**
#飞机制造	Manufacture of Airplanes	3101	1635	2219
航天器制造	Manufacture of Spacecrafts	592	265	485
电子及通信设备制造业	**Manufacture of Electronic Equipment and Communication Equipment**	**83168**	**45001**	**88636**
#通信设备制造	Manufacture of Communication Equipment	26815	21111	54318
#通信系统设备制造	Manufacture of Communication System Equipment	18897	15911	51435
通信终端设备制造	Manufacture of Communication Terminal Equipment	7918	5200	2883
广播电视设备制造	Manufacture of Broadcasting and TV Equipment	3826	1336	2234
雷达及配套设备制造	Manufacture of Radar and Its Fittings	719	358	1030
视听设备制造	Manufacture of TV Set and Radio Receiver	7205	2762	4958
电子器件制造	Manufacture of Electronic Appliances	20376	10557	11516
#电子真空器件制造	Manufacture of Electronic Vacuum Appliance	323	92	285
半导体分立器件制造	Manufacture of Semiconductor Discreting Appliances	871	328	742
集成电路制造	Manufacture of Integrate Circuit	5226	3834	3741
电子元件制造	Manufacture of Electronic Components	13846	4873	7334
其他电子设备制造	Manufacture of Other Electronic Equipment	4104	1640	2766
计算机及办公设备制造业	**Manufacture of Computers and Office Equipment**	**13408**	**8404**	**14349**
#计算机整机制造	Manufacture of Entired Computer	7115	5655	10113
计算机零部件制造	Manufacture of Computer Components and Parts	1767	700	1094
计算机外围设备制造	Manufacture of Computer Peripheral Equipment	1910	754	1411
办公设备制造	Manufacture of Office Equipment	1339	525	511
医疗仪器设备及仪器仪表制造业	**Manufacture of Medical Equipments and Measuring Instrument**	**24969**	**8048**	**13109**
1.医疗仪器设备及器械制造	Manufacture of Medical Equipment and Appliance	6579	2310	4147
2.仪器仪表制造	Manufacture of Measuring Instrument	18390	5738	8962

2-5-2 各地区高技术产业专利情况(2013年)

Statistics on Patents in High-tech Industry by Region(2013)

单位：件 (piece)

地 区	Region	专利申请数 Patent Applications	#发明专利 Invention Patents	有效发明专利数 Number of Patents In Force
全 国	**Total**	**143005**	**74059**	**138785**
东部地区	Eastern Region	114043	61171	117768
中部地区	Middle Region	13689	5964	9111
西部地区	Western Region	11462	4848	8927
东北地区	Northeaastern Region	3811	2076	2979
北 京	Beijing	8308	5358	8714
天 津	Tianjin	3678	2275	3456
河 北	Hebei	883	403	928
山 西	Shanxi	452	199	277
内 蒙 古	Inner Mongolia	58	36	51
辽 宁	Liaoning	2267	1247	1780
吉 林	Jilin	708	388	606
黑 龙 江	Heilongjiang	836	441	593
上 海	Shanghai	7088	4873	5359
江 苏	Jiangsu	19439	7723	14243
浙 江	Zhejiang	12586	3569	6672
安 徽	Anhui	3784	1555	2722
福 建	Fujian	3901	1768	2665
江 西	Jiangxi	1456	570	967
山 东	Shandong	8106	3935	4667
河 南	Henan	1967	718	950
湖 北	Hubei	3351	1761	2888
湖 南	Hunan	2679	1161	1307
广 东	Guangdong	49691	31018	70733
广 西	Guangxi	457	251	403
海 南	Hainan	363	249	331
重 庆	Chongqing	1641	400	1044
四 川	Sichuan	5029	1943	3684
贵 州	Guizhou	1119	644	1005
云 南	Yunnan	359	197	697
西 藏	Tibet	3	2	27
陕 西	Shaanxi	2296	1122	1855
甘 肃	Gansu	220	77	102
青 海	Qinghai	16	16	1
宁 夏	Ningxia	208	146	39
新 疆	Xinjiang	56	14	19

2-5-3 按行业和企业规模分高技术产业专利情况(2013年)

Statistics on Patents in High-tech Industry by Industrial Sector and Scale of Enterprises(2013)

单位：件 (piece)

行业	Industry	大型企业 Large-sized Enterprises		
		专利申请数 Patent Applications	#发明专利 Invention Patents	有效发明专利数 Number of Patents In Force
合计	**Total**	**67249**	**44736**	**92603**
医药制造业	**Manufacture of Medicines**	**4343**	**3208**	**6904**
#化学药品制造	Manufacture of Chemical Medicine	1942	1495	3691
中成药生产	Production of Finished Traditional Chinese Herbal Medicine	1862	1450	2948
生物药品制造	Manufacture of Biological Medicine	158	103	147
航空、航天器及设备制造业	**Manufacture of Aircrafts and Spacecrafts and Related Equipment**	**3310**	**1682**	**2452**
#飞机制造	Manufacture of Airplanes	2633	1426	1967
航天器制造	Manufacture of Spacecrafts	474	187	430
电子及通信设备制造业	**Manufacture of Electronic Equipment and Communication Equipment**	**45207**	**30626**	**68341**
#通信设备制造	Manufacture of Communication Equipment	21449	18719	51247
#通信系统设备制造	Manufacture of Communication System Equipment	15943	14653	49487
通信终端设备制造	Manufacture of Communication Terminal Equipment	5506	4066	1760
广播电视设备制造	Manufacture of Broadcasting and TV Equipment	1463	676	939
雷达及配套设备制造	Manufacture of Radar and Its Fittings	550	263	812
视听设备制造	Manufacture of TV Set and Radio Receiver	4335	1851	3926
电子器件制造	Manufacture of Electronic Appliances	9856	6100	5229
#电子真空器件制造	Manufacture of Electronic Vacuum Appliance	57	4	70
半导体分立器件制造	Manufacture of Semiconductor Discreting Appliances	54	14	142
集成电路制造	Manufacture of Integrate Circuit	2400	1895	1499
电子元件制造	Manufacture of Electronic Components	4545	1817	2605
其他电子设备制造	Manufacture of Other Electronic Equipment	871	445	966
计算机及办公设备制造业	**Manufacture of Computers and Office Equipment**	**9566**	**7041**	**12260**
#计算机整机制造	Manufacture of Entired Computer	6577	5404	9875
计算机零部件制造	Manufacture of Computer Components and Parts	982	518	793
计算机外围设备制造	Manufacture of Computer Peripheral Equipment	640	351	673
办公设备制造	Manufacture of Office Equipment	743	348	278
医疗仪器设备及仪器仪表制造业	**Manufacture of Medical Equipments and Measuring Instrument**	**4823**	**2179**	**2646**
1.医疗仪器设备及器械制造	Manufacture of Medical Equipment and Appliance	1159	496	762
2.仪器仪表制造	Manufacture of Measuring Instrument	3664	1683	1884

2-5-3 续表 continued

单位：件 (piece)

行业	Industry	中型企业 Medium-sized Enterprises 专利申请数 Patent Applications	#发明专利 Invention Patents	有效发明专利数 Number of Patents In Force
合计	**Total**	**35283**	**14676**	**23281**
医药制造业	**Manufacture of Medicines**	**5700**	**3446**	**5891**
#化学药品制造	Manufacture of Chemical Medicine	2559	1639	2611
中成药生产	Production of Finished Traditional Chinese Herbal Medicine	1252	802	1713
生物药品制造	Manufacture of Biological Medicine	904	533	1050
航空、航天器及设备制造业	**Manufacture of Aircrafts and Spacecrafts and Related Equipment**	**518**	**263**	**326**
#飞机制造	Manufacture of Airplanes	212	90	144
航天器制造	Manufacture of Spacecrafts	110	75	53
电子及通信设备制造业	**Manufacture of Electronic Equipment and Communication Equipment**	**19271**	**7973**	**11348**
#通信设备制造	Manufacture of Communication Equipment	2637	1293	1522
#通信系统设备制造	Manufacture of Communication System Equipment	1297	715	1064
通信终端设备制造	Manufacture of Communication Terminal Equipment	1340	578	458
广播电视设备制造	Manufacture of Broadcasting and TV Equipment	1266	383	760
雷达及配套设备制造	Manufacture of Radar and Its Fittings	72	37	88
视听设备制造	Manufacture of TV Set and Radio Receiver	1753	734	688
电子器件制造	Manufacture of Electronic Appliances	5743	2586	3778
#电子真空器件制造	Manufacture of Electronic Vacuum Appliance	127	49	88
半导体分立器件制造	Manufacture of Semiconductor Discreting Appliances	337	151	408
集成电路制造	Manufacture of Integrate Circuit	1715	1247	1298
电子元件制造	Manufacture of Electronic Components	4775	1645	2543
其他电子设备制造	Manufacture of Other Electronic Equipment	1372	712	1093
计算机及办公设备制造业	**Manufacture of Computers and Office Equipment**	**1782**	**630**	**1042**
#计算机整机制造	Manufacture of Entired Computer	229	103	117
计算机零部件制造	Manufacture of Computer Components and Parts	295	57	117
计算机外围设备制造	Manufacture of Computer Peripheral Equipment	724	232	345
办公设备制造	Manufacture of Office Equipment	181	29	45
医疗仪器设备及仪器仪表制造业	**Manufacture of Medical Equipments and Measuring Instrument**	**8012**	**2364**	**4674**
1.医疗仪器设备及器械制造	Manufacture of Medical Equipment and Appliance	2136	726	1584
2.仪器仪表制造	Manufacture of Measuring Instrument	5876	1638	3090

2-5-4 按行业分国有及国有控股企业高技术产业专利情况(2013年)

Statistics on Patents in High-tech Industry of State-owned and State-controlled Enterprises by Industry (2013)

单位：件 (piece)

行业	Industry	专利申请数 Patent Applications	#发明专利 Invention Patents	有效发明专利数 Number of Patents In Force
合计	**Total**	**27857**	**16710**	**32780**
医药制造业	**Manufacture of Medicines**	**1756**	**1213**	**3219**
#化学药品制造	Manufacture of Chemical Medicine	767	606	1391
中成药生产	Production of Finished Traditional Chinese Herbal Medicine	646	387	1337
生物药品制造	Manufacture of Biological Medicine	228	163	385
航空、航天器及设备制造业	**Manufacture of Aircrafts and Spacecrafts and Related Equipment**	**3943**	**2036**	**2922**
#飞机制造	Manufacture of Airplanes	2928	1598	2146
航天器制造	Manufacture of Spacecrafts	584	262	483
电子及通信设备制造业	**Manufacture of Electronic Equipment and Communication Equipment**	**17108**	**10833**	**23041**
#通信设备制造	Manufacture of Communication Equipment	4599	3655	14671
#通信系统设备制造	Manufacture of Communication System Equipment	3819	3214	14089
通信终端设备制造	Manufacture of Communication Terminal Equipment	780	441	582
广播电视设备制造	Manufacture of Broadcasting and TV Equipment	247	111	205
雷达及配套设备制造	Manufacture of Radar and Its Fittings	634	305	904
视听设备制造	Manufacture of TV Set and Radio Receiver	2736	1221	2090
电子器件制造	Manufacture of Electronic Appliances	6573	4403	3362
#电子真空器件制造	Manufacture of Electronic Vacuum Appliance	70	9	59
半导体分立器件制造	Manufacture of Semiconductor Discreting Appliances	65	49	44
集成电路制造	Manufacture of Integrate Circuit	1236	1008	898
电子元件制造	Manufacture of Electronic Components	1169	547	994
其他电子设备制造	Manufacture of Other Electronic Equipment	502	320	546
计算机及办公设备制造业	**Manufacture of Computers and Office Equipment**	**2209**	**1269**	**1234**
#计算机整机制造	Manufacture of Entired Computer	1118	651	293
计算机零部件制造	Manufacture of Computer Components and Parts	30	4	7
计算机外围设备制造	Manufacture of Computer Peripheral Equipment	396	135	280
办公设备制造	Manufacture of Office Equipment	408	258	110
医疗仪器设备及仪器仪表制造业	**Manufacture of Medical Equipments and Measuring Instrument**	**2841**	**1359**	**2364**
1.医疗仪器设备及器械制造	Manufacture of Medical Equipment and Appliance	312	80	314
2.仪器仪表制造	Manufacture of Measuring Instrument	2529	1279	2050

2-5-5 按行业和登记注册类型分高技术产业专利情况(2013年)

Statistics on Patents in High-tech Industry by Industrial Sector and Registration Status(2013)

单位：件 (piece)

行业	Industry	内资企业 Domestic Funded		
		专利申请数 Patent Applications	#发明专利 Invention Patents	有效发明专利数 Number of Patents In Force
合计	**Total**	**98060**	**48761**	**101350**
医药制造业	**Manufacture of Medicines**	**13895**	**8366**	**15857**
#化学药品制造	Manufacture of Chemical Medicine	5124	3040	5994
中成药生产	Production of Finished Traditional Chinese Herbal Medicine	4376	3074	6646
生物药品制造	Manufacture of Biological Medicine	1855	1119	1797
航空、航天器及设备制造业	**Manufacture of Aircrafts and Spacecrafts and Related Equipment**	**4218**	**2081**	**3088**
#飞机制造	Manufacture of Airplanes	3064	1609	2196
航天器制造	Manufacture of Spacecrafts	592	265	485
电子及通信设备制造业	**Manufacture of Electronic Equipment and Communication Equipment**	**54967**	**29509**	**69536**
#通信设备制造	Manufacture of Communication Equipment	19398	15879	49436
#通信系统设备制造	Manufacture of Communication System Equipment	16583	14471	48085
通信终端设备制造	Manufacture of Communication Terminal Equipment	2815	1408	1351
广播电视设备制造	Manufacture of Broadcasting and TV Equipment	2520	832	1355
雷达及配套设备制造	Manufacture of Radar and Its Fittings	717	358	1030
视听设备制造	Manufacture of TV Set and Radio Receiver	4800	1603	2679
电子器件制造	Manufacture of Electronic Appliances	12316	5452	5957
#电子真空器件制造	Manufacture of Electronic Vacuum Appliance	239	59	188
半导体分立器件制造	Manufacture of Semiconductor Discreting Appliances	693	270	591
集成电路制造	Manufacture of Integrate Circuit	2337	1511	1550
电子元件制造	Manufacture of Electronic Components	7621	2651	4063
其他电子设备制造	Manufacture of Other Electronic Equipment	2797	965	1779
计算机及办公设备制造业	**Manufacture of Computers and Office Equipment**	**5040**	**2211**	**2429**
#计算机整机制造	Manufacture of Entired Computer	1460	816	493
计算机零部件制造	Manufacture of Computer Components and Parts	581	147	240
计算机外围设备制造	Manufacture of Computer Peripheral Equipment	953	327	760
办公设备制造	Manufacture of Office Equipment	1127	430	340
医疗仪器设备及仪器仪表制造业	**Manufacture of Medical Equipments and Measuring Instrument**	**19940**	**6594**	**10440**
1.医疗仪器设备及器械制造	Manufacture of Medical Equipment and Appliance	5046	1831	3244
2.仪器仪表制造	Manufacture of Measuring Instrument	14894	4763	7196

2-5-5 续表 1 continued

单位：件 (piece)

行业	Industry	#国有企业 State-owned Enterprises 专利申请数 Patent Applications	#发明专利 Invention Patents	有效发明专利数 Number of Patents In Force
合计	**Total**	**2860**	**1592**	**2520**
医药制造业	**Manufacture of Medicines**	**105**	**85**	**304**
#化学药品制造	Manufacture of Chemical Medicine	17	7	33
中成药生产	Production of Finished Traditional Chinese Herbal Medicine	43	37	109
生物药品制造	Manufacture of Biological Medicine	41	40	155
航空、航天器及设备制造业	**Manufacture of Aircrafts and Spacecrafts and Related Equipment**	**774**	**332**	**618**
#飞机制造	Manufacture of Airplanes	138	75	124
航天器制造	Manufacture of Spacecrafts	436	169	401
电子及通信设备制造业	**Manufacture of Electronic Equipment and Communication Equipment**	**1122**	**712**	**1080**
#通信设备制造	Manufacture of Communication Equipment	626	461	670
#通信系统设备制造	Manufacture of Communication System Equipment	626	461	670
通信终端设备制造	Manufacture of Communication Terminal Equipment			
广播电视设备制造	Manufacture of Broadcasting and TV Equipment			
雷达及配套设备制造	Manufacture of Radar and Its Fittings	230	158	256
视听设备制造	Manufacture of TV Set and Radio Receiver	12	1	4
电子器件制造	Manufacture of Electronic Appliances	68	20	13
#电子真空器件制造	Manufacture of Electronic Vacuum Appliance			
半导体分立器件制造	Manufacture of Semiconductor Discreting Appliances			
集成电路制造	Manufacture of Integrate Circuit			
电子元件制造	Manufacture of Electronic Components	149	58	106
其他电子设备制造	Manufacture of Other Electronic Equipment	18	8	28
计算机及办公设备制造业	**Manufacture of Computers and Office Equipment**			
#计算机整机制造	Manufacture of Entired Computer			
计算机零部件制造	Manufacture of Computer Components and Parts			
计算机外围设备制造	Manufacture of Computer Peripheral Equipment			
办公设备制造	Manufacture of Office Equipment			
医疗仪器设备及仪器仪表制造业	**Manufacture of Medical Equipments and Measuring Instrument**	**859**	**463**	**518**
1.医疗仪器设备及器械制造	Manufacture of Medical Equipment and Appliance	216	39	43
2.仪器仪表制造	Manufacture of Measuring Instrument	643	424	475

2-5-5 续表 2 continued

单位：件 (piece)

行业	Industry	港澳台投资企业 Enterprises with Funds from Hong Kong, Macau and Taiwan		
		专利申请数 Patent Applications	#发明专利 Invention Patents	有效发明专利数 Number of Patents In Force
合计	**Total**	**17374**	**8420**	**13619**
医药制造业	**Manufacture of Medicines**	**1693**	**1053**	**1850**
#化学药品制造	Manufacture of Chemical Medicine	1046	732	1092
中成药生产	Production of Finished Traditional Chinese Herbal Medicine	261	151	402
生物药品制造	Manufacture of Biological Medicine	259	112	257
航空、航天器及设备制造业	**Manufacture of Aircrafts and Spacecrafts and Related Equipment**	**41**	**14**	**4**
#飞机制造	Manufacture of Airplanes	12	1	
航天器制造	Manufacture of Spacecrafts			
电子及通信设备制造业	**Manufacture of Electronic Equipment and Communication Equipment**	**10499**	**4594**	**8753**
#通信设备制造	Manufacture of Communication Equipment	2182	1228	2883
#通信系统设备制造	Manufacture of Communication System Equipment	1809	1093	2560
通信终端设备制造	Manufacture of Communication Terminal Equipment	373	135	323
广播电视设备制造	Manufacture of Broadcasting and TV Equipment	379	72	57
雷达及配套设备制造	Manufacture of Radar and Its Fittings			
视听设备制造	Manufacture of TV Set and Radio Receiver	1598	588	1825
电子器件制造	Manufacture of Electronic Appliances	2274	1221	1354
#电子真空器件制造	Manufacture of Electronic Vacuum Appliance	8	1	2
半导体分立器件制造	Manufacture of Semiconductor Discreting Appliances	55	23	49
集成电路制造	Manufacture of Integrate Circuit	817	657	462
电子元件制造	Manufacture of Electronic Components	2870	1069	1828
其他电子设备制造	Manufacture of Other Electronic Equipment	477	145	125
计算机及办公设备制造业	**Manufacture of Computers and Office Equipment**	**3200**	**2307**	**2091**
#计算机整机制造	Manufacture of Entired Computer	2375	1952	1568
计算机零部件制造	Manufacture of Computer Components and Parts	153	32	71
计算机外围设备制造	Manufacture of Computer Peripheral Equipment	616	318	448
办公设备制造	Manufacture of Office Equipment	24	1	
医疗仪器设备及仪器仪表制造业	**Manufacture of Medical Equipments and Measuring Instrument**	**1941**	**452**	**921**
1.医疗仪器设备及器械制造	Manufacture of Medical Equipment and Appliance	617	148	203
2.仪器仪表制造	Manufacture of Measuring Instrument	1324	304	718

2-5-5 续表 3 continued

单位：件 (piece)

行业	Industry	外商投资企业 Foreign Funded Enterprises		
		专利申请数 Patent Applications	#发明专利 Invention Patents	有效发明专利数 Number of Patents In Force
合计	**Total**	**27571**	**16878**	**23816**
医药制造业	**Manufacture of Medicines**	**1536**	**1056**	**1851**
#化学药品制造	Manufacture of Chemical Medicine	781	594	1076
中成药生产	Production of Finished Traditional Chinese Herbal Medicine	125	106	261
生物药品制造	Manufacture of Biological Medicine	307	216	347
航空、航天器及设备制造业	**Manufacture of Aircrafts and Spacecrafts and Related Equipment**	**77**	**36**	**41**
#飞机制造	Manufacture of Airplanes	25	25	23
航天器制造	Manufacture of Spacecrafts			
电子及通信设备制造业	**Manufacture of Electronic Equipment and Communication Equipment**	**17702**	**10898**	**10347**
#通信设备制造	Manufacture of Communication Equipment	5235	4004	1999
#通信系统设备制造	Manufacture of Communication System Equipment	505	347	790
通信终端设备制造	Manufacture of Communication Terminal Equipment	4730	3657	1209
广播电视设备制造	Manufacture of Broadcasting and TV Equipment	927	432	822
雷达及配套设备制造	Manufacture of Radar and Its Fittings	2		
视听设备制造	Manufacture of TV Set and Radio Receiver	807	571	454
电子器件制造	Manufacture of Electronic Appliances	5786	3884	4205
#电子真空器件制造	Manufacture of Electronic Vacuum Appliance	76	32	95
半导体分立器件制造	Manufacture of Semiconductor Discreting Appliances	123	35	102
集成电路制造	Manufacture of Integrate Circuit	2072	1666	1729
电子元件制造	Manufacture of Electronic Components	3355	1153	1443
其他电子设备制造	Manufacture of Other Electronic Equipment	830	530	862
计算机及办公设备制造业	**Manufacture of Computers and Office Equipment**	**5168**	**3886**	**9829**
#计算机整机制造	Manufacture of Entired Computer	3280	2887	8052
计算机零部件制造	Manufacture of Computer Components and Parts	1033	521	783
计算机外围设备制造	Manufacture of Computer Peripheral Equipment	341	109	203
办公设备制造	Manufacture of Office Equipment	188	94	171
医疗仪器设备及仪器仪表制造业	**Manufacture of Medical Equipments and Measuring Instrument**	**3088**	**1002**	**1748**
1.医疗仪器设备及器械制造	Manufacture of Medical Equipment and Appliance	916	331	700
2.仪器仪表制造	Manufacture of Measuring Instrument	2172	671	1048

2-5-6 按地区和企业规模分高技术产业专利情况(2013年)
Statistics on Patents in High-tech Industry by Region and Industrial Sector(2013)

单位：件 (piece)

地 区	Region	大型企业 Large-sized Enterprises		
		专利申请数 Patent Applications	#发明专利 Invention Patents	有效发明专利数 Number of Patents In Force
全 国	**Total**	**67249**	**44736**	**92603**
东部地区	Eastern Region	56347	39220	83142
中部地区	Middle Region	5117	2580	3905
西部地区	Western Region	4066	1889	4427
东北地区	Northeaastern Region	1719	1047	1129
北 京	Beijing	4431	3145	4000
天 津	Tianjin	1483	1167	1141
河 北	Hebei	295	204	613
山 西	Shanxi	119	52	77
内 蒙 古	Inner Mongolia	16	8	8
辽 宁	Liaoning	952	621	662
吉 林	Jilin	289	137	204
黑 龙 江	Heilongjiang	478	289	263
上 海	Shanghai	3251	2615	2611
江 苏	Jiangsu	5670	2650	6464
浙 江	Zhejiang	2463	1306	3199
安 徽	Anhui	1122	548	705
福 建	Fujian	1238	758	1336
江 西	Jiangxi	790	329	562
山 东	Shandong	4139	2200	2315
河 南	Henan	492	219	281
湖 北	Hubei	1822	1108	1865
湖 南	Hunan	772	324	415
广 东	Guangdong	33377	25175	61463
广 西	Guangxi	64	35	57
海 南	Hainan			
重 庆	Chongqing	185	81	289
四 川	Sichuan	2114	895	2123
贵 州	Guizhou	187	113	467
云 南	Yunnan	71	40	363
西 藏	Tibet			
陕 西	Shaanxi	1306	651	1069
甘 肃	Gansu	90	34	38
青 海	Qinghai			
宁 夏	Ningxia	33	32	13
新 疆	Xinjiang			

2-5-6 续表 continued

单位：件 (piece)

地区	Region	中型企业 Medium-sized Enterprises 专利申请数 Patent Applications	#发明专利 Invention Patents	有效发明专利数 Number of Patents In Force
全国	**Total**	**35283**	**14676**	**23281**
东部地区	Eastern Region	27142	11381	17827
中部地区	Middle Region	3888	1505	2509
西部地区	Western Region	3348	1388	2127
东北地区	Northeaastern Region	905	402	818
北京	Beijing	2262	1469	2877
天津	Tianjin	912	550	709
河北	Hebei	239	95	171
山西	Shanxi	139	74	69
内蒙古	Inner Mongolia	6	6	13
辽宁	Liaoning	452	186	516
吉林	Jilin	265	155	206
黑龙江	Heilongjiang	188	61	96
上海	Shanghai	1972	1385	1250
江苏	Jiangsu	5524	2031	3515
浙江	Zhejiang	3213	779	1360
安徽	Anhui	1133	458	863
福建	Fujian	1454	604	870
江西	Jiangxi	365	130	283
山东	Shandong	1570	762	1276
河南	Henan	871	277	406
湖北	Hubei	658	273	611
湖南	Hunan	722	293	277
广东	Guangdong	9799	3527	5575
广西	Guangxi	124	67	184
海南	Hainan	197	179	224
重庆	Chongqing	456	150	395
四川	Sichuan	1485	555	725
贵州	Guizhou	458	253	205
云南	Yunnan	95	43	136
西藏	Tibet	2	1	1
陕西	Shaanxi	561	261	434
甘肃	Gansu	77	8	20
青海	Qinghai	1	1	
宁夏	Ningxia	81	42	12
新疆	Xinjiang	2	1	2

2-5-7　各地区国有及国有控股企业高技术产业专利情况(2013年)

Statistics on Patents in High-tech Industry of State-owned and State-controlled Enterprises by Region (2013)

单位：件　　(piece)

地　区	Region	专利申请数 Patent Applications	#发明专利 Invention Patents	有效发明专利数 Number of Patents In Force
全　国	**Total**	**27857**	**16710**	**32780**
东部地区	Eastern Region	16678	11184	23729
中部地区	Middle Region	4444	2267	3622
西部地区	Western Region	5213	2349	4524
东北地区	Northeaastern Region	1522	910	905
北　京	Beijing	3020	1913	3516
天　津	Tianjin	1003	426	674
河　北	Hebei	213	126	208
山　西	Shanxi	157	55	98
内蒙古	Inner Mongolia	4	2	18
辽　宁	Liaoning	923	535	589
吉　林	Jilin	109	67	55
黑龙江	Heilongjiang	490	308	261
上　海	Shanghai	1819	1489	1334
江　苏	Jiangsu	1517	952	1471
浙　江	Zhejiang	271	149	440
安　徽	Anhui	1086	500	613
福　建	Fujian	588	422	762
江　西	Jiangxi	300	162	345
山　东	Shandong	2802	1508	1267
河　南	Henan	510	206	258
湖　北	Hubei	1756	1052	1880
湖　南	Hunan	635	292	428
广　东	Guangdong	5439	4194	14055
广　西	Guangxi	51	26	34
海　南	Hainan	6	5	2
重　庆	Chongqing	229	95	198
四　川	Sichuan	2477	1031	2107
贵　州	Guizhou	817	414	457
云　南	Yunnan	85	30	349
西　藏	Tibet	2	1	1
陕　西	Shaanxi	1494	731	1324
甘　肃	Gansu	11	11	31
青　海	Qinghai	2	2	1
宁　夏	Ningxia			
新　疆	Xinjiang	41	6	4

2-5-8 按地区和登记注册类型分高技术产业专利情况(2013年)

Statistics on Patents in High-tech Industry by Region and Registration Status(2013)

单位：件 (piece)

地 区	Region	内资企业 Domestic Funded		
		专利申请数 Patent Applications	#发明专利 Invention Patents	有效发明专利数 Number of Patents In Force
全 国	**Total**	**98060**	**48761**	**101350**
东部地区	Eastern Region	71392	37044	82131
中部地区	Middle Region	12486	5397	8343
西部地区	Western Region	10836	4570	8318
东北地区	Northeaastern Region	3346	1750	2558
北 京	Beijing	4119	2479	5131
天 津	Tianjin	3196	1945	3267
河 北	Hebei	812	346	543
山 西	Shanxi	421	183	264
内蒙古	Inner Mongolia	52	33	48
辽 宁	Liaoning	1923	1014	1508
吉 林	Jilin	686	376	570
黑龙江	Heilongjiang	737	360	480
上 海	Shanghai	2881	1901	2260
江 苏	Jiangsu	12401	4868	8771
浙 江	Zhejiang	8542	2171	3226
安 徽	Anhui	3532	1462	2519
福 建	Fujian	2109	776	999
江 西	Jiangxi	1369	527	869
山 东	Shandong	7385	3562	3757
河 南	Henan	1846	674	894
湖 北	Hubei	2963	1551	2637
湖 南	Hunan	2355	1000	1160
广 东	Guangdong	29662	18781	53899
广 西	Guangxi	427	227	352
海 南	Hainan	285	215	278
重 庆	Chongqing	1504	350	909
四 川	Sichuan	4746	1818	3417
贵 州	Guizhou	1089	625	956
云 南	Yunnan	330	180	652
西 藏	Tibet	3	2	27
陕 西	Shaanxi	2247	1105	1798
甘 肃	Gansu	220	77	102
青 海	Qinghai	16	16	1
宁 夏	Ningxia	146	123	37
新 疆	Xinjiang	56	14	19

2-5-8 续表 1 continued

单位：件 (piece)

地区	Region	#国有企业 State-owned Enterprises		
		专利申请数 Patent Applications	#发明专利 Invention Patents	有效发明专利数 Number of Patents In Force
全 国	**Total**	**2860**	**1592**	**2520**
东部地区	Eastern Region	1061	578	967
中部地区	Middle Region	907	587	904
西部地区	Western Region	890	425	649
东北地区	Northeaastern Region	2	2	
北 京	Beijing	181	83	162
天 津	Tianjin	36	9	12
河 北	Hebei	2	2	1
山 西	Shanxi	93	40	43
内 蒙 古	Inner Mongolia			
辽 宁	Liaoning			
吉 林	Jilin	2	2	
黑 龙 江	Heilongjiang			
上 海	Shanghai	98	48	184
江 苏	Jiangsu	484	367	396
浙 江	Zhejiang	2		2
安 徽	Anhui	122	60	200
福 建	Fujian			
江 西	Jiangxi	26	7	2
山 东	Shandong	246	65	180
河 南	Henan	23	16	34
湖 北	Hubei	622	454	614
湖 南	Hunan	21	10	11
广 东	Guangdong	12	4	30
广 西	Guangxi	40	22	14
海 南	Hainan			
重 庆	Chongqing			3
四 川	Sichuan	138	45	176
贵 州	Guizhou	134	65	65
云 南	Yunnan	6	6	5
西 藏	Tibet	2	1	1
陕 西	Shaanxi	568	284	373
甘 肃	Gansu	2	2	12
青 海	Qinghai			
宁 夏	Ningxia			
新 疆	Xinjiang			

2-5-8 续表 2 continued

单位：件 (piece)

地 区	Region	港澳台投资企业 Enterprises with Funds from Hong Kong, Macau and Taiwan		
		专利申请数 Patent Applications	#发明专利 Invention Patents	有效发明专利数 Number of Patents In Force
全 国	**Total**	**17374**	**8420**	**13619**
东部地区	Eastern Region	16157	7822	12895
中部地区	Middle Region	864	416	421
西部地区	Western Region	228	106	179
东北地区	Northeaastern Region	125	76	124
北 京	Beijing	2515	2064	1793
天 津	Tianjin	156	129	15
河 北	Hebei	48	41	303
山 西	Shanxi	29	14	3
内 蒙 古	Inner Mongolia	6	3	3
辽 宁	Liaoning	111	69	87
吉 林	Jilin	9	3	21
黑 龙 江	Heilongjiang	5	4	16
上 海	Shanghai	1246	844	836
江 苏	Jiangsu	2997	1241	2265
浙 江	Zhejiang	2570	863	2547
安 徽	Anhui	217	83	161
福 建	Fujian	624	217	356
江 西	Jiangxi	43	23	16
山 东	Shandong	182	68	111
河 南	Henan	71	25	39
湖 北	Hubei	218	134	83
湖 南	Hunan	286	137	119
广 东	Guangdong	5750	2327	4626
广 西	Guangxi	22	16	32
海 南	Hainan	69	28	43
重 庆	Chongqing	62	25	36
四 川	Sichuan	24	11	45
贵 州	Guizhou	15	8	21
云 南	Yunnan	21	9	34
西 藏	Tibet			
陕 西	Shaanxi	16	11	6
甘 肃	Gansu			
青 海	Qinghai			
宁 夏	Ningxia	62	23	2
新 疆	Xinjiang			

2-5-8 续表 3 continued

单位：件 (piece)

地区	Region	外商投资企业 Foreign Funded Enterprises 专利申请数 Patent Applications	#发明专利 Invention Patents	有效发明专利数 Number of Patents In Force
全国	**Total**	**27571**	**16878**	**23816**
东部地区	Eastern Region	26494	16305	22742
中部地区	Middle Region	339	151	347
西部地区	Western Region	398	172	430
东北地区	Northeaastern Region	340	250	297
北京	Beijing	1674	815	1790
天津	Tianjin	326	201	174
河北	Hebei	23	16	82
山西	Shanxi	2	2	10
内蒙古	Inner Mongolia			
辽宁	Liaoning	233	164	185
吉林	Jilin	13	9	15
黑龙江	Heilongjiang	94	77	97
上海	Shanghai	2961	2128	2263
江苏	Jiangsu	4041	1614	3207
浙江	Zhejiang	1474	535	899
安徽	Anhui	35	10	42
福建	Fujian	1168	775	1310
江西	Jiangxi	44	20	82
山东	Shandong	539	305	799
河南	Henan	50	19	17
湖北	Hubei	170	76	168
湖南	Hunan	38	24	28
广东	Guangdong	14279	9910	12208
广西	Guangxi	8	8	19
海南	Hainan	9	6	10
重庆	Chongqing	75	25	99
四川	Sichuan	259	114	222
贵州	Guizhou	15	11	28
云南	Yunnan	8	8	11
西藏	Tibet			
陕西	Shaanxi	33	6	51
甘肃	Gansu			
青海	Qinghai			
宁夏	Ningxia			
新疆	Xinjiang			

2-5-9 按地区和行业分高技术产业专利情况(2013年)

Statistics on Patents in High-tech Industry by Region and Industrial Sector(2013)

单位：件 (piece)

地　区	Region	医药制造业 Medical and Pharmaceutical Products Manufacturing		
		专利申请数 Patent Applications	#发明专利 Invention Patents	有效发明专利数 Number of Patents In Force
全　国	**Total**	**17124**	**10475**	**19558**
东部地区	Eastern Region	9843	6687	12632
中部地区	Middle Region	3325	1710	2736
西部地区	Western Region	2798	1349	2995
东北地区	Northeaastern Region	1158	729	1195
北　京	Beijing	465	333	1136
天　津	Tianjin	1824	1567	2443
河　北	Hebei	286	198	721
山　西	Shanxi	111	71	128
内蒙古	Inner Mongolia	45	30	32
辽　宁	Liaoning	369	264	367
吉　林	Jilin	537	310	493
黑龙江	Heilongjiang	252	155	335
上　海	Shanghai	544	403	748
江　苏	Jiangsu	1889	1199	1882
浙　江	Zhejiang	1196	638	1466
安　徽	Anhui	783	443	1002
福　建	Fujian	218	139	248
江　西	Jiangxi	262	127	406
山　东	Shandong	1826	1209	1950
河　南	Henan	536	296	332
湖　北	Hubei	755	359	486
湖　南	Hunan	878	414	382
广　东	Guangdong	1242	762	1723
广　西	Guangxi	185	127	234
海　南	Hainan	353	239	315
重　庆	Chongqing	825	210	494
四　川	Sichuan	717	329	687
贵　州	Guizhou	277	228	542
云　南	Yunnan	327	183	628
西　藏	Tibet	3	2	27
陕　西	Shaanxi	193	110	236
甘　肃	Gansu	109	33	58
青　海	Qinghai	16	16	1
宁　夏	Ningxia	85	73	37
新　疆	Xinjiang	16	8	19

2-5-9 续表 1 continued

单位：件 (piece)

地 区	Region	航空、航天器及设备制造业 Manufacture of Aircrafts and Spacecrafts and Related Equipment 专利申请数 Patent Applications	#发明专利 Invention Patents	有效发明专利数 Number of Patents In Force
全 国	**Total**	**4336**	**2131**	**3133**
东部地区	Eastern Region	905	409	667
中部地区	Middle Region	971	438	796
西部地区	Western Region	1497	737	1197
东北地区	Northeaastern Region	963	547	473
北 京	Beijing	262	139	179
天 津	Tianjin	17	1	30
河 北	Hebei	29	18	20
山 西	Shanxi	73	20	22
内蒙古	Inner Mongolia			
辽 宁	Liaoning	577	338	360
吉 林	Jilin			
黑龙江	Heilongjiang	386	209	113
上 海	Shanghai	167	105	169
江 苏	Jiangsu	261	99	232
浙 江	Zhejiang	33	2	3
安 徽	Anhui	2	2	
福 建	Fujian			
江 西	Jiangxi	213	129	264
山 东	Shandong	53	30	30
河 南	Henan	274	121	139
湖 北	Hubei	145	58	103
湖 南	Hunan	264	108	268
广 东	Guangdong	83	15	4
广 西	Guangxi			
海 南	Hainan			
重 庆	Chongqing			
四 川	Sichuan	276	99	193
贵 州	Guizhou	469	257	299
云 南	Yunnan			
西 藏	Tibet			
陕 西	Shaanxi	752	381	705
甘 肃	Gansu			
青 海	Qinghai			
宁 夏	Ningxia			
新 疆	Xinjiang			

2-5-9 续表 2 continued

单位：件 (piece)

地 区	Region	电子及通信设备制造业 Manufacture of Electronic Equipment and Communication Equipment		
		专利申请数 Patent Applications	#发明专利 Invention Patents	有效发明专利数 Number of Patents In Force
全 国	**Total**	**83168**	**45001**	**88636**
东部地区	Eastern Region	70574	39500	80135
中部地区	Middle Region	6531	2913	4139
西部地区	Western Region	5117	2112	3723
东北地区	Northeaastern Region	946	476	639
北 京	Beijing	3649	2273	4319
天 津	Tianjin	1362	543	571
河 北	Hebei	243	80	101
山 西	Shanxi	66	24	33
内 蒙 古	Inner Mongolia	4	4	2
辽 宁	Liaoning	770	411	558
吉 林	Jilin	106	47	48
黑 龙 江	Heilongjiang	70	18	33
上 海	Shanghai	4873	3864	3563
江 苏	Jiangsu	9817	3741	7607
浙 江	Zhejiang	7132	2143	3995
安 徽	Anhui	2405	903	1407
福 建	Fujian	2690	1134	1330
江 西	Jiangxi	742	268	190
山 东	Shandong	3431	1437	1546
河 南	Henan	428	143	175
湖 北	Hubei	2127	1228	1997
湖 南	Hunan	763	347	337
广 东	Guangdong	37367	24275	57087
广 西	Guangxi	147	84	130
海 南	Hainan	10	10	16
重 庆	Chongqing	230	46	132
四 川	Sichuan	3415	1336	2663
贵 州	Guizhou	287	150	160
云 南	Yunnan	10	10	7
西 藏	Tibet			
陕 西	Shaanxi	897	411	603
甘 肃	Gansu	88	32	26
青 海	Qinghai			
宁 夏	Ningxia	39	39	
新 疆	Xinjiang			

2-5-9 续表 3 continued

单位：件 (piece)

地 区	Region	计算机及办公设备制造业 Manufacture of Computer and Office Equipments 专利申请数 Patent Applications	#发明专利 Invention Patents	有效发明专利数 Number of Patents In Force
全 国	**Total**	**13408**	**8404**	**14349**
东部地区	Eastern Region	12718	8182	14037
中部地区	Middle Region	482	142	195
西部地区	Western Region	139	54	79
东北地区	Northeaastern Region	69	26	38
北 京	Beijing	2687	2103	1999
天 津	Tianjin	82	33	37
河 北	Hebei	49	7	9
山 西	Shanxi			
内蒙古	Inner Mongolia	6		
辽 宁	Liaoning	54	18	31
吉 林	Jilin	15	8	7
黑龙江	Heilongjiang			
上 海	Shanghai	338	106	114
江 苏	Jiangsu	1016	440	1056
浙 江	Zhejiang	275	59	193
安 徽	Anhui	269	81	149
福 建	Fujian	531	371	896
江 西	Jiangxi	17	5	2
山 东	Shandong	1375	815	386
河 南	Henan	8	1	8
湖 北	Hubei	61	16	15
湖 南	Hunan	127	39	21
广 东	Guangdong	6365	4248	9347
广 西	Guangxi	4	4	
海 南	Hainan			
重 庆	Chongqing	8	8	9
四 川	Sichuan	99	31	36
贵 州	Guizhou			
云 南	Yunnan	9	3	2
西 藏	Tibet			
陕 西	Shaanxi	13	8	32
甘 肃	Gansu			
青 海	Qinghai			
宁 夏	Ningxia			
新 疆	Xinjiang			

2-5-9 续表 4 continued

单位：件 (piece)

地 区	Region	医疗仪器设备及仪器仪表制造业 Manufacture of Medical Equipments and Measuring Instrument		
		专利申请数 Patent Applications	#发明专利 Invention Patents	有效发明专利数 Number of Patents In Force
全 国	**Total**	**24969**	**8048**	**13109**
东部地区	Eastern Region	20003	6393	10297
中部地区	Middle Region	2380	761	1245
西部地区	Western Region	1911	596	933
东北地区	Northeaastern Region	675	298	634
北 京	Beijing	1245	510	1081
天 津	Tianjin	393	131	375
河 北	Hebei	276	100	77
山 西	Shanxi	202	84	94
内 蒙 古	Inner Mongolia	3	2	17
辽 宁	Liaoning	497	216	464
吉 林	Jilin	50	23	58
黑 龙 江	Heilongjiang	128	59	112
上 海	Shanghai	1166	395	765
江 苏	Jiangsu	6456	2244	3466
浙 江	Zhejiang	3950	727	1015
安 徽	Anhui	325	126	164
福 建	Fujian	462	124	191
江 西	Jiangxi	222	41	105
山 东	Shandong	1421	444	755
河 南	Henan	721	157	296
湖 北	Hubei	263	100	287
湖 南	Hunan	647	253	299
广 东	Guangdong	4634	1718	2572
广 西	Guangxi	121	36	39
海 南	Hainan			
重 庆	Chongqing	578	136	409
四 川	Sichuan	522	148	105
贵 州	Guizhou	86	9	4
云 南	Yunnan	13	1	60
西 藏	Tibet			
陕 西	Shaanxi	441	212	279
甘 肃	Gansu	23	12	18
青 海	Qinghai			
宁 夏	Ningxia	84	34	2
新 疆	Xinjiang	40	6	

2-6-1 按行业分高技术产业技术获取和技术改造情况(2013年)

Technology Acquisition and Renovation in High-tech Industry by Region (2013)

单位：万元 (10000 yuan)

行业	Industry	引进技术经费支出 Expenditure for Acquisition of Foreign Technology	消化吸收经费支出 Expenditure for Assimilation of Technology	购买国内技术经费支出 Expenditure for Purchase of Domestic Technology	技术改造经费支出 Expenditure for Technical Renovation
合计	**Total**	**582291**	**145743**	**352120**	**4256677**
医药制造业	**Manufacture of Medicines**	**58131**	**63096**	**210435**	**1279734**
#化学药品制造	Manufacture of Chemical Medicine	34341	41871	151563	749264
中成药生产	Production of Finished Traditional Chinese Herbal Medicine	5862	6901	34497	286421
生物药品制造	Manufacture of Biological Medicine	5104	4038	7561	104324
航空、航天器及设备制造业	**Manufacture of Aircrafts and Spacecrafts and Related Equipment**	**16308**	**1563**	**8448**	**505497**
#飞机制造	Manufacture of Airplanes	6741	1521	7895	452931
航天器制造	Manufacture of Spacecrafts				33914
电子及通信设备制造业	**Manufacture of Electronic Equipment and Communication Equipment**	**391741**	**66613**	**109503**	**1919548**
#通信设备制造	Manufacture of Communication Equipment	37605	1251	11444	195852
#通信系统设备制造	Manufacture of Communication System Equipment	5172	478	3038	165112
通信终端设备制造	Manufacture of Communication Terminal Equipment	32434	774	8406	30740
广播电视设备制造	Manufacture of Broadcasting and TV Equipment	3546	1620	5488	28353
雷达及配套设备制造	Manufacture of Radar and Its Fittings	2917		5414	40340
视听设备制造	Manufacture of TV Set and Radio Receiver	67138	6152	30957	254079
电子器件制造	Manufacture of Electronic Appliances	148045	34330	14855	867333
#电子真空器件制造	Manufacture of Electronic Vacuum Appliance	71	1540	460	5788
半导体分立器件制造	Manufacture of Semiconductor Discreting Appliances	1084	1614	1256	26046
集成电路制造	Manufacture of Integrate Circuit	29587	9233	1332	70687
电子元件制造	Manufacture of Electronic Components	89200	6361	34989	287405
其他电子设备制造	Manufacture of Other Electronic Equipment	3686	5527	1767	29827
计算机及办公设备制造业	**Manufacture of Computers and Office Equipment**	**20901**	**3391**	**7388**	**91590**
#计算机整机制造	Manufacture of Entired Computer	6753	430	148	46618
计算机零部件制造	Manufacture of Computer Components and Parts	3114	150	680	24937
计算机外围设备制造	Manufacture of Computer Peripheral Equipment	9855		125	11255
办公设备制造	Manufacture of Office Equipment	984	2761		1708
医疗仪器设备及仪器仪表制造业	**Manufacture of Medical Equipments and Measuring Instrument**	**95208**	**11080**	**16347**	**460308**
1.医疗仪器设备及器械制造	Manufacture of Medical Equipment and Appliance	54194	1546	1817	111441
2.仪器仪表制造	Manufacture of Measuring Instrument	41015	9535	14529	348866

2-6-2 各地区高技术产业技术获取和技术改造情况(2013年)

Technology Acquisition and Renovation in High-tech Industry by Region (2013)

单位：万元 (10000 yuan)

地区	Region	引进技术经费支出 Expenditure for Acquisition of Foreign Technology	消化吸收经费支出 Expenditure for Assimilation of Technology	购买国内技术经费支出 Expenditure for Purchase of Domestic Technology	技术改造经费支出 Expenditure for Technical Renovation
全国	**Total**	**582291**	**145743**	**352120**	**4256677**
东部地区	Eastern Region	527783	117685	287789	3005435
中部地区	Middle Region	32385	18902	23145	599397
西部地区	Western Region	18440	4622	29854	435344
东北地区	Northeaastern Region	3683	4534	11333	216501
北京	Beijing	78880	975	5475	16091
天津	Tianjin	43753	1360	307	18394
河北	Hebei	1047	5911	7266	45065
山西	Shanxi	1277	2932	1024	12177
内蒙古	Inner Mongolia			804	
辽宁	Liaoning	3056	704	6376	68445
吉林	Jilin	627	3700	4192	60788
黑龙江	Heilongjiang		130	765	87268
上海	Shanghai	44133	14319	16630	53959
江苏	Jiangsu	149637	40894	47167	1159213
浙江	Zhejiang	22223	15645	38852	314396
安徽	Anhui	8218	3417	3184	72062
福建	Fujian	79906	11918	64382	167595
江西	Jiangxi	483	235	88	98287
山东	Shandong	42671	15545	62493	394211
河南	Henan	471	1338	5095	55933
湖北	Hubei	20777	6749	7571	72406
湖南	Hunan	1160	4231	6183	288532
广东	Guangdong	64171	10190	20512	819897
广西	Guangxi		30	3893	27134
海南	Hainan	1362	926	24705	16614
重庆	Chongqing	724	689	7240	38508
四川	Sichuan	16177	2752	15546	158596
贵州	Guizhou		3		33554
云南	Yunnan	55	486	943	17936
西藏	Tibet				
陕西	Shaanxi	1485	182	1161	136442
甘肃	Gansu				1583
青海	Qinghai				
宁夏	Ningxia		480	80	16182
新疆	Xinjiang			187	5410

2-6-3 按行业和企业规模分高技术产业技术获取和技术改造情况(2013年)

Technology Acquisition and Renovation in High-tech Industry by Industrial Sector and Scale of Enterprises(2013)

单位：万元 (10000 yuan)

行业	Industry	大型企业 Large-sized Enterprises			
		引进技术经费支出 Expenditure for Acquisition of Foreign Technology	消化吸收经费支出 Expenditure for Assimilation of Technology	购买国内技术经费支出 Expenditure for Purchase of Domestic Technology	技术改造经费支出 Expenditure for Technical Renovation
合计	**Total**	**376931**	**95711**	**156104**	**2637345**
医药制造业	**Manufacture of Medicines**	**31746**	**40142**	**86760**	**527995**
#化学药品制造	Manufacture of Chemical Medicine	23438	27902	64035	355817
中成药生产	Production of Finished Traditional Chinese Herbal Medicine	187	3725	15739	65868
生物药品制造	Manufacture of Biological Medicine	600	280	216	16642
航空、航天器及设备制造业	**Manufacture of Aircrafts and Spacecrafts and Related Equipment**	**16257**	**1200**	**8381**	**449213**
#飞机制造	Manufacture of Airplanes	6741	1200	7828	415001
航天器制造	Manufacture of Spacecrafts				27220
电子及通信设备制造业	**Manufacture of Electronic Equipment and Communication Equipment**	**310168**	**48913**	**59926**	**1383929**
#通信设备制造	Manufacture of Communication Equipment	27378	379	7514	51846
#通信系统设备制造	Manufacture of Communication System Equipment	3747	6	1413	35106
通信终端设备制造	Manufacture of Communication Terminal Equipment	23630	373	6101	16739
广播电视设备制造	Manufacture of Broadcasting and TV Equipment	1915	952	282	4460
雷达及配套设备制造	Manufacture of Radar and Its Fittings	2887		5314	38681
视听设备制造	Manufacture of TV Set and Radio Receiver	65652	5749	26578	234502
电子器件制造	Manufacture of Electronic Appliances	118182	27265	5638	766127
#电子真空器件制造	Manufacture of Electronic Vacuum Appliance				4159
半导体分立器件制造	Manufacture of Semiconductor Discreting Appliances				1179
集成电路制造	Manufacture of Integrate Circuit	24973	9015	992	52558
电子元件制造	Manufacture of Electronic Components	65917	2701	9861	136717
其他电子设备制造	Manufacture of Other Electronic Equipment	2023	1556	946	11095
计算机及办公设备制造业	**Manufacture of Computers and Office Equipment**	**11427**	**3072**	**160**	**66456**
#计算机整机制造	Manufacture of Entired Computer		430		41787
计算机零部件制造	Manufacture of Computer Components and Parts	1790		160	12606
计算机外围设备制造	Manufacture of Computer Peripheral Equipment	9156			8963
办公设备制造	Manufacture of Office Equipment	482	2642		
医疗仪器设备及仪器仪表制造业	**Manufacture of Medical Equipments and Measuring Instrument**	**7332**	**2385**	**877**	**209753**
1.医疗仪器设备及器械制造	Manufacture of Medical Equipment and Appliance	739		759	28829
2.仪器仪表制造	Manufacture of Measuring Instrument	6593	2385	118	180924

2-6-3 续表 continued

单位：万元 (10000 yuan)

行 业	Industry	中型企业 Medium-sized Enterprises			
		引进技术经费支出 Expenditure for Acquisition of Foreign Technology	消化吸收经费支出 Expenditure for Assimilation of Technology	购买国内技术经费支出 Expenditure for Purchase of Domestic Technology	技术改造经费支出 Expenditure for Technical Renovation
合计	**Total**	**155199**	**34370**	**156463**	**1033921**
医药制造业	**Manufacture of Medicines**	**19091**	**18699**	**98069**	**479421**
#化学药品制造	Manufacture of Chemical Medicine	6446	12567	78351	276639
中成药生产	Production of Finished Traditional Chinese Herbal Medicine	5053	1995	12093	136744
生物药品制造	Manufacture of Biological Medicine	2712	2571	3618	50087
航空、航天器及设备制造业	**Manufacture of Aircrafts and Spacecrafts and Related Equipment**		**321**	**67**	**38833**
#飞机制造	Manufacture of Airplanes		321	67	25455
航天器制造	Manufacture of Spacecrafts				6694
电子及通信设备制造业	**Manufacture of Electronic Equipment and Communication Equipment**	**52406**	**9922**	**42556**	**340219**
#通信设备制造	Manufacture of Communication Equipment	9542	592	3601	135772
#通信系统设备制造	Manufacture of Communication System Equipment	916	192	1307	123483
通信终端设备制造	Manufacture of Communication Terminal Equipment	8626	401	2294	12290
广播电视设备制造	Manufacture of Broadcasting and TV Equipment	1630	337	4663	9657
雷达及配套设备制造	Manufacture of Radar and Its Fittings				1660
视听设备制造	Manufacture of TV Set and Radio Receiver	1361	5	4154	11416
电子器件制造	Manufacture of Electronic Appliances	7766	3390	6955	60004
#电子真空器件制造	Manufacture of Electronic Vacuum Appliance		1540		89
半导体分立器件制造	Manufacture of Semiconductor Discreting Appliances	716	848	743	22647
集成电路制造	Manufacture of Integrate Circuit	3620	5		5686
电子元件制造	Manufacture of Electronic Components	19820	1849	22066	81064
其他电子设备制造	Manufacture of Other Electronic Equipment	467	3726	647	10303
计算机及办公设备制造业	**Manufacture of Computers and Office Equipment**	**8255**	**140**	**5687**	**16667**
#计算机整机制造	Manufacture of Entired Computer	6753		118	
计算机零部件制造	Manufacture of Computer Components and Parts	1204			11040
计算机外围设备制造	Manufacture of Computer Peripheral Equipment			20	583
办公设备制造	Manufacture of Office Equipment	297	119		1190
医疗仪器设备及仪器仪表制造业	**Manufacture of Medical Equipments and Measuring Instrument**	**75447**	**5289**	**10084**	**158782**
1.医疗仪器设备及器械制造	Manufacture of Medical Equipment and Appliance	48646	384	466	46813
2.仪器仪表制造	Manufacture of Measuring Instrument	26801	4905	9618	111969

2-6-4 按行业分国有及国有控股企业高技术产业技术获取和技术改造情况(2013年)

Technology Acquisition and Renovation in High-tech Industry of State-owned and State-controlled Enterprises by Industrial Sector (2013)

单位：万元 (10000 yuan)

行业	Industry	引进技术经费支出 Expenditure for Acquisition of Foreign Technology	消化吸收经费支出 Expenditure for Assimilation of Technology	购买国内技术经费支出 Expenditure for Purchase of Domestic Technology	技术改造经费支出 Expenditure for Technical Renovation
合计	**Total**	**76941**	**36254**	**58272**	**1584507**
医药制造业	**Manufacture of Medicines**	**14181**	**12668**	**24161**	**229679**
#化学药品制造	Manufacture of Chemical Medicine	8166	10538	20242	173805
中成药生产	Production of Finished Traditional Chinese Herbal Medicine	206	629	2590	38729
生物药品制造	Manufacture of Biological Medicine	199	242	954	3409
航空、航天器及设备制造业	**Manufacture of Aircrafts and Spacecrafts and Related Equipment**	**12637**	**321**	**8448**	**450415**
#飞机制造	Manufacture of Airplanes	5241	321	7895	401760
航天器制造	Manufacture of Spacecrafts				33914
电子及通信设备制造业	**Manufacture of Electronic Equipment and Communication Equipment**	**48661**	**21258**	**19760**	**817180**
#通信设备制造	Manufacture of Communication Equipment	1205	447	1674	28049
#通信系统设备制造	Manufacture of Communication System Equipment	216	149	893	10203
通信终端设备制造	Manufacture of Communication Terminal Equipment	989	298	782	17846
广播电视设备制造	Manufacture of Broadcasting and TV Equipment	1467	272	549	9
雷达及配套设备制造	Manufacture of Radar and Its Fittings	2887		5314	40127
视听设备制造	Manufacture of TV Set and Radio Receiver	8136	3260	46	40572
电子器件制造	Manufacture of Electronic Appliances	28310	16910	5308	671472
#电子真空器件制造	Manufacture of Electronic Vacuum Appliance	71			254
半导体分立器件制造	Manufacture of Semiconductor Discreting Appliances			309	1527
集成电路制造	Manufacture of Integrate Circuit	15589	1051		6058
电子元件制造	Manufacture of Electronic Components	2639	228	6478	30314
其他电子设备制造	Manufacture of Other Electronic Equipment	1792		283	4319
计算机及办公设备制造业	**Manufacture of Computers and Office Equipment**	**1228**	**430**	**46**	**48363**
#计算机整机制造	Manufacture of Entired Computer	1198	430	26	41773
计算机零部件制造	Manufacture of Computer Components and Parts				430
计算机外围设备制造	Manufacture of Computer Peripheral Equipment	30		20	3060
办公设备制造	Manufacture of Office Equipment				
医疗仪器设备及仪器仪表制造业	**Manufacture of Medical Equipments and Measuring Instrument**	**235**	**1577**	**5857**	**38870**
1.医疗仪器设备及器械制造	Manufacture of Medical Equipment and Appliance	61		585	7064
2.仪器仪表制造	Manufacture of Measuring Instrument	174	1577	5272	31806

2-6-5 按行业和登记注册类型分高技术产业技术获取和技术改造情况(2013年)

Technology Acquisition and Renovation in High-tech Industry by Industrial Sector and Registration Status(2013)

单位：万元 (10000 yuan)

行业	Industry	内资企业 Domestic Funded			
		引进技术经费支出 Expenditure for Acquisition of Foreign Technology	消化吸收经费支出 Expenditure for Assimilation of Technology	购买国内技术经费支出 Expenditure for Purchase of Domestic Technology	技术改造经费支出 Expenditure for Technical Renovation
合计	**Total**	**169506**	**96705**	**227609**	**3388602**
医药制造业	**Manufacture of Medicines**	**42353**	**48556**	**150897**	**1118954**
#化学药品制造	Manufacture of Chemical Medicine	22725	29170	102619	626554
中成药生产	Production of Finished Traditional Chinese Herbal Medicine	4039	6243	27256	265821
生物药品制造	Manufacture of Biological Medicine	3396	3156	5520	92161
航空、航天器及设备制造业	**Manufacture of Aircrafts and Spacecrafts and Related Equipment**	**14137**	**1563**	**8448**	**500146**
#飞机制造	Manufacture of Airplanes	6741	1521	7895	448205
航天器制造	Manufacture of Spacecrafts				33914
电子及通信设备制造业	**Manufacture of Electronic Equipment and Communication Equipment**	**91446**	**39988**	**46142**	**1338574**
#通信设备制造	Manufacture of Communication Equipment	1952	752	5266	50439
#通信系统设备制造	Manufacture of Communication System Equipment	1175	472	2782	28884
通信终端设备制造	Manufacture of Communication Terminal Equipment	777	280	2484	21555
广播电视设备制造	Manufacture of Broadcasting and TV Equipment	1467	392	4382	23433
雷达及配套设备制造	Manufacture of Radar and Its Fittings	2917		5414	40340
视听设备制造	Manufacture of TV Set and Radio Receiver	13785	5096	4439	63344
电子器件制造	Manufacture of Electronic Appliances	42963	21801	10714	766319
#电子真空器件制造	Manufacture of Electronic Vacuum Appliance	71		460	5788
半导体分立器件制造	Manufacture of Semiconductor Discreting Appliances	98	735	1222	24052
集成电路制造	Manufacture of Integrate Circuit	16210	1269	326	22603
电子元件制造	Manufacture of Electronic Components	9201	2629	13063	168952
其他电子设备制造	Manufacture of Other Electronic Equipment	3686	4314	1617	24060
计算机及办公设备制造业	**Manufacture of Computers and Office Equipment**	**7201**	**720**	**7279**	**56516**
#计算机整机制造	Manufacture of Entired Computer	6753	430	148	41773
计算机零部件制造	Manufacture of Computer Components and Parts	120	150	680	1895
计算机外围设备制造	Manufacture of Computer Peripheral Equipment	30		105	7773
办公设备制造	Manufacture of Office Equipment	297	119		1177
医疗仪器设备及仪器仪表制造业	**Manufacture of Medical Equipments and Measuring Instrument**	**14369**	**5878**	**14842**	**374412**
1.医疗仪器设备及器械制造	Manufacture of Medical Equipment and Appliance	2684	1148	1774	104098
2.仪器仪表制造	Manufacture of Measuring Instrument	11685	4730	13068	270314

2-6-5 续表 1 continued

单位：万元 (10000 yuan)

行业	Industry	#国有企业 State-owned Enterprises 引进技术经费支出 Expenditure for Acquisition of Foreign Technology	消化吸收经费支出 Expenditure for Assimilation of Technology	购买国内技术经费支出 Expenditure for Purchase of Domestic Technology	技术改造经费支出 Expenditure for Technical Renovation
合计	**Total**	**7744**	**554**	**1888**	**119982**
医药制造业	**Manufacture of Medicines**				**12827**
#化学药品制造	Manufacture of Chemical Medicine				3497
中成药生产	Production of Finished Traditional Chinese Herbal Medicine				6525
生物药品制造	Manufacture of Biological Medicine				2768
航空、航天器及设备制造业	**Manufacture of Aircrafts and Spacecrafts and Related Equipment**	**7344**	**321**	**620**	**64438**
#飞机制造	Manufacture of Airplanes		321	67	24741
航天器制造	Manufacture of Spacecrafts				25744
电子及通信设备制造业	**Manufacture of Electronic Equipment and Communication Equipment**	**400**	**200**	**621**	**18808**
#通信设备制造	Manufacture of Communication Equipment			1	243
#通信系统设备制造	Manufacture of Communication System Equipment			1	243
通信终端设备制造	Manufacture of Communication Terminal Equipment				
广播电视设备制造	Manufacture of Broadcasting and TV Equipment				
雷达及配套设备制造	Manufacture of Radar and Its Fittings				4721
视听设备制造	Manufacture of TV Set and Radio Receiver				21
电子器件制造	Manufacture of Electronic Appliances				2195
#电子真空器件制造	Manufacture of Electronic Vacuum Appliance				
半导体分立器件制造	Manufacture of Semiconductor Discreting Appliances				
集成电路制造	Manufacture of Integrate Circuit				1258
电子元件制造	Manufacture of Electronic Components	400	200	620	11489
其他电子设备制造	Manufacture of Other Electronic Equipment				
计算机及办公设备制造业	**Manufacture of Computers and Office Equipment**				
#计算机整机制造	Manufacture of Entired Computer				
计算机零部件制造	Manufacture of Computer Components and Parts				
计算机外围设备制造	Manufacture of Computer Peripheral Equipment				
办公设备制造	Manufacture of Office Equipment				
医疗仪器设备及仪器仪表制造业	**Manufacture of Medical Equipments and Measuring Instrument**		**33**	**648**	**23909**
1.医疗仪器设备及器械制造	Manufacture of Medical Equipment and Appliance			585	6613
2.仪器仪表制造	Manufacture of Measuring Instrument		33	63	17296

2-6-5 续表 2 continued

单位：万元 (10000 yuan)

行业	Industry	港澳台投资企业 Enterprises with Funds from Hong Kong, Macau and Taiwan			
		引进技术经费支出 Expenditure for Acquisition of Foreign Technology	消化吸收经费支出 Expenditure for Assimilation of Technology	购买国内技术经费支出 Expenditure for Purchase of Domestic Technology	技术改造经费支出 Expenditure for Technical Renovation
合计	**Total**	**131390**	**25489**	**91788**	**518893**
医药制造业	**Manufacture of Medicines**	**4880**	**7661**	**37114**	**75865**
#化学药品制造	Manufacture of Chemical Medicine	2443	7601	30304	53336
中成药生产	Production of Finished Traditional Chinese Herbal Medicine	1814	29	5397	11016
生物药品制造	Manufacture of Biological Medicine	623		508	7674
航空、航天器及设备制造业	**Manufacture of Aircrafts and Spacecrafts and Related Equipment**	**2072**			
#飞机制造	Manufacture of Airplanes				
航天器制造	Manufacture of Spacecrafts				
电子及通信设备制造业	**Manufacture of Electronic Equipment and Communication Equipment**	**117397**	**16093**	**53265**	**397545**
#通信设备制造	Manufacture of Communication Equipment	2347	38	502	121714
#通信系统设备制造	Manufacture of Communication System Equipment	700		250	117612
通信终端设备制造	Manufacture of Communication Terminal Equipment	1647	38	252	4102
广播电视设备制造	Manufacture of Broadcasting and TV Equipment			282	4853
雷达及配套设备制造	Manufacture of Radar and Its Fittings				
视听设备制造	Manufacture of TV Set and Radio Receiver	665	280	24350	187251
电子器件制造	Manufacture of Electronic Appliances	79613	7004	3504	14770
#电子真空器件制造	Manufacture of Electronic Vacuum Appliance				
半导体分立器件制造	Manufacture of Semiconductor Discreting Appliances	247	75		1670
集成电路制造	Manufacture of Integrate Circuit	5582	6929	992	9106
电子元件制造	Manufacture of Electronic Components	12668	1198	21243	66091
其他电子设备制造	Manufacture of Other Electronic Equipment		1208	151	1870
计算机及办公设备制造业	**Manufacture of Computers and Office Equipment**	**986**	**29**	**109**	**20900**
#计算机整机制造	Manufacture of Entired Computer				
计算机零部件制造	Manufacture of Computer Components and Parts				19732
计算机外围设备制造	Manufacture of Computer Peripheral Equipment	791		20	817
办公设备制造	Manufacture of Office Equipment				277
医疗仪器设备及仪器仪表制造业	**Manufacture of Medical Equipments and Measuring Instrument**	**6055**	**1705**	**1301**	**24583**
1.医疗仪器设备及器械制造	Manufacture of Medical Equipment and Appliance	363	15	2	1280
2.仪器仪表制造	Manufacture of Measuring Instrument	5692	1690	1299	23303

2-6-5 续表 3 continued

单位：万元 (10000 yuan)

行 业	Industry	外商投资企业 Foreign Funded Enterprises			
		引进技术经费支出 Expenditure for Acquisition of Foreign Technology	消化吸收经费支出 Expenditure for Assimilation of Technology	购买国内技术经费支出 Expenditure for Purchase of Domestic Technology	技术改造经费支出 Expenditure for Technical Renovation
合计	**Total**	**281395**	**23550**	**32723**	**349181**
医药制造业	**Manufacture of Medicines**	**10898**	**6879**	**22424**	**84916**
#化学药品制造	Manufacture of Chemical Medicine	9174	5100	18640	69374
中成药生产	Production of Finished Traditional Chinese Herbal Medicine	10	629	1844	9584
生物药品制造	Manufacture of Biological Medicine	1085	882	1532	4489
航空、航天器及设备制造业	**Manufacture of Aircrafts and Spacecrafts and Related Equipment**	**100**			**5351**
#飞机制造	Manufacture of Airplanes				4726
航天器制造	Manufacture of Spacecrafts				
电子及通信设备制造业	**Manufacture of Electronic Equipment and Communication Equipment**	**182898**	**10532**	**10095**	**183428**
#通信设备制造	Manufacture of Communication Equipment	33306	462	5676	23699
#通信系统设备制造	Manufacture of Communication System Equipment	3296	6	6	18616
通信终端设备制造	Manufacture of Communication Terminal Equipment	30010	456	5670	5083
广播电视设备制造	Manufacture of Broadcasting and TV Equipment	2079	1228	825	68
雷达及配套设备制造	Manufacture of Radar and Its Fittings				
视听设备制造	Manufacture of TV Set and Radio Receiver	52688	777	2167	3484
电子器件制造	Manufacture of Electronic Appliances	25469	5526	637	86243
#电子真空器件制造	Manufacture of Electronic Vacuum Appliance		1540		
半导体分立器件制造	Manufacture of Semiconductor Discreting Appliances	739	804	34	325
集成电路制造	Manufacture of Integrate Circuit	7795	1035	14	38979
电子元件制造	Manufacture of Electronic Components	67331	2534	683	52362
其他电子设备制造	Manufacture of Other Electronic Equipment		5		3896
计算机及办公设备制造业	**Manufacture of Computers and Office Equipment**	**12715**	**2642**		**14174**
#计算机整机制造	Manufacture of Entired Computer				4846
计算机零部件制造	Manufacture of Computer Components and Parts	2994			3310
计算机外围设备制造	Manufacture of Computer Peripheral Equipment	9034			2665
办公设备制造	Manufacture of Office Equipment	687	2642		254
医疗仪器设备及仪器仪表制造业	**Manufacture of Medical Equipments and Measuring Instrument**	**74784**	**3497**	**204**	**61313**
1.医疗仪器设备及器械制造	Manufacture of Medical Equipment and Appliance	51147	383	42	6063
2.仪器仪表制造	Manufacture of Measuring Instrument	23637	3115	162	55250

2-6-6 按地区和企业规模分高技术产业技术获取和技术改造情况(2013年)

Technology Acquisition and Renovation in High-tech Industry by Region and Scale of Enterprises(2013)

单位：万元 (10000 yuan)

地区	Region	大型企业 Large-sized Enterprises			
		引进技术经费支出 Expenditure for Acquisition of Foreign Technology	消化吸收经费支出 Expenditure for Assimilation of Technology	购买国内技术经费支出 Expenditure for Purchase of Domestic Technology	技术改造经费支出 Expenditure for Technical Renovation
全　国	**Total**	**376931**	**95711**	**156104**	**2637345**
东部地区	Eastern Region	340187	85641	128946	2001902
中部地区	Middle Region	20107	4154	5736	208658
西部地区	Western Region	14170	3176	18457	269263
东北地区	Northeaastern Region	2467	2740	2965	157522
北　京	Beijing	7671	430	260	1774
天　津	Tianjin	41617			1686
河　北	Hebei	949	5729	6576	40486
山　西	Shanxi		788	338	5500
内蒙古	Inner Mongolia				
辽　宁	Liaoning	2467	33	986	62202
吉　林	Jilin		2707	1650	24414
黑龙江	Heilongjiang			329	70906
上　海	Shanghai	25780	13885	11090	31606
江　苏	Jiangsu	110825	30261	25587	659210
浙　江	Zhejiang	13412	11051	17387	140206
安　徽	Anhui	2087	136	78	15367
福　建	Fujian	58774	8817	36519	87138
江　西	Jiangxi	450	118	10	71223
山　东	Shandong	26666	12144	26690	300175
河　南	Henan		372	496	42137
湖　北	Hubei	17570	2527	2918	25055
湖　南	Hunan		214	1897	49376
广　东	Guangdong	54494	3323	4837	739621
广　西	Guangxi			3318	1386
海　南	Hainan				
重　庆	Chongqing	187	39	423	15075
四　川	Sichuan	12499	2588	13816	111110
贵　州	Guizhou				20936
云　南	Yunnan		400	551	6850
西　藏	Tibet				
陕　西	Shaanxi	1485	149	330	100612
甘　肃	Gansu				
青　海	Qinghai				
宁　夏	Ningxia			20	13294
新　疆	Xinjiang				

2-6-6 续表 continued

单位：万元 (10000 yuan)

地区	Region	中型企业 Medium-sized Enterprises 引进技术经费支出 Expenditure for Acquisition of Foreign Technology	消化吸收经费支出 Expenditure for Assimilation of Technology	购买国内技术经费支出 Expenditure for Purchase of Domestic Technology	技术改造经费支出 Expenditure for Technical Renovation
全　国	**Total**	**155199**	**34370**	**156463**	**1033921**
东部地区	Eastern Region	149471	23737	133461	678904
中部地区	Middle Region	4853	9594	13355	193677
西部地区	Western Region	805	554	9314	113171
东北地区	Northeaastern Region	70	485	334	48169
北　京	Beijing	69141	421	1577	10056
天　津	Tianjin	1260	1360	113	2864
河　北	Hebei			475	4191
山　西	Shanxi	387	2144	626	6676
内蒙古	Inner Mongolia			800	
辽　宁	Liaoning	70			3209
吉　林	Jilin		355	224	29440
黑龙江	Heilongjiang		130	110	15521
上　海	Shanghai	12559	299	5409	17066
江　苏	Jiangsu	29041	7339	14502	343697
浙　江	Zhejiang	6331	2197	14433	116086
安　徽	Anhui	149	258	1569	42016
福　建	Fujian	7290	2898	25804	67002
江　西	Jiangxi		20	50	22133
山　东	Shandong	14947	2044	33362	49494
河　南	Henan	470	710	4064	8824
湖　北	Hubei	3025	4055	4261	38683
湖　南	Hunan	823	2407	2785	75346
广　东	Guangdong	7601	6253	14031	53749
广　西	Guangxi		30	120	17047
海　南	Hainan	1300	926	23757	14699
重　庆	Chongqing	237	10	6004	19588
四　川	Sichuan	513	5	1688	34580
贵　州	Guizhou		3		4974
云　南	Yunnan	55	26	21	6467
西　藏	Tibet				
陕　西	Shaanxi			680	22971
甘　肃	Gansu				88
青　海	Qinghai				
宁　夏	Ningxia		480		2246
新　疆	Xinjiang				5210

2-6-7 各地区国有及国有控股企业高技术产业技术获取和技术改造情况(2013年)

Technology Acquisition and Renovation in High-tech Industry of State-owned and State-controlled Enterprises by Region (2013)

单位：万元 (10000 yuan)

地区	Region	引进技术经费支出 Expenditure for Acquisition of Foreign Technology	消化吸收经费支出 Expenditure for Assimilation of Technology	购买国内技术经费支出 Expenditure for Purchase of Domestic Technology	技术改造经费支出 Expenditure for Technical Renovation
全　国	**Total**	**76941**	**36254**	**58272**	**1584507**
东部地区	Eastern Region	42849	33700	36906	940623
中部地区	Middle Region	17604	2307	5392	212940
西部地区	Western Region	14022	84	14549	298967
东北地区	Northeaastern Region	2467	163	1425	131977
北　京	Beijing	3553	721	460	7696
天　津	Tianjin	1259	1360	13	4200
河　北	Hebei	655	1038	2055	17285
山　西	Shanxi				5280
内蒙古	Inner Mongolia				
辽　宁	Liaoning	2467	33	986	62202
吉　林	Jilin				4746
黑龙江	Heilongjiang		130	439	65029
上　海	Shanghai	2380	772	11816	14767
江　苏	Jiangsu		16905	2429	30172
浙　江	Zhejiang	6221	7761	13830	75521
安　徽	Anhui	250	136	552	30170
福　建	Fujian	12466	10	2369	15953
江　西	Jiangxi		108		68880
山　东	Shandong	13950	5069	3058	104107
河　南	Henan		149	272	31448
湖　北	Hubei	17354	1914	3212	34024
湖　南	Hunan			1357	43138
广　东	Guangdong	2364	64	877	668402
广　西	Guangxi				3015
海　南	Hainan				2522
重　庆	Chongqing	230	71	410	14061
四　川	Sichuan	12308		13621	121104
贵　州	Guizhou				31746
云　南	Yunnan				3458
西　藏	Tibet				
陕　西	Shaanxi	1485	13	331	121749
甘　肃	Gansu				
青　海	Qinghai				
宁　夏	Ningxia				
新　疆	Xinjiang			187	3835

2-6-8　按地区和登记注册类型分高技术产业技术获取和技术改造情况(2013年)

Technology Acquisition and Renovation in High-tech Industry by Region and Registration Status(2013)

单位：万元　(10000 yuan)

地　区	Region	内资企业 Domestic Funded			
		引进技术经费支出 Expenditure for Acquisition of Foreign Technology	消化吸收经费支出 Expenditure for Assimilation of Technology	购买国内技术经费支出 Expenditure for Purchase of Domestic Technology	技术改造经费支出 Expenditure for Technical Renovation
全　国	**Total**	**169506**	**96705**	**227609**	**3388602**
东部地区	Eastern Region	118205	70248	164351	2227416
中部地区	Middle Region	29993	17953	22609	547592
西部地区	Western Region	18321	4596	29682	417012
东北地区	Northeaastern Region	2986	3908	10968	196583
北　京	Beijing	10277	826	4432	9817
天　津	Tianjin	1200	1360	307	17627
河　北	Hebei	753	1220	2745	25795
山　西	Shanxi	1277	2932	1024	11755
内 蒙 古	Inner Mongolia			804	
辽　宁	Liaoning	2986	704	6376	67257
吉　林	Jilin		3073	4180	60788
黑 龙 江	Heilongjiang		130	412	68539
上　海	Shanghai	4082	832	12006	20115
江　苏	Jiangsu	21354	33001	31319	711893
浙　江	Zhejiang	19647	14034	37177	276435
安　徽	Anhui	8218	3214	3164	58749
福　建	Fujian	16589	2429	8741	60870
江　西	Jiangxi	483	223	88	96447
山　东	Shandong	32360	14777	31428	364693
河　南	Henan	42	1138	5095	50837
湖　北	Hubei	18873	6636	7464	69026
湖　南	Hunan	1101	3809	5775	260778
广　东	Guangdong	10582	1769	14623	726224
广　西	Guangxi		30	3893	24080
海　南	Hainan	1362		21573	13949
重　庆	Chongqing	681	689	7240	33704
四　川	Sichuan	16156	2752	15546	153041
贵　州	Guizhou		3		33554
云　南	Yunnan		460	922	14467
西　藏	Tibet				
陕　西	Shaanxi	1485	182	1010	135539
甘　肃	Gansu				1583
青　海	Qinghai				
宁　夏	Ningxia		480	80	15634
新　疆	Xinjiang			187	5410

2-6-8 续表 1 continued

单位：万元 (10000 yuan)

地 区	Region	#国有企业 State-owned Enterprises 引进技术经费支出 Expenditure for Acquisition of Foreign Technology	消化吸收经费支出 Expenditure for Assimilation of Technology	购买国内技术经费支出 Expenditure for Purchase of Domestic Technology	技术改造经费支出 Expenditure for Technical Renovation
全 国	**Total**	**7744**	**554**	**1888**	**119982**
东部地区	Eastern Region			1078	27058
中部地区	Middle Region	400	521	667	16918
西部地区	Western Region	7344	33	143	75960
东北地区	Northeaastern Region				46
北 京	Beijing				459
天 津	Tianjin				21
河 北	Hebei			493	615
山 西	Shanxi				4859
内 蒙 古	Inner Mongolia				
辽 宁	Liaoning				
吉 林	Jilin				46
黑 龙 江	Heilongjiang				
上 海	Shanghai				115
江 苏	Jiangsu				14465
浙 江	Zhejiang				
安 徽	Anhui				3514
福 建	Fujian				1258
江 西	Jiangxi				
山 东	Shandong			585	6560
河 南	Henan				
湖 北	Hubei	400	521	667	7817
湖 南	Hunan				728
广 东	Guangdong				3565
广 西	Guangxi				153
海 南	Hainan				
重 庆	Chongqing		33	63	136
四 川	Sichuan	7344		60	7124
贵 州	Guizhou				6318
云 南	Yunnan				3067
西 藏	Tibet				
陕 西	Shaanxi			21	59162
甘 肃	Gansu				
青 海	Qinghai				
宁 夏	Ningxia				
新 疆	Xinjiang				

2-6-8 续表 2 continued

单位：万元 (10000 yuan)

地区	Region	港澳台投资企业 Enterprises with Funds from Hong Kong, Macau and Taiwan			
		引进技术经费支出 Expenditure for Acquisition of Foreign Technology	消化吸收经费支出 Expenditure for Assimilation of Technology	购买国内技术经费支出 Expenditure for Purchase of Domestic Technology	技术改造经费支出 Expenditure for Technical Renovation
全 国	**Total**	**131390**	**25489**	**91788**	**518893**
东部地区	Eastern Region	131264	25006	91425	463113
中部地区	Middle Region	56	483	188	42096
西部地区	Western Region			151	11613
东北地区	Northeaastern Region	70		25	2072
北 京	Beijing	9		1043	2425
天 津	Tianjin	18971			
河 北	Hebei	294	4118	3921	2124
山 西	Shanxi				
内蒙古	Inner Mongolia				
辽 宁	Liaoning	70			1189
吉 林	Jilin				
黑龙江	Heilongjiang			25	883
上 海	Shanghai	12517	7375		7646
江 苏	Jiangsu	42989	1227	2892	320196
浙 江	Zhejiang	1783	522	1158	17023
安 徽	Anhui		203		13074
福 建	Fujian	44251	7041	49047	30224
江 西	Jiangxi		12		1840
山 东	Shandong	300	70	27720	9123
河 南	Henan		200		3500
湖 北	Hubei		31		1485
湖 南	Hunan	56	37	188	22196
广 东	Guangdong	10150	4653	5244	72088
广 西	Guangxi				2904
海 南	Hainan			400	2264
重 庆	Chongqing				4803
四 川	Sichuan				
贵 州	Guizhou				
云 南	Yunnan				3357
西 藏	Tibet				
陕 西	Shaanxi			151	
甘 肃	Gansu				
青 海	Qinghai				
宁 夏	Ningxia				548
新 疆	Xinjiang				

2-6-8 续表 3 continued

单位：万元 (10000 yuan)

地 区	Region	外商投资企业 Foreign Funded Enterprises 引进技术经费支出 Expenditure for Acquisition of Foreign Technology	消化吸收经费支出 Expenditure for Assimilation of Technology	购买国内技术经费支出 Expenditure for Purchase of Domestic Technology	技术改造经费支出 Expenditure for Technical Renovation
全 国	**Total**	**281395**	**23550**	**32723**	**349181**
东部地区	Eastern Region	278314	22431	32013	314906
中部地区	Middle Region	2335	466	348	9709
西部地区	Western Region	119	26	21	6719
东北地区	Northeaastern Region	627	627	341	17846
北 京	Beijing	68594	150		3849
天 津	Tianjin	23582			767
河 北	Hebei		573	600	17146
山 西	Shanxi				422
内 蒙 古	Inner Mongolia				
辽 宁	Liaoning				
吉 林	Jilin	627	627	12	
黑 龙 江	Heilongjiang			329	17846
上 海	Shanghai	27535	6113	4624	26198
江 苏	Jiangsu	85294	6667	12955	127125
浙 江	Zhejiang	793	1088	516	20938
安 徽	Anhui			20	239
福 建	Fujian	19066	2448	6595	76502
江 西	Jiangxi				
山 东	Shandong	10011	699	3346	20396
河 南	Henan	428			1596
湖 北	Hubei	1904	81	108	1895
湖 南	Hunan	3	385	220	5558
广 东	Guangdong	43439	3769	645	21585
广 西	Guangxi				150
海 南	Hainan		926	2732	402
重 庆	Chongqing	43			
四 川	Sichuan	21			5554
贵 州	Guizhou				
云 南	Yunnan	55	26	21	112
西 藏	Tibet				
陕 西	Shaanxi				903
甘 肃	Gansu				
青 海	Qinghai				
宁 夏	Ningxia				
新 疆	Xinjiang				

2-6-9 按地区和行业分高技术产业技术获取和技术改造情况(2013年)
Technology Acquisition and Renovation in High-tech Industry by Region and Industrial Sector(2013)

单位：万元 (10000 yuan)

地区	Region	医药制造业 Medical and Pharmaceutical Products Manufacturing			
		引进技术经费支出 Expenditure for Acquisition of Foreign Technology	消化吸收经费支出 Expenditure for Assimilation of Technology	购买国内技术经费支出 Expenditure for Purchase of Domestic Technology	技术改造经费支出 Expenditure for Technical Renovation
全　国	**Total**	**58131**	**63096**	**210435**	**1279734**
东部地区	Eastern Region	47492	46765	170883	786880
中部地区	Middle Region	5691	9556	14412	282909
西部地区	Western Region	4088	2391	14471	125080
东北地区	Northeaastern Region	861	4384	10668	84866
北　京	Beijing	2807	105	4206	5406
天　津	Tianjin	2	1100	263	14501
河　北	Hebei	949	5732	6098	33024
山　西	Shanxi	891	939	1024	6177
内蒙古	Inner Mongolia			800	
辽　宁	Liaoning	234	554	5756	8045
吉　林	Jilin	627	3700	4147	54061
黑龙江	Heilongjiang		130	765	22760
上　海	Shanghai	7078	3497	5941	9757
江　苏	Jiangsu	6335	8187	36815	169845
浙　江	Zhejiang	11733	11990	24239	201539
安　徽	Anhui	519	651	2307	34831
福　建	Fujian	2172	1619	2534	45524
江　西	Jiangxi	33	157	28	23769
山　东	Shandong	11986	10718	59641	235041
河　南	Henan	471	702	3140	18150
湖　北	Hubei	3080	4151	3508	34435
湖　南	Hunan	698	2957	4405	165548
广　东	Guangdong	3067	2891	6440	55628
广　西	Guangxi		30	3893	22186
海　南	Hainan	1362	926	24705	16614
重　庆	Chongqing	381	44	6913	32736
四　川	Sichuan	3652	1166	1163	22252
贵　州	Guizhou		3		1780
云　南	Yunnan	55	486	943	17927
西　藏	Tibet				
陕　西	Shaanxi		182	679	5573
甘　肃	Gansu				1583
青　海	Qinghai				
宁　夏	Ningxia		480	80	15634
新　疆	Xinjiang				5410

2-6-9 续表 1 continued

单位：万元 (10000 yuan)

地 区	Region	航空、航天器及设备制造业 Manufacture of Aircrafts and Spacecrafts and Related Equipment			
		引进技术经费支出 Expenditure for Acquisition of Foreign Technology	消化吸收经费支出 Expenditure for Assimilation of Technology	购买国内技术经费支出 Expenditure for Purchase of Domestic Technology	技术改造经费支出 Expenditure for Technical Renovation
全 国	**Total**	**16308**	**1563**	**8448**	**505497**
东部地区	Eastern Region	3672	1242	493	60921
中部地区	Middle Region	51	321	67	125743
西部地区	Western Region	12585		7888	205454
东北地区	Northeaastern Region				113378
北 京	Beijing				4834
天 津	Tianjin				
河 北	Hebei			493	2942
山 西	Shanxi				4859
内 蒙 古	Inner Mongolia				
辽 宁	Liaoning				57102
吉 林	Jilin				
黑 龙 江	Heilongjiang				56276
上 海	Shanghai				
江 苏	Jiangsu	1500	1200		52761
浙 江	Zhejiang		42		171
安 徽	Anhui				
福 建	Fujian	2072			
江 西	Jiangxi				65342
山 东	Shandong	100			213
河 南	Henan				23617
湖 北	Hubei	51	321	67	5176
湖 南	Hunan				26750
广 东	Guangdong				
广 西	Guangxi				
海 南	Hainan				
重 庆	Chongqing				
四 川	Sichuan	11701		7888	85164
贵 州	Guizhou				22138
云 南	Yunnan				
西 藏	Tibet				
陕 西	Shaanxi	885			98152
甘 肃	Gansu				
青 海	Qinghai				
宁 夏	Ningxia				
新 疆	Xinjiang				

2-6-9 续表 2 continued

单位：万元 (10000 yuan)

地 区	Region	电子及通信设备制造业 Manufacture of Electronic Equipment and Communication Equipment			
		引进技术经费支出 Expenditure for Acquisition of Foreign Technology	消化吸收经费支出 Expenditure for Assimilation of Technology	购买国内技术经费支出 Expenditure for Purchase of Domestic Technology	技术改造经费支出 Expenditure for Technical Renovation
全 国	**Total**	**391741**	**66613**	**109503**	**1919548**
东部地区	Eastern Region	361644	57056	96584	1681249
中部地区	Middle Region	26232	7864	6013	138715
西部地区	Western Region	1419	1692	6906	89687
东北地区	Northeaastern Region	2446			9897
北 京	Beijing	21570	421	335	3929
天 津	Tianjin	41617	260	5	2246
河 北	Hebei			15	4166
山 西	Shanxi	387	1994		1141
内 蒙 古	Inner Mongolia				
辽 宁	Liaoning	2446			1676
吉 林	Jilin				152
黑 龙 江	Heilongjiang				8069
上 海	Shanghai	29772	7871	5973	37382
江 苏	Jiangsu	111588	23986	7652	633239
浙 江	Zhejiang	6256	3208	10903	73048
安 徽	Anhui	7687	2730	726	29044
福 建	Fujian	73948	9954	61732	84140
江 西	Jiangxi	450	30	60	4287
山 东	Shandong	21981	4184	1896	93809
河 南	Henan		404	523	5633
湖 北	Hubei	17516	2276	3964	30529
湖 南	Hunan	193	431	739	68081
广 东	Guangdong	54912	7172	8074	749291
广 西	Guangxi				2970
海 南	Hainan				
重 庆	Chongqing		113		3030
四 川	Sichuan	819	1579	6424	48847
贵 州	Guizhou				9514
云 南	Yunnan				
西 藏	Tibet				
陕 西	Shaanxi	600		481	25326
甘 肃	Gansu				
青 海	Qinghai				
宁 夏	Ningxia				
新 疆	Xinjiang				

2-6-9 续表 3 continued

单位：万元 (10000 yuan)

地 区	Region	计算机及办公设备制造业 Manufacture of Computer and Office Equipments 引进技术经费支出 Expenditure for Acquisition of Foreign Technology	消化吸收经费支出 Expenditure for Assimilation of Technology	购买国内技术经费支出 Expenditure for Purchase of Domestic Technology	技术改造经费支出 Expenditure for Technical Renovation
全 国	**Total**	**20901**	**3391**	**7388**	**91590**
东部地区	Eastern Region	20781	3241	6339	85295
中部地区	Middle Region			526	1282
西部地区	Western Region			4	145
东北地区	Northeaastern Region	120	150	520	4868
北 京	Beijing	5555	430	917	280
天 津	Tianjin	1198			
河 北	Hebei				
山 西	Shanxi				
内 蒙 古	Inner Mongolia			4	
辽 宁	Liaoning	120	150	520	168
吉 林	Jilin				4700
黑 龙 江	Heilongjiang				
上 海	Shanghai		2642		
江 苏	Jiangsu	1790	100	105	24371
浙 江	Zhejiang				1306
安 徽	Anhui				
福 建	Fujian	493	48	115	14274
江 西	Jiangxi				290
山 东	Shandong	8366			39661
河 南	Henan			160	175
湖 北	Hubei				
湖 南	Hunan			366	818
广 东	Guangdong	3380	21	5203	5404
广 西	Guangxi				
海 南	Hainan				
重 庆	Chongqing				
四 川	Sichuan				145
贵 州	Guizhou				
云 南	Yunnan				
西 藏	Tibet				
陕 西	Shaanxi				
甘 肃	Gansu				
青 海	Qinghai				
宁 夏	Ningxia				
新 疆	Xinjiang				

2-6-9 续表 4 continued

单位：万元 (10000 yuan)

地区	Region	医疗仪器设备及仪器仪表制造业 Manufacture of Medical Equipments and Measuring Instrument 引进技术经费支出 Expenditure for Acquisition of Foreign Technology	消化吸收经费支出 Expenditure for Assimilation of Technology	购买国内技术经费支出 Expenditure for Purchase of Domestic Technology	技术改造经费支出 Expenditure for Technical Renovation
全　国	**Total**	**95208**	**11080**	**16347**	**460308**
东部地区	Eastern Region	94194	9381	13489	391089
中部地区	Middle Region	410	1160	2127	50748
西部地区	Western Region	348	539	585	14978
东北地区	Northeaastern Region	256		145	3493
北　京	Beijing	48948	19	17	1642
天　津	Tianjin	937		40	1647
河　北	Hebei	98	179	660	4933
山　西	Shanxi				
内蒙古	Inner Mongolia				
辽　宁	Liaoning	256		100	1454
吉　林	Jilin			45	1876
黑龙江	Heilongjiang				163
上　海	Shanghai	7283	309	4715	6820
江　苏	Jiangsu	28424	7421	2594	278997
浙　江	Zhejiang	4233	405	3710	38332
安　徽	Anhui	12	37	151	8187
福　建	Fujian	1222	297	2	23657
江　西	Jiangxi	0	48		4600
山　东	Shandong	237	644	956	25487
河　南	Henan		232	1272	8359
湖　北	Hubei	130		32	2267
湖　南	Hunan	269	844	672	27335
广　东	Guangdong	2812	107	795	9574
广　西	Guangxi				1979
海　南	Hainan				
重　庆	Chongqing	343	533	328	2741
四　川	Sichuan	5	7	70	2188
贵　州	Guizhou				122
云　南	Yunnan				9
西　藏	Tibet				
陕　西	Shaanxi				7391
甘　肃	Gansu				
青　海	Qinghai				
宁　夏	Ningxia				548
新　疆	Xinjiang			187	

2-7-1 按行业分高技术产业企业办研发机构情况(2013年)

R&D Institutions in High-tech Industry by Industrial Sector (2013)

行 业	Industry	有研发机构的企业数(个) Number of Enterprises with R&D Institutions (unit)	机构数(个) R&D Institutions (unit)	机构人员(人) Personnel in R&D Institutions (person)	机构经费支出(万元) Expenditure in R&D Institutions (10000 yuan)	#仪器设备 Equipment
合计	**Total**	**7073**	**8972**	**614923**	**15455808**	**8060123**
医药制造业	**Manufacture of Medicines**	**1935**	**2529**	**115460**	**2636900**	**1813530**
#化学药品制造	Manufacture of Chemical Medicine	832	1127	59600	1454170	1001066
中成药生产	Production of Finished Traditional Chinese Herbal Medicine	461	592	27609	558702	345750
生物药品制造	Manufacture of Biological Medicine	304	396	14757	376846	298655
航空、航天器及设备制造业	**Manufacture of Aircrafts and Spacecrafts and Related Equipment**	**101**	**148**	**32617**	**569439**	**704361**
#飞机制造	Manufacture of Airplanes	62	86	26708	454892	624193
航天器制造	Manufacture of Spacecrafts	7	13	2057	42445	37747
电子及通信设备制造业	**Manufacture of Electronic Equipment and Communication Equipment**	**3236**	**4079**	**339268**	**9628702**	**4398349**
#通信设备制造	Manufacture of Communication Equipment	338	481	117395	4532179	808031
#通信系统设备制造	Manufacture of Communication System Equipment	212	297	98123	3990681	657125
通信终端设备制造	Manufacture of Communication Terminal Equipment	126	184	19272	541498	150906
广播电视设备制造	Manufacture of Broadcasting and TV Equipment	167	202	11090	217297	118523
雷达及配套设备制造	Manufacture of Radar and Its Fittings	22	40	5724	153191	107395
视听设备制造	Manufacture of TV Set and Radio Receiver	205	271	22084	770117	325800
电子器件制造	Manufacture of Electronic Appliances	715	884	61856	1712015	1393962
#电子真空器件制造	Manufacture of Electronic Vacuum Appliance	26	29	810	11302	19642
半导体分立器件制造	Manufacture of Semiconductor Discreting Appliances	100	124	5473	74939	172619
集成电路制造	Manufacture of Integrate Circuit	132	169	15064	457936	477344
电子元件制造	Manufacture of Electronic Components	1240	1449	78666	1388375	1126814
其他电子设备制造	Manufacture of Other Electronic Equipment	247	322	19430	388170	158499
计算机及办公设备制造业	**Manufacture of Computers and Office Equipment**	**346**	**419**	**50703**	**1226416**	**366043**
#计算机整机制造	Manufacture of Entired Computer	40	57	22122	583467	187563
计算机零部件制造	Manufacture of Computer Components and Parts	94	109	8415	224194	60797
计算机外围设备制造	Manufacture of Computer Peripheral Equipment	93	114	8749	219013	56285
办公设备制造	Manufacture of Office Equipment	65	77	4451	80487	21217
医疗仪器设备及仪器仪表制造业	**Manufacture of Medical Equipments and Measuring Instrument**	**1455**	**1797**	**76875**	**1394352**	**777841**
1.医疗仪器设备及器械制造	Manufacture of Medical Equipment and Appliance	328	379	14264	307375	169014
2.仪器仪表制造	Manufacture of Measuring Instrument	1127	1418	62611	1086977	608826

2-7-2 各地区高技术产业企业办研发机构情况(2013年)
R&D Institutions in High-tech Industry by Region(2013)

地 区	Region	有研发机构的企业数(个) Number of Enterprises with R&D Institutions (unit)	机构数(个) R&D Institutions (unit)	机构人员(人) Personnel in R&D Institutions (person)	机构经费支出(万元) Expenditure in R&D Institutions (10000 yuan)	#仪器设备 Equipment
全 国	**Total**	**7073**	**8972**	**614923**	**15455808**	**8060123**
东部地区	Eastern Region	5424	6839	481510	13072265	5893588
中部地区	Middle Region	922	1170	68720	1241533	1016578
西部地区	Western Region	530	687	47730	816247	862491
东北地区	Northeaastern Region	197	276	16963	325764	287466
北 京	Beijing	191	250	19754	630475	235647
天 津	Tianjin	94	124	12409	245204	221002
河 北	Hebei	107	122	8275	137956	102233
山 西	Shanxi	35	39	2624	39733	27998
内蒙古	Inner Mongolia	16	16	518	9075	7191
辽 宁	Liaoning	73	123	8922	215382	187189
吉 林	Jilin	65	78	3597	49778	36831
黑龙江	Heilongjiang	59	75	4444	60605	63446
上 海	Shanghai	176	207	23094	810746	858913
江 苏	Jiangsu	2458	3019	141679	3258253	1905205
浙 江	Zhejiang	988	1136	58311	1193079	652114
安 徽	Anhui	243	324	11851	251896	164348
福 建	Fujian	206	265	21046	545438	244369
江 西	Jiangxi	115	131	9387	143870	82679
山 东	Shandong	379	584	43103	1168447	681160
河 南	Henan	185	237	15463	203545	138191
湖 北	Hubei	149	192	20404	468257	363112
湖 南	Hunan	195	247	8991	134234	240250
广 东	Guangdong	802	1103	152043	5046581	973515
广 西	Guangxi	62	75	2509	43946	54170
海 南	Hainan	23	29	1796	36086	19429
重 庆	Chongqing	82	116	4654	78009	52234
四 川	Sichuan	143	178	14454	279342	284449
贵 州	Guizhou	42	52	6175	115388	108704
云 南	Yunnan	43	49	1944	62160	26995
西 藏	Tibet	4	4	84	1297	142
陕 西	Shaanxi	95	151	14801	192780	273544
甘 肃	Gansu	22	24	1204	19390	41803
青 海	Qinghai	3	3	28	1150	819
宁 夏	Ningxia	10	11	1144	10814	10434
新 疆	Xinjiang	8	8	215	2896	2007

2-7-3 按行业和企业规模分高技术产业企业办研发机构情况(2013年)

R&D Institutions in High-tech Industry by Industrial Sector and Scale of Enterprises(2013)

行业	Industry	大型企业 Large-sized Enterprises				
		有研发机构的企业数(个) Number of Enterprises with R&D Institutions (unit)	机构数(个) R&D Institutions (unit)	机构人员(人) Personnel in R&D Institutions (person)	机构经费支出(万元) Expenditure in R&D Institutions (10000 yuan)	#仪器设备 Equipment
合计	**Total**	**872**	**1563**	**345595**	**10629877**	**4581045**
医药制造业	**Manufacture of Medicines**	**187**	**373**	**45362**	**1145761**	**796592**
#化学药品制造	Manufacture of Chemical Medicine	109	236	28145	766418	502406
中成药生产	Production of Finished Traditional Chinese Herbal Medicine	59	102	12228	248131	142895
生物药品制造	Manufacture of Biological Medicine	10	15	2096	65928	100137
航空、航天器及设备制造业	**Manufacture of Aircrafts and Spacecrafts and Related Equipment**	**36**	**64**	**25591**	**432892**	**589628**
#飞机制造	Manufacture of Airplanes	25	48	22778	388379	539690
航天器制造	Manufacture of Spacecrafts	4	5	1594	21570	34436
电子及通信设备制造业	**Manufacture of Electronic Equipment and Communication Equipment**	**499**	**864**	**216322**	**7608413**	**2705715**
#通信设备制造	Manufacture of Communication Equipment	61	128	96845	4186446	664853
#通信系统设备制造	Manufacture of Communication System Equipment	29	78	85002	3801163	571699
通信终端设备制造	Manufacture of Communication Terminal Equipment	32	50	11843	385283	93154
广播电视设备制造	Manufacture of Broadcasting and TV Equipment	18	25	3447	88184	49790
雷达及配套设备制造	Manufacture of Radar and Its Fittings	6	9	4358	137552	81421
视听设备制造	Manufacture of TV Set and Radio Receiver	44	82	13538	628464	268431
电子器件制造	Manufacture of Electronic Appliances	126	202	35696	1259955	911565
#电子真空器件制造	Manufacture of Electronic Vacuum Appliance	3	3	216	3719	14897
半导体分立器件制造	Manufacture of Semiconductor Discreting Appliances	12	20	1566	24072	92027
集成电路制造	Manufacture of Integrate Circuit	26	51	8023	307048	385387
电子元件制造	Manufacture of Electronic Components	176	252	39160	751827	438446
其他电子设备制造	Manufacture of Other Electronic Equipment	27	51	10785	265146	91452
计算机及办公设备制造业	**Manufacture of Computers and Office Equipment**	**75**	**106**	**37572**	**1040731**	**289535**
#计算机整机制造	Manufacture of Entired Computer	18	29	21092	556326	169965
计算机零部件制造	Manufacture of Computer Components and Parts	24	26	5447	185438	43036
计算机外围设备制造	Manufacture of Computer Peripheral Equipment	15	25	4771	170574	36632
办公设备制造	Manufacture of Office Equipment	7	10	2086	49771	10212
医疗仪器设备及仪器仪表制造业	**Manufacture of Medical Equipments and Measuring Instrument**	**75**	**156**	**20748**	**402080**	**199575**
1.医疗仪器设备及器械制造	Manufacture of Medical Equipment and Appliance	13	23	1952	48915	27193
2.仪器仪表制造	Manufacture of Measuring Instrument	62	133	18796	353165	172382

2-7-3 续表

行业	Industry	中型企业 Medium-sized Enterprises 有研发机构的企业数(个) Number of Enterprises with R&D Institutions (unit)	机构数(个) R&D Institutions (unit)	机构人员(人) Personnel in R&D Institutions (person)	机构经费支出(万元) Expenditure in R&D Institutions (10000 yuan)	#仪器设备 Equipment
合计	**Total**	**2388**	**3020**	**164912**	**2964667**	**2195275**
医药制造业	**Manufacture of Medicines**	**641**	**844**	**41624**	**888776**	**636239**
#化学药品制造	Manufacture of Chemical Medicine	309	403	20157	464504	339979
中成药生产	Production of Finished Traditional Chinese Herbal Medicine	167	225	9150	166437	119044
生物药品制造	Manufacture of Biological Medicine	84	119	7108	177301	120237
航空、航天器及设备制造业	**Manufacture of Aircrafts and Spacecrafts and Related Equipment**	**33**	**41**	**4409**	**88620**	**62261**
#飞机制造	Manufacture of Airplanes	22	23	2118	34132	42130
航天器制造	Manufacture of Spacecrafts	2	4	434	20687	3232
电子及通信设备制造业	**Manufacture of Electronic Equipment and Communication Equipment**	**1184**	**1468**	**81434**	**1319729**	**1111625**
#通信设备制造	Manufacture of Communication Equipment	105	150	13814	239776	90030
#通信系统设备制造	Manufacture of Communication System Equipment	65	85	8577	124280	56267
通信终端设备制造	Manufacture of Communication Terminal Equipment	40	65	5237	115496	33763
广播电视设备制造	Manufacture of Broadcasting and TV Equipment	57	71	4981	89979	50148
雷达及配套设备制造	Manufacture of Radar and Its Fittings	7	14	1049	10137	24944
视听设备制造	Manufacture of TV Set and Radio Receiver	84	105	6616	108278	39854
电子器件制造	Manufacture of Electronic Appliances	247	293	17633	306835	365902
#电子真空器件制造	Manufacture of Electronic Vacuum Appliance	6	6	259	3230	1853
半导体分立器件制造	Manufacture of Semiconductor Discreting Appliances	31	39	2436	30513	55860
集成电路制造	Manufacture of Integrate Circuit	45	52	5048	113968	66480
电子元件制造	Manufacture of Electronic Components	518	618	26656	417438	422105
其他电子设备制造	Manufacture of Other Electronic Equipment	74	101	4809	65730	35248
计算机及办公设备制造业	**Manufacture of Computers and Office Equipment**	**127**	**150**	**8491**	**120138**	**45282**
#计算机整机制造	Manufacture of Entired Computer	10	15	684	19829	7090
计算机零部件制造	Manufacture of Computer Components and Parts	40	50	2065	28085	12309
计算机外围设备制造	Manufacture of Computer Peripheral Equipment	36	39	2523	29446	12985
办公设备制造	Manufacture of Office Equipment	21	23	1385	14814	4979
医疗仪器设备及仪器仪表制造业	**Manufacture of Medical Equipments and Measuring Instrument**	**403**	**517**	**28954**	**547404**	**339868**
1.医疗仪器设备及器械制造	Manufacture of Medical Equipment and Appliance	99	115	6685	152506	91681
2.仪器仪表制造	Manufacture of Measuring Instrument	304	402	22269	394898	248188

2-7-4 按行业分国有及国有控股企业高技术产业企业办研发机构情况(2013年)

R&D Institutions in High-tech Industry of State-owned and State-controlled Enterprises by Industrial Sector (2013)

行业	Industry	有研发机构的企业数(个) Number of Enterprises with R&D Institutions (unit)	机构数(个) R&D Institutions (unit)	机构人员(人) Personnel in R&D Institutions (person)	机构经费支出(万元) Expenditure in R&D Institutions (10000 yuan)	#仪器设备 Equipment
合计	**Total**	**623**	**996**	**120952**	**2892306**	**2232353**
医药制造业	**Manufacture of Medicines**	**196**	**292**	**17360**	**409730**	**306039**
#化学药品制造	Manufacture of Chemical Medicine	93	138	9646	209865	169350
中成药生产	Production of Finished Traditional Chinese Herbal Medicine	65	102	4456	122719	64465
生物药品制造	Manufacture of Biological Medicine	21	30	1962	49153	47358
航空、航天器及设备制造业	**Manufacture of Aircrafts and Spacecrafts and Related Equipment**	**73**	**106**	**30485**	**523717**	**652950**
#飞机制造	Manufacture of Airplanes	53	74	25471	422839	582022
航天器制造	Manufacture of Spacecrafts	6	9	2028	42257	37668
电子及通信设备制造业	**Manufacture of Electronic Equipment and Communication Equipment**	**238**	**394**	**48138**	**1452302**	**1021591**
#通信设备制造	Manufacture of Communication Equipment	54	96	14120	283489	183465
#通信系统设备制造	Manufacture of Communication System Equipment	35	59	10604	223382	162503
通信终端设备制造	Manufacture of Communication Terminal Equipment	19	37	3516	60107	20962
广播电视设备制造	Manufacture of Broadcasting and TV Equipment	10	12	1537	23897	16273
雷达及配套设备制造	Manufacture of Radar and Its Fittings	13	23	5242	145532	100488
视听设备制造	Manufacture of TV Set and Radio Receiver	12	34	4133	305778	77269
电子器件制造	Manufacture of Electronic Appliances	71	99	11965	464807	347435
#电子真空器件制造	Manufacture of Electronic Vacuum Appliance	2	2	113	1696	3581
半导体分立器件制造	Manufacture of Semiconductor Discreting Appliances	7	11	910	7160	95037
集成电路制造	Manufacture of Integrate Circuit	16	23	1727	52212	39337
电子元件制造	Manufacture of Electronic Components	50	80	6239	112918	204636
其他电子设备制造	Manufacture of Other Electronic Equipment	9	23	1988	36494	14539
计算机及办公设备制造业	**Manufacture of Computers and Office Equipment**	**26**	**53**	**12262**	**293014**	**86262**
#计算机整机制造	Manufacture of Entired Computer	9	19	5322	186966	53695
计算机零部件制造	Manufacture of Computer Components and Parts	2	3	308	3326	1080
计算机外围设备制造	Manufacture of Computer Peripheral Equipment	9	17	2062	32611	12160
办公设备制造	Manufacture of Office Equipment	3	6	1404	23694	3629
医疗仪器设备及仪器仪表制造业	**Manufacture of Medical Equipments and Measuring Instrument**	**90**	**151**	**12707**	**213544**	**165511**
1.医疗仪器设备及器械制造	Manufacture of Medical Equipment and Appliance	8	10	1226	19302	15211
2.仪器仪表制造	Manufacture of Measuring Instrument	82	141	11481	194242	150301

2-7-5　按行业和登记注册类型分高技术产业企业办研发机构情况(2013年)

R&D Institutions in High-tech Industry by Industrial Sector and Registration Status(2013)

行　业	Industry	内资企业 Domestic Funded				
		有研发机构的企业数(个) Number of Enterprises with R&D Institutions (unit)	机构数(个) R&D Institutions (unit)	机构人员(人) Personnel in R&D Institutions (person)	机构经费支出(万元) Expenditure in R&D Institutions (10000 yuan)	#仪器设备 Equipment
合计	**Total**	**5011**	**6509**	**408168**	**10061762**	**4913688**
医药制造业	**Manufacture of Medicines**	**1563**	**2056**	**87646**	**1898416**	**1381703**
#化学药品制造	Manufacture of Chemical Medicine	653	880	43225	952699	748657
中成药生产	Production of Finished Traditional Chinese Herbal Medicine	391	510	23470	468905	282829
生物药品制造	Manufacture of Biological Medicine	234	310	9957	272355	206274
航空、航天器及设备制造业	**Manufacture of Aircrafts and Spacecrafts and Related Equipment**	**90**	**132**	**31522**	**539963**	**668226**
#飞机制造	Manufacture of Airplanes	56	80	26255	444580	599534
航天器制造	Manufacture of Spacecrafts	7	13	2057	42445	37747
电子及通信设备制造业	**Manufacture of Electronic Equipment and Communication Equipment**	**2006**	**2633**	**211329**	**6261339**	**2157904**
#通信设备制造	Manufacture of Communication Equipment	246	362	92836	3707749	429708
#通信系统设备制造	Manufacture of Communication System Equipment	172	246	84531	3542081	372096
通信终端设备制造	Manufacture of Communication Terminal Equipment	74	116	8305	165668	57612
广播电视设备制造	Manufacture of Broadcasting and TV Equipment	114	135	7618	125769	61328
雷达及配套设备制造	Manufacture of Radar and Its Fittings	21	39	5697	152988	107369
视听设备制造	Manufacture of TV Set and Radio Receiver	112	160	11371	464010	129262
电子器件制造	Manufacture of Electronic Appliances	423	540	31303	701668	532410
#电子真空器件制造	Manufacture of Electronic Vacuum Appliance	23	26	625	9287	18927
半导体分立器件制造	Manufacture of Semiconductor Discreting Appliances	60	80	3553	40406	127236
集成电路制造	Manufacture of Integrate Circuit	71	96	6241	134595	102249
电子元件制造	Manufacture of Electronic Components	706	829	34081	582881	542090
其他电子设备制造	Manufacture of Other Electronic Equipment	161	228	10592	170662	84147
计算机及办公设备制造业	**Manufacture of Computers and Office Equipment**	**180**	**231**	**17751**	**372611**	**109698**
#计算机整机制造	Manufacture of Entired Computer	22	36	5969	209228	58350
计算机零部件制造	Manufacture of Computer Components and Parts	36	47	2022	21305	9533
计算机外围设备制造	Manufacture of Computer Peripheral Equipment	42	54	4262	55085	20982
办公设备制造	Manufacture of Office Equipment	49	60	2951	45877	12098
医疗仪器设备及仪器仪表制造业	**Manufacture of Medical Equipments and Measuring Instrument**	**1172**	**1457**	**59920**	**989433**	**596158**
1.医疗仪器设备及器械制造	Manufacture of Medical Equipment and Appliance	245	283	9582	155092	97221
2.仪器仪表制造	Manufacture of Measuring Instrument	927	1174	50338	834341	498937

2-7-5 续表 1 continued

行 业	Industry	#国有企业 State-owned Enterprises				
		有研发机构的企业数（个）Number of Enterprises with R&D Institutions (unit)	机构数（个）R&D Institutions (unit)	机构人员（人）Personnel in R&D Institutions (person)	机构经费支出（万元）Expenditure in R&D Institutions (10000 yuan)	#仪器设备 Equipment
合计	**Total**	**77**	**130**	**17085**	**354655**	**314201**
医药制造业	**Manufacture of Medicines**	**19**	**28**	**1482**	**34533**	**36725**
#化学药品制造	Manufacture of Chemical Medicine	4	4	212	6130	4282
中成药生产	Production of Finished Traditional Chinese Herbal Medicine	8	15	584	12629	7874
生物药品制造	Manufacture of Biological Medicine	5	7	672	15081	24469
航空、航天器及设备制造业	**Manufacture of Aircrafts and Spacecrafts and Related Equipment**	**20**	**28**	**5093**	**94016**	**91306**
#飞机制造	Manufacture of Airplanes	10	13	1971	37584	43474
航天器制造	Manufacture of Spacecrafts	4	5	1526	35608	37129
电子及通信设备制造业	**Manufacture of Electronic Equipment and Communication Equipment**	**19**	**45**	**6813**	**174464**	**152386**
#通信设备制造	Manufacture of Communication Equipment	3	17	4547	143583	131627
#通信系统设备制造	Manufacture of Communication System Equipment	2	11	4352	138338	130640
通信终端设备制造	Manufacture of Communication Terminal Equipment	1	6	195	5245	987
广播电视设备制造	Manufacture of Broadcasting and TV Equipment					
雷达及配套设备制造	Manufacture of Radar and Its Fittings	3	3	1058	12973	6489
视听设备制造	Manufacture of TV Set and Radio Receiver	1	1	68	166	425
电子器件制造	Manufacture of Electronic Appliances	1	1	192	1750	1131
#电子真空器件制造	Manufacture of Electronic Vacuum Appliance					
半导体分立器件制造	Manufacture of Semiconductor Discreting Appliances					
集成电路制造	Manufacture of Integrate Circuit					
电子元件制造	Manufacture of Electronic Components	10	22	942	15967	12129
其他电子设备制造	Manufacture of Other Electronic Equipment					
计算机及办公设备制造业	**Manufacture of Computers and Office Equipment**	**1**	**1**	**40**	**100**	**75**
#计算机整机制造	Manufacture of Entired Computer					
计算机零部件制造	Manufacture of Computer Components and Parts					
计算机外围设备制造	Manufacture of Computer Peripheral Equipment					
办公设备制造	Manufacture of Office Equipment	1	1	40	100	75
医疗仪器设备及仪器仪表制造业	**Manufacture of Medical Equipments and Measuring Instrument**	**18**	**28**	**3657**	**51542**	**33708**
1.医疗仪器设备及器械制造	Manufacture of Medical Equipment and Appliance	1	1	526	7673	10600
2.仪器仪表制造	Manufacture of Measuring Instrument	17	27	3131	43868	23108

2-7-5 续表 2 continued

行业	Industry	港澳台投资企业 Enterprises with Funds from Hong Kong, Macau and Taiwan 有研发机构的企业数(个) Number of Enterprises with R&D Institutions (unit)	机构数(个) R&D Institutions (unit)	机构人员(人) Personnel in R&D Institutions (person)	机构经费支出(万元) Expenditure in R&D Institutions (10000 yuan)	#仪器设备 Equipment
合计	**Total**	**881**	**1066**	**83445**	**2066326**	**1087057**
医药制造业	**Manufacture of Medicines**	**163**	**218**	**13625**	**320558**	**207669**
#化学药品制造	Manufacture of Chemical Medicine	75	115	7666	202454	94512
中成药生产	Production of Finished Traditional Chinese Herbal Medicine	44	50	2420	45379	34457
生物药品制造	Manufacture of Biological Medicine	23	31	2239	48159	63373
航空、航天器及设备制造业	**Manufacture of Aircrafts and Spacecrafts and Related Equipment**	**3**	**3**	**170**	**7026**	**6318**
#飞机制造	Manufacture of Airplanes	2	2	55	1398	5738
航天器制造	Manufacture of Spacecrafts					
电子及通信设备制造业	**Manufacture of Electronic Equipment and Communication Equipment**	**548**	**649**	**55231**	**1355990**	**770650**
#通信设备制造	Manufacture of Communication Equipment	32	43	9225	294790	141149
#通信系统设备制造	Manufacture of Communication System Equipment	18	21	7174	248847	97549
通信终端设备制造	Manufacture of Communication Terminal Equipment	14	22	2051	45943	43600
广播电视设备制造	Manufacture of Broadcasting and TV Equipment	28	36	1456	35804	25421
雷达及配套设备制造	Manufacture of Radar and Its Fittings	1	1	27	203	26
视听设备制造	Manufacture of TV Set and Radio Receiver	39	52	6630	180096	80603
电子器件制造	Manufacture of Electronic Appliances	110	120	10375	313891	145732
#电子真空器件制造	Manufacture of Electronic Vacuum Appliance	2	2	84	1172	660
半导体分立器件制造	Manufacture of Semiconductor Discreting Appliances	11	11	416	8695	10477
集成电路制造	Manufacture of Integrate Circuit	16	16	1869	45599	36818
电子元件制造	Manufacture of Electronic Components	266	317	22330	438831	323806
其他电子设备制造	Manufacture of Other Electronic Equipment	41	46	2981	53079	30655
计算机及办公设备制造业	**Manufacture of Computers and Office Equipment**	**73**	**84**	**8797**	**293751**	**58534**
#计算机整机制造	Manufacture of Entired Computer	7	9	3929	120488	19850
计算机零部件制造	Manufacture of Computer Components and Parts	21	23	1375	21980	11497
计算机外围设备制造	Manufacture of Computer Peripheral Equipment	34	40	3117	145180	25967
办公设备制造	Manufacture of Office Equipment	4	5	178	2032	267
医疗仪器设备及仪器仪表制造业	**Manufacture of Medical Equipments and Measuring Instrument**	**94**	**112**	**5622**	**89001**	**43887**
1.医疗仪器设备及器械制造	Manufacture of Medical Equipment and Appliance	23	27	828	16709	14776
2.仪器仪表制造	Manufacture of Measuring Instrument	71	85	4794	72292	29110

2-7-5 续表 3 continued

行 业	Industry	外商投资企业 Foreign Funded Enterprises				
		有研发机构的企业数(个) Number of Enterprises with R&D Institutions (unit)	机构数(个) R&D Institutions (unit)	机构人员(人) Personnel in R&D Institutions (person)	机构经费支出(万元) Expenditure in R&D Institutions (10000 yuan)	#仪器设备 Equipment
合计	**Total**	**1181**	**1397**	**123310**	**3327720**	**2059378**
医药制造业	**Manufacture of Medicines**	**209**	**255**	**14189**	**417926**	**224158**
#化学药品制造	Manufacture of Chemical Medicine	104	132	8709	299018	157896
中成药生产	Production of Finished Traditional Chinese Herbal Medicine	26	32	1719	44418	28464
生物药品制造	Manufacture of Biological Medicine	47	55	2561	56332	29008
航空、航天器及设备制造业	**Manufacture of Aircrafts and Spacecrafts and Related Equipment**	**8**	**13**	**925**	**22450**	**29817**
#飞机制造	Manufacture of Airplanes	4	4	398	8913	18922
航天器制造	Manufacture of Spacecrafts					
电子及通信设备制造业	**Manufacture of Electronic Equipment and Communication Equipment**	**682**	**797**	**72708**	**2011373**	**1469795**
#通信设备制造	Manufacture of Communication Equipment	60	76	15334	529640	237174
#通信系统设备制造	Manufacture of Communication System Equipment	22	30	6418	199753	187481
通信终端设备制造	Manufacture of Communication Terminal Equipment	38	46	8916	329887	49693
广播电视设备制造	Manufacture of Broadcasting and TV Equipment	25	31	2016	55724	31775
雷达及配套设备制造	Manufacture of Radar and Its Fittings					
视听设备制造	Manufacture of TV Set and Radio Receiver	54	59	4083	126011	115935
电子器件制造	Manufacture of Electronic Appliances	182	224	20178	696455	715820
#电子真空器件制造	Manufacture of Electronic Vacuum Appliance	1	1	101	843	55
半导体分立器件制造	Manufacture of Semiconductor Discreting Appliances	29	33	1504	25839	34905
集成电路制造	Manufacture of Integrate Circuit	45	57	6954	277742	338277
电子元件制造	Manufacture of Electronic Components	268	303	22255	366663	260918
其他电子设备制造	Manufacture of Other Electronic Equipment	45	48	5857	164429	43697
计算机及办公设备制造业	**Manufacture of Computers and Office Equipment**	**93**	**104**	**24155**	**560053**	**197812**
#计算机整机制造	Manufacture of Entired Computer	11	12	12224	253752	109363
计算机零部件制造	Manufacture of Computer Components and Parts	37	39	5018	180910	39767
计算机外围设备制造	Manufacture of Computer Peripheral Equipment	17	20	1370	18748	9336
办公设备制造	Manufacture of Office Equipment	12	12	1322	32578	8853
医疗仪器设备及仪器仪表制造业	**Manufacture of Medical Equipments and Measuring Instrument**	**189**	**228**	**11333**	**315917**	**137796**
1.医疗仪器设备及器械制造	Manufacture of Medical Equipment and Appliance	60	69	3854	135574	57017
2.仪器仪表制造	Manufacture of Measuring Instrument	129	159	7479	180343	80779

2-7-6 按地区和企业规模分高技术产业企业办研发机构情况(2013年)
R&D Institutions in High-tech Industry by Region and Industrial Sector(2013)

地区	Region	大型企业 Large-sized Enterprises				
		有R&D机构的企业单位数(个) Number of Enterprises with R&D Institutions (unit)	机构数(个) R&D Institutions (unit)	机构人员(人) Personnel in R&D Institutions (person)	机构经费支出(万元) Expenditure in R&D Institutions (10000 yuan)	#仪器设备 Equipment
全国	**Total**	**872**	**1563**	**345595**	**10629877**	**4581045**
东部地区	Eastern Region	680	1190	277002	9170082	3380039
中部地区	Middle Region	99	174	35434	777610	459515
西部地区	Western Region	69	150	24253	471533	551613
东北地区	Northeaastern Region	24	49	8906	210652	189878
北京	Beijing	19	33	6138	249647	90604
天津	Tianjin	14	26	8481	139417	178731
河北	Hebei	13	20	4285	85197	61357
山西	Shanxi	5	7	794	14424	3782
内蒙古	Inner Mongolia	2	2	108	5295	1752
辽宁	Liaoning	9	23	5538	159617	139124
吉林	Jilin	5	11	980	15693	9573
黑龙江	Heilongjiang	10	15	2388	35342	41181
上海	Shanghai	39	48	16024	636965	646853
江苏	Jiangsu	293	460	67347	1834299	902276
浙江	Zhejiang	67	124	21935	593143	251357
安徽	Anhui	18	31	3756	122881	22795
福建	Fujian	25	42	11898	386253	133461
江西	Jiangxi	17	29	5808	103187	46467
山东	Shandong	50	143	28428	847555	459461
河南	Henan	27	49	7129	116502	64484
湖北	Hubei	21	38	14648	381899	273980
湖南	Hunan	11	20	3299	38718	48008
广东	Guangdong	160	294	112466	4397606	655939
广西	Guangxi	4	8	703	12432	23331
海南	Hainan					
重庆	Chongqing	10	18	1693	30628	24834
四川	Sichuan	20	40	7405	170693	205012
贵州	Guizhou	6	10	1879	61974	22284
云南	Yunnan	3	4	650	33263	11161
西藏	Tibet					
陕西	Shaanxi	21	63	10829	139758	228262
甘肃	Gansu	2	4	751	12429	30416
青海	Qinghai					
宁夏	Ningxia	1	1	235	5062	4560
新疆	Xinjiang					

2-7-6 续表 continued

地　区	Region	中型企业 Medium-sized Enterprises				
		有R&D机构的企业单位数（个）Number of Enterprises with R&D Institutions (unit)	机构数（个）R&D Institutions (unit)	机构人员（人）Personnel in R&D Institutions (person)	机构经费支出（万元）Expenditure in R&D Institutions (10000 yuan)	#仪器设备 Equipment
全　国	**Total**	**2388**	**3020**	**164912**	**2964667**	**2195275**
东部地区	Eastern Region	1841	2317	126697	2438862	1704862
中部地区	Middle Region	304	397	20156	276155	259532
西部地区	Western Region	184	230	13508	190597	177768
东北地区	Northeaastern Region	59	76	4551	59053	53113
北　京	Beijing	77	97	9922	280109	113556
天　津	Tianjin	32	48	2216	39860	26292
河　北	Hebei	36	40	2383	36713	24188
山　西	Shanxi	12	12	1284	17111	16324
内蒙古	Inner Mongolia	1	1	46	772	1759
辽　宁	Liaoning	23	29	1795	27726	31229
吉　林	Jilin	19	25	1555	16016	9912
黑龙江	Heilongjiang	17	22	1201	15311	11972
上　海	Shanghai	48	54	4158	111868	186439
江　苏	Jiangsu	856	1046	43763	858440	672492
浙　江	Zhejiang	277	336	19847	332383	236073
安　徽	Anhui	63	104	4346	70810	66051
福　建	Fujian	76	107	5991	114171	70930
江　西	Jiangxi	51	55	2596	31174	26825
山　东	Shandong	93	137	7588	157119	121026
河　南	Henan	79	97	5624	59137	53009
湖　北	Hubei	45	61	3441	51730	62006
湖　南	Hunan	54	68	2865	46195	35318
广　东	Guangdong	333	433	29388	475724	243551
广　西	Guangxi	23	28	876	18378	20505
海　南	Hainan	13	19	1441	32475	10316
重　庆	Chongqing	25	43	1668	28859	18482
四　川	Sichuan	57	62	4979	76634	55009
贵　州	Guizhou	19	24	1942	15337	39703
云　南	Yunnan	15	20	730	16609	9080
西　藏	Tibet	1	1	8	98	1
陕　西	Shaanxi	33	40	2310	26628	27127
甘　肃	Gansu	4	4	126	2132	676
青　海	Qinghai	1	1	12	232	673
宁　夏	Ningxia	3	4	776	4260	4145
新　疆	Xinjiang	2	2	35	658	609

2-7-7 各地区国有及国有控股企业高技术产业企业办研发机构情况(2013年)

R&D Institutions in High-tech Industry of State-owned and State-controlled Enterprises by Region (2013)

地 区	Region	有研发机构的企业数(个) Number of Enterprises with R&D Institutions (unit)	机构数(个) R&D Institutions (unit)	机构人员(人) Personnel in R&D Institutions (person)	机构经费支出(万元) Expenditure in R&D Institutions (10000 yuan)	#仪器设备 Equipment
全 国	**Total**	**623**	**996**	**120952**	**2892306**	**2232353**
东部地区	Eastern Region	357	568	59821	1665552	938675
中部地区	Middle Region	103	160	25457	564555	515114
西部地区	Western Region	134	210	27420	475666	587328
东北地区	Northeaastern Region	29	58	8254	186534	191236
北 京	Beijing	59	88	7575	225206	88872
天 津	Tianjin	40	53	3693	71112	98353
河 北	Hebei	15	19	2091	27962	37490
山 西	Shanxi	4	6	789	10863	4980
内蒙古	Inner Mongolia	2	2	47	406	425
辽 宁	Liaoning	14	36	5639	150793	140180
吉 林	Jilin	4	4	322	4307	11070
黑龙江	Heilongjiang	11	18	2293	31434	39986
上 海	Shanghai	41	47	5123	161566	148687
江 苏	Jiangsu	78	129	11648	252546	151597
浙 江	Zhejiang	25	46	3527	82053	68155
安 徽	Anhui	24	35	2532	74974	24369
福 建	Fujian	10	29	4119	65086	25357
江 西	Jiangxi	13	18	4247	78983	26948
山 东	Shandong	27	59	13000	452342	165113
河 南	Henan	16	28	2520	38657	29632
湖 北	Hubei	27	44	12341	332040	268878
湖 南	Hunan	19	29	3028	29037	160307
广 东	Guangdong	61	92	8850	322434	154064
广 西	Guangxi	2	2	35	201	550
海 南	Hainan	1	6	195	5245	987
重 庆	Chongqing	16	28	1774	26278	23514
四 川	Sichuan	29	40	6994	151563	189857
贵 州	Guizhou	28	34	5005	97060	97471
云 南	Yunnan	7	7	361	21608	3106
西 藏	Tibet	1	1	8	98	1
陕 西	Shaanxi	41	88	12694	165330	250953
甘 肃	Gansu	3	3	356	11134	20196
青 海	Qinghai	1	1	4	452	123
宁 夏	Ningxia					
新 疆	Xinjiang	4	4	142	1537	1134

2-7-8 按地区和登记注册类型分高技术产业企业办研发机构情况(2013年)
R&D Institutions in High-tech Industry by Region and Registration Status(2013)

地区	Region	内资企业 Domestic Funded 有研发机构的企业数(个) Number of Enterprises with R&D Institutions (unit)	机构数(个) R&D Institutions (unit)	机构人员(人) Personnel in R&D Institutions (person)	机构经费支出(万元) Expenditure in R&D Institutions (10000 yuan)	#仪器设备 Equipment
全　国	**Total**	**5011**	**6509**	**408168**	**10061762**	**4913688**
东部地区	Eastern Region	3532	4583	288828	7946144	2935367
中部地区	Middle Region	824	1052	59387	1069524	897255
西部地区	Western Region	480	625	44980	763935	810734
东北地区	Northeaastern Region	175	249	14973	282160	270333
北　京	Beijing	143	183	12689	324036	115367
天　津	Tianjin	77	98	8085	165269	121815
河　北	Hebei	95	108	6103	81043	76455
山　西	Shanxi	32	36	2184	31845	23853
内蒙古	Inner Mongolia	14	14	482	6619	7126
辽　宁	Liaoning	63	113	7850	190483	182099
吉　林	Jilin	61	74	3473	44734	34561
黑龙江	Heilongjiang	51	62	3650	46943	53672
上　海	Shanghai	89	103	7104	215463	170466
江　苏	Jiangsu	1400	1824	64932	1397612	846256
浙　江	Zhejiang	775	889	40436	718195	452189
安　徽	Anhui	228	302	10985	215959	135095
福　建	Fujian	127	168	7489	119074	78848
江　西	Jiangxi	97	113	8445	130652	77895
山　东	Shandong	328	518	31764	927354	542875
河　南	Henan	157	202	11226	152940	103625
湖　北	Hubei	135	175	18706	426382	324983
湖　南	Hunan	175	224	7841	111747	231804
广　东	Guangdong	480	668	108991	3976399	517976
广　西	Guangxi	50	63	2025	36254	35361
海　南	Hainan	18	24	1235	21700	13119
重　庆	Chongqing	73	99	4074	64735	36249
四　川	Sichuan	133	168	13888	269567	280386
贵　州	Guizhou	40	50	5968	113488	107063
云　南	Yunnan	37	39	1608	50237	23130
西　藏	Tibet	4	4	84	1297	142
陕　西	Shaanxi	87	143	14365	189088	268157
甘　肃	Gansu	22	24	1204	19390	41803
青　海	Qinghai	3	3	28	1150	819
宁　夏	Ningxia	9	10	1039	9214	8494
新　疆	Xinjiang	8	8	215	2896	2007

2-7-8 续表 1 continued

地区	Region	#国有企业 State-owned Enterprises 有研发机构的企业数（个） Number of Enterprises with R&D Institutions (unit)	机构数（个） R&D Institutions (unit)	机构人员（人） Personnel in R&D Institutions (person)	机构经费支出（万元） Expenditure in R&D Institutions (10000 yuan)	#仪器设备 Equipment
全国	**Total**	**77**	**130**	**17085**	**354655**	**314201**
东部地区	Eastern Region	32	50	5311	105637	72852
中部地区	Middle Region	13	23	5976	161375	146618
西部地区	Western Region	31	56	5758	87543	94656
东北地区	Northeaastern Region	1	1	40	100	75
北京	Beijing	8	8	532	28817	6987
天津	Tianjin	1	1	68	166	425
河北	Hebei	3	3	159	1008	1654
山西	Shanxi	1	1	291	2168	1849
内蒙古	Inner Mongolia					
辽宁	Liaoning					
吉林	Jilin					
黑龙江	Heilongjiang	1	1	40	100	75
上海	Shanghai	2	2	501	12738	30449
江苏	Jiangsu	8	19	2714	41414	12944
浙江	Zhejiang	2	2	92	2096	748
安徽	Anhui	2	2	683	12446	362
福建	Fujian					
江西	Jiangxi	1	1	42	180	103
山东	Shandong	3	5	875	9372	15330
河南	Henan	2	3	174	1577	1624
湖北	Hubei	5	14	4766	144575	142551
湖南	Hunan	2	2	20	430	130
广东	Guangdong	4	4	175	4782	3328
广西	Guangxi	1	1	26	86	75
海南	Hainan	1	6	195	5245	987
重庆	Chongqing	1	1	42	467	368
四川	Sichuan	7	7	994	17280	17164
贵州	Guizhou	6	10	1171	10796	8310
云南	Yunnan	1	1	25	600	968
西藏	Tibet	1	1	8	98	1
陕西	Shaanxi	13	34	3161	48859	48181
甘肃	Gansu	1	1	331	9357	19589
青海	Qinghai					
宁夏	Ningxia					
新疆	Xinjiang					

2-7-8 续表 2 continued

地 区	Region	港澳台投资企业 Enterprises with Funds from Hong Kong, Macau and Taiwan 有研发机构的企业数(个) Number of Enterprises with R&D Institutions (unit)	机构数(个) R&D Institutions (unit)	机构人员(人) Personnel in R&D Institutions (person)	机构经费支出(万元) Expenditure in R&D Institutions (10000 yuan)	#仪器设备 Equipment
全 国	**Total**	**881**	**1066**	**83445**	**2066326**	**1087057**
东部地区	Eastern Region	788	955	74657	1904070	967673
中部地区	Middle Region	54	64	6519	102487	73964
西部地区	Western Region	26	34	1497	37741	38957
东北地区	Northeaastern Region	13	13	772	22029	6463
北 京	Beijing	14	20	2336	143946	23849
天 津	Tianjin	5	7	1982	3218	5295
河 北	Hebei	4	6	1433	35409	8631
山 西	Shanxi	2	2	298	1802	3966
内蒙古	Inner Mongolia	1	1	19	2400	47
辽 宁	Liaoning	6	6	400	15172	2359
吉 林	Jilin	3	3	115	4844	2075
黑龙江	Heilongjiang	4	4	257	2013	2029
上 海	Shanghai	23	31	4016	115282	71819
江 苏	Jiangsu	389	451	25579	587387	335539
浙 江	Zhejiang	99	106	9327	314696	133237
安 徽	Anhui	8	10	376	20087	20380
福 建	Fujian	44	53	5402	184658	77741
江 西	Jiangxi	9	9	398	5689	1796
山 东	Shandong	8	12	697	32751	23710
河 南	Henan	15	20	3533	42313	26489
湖 北	Hubei	7	7	986	13650	16028
湖 南	Hunan	13	16	928	18946	5306
广 东	Guangdong	200	267	23584	483228	283541
广 西	Guangxi	8	8	406	7316	18022
海 南	Hainan	2	2	301	3495	4311
重 庆	Chongqing	5	13	479	10237	12723
四 川	Sichuan	2	2	142	4272	1585
贵 州	Guizhou	1	1	27	180	280
云 南	Yunnan	4	4	198	10102	3501
西 藏	Tibet					
陕 西	Shaanxi	4	4	121	1635	858
甘 肃	Gansu					
青 海	Qinghai					
宁 夏	Ningxia	1	1	105	1600	1940
新 疆	Xinjiang					

2-7-8 续表 3 continued

地 区	Region	外商投资企业 Foreign Funded Enterprises 有研发机构的企业数(个) Number of Enterprises with R&D Institutions (unit)	机构数(个) R&D Institutions (unit)	机构人员(人) Personnel in R&D Institutions (person)	机构经费支出(万元) Expenditure in R&D Institutions (10000 yuan)	#仪器设备 Equipment
全 国	**Total**	**1181**	**1397**	**123310**	**3327720**	**2059378**
东部地区	Eastern Region	1104	1301	118025	3222051	1990548
中部地区	Middle Region	44	54	2814	69522	45359
西部地区	Western Region	24	28	1253	14571	12801
东北地区	Northeaastern Region	9	14	1218	21576	10670
北 京	Beijing	34	47	4729	162494	96431
天 津	Tianjin	12	19	2342	76717	93892
河 北	Hebei	8	8	739	21504	17147
山 西	Shanxi	1	1	142	6085	178
内 蒙 古	Inner Mongolia	1	1	17	56	18
辽 宁	Liaoning	4	4	672	9728	2731
吉 林	Jilin	1	1	9	200	195
黑 龙 江	Heilongjiang	4	9	537	11648	7745
上 海	Shanghai	64	73	11974	480001	616628
江 苏	Jiangsu	669	744	51168	1273254	723410
浙 江	Zhejiang	114	141	8548	160189	66687
安 徽	Anhui	7	12	490	15850	8873
福 建	Fujian	35	44	8155	241706	87780
江 西	Jiangxi	9	9	544	7530	2989
山 东	Shandong	43	54	10642	208343	114575
河 南	Henan	13	15	704	8292	8077
湖 北	Hubei	7	10	712	28225	22102
湖 南	Hunan	7	7	222	3541	3140
广 东	Guangdong	122	168	19468	586954	171999
广 西	Guangxi	4	4	78	376	787
海 南	Hainan	3	3	260	10890	1999
重 庆	Chongqing	4	4	101	3038	3262
四 川	Sichuan	8	8	424	5503	2478
贵 州	Guizhou	1	1	180	1720	1362
云 南	Yunnan	2	6	138	1821	364
西 藏	Tibet					
陕 西	Shaanxi	4	4	315	2057	4530
甘 肃	Gansu					
青 海	Qinghai					
宁 夏	Ningxia					
新 疆	Xinjiang					

2-7-9 按地区和行业分高技术产业企业办研发机构情况(2013年)

R&D Institutions in High-tech Industry by Region and Industrial Sector (2013)

地区	Region	医药制造业 Medical and Pharmaceutical Products Manufacturing				
		有研发机构的企业数(个) Number of Enterprises with R&D Institutions (unit)	机构数(个) R&D Institutions (unit)	机构人员(人) Personnel in R&D Institutions (person)	机构经费支出(万元) Expenditure in R&D Institutions (10000 yuan)	#仪器设备 Equipment
全　国	**Total**	**1935**	**2529**	**115460**	**2636900**	**1813530**
东部地区	Eastern Region	1131	1523	74783	1903415	1245121
中部地区	Middle Region	393	495	20952	354566	292026
西部地区	Western Region	286	337	13181	271478	190769
东北地区	Northeaastern Region	125	174	6544	107441	85613
北　京	Beijing	60	66	4120	116772	54608
天　津	Tianjin	34	47	4785	104007	30492
河　北	Hebei	50	55	4314	89848	53261
山　西	Shanxi	20	21	1210	25517	16078
内蒙古	Inner Mongolia	10	10	399	8678	6263
辽　宁	Liaoning	32	54	1520	27873	40416
吉　林	Jilin	58	71	3197	45033	25978
黑龙江	Heilongjiang	35	49	1827	34536	19219
上　海	Shanghai	54	62	3843	126064	78899
江　苏	Jiangsu	352	476	17627	475347	289279
浙　江	Zhejiang	216	282	12678	246504	217376
安　徽	Anhui	85	113	3113	60382	62787
福　建	Fujian	42	57	1740	29139	26493
江　西	Jiangxi	52	59	2374	32949	25511
山　东	Shandong	167	259	15007	458115	354189
河　南	Henan	89	110	5647	75179	57139
湖　北	Hubei	72	92	5796	104302	77712
湖　南	Hunan	75	100	2812	56237	52798
广　东	Guangdong	135	197	9448	231224	122092
广　西	Guangxi	39	46	1506	29787	29122
海　南	Hainan	21	22	1221	26396	18432
重　庆	Chongqing	45	63	2210	50053	20161
四　川	Sichuan	62	74	2929	60351	40517
贵　州	Guizhou	12	16	1139	17751	11059
云　南	Yunnan	40	46	1781	58756	26386
西　藏	Tibet	4	4	84	1297	142
陕　西	Shaanxi	37	40	1190	16463	15599
甘　肃	Gansu	20	20	740	16302	30968
青　海	Qinghai	3	3	28	1150	819
宁　夏	Ningxia	7	8	986	8789	7736
新　疆	Xinjiang	7	7	189	2102	1999

2-7-9 续表 1 continued

地 区	Region	航空、航天器及设备制造业 Manufacture of Aircrafts and Spacecrafts and Related Equipment 有研发机构的企业数（个） Number of Enterprises with R&D Institutions (unit)	机构数（个） R&D Institutions (unit)	机构人员（人） Personnel in R&D Institutions (person)	机构经费支出（万元） Expenditure in R&D Institutions (10000 yuan)	#仪器设备 Equipment
全 国	**Total**	**101**	**148**	**32617**	**569439**	**704361**
东部地区	Eastern Region	34	51	4682	121491	111805
中部地区	Middle Region	9	12	7788	119140	119211
西部地区	Western Region	48	69	14421	219701	311119
东北地区	Northeaastern Region	10	16	5726	109107	162225
北 京	Beijing	7	15	1137	41447	12841
天 津	Tianjin					
河 北	Hebei	3	3	529	2364	12445
山 西	Shanxi	1	1	291	2168	1849
内蒙古	Inner Mongolia					
辽 宁	Liaoning	4	8	4002	92450	128143
吉 林	Jilin					
黑龙江	Heilongjiang	6	8	1724	16657	34082
上 海	Shanghai	3	3	1197	28062	41262
江 苏	Jiangsu	15	24	1237	35064	28546
浙 江	Zhejiang	2	2	64	1279	1925
安 徽	Anhui	1	1	18	642	1955
福 建	Fujian					
江 西	Jiangxi	2	2	3191	63659	20444
山 东	Shandong	2	2	394	7552	14121
河 南	Henan	1	2	1040	16079	5127
湖 北	Hubei	2	2	2222	31226	63661
湖 南	Hunan	2	4	1026	5365	26176
广 东	Guangdong	2	2	124	5723	666
广 西	Guangxi					
海 南	Hainan					
重 庆	Chongqing					
四 川	Sichuan	10	10	2528	46989	89544
贵 州	Guizhou	18	23	3351	78107	37077
云 南	Yunnan					
西 藏	Tibet					
陕 西	Shaanxi	20	36	8542	94605	184498
甘 肃	Gansu					
青 海	Qinghai					
宁 夏	Ningxia					
新 疆	Xinjiang					

2-7-9 续表 2 continued

地区	Region	电子及通信设备制造业 Manufacture of Electronic Equipment and Communication Equipment				
		有研发机构的企业数(个) Number of Enterprises with R&D Institutions (unit)	机构数(个) R&D Institutions (unit)	机构人员(人) Personnel in R&D Institutions (person)	机构经费支出(万元) Expenditure in R&D Institutions (10000 yuan)	#仪器设备 Equipment
全国	**Total**	**3236**	**4079**	**339268**	**9628702**	**4398349**
东部地区	Eastern Region	2733	3414	292781	8652911	3587366
中部地区	Middle Region	348	443	29733	648260	509844
西部地区	Western Region	124	180	14547	251170	287353
东北地区	Northeaastern Region	31	42	2207	76361	13786
北京	Beijing	56	79	7091	195141	102667
天津	Tianjin	38	47	4968	122733	175111
河北	Hebei	30	34	1720	29920	26709
山西	Shanxi	9	10	557	9071	7739
内蒙古	Inner Mongolia	3	3	74	298	817
辽宁	Liaoning	23	34	1937	75135	12077
吉林	Jilin	3	3	131	486	196
黑龙江	Heilongjiang	5	5	139	740	1513
上海	Shanghai	75	89	14851	557812	695679
江苏	Jiangsu	1301	1573	80185	1729597	1125680
浙江	Zhejiang	461	518	31336	719837	329733
安徽	Anhui	119	161	7234	167728	80402
福建	Fujian	126	151	11991	328228	182316
江西	Jiangxi	44	51	2834	41211	23261
山东	Shandong	120	199	11925	389101	176056
河南	Henan	47	62	5389	75569	46613
湖北	Hubei	56	78	11557	319190	214314
湖南	Hunan	73	81	2162	35491	137516
广东	Guangdong	524	717	128139	4570852	772419
广西	Guangxi	13	19	731	9184	20825
海南	Hainan	2	7	575	9690	997
重庆	Chongqing	17	22	724	12232	16866
四川	Sichuan	55	76	8023	162213	149390
贵州	Guizhou	10	11	1420	18124	59679
云南	Yunnan	1	1	51	562	303
西藏	Tibet					
陕西	Shaanxi	24	45	3104	45485	28647
甘肃	Gansu	1	3	420	3072	10828
青海	Qinghai					
宁夏	Ningxia					
新疆	Xinjiang					

2-7-9 续表 3 continued

地 区	Region	计算机及办公设备制造业 Manufacture of Computer and Office Equipments				
		有研发机构的企业数（个）Number of Enterprises with R&D Institutions (unit)	机构数（个）R&D Institutions (unit)	机构人员（人）Personnel in R&D Institutions (person)	机构经费支出（万元）Expenditure in R&D Institutions (10000 yuan)	#仪器设备 Equipment
全 国	**Total**	**346**	**419**	**50703**	**1226416**	**366043**
东部地区	Eastern Region	311	375	48008	1192312	347123
中部地区	Middle Region	22	30	2003	21624	6638
西部地区	Western Region	7	7	283	4142	1449
东北地区	Northeaastern Region	6	7	409	8339	10833
北 京	Beijing	16	24	3250	157658	20213
天 津	Tianjin	5	6	1848	445	3647
河 北	Hebei	2	2	208	1924	494
山 西	Shanxi					
内 蒙 古	Inner Mongolia	2	2	40	99	61
辽 宁	Liaoning	2	3	104	2762	1970
吉 林	Jilin	1	1	85	2500	8600
黑 龙 江	Heilongjiang	3	3	220	3077	263
上 海	Shanghai	6	9	675	29973	16514
江 苏	Jiangsu	154	172	14246	440692	136568
浙 江	Zhejiang	37	38	1229	16400	5912
安 徽	Anhui	4	6	414	3720	1426
福 建	Fujian	17	28	6505	158392	27089
江 西	Jiangxi	1	1	40	150	95
山 东	Shandong	9	12	11723	234603	84300
河 南	Henan	6	7	380	4835	2411
湖 北	Hubei	3	3	79	813	978
湖 南	Hunan	8	13	1090	12106	1728
广 东	Guangdong	65	84	8324	152225	52387
广 西	Guangxi	2	2	40	348	88
海 南	Hainan					
重 庆	Chongqing					
四 川	Sichuan	1	1	22	160	900
贵 州	Guizhou					
云 南	Yunnan	1	1	106	2812	300
西 藏	Tibet					
陕 西	Shaanxi	1	1	75	724	100
甘 肃	Gansu					
青 海	Qinghai					
宁 夏	Ningxia					
新 疆	Xinjiang					

2-7-9 续表 4 continued

地 区	Region	医疗仪器设备及仪器仪表制造业 Manufacture of Medical Equipments and Measuring Instrument				
		有研发机构的企业数 (个) Number of Enterprises with R&D Institutions (unit)	机构数 (个) R&D Institutions (unit)	机构人员 (人) Personnel in R&D Institutions (person)	机构经费支出 (万元) Expenditure in R&D Institutions (10000 yuan)	#仪器设备 Equipment
全 国	**Total**	**1455**	**1797**	**76875**	**1394352**	**777841**
东部地区	Eastern Region	1215	1476	61256	1202136	602171
中部地区	Middle Region	150	190	8244	97943	88860
西部地区	Western Region	65	94	5298	69755	71801
东北地区	Northeaastern Region	25	37	2077	24517	15009
北 京	Beijing	52	66	4156	119458	45318
天 津	Tianjin	17	24	808	18019	11752
河 北	Hebei	22	28	1504	13899	9325
山 西	Shanxi	5	7	566	2976	2332
内蒙古	Inner Mongolia	1	1	5	1	50
辽 宁	Liaoning	12	24	1359	17162	4584
吉 林	Jilin	3	3	184	1759	2057
黑龙江	Heilongjiang	10	10	534	5596	8368
上 海	Shanghai	38	44	2528	68834	26560
江 苏	Jiangsu	636	774	28384	577554	325133
浙 江	Zhejiang	272	296	13004	209059	97168
安 徽	Anhui	34	43	1072	19424	17778
福 建	Fujian	21	29	810	29679	8471
江 西	Jiangxi	16	18	948	5900	13369
山 东	Shandong	81	112	4054	79076	52494
河 南	Henan	42	56	3007	31883	26901
湖 北	Hubei	16	17	750	12726	6448
湖 南	Hunan	37	49	1901	25034	22032
广 东	Guangdong	76	103	6008	86558	25951
广 西	Guangxi	8	8	232	4627	4136
海 南	Hainan					
重 庆	Chongqing	20	31	1720	15724	15207
四 川	Sichuan	15	17	952	9629	4098
贵 州	Guizhou	2	2	265	1405	890
云 南	Yunnan	1	1	6	31	6
西 藏	Tibet					
陕 西	Shaanxi	13	29	1890	35503	44702
甘 肃	Gansu	1	1	44	16	7
青 海	Qinghai					
宁 夏	Ningxia	3	3	158	2025	2699
新 疆	Xinjiang	1	1	26	794	7

固定资产投资情况
Statistics on Investment in Fixed Assets

3-1-1　高技术产业固定资产投资基本情况

Statistics on Investment in Fixed Assets in High-tech Industry

指　　标	Indicator	2000	2005	2010	2011	2012	2013
施工项目个数（个）	Number of Projects under Construction (unit)	2734	7095	10723	13204	15681	17691
#新开工项目个数	Number of Projects Started This Year	1640	4460	7117	8447	10223	11637
全部建成投产项目个数（个）	Number of Projects Completed and Put into Use (unit)	1282	3158	6011	7735	8968	10528
项目建成投产率（%）	Rate of Projects Completed and Put into Use (%)	46.89	44.51	56.06	58.58	57.19	59.51
投资额（亿元）	Investment (100 million yuan)	562.95	2144.09	6944.73	9468.46	12932.65	15557.68
新增固定资产（亿元）	Newly Increased Fixed Assets (100 million yuan)	421.02	1463.88	4450.41	6355.15	8377.13	9874.27
固定资产交付使用率（%）	Rate of Fixed Assets Put into Use (%)	74.79	68.28	64.08	67.12	64.78	63.47

注：2000年数据口径为投资额在50万元以上的基本建设项目和更新改造项目，2005年–2010年的数据口径为投资额在50万元以上的城镇项目，2011年及以后年份数据口径为投资额在500万元以上的全部项目。以下至3-1-12表相同。

3-1-2　制造业固定资产投资基本情况

Statistics on Investment in Fixed Assets in Manufacturing Industry

指　　标	Indicator	2000	2005	2010	2011	2012	2013
施工项目个数（个）	Number of Projects under Construction (unit)	28463	90627	166930	205999	195867	214681
#新开工项目个数	Number of Projects Started This Year	19566	67686	123729	143906	138202	153839
全部建成投产项目个数（个）	Number of Projects Completed and Put into Use (unit)	16803	49335	108811	135566	127527	142785
项目建成投产率（%）	Rate of Projects Completed and Put into Use (%)	59.03	54.44	65.18	65.81	65.11	66.51
投资额（亿元）	Investment (100 million yuan)	3279.26	20406.58	74485.17	102566.33	124403.90	147584.43
新增固定资产（亿元）	Newly Increased Fixed Assets (100 million yuan)	2689.27	13276.49	48870.51	70849.03	86517.27	103244.61
固定资产交付使用率（%）	Rate of Fixed Assets Put into Use (%)	82.01	65.06	65.61	69.08	69.55	69.96

3-1-3 分行业固定资产投资情况

Statistics on Investment in Fixed Assets in High-tech Industry by Industrial Sector

行 业	Industry	施工项目（个） Number of Projects under Construction (unit)					
		2000	2005	2010	2011	2012	2013
合计	**Total**	**2734**	**7095**	**10723**	**13204**	**15681**	**17691**
医药制造业	**Manufacture of Medicines**	**1261**	**3201**	**4381**	**4741**	**4988**	**5755**
#化学药品制造	Manufacture of Chemical Medicine	727	1185	1321	1546	1534	1810
中成药生产	Production of Finished Traditional Chinese Herbal Medicine	374	718	964	912	1002	1131
生物药品制造	Manufacture of Biological Medicine	120	405	715	740	866	1025
航空、航天器及设备制造业	**Manufacture of Aircrafts and Spacecrafts and Related Equipment**	**331**	**181**	**190**	**188**	**330**	**370**
#飞机制造	Manufacture of Airplanes	274	159	144	137	130	127
航天器制造	Manufacture of Spacecrafts	57	22	32	51	40	31
电子及通信设备制造业	**Manufacture of Electronic Equipment and Communication Equipment**	**826**	**2524**	**4008**	**5470**	**6874**	**7754**
#通信设备制造	Manufacture of Communication Equipment	159	394	592	678	663	791
#通信系统设备制造	Manufacture of Communication System Equipment	91	142	208	250	418	500
通信终端设备制造	Manufacture of Communication Terminal Equipment	36	49	58	70	245	291
广播电视设备制造	Manufacture of Broadcasting and TV Equipment	19	57	104	157	376	315
雷达及配套设备制造	Manufacture of Radar and Its Fittings	32	28	23	31	99	88
视听设备制造	Manufacture of TV Set and Radio Receiver	92	174	190	208	186	193
电子器件制造	Manufacture of Electronic Appliances	153	474	1008	1413	1552	1608
#电子真空器件制造	Manufacture of Electronic Vacuum Appliance	49	63	76	129	208	186
半导体分立器件制造	Manufacture of Semiconductor Discreting Appliances	57	54	122	154	164	117
集成电路制造	Manufacture of Integrate Circuit	47	139	207	233	224	249
电子元件制造	Manufacture of Electronic Components	291	1059	1549	2264	2147	2606
其他电子设备制造	Manufacture of Other Electronic Equipment	80	338	542	719	690	901
计算机及办公设备制造业	**Manufacture of Computers and Office Equipment**	**72**	**298**	**410**	**499**	**766**	**799**
#计算机整机制造	Manufacture of Entired Computer	35	66	69	92	187	128
计算机零部件制造	Manufacture of Computer Components and Parts	32	184	229	357	242	276
计算机外围设备制造	Manufacture of Computer Peripheral Equipment					115	130
办公设备制造	Manufacture of Office Equipment	5	48	40	50	52	49
医疗仪器设备及仪器仪表制造业	**Manufacture of Medical Equipments and Measuring Instrument**	**244**	**891**	**1734**	**2306**	**2723**	**3013**
1.医疗仪器设备及器械制造	Manufacture of Medical Equipment and Appliance	72	238	472	626	970	1064
2.仪器仪表制造	Manufacture of Measuring Instrument	172	653	1262	1680	1753	1949

3-1-3　续表 1　continued

行　业	Industry	新开工项目（个） Number of Projects Started This Year (unit)					
		2000	2005	2010	2011	2012	2013
合计	**Total**	**1640**	**4460**	**7117**	**8447**	**10223**	**11637**
医药制造业	**Manufacture of Medicines**	**774**	**1983**	**3013**	**2977**	**3264**	**3706**
#化学药品制造	Manufacture of Chemical Medicine	450	720	857	906	954	1117
中成药生产	Production of Finished Traditional Chinese Herbal Medicine	237	446	666	566	653	718
生物药品制造	Manufacture of Biological Medicine	65	245	461	416	558	642
航空、航天器及设备制造业	**Manufacture of Aircrafts and Spacecrafts and Related Equipment**	**196**	**68**	**80**	**86**	**180**	**206**
#飞机制造	Manufacture of Airplanes	160	61	60	63	61	63
航天器制造	Manufacture of Spacecrafts	36	7	14	23	25	14
电子及通信设备制造业	**Manufacture of Electronic Equipment and Communication Equipment**	**481**	**1632**	**2588**	**3554**	**4406**	**5118**
#通信设备制造	Manufacture of Communication Equipment	90	251	369	424	424	480
#通信系统设备制造	Manufacture of Communication System Equipment	48	82	138	166	276	313
通信终端设备制造	Manufacture of Communication Terminal Equipment	21	35	33	46	148	167
广播电视设备制造	Manufacture of Broadcasting and TV Equipment	13	40	70	100	255	192
雷达及配套设备制造	Manufacture of Radar and Its Fittings	18	12	15	21	51	45
视听设备制造	Manufacture of TV Set and Radio Receiver	54	104	111	111	114	131
电子器件制造	Manufacture of Electronic Appliances	73	284	630	867	943	1014
#电子真空器件制造	Manufacture of Electronic Vacuum Appliance	27	36	48	90	135	108
半导体分立器件制造	Manufacture of Semiconductor Discreting Appliances	23	28	76	91	102	71
集成电路制造	Manufacture of Integrate Circuit	23	69	122	141	132	142
电子元件制造	Manufacture of Electronic Components	185	722	1039	1555	1449	1858
其他电子设备制造	Manufacture of Other Electronic Equipment	48	219	354	476	460	611
计算机及办公设备制造业	**Manufacture of Computers and Office Equipment**	**34**	**164**	**241**	**274**	**496**	**524**
#计算机整机制造	Manufacture of Entired Computer	16	34	40	44	114	65
计算机零部件制造	Manufacture of Computer Components and Parts	15	97	137	202	155	184
计算机外围设备制造	Manufacture of Computer Peripheral Equipment					67	92
办公设备制造	Manufacture of Office Equipment	3	33	22	28	38	34
医疗仪器设备及仪器仪表制造业	**Manufacture of Medical Equipments and Measuring Instrument**	**155**	**613**	**1195**	**1556**	**1877**	**2083**
1.医疗仪器设备及器械制造	Manufacture of Medical Equipment and Appliance	42	165	330	414	721	771
2.仪器仪表制造	Manufacture of Measuring Instrument	113	448	865	1142	1156	1312

3-1-3 续表 2 continued

行业	Industry	建成投产项目（个） Number of Projects Completed and Put into Use (unit)					
		2000	2005	2010	2011	2012	2013
合计	**Total**	**1282**	**3158**	**6011**	**7735**	**8968**	**10528**
医药制造业	**Manufacture of Medicines**	**602**	**1457**	**2508**	**2694**	**2785**	**3335**
#化学药品制造	Manufacture of Chemical Medicine	369	546	685	865	821	1048
中成药生产	Production of Finished Traditional Chinese Herbal Medicine	173	356	551	507	553	652
生物药品制造	Manufacture of Biological Medicine	38	132	370	391	458	546
航空、航天器及设备制造业	**Manufacture of Aircrafts and Spacecrafts and Related Equipment**	**168**	**73**	**73**	**59**	**155**	**191**
#飞机制造	Manufacture of Airplanes	155	64	57	37	58	58
航天器制造	Manufacture of Spacecrafts	13	9	9	22	21	20
电子及通信设备制造业	**Manufacture of Electronic Equipment and Communication Equipment**	**374**	**1111**	**2141**	**3247**	**3921**	**4586**
#通信设备制造	Manufacture of Communication Equipment	64	166	310	374	341	399
#通信系统设备制造	Manufacture of Communication System Equipment	33	53	116	147	216	255
通信终端设备制造	Manufacture of Communication Terminal Equipment	19	26	27	38	125	144
广播电视设备制造	Manufacture of Broadcasting and TV Equipment	11	21	53	89	228	223
雷达及配套设备制造	Manufacture of Radar and Its Fittings	15	8	9	16	57	54
视听设备制造	Manufacture of TV Set and Radio Receiver	45	64	97	131	115	116
电子器件制造	Manufacture of Electronic Appliances	65	195	493	755	883	930
#电子真空器件制造	Manufacture of Electronic Vacuum Appliance	23	24	44	81	122	129
半导体分立器件制造	Manufacture of Semiconductor Discreting Appliances	27	25	56	76	109	72
集成电路制造	Manufacture of Integrate Circuit	15	47	101	129	107	127
电子元件制造	Manufacture of Electronic Components	139	502	902	1445	1310	1600
其他电子设备制造	Manufacture of Other Electronic Equipment	35	155	277	437	369	519
计算机及办公设备制造业	**Manufacture of Computers and Office Equipment**	**32**	**118**	**217**	**258**	**449**	**464**
#计算机整机制造	Manufacture of Entired Computer	12	25	30	46	110	71
计算机零部件制造	Manufacture of Computer Components and Parts	18	68	122	180	136	167
计算机外围设备制造	Manufacture of Computer Peripheral Equipment					72	85
办公设备制造	Manufacture of Office Equipment	2	25	20	32	31	26
医疗仪器设备及仪器仪表制造业	**Manufacture of Medical Equipments and Measuring Instrument**	**106**	**399**	**1072**	**1477**	**1658**	**1952**
1.医疗仪器设备及器械制造	Manufacture of Medical Equipment and Appliance	27	109	273	406	613	702
2.仪器仪表制造	Manufacture of Measuring Instrument	79	290	799	1071	1045	1250

3-1-3　续表 3　continued

行　业	Industry	项目建成投产率 (%) Rate of Projects Completed and Put into Use (%)					
		2000	2005	2010	2011	2012	2013
合计	**Total**	**46.89**	**44.51**	**56.06**	**58.58**	**57.19**	**59.51**
医药制造业	**Manufacture of Medicines**	**47.74**	**45.52**	**57.25**	**56.82**	**55.83**	**57.95**
#化学药品制造	Manufacture of Chemical Medicine	50.76	46.08	51.85	55.95	53.52	57.90
中成药生产	Production of Finished Traditional Chinese Herbal Medicine	46.26	49.58	57.16	55.59	55.19	57.65
生物药品制造	Manufacture of Biological Medicine	31.67	32.59	51.75	52.84	52.89	53.27
航空、航天器及设备制造业	**Manufacture of Aircrafts and Spacecrafts and Related Equipment**	**50.76**	**40.33**	**38.42**	**31.38**	**46.97**	**51.62**
#飞机制造	Manufacture of Airplanes	56.57	40.25	39.58	27.01	44.62	45.67
航天器制造	Manufacture of Spacecrafts	22.81	40.91	28.13	43.14	52.50	64.52
电子及通信设备制造业	**Manufacture of Electronic Equipment and Communication Equipment**	**45.28**	**44.02**	**53.42**	**59.36**	**57.04**	**59.14**
#通信设备制造	Manufacture of Communication Equipment	40.25	42.13	52.36	55.16	51.43	50.44
#通信系统设备制造	Manufacture of Communication System Equipment	36.26	37.32	55.77	58.80	51.67	51.00
通信终端设备制造	Manufacture of Communication Terminal Equipment	52.78	53.06	46.55	54.29	51.02	49.48
广播电视设备制造	Manufacture of Broadcasting and TV Equipment	57.89	36.84	50.96	56.69	60.64	70.79
雷达及配套设备制造	Manufacture of Radar and Its Fittings	46.88	28.57	39.13	51.61	57.58	61.36
视听设备制造	Manufacture of TV Set and Radio Receiver	57.89	36.78	51.05	62.98	61.83	60.10
电子器件制造	Manufacture of Electronic Appliances	42.48	41.14	48.91	53.43	56.89	57.84
#电子真空器件制造	Manufacture of Electronic Vacuum Appliance	46.94	38.10	57.89	62.79	58.65	69.35
半导体分立器件制造	Manufacture of Semiconductor Discreting Appliances	47.37	46.30	45.90	49.35	66.46	61.54
集成电路制造	Manufacture of Integrate Circuit	31.91	33.81	48.79	55.36	47.77	51.00
电子元件制造	Manufacture of Electronic Components	47.77	47.40	58.23	63.83	61.02	61.40
其他电子设备制造	Manufacture of Other Electronic Equipment	43.75	45.86	51.11	60.78	53.48	57.60
计算机及办公设备制造业	**Manufacture of Computers and Office Equipment**	**44.44**	**39.60**	**52.93**	**51.70**	**58.62**	**58.07**
#计算机整机制造	Manufacture of Entired Computer	34.29	37.88	43.48	50.00	58.82	55.47
计算机零部件制造	Manufacture of Computer Components and Parts	56.25	36.96	53.28	50.42	56.20	60.51
计算机外围设备制造	Manufacture of Computer Peripheral Equipment					62.61	65.38
办公设备制造	Manufacture of Office Equipment	40.00	52.08	50.00	64.00	59.62	53.06
医疗仪器设备及仪器仪表制造业	**Manufacture of Medical Equipments and Measuring Instrument**	**43.44**	**44.78**	**61.82**	**64.05**	**60.89**	**64.79**
1.医疗仪器设备及器械制造	Manufacture of Medical Equipment and Appliance	37.50	45.80	57.84	64.86	63.20	65.98
2.仪器仪表制造	Manufacture of Measuring Instrument	45.93	44.41	63.31	63.75	59.61	64.14

3-1-3 续表 4 continued

行 业	Industry	投资额(亿元) Investment (100 million yuan)					
		2000	2005	2010	2011	2012	2013
合计	**Total**	**562.95**	**2144.09**	**6944.73**	**9468.46**	**12932.65**	**15557.68**
医药制造业	**Manufacture of Medicines**	**133.62**	**696.05**	**1941.56**	**2648.93**	**3575.38**	**4529.35**
#化学药品制造	Manufacture of Chemical Medicine	81.50	289.30	730.78	1002.22	1264.43	1591.98
中成药生产	Production of Finished Traditional Chinese Herbal Medicine	27.40	140.52	372.99	482.46	684.03	831.76
生物药品制造	Manufacture of Biological Medicine	20.74	116.50	368.71	488.02	731.30	994.84
航空、航天器及设备制造业	**Manufacture of Aircrafts and Spacecrafts and Related Equipment**	**43.23**	**69.99**	**262.60**	**258.13**	**434.03**	**620.60**
#飞机制造	Manufacture of Airplanes	31.70	64.20	215.98	190.16	190.64	232.33
航天器制造	Manufacture of Spacecrafts	11.52	5.78	34.87	67.97	45.28	40.58
电子及通信设备制造业	**Manufacture of Electronic Equipment and Communication Equipment**	**335.98**	**1062.99**	**3320.21**	**4521.94**	**6336.97**	**7573.37**
#通信设备制造	Manufacture of Communication Equipment	55.36	139.89	441.31	540.67	658.04	897.01
#通信系统设备制造	Manufacture of Communication System Equipment	35.04	32.96	159.85	139.71	342.11	454.70
通信终端设备制造	Manufacture of Communication Terminal Equipment	8.37	16.02	33.43	59.83	315.93	442.31
广播电视设备制造	Manufacture of Broadcasting and TV Equipment	2.06	9.96	55.02	94.90	257.68	215.90
雷达及配套设备制造	Manufacture of Radar and Its Fittings	3.04	8.86	24.16	38.66	97.24	66.95
视听设备制造	Manufacture of TV Set and Radio Receiver	32.25	70.19	146.68	132.94	163.71	210.10
电子器件制造	Manufacture of Electronic Appliances	159.65	399.08	1508.29	2016.23	2063.66	2485.88
#电子真空器件制造	Manufacture of Electronic Vacuum Appliance	67.89	17.48	43.59	92.34	131.41	121.71
半导体分立器件制造	Manufacture of Semiconductor Discreting Appliances	10.11	56.18	129.40	207.35	189.45	115.27
集成电路制造	Manufacture of Integrate Circuit	81.65	195.44	489.29	306.18	348.41	575.60
电子元件制造	Manufacture of Electronic Components	70.93	345.87	815.30	1181.61	1409.11	1655.82
其他电子设备制造	Manufacture of Other Electronic Equipment	12.69	89.14	329.45	516.93	501.38	852.58
计算机及办公设备制造业	**Manufacture of Computers and Office Equipment**	**26.17**	**168.14**	**590.00**	**763.64**	**836.31**	**835.81**
#计算机整机制造	Manufacture of Entired Computer	12.41	49.66	116.59	346.83	283.95	282.67
计算机零部件制造	Manufacture of Computer Components and Parts	13.51	102.91	386.99	390.20	261.09	248.18
计算机外围设备制造	Manufacture of Computer Peripheral Equipment					135.07	124.86
办公设备制造	Manufacture of Office Equipment	0.25	15.57	22.04	26.61	34.86	32.87
医疗仪器设备及仪器仪表制造业	**Manufacture of Medical Equipments and Measuring Instrument**	**23.95**	**146.92**	**830.37**	**1275.81**	**1749.97**	**1998.55**
1.医疗仪器设备及器械制造	Manufacture of Medical Equipment and Appliance	8.90	38.83	209.68	330.80	535.57	673.03
2.仪器仪表制造	Manufacture of Measuring Instrument	15.05	108.09	620.69	945.01	1214.40	1325.53

3-1-3　续表 5　continued

行　业	Industry	新增固定资产（亿元） Newly Increased Fixed Assets (100 million yuan)					
		2000	2005	2010	2011	2012	2013
合计	**Total**	**421.02**	**1463.88**	**4450.41**	**6355.15**	**8377.13**	**9874.27**
医药制造业	**Manufacture of Medicines**	**105.05**	**442.20**	**1154.92**	**1671.45**	**2135.58**	**2989.45**
#化学药品制造	Manufacture of Chemical Medicine	65.94	188.69	393.65	621.76	734.44	1131.58
中成药生产	Production of Finished Traditional Chinese Herbal Medicine	19.32	96.50	226.14	349.69	453.85	522.25
生物药品制造	Manufacture of Biological Medicine	16.21	55.68	192.74	260.45	348.89	527.76
航空、航天器及设备制造业	**Manufacture of Aircrafts and Spacecrafts and Related Equipment**	**34.44**	**43.73**	**211.01**	**79.42**	**256.81**	**352.68**
#飞机制造	Manufacture of Airplanes	29.01	40.09	179.36	46.53	111.05	100.13
航天器制造	Manufacture of Spacecrafts	5.43	3.64	12.59	32.89	32.89	34.48
电子及通信设备制造业	**Manufacture of Electronic Equipment and Communication Equipment**	**239.78**	**742.71**	**1959.27**	**3076.57**	**4271.88**	**4682.65**
#通信设备制造	Manufacture of Communication Equipment	45.83	73.54	262.06	407.86	394.06	509.17
#通信系统设备制造	Manufacture of Communication System Equipment	27.51	14.56	99.44	116.01	194.53	232.09
通信终端设备制造	Manufacture of Communication Terminal Equipment	7.94	10.92	30.37	25.86	199.54	277.08
广播电视设备制造	Manufacture of Broadcasting and TV Equipment	2.06	10.06	21.47	50.13	202.53	150.95
雷达及配套设备制造	Manufacture of Radar and Its Fittings	2.17	1.35	37.69	22.18	85.86	37.68
视听设备制造	Manufacture of TV Set and Radio Receiver	28.42	40.98	76.10	105.39	114.50	148.82
电子器件制造	Manufacture of Electronic Appliances	99.07	304.49	599.66	1359.97	1451.64	1467.56
#电子真空器件制造	Manufacture of Electronic Vacuum Appliance	45.46	12.09	28.52	60.32	81.86	88.30
半导体分立器件制造	Manufacture of Semiconductor Discreting Appliances	9.40	19.59	52.26	103.29	166.45	76.53
集成电路制造	Manufacture of Integrate Circuit	44.21	129.03	142.15	307.24	234.28	265.32
电子元件制造	Manufacture of Electronic Components	52.12	240.71	594.25	865.99	973.46	1110.15
其他电子设备制造	Manufacture of Other Electronic Equipment	10.12	71.59	368.05	265.03	323.27	507.04
计算机及办公设备制造业	**Manufacture of Computers and Office Equipment**	**22.81**	**140.51**	**492.98**	**580.70**	**580.32**	**497.90**
#计算机整机制造	Manufacture of Entired Computer	9.43	33.44	47.20	235.05	188.20	155.25
计算机零部件制造	Manufacture of Computer Components and Parts	13.25	92.44	406.92	327.41	193.07	157.66
计算机外围设备制造	Manufacture of Computer Peripheral Equipment					101.02	77.30
办公设备制造	Manufacture of Office Equipment	0.13	14.62	13.21	18.24	19.53	18.25
医疗仪器设备及仪器仪表制造业	**Manufacture of Medical Equipments and Measuring Instrument**	**18.94**	**94.73**	**632.24**	**947.01**	**1132.55**	**1351.60**
1.医疗仪器设备及器械制造	Manufacture of Medical Equipment and Appliance	8.54	25.39	132.09	220.56	365.72	477.66
2.仪器仪表制造	Manufacture of Measuring Instrument	10.40	69.34	500.15	726.45	766.82	873.94

3-1-3 续表 6 continued

行 业	Industry	固定资产交付使用率 (%) Rate of Fixed Assets Put into Use (%)					
		2000	2005	2010	2011	2012	2013
合计	**Total**	**74.79**	**68.28**	**64.08**	**67.12**	**64.78**	**63.47**
医药制造业	**Manufacture of Medicines**	**78.62**	**63.53**	**59.48**	**63.10**	**59.73**	**66.00**
#化学药品制造	Manufacture of Chemical Medicine	80.90	65.22	53.87	62.04	58.09	71.08
中成药生产	Production of Finished Traditional Chinese Herbal Medicine	70.50	68.67	60.63	72.48	66.35	62.79
生物药品制造	Manufacture of Biological Medicine	78.14	47.79	52.27	53.37	47.71	53.05
航空、航天器及设备制造业	**Manufacture of Aircrafts and Spacecrafts and Related Equipment**	**79.67**	**62.48**	**80.35**	**30.77**	**59.17**	**56.83**
#飞机制造	Manufacture of Airplanes	91.51	62.45	83.04	24.47	58.25	43.10
航天器制造	Manufacture of Spacecrafts	47.10	62.98	36.12	48.39	72.65	84.97
电子及通信设备制造业	**Manufacture of Electronic Equipment and Communication Equipment**	**71.37**	**69.87**	**59.01**	**68.04**	**67.41**	**61.83**
#通信设备制造	Manufacture of Communication Equipment	82.78	52.57	59.38	75.44	59.88	56.76
#通信系统设备制造	Manufacture of Communication System Equipment	78.50	44.17	62.21	83.04	56.86	51.04
通信终端设备制造	Manufacture of Communication Terminal Equipment	94.90	68.16	90.83	43.22	63.16	62.64
广播电视设备制造	Manufacture of Broadcasting and TV Equipment	100.00	101.00	39.03	52.82	78.60	69.91
雷达及配套设备制造	Manufacture of Radar and Its Fittings	71.22	15.24	156.02	57.37	88.30	56.29
视听设备制造	Manufacture of TV Set and Radio Receiver	88.12	58.38	51.88	79.28	69.94	70.83
电子器件制造	Manufacture of Electronic Appliances	62.06	76.30	39.76	67.45	70.34	59.04
#电子真空器件制造	Manufacture of Electronic Vacuum Appliance	66.96	69.16	65.44	65.32	62.29	72.56
半导体分立器件制造	Manufacture of Semiconductor Discreting Appliances	93.00	34.87	40.39	49.81	87.86	66.39
集成电路制造	Manufacture of Integrate Circuit	54.15	66.02	29.05	100.35	67.24	46.09
电子元件制造	Manufacture of Electronic Components	73.47	69.60	72.89	73.29	69.08	67.05
其他电子设备制造	Manufacture of Other Electronic Equipment	79.76	80.31	111.72	51.27	64.48	59.47
计算机及办公设备制造业	**Manufacture of Computers and Office Equipment**	**87.14**	**83.57**	**83.56**	**76.04**	**69.39**	**59.57**
#计算机整机制造	Manufacture of Entired Computer	75.99	67.34	40.48	67.77	66.28	54.92
计算机零部件制造	Manufacture of Computer Components and Parts	98.08	89.83	105.15	83.91	73.95	63.52
计算机外围设备制造	Manufacture of Computer Peripheral Equipment					74.79	61.91
办公设备制造	Manufacture of Office Equipment	49.78	93.90	59.95	68.55	56.03	55.53
医疗仪器设备及仪器仪表制造业	**Manufacture of Medical Equipments and Measuring Instrument**	**79.08**	**64.48**	**76.14**	**74.23**	**64.72**	**67.63**
1.医疗仪器设备及器械制造	Manufacture of Medical Equipment and Appliance	95.94	65.39	63.00	66.67	68.29	70.97
2.仪器仪表制造	Manufacture of Measuring Instrument	69.11	64.15	80.58	76.87	63.14	65.93

3-1-4　国有及国有控股企业固定资产投资情况

Statistics on Investment in Fixed Assets in State-owned and State-controlled Enterprises by Industrial Sector

行　业	Industry	施工项目（个）Number of Projects under Construction (unit)					
		2000	2005	2010	2011	2012	2013
合计	**Total**	**1321**	**1285**	**1167**	**1065**	**741**	**1304**
医药制造业	**Manufacture of Medicines**	**478**	**553**	**336**	**292**	**140**	**345**
#化学药品制造	Manufacture of Chemical Medicine	310	269	152	124	45	119
中成药生产	Production of Finished Traditional Chinese Herbal Medicine	131	115	64	58	27	88
生物药品制造	Manufacture of Biological Medicine	29	65	54	47	33	70
航空、航天器及设备制造业	**Manufacture of Aircrafts and Spacecrafts and Related Equipment**	**328**	**169**	**144**	**124**	**123**	**162**
#飞机制造	Manufacture of Airplanes	273	148	115	101	75	83
航天器制造	Manufacture of Spacecrafts	55	21	24	23	10	9
电子及通信设备制造业	**Manufacture of Electronic Equipment and Communication Equipment**	**363**	**369**	**490**	**453**	**327**	**556**
#通信设备制造	Manufacture of Communication Equipment	74	103	133	101	45	143
#通信系统设备制造	Manufacture of Communication System t Equipmen	50	55	50	35	36	96
通信终端设备制造	Manufacture of Communication Terminal Equipment	11	10	13	11	9	47
广播电视设备制造	Manufacture of Broadcasting and TV Equipment	13	18	19	18	21	15
雷达及配套设备制造	Manufacture of Radar and Its Fittings	27	22	15	17	11	15
视听设备制造	Manufacture of TV Set and Radio Receiver	39	31	20	16	7	18
电子器件制造	Manufacture of Electronic Appliances	67	84	132	128	115	119
#电子真空器件制造	Manufacture of Electronic Vacuum Appliance	19	21	9	11	11	11
半导体分立器件制造	Manufacture of Semiconductor Discreting Appliances	35	13	18	14	29	8
集成电路制造	Manufacture of Integrate Circuit	13	19	37	32	15	30
电子元件制造	Manufacture of Electronic Components	111	91	116	114	60	103
其他电子设备制造	Manufacture of Other Electronic Equipment	32	20	55	59	38	84
计算机及办公设备制造业	**Manufacture of Computers and Office Equipment**	**19**	**41**	**55**	**56**	**44**	**73**
#计算机整机制造	Manufacture of Entired Computer	16	11	14	24	27	24
计算机零部件制造	Manufacture of Computer Components and Parts		26	24	29	9	17
计算机外围设备制造	Manufacture of Computer Peripheral Equipment					1	5
办公设备制造	Manufacture of Office Equipment	3	4	4	3	3	5
医疗仪器设备及仪器仪表制造业	**Manufacture of Medical Equipments and Measuring Instrument**	**133**	**153**	**142**	**140**	**107**	**168**
1.医疗仪器设备及器械制造	Manufacture of Medical Equipment and Appliance	27	16	33	24	11	33
2.仪器仪表制造	Manufacture of Measuring Instrument	106	137	109	116	96	135

3-1-4 续表 1 continued

行 业	Industry	新开工项目（个） Number of Projects Started This Year (unit)					
		2000	2005	2010	2011	2012	2013
合计	**Total**	**803**	**636**	**605**	**514**	**427**	**670**
医药制造业	**Manufacture of Medicines**	**311**	**303**	**208**	**153**	**80**	**188**
#化学药品制造	Manufacture of Chemical Medicine	200	152	95	59	26	64
中成药生产	Production of Finished Traditional Chinese Herbal Medicine	92	60	40	31	14	56
生物药品制造	Manufacture of Biological Medicine	13	39	31	23	20	28
航空、航天器及设备制造业	**Manufacture of Aircrafts and Spacecrafts and Related Equipment**	**194**	**60**	**53**	**48**	**61**	**80**
#飞机制造	Manufacture of Airplanes	160	54	45	41	34	36
航天器制造	Manufacture of Spacecrafts	34	6	7	7	4	2
电子及通信设备制造业	**Manufacture of Electronic Equipment and Communication Equipment**	**212**	**181**	**249**	**225**	**192**	**282**
#通信设备制造	Manufacture of Communication Equipment	41	52	79	57	30	77
#通信系统设备制造	Manufacture of Communication System t Equipmen	27	21	30	19	25	52
通信终端设备制造	Manufacture of Communication Terminal Equipment	5	9	6	8	5	25
广播电视设备制造	Manufacture of Broadcasting and TV Equipment	8	14	14	12	13	6
雷达及配套设备制造	Manufacture of Radar and Its Fittings	14	7	7	11	2	6
视听设备制造	Manufacture of TV Set and Radio Receiver	23	12	8	5	4	13
电子器件制造	Manufacture of Electronic Appliances	34	36	62	63	71	54
#电子真空器件制造	Manufacture of Electronic Vacuum Appliance	11	6	4	7	7	4
半导体分立器件制造	Manufacture of Semiconductor Discreting Appliances	14	6	8	7	19	1
集成电路制造	Manufacture of Integrate Circuit	9	8	16	15	3	11
电子元件制造	Manufacture of Electronic Components	73	52	59	48	39	50
其他电子设备制造	Manufacture of Other Electronic Equipment	19	8	20	29	18	46
计算机及办公设备制造业	**Manufacture of Computers and Office Equipment**	**7**	**12**	**23**	**13**	**32**	**33**
#计算机整机制造	Manufacture of Entired Computer	6	4	5	2	18	7
计算机零部件制造	Manufacture of Computer Components and Parts		7	12	11	8	8
计算机外围设备制造	Manufacture of Computer Peripheral Equipment						1
办公设备制造	Manufacture of Office Equipment	1	1			2	2
医疗仪器设备及仪器仪表制造业	**Manufacture of Medical Equipments and Measuring Instrument**	**79**	**80**	**72**	**75**	**62**	**87**
1.医疗仪器设备及器械制造	Manufacture of Medical Equipment and Appliance	12	10	15	13	6	21
2.仪器仪表制造	Manufacture of Measuring Instrument	67	70	57	62	56	66

3-1-4　续表 2　continued

行　业	Industry	建成投产项目（个） Number of Projects Completed and Put into Use (unit)					
		2000	2005	2010	2011	2012	2013
合计	**Total**	**627**	**503**	**522**	**441**	**338**	**568**
医药制造业	**Manufacture of Medicines**	**233**	**260**	**159**	**146**	**52**	**156**
#化学药品制造	Manufacture of Chemical Medicine	148	128	73	59	15	52
中成药生产	Production of Finished Traditional Chinese Herbal Medicine	70	60	31	28	13	41
生物药品制造	Manufacture of Biological Medicine	9	23	26	21	7	27
航空、航天器及设备制造业	**Manufacture of Aircrafts and Spacecrafts and Related Equipment**	**167**	**68**	**50**	**30**	**49**	**82**
#飞机制造	Manufacture of Airplanes	155	60	42	21	28	42
航天器制造	Manufacture of Spacecrafts	12	8	4	9	2	4
电子及通信设备制造业	**Manufacture of Electronic Equipment and Communication Equipment**	**159**	**128**	**230**	**182**	**162**	**212**
#通信设备制造	Manufacture of Communication Equipment	29	43	71	46	16	47
#通信系统设备制造	Manufacture of Communication System t Equipmen	16	24	30	15	14	33
通信终端设备制造	Manufacture of Communication Terminal Equipment	7	4	7	4	2	14
广播电视设备制造	Manufacture of Broadcasting and TV Equipment	9	8	11	11	10	10
雷达及配套设备制造	Manufacture of Radar and Its Fittings	11	6	6	7	4	1
视听设备制造	Manufacture of TV Set and Radio Receiver	18	8	10	7	3	7
电子器件制造	Manufacture of Electronic Appliances	27	24	57	43	75	41
#电子真空器件制造	Manufacture of Electronic Vacuum Appliance	7	4	5	6	7	8
半导体分立器件制造	Manufacture of Semiconductor Discreting Appliances	17	2	7	4	21	2
集成电路制造	Manufacture of Integrate Circuit	3	5	14	11	2	9
电子元件制造	Manufacture of Electronic Components	52	34	56	42	32	49
其他电子设备制造	Manufacture of Other Electronic Equipment	13	5	19	26	12	29
计算机及办公设备制造业	**Manufacture of Computers and Office Equipment**	**9**	**5**	**24**	**26**	**19**	**33**
#计算机整机制造	Manufacture of Entired Computer	7	2	6	14	13	13
计算机零部件制造	Manufacture of Computer Components and Parts		1	9	11	3	6
计算机外围设备制造	Manufacture of Computer Peripheral Equipment					1	1
办公设备制造	Manufacture of Office Equipment	2	2	2	1	2	3
医疗仪器设备及仪器仪表制造业	**Manufacture of Medical Equipments and Measuring Instrument**	**59**	**42**	**59**	**57**	**56**	**85**
1.医疗仪器设备及器械制造	Manufacture of Medical Equipment and Appliance	10	7	15	10	5	14
2.仪器仪表制造	Manufacture of Measuring Instrument	49	35	44	47	51	71

3-1-4 续表 3 continued

行业	Industry	项目建成投产率 (%) Rate of Projects Completed and Put into Use (%)					
		2000	2005	2010	2011	2012	2013
合计	**Total**	**47.46**	**39.14**	**44.73**	**41.41**	**45.61**	**43.56**
医药制造业	**Manufacture of Medicines**	**48.74**	**47.02**	**47.32**	**50.00**	**37.14**	**45.22**
#化学药品制造	Manufacture of Chemical Medicine	47.74	47.58	48.03	47.58	33.33	43.70
中成药生产	Production of Finished Traditional Chinese Herbal Medicine	53.44	52.17	48.44	48.28	48.15	46.59
生物药品制造	Manufacture of Biological Medicine	31.03	35.38	48.15	44.68	21.21	38.57
航空、航天器及设备制造业	**Manufacture of Aircrafts and Spacecrafts and Related Equipment**	**50.91**	**40.24**	**34.72**	**24.19**	**39.84**	**50.62**
#飞机制造	Manufacture of Airplanes	56.78	40.54	36.52	20.79	37.33	50.60
航天器制造	Manufacture of Spacecrafts	21.82	38.10	16.67	39.13	20.00	44.44
电子及通信设备制造业	**Manufacture of Electronic Equipment and Communication Equipment**	**43.80**	**34.69**	**46.94**	**40.18**	**49.54**	**38.13**
#通信设备制造	Manufacture of Communication Equipment	39.19	41.75	53.38	45.54	35.56	32.87
#通信系统设备制造	Manufacture of Communication System t Equipmen	32.00	43.64	60.00	42.86	38.89	34.38
通信终端设备制造	Manufacture of Communication Terminal Equipment	63.64	40.00	53.85	36.36	22.22	29.79
广播电视设备制造	Manufacture of Broadcasting and TV Equipment	69.23	44.44	57.89	61.11	47.62	66.67
雷达及配套设备制造	Manufacture of Radar and Its Fittings	40.74	27.27	40.00	41.18	36.36	6.67
视听设备制造	Manufacture of TV Set and Radio Receiver	46.15	25.81	50.00	43.75	42.86	38.89
电子器件制造	Manufacture of Electronic Appliances	40.30	28.57	43.18	33.59	65.22	34.45
#电子真空器件制造	Manufacture of Electronic Vacuum Appliance	36.84	19.05	55.56	54.55	63.64	72.73
半导体分立器件制造	Manufacture of Semiconductor Discreting Appliances	48.57	15.38	38.89	28.57	72.41	25.00
集成电路制造	Manufacture of Integrate Circuit	23.08	26.32	37.84	34.38	13.33	30.00
电子元件制造	Manufacture of Electronic Components	46.85	37.36	48.28	36.84	53.33	47.57
其他电子设备制造	Manufacture of Other Electronic Equipment	40.63	25.00	34.55	44.07	31.58	34.52
计算机及办公设备制造业	**Manufacture of Computers and Office Equipment**	**47.37**	**12.20**	**43.64**	**46.43**	**43.18**	**45.21**
#计算机整机制造	Manufacture of Entired Computer	43.75	18.18	42.86	58.33	48.15	54.17
计算机零部件制造	Manufacture of Computer Components and Parts		3.85	37.50	37.93	33.33	35.29
计算机外围设备制造	Manufacture of Computer Peripheral Equipment					100.00	20.00
办公设备制造	Manufacture of Office Equipment	66.67	50.00	50.00	33.33	66.67	60.00
医疗仪器设备及仪器仪表制造业	**Manufacture of Medical Equipments and Measuring Instrument**	**44.36**	**27.45**	**41.55**	**40.71**	**52.34**	**50.60**
1.医疗仪器设备及器械制造	Manufacture of Medical Equipment and Appliance	37.04	43.75	45.45	41.67	45.45	42.42
2.仪器仪表制造	Manufacture of Measuring Instrument	46.23	25.55	40.37	40.52	53.13	52.59

3-1-4　续表 4　continued

行　业	Industry	投资额（亿元） Investment (100 million yuan)					
		2000	2005	2010	2011	2012	2013
合计	**Total**	**168.44**	**380.71**	**1356.36**	**1627.06**	**1123.77**	**1892.79**
医药制造业	**Manufacture of Medicines**	**39.66**	**137.69**	**171.95**	**218.63**	**145.70**	**305.59**
#化学药品制造	Manufacture of Chemical Medicine	28.85	61.14	96.69	119.55	54.58	107.35
中成药生产	Production of Finished Traditional Chinese Herbal Medicine	7.12	20.29	24.81	24.63	25.37	66.28
生物药品制造	Manufacture of Biological Medicine	3.25	30.03	29.87	46.56	41.20	82.01
航空、航天器及设备制造业	**Manufacture of Aircrafts and Spacecrafts and Related Equipment**	**41.21**	**67.20**	**213.55**	**208.04**	**237.85**	**317.72**
#飞机制造	Manufacture of Airplanes	30.33	61.46	174.12	158.91	150.88	150.65
航天器制造	Manufacture of Spacecrafts	10.89	5.74	32.75	49.14	17.02	19.78
电子及通信设备制造业	**Manufacture of Electronic Equipment and Communication Equipment**	**71.98**	**150.31**	**694.6**	**899.28**	**466.01**	**1012.32**
#通信设备制造	Manufacture of Communication Equipment	17.20	42.09	105.6	125.25	114.29	194.09
#通信系统设备制造	Manufacture of Communication System t Equipmen	11.02	17.29	37.7	21.47	66.99	86.72
通信终端设备制造	Manufacture of Communication Terminal Equipment	3.14	4.04	4.97	26.24	47.29	107.37
广播电视设备制造	Manufacture of Broadcasting and TV Equipment	1.17	3.21	2.15	4.09	7.03	4.22
雷达及配套设备制造	Manufacture of Radar and Its Fittings	2.60	8.32	20.91	29.83	11.15	12.79
视听设备制造	Manufacture of TV Set and Radio Receiver	12.93	7.67	23.27	14.24	7.33	27.95
电子器件制造	Manufacture of Electronic Appliances	19.34	49.24	375.78	468.79	202.37	490.10
#电子真空器件制造	Manufacture of Electronic Vacuum Appliance	16.47	9.81	3.65	13.58	15.83	10.86
半导体分立器件制造	Manufacture of Semiconductor Discreting Appliances	1.34	5.73	6.82	20.72	72.07	4.02
集成电路制造	Manufacture of Integrate Circuit	1.53	10.85	205.45	55.51	13.05	65.60
电子元件制造	Manufacture of Electronic Components	15.51	27.95	75.02	83.09	51.12	95.20
其他电子设备制造	Manufacture of Other Electronic Equipment	3.24	11.82	91.88	173.99	32.57	98.70
计算机及办公设备制造业	**Manufacture of Computers and Office Equipment**	**4.84**	**8.11**	**153.58**	**186.8**	**109.26**	**116.78**
#计算机整机制造	Manufacture of Entired Computer	4.67	2.05	7.75	91.03	71.64	51.83
计算机零部件制造	Manufacture of Computer Components and Parts	0.14	5.79	120.37	90.44	25.48	22.13
计算机外围设备制造	Manufacture of Computer Peripheral Equipment					1.46	8.44
办公设备制造	Manufacture of Office Equipment	0.03	0.27	1.81	5.32	8.52	6.26
医疗仪器设备及仪器仪表制造业	**Manufacture of Medical Equipments and Measuring Instrument**	**10.75**	**17.40**	**122.68**	**114.31**	**164.95**	**140.39**
1.医疗仪器设备及器械制造	Manufacture of Medical Equipment and Appliance	2.53	2.18	28.46	15.02	18.73	18.31
2.仪器仪表制造	Manufacture of Measuring Instrument	8.22	15.22	94.22	99.29	146.22	122.08

3-1-4 续表 5 continued

行　业	Industry	新增固定资产（亿元） Newly Increased Fixed Assets (100 million yuan)					
		2000	2005	2010	2011	2012	2013
合计	**Total**	**130.94**	**213.70**	**536.16**	**765.35**	**606.60**	**1170.99**
医药制造业	**Manufacture of Medicines**	**32.52**	**93.08**	**115.70**	**110.15**	**60.06**	**156.91**
#化学药品制造	Manufacture of Chemical Medicine	23.10	40.76	53.66	52.07	23.38	64.35
中成药生产	Production of Finished Traditional Chinese Herbal Medicine	5.27	19.02	15.01	14.62	15.70	31.94
生物药品制造	Manufacture of Biological Medicine	2.94	18.48	30.16	16.21	7.79	25.04
航空、航天器及设备制造业	**Manufacture of Aircrafts and Spacecrafts and Related Equipment**	**34.32**	**41.88**	**106.43**	**43.03**	**143.14**	**152.80**
#飞机制造	Manufacture of Airplanes	29.00	38.28	80.98	34.43	89.79	78.26
航天器制造	Manufacture of Spacecrafts	5.32	3.60	10.51	8.60	11.89	21.18
电子及通信设备制造业	**Manufacture of Electronic Equipment and Communication Equipment**	**53.38**	**66.12**	**237.40**	**371.46**	**277.03**	**649.69**
#通信设备制造	Manufacture of Communication Equipment	15.23	21.72	58.15	40.21	39.87	98.49
#通信系统设备制造	Manufacture of Communication System t Equipmen	9.29	7.27	29.08	14.75	18.93	34.36
通信终端设备制造	Manufacture of Communication Terminal Equipment	3.44	1.73	3.91	3.41	20.94	64.13
广播电视设备制造	Manufacture of Broadcasting and TV Equipment	1.23	1.98	1.42	4.09	4.79	2.30
雷达及配套设备制造	Manufacture of Radar and Its Fittings	1.47	0.98	35.90	17.07	25.57	0.91
视听设备制造	Manufacture of TV Set and Radio Receiver	11.77	2.49	7.42	10.59	3.26	18.13
电子器件制造	Manufacture of Electronic Appliances	8.51	20.59	75.90	177.00	131.32	324.29
#电子真空器件制造	Manufacture of Electronic Vacuum Appliance	6.16	4.35	2.88	12.86	7.09	8.58
半导体分立器件制造	Manufacture of Semiconductor Discreting Appliances	1.07	2.37	7.26	7.45	59.64	1.65
集成电路制造	Manufacture of Integrate Circuit	1.28	8.52	41.84	19.75	1.16	42.67
电子元件制造	Manufacture of Electronic Components	12.65	15.96	33.20	67.64	28.55	86.15
其他电子设备制造	Manufacture of Other Electronic Equipment	2.52	2.40	25.41	54.85	15.75	52.19
计算机及办公设备制造业	**Manufacture of Computers and Office Equipment**	**3.37**	**1.90**	**12.16**	**143.42**	**48.74**	**88.62**
#计算机整机制造	Manufacture of Entired Computer	3.30	0.53	1.77	59.82	43.42	61.44
计算机零部件制造	Manufacture of Computer Components and Parts	0.04	0.29	6.51	83.21	1.27	14.68
计算机外围设备制造	Manufacture of Computer Peripheral Equipment					3.20	0.91
办公设备制造	Manufacture of Office Equipment	0.04	1.09	0.30	0.39	0.66	5.45
医疗仪器设备及仪器仪表制造业	**Manufacture of Medical Equipments and Measuring Instrument**	**7.35**	**10.72**	**64.46**	**97.28**	**77.62**	**122.97**
1.医疗仪器设备及器械制造	Manufacture of Medical Equipment and Appliance	2.32	1.53	6.11	8.67	6.77	26.69
2.仪器仪表制造	Manufacture of Measuring Instrument	5.04	9.19	58.35	88.61	70.85	96.28

3-1-4　续表 6　continued

行　业	Industry	固定资产交付使用率 (%) Rate of Fixed Assets Put into Use (%)					
		2000	2005	2010	2011	2012	2013
合计	**Total**	**77.74**	**56.13**	**39.53**	**47.04**	**53.98**	**61.87**
医药制造业	**Manufacture of Medicines**	**81.99**	**67.60**	**67.29**	**50.38**	**41.22**	**51.35**
#化学药品制造	Manufacture of Chemical Medicine	80.08	66.67	55.49	43.56	42.84	59.94
中成药生产	Production of Finished Traditional Chinese Herbal Medicine	74.01	93.74	60.50	59.36	61.89	48.19
生物药品制造	Manufacture of Biological Medicine	90.51	61.54	100.95	34.82	18.90	30.54
航空、航天器及设备制造业	**Manufacture of Aircrafts and Spacecrafts and Related Equipment**	**83.28**	**62.32**	**49.84**	**20.68**	**60.18**	**48.09**
#飞机制造	Manufacture of Airplanes	95.63	62.28	46.51	21.67	59.51	51.94
航天器制造	Manufacture of Spacecrafts	48.88	62.72	32.10	17.50	69.82	107.08
电子及通信设备制造业	**Manufacture of Electronic Equipment and Communication Equipment**	**74.16**	**43.99**	**34.18**	**41.31**	**59.45**	**64.18**
#通信设备制造	Manufacture of Communication Equipment	88.56	51.60	55.07	32.10	34.89	50.74
#通信系统设备制造	Manufacture of Communication System t Equipmen	84.31	42.05	77.14	68.70	28.26	39.62
通信终端设备制造	Manufacture of Communication Terminal Equipment	109.43	42.82	78.54	13.00	44.27	59.73
广播电视设备制造	Manufacture of Broadcasting and TV Equipment	105.66	61.68	66.08	100.00	68.10	54.62
雷达及配套设备制造	Manufacture of Radar and Its Fittings	56.52	11.78	171.72	57.22	229.25	7.11
视听设备制造	Manufacture of TV Set and Radio Receiver	91.01	32.46	31.89	74.37	44.48	64.85
电子器件制造	Manufacture of Electronic Appliances	44.00	41.82	20.20	37.76	64.89	66.17
#电子真空器件制造	Manufacture of Electronic Vacuum Appliance	37.40	44.34	78.97	94.70	44.79	79.00
半导体分立器件制造	Manufacture of Semiconductor Discreting Appliances	79.72	41.36	106.49	35.96	82.76	40.97
集成电路制造	Manufacture of Integrate Circuit	83.86	78.53	20.37	35.58	8.89	65.04
电子元件制造	Manufacture of Electronic Components	81.60	57.10	44.26	81.41	55.84	90.50
其他电子设备制造	Manufacture of Other Electronic Equipment	77.76	20.30	27.65	31.52	48.37	52.88
计算机及办公设备制造业	**Manufacture of Computers and Office Equipment**	**69.66**	**23.43**	**7.92**	**76.78**	**44.61**	**75.89**
#计算机整机制造	Manufacture of Entired Computer	70.70	25.85	22.85	65.71	60.61	118.53
计算机零部件制造	Manufacture of Computer Components and Parts	25.45	5.01	5.41	92.01	4.99	66.32
计算机外围设备制造	Manufacture of Computer Peripheral Equipment					219.04	10.76
办公设备制造	Manufacture of Office Equipment	105.39	403.70	16.80	7.33	7.76	86.94
医疗仪器设备及仪器仪表制造业	**Manufacture of Medical Equipments and Measuring Instrument**	**68.39**	**61.61**	**52.55**	**85.10**	**47.06**	**87.59**
1.医疗仪器设备及器械制造	Manufacture of Medical Equipment and Appliance	91.51	70.18	21.47	57.72	36.16	145.81
2.仪器仪表制造	Manufacture of Measuring Instrument	61.26	60.38	61.93	89.24	48.45	78.87

3-1-5 内资企业固定资产投资情况

Statistics on Investment in Fixed Assets in Domestic Funded Enterprises by Industrial Sector

行 业	Industry	施工项目（个） Number of Projects under Construction (unit)					
		2000	2005	2010	2011	2012	2013
合计	**Total**	**2270**	**5424**	**9129**	**11385**	**13941**	**15952**
医药制造业	**Manufacture of Medicines**	**1136**	**2858**	**4029**	**4390**	**4629**	**5376**
#化学药品制造	Manufacture of Chemical Medicine	642	1028	1167	1377	1383	1629
中成药生产	Production of Finished Traditional Chinese Herbal Medicine		653	900	860	945	1069
生物药品制造	Manufacture of Biological Medicine	98	350	648	663	789	960
航空、航天器及设备制造业	**Manufacture of Aircrafts and Spacecrafts and Related Equipment**	**329**	**175**	**167**	**168**	**308**	**337**
#飞机制造	Manufacture of Airplanes	273	153	124	120	124	119
航天器制造	Manufacture of Spacecrafts	56	22	43	48	37	29
电子及通信设备制造业	**Manufacture of Electronic Equipment and Communication Equipment**	**585**	**1495**	**3079**	**4366**	**5884**	**6801**
#通信设备制造	Manufacture of Communication Equipment	134	284	488	568	596	710
#通信系统设备制造	Manufacture of Communication System Equipment	81	119	183	220	385	469
通信终端设备制造	Manufacture of Communication Terminal Equipment	27	30	47	59	211	241
广播电视设备制造	Manufacture of Broadcasting and TV Equipment	16	43	84	140	346	286
雷达及配套设备制造	Manufacture of Radar and Its Fittings	32	28	22	29	88	80
视听设备制造	Manufacture of TV Set and Radio Receiver	58	92	134	161	143	158
电子器件制造	Manufacture of Electronic Appliances	101	248	710	1056	1254	1370
#电子真空器件制造	Manufacture of Electronic Vacuum Appliance	33	46	65	114	188	174
半导体分立器件制造	Manufacture of Semiconductor Discreting Appliances	49	31	81	108	132	92
集成电路制造	Manufacture of Integrate Circuit	19	47	125	152	140	182
电子元件制造	Manufacture of Electronic Components	186	600	1179	1792	1816	2251
其他电子设备制造	Manufacture of Other Electronic Equipment	58	200	462	620	610	821
计算机及办公设备制造业	**Manufacture of Computers and Office Equipment**	**36**	**142**	**276**	**339**	**626**	**652**
#计算机整机制造	Manufacture of Entired Computer	24	39	50	67	159	106
计算机零部件制造	Manufacture of Computer Components and Parts	8	82	197	235	184	219
计算机外围设备制造	Manufacture of Computer Peripheral Equipment					79	89
办公设备制造	Manufacture of Office Equipment	4	21	29	37	48	43
医疗仪器设备及仪器仪表制造业	**Manufacture of Medical Equipments and Measuring Instrument**	**184**	**754**	**1578**	**2122**	**2494**	**2786**
1.医疗仪器设备及器械制造	Manufacture of Medical Equipment and Appliance	36	196	417	562	887	980
2.仪器仪表制造	Manufacture of Measuring Instrument	148	558	1161	1560	1607	1806

3-1-5　续表 1　continued

行　业	Industry	新开工项目（个） Number of Projects Started This Year (unit)					
		2000	2005	2010	2011	2012	2013
合计	**Total**	**1372**	**3422**	**6224**	**7428**	**9255**	**10657**
医药制造业	**Manufacture of Medicines**	**703**	**1790**	**2814**	**2800**	**3068**	**3496**
#化学药品制造	Manufacture of Chemical Medicine	399	633	771	826	874	1009
中成药生产	Production of Finished Traditional Chinese Herbal Medicine		411	627	537	620	686
生物药品制造	Manufacture of Biological Medicine	51	208	429	381	520	609
航空、航天器及设备制造业	**Manufacture of Aircrafts and Spacecrafts and Related Equipment**	**195**	**66**	**71**	**77**	**170**	**191**
#飞机制造	Manufacture of Airplanes	160	59	52	55	60	60
航天器制造	Manufacture of Spacecrafts	35	7	19	22	24	14
电子及通信设备制造业	**Manufacture of Electronic Equipment and Communication Equipment**	**340**	**979**	**2054**	**2911**	**3867**	**4572**
#通信设备制造	Manufacture of Communication Equipment	72	176	318	366	392	435
#通信系统设备制造	Manufacture of Communication System Equipment	41	63	122	148	260	295
通信终端设备制造	Manufacture of Communication Terminal Equipment	14	23	27	40	132	140
广播电视设备制造	Manufacture of Broadcasting and TV Equipment	11	30	58	92	240	175
雷达及配套设备制造	Manufacture of Radar and Its Fittings	18	12	14	20	46	41
视听设备制造	Manufacture of TV Set and Radio Receiver	35	56	81	86	91	113
电子器件制造	Manufacture of Electronic Appliances	50	157	464	665	788	900
#电子真空器件制造	Manufacture of Electronic Vacuum Appliance	19	25	44	80	124	102
半导体分立器件制造	Manufacture of Semiconductor Discreting Appliances	20	16	55	66	87	58
集成电路制造	Manufacture of Integrate Circuit	11	30	77	92	81	109
电子元件制造	Manufacture of Electronic Components	119	414	810	1262	1249	1632
其他电子设备制造	Manufacture of Other Electronic Equipment	35	134	309	420	418	561
计算机及办公设备制造业	**Manufacture of Computers and Office Equipment**	**15**	**68**	**174**	**188**	**419**	**438**
#计算机整机制造	Manufacture of Entired Computer	11	21	31	28	96	54
计算机零部件制造	Manufacture of Computer Components and Parts	2	35	126	139	123	154
计算机外围设备制造	Manufacture of Computer Peripheral Equipment					53	64
办公设备制造	Manufacture of Office Equipment	2	12	17	21	35	30
医疗仪器设备及仪器仪表制造业	**Manufacture of Medical Equipments and Measuring Instrument**	**119**	**519**	**1111**	**1452**	**1731**	**1960**
1.医疗仪器设备及器械制造	Manufacture of Medical Equipment and Appliance	21	142	302	378	658	720
2.仪器仪表制造	Manufacture of Measuring Instrument	98	377	809	1074	1073	1240

3-1-5 续表 2 continued

行 业	Industry	建成投产项目（个） Number of Projects Completed and Put into Use (unit)					
		2000	2005	2010	2011	2012	2013
合计	**Total**	**1057**	**2394**	**5192**	**6698**	**8064**	**9567**
医药制造业	**Manufacture of Medicines**	**528**	**1305**	**2321**	**2520**	**2619**	**3144**
#化学药品制造	Manufacture of Chemical Medicine	321	471	611	780	750	959
中成药生产	Production of Finished Traditional Chinese Herbal Medicine		326	510	479	524	616
生物药品制造	Manufacture of Biological Medicine	28	117	344	356	426	520
航空、航天器及设备制造业	**Manufacture of Aircrafts and Spacecrafts and Related Equipment**	**168**	**70**	**62**	**54**	**150**	**176**
#飞机制造	Manufacture of Airplanes	155	61	47	32	57	54
航天器制造	Manufacture of Spacecrafts	13	9	15	22	20	18
电子及通信设备制造业	**Manufacture of Electronic Equipment and Communication Equipment**	**265**	**643**	**1661**	**2584**	**3377**	**4042**
#通信设备制造	Manufacture of Communication Equipment	53	128	267	314	309	364
#通信系统设备制造	Manufacture of Communication System Equipment	30	49	102	128	199	241
通信终端设备制造	Manufacture of Communication Terminal Equipment	14	15	24	31	110	123
广播电视设备制造	Manufacture of Broadcasting and TV Equipment	9	18	44	79	210	209
雷达及配套设备制造	Manufacture of Radar and Its Fittings	15	8	9	16	50	48
视听设备制造	Manufacture of TV Set and Radio Receiver	26	33	62	101	94	94
电子器件制造	Manufacture of Electronic Appliances	43	95	354	558	734	800
#电子真空器件制造	Manufacture of Electronic Vacuum Appliance	14	15	38	71	111	120
半导体分立器件制造	Manufacture of Semiconductor Discreting Appliances	25	13	35	51	91	57
集成电路制造	Manufacture of Integrate Circuit	4	13	58	81	65	95
电子元件制造	Manufacture of Electronic Components	90	270	679	1136	1107	1370
其他电子设备制造	Manufacture of Other Electronic Equipment	29	91	246	380	325	481
计算机及办公设备制造业	**Manufacture of Computers and Office Equipment**	**14**	**46**	**158**	**166**	**377**	**389**
#计算机整机制造	Manufacture of Entired Computer	10	11	24	33	95	63
计算机零部件制造	Manufacture of Computer Components and Parts	2	20	120	109	109	134
计算机外围设备制造	Manufacture of Computer Peripheral Equipment					52	59
办公设备制造	Manufacture of Office Equipment	2	15	14	24	29	24
医疗仪器设备及仪器仪表制造业	**Manufacture of Medical Equipments and Measuring Instrument**	**82**	**330**	**990**	**1374**	**1541**	**1816**
1.医疗仪器设备及器械制造	Manufacture of Medical Equipment and Appliance	15	85	243	370	570	654
2.仪器仪表制造	Manufacture of Measuring Instrument	67	245	747	1004	971	1162

3-1-5　续表 3　continued

行　业	Industry	项目建成投产率 (%) Rate of Projects Completed and Put into Use (%)					
		2000	2005	2010	2011	2012	2013
合计	**Total**	**46.56**	**44.14**	**56.87**	**58.83**	**57.84**	**59.97**
医药制造业	**Manufacture of Medicines**	**46.48**	**45.66**	**57.61**	**57.40**	**56.58**	**58.48**
#化学药品制造	Manufacture of Chemical Medicine	50.00	45.82	52.36	56.64	54.23	58.87
中成药生产	Production of Finished Traditional Chinese Herbal Medicine		49.92	56.67	55.70	55.45	57.62
生物药品制造	Manufacture of Biological Medicine	28.57	33.43	53.09	53.70	53.99	54.17
航空、航天器及设备制造业	**Manufacture of Aircrafts and Spacecrafts and Related Equipment**	**51.06**	**40.00**	**37.13**	**32.14**	**48.70**	**52.23**
#飞机制造	Manufacture of Airplanes	56.78	39.87	37.90	26.67	45.97	45.38
航天器制造	Manufacture of Spacecrafts	23.21	40.91	34.88	45.83	54.05	62.07
电子及通信设备制造业	**Manufacture of Electronic Equipment and Communication Equipment**	**45.30**	**43.01**	**53.95**	**59.18**	**57.39**	**59.43**
#通信设备制造	Manufacture of Communication Equipment	39.55	45.07	54.71	55.28	51.85	51.27
#通信系统设备制造	Manufacture of Communication System Equipment	37.04	41.18	55.74	58.18	51.69	51.39
通信终端设备制造	Manufacture of Communication Terminal Equipment	51.85	50.00	51.06	52.54	52.13	51.04
广播电视设备制造	Manufacture of Broadcasting and TV Equipment	56.25	41.86	52.38	56.43	60.69	73.08
雷达及配套设备制造	Manufacture of Radar and Its Fittings	46.88	28.57	40.91	55.17	56.82	60.00
视听设备制造	Manufacture of TV Set and Radio Receiver	44.83	35.87	46.27	62.73	65.73	59.49
电子器件制造	Manufacture of Electronic Appliances	42.57	38.31	49.86	52.84	58.53	58.39
#电子真空器件制造	Manufacture of Electronic Vacuum Appliance	42.42	32.61	58.46	62.28	59.04	68.97
半导体分立器件制造	Manufacture of Semiconductor Discreting Appliances	51.02	41.94	43.21	47.22	68.94	61.96
集成电路制造	Manufacture of Integrate Circuit	21.05	27.66	46.40	53.29	46.43	52.20
电子元件制造	Manufacture of Electronic Components	48.39	45.00	57.59	63.39	60.96	60.86
其他电子设备制造	Manufacture of Other Electronic Equipment	50.00	45.50	53.25	61.29	53.28	58.59
计算机及办公设备制造业	**Manufacture of Computers and Office Equipment**	**38.89**	**32.39**	**57.25**	**48.97**	**60.22**	**59.66**
#计算机整机制造	Manufacture of Entired Computer	41.67	28.21	48.00	49.25	59.75	59.43
计算机零部件制造	Manufacture of Computer Components and Parts	25.00	24.39	60.91	46.38	59.24	61.19
计算机外围设备制造	Manufacture of Computer Peripheral Equipment					65.82	66.29
办公设备制造	Manufacture of Office Equipment	50.00	71.43	48.28	64.86	60.42	55.81
医疗仪器设备及仪器仪表制造业	**Manufacture of Medical Equipments and Measuring Instrument**	**44.57**	**43.77**	**62.74**	**64.75**	**61.79**	**65.18**
1.医疗仪器设备及器械制造	Manufacture of Medical Equipment and Appliance	41.67	43.37	58.27	65.84	64.26	66.73
2.仪器仪表制造	Manufacture of Measuring Instrument	45.27	43.91	64.34	64.36	60.42	64.34

3-1-5 续表 4 continued

行 业	Industry	投资额（亿元） Investment (100 million yuan)					
		2000	2005	2010	2011	2012	2013
合计	**Total**	**300.49**	**1150.48**	**5195.76**	**7346.64**	**10622.58**	**13168.47**
医药制造业	**Manufacture of Medicines**	**109.56**	**590.97**	**1751.63**	**2442.03**	**3308.38**	**4252.80**
#化学药品制造	Manufacture of Chemical Medicine	63.42	232.42	621.57	880.38	1106.11	1442.77
中成药生产	Production of Finished Traditional Chinese Herbal Medicine		126.68	353.93	458.70	656.51	793.20
生物药品制造	Manufacture of Biological Medicine	16.82	96.87	333.48	455.47	693.95	950.05
航空、航天器及设备制造业	**Manufacture of Aircrafts and Spacecrafts and Related Equipment**	**41.32**	**66.28**	**238.96**	**230.38**	**389.80**	**575.27**
#飞机制造	Manufacture of Airplanes	30.34	60.50	196.06	168.34	183.44	222.57
航天器制造	Manufacture of Spacecrafts	10.98	5.78	42.90	62.04	37.27	37.23
电子及通信设备制造业	**Manufacture of Electronic Equipment and Communication Equipment**	**123.21**	**343.62**	**2115.99**	**3140.31**	**4851.86**	**5982.73**
#通信设备制造	Manufacture of Communication Equipment	41.85	77.24	305.74	398.50	524.29	737.06
#通信系统设备制造	Manufacture of Communication System Equipment	26.46	28.24	125.45	114.46	311.92	423.21
通信终端设备制造	Manufacture of Communication Terminal Equipment	6.84	8.35	18.20	48.31	212.37	313.85
广播电视设备制造	Manufacture of Broadcasting and TV Equipment	1.48	7.78	37.58	70.45	212.21	186.78
雷达及配套设备制造	Manufacture of Radar and Its Fittings	3.04	8.86	23.90	34.72	84.02	59.41
视听设备制造	Manufacture of TV Set and Radio Receiver	16.13	25.13	89.35	94.69	116.44	170.99
电子器件制造	Manufacture of Electronic Appliances	29.53	82.72	916.25	1333.15	1440.36	1774.90
#电子真空器件制造	Manufacture of Electronic Vacuum Appliance	22.45	12.36	31.03	74.91	108.36	108.64
半导体分立器件制造	Manufacture of Semiconductor Discreting Appliances	3.74	9.26	43.19	99.76	140.48	71.83
集成电路制造	Manufacture of Integrate Circuit	3.34	16.49	269.86	158.79	137.10	277.20
电子元件制造	Manufacture of Electronic Components	25.23	105.54	460.88	749.90	1045.22	1279.36
其他电子设备制造	Manufacture of Other Electronic Equipment	5.95	36.35	282.30	458.90	413.85	714.40
计算机及办公设备制造业	**Manufacture of Computers and Office Equipment**	**12.32**	**33.44**	**348.98**	**418.61**	**546.05**	**575.20**
#计算机整机制造	Manufacture of Entired Computer	7.14	10.82	63.39	216.70	202.54	174.03
计算机零部件制造	Manufacture of Computer Components and Parts	5.03	20.01	270.89	184.84	165.92	180.55
计算机外围设备制造	Manufacture of Computer Peripheral Equipment					45.69	87.79
办公设备制造	Manufacture of Office Equipment	0.16	2.61	14.71	17.07	29.15	22.57
医疗仪器设备及仪器仪表制造业	**Manufacture of Medical Equipments and Measuring Instrument**	**14.07**	**116.18**	**740.20**	**1115.30**	**1526.50**	**1782.47**
1.医疗仪器设备及器械制造	Manufacture of Medical Equipment and Appliance	4.35	31.48	184.92	283.74	477.76	607.44
2.仪器仪表制造	Manufacture of Measuring Instrument	9.72	84.70	555.28	831.56	1048.74	1175.03

3-1-5 续表 5 continued

行业	Industry	新增固定资产（亿元） Newly Increased Fixed Assets (100 million yuan)					
		2000	2005	2010	2011	2012	2013
合计	**Total**	**234.07**	**699.11**	**3332.79**	**4693.19**	**6679.28**	**8387.56**
医药制造业	**Manufacture of Medicines**	**79.52**	**378.96**	**1052.56**	**1507.88**	**1969.19**	**2814.61**
#化学药品制造	Manufacture of Chemical Medicine	47.47	151.37	338.23	530.91	638.49	1029.51
中成药生产	Production of Finished Traditional Chinese Herbal Medicine		86.06	210.98	317.30	438.01	499.70
生物药品制造	Manufacture of Biological Medicine	11.14	47.58	177.33	238.53	312.80	506.53
航空、航天器及设备制造业	**Manufacture of Aircrafts and Spacecrafts and Related Equipment**	**34.42**	**42.56**	**191.07**	**67.06**	**235.21**	**305.03**
#飞机制造	Manufacture of Airplanes	29.01	38.92	163.11	40.10	108.66	94.41
航天器制造	Manufacture of Spacecrafts	5.41	3.64	27.96	26.97	25.73	31.13
电子及通信设备制造业	**Manufacture of Electronic Equipment and Communication Equipment**	**100.00**	**190.67**	**1204.74**	**1979.16**	**3099.51**	**3734.58**
#通信设备制造	Manufacture of Communication Equipment	39.05	39.49	196.88	236.30	287.59	408.39
#通信系统设备制造	Manufacture of Communication System Equipment	25.43	13.27	84.09	97.06	168.25	218.40
通信终端设备制造	Manufacture of Communication Terminal Equipment	6.46	5.07	17.71	15.25	119.34	189.99
广播电视设备制造	Manufacture of Broadcasting and TV Equipment	1.48	8.85	13.65	34.31	175.30	134.52
雷达及配套设备制造	Manufacture of Radar and Its Fittings	2.17	1.35	37.69	22.18	70.12	27.63
视听设备制造	Manufacture of TV Set and Radio Receiver	13.48	10.28	46.20	70.64	80.70	120.76
电子器件制造	Manufacture of Electronic Appliances	18.51	40.71	263.93	844.51	960.99	1053.83
#电子真空器件制造	Manufacture of Electronic Vacuum Appliance	12.47	6.55	19.18	48.81	70.98	76.95
半导体分立器件制造	Manufacture of Semiconductor Discreting Appliances	3.14	4.90	25.43	56.47	115.11	50.30
集成电路制造	Manufacture of Integrate Circuit	2.89	4.63	75.61	96.94	66.83	130.22
电子元件制造	Manufacture of Electronic Components	20.58	67.64	303.95	543.99	671.67	860.82
其他电子设备制造	Manufacture of Other Electronic Equipment	4.74	22.34	342.42	227.21	250.09	442.31
计算机及办公设备制造业	**Manufacture of Computers and Office Equipment**	**10.17**	**15.49**	**324.32**	**297.67**	**349.04**	**359.26**
#计算机整机制造	Manufacture of Entired Computer	5.21	4.91	14.61	133.30	118.95	113.52
计算机零部件制造	Manufacture of Computer Components and Parts	4.93	7.06	301.36	151.30	123.09	105.80
计算机外围设备制造	Manufacture of Computer Peripheral Equipment					29.39	53.29
办公设备制造	Manufacture of Office Equipment	0.04	3.51	8.35	13.06	15.01	17.66
医疗仪器设备及仪器仪表制造业	**Manufacture of Medical Equipments and Measuring Instrument**	**9.96**	**71.43**	**560.11**	**841.42**	**1026.34**	**1174.07**
1.医疗仪器设备及器械制造	Manufacture of Medical Equipment and Appliance	4.02	17.27	108.81	188.57	339.02	424.47
2.仪器仪表制造	Manufacture of Measuring Instrument	5.94	54.16	451.30	652.85	687.32	749.60

3-1-5 续表 6 continued

行业	Industry	固定资产交付使用率（%） Rate of Fixed Assets Put into Use (%)					
		2000	2005	2010	2011	2012	2013
合计	**Total**	**77.90**	**60.77**	**64.14**	**63.88**	**62.88**	**63.69**
医药制造业	**Manufacture of Medicines**	**72.58**	**64.13**	**60.09**	**61.75**	**59.52**	**66.18**
#化学药品制造	Manufacture of Chemical Medicine	74.85	65.13	54.42	60.30	57.72	71.36
中成药生产	Production of Finished Traditional Chinese Herbal Medicine		67.93	59.61	69.17	66.72	63.00
生物药品制造	Manufacture of Biological Medicine	66.23	49.12	53.18	52.37	45.08	53.32
航空、航天器及设备制造业	**Manufacture of Aircrafts and Spacecrafts and Related Equipment**	**83.30**	**64.21**	**79.96**	**29.11**	**60.34**	**53.02**
#飞机制造	Manufacture of Airplanes	95.62	64.33	83.19	23.82	59.23	42.42
航天器制造	Manufacture of Spacecrafts	49.27	62.98	65.17	43.47	69.04	83.61
电子及通信设备制造业	**Manufacture of Electronic Equipment and Communication Equipment**	**81.16**	**55.49**	**56.94**	**63.02**	**63.88**	**62.42**
#通信设备制造	Manufacture of Communication Equipment	93.31	51.13	64.39	59.30	54.85	55.41
#通信系统设备制造	Manufacture of Communication System Equipment	96.11	46.99	67.03	84.80	53.94	51.60
通信终端设备制造	Manufacture of Communication Terminal Equipment	94.44	60.72	97.31	31.57	56.19	60.54
广播电视设备制造	Manufacture of Broadcasting and TV Equipment	100.00	113.75	36.32	48.70	82.60	72.02
雷达及配套设备制造	Manufacture of Radar and Its Fittings	71.38	15.24	157.70	63.88	83.45	46.51
视听设备制造	Manufacture of TV Set and Radio Receiver	83.57	40.91	51.71	74.60	69.31	70.62
电子器件制造	Manufacture of Electronic Appliances	62.68	49.21	28.81	63.35	66.72	59.37
#电子真空器件制造	Manufacture of Electronic Vacuum Appliance	55.55	52.99	61.81	65.16	65.50	70.83
半导体分立器件制造	Manufacture of Semiconductor Discreting Appliances	83.96	52.92	58.88	56.61	81.94	70.02
集成电路制造	Manufacture of Integrate Circuit	86.53	28.08	28.02	61.05	48.75	46.98
电子元件制造	Manufacture of Electronic Components	81.57	64.09	65.95	72.54	64.26	67.29
其他电子设备制造	Manufacture of Other Electronic Equipment	79.66	61.46	121.30	49.51	60.43	61.91
计算机及办公设备制造业	**Manufacture of Computers and Office Equipment**	**82.55**	**46.32**	**92.93**	**71.11**	**63.92**	**62.46**
#计算机整机制造	Manufacture of Entired Computer	72.97	45.38	23.05	61.51	58.73	65.23
计算机零部件制造	Manufacture of Computer Components and Parts	98.01	35.28	111.25	81.85	74.19	58.60
计算机外围设备制造	Manufacture of Computer Peripheral Equipment					64.33	60.70
办公设备制造	Manufacture of Office Equipment	25.00	134.48	56.76	76.51	51.50	78.24
医疗仪器设备及仪器仪表制造业	**Manufacture of Medical Equipments and Measuring Instrument**	**70.79**	**61.48**	**75.67**	**75.44**	**67.23**	**65.87**
1.医疗仪器设备及器械制造	Manufacture of Medical Equipment and Appliance	92.41	54.86	58.84	66.46	70.96	69.88
2.仪器仪表制造	Manufacture of Measuring Instrument	61.11	63.94	81.27	78.51	65.54	63.79

3-1-6　港澳台资企业固定资产投资情况

Statistics on Investment in Fixed Assets in Hong Kong,Macau and Taiwan Funded Enterprises by Industrial Sector

行　业	Industry	施工项目（个） Number of Projects under Construction (unit)					
		2000	2005	2010	2011	2012	2013
合计	**Total**	**201**	**700**	**701**	**811**	**750**	**745**
医药制造业	**Manufacture of Medicines**	**70**	**158**	**156**	**162**	**150**	**181**
#化学药品制造	Manufacture of Chemical Medicine	34	81	67	71	64	84
中成药生产	Production of Finished Traditional Chinese Herbal Medicine		35	35	31	29	38
生物药品制造	Manufacture of Biological Medicine	11	19	29	37	25	27
航空、航天器及设备制造业	**Manufacture of Aircrafts and Spacecrafts and Related Equipment**			**6**	**8**	**8**	**9**
#飞机制造	Manufacture of Airplanes			4	6	1	1
航天器制造	Manufacture of Spacecrafts			2	2	3	2
电子及通信设备制造业	**Manufacture of Electronic Equipment and Communication Equipment**	**103**	**426**	**420**	**491**	**437**	**405**
#通信设备制造	Manufacture of Communication Equipment	9	48	53	46	32	32
#通信系统设备制造	Manufacture of Communication System Equipment	2	10	13	12	18	19
通信终端设备制造	Manufacture of Communication Terminal Equipment	4	8	8	8	14	13
广播电视设备制造	Manufacture of Broadcasting and TV Equipment	2	6	3	7	14	16
雷达及配套设备制造	Manufacture of Radar and Its Fittings			1	1	5	4
视听设备制造	Manufacture of TV Set and Radio Receiver	18	41	30	29	25	23
电子器件制造	Manufacture of Electronic Appliances	21	75	132	154	124	89
#电子真空器件制造	Manufacture of Electronic Vacuum Appliance	7	4	2	4	10	6
半导体分立器件制造	Manufacture of Semiconductor Discreting Appliances	4	7	23	25	18	7
集成电路制造	Manufacture of Integrate Circuit	10	30	36	22	23	20
电子元件制造	Manufacture of Electronic Components	45	191	167	215	152	164
其他电子设备制造	Manufacture of Other Electronic Equipment	8	65	34	39	30	28
计算机及办公设备制造业	**Manufacture of Computers and Office Equipment**	**17**	**65**	**56**	**73**	**70**	**68**
#计算机整机制造	Manufacture of Entired Computer	5	10	8	12	11	8
计算机零部件制造	Manufacture of Computer Components and Parts	12	42	45	56	34	37
计算机外围设备制造	Manufacture of Computer Peripheral Equipment					18	16
办公设备制造	Manufacture of Office Equipment		13	3	5	1	
医疗仪器设备及仪器仪表制造业	**Manufacture of Medical Equipments and Measuring Instrument**	**11**	**51**	**63**	**77**	**85**	**82**
1.医疗仪器设备及器械制造	Manufacture of Medical Equipment and Appliance	2	13	20	26	28	31
2.仪器仪表制造	Manufacture of Measuring Instrument	9	38	43	51	57	51

3-1-6 续表 1 continued

行 业	Industry	新开工项目（个） Number of Projects Started This Year (unit)					
		2000	2005	2010	2011	2012	2013
合计	**Total**	**123**	**432**	**411**	**434**	**382**	**380**
医药制造业	**Manufacture of Medicines**	**42**	**90**	**91**	**82**	**74**	**99**
#化学药品制造	Manufacture of Chemical Medicine	22	41	40	38	34	50
中成药生产	Production of Finished Traditional Chinese Herbal Medicine		21	24	14	14	19
生物药品制造	Manufacture of Biological Medicine	9	16	16	18	9	14
航空、航天器及设备制造业	**Manufacture of Aircrafts and Spacecrafts and Related Equipment**			**1**	**3**	**5**	**3**
#飞机制造	Manufacture of Airplanes			1	3	1	
航天器制造	Manufacture of Spacecrafts					1	
电子及通信设备制造业	**Manufacture of Electronic Equipment and Communication Equipment**	**65**	**268**	**252**	**275**	**216**	**203**
#通信设备制造	Manufacture of Communication Equipment	7	32	28	22	16	16
#通信系统设备制造	Manufacture of Communication System Equipment	2	8	9	8	11	9
通信终端设备制造	Manufacture of Communication Terminal Equipment	3	6	5	3	5	7
广播电视设备制造	Manufacture of Broadcasting and TV Equipment	1	4	3	6	4	8
雷达及配套设备制造	Manufacture of Radar and Its Fittings			1		3	2
视听设备制造	Manufacture of TV Set and Radio Receiver	11	21	15	13	12	12
电子器件制造	Manufacture of Electronic Appliances	10	44	80	82	56	35
#电子真空器件制造	Manufacture of Electronic Vacuum Appliance	4	2	1	2	7	3
半导体分立器件制造	Manufacture of Semiconductor Discreting Appliances	2	4	13	10	5	1
集成电路制造	Manufacture of Integrate Circuit	4	16	19	11	11	6
电子元件制造	Manufacture of Electronic Components	30	122	106	127	89	90
其他电子设备制造	Manufacture of Other Electronic Equipment	6	45	19	25	13	16
计算机及办公设备制造业	**Manufacture of Computers and Office Equipment**	**10**	**37**	**29**	**35**	**40**	**34**
#计算机整机制造	Manufacture of Entired Computer	3	3	2	9	9	4
计算机零部件制造	Manufacture of Computer Components and Parts	7	24	25	23	21	18
计算机外围设备制造	Manufacture of Computer Peripheral Equipment					4	11
办公设备制造	Manufacture of Office Equipment		10	2	3	1	
医疗仪器设备及仪器仪表制造业	**Manufacture of Medical Equipments and Measuring Instrument**	**6**	**37**	**38**	**39**	**47**	**41**
1.医疗仪器设备及器械制造	Manufacture of Medical Equipment and Appliance	2	7	11	11	23	18
2.仪器仪表制造	Manufacture of Measuring Instrument	4	30	27	28	24	23

3-1-6　续表 2　continued

行　业	Industry	建成投产项目（个） Number of Projects Completed and Put into Use (unit)					
		2000	2005	2010	2011	2012	2013
合计	**Total**	**96**	**296**	**336**	**451**	**360**	**397**
医药制造业	**Manufacture of Medicines**	**37**	**67**	**84**	**81**	**68**	**91**
#化学药品制造	Manufacture of Chemical Medicine	22	35	40	39	32	43
中成药生产	Production of Finished Traditional Chinese Herbal Medicine		17	22	15	12	22
生物药品制造	Manufacture of Biological Medicine	3	3	11	15	9	10
航空、航天器及设备制造业	**Manufacture of Aircrafts and Spacecrafts and Related Equipment**			**2**	**3**	**2**	**6**
#飞机制造	Manufacture of Airplanes			2	3		1
航天器制造	Manufacture of Spacecrafts					1	2
电子及通信设备制造业	**Manufacture of Electronic Equipment and Communication Equipment**	**48**	**179**	**205**	**281**	**214**	**222**
#通信设备制造	Manufacture of Communication Equipment	4	15	26	22	15	17
#通信系统设备制造	Manufacture of Communication System Equipment	2		9	7	8	9
通信终端设备制造	Manufacture of Communication Terminal Equipment	2	6	3	5	7	8
广播电视设备制造	Manufacture of Broadcasting and TV Equipment	2	1	1	5	6	7
雷达及配套设备制造	Manufacture of Radar and Its Fittings					4	3
视听设备制造	Manufacture of TV Set and Radio Receiver	9	15	14	17	9	14
电子器件制造	Manufacture of Electronic Appliances	7	34	57	76	59	47
#电子真空器件制造	Manufacture of Electronic Vacuum Appliance	4	2	1	2	6	5
半导体分立器件制造	Manufacture of Semiconductor Discreting Appliances	1	2	9	12	11	3
集成电路制造	Manufacture of Integrate Circuit	2	11	19	12	8	8
电子元件制造	Manufacture of Electronic Components	22	82	94	138	82	95
其他电子设备制造	Manufacture of Other Electronic Equipment	4	32	13	23	13	12
计算机及办公设备制造业	**Manufacture of Computers and Office Equipment**	**10**	**26**	**20**	**39**	**34**	**30**
#计算机整机制造	Manufacture of Entired Computer	1	3	2	7	5	3
计算机零部件制造	Manufacture of Computer Components and Parts	9	19	16	29	15	16
计算机外围设备制造	Manufacture of Computer Peripheral Equipment					10	10
办公设备制造	Manufacture of Office Equipment		4	2	3	1	
医疗仪器设备及仪器仪表制造业	**Manufacture of Medical Equipments and Measuring Instrument**	**1**	**24**	**25**	**47**	**42**	**48**
1.医疗仪器设备及器械制造	Manufacture of Medical Equipment and Appliance		6	6	19	16	16
2.仪器仪表制造	Manufacture of Measuring Instrument	1	18	19	28	26	32

3-1-6 续表 3 continued

行 业	Industry	项目建成投产率 (%) Rate of Projects Completed and Put into Use (%)					
		2000	2005	2010	2011	2012	2013
合计	**Total**	**47.76**	**42.29**	**47.93**	**55.61**	**48.00**	**53.29**
医药制造业	**Manufacture of Medicines**	**52.86**	**42.41**	**53.85**	**50.00**	**45.33**	**50.28**
#化学药品制造	Manufacture of Chemical Medicine	64.71	43.21	59.70	54.93	50.00	51.19
中成药生产	Production of Finished Traditional Chinese Herbal Medicine		48.57	62.86	48.39	41.38	57.89
生物药品制造	Manufacture of Biological Medicine	27.27	15.79	37.93	40.54	36.00	37.04
航空、航天器及设备制造业	**Manufacture of Aircrafts and Spacecrafts and Related Equipment**			**33.33**	**37.50**	**25.00**	**66.67**
#飞机制造	Manufacture of Airplanes			50.00	50.00		100.00
航天器制造	Manufacture of Spacecrafts					33.33	100.00
电子及通信设备制造业	**Manufacture of Electronic Equipment and Communication Equipment**	**46.60**	**42.02**	**48.81**	**57.23**	**48.97**	**54.81**
#通信设备制造	Manufacture of Communication Equipment	44.44	31.25	49.06	47.83	46.88	53.13
#通信系统设备制造	Manufacture of Communication System Equipment	100.00		69.23	58.33	44.44	47.37
通信终端设备制造	Manufacture of Communication Terminal Equipment	50.00	75.00	37.50	62.50	50.00	61.54
广播电视设备制造	Manufacture of Broadcasting and TV Equipment	100.00	16.67	33.33	71.43	42.86	43.75
雷达及配套设备制造	Manufacture of Radar and Its Fittings					80.00	75.00
视听设备制造	Manufacture of TV Set and Radio Receiver	50.00	36.59	46.67	58.62	36.00	60.87
电子器件制造	Manufacture of Electronic Appliances	33.33	45.33	43.18	49.35	47.58	52.81
#电子真空器件制造	Manufacture of Electronic Vacuum Appliance	57.14	50.00	50.00	50.00	60.00	83.33
半导体分立器件制造	Manufacture of Semiconductor Discreting Appliances	25.00	28.57	39.13	48.00	61.11	42.86
集成电路制造	Manufacture of Integrate Circuit	20.00	36.67	52.78	54.55	34.78	40.00
电子元件制造	Manufacture of Electronic Components	48.89	42.93	56.29	64.19	53.95	57.93
其他电子设备制造	Manufacture of Other Electronic Equipment	50.00	49.23	38.24	58.97	43.33	42.86
计算机及办公设备制造业	**Manufacture of Computers and Office Equipment**	**58.82**	**40.00**	**35.71**	**53.42**	**48.57**	**44.12**
#计算机整机制造	Manufacture of Entired Computer	20.00	30.00	25.00	58.33	45.45	37.50
计算机零部件制造	Manufacture of Computer Components and Parts	75.00	45.24	35.56	51.79	44.12	43.24
计算机外围设备制造	Manufacture of Computer Peripheral Equipment					55.56	62.50
办公设备制造	Manufacture of Office Equipment		30.77	66.67	60.00	100.00	
医疗仪器设备及仪器仪表制造业	**Manufacture of Medical Equipments and Measuring Instrument**	**9.09**	**47.06**	**39.68**	**61.04**	**49.41**	**58.54**
1.医疗仪器设备及器械制造	Manufacture of Medical Equipment and Appliance		46.15	30.00	73.08	57.14	51.61
2.仪器仪表制造	Manufacture of Measuring Instrument	11.11	47.37	44.19	54.90	45.61	62.75

3-1-6　续表 4　continued

行　　业	Industry	投资额（亿元） Investment (100 million yuan)					
		2000	2005	2010	2011	2012	2013
合计	**Total**	**53.91**	**365.51**	**729.61**	**941.04**	**1032.56**	**967.66**
医药制造业	**Manufacture of Medicines**	**7.67**	**55.37**	**80.29**	**85.39**	**120.63**	**119.65**
#化学药品制造	Manufacture of Chemical Medicine	3.42	35.92	41.13	46.91	75.05	57.85
中成药生产	Production of Finished Traditional Chinese Herbal Medicine		7.15	9.87	13.41	11.45	23.35
生物药品制造	Manufacture of Biological Medicine	2.15	8.26	18.16	17.22	13.86	19.12
航空、航天器及设备制造业	**Manufacture of Aircrafts and Spacecrafts and Related Equipment**	**0.04**		**5.36**	**8.24**	**10.62**	**15.58**
#飞机制造	Manufacture of Airplanes			2.09	4.83	0.51	0.93
航天器制造	Manufacture of Spacecrafts	0.04		3.27	3.41	8.02	2.89
电子及通信设备制造业	**Manufacture of Electronic Equipment and Communication Equipment**	**39.83**	**252.84**	**519.91**	**602.67**	**652.86**	**598.12**
#通信设备制造	Manufacture of Communication Equipment	2.62	29.50	84.29	83.25	86.07	79.98
#通信系统设备制造	Manufacture of Communication System Equipment	0.22	1.43	19.52	5.32	6.21	11.95
通信终端设备制造	Manufacture of Communication Terminal Equipment	0.43	2.10	14.68	7.27	79.86	68.03
广播电视设备制造	Manufacture of Broadcasting and TV Equipment	0.09	1.31	7.43	18.88	33.40	21.60
雷达及配套设备制造	Manufacture of Radar and Its Fittings			0.26	0.04	6.12	4.20
视听设备制造	Manufacture of TV Set and Radio Receiver	6.35	25.01	21.93	20.91	15.20	20.03
电子器件制造	Manufacture of Electronic Appliances	21.18	110.31	221.03	263.95	208.75	165.51
#电子真空器件制造	Manufacture of Electronic Vacuum Appliance	10.76	0.77	6.74	10.78	14.71	4.41
半导体分立器件制造	Manufacture of Semiconductor Discreting Appliances	0.55	3.54	29.52	44.68	21.08	7.26
集成电路制造	Manufacture of Integrate Circuit	9.87	56.48	39.95	23.54	19.13	19.45
电子元件制造	Manufacture of Electronic Components	7.19	72.40	161.56	185.16	190.31	195.14
其他电子设备制造	Manufacture of Other Electronic Equipment	2.41	14.30	23.40	30.49	44.96	63.38
计算机及办公设备制造业	**Manufacture of Computers and Office Equipment**	**5.20**	**48.96**	**91.34**	**195.85**	**149.53**	**137.30**
#计算机整机制造	Manufacture of Entired Computer	1.38	13.44	30.54	102.92	42.87	62.16
计算机零部件制造	Manufacture of Computer Components and Parts	3.74	28.91	59.51	91.14	46.78	39.37
计算机外围设备制造	Manufacture of Computer Peripheral Equipment					49.07	22.87
办公设备制造	Manufacture of Office Equipment	0.08	6.60	1.28	1.79	0.25	
医疗仪器设备及仪器仪表制造业	**Manufacture of Medical Equipments and Measuring Instrument**	**1.16**	**8.33**	**32.73**	**48.90**	**98.90**	**97.00**
1.医疗仪器设备及器械制造	Manufacture of Medical Equipment and Appliance	0.10	1.34	10.02	15.84	18.85	24.96
2.仪器仪表制造	Manufacture of Measuring Instrument	1.06	6.99	22.71	33.06	80.06	72.04

3-1-6 续表 5 continued

行业	Industry	新增固定资产（亿元） Newly Increased Fixed Assets (100 million yuan)					
		2000	2005	2010	2011	2012	2013
合计	**Total**	**41.61**	**304.76**	**488.58**	**745.27**	**695.68**	**573.16**
医药制造业	**Manufacture of Medicines**	**6.26**	**35.18**	**43.49**	**93.47**	**75.11**	**86.20**
#化学药品制造	Manufacture of Chemical Medicine	2.87	23.05	24.48	48.32	38.63	50.38
中成药生产	Production of Finished Traditional Chinese Herbal Medicine		5.08	7.31	25.80	7.09	11.61
生物药品制造	Manufacture of Biological Medicine	1.49	4.00	8.42	14.21	22.25	8.58
航空、航天器及设备制造业	**Manufacture of Aircrafts and Spacecrafts and Related Equipment**	**0.01**		**4.81**	**7.98**	**7.91**	**7.88**
#飞机制造	Manufacture of Airplanes			1.54	4.57		0.68
航天器制造	Manufacture of Spacecrafts	0.01		3.27	3.41	7.17	2.89
电子及通信设备制造业	**Manufacture of Electronic Equipment and Communication Equipment**	**29.84**	**225.62**	**374.08**	**454.64**	**485.51**	**336.93**
#通信设备制造	Manufacture of Communication Equipment	2.27	13.62	33.64	120.73	72.97	56.21
#通信系统设备制造	Manufacture of Communication System Equipment	0.22	0.07	9.31	1.97	3.60	6.58
通信终端设备制造	Manufacture of Communication Terminal Equipment	0.26	1.91	12.43	6.58	69.38	49.62
广播电视设备制造	Manufacture of Broadcasting and TV Equipment	0.10	0.55	4.76	13.85	14.21	7.06
雷达及配套设备制造	Manufacture of Radar and Its Fittings					9.83	4.17
视听设备制造	Manufacture of TV Set and Radio Receiver	5.16	13.16	9.64	19.56	13.72	17.01
电子器件制造	Manufacture of Electronic Appliances	12.76	133.14	188.23	142.46	156.35	98.77
#电子真空器件制造	Manufacture of Electronic Vacuum Appliance	6.93	0.84	6.74	6.96	8.87	3.99
半导体分立器件制造	Manufacture of Semiconductor Discreting Appliances	0.52	2.37	9.04	28.09	25.60	4.57
集成电路制造	Manufacture of Integrate Circuit	5.31	41.35	17.78	14.10	27.76	14.48
电子元件制造	Manufacture of Electronic Components	7.37	57.52	127.94	147.49	143.58	111.49
其他电子设备制造	Manufacture of Other Electronic Equipment	2.18	7.62	9.86	10.55	27.04	20.16
计算机及办公设备制造业	**Manufacture of Computers and Office Equipment**	**4.56**	**37.55**	**44.19**	**158.97**	**88.66**	**55.49**
#计算机整机制造	Manufacture of Entired Computer	0.67	9.13	14.14	80.04	34.38	8.15
计算机零部件制造	Manufacture of Computer Components and Parts	3.81	22.58	29.36	77.81	33.75	28.96
计算机外围设备制造	Manufacture of Computer Peripheral Equipment					12.00	11.72
办公设备制造	Manufacture of Office Equipment	0.08	5.84	0.69	1.12	0.25	
医疗仪器设备及仪器仪表制造业	**Manufacture of Medical Equipments and Measuring Instrument**	**0.94**	**6.41**	**22.02**	**30.21**	**38.48**	**86.68**
1.医疗仪器设备及器械制造	Manufacture of Medical Equipment and Appliance	0.09	0.82	6.49	12.85	10.81	14.89
2.仪器仪表制造	Manufacture of Measuring Instrument	0.85	5.59	15.53	17.36	27.67	71.78

3-1-6 续表 6 continued

行　业	Industry	固定资产交付使用率 (%) Rate of Fixed Assets Put into Use (%)					
		2000	2005	2010	2011	2012	2013
合计	**Total**	**77.18**	**83.38**	**66.96**	**79.20**	**67.37**	**59.23**
医药制造业	**Manufacture of Medicines**	**81.62**	**63.54**	**54.17**	**109.46**	**62.27**	**72.04**
#化学药品制造	Manufacture of Chemical Medicine	83.92	64.17	59.52	103.01	51.47	87.09
中成药生产	Production of Finished Traditional Chinese Herbal Medicine		71.05	74.06	192.39	61.93	49.72
生物药品制造	Manufacture of Biological Medicine	69.30	48.43	46.37	82.52	160.59	44.87
航空、航天器及设备制造业	**Manufacture of Aircrafts and Spacecrafts and Related Equipment**	**25.00**		**89.74**	**96.84**	**74.49**	**50.55**
#飞机制造	Manufacture of Airplanes			73.68	94.62		73.12
航天器制造	Manufacture of Spacecrafts	25.00		100.00	100.00	89.39	100.00
电子及通信设备制造业	**Manufacture of Electronic Equipment and Communication Equipment**	**74.92**	**89.23**	**71.95**	**75.44**	**74.37**	**56.33**
#通信设备制造	Manufacture of Communication Equipment	86.64	46.17	39.91	145.02	84.79	70.27
#通信系统设备制造	Manufacture of Communication System Equipment	100.00	4.90	47.69	37.03	57.96	55.07
通信终端设备制造	Manufacture of Communication Terminal Equipment	60.47	90.95	84.67	90.51	86.87	72.94
广播电视设备制造	Manufacture of Broadcasting and TV Equipment	111.11	41.98	64.06	73.36	42.55	32.68
雷达及配套设备制造	Manufacture of Radar and Its Fittings					160.50	99.28
视听设备制造	Manufacture of TV Set and Radio Receiver	81.26	52.62	43.96	93.54	90.27	84.94
电子器件制造	Manufacture of Electronic Appliances	60.25	120.70	85.16	53.97	74.90	59.68
#电子真空器件制造	Manufacture of Electronic Vacuum Appliance	64.41	109.09	100.00	64.56	60.31	90.45
半导体分立器件制造	Manufacture of Semiconductor Discreting Appliances	94.55	66.95	30.62	62.87	121.41	62.94
集成电路制造	Manufacture of Integrate Circuit	53.80	73.21	44.51	59.90	145.10	74.47
电子元件制造	Manufacture of Electronic Components	102.50	79.45	79.19	79.66	75.44	57.13
其他电子设备制造	Manufacture of Other Electronic Equipment	90.46	53.29	42.14	34.60	60.13	31.81
计算机及办公设备制造业	**Manufacture of Computers and Office Equipment**	**87.69**	**76.70**	**48.38**	**81.17**	**59.29**	**40.41**
#计算机整机制造	Manufacture of Entired Computer	48.55	67.93	46.30	77.77	80.18	13.12
计算机零部件制造	Manufacture of Computer Components and Parts	101.87	78.10	49.34	85.37	72.15	73.56
计算机外围设备制造	Manufacture of Computer Peripheral Equipment					24.46	51.22
办公设备制造	Manufacture of Office Equipment	100.00	88.48	53.91	62.57	100.00	
医疗仪器设备及仪器仪表制造业	**Manufacture of Medical Equipments and Measuring Instrument**	**81.03**	**76.95**	**67.28**	**61.78**	**38.91**	**89.36**
1.医疗仪器设备及器械制造	Manufacture of Medical Equipment and Appliance	90.00	61.19	64.77	81.12	57.38	59.68
2.仪器仪表制造	Manufacture of Measuring Instrument	80.19	79.97	68.38	52.51	34.56	99.64

3-1-7 外资企业固定资产投资情况
Statistics on Investment in Fixed Assets in Foreign Funded Enterprises by Industrial Sector

行　业	Industry	施工项目（个） Number of Projects under Construction (unit)					
		2000	2005	2010	2011	2012	2013
合计	**Total**	**263**	**971**	**893**	**1008**	**952**	**958**
医药制造业	**Manufacture of Medicines**	**82**	**185**	**196**	**189**	**201**	**187**
#化学药品制造	Manufacture of Chemical Medicine	51	76	87	98	86	97
中成药生产	Production of Finished Traditional Chinese Herbal Medicine		30	29	21	27	18
生物药品制造	Manufacture of Biological Medicine	11	36	38	40	50	38
航空、航天器及设备制造业	**Manufacture of Aircrafts and Spacecrafts and Related Equipment**	**2**	**6**	**17**	**12**	**14**	**24**
#飞机制造	Manufacture of Airplanes	1	6	16	11	5	7
航天器制造	Manufacture of Spacecrafts	1		1	1		
电子及通信设备制造业	**Manufacture of Electronic Equipment and Communication Equipment**	**138**	**603**	**509**	**613**	**536**	**529**
#通信设备制造	Manufacture of Communication Equipment	16	62	51	64	34	49
#通信系统设备制造	Manufacture of Communication System Equipment	8	13	12	18	15	12
通信终端设备制造	Manufacture of Communication Terminal Equipment	5	11	3	3	19	37
广播电视设备制造	Manufacture of Broadcasting and TV Equipment	1	8	17	10	16	13
雷达及配套设备制造	Manufacture of Radar and Its Fittings				1	6	4
视听设备制造	Manufacture of TV Set and Radio Receiver	16	41	26	18	17	10
电子器件制造	Manufacture of Electronic Appliances	31	151	166	203	172	147
#电子真空器件制造	Manufacture of Electronic Vacuum Appliance	9	13	9	11	10	6
半导体分立器件制造	Manufacture of Semiconductor Discreting Appliances	4	16	18	21	14	18
集成电路制造	Manufacture of Integrate Circuit	18	62	46	59	61	47
电子元件制造	Manufacture of Electronic Components	60	268	203	257	171	184
其他电子设备制造	Manufacture of Other Electronic Equipment	14	73	46	60	47	50
计算机及办公设备制造业	**Manufacture of Computers and Office Equipment**	**19**	**91**	**78**	**87**	**66**	**77**
#计算机整机制造	Manufacture of Entired Computer	6	17	11	13	15	14
计算机零部件制造	Manufacture of Computer Components and Parts	12	60	59	66	24	19
计算机外围设备制造	Manufacture of Computer Peripheral Equipment					17	24
办公设备制造	Manufacture of Office Equipment	1	14	8	8	3	6
医疗仪器设备及仪器仪表制造业	**Manufacture of Medical Equipments and Measuring Instrument**	**22**	**86**	**93**	**107**	**135**	**141**
1.医疗仪器设备及器械制造	Manufacture of Medical Equipment and Appliance	7	29	35	38	51	52
2.仪器仪表制造	Manufacture of Measuring Instrument	15	57	58	69	84	89

3-1-7　续表 1　continued

行　业	Industry	新开工项目（个） Number of Projects Started This Year (unit)					
		2000	2005	2010	2011	2012	2013
合计	**Total**	**145**	**606**	**482**	**585**	**556**	**570**
医药制造业	**Manufacture of Medicines**	**44**	**103**	**108**	**95**	**119**	**100**
#化学药品制造	Manufacture of Chemical Medicine	29	46	46	42	45	58
中成药生产	Production of Finished Traditional Chinese Herbal Medicine		14	15	15	18	7
生物药品制造	Manufacture of Biological Medicine	5	21	16	17	29	19
航空、航天器及设备制造业	**Manufacture of Aircrafts and Spacecrafts and Related Equipment**	**1**	**2**	**8**	**6**	**5**	**12**
#飞机制造	Manufacture of Airplanes		2	7	5		3
航天器制造	Manufacture of Spacecrafts	1		1	1		
电子及通信设备制造业	**Manufacture of Electronic Equipment and Communication Equipment**	**76**	**385**	**282**	**368**	**306**	**328**
#通信设备制造	Manufacture of Communication Equipment	11	43	23	36	15	29
#通信系统设备制造	Manufacture of Communication System Equipment	5	11	7	10	5	9
通信终端设备制造	Manufacture of Communication Terminal Equipment	4	6	1	3	10	20
广播电视设备制造	Manufacture of Broadcasting and TV Equipment	1	6	9	2	11	9
雷达及配套设备制造	Manufacture of Radar and Its Fittings				1	2	2
视听设备制造	Manufacture of TV Set and Radio Receiver	8	27	15	12	10	5
电子器件制造	Manufacture of Electronic Appliances	13	83	86	120	97	77
#电子真空器件制造	Manufacture of Electronic Vacuum Appliance	4	9	3	8	4	3
半导体分立器件制造	Manufacture of Semiconductor Discreting Appliances	1	8	8	15	10	12
集成电路制造	Manufacture of Integrate Circuit	8	23	26	38	40	27
电子元件制造	Manufacture of Electronic Components	36	186	123	166	103	131
其他电子设备制造	Manufacture of Other Electronic Equipment	7	40	26	31	26	32
计算机及办公设备制造业	**Manufacture of Computers and Office Equipment**	**9**	**59**	**38**	**51**	**34**	**50**
#计算机整机制造	Manufacture of Entired Computer	2	10	7	7	7	7
计算机零部件制造	Manufacture of Computer Components and Parts	6	38	28	40	11	11
计算机外围设备制造	Manufacture of Computer Peripheral Equipment					10	16
办公设备制造	Manufacture of Office Equipment	1	11	3	4	2	4
医疗仪器设备及仪器仪表制造业	**Manufacture of Medical Equipments and Measuring Instrument**	**15**	**57**	**46**	**65**	**92**	**80**
1.医疗仪器设备及器械制造	Manufacture of Medical Equipment and Appliance	4	16	17	25	36	33
2.仪器仪表制造	Manufacture of Measuring Instrument	11	41	29	40	56	47

3-1-7 续表 2 continued

行　业	Industry	建成投产项目（个）Number of Projects Completed and Put into Use (unit)					
		2000	2005	2010	2011	2012	2013
合计	**Total**	**129**	**468**	**483**	**586**	**517**	**538**
医药制造业	**Manufacture of Medicines**	**46**	**85**	**103**	**93**	**90**	**92**
#化学药品制造	Manufacture of Chemical Medicine	26	40	34	46	38	46
中成药生产	Production of Finished Traditional Chinese Herbal Medicine		13	19	13	16	10
生物药品制造	Manufacture of Biological Medicine	7	12	15	20	21	16
航空、航天器及设备制造业	**Manufacture of Aircrafts and Spacecrafts and Related Equipment**		**3**	**9**	**2**	**3**	**9**
#飞机制造	Manufacture of Airplanes		3	8	2	1	3
航天器制造	Manufacture of Spacecrafts			1			
电子及通信设备制造业	**Manufacture of Electronic Equipment and Communication Equipment**	**61**	**289**	**275**	**382**	**318**	**308**
#通信设备制造	Manufacture of Communication Equipment	7	23	17	38	16	18
#通信系统设备制造	Manufacture of Communication System Equipment	1	4	5	12	9	5
通信终端设备制造	Manufacture of Communication Terminal Equipment	3	5		2	7	13
广播电视设备制造	Manufacture of Broadcasting and TV Equipment		2	8	5	12	7
雷达及配套设备制造	Manufacture of Radar and Its Fittings					3	3
视听设备制造	Manufacture of TV Set and Radio Receiver	10	16	21	13	12	6
电子器件制造	Manufacture of Electronic Appliances	15	66	82	121	88	82
#电子真空器件制造	Manufacture of Electronic Vacuum Appliance	5	7	5	8	5	4
半导体分立器件制造	Manufacture of Semiconductor Discreting Appliances	1	10	12	13	7	12
集成电路制造	Manufacture of Integrate Circuit	9	23	24	36	34	24
电子元件制造	Manufacture of Electronic Components	27	150	129	171	116	129
其他电子设备制造	Manufacture of Other Electronic Equipment	2	32	18	34	28	24
计算机及办公设备制造业	**Manufacture of Computers and Office Equipment**	**8**	**46**	**39**	**53**	**36**	**43**
#计算机整机制造	Manufacture of Entired Computer	1	11	4	6	9	5
计算机零部件制造	Manufacture of Computer Components and Parts	7	29	31	42	12	16
计算机外围设备制造	Manufacture of Computer Peripheral Equipment					9	15
办公设备制造	Manufacture of Office Equipment		6	4	5	1	2
医疗仪器设备及仪器仪表制造业	**Manufacture of Medical Equipments and Measuring Instrument**	**14**	**45**	**57**	**56**	**70**	**86**
1.医疗仪器设备及器械制造	Manufacture of Medical Equipment and Appliance	3	18	24	17	26	31
2.仪器仪表制造	Manufacture of Measuring Instrument	11	27	33	39	44	55

3-1-7　续表 3　continued

行　业	Industry	项目建成投产率 (%) Rate of Projects Completed and Put into Use (%)					
		2000	2005	2010	2011	2012	2013
合计	**Total**	**49.05**	**48.20**	**54.09**	**58.13**	**54.31**	**56.16**
医药制造业	**Manufacture of Medicines**	**56.10**	**45.95**	**52.55**	**49.21**	**44.78**	**49.20**
#化学药品制造	Manufacture of Chemical Medicine	50.98	52.63	39.08	46.94	44.19	47.42
中成药生产	Production of Finished Traditional Chinese Herbal Medicine		43.33	65.52	61.90	59.26	55.56
生物药品制造	Manufacture of Biological Medicine	63.64	33.33	39.47	50.00	42.00	42.11
航空、航天器及设备制造业	**Manufacture of Aircrafts and Spacecrafts and Related Equipment**		**50.00**	**52.94**	**16.67**	**21.43**	**37.50**
#飞机制造	Manufacture of Airplanes		50.00	50.00	18.18	20.00	42.86
航天器制造	Manufacture of Spacecrafts			100.00			
电子及通信设备制造业	**Manufacture of Electronic Equipment and Communication Equipment**	**44.20**	**47.93**	**54.03**	**62.32**	**59.33**	**58.22**
#通信设备制造	Manufacture of Communication Equipment	43.75	37.10	33.33	59.38	47.06	36.73
#通信系统设备制造	Manufacture of Communication System Equipment	12.50	30.77	41.67	66.67	60.00	41.67
通信终端设备制造	Manufacture of Communication Terminal Equipment	60.00	45.45		66.67	36.84	35.14
广播电视设备制造	Manufacture of Broadcasting and TV Equipment		25.00	47.06	50.00	75.00	53.85
雷达及配套设备制造	Manufacture of Radar and Its Fittings					50.00	75.00
视听设备制造	Manufacture of TV Set and Radio Receiver	62.50	39.02	80.77	72.22	70.59	60.00
电子器件制造	Manufacture of Electronic Appliances	48.39	43.71	49.40	59.61	51.16	55.78
#电子真空器件制造	Manufacture of Electronic Vacuum Appliance	55.56	53.85	55.56	72.73	50.00	66.67
半导体分立器件制造	Manufacture of Semiconductor Discreting Appliances	25.00	62.50	66.67	61.90	50.00	66.67
集成电路制造	Manufacture of Integrate Circuit	50.00	37.10	52.17	61.02	55.74	51.06
电子元件制造	Manufacture of Electronic Components	45.00	55.97	63.55	66.54	67.84	70.11
其他电子设备制造	Manufacture of Other Electronic Equipment	14.29	43.84	39.13	56.67	59.57	48.00
计算机及办公设备制造业	**Manufacture of Computers and Office Equipment**	**42.11**	**50.55**	**50.00**	**60.92**	**54.55**	**55.84**
#计算机整机制造	Manufacture of Entired Computer	16.67	64.71	36.36	46.15	60.00	35.71
计算机零部件制造	Manufacture of Computer Components and Parts	58.33	48.33	52.54	63.64	50.00	84.21
计算机外围设备制造	Manufacture of Computer Peripheral Equipment					52.94	62.50
办公设备制造	Manufacture of Office Equipment		42.86	50.00	62.50	33.33	33.33
医疗仪器设备及仪器仪表制造业	**Manufacture of Medical Equipments and Measuring Instrument**	**63.64**	**52.33**	**61.29**	**52.34**	**51.85**	**60.99**
1.医疗仪器设备及器械制造	Manufacture of Medical Equipment and Appliance	42.86	62.07	68.57	44.74	50.98	59.62
2.仪器仪表制造	Manufacture of Measuring Instrument	73.33	47.37	56.90	56.52	52.38	61.80

3-1-7 续表 4 continued

行业	Industry	投资额（亿元） Investment (100 million yuan)					
		2000	2005	2010	2011	2012	2013
合计	**Total**	**208.56**	**628.10**	**1019.36**	**1180.78**	**1264.98**	**1405.32**
医药制造业	**Manufacture of Medicines**	**18.75**	**49.72**	**109.64**	**121.51**	**144.12**	**153.99**
#化学药品制造	Manufacture of Chemical Medicine	14.67	20.97	68.09	74.93	82.82	91.36
中成药生产	Production of Finished Traditional Chinese Herbal Medicine		6.68	9.19	10.35	15.80	13.23
生物药品制造	Manufacture of Biological Medicine	1.77	11.36	17.06	15.33	23.29	25.67
航空、航天器及设备制造业	**Manufacture of Aircrafts and Spacecrafts and Related Equipment**	**1.87**	**3.71**	**18.28**	**19.51**	**33.61**	**29.75**
#飞机制造	Manufacture of Airplanes	1.37	3.71	17.83	16.99	6.68	8.83
航天器制造	Manufacture of Spacecrafts	0.50		0.46	2.52		0.47
电子及通信设备制造业	**Manufacture of Electronic Equipment and Communication Equipment**	**172.94**	**466.53**	**684.31**	**778.96**	**824.73**	**980.79**
#通信设备制造	Manufacture of Communication Equipment	10.88	33.15	51.28	58.92	47.49	79.97
#通信系统设备制造	Manufacture of Communication System Equipment	8.37	3.28	14.88	19.93	23.98	19.54
通信终端设备制造	Manufacture of Communication Terminal Equipment	1.10	5.56	0.55	4.25	23.51	60.43
广播电视设备制造	Manufacture of Broadcasting and TV Equipment	0.50	0.87	10.00	5.57	12.07	7.52
雷达及配套设备制造	Manufacture of Radar and Its Fittings				3.90	7.10	3.34
视听设备制造	Manufacture of TV Set and Radio Receiver	9.77	20.05	35.41	17.34	32.01	18.22
电子器件制造	Manufacture of Electronic Appliances	108.94	206.04	371.01	419.13	413.48	544.35
#电子真空器件制造	Manufacture of Electronic Vacuum Appliance	34.68	4.34	5.82	6.65	8.34	8.66
半导体分立器件制造	Manufacture of Semiconductor Discreting Appliances	5.82	43.37	56.68	62.91	27.89	36.18
集成电路制造	Manufacture of Integrate Circuit	68.43	122.47	179.48	123.85	192.17	278.96
电子元件制造	Manufacture of Electronic Components	38.52	167.93	192.87	246.55	169.15	177.46
其他电子设备制造	Manufacture of Other Electronic Equipment	4.33	38.49	23.75	27.55	41.13	70.71
计算机及办公设备制造业	**Manufacture of Computers and Office Equipment**	**8.65**	**85.74**	**149.68**	**149.19**	**139.52**	**122.61**
#计算机整机制造	Manufacture of Entired Computer	3.89	25.39	22.67	27.22	37.79	46.48
计算机零部件制造	Manufacture of Computer Components and Parts	4.74	53.98	120.96	114.22	48.40	27.98
计算机外围设备制造	Manufacture of Computer Peripheral Equipment					40.13	13.79
办公设备制造	Manufacture of Office Equipment	0.02	6.36	6.06	7.76	5.46	10.29
医疗仪器设备及仪器仪表制造业	**Manufacture of Medical Equipments and Measuring Instrument**	**6.36**	**22.40**	**57.44**	**111.62**	**123.00**	**118.18**
1.医疗仪器设备及器械制造	Manufacture of Medical Equipment and Appliance	2.09	6.01	14.74	31.22	38.57	40.23
2.仪器仪表制造	Manufacture of Measuring Instrument	4.27	16.39	42.70	80.40	84.43	77.95

3-1-7 续表 5 continued

行 业	Industry	新增固定资产（亿元） Newly Increased Fixed Assets (100 million yuan)					
		2000	2005	2010	2011	2012	2013
合计	**Total**	**145.33**	**460.01**	**629.04**	**916.70**	**994.36**	**898.55**
医药制造业	**Manufacture of Medicines**	**20.90**	**28.05**	**58.87**	**70.10**	**88.65**	**85.85**
#化学药品制造	Manufacture of Chemical Medicine	15.60	14.27	30.94	42.54	56.88	51.69
中成药生产	Production of Finished Traditional Chinese Herbal Medicine		5.36	7.85	6.59	8.48	9.12
生物药品制造	Manufacture of Biological Medicine	3.58	4.10	6.99	7.71	13.48	12.65
航空、航天器及设备制造业	**Manufacture of Aircrafts and Spacecrafts and Related Equipment**		**1.17**	**15.13**	**4.38**	**13.69**	**39.77**
#飞机制造	Manufacture of Airplanes		1.17	14.71	1.86	2.39	5.04
航天器制造	Manufacture of Spacecrafts			0.42	2.52		0.47
电子及通信设备制造业	**Manufacture of Electronic Equipment and Communication Equipment**	**109.94**	**326.43**	**380.46**	**642.77**	**683.46**	**600.31**
#通信设备制造	Manufacture of Communication Equipment	4.51	20.42	31.53	50.82	33.31	44.57
#通信系统设备制造	Manufacture of Communication System Equipment	1.86	1.23	6.05	16.97	22.68	7.11
通信终端设备制造	Manufacture of Communication Terminal Equipment	1.22	3.95	0.23	4.03	10.63	37.46
广播电视设备制造	Manufacture of Broadcasting and TV Equipment	0.47	0.66	3.06	1.97	13.02	9.37
雷达及配套设备制造	Manufacture of Radar and Its Fittings					5.92	5.88
视听设备制造	Manufacture of TV Set and Radio Receiver	9.78	17.53	20.26	15.20	20.08	10.13
电子器件制造	Manufacture of Electronic Appliances	67.80	130.64	147.49	372.99	333.23	313.85
#电子真空器件制造	Manufacture of Electronic Vacuum Appliance	26.06	4.70	2.60	4.54	2.01	7.37
半导体分立器件制造	Manufacture of Semiconductor Discreting Appliances	5.73	12.32	17.80	18.73	25.74	21.66
集成电路制造	Manufacture of Integrate Circuit	36.01	83.05	48.75	196.19	139.68	120.63
电子元件制造	Manufacture of Electronic Components	24.16	115.55	162.36	174.51	157.74	133.90
其他电子设备制造	Manufacture of Other Electronic Equipment	3.21	41.63	15.76	27.28	44.70	40.49
计算机及办公设备制造业	**Manufacture of Computers and Office Equipment**	**8.08**	**87.47**	**124.47**	**124.07**	**142.17**	**82.46**
#计算机整机制造	Manufacture of Entired Computer	3.56	19.39	18.45	21.71	34.61	33.57
计算机零部件制造	Manufacture of Computer Components and Parts	4.52	62.81	101.85	98.30	36.23	22.61
计算机外围设备制造	Manufacture of Computer Peripheral Equipment					59.44	11.88
办公设备制造	Manufacture of Office Equipment	0.01	5.27	4.18	4.06	4.27	0.59
医疗仪器设备及仪器仪表制造业	**Manufacture of Medical Equipments and Measuring Instrument**	**6.42**	**16.89**	**50.11**	**75.38**	**66.39**	**90.15**
1.医疗仪器设备及器械制造	Manufacture of Medical Equipment and Appliance	2.80	7.30	16.79	19.15	15.61	37.81
2.仪器仪表制造	Manufacture of Measuring Instrument	3.61	9.59	33.32	56.23	50.78	52.34

3-1-7 续表 6 continued

行　业	Industry	固定资产交付使用率（%） Rate of Fixed Assets Put into Use (%)					
		2000	2005	2010	2011	2012	2013
合计	**Total**	**69.68**	**73.24**	**61.71**	**77.64**	**78.61**	**63.94**
医药制造业	**Manufacture of Medicines**	**111.47**	**56.42**	**53.69**	**57.69**	**61.51**	**55.75**
#化学药品制造	Manufacture of Chemical Medicine	106.34	68.05	45.44	56.77	68.68	56.58
中成药生产	Production of Finished Traditional Chinese Herbal Medicine		80.24	85.42	63.67	53.66	68.96
生物药品制造	Manufacture of Biological Medicine	202.26	36.09	40.97	50.29	57.86	49.28
航空、航天器及设备制造业	**Manufacture of Aircrafts and Spacecrafts and Related Equipment**		**31.54**	**82.77**	**22.45**	**40.72**	**133.68**
#飞机制造	Manufacture of Airplanes		31.54	82.50	10.95	35.75	57.05
航天器制造	Manufacture of Spacecrafts			91.30	100.00		100.00
电子及通信设备制造业	**Manufacture of Electronic Equipment and Communication Equipment**	**63.57**	**69.97**	**55.60**	**82.52**	**82.87**	**61.21**
#通信设备制造	Manufacture of Communication Equipment	41.45	61.60	61.49	86.25	70.14	55.73
#通信系统设备制造	Manufacture of Communication System Equipment	22.22	37.50	40.66	85.15	94.58	36.39
通信终端设备制造	Manufacture of Communication Terminal Equipment	110.91	71.04	41.82	94.82	45.20	61.98
广播电视设备制造	Manufacture of Broadcasting and TV Equipment	94.00	75.86	30.60	35.37	107.86	124.64
雷达及配套设备制造	Manufacture of Radar and Its Fittings					83.41	176.04
视听设备制造	Manufacture of TV Set and Radio Receiver	100.10	87.43	57.22	87.66	62.72	55.61
电子器件制造	Manufacture of Electronic Appliances	62.24	63.41	39.75	88.99	80.59	57.65
#电子真空器件制造	Manufacture of Electronic Vacuum Appliance	75.14	108.29	44.67	68.27	24.07	85.07
半导体分立器件制造	Manufacture of Semiconductor Discreting Appliances	98.45	28.41	31.40	29.77	92.31	59.86
集成电路制造	Manufacture of Integrate Circuit	52.62	67.81	27.16	158.41	72.69	43.24
电子元件制造	Manufacture of Electronic Components	62.72	68.81	84.18	70.78	93.25	75.46
其他电子设备制造	Manufacture of Other Electronic Equipment	74.13	108.16	66.36	99.02	108.68	57.26
计算机及办公设备制造业	**Manufacture of Computers and Office Equipment**	**93.41**	**102.02**	**83.16**	**83.16**	**101.90**	**67.25**
#计算机整机制造	Manufacture of Entired Computer	91.52	76.37	81.39	79.76	91.58	72.22
计算机零部件制造	Manufacture of Computer Components and Parts	95.36	116.36	84.20	86.06	74.86	80.82
计算机外围设备制造	Manufacture of Computer Peripheral Equipment					148.13	86.20
办公设备制造	Manufacture of Office Equipment	50.00	82.86	68.98	52.32	78.19	5.72
医疗仪器设备及仪器仪表制造业	**Manufacture of Medical Equipments and Measuring Instrument**	**100.94**	**75.40**	**87.24**	**67.53**	**53.97**	**76.28**
1.医疗仪器设备及器械制造	Manufacture of Medical Equipment and Appliance	133.97	121.46	113.91	61.34	40.47	93.99
2.仪器仪表制造	Manufacture of Measuring Instrument	84.54	58.51	78.03	69.94	60.14	67.14

3-1-8 各地区固定资产投资情况

Statistics on Investment in Fixed Assets in High-tech Industry by Region

地 区	Region	施工项目（个） Number of Projects under Construction (unit)					
		2000	2005	2010	2011	2012	2013
全 国	**Total**	**2734**	**7095**	**10723**	**13204**	**15681**	**17691**
东部地区	Eastern Region	1417	3875	4898	7458	7903	9118
中部地区	Middle Region	464	1516	3355	3454	4292	4725
西部地区	Western Region	542	1081	1139	1275	2228	2749
东北地区	Northeastern Region	311	623	1331	1017	1258	1099
北 京	Beijing	111	72	105	139	131	197
天 津	Tianjin	83	76	131	222	293	295
河 北	Hebei	138	251	342	381	510	510
山 西	Shanxi	36	116	94	138	145	175
内蒙古	Inner Mongolia	23	72	72	78	99	141
辽 宁	Liaoning	132	290	318	410	551	423
吉 林	Jilin	96	200	847	469	489	446
黑龙江	Heilongjiang	83	133	166	138	218	230
上 海	Shanghai	134	127	211	259	316	276
江 苏	Jiangsu	206	804	1377	2687	2594	3009
浙 江	Zhejiang	171	502	587	1068	1478	1972
安 徽	Anhui	59	257	701	725	942	1038
福 建	Fujian	70	243	300	397	432	500
江 西	Jiangxi	44	291	740	585	885	928
山 东	Shandong	155	614	762	980	1154	1233
河 南	Henan	99	276	668	684	749	764
湖 北	Hubei	146	288	491	585	674	769
湖 南	Hunan	57	216	589	659	897	1051
广 东	Guangdong	264	976	769	999	981	1103
广 西	Guangxi	68	184	302	313	422	615
海 南	Hainan	17	26	12	13	14	23
重 庆	Chongqing	29	108	197	253	331	410
四 川	Sichuan	146	421	406	490	656	694
贵 州	Guizhou	145	74	55	36	44	58
云 南	Yunnan	46	68	97	95	126	142
西 藏	Tibet	2	2	18	13	17	17
陕 西	Shaanxi	117	268	218	207	308	326
甘 肃	Gansu	26	83	98	120	125	242
青 海	Qinghai	11	16	12	15	22	15
宁 夏	Ningxia	14	9	12	20	35	41
新 疆	Xinjiang	6	32	26	26	43	48

3-1-8 续表 1 continued

地区	Region	新开工项目（个） Number of Projects Started This Year (unit)					
		2000	2005	2010	2011	2012	2013
全国	**Total**	**1640**	**4460**	**7117**	**8447**	**10223**	**11637**
东部地区	Eastern Region	858	2452	2951	4627	5029	5973
中部地区	Middle Region	284	926	2364	2320	2874	3159
西部地区	Western Region	313	630	672	757	1438	1741
东北地区	Northeastern Region	185	452	1130	743	882	764
北京	Beijing	58	26	41	43	35	40
天津	Tianjin	62	44	75	148	173	194
河北	Hebei	94	187	241	231	290	305
山西	Shanxi	20	46	55	89	76	95
内蒙古	Inner Mongolia	11	49	55	61	80	99
辽宁	Liaoning	85	216	222	242	329	295
吉林	Jilin	43	150	788	406	416	323
黑龙江	Heilongjiang	57	86	120	95	137	146
上海	Shanghai	80	65	99	130	155	111
江苏	Jiangsu	139	564	932	1900	1895	2296
浙江	Zhejiang	94	285	294	548	912	1267
安徽	Anhui	41	155	496	509	604	674
福建	Fujian	28	134	167	220	206	283
江西	Jiangxi	19	152	491	384	621	661
山东	Shandong	94	435	464	631	806	874
河南	Henan	70	201	492	385	439	429
湖北	Hubei	87	189	337	407	443	500
湖南	Hunan	36	134	438	485	691	800
广东	Guangdong	150	578	424	558	550	589
广西	Guangxi	46	118	211	216	323	447
海南	Hainan	13	16	3	2	7	14
重庆	Chongqing	17	68	136	171	209	271
四川	Sichuan	75	273	230	283	399	404
贵州	Guizhou	118	47	33	23	26	35
云南	Yunnan	14	31	52	41	77	86
西藏	Tibet	2	2	5	7	10	10
陕西	Shaanxi	62	115	115	113	179	172
甘肃	Gansu	13	63	69	79	73	163
青海	Qinghai	4	6	5	11	11	9
宁夏	Ningxia	4	7	5	13	26	25
新疆	Xinjiang	4	18	22	16	25	20

3-1-8 续表 2 continued

地区	Region	建成投产项目（个） Number of Projects Completed and Put into Use (unit)					
		2000	2005	2010	2011	2012	2013
全国	**Total**	**1282**	**3158**	**6011**	**7735**	**8968**	**10528**
东部地区	Eastern Region	639	1741	2520	4430	4384	5463
中部地区	Middle Region	258	661	1937	2030	2590	2821
西部地区	Western Region	242	406	537	661	1200	1550
东北地区	Northeastern Region	143	350	1017	614	794	694
北京	Beijing	38	26	24	34	14	45
天津	Tianjin	46	28	66	105	142	156
河北	Hebei	61	136	198	209	300	337
山西	Shanxi	13	45	50	83	70	94
内蒙古	Inner Mongolia	13	44	48	58	57	95
辽宁	Liaoning	66	171	157	240	365	275
吉林	Jilin	34	109	757	316	307	315
黑龙江	Heilongjiang	43	70	103	58	122	104
上海	Shanghai	21	57	78	72	68	37
江苏	Jiangsu	120	495	893	1991	1873	2363
浙江	Zhejiang	70	200	241	499	631	983
安徽	Anhui	33	84	372	377	549	670
福建	Fujian	22	88	84	159	192	243
江西	Jiangxi	28	137	517	420	618	585
山东	Shandong	79	224	384	626	695	746
河南	Henan	53	146	381	403	417	425
湖北	Hubei	91	120	296	350	366	365
湖南	Hunan	27	85	273	339	570	682
广东	Guangdong	134	412	374	553	464	545
广西	Guangxi	43	70	177	173	273	414
海南	Hainan	5	5	1	9	5	8
重庆	Chongqing	14	40	105	141	185	196
四川	Sichuan	66	129	216	294	391	406
贵州	Guizhou	97	42	16	11	14	16
云南	Yunnan	14	25	29	48	59	75
西藏	Tibet	2	1	11	9	4	9
陕西	Shaanxi	34	105	99	87	129	167
甘肃	Gansu	7	29	35	43	43	124
青海	Qinghai	2	14	7	10	15	7
宁夏	Ningxia	5	8	4	12	17	21
新疆	Xinjiang	1	13	15	6	13	20

3-1-8 续表 3 continued

地 区	Region	项目建成投产率 (%) Rate of Projects Completed and Put into Use (%)					
		2000	2005	2010	2011	2012	2013
全 国	**Total**	**46.89**	**44.51**	**56.06**	**58.58**	**57.19**	**59.51**
东部地区	Eastern Region	45.10	44.93	51.45	59.40	55.47	59.91
中部地区	Middle Region	55.60	43.60	57.73	58.77	60.34	59.70
西部地区	Western Region	44.65	37.56	47.15	51.84	53.86	56.38
东北地区	Northeastern Region	45.98	56.18	76.41	60.37	63.12	63.15
北 京	Beijing	34.23	36.11	22.86	24.46	10.69	22.84
天 津	Tianjin	55.42	36.84	50.38	47.30	48.46	52.88
河 北	Hebei	44.20	54.18	57.89	54.86	58.82	66.08
山 西	Shanxi	36.11	38.79	53.19	60.14	48.28	53.71
内 蒙 古	Inner Mongolia	56.52	61.11	66.67	74.36	57.58	67.38
辽 宁	Liaoning	50.00	58.97	49.37	58.54	66.24	65.01
吉 林	Jilin	35.42	54.50	89.37	67.38	62.78	70.63
黑 龙 江	Heilongjiang	51.81	52.63	62.05	42.03	55.96	45.22
上 海	Shanghai	15.67	44.88	36.97	27.80	21.52	13.41
江 苏	Jiangsu	58.25	61.57	64.85	74.10	72.21	78.53
浙 江	Zhejiang	40.94	39.84	41.06	46.72	42.69	49.85
安 徽	Anhui	55.93	32.68	53.07	52.00	58.28	64.55
福 建	Fujian	31.43	36.21	28.00	40.05	44.44	48.60
江 西	Jiangxi	63.64	47.08	69.86	71.79	69.83	63.04
山 东	Shandong	50.97	36.48	50.39	63.88	60.23	60.50
河 南	Henan	53.54	52.90	57.04	58.92	55.67	55.63
湖 北	Hubei	62.33	41.67	60.29	59.83	54.30	47.46
湖 南	Hunan	47.37	39.35	46.35	51.44	63.55	64.89
广 东	Guangdong	50.76	42.21	48.63	55.36	47.30	49.41
广 西	Guangxi	63.24	38.04	58.61	55.27	64.69	67.32
海 南	Hainan	29.41	19.23	8.33	69.23	35.71	34.78
重 庆	Chongqing	48.28	37.04	53.30	55.73	55.89	47.80
四 川	Sichuan	45.21	30.64	53.20	60.00	59.60	58.50
贵 州	Guizhou	66.90	56.76	29.09	30.56	31.82	27.59
云 南	Yunnan	30.43	36.76	29.90	50.53	46.83	52.82
西 藏	Tibet	100.00	50.00	61.11	69.23	23.53	52.94
陕 西	Shaanxi	29.06	39.18	45.41	42.03	41.88	51.23
甘 肃	Gansu	26.92	34.94	35.71	35.83	34.40	51.24
青 海	Qinghai	18.18	87.50	58.33	66.67	68.18	46.67
宁 夏	Ningxia	35.71	88.89	33.33	60.00	48.57	51.22
新 疆	Xinjiang	16.67	40.63	57.69	23.08	30.23	41.67

3-1-8 续表 4 continued

地 区	Region	投资额（亿元） Investment (100 million yuan)					
		2000	2005	2010	2011	2012	2013
全 国	**Total**	**562.95**	**2144.09**	**6944.73**	**9468.46**	**12932.65**	**15557.68**
东部地区	Eastern Region	379.95	1438.03	3555.43	5364.13	6320.58	7119.79
中部地区	Middle Region	58.26	311.19	1789.58	2325.89	3668.36	4730.53
西部地区	Western Region	74.80	219.00	780.11	1001.19	1944.35	2503.61
东北地区	Northeastern Region	49.93	175.85	819.60	777.25	999.36	1203.74
北 京	Beijing	24.49	84.10	136.94	266.55	136.59	138.73
天 津	Tianjin	53.88	58.04	215.93	350.27	314.07	312.59
河 北	Hebei	13.89	66.81	214.12	288.36	454.16	562.92
山 西	Shanxi	2.97	32.81	48.09	77.40	126.92	228.45
内 蒙 古	Inner Mongolia	1.87	30.40	53.90	120.31	224.58	268.33
辽 宁	Liaoning	18.15	75.16	440.27	350.63	460.20	611.52
吉 林	Jilin	16.27	57.22	275.43	311.33	372.80	443.24
黑 龙 江	Heilongjiang	15.51	43.47	103.90	115.29	166.36	148.99
上 海	Shanghai	85.53	126.80	232.34	278.54	272.16	308.20
江 苏	Jiangsu	32.70	400.16	1324.22	2104.90	2432.63	2617.75
浙 江	Zhejiang	19.60	102.78	152.63	306.88	436.73	551.13
安 徽	Anhui	5.55	32.92	415.29	500.85	700.62	870.03
福 建	Fujian	12.08	51.04	161.18	212.65	280.11	377.48
江 西	Jiangxi	2.36	69.88	453.03	428.57	675.32	833.10
山 东	Shandong	23.99	198.56	520.96	695.27	1086.62	1277.65
河 南	Henan	12.69	52.43	325.86	562.92	899.62	1206.15
湖 北	Hubei	15.53	53.96	266.24	361.43	713.10	909.12
湖 南	Hunan	17.29	38.79	227.17	274.41	552.78	683.68
广 东	Guangdong	108.63	318.29	495.85	703.53	881.60	934.57
广 西	Guangxi	2.05	24.12	93.33	142.09	195.27	231.92
海 南	Hainan	3.11	7.33	7.93	15.10	25.91	38.78
重 庆	Chongqing	3.21	28.30	195.21	232.26	371.59	415.10
四 川	Sichuan	31.05	99.58	334.43	459.90	643.60	823.59
贵 州	Guizhou	6.31	10.36	19.69	62.21	85.58	107.46
云 南	Yunnan	1.24	12.94	31.09	34.26	54.21	61.60
西 藏	Tibet	0.07	0.22	1.68	2.68	3.72	3.23
陕 西	Shaanxi	28.23	49.31	163.60	143.48	222.09	403.63
甘 肃	Gansu	2.98	10.48	22.43	35.20	69.86	112.49
青 海	Qinghai	0.30	2.28	4.53	6.74	15.81	26.98
宁 夏	Ningxia	1.22	1.59	3.80	7.39	16.02	17.80
新 疆	Xinjiang	0.19	3.94	3.65	17.06	42.01	31.47

3-1-8 续表 5 continued

地 区	Region	新增固定资产（亿元） Newly Increased Fixed Assets (100 million yuan)					
		2000	2005	2010	2011	2012	2013
全 国	**Total**	**421.02**	**1463.88**	**4450.41**	**6355.15**	**8377.13**	**9874.27**
东部地区	Eastern Region	285.75	1042.80	2231.94	3653.40	4331.12	5165.06
中部地区	Middle Region	38.97	202.28	1016.05	1437.18	2235.16	2656.28
西部地区	Western Region	53.88	104.83	747.12	670.40	1122.84	1296.57
东北地区	Northeastern Region	42.41	113.98	455.29	594.18	688.01	756.36
北 京	Beijing	15.89	104.89	36.51	49.69	71.21	296.24
天 津	Tianjin	20.54	28.05	192.91	102.78	172.97	241.94
河 北	Hebei	10.50	44.15	134.19	186.46	282.12	499.34
山 西	Shanxi	1.69	16.81	17.05	39.81	68.05	105.76
内蒙古	Inner Mongolia	0.67	19.84	23.00	54.39	61.20	103.40
辽 宁	Liaoning	13.89	42.76	174.56	284.64	321.09	366.93
吉 林	Jilin	11.46	32.38	208.13	258.05	259.21	283.82
黑龙江	Heilongjiang	17.06	38.84	72.60	51.49	107.71	105.61
上 海	Shanghai	66.19	68.14	85.02	183.94	123.85	86.22
江 苏	Jiangsu	28.76	367.60	971.44	1701.50	1914.18	1945.72
浙 江	Zhejiang	16.47	59.04	104.99	203.25	227.31	342.41
安 徽	Anhui	3.80	20.13	147.07	328.62	333.46	464.35
福 建	Fujian	7.05	30.26	88.40	140.93	148.92	234.86
江 西	Jiangxi	2.23	46.54	356.27	329.79	463.36	512.60
山 东	Shandong	21.40	102.31	260.71	383.86	598.70	842.25
河 南	Henan	5.32	32.96	187.33	302.04	545.41	716.83
湖 北	Hubei	10.78	35.61	160.93	229.47	436.26	411.16
湖 南	Hunan	14.48	30.39	124.40	153.06	388.62	445.58
广 东	Guangdong	96.50	226.05	302.70	599.76	784.48	652.70
广 西	Guangxi	1.56	9.63	53.90	97.93	143.20	169.31
海 南	Hainan	0.89	2.68	1.17	3.29	7.38	23.37
重 庆	Chongqing	1.50	9.88	46.37	150.44	157.82	214.70
四 川	Sichuan	28.93	33.00	378.69	365.08	489.20	461.98
贵 州	Guizhou	4.91	10.40	5.95	20.59	37.16	42.85
云 南	Yunnan	1.17	5.50	9.80	21.28	49.39	32.39
西 藏	Tibet	0.07	0.21	1.22	1.93	1.21	1.77
陕 西	Shaanxi	13.66	33.24	286.43	85.11	127.19	147.97
甘 肃	Gansu	2.75	4.72	11.02	14.99	42.70	74.55
青 海	Qinghai	0.24	3.12	4.20	3.25	4.93	4.20
宁 夏	Ningxia	0.45	1.59	0.87	6.72	4.60	14.62
新 疆	Xinjiang	0.20	3.17	2.57	1.01	4.25	28.84

3-1-8　续表 6　continued

地　区	Region	固定资产交付使用率 (%) Rate of Fixed Assets Put into Use (%)					
		2000	2005	2010	2011	2012	2013
全　国	**Total**	**74.79**	**68.27**	**64.08**	**67.12**	**64.78**	**63.47**
东部地区	Eastern Region	75.21	72.52	62.78	68.11	68.52	72.55
中部地区	Middle Region	66.89	65.00	56.78	61.79	60.93	56.15
西部地区	Western Region	72.03	47.87	95.77	66.96	57.75	51.79
东北地区	Northeastern Region	84.94	64.82	55.55	76.45	68.84	62.83
北　京	Beijing	64.87	124.71	26.66	18.64	52.13	213.55
天　津	Tianjin	38.12	48.33	89.34	29.34	55.07	77.40
河　北	Hebei	75.60	66.08	62.67	64.66	62.12	88.70
山　西	Shanxi	56.88	51.22	35.45	51.43	53.62	46.29
内 蒙 古	Inner Mongolia	35.79	65.25	42.67	45.21	27.25	38.53
辽　宁	Liaoning	76.52	56.90	39.65	81.18	69.77	60.00
吉　林	Jilin	70.46	56.59	75.57	82.89	69.53	64.03
黑 龙 江	Heilongjiang	109.97	89.36	69.87	44.66	64.75	70.89
上　海	Shanghai	77.39	53.73	36.59	66.04	45.51	27.97
江　苏	Jiangsu	87.94	91.86	73.36	80.84	78.69	74.33
浙　江	Zhejiang	84.07	57.44	68.79	66.23	52.05	62.13
安　徽	Anhui	68.51	61.16	35.41	65.61	47.59	53.37
福　建	Fujian	58.37	59.27	54.85	66.27	53.16	62.22
江　西	Jiangxi	94.49	66.60	78.64	76.95	68.61	61.53
山　东	Shandong	89.19	51.53	50.04	55.21	55.10	65.92
河　南	Henan	41.89	62.86	57.49	53.66	60.63	59.43
湖　北	Hubei	69.44	66.00	60.45	63.49	61.18	45.23
湖　南	Hunan	83.77	78.35	54.76	55.78	70.30	65.17
广　东	Guangdong	88.83	71.02	61.05	85.25	88.98	69.84
广　西	Guangxi	76.39	39.93	57.75	68.92	73.33	73.00
海　南	Hainan	28.59	36.48	14.75	21.79	28.47	60.27
重　庆	Chongqing	46.77	34.91	23.75	64.77	42.47	51.72
四　川	Sichuan	93.15	33.14	113.23	79.38	76.01	56.09
贵　州	Guizhou	77.83	100.46	30.22	33.10	43.42	39.87
云　南	Yunnan	93.62	42.47	31.52	62.11	91.10	52.58
西　藏	Tibet	100.00	96.59	72.62	72.01	32.53	54.88
陕　西	Shaanxi	48.40	67.41	175.08	59.32	57.27	36.66
甘　肃	Gansu	92.34	45.03	49.13	42.59	61.13	66.27
青　海	Qinghai	79.16	136.53	92.72	48.22	31.16	15.58
宁　夏	Ningxia	37.21	99.84	22.89	90.93	28.70	82.14
新　疆	Xinjiang	104.96	80.48	70.41	5.92	10.11	91.63

3-1-9 各地区国有及国有控股企业固定资产投资情况

Statistics on Investment in Fixed Assets in State-owned and State-controlled Enterprises by Region

地 区	Region	施工项目（个） Number of Projects under Construction (unit)					
		2000	2005	2010	2011	2012	2013
全 国	**Total**	**1321**	**1285**	**1167**	**1065**	**741**	**1304**
东部地区	Eastern Region	579	486	539	529	267	582
中部地区	Middle Region	256	307	240	191	164	258
西部地区	Western Region	351	352	260	257	252	383
东北地区	Northeastern Region	135	140	128	88	58	81
北 京	Beijing	67	40	32	41	10	39
天 津	Tianjin	19	14	32	45	18	41
河 北	Hebei	69	74	27	31	23	26
山 西	Shanxi	26	43	10	11	9	18
内蒙古	Inner Mongolia	14	17	6			4
辽 宁	Liaoning	73	53	30	23	17	24
吉 林	Jilin	12	36	65	34	16	27
黑龙江	Heilongjiang	50	51	33	31	25	30
上 海	Shanghai	71	36	96	60	39	50
江 苏	Jiangsu	124	71	68	77	81	96
浙 江	Zhejiang	41	53	24	29	29	47
安 徽	Anhui	24	43	37	28	33	51
福 建	Fujian	22	22	17	19	14	38
江 西	Jiangxi	40	46	35	17	20	32
山 东	Shandong	55	27	38	51	27	52
河 南	Henan	68	30	26	25	12	21
湖 北	Hubei	63	68	55	55	37	72
湖 南	Hunan	21	60	71	55	53	64
广 东	Guangdong	65	106	176	133	25	186
广 西	Guangxi	42	32	26	40	13	51
海 南	Hainan	4	11	3	3	1	7
重 庆	Chongqing	9	25	57	62	60	73
四 川	Sichuan	51	77	50	51	74	100
贵 州	Guizhou	129	6	19	13	13	15
云 南	Yunnan	37	19	19	21	10	13
西 藏	Tibet	1	2	5	2	2	4
陕 西	Shaanxi	84	167	80	68	59	84
甘 肃	Gansu	21	44	23	31	17	31
青 海	Qinghai	4	4	1	5	1	1
宁 夏	Ningxia	11	1		1	1	3
新 疆	Xinjiang	4	7	6	3	2	4

3-1-9 续表 1 continued

地 区	Region	新开工项目（个） Number of Projects Started This Year (unit)					
		2000	2005	2010	2011	2012	2013
全 国	**Total**	**803**	**636**	**605**	**514**	**427**	**670**
东部地区	Eastern Region	357	248	229	234	139	249
中部地区	Middle Region	153	134	149	96	101	151
西部地区	Western Region	204	159	129	128	156	223
东北地区	Northeastern Region	89	95	98	56	31	47
北 京	Beijing	37	10	12	9	2	5
天 津	Tianjin	15	8	11	21	5	20
河 北	Hebei	43	54	17	16	11	15
山 西	Shanxi	11	5	5	7	5	11
内 蒙 古	Inner Mongolia	7	9	6			4
辽 宁	Liaoning	50	35	17	10	13	15
吉 林	Jilin	6	32	63	32	8	22
黑 龙 江	Heilongjiang	33	28	18	14	10	10
上 海	Shanghai	51	19	45	16	10	14
江 苏	Jiangsu	85	35	30	45	53	55
浙 江	Zhejiang	19	21	6	15	19	22
安 徽	Anhui	20	19	21	14	21	32
福 建	Fujian	8	8	7	5	11	19
江 西	Jiangxi	17	16	19	10	15	13
山 东	Shandong	36	16	13	33	15	28
河 南	Henan	47	19	16	8	1	9
湖 北	Hubei	38	41	26	28	20	37
湖 南	Hunan	13	25	56	29	39	49
广 东	Guangdong	31	50	71	46	13	67
广 西	Guangxi	29	21	16	28	5	33
海 南	Hainan	3	6	1			4
重 庆	Chongqing	6	14	39	31	33	38
四 川	Sichuan	21	41	16	24	53	58
贵 州	Guizhou	110	5	10	9	5	7
云 南	Yunnan	11	7	13	7	6	4
西 藏	Tibet	1	2	3		2	3
陕 西	Shaanxi	39	55	26	28	39	48
甘 肃	Gansu	9	31	16	22	11	24
青 海	Qinghai	3			5		
宁 夏	Ningxia	2	1		1		3
新 疆	Xinjiang	2	3	6	1	2	1

3-1-9 续表 2 continued

地 区	Region	建成投产项目（个） Number of Projects Completed and Put into Use (unit)					
		2000	2005	2010	2011	2012	2013
全 国	**Total**	**627**	**503**	**522**	**441**	**338**	**568**
东部地区	Eastern Region	245	205	234	212	110	215
中部地区	Middle Region	146	128	94	73	79	125
西部地区	Western Region	165	99	100	118	121	187
东北地区	Northeastern Region	71	71	94	38	28	41
北 京	Beijing	22	14	7	11	3	7
天 津	Tianjin	13	7	11	19	3	14
河 北	Hebei	31	44	13	13	14	19
山 西	Shanxi	12	19	6	7	3	10
内 蒙 古	Inner Mongolia	10	12	6			2
辽 宁	Liaoning	41	24	15	9	9	12
吉 林	Jilin		19	63	20	12	22
黑 龙 江	Heilongjiang	30	28	16	9	7	7
上 海	Shanghai	3	20	35	14	2	9
江 苏	Jiangsu	69	35	35	42	53	55
浙 江	Zhejiang	14	19	7	8	11	11
安 徽	Anhui	16	11	15	10	17	29
福 建	Fujian	8	8	2	5	2	11
江 西	Jiangxi	26	21	20	10	9	17
山 东	Shandong	22	6	16	25	17	29
河 南	Henan	39	17	7	7	6	7
湖 北	Hubei	34	28	27	26	9	15
湖 南	Hunan	9	20	13	13	35	47
广 东	Guangdong	33	33	99	56	4	56
广 西	Guangxi	27	15	9	17	5	25
海 南	Hainan	3	4		2	1	4
重 庆	Chongqing	3	6	28	30	25	27
四 川	Sichuan	21	18	23	25	47	52
贵 州	Guizhou	93	2	6	4	5	3
云 南	Yunnan	14	6	4	14	2	7
西 藏	Tibet	1	1	2	1		2
陕 西	Shaanxi	20	40	26	23	30	49
甘 肃	Gansu	6	17	8	16	7	17
青 海	Qinghai	1	4	1	3		1
宁 夏	Ningxia	5	1				2
新 疆	Xinjiang	1	4	2	2		

3-1-9 续表 3 continued

地 区	Region	项目建成投产率 (%) Rate of Projects Completed and Put into Use (%)					
		2000	2005	2010	2011	2012	2013
全 国	**Total**	**47.46**	**39.14**	**44.73**	**41.41**	**45.61**	**43.56**
东部地区	Eastern Region	42.31	42.18	43.41	40.08	41.20	36.94
中部地区	Middle Region	57.03	41.69	39.17	38.22	48.17	48.45
西部地区	Western Region	47.01	28.13	38.46	45.91	48.02	48.83
东北地区	Northeastern Region	52.59	50.71	73.44	43.18	48.28	50.62
北 京	Beijing	32.84	35.00	21.88	26.83	30.00	17.95
天 津	Tianjin	68.42	50.00	34.38	42.22	16.67	34.15
河 北	Hebei	44.93	59.46	48.15	41.94	60.87	73.08
山 西	Shanxi	46.15	44.19	60.00	63.64	33.33	55.56
内 蒙 古	Inner Mongolia	71.43	70.59	100.00			50.00
辽 宁	Liaoning	56.16	45.28	50.00	39.13	52.94	50.00
吉 林	Jilin		52.78	96.92	58.82	75.00	81.48
黑 龙 江	Heilongjiang	60.00	54.90	48.48	29.03	28.00	23.33
上 海	Shanghai	4.23	55.56	36.46	23.33	5.13	18.00
江 苏	Jiangsu	55.65	49.30	51.47	54.55	65.43	57.29
浙 江	Zhejiang	34.15	35.85	29.17	27.59	37.93	23.40
安 徽	Anhui	66.67	25.58	40.54	35.71	51.52	56.86
福 建	Fujian	36.36	36.36	11.76	26.32	14.29	28.95
江 西	Jiangxi	65.00	45.65	57.14	58.82	45.00	53.13
山 东	Shandong	40.00	22.22	42.11	49.02	62.96	55.77
河 南	Henan	57.35	56.67	26.92	28.00	50.00	33.33
湖 北	Hubei	53.97	41.18	49.09	47.27	24.32	20.83
湖 南	Hunan	42.86	33.33	18.31	23.64	66.04	73.44
广 东	Guangdong	50.77	31.13	56.25	42.11	16.00	30.11
广 西	Guangxi	64.29	46.88	34.62	42.50	38.46	49.02
海 南	Hainan	75.00	36.36		66.67	100.00	57.14
重 庆	Chongqing	33.33	24.00	49.12	48.39	41.67	36.99
四 川	Sichuan	41.18	23.38	46.00	49.02	63.51	52.00
贵 州	Guizhou	72.09	33.33	31.58	30.77	38.46	20.00
云 南	Yunnan	37.84	31.58	21.05	66.67	20.00	53.85
西 藏	Tibet	100.00	50.00	40.00	50.00		50.00
陕 西	Shaanxi	23.81	23.95	32.50	33.82	50.85	58.33
甘 肃	Gansu	28.57	38.64	34.78	51.61	41.18	54.84
青 海	Qinghai	25.00	100.00	100.00	60.00		100.00
宁 夏	Ningxia	45.45	100.00				66.67
新 疆	Xinjiang	25.00	57.14	33.33	66.67		

3-1-9 续表 4 continued

地 区	Region	投资额（亿元） Investment (100 million yuan)					
		2000	2005	2010	2011	2012	2013
全 国	**Total**	**168.44**	**380.71**	**1356.36**	**1627.06**	**1123.77**	**1892.79**
东部地区	Eastern Region	80.87	166.97	748.38	943.41	386.65	780.81
中部地区	Middle Region	20.28	67.12	175.64	267.05	252.36	585.07
西部地区	Western Region	45.49	82.02	322.78	329.88	425.86	446.92
东北地区	Northeastern Region	21.83	64.60	109.56	86.72	58.90	79.99
北 京	Beijing	9.65	9.18	67.81	175.80	8.49	42.66
天 津	Tianjin	5.15	9.31	84.90	162.91	25.78	35.05
河 北	Hebei	7.59	24.06	40.06	50.60	40.74	39.49
山 西	Shanxi	1.75	4.83	2.43	10.12	30.24	26.21
内 蒙 古	Inner Mongolia	0.51	7.24	2.82			3.87
辽 宁	Liaoning	8.48	21.15	60.24	37.46	31.15	39.01
吉 林	Jilin	1.80	15.55	13.99	16.61	6.15	20.43
黑 龙 江	Heilongjiang	11.55	27.90	35.33	32.65	21.60	20.55
上 海	Shanghai	11.88	17.81	133.43	93.90	48.26	122.95
江 苏	Jiangsu	14.29	52.89	181.58	169.86	166.63	219.92
浙 江	Zhejiang	3.95	9.42	8.62	12.58	17.61	34.39
安 徽	Anhui	1.61	8.49	34.07	99.62	64.89	256.68
福 建	Fujian	2.13	5.89	24.43	21.48	20.97	58.19
江 西	Jiangxi	2.22	16.05	38.34	13.94	42.61	57.10
山 东	Shandong	8.60	15.84	36.89	52.18	37.14	92.70
河 南	Henan	6.24	5.91	23.93	37.03	8.22	42.57
湖 北	Hubei	6.49	15.51	35.96	53.45	49.01	134.11
湖 南	Hunan	1.46	9.09	38.10	52.90	57.40	68.39
广 东	Guangdong	16.35	14.34	146.43	155.28	20.87	107.27
广 西	Guangxi	0.89	4.20	17.56	36.92	7.14	19.28
海 南	Hainan	0.39	4.03	6.66	11.91	0.16	28.19
重 庆	Chongqing	0.45	10.47	140.96	134.80	162.20	140.84
四 川	Sichuan	13.10	24.81	81.17	78.52	152.68	142.38
贵 州	Guizhou	4.57	0.53	10.45	30.62	28.26	24.95
云 南	Yunnan	1.05	6.11	10.81	11.42	5.71	10.13
西 藏	Tibet	0.04	0.22	0.14	0.28	0.04	0.49
陕 西	Shaanxi	22.37	32.06	72.47	64.51	58.77	81.39
甘 肃	Gansu	2.81	6.13	6.00	7.53	8.72	19.57
青 海	Qinghai	0.22	0.29	0.01	1.25	0.60	
宁 夏	Ningxia	0.70	0.05	0.09	0.38	1.10	0.20
新 疆	Xinjiang	0.18	1.35	0.67	0.56	0.65	3.82

3-1-9　续表 5　continued

地　区	Region	新增固定资产（亿元） Newly Increased Fixed Assets (100 million yuan)					
		2000	2005	2010	2011	2012	2013
全　国	**Total**	**130.94**	**213.70**	**536.56**	**765.35**	**606.60**	**1170.99**
东部地区	Eastern Region	65.15	85.90	265.70	410.69	163.97	635.68
中部地区	Middle Region	15.44	45.28	90.49	98.40	205.64	224.03
西部地区	Western Region	29.64	32.79	117.09	217.21	217.47	260.53
东北地区	Northeastern Region	20.69	49.74	62.88	39.04	19.51	50.74
北　京	Beijing	5.47	11.34	14.51	13.25	8.98	224.55
天　津	Tianjin	3.48	6.87	24.03	44.08	1.67	46.35
河　北	Hebei	6.43	16.06	27.61	12.85	16.84	62.11
山　西	Shanxi	1.39	6.50	2.62	8.14	27.58	11.90
内 蒙 古	Inner Mongolia	0.17	4.41	2.74			1.89
辽　宁	Liaoning	6.21	8.88	29.03	18.01	9.32	26.46
吉　林	Jilin	0.11	11.98	12.55	10.64	4.19	15.26
黑 龙 江	Heilongjiang	14.37	28.88	21.30	10.39	6.00	9.02
上　海	Shanghai	7.88	4.87	14.46	23.30	2.89	20.58
江　苏	Jiangsu	12.30	23.35	90.32	109.26	97.00	86.61
浙　江	Zhejiang	4.02	6.31	4.33	2.92	9.87	13.37
安　徽	Anhui	1.02	6.13	12.24	23.54	41.90	54.45
福　建	Fujian	1.21	2.08	8.52	7.21	2.52	29.51
江　西	Jiangxi	2.12	10.27	31.29	9.64	11.84	35.94
山　东	Shandong	8.19	3.01	12.43	29.61	20.68	45.69
河　南	Henan	4.21	4.24	3.11	6.75	9.90	33.55
湖　北	Hubei	4.55	7.27	28.96	37.14	26.71	29.28
湖　南	Hunan	1.98	6.46	9.53	13.20	87.71	58.91
广　东	Guangdong	15.33	8.21	62.24	142.20	3.35	85.17
广　西	Guangxi	0.55	1.68	6.40	24.88	2.39	6.90
海　南	Hainan	0.29	2.12	0.85	1.13	0.16	21.73
重　庆	Chongqing	0.13	1.46	21.60	107.63	54.09	73.73
四　川	Sichuan	13.33	8.32	59.62	45.19	98.31	97.01
贵　州	Guizhou	3.47	0.28	1.65	4.37	16.03	8.04
云　南	Yunnan	0.99	1.63	0.83	7.25	1.33	8.04
西　藏	Tibet	0.04	0.21	0.03	0.13		0.25
陕　西	Shaanxi	8.17	14.96	29.60	46.59	39.72	52.03
甘　肃	Gansu	2.66	3.01	3.62	5.05	5.59	12.47
青　海	Qinghai	0.20	1.42	0.03	0.54		
宁　夏	Ningxia	0.45	0.05				0.17
新　疆	Xinjiang	0.20	1.45	0.10	0.46		

3-1-9 续表 6 continued

地 区	Region	固定资产交付使用率 (%) Rate of Fixed Assets Put into Use (%)					
		2000	2005	2010	2011	2012	2013
全 国	**Total**	**77.74**	**56.13**	**39.53**	**47.04**	**53.98**	**61.87**
东部地区	Eastern Region	80.56	51.45	35.50	43.53	42.41	81.41
中部地区	Middle Region	76.13	67.46	51.52	36.85	81.49	38.29
西部地区	Western Region	65.16	39.98	36.28	65.85	51.07	58.29
东北地区	Northeastern Region	94.78	77.00	57.39	45.02	33.13	63.43
北 京	Beijing	56.74	123.57	21.39	7.54	105.84	526.40
天 津	Tianjin	67.63	73.87	28.30	27.06	6.50	132.22
河 北	Hebei	84.71	66.75	68.91	25.40	41.34	157.28
山 西	Shanxi	78.98	134.60	107.65	80.43	91.21	45.40
内 蒙 古	Inner Mongolia	33.75	60.84	97.02			48.84
辽 宁	Liaoning	73.31	42.00	48.20	48.08	29.93	67.84
吉 林	Jilin	6.12	77.06	89.66	64.06	68.08	74.68
黑 龙 江	Heilongjiang	124.42	103.51	60.29	31.82	27.80	43.88
上 海	Shanghai	66.33	27.33	10.84	24.81	5.99	16.74
江 苏	Jiangsu	86.07	44.14	49.74	64.32	58.21	39.38
浙 江	Zhejiang	101.76	67.00	50.22	23.21	56.07	38.88
安 徽	Anhui	63.04	72.15	35.94	23.63	64.57	21.21
福 建	Fujian	56.82	35.29	34.88	33.57	12.02	50.72
江 西	Jiangxi	95.40	63.98	81.61	69.15	27.80	62.93
山 东	Shandong	95.26	18.98	33.69	56.75	55.67	49.28
河 南	Henan	67.58	71.70	13.01	18.23	120.45	78.81
湖 北	Hubei	70.13	46.83	80.56	69.49	54.51	21.83
湖 南	Hunan	135.65	70.98	25.01	24.95	152.80	86.15
广 东	Guangdong	93.76	57.24	42.51	91.58	16.07	79.40
广 西	Guangxi	61.59	40.11	36.47	67.39	33.46	35.80
海 南	Hainan	75.56	52.70	12.78	9.49	100.00	77.08
重 庆	Chongqing	29.53	13.93	15.33	79.84	33.35	52.35
四 川	Sichuan	101.74	33.53	73.45	57.55	64.39	68.13
贵 州	Guizhou	75.92	52.91	15.82	14.27	56.73	32.23
云 南	Yunnan	94.99	26.69	7.67	63.49	23.29	79.42
西 藏	Tibet	100.00	96.59	22.12	46.43		51.02
陕 西	Shaanxi	36.53	46.66	40.84	72.22	67.59	63.93
甘 肃	Gansu	94.75	49.16	60.31	67.07	64.10	63.71
青 海	Qinghai	94.69	482.65	242.86	43.20		100.00
宁 夏	Ningxia	65.15	100.00				84.96
新 疆	Xinjiang	113.54	107.97	14.73	82.14		

3-1-10　各地区内资企业固定资产投资情况

Statistics on Investment in Fixed Assets in Domeistic Funded Enterprises by Region

地　区	Region	施工项目（个） Number of Projects under Construction (unit)					
		2000	2005	2010	2011	2012	2013
全　国	**Total**	**2270**	**5424**	**9129**	**11385**	**13941**	**15952**
东部地区	Eastern Region	1056	2474	3613	5918	6503	7712
中部地区	Middle Region	421	1369	3172	3293	4114	4542
西部地区	Western Region	521	1013	1085	1210	2125	2637
东北地区	Northeastern Region	272	568	1259	964	1199	1061
北　京	Beijing	92	51	75	107	98	158
天　津	Tianjin	47	43	96	179	239	250
河　北	Hebei	122	227	323	355	492	497
山　西	Shanxi	34	110	87	129	140	167
内蒙古	Inner Mongolia	22	64	69	72	95	136
辽　宁	Liaoning	109	249	281	381	528	410
吉　林	Jilin	84	192	822	451	466	432
黑龙江	Heilongjiang	79	127	156	132	205	219
上　海	Shanghai	93	63	143	172	218	193
江　苏	Jiangsu	166	487	924	2055	2092	2517
浙　江	Zhejiang	151	382	432	874	1262	1738
安　徽	Anhui	49	229	679	700	903	1000
福　建	Fujian	43	144	216	300	345	406
江　西	Jiangxi	43	253	677	545	835	875
山　东	Shandong	121	461	640	873	1069	1146
河　南	Henan	95	253	640	665	735	750
湖　北	Hubei	130	259	456	546	641	734
湖　南	Hunan	48	201	564	636	860	1016
广　东	Guangdong	143	426	491	709	677	788
广　西	Guangxi	65	170	265	286	398	588
海　南	Hainan	13	20	8	8	11	19
重　庆	Chongqing	26	101	187	229	300	370
四　川	Sichuan	133	384	389	473	632	667
贵　州	Guizhou	144	69	51	35	44	57
云　南	Yunnan	46	64	88	80	117	137
西　藏	Tibet	2	2	18	13	17	17
陕　西	Shaanxi	114	260	207	200	298	320
甘　肃	Gansu	25	82	96	120	125	242
青　海	Qinghai	11	14	12	15	22	15
宁　夏	Ningxia	14	9	12	19	34	40
新　疆	Xinjiang	6	28	25	26	43	48

3-1-10 续表 1 continued

地 区	Region	新开工项目（个） Number of Projects Started This Year (unit)					
		2000	2005	2010	2011	2012	2013
全 国	**Total**	**1372**	**3422**	**6224**	**7428**	**9255**	**10657**
东部地区	Eastern Region	654	1589	2235	3769	4271	5184
中部地区	Middle Region	251	836	2261	2225	2763	3039
西部地区	Western Region	299	589	651	719	1378	1684
东北地区	Northeastern Region	168	408	1077	715	843	750
北 京	Beijing	49	18	27	33	28	33
天 津	Tianjin	39	23	55	124	148	167
河 北	Hebei	82	172	228	215	285	301
山 西	Shanxi	18	44	52	83	76	91
内 蒙 古	Inner Mongolia	10	45	55	56	76	97
辽 宁	Liaoning	76	180	194	230	314	292
吉 林	Jilin	38	144	767	393	397	314
黑 龙 江	Heilongjiang	54	84	116	92	132	144
上 海	Shanghai	61	31	67	80	107	77
江 苏	Jiangsu	115	373	633	1496	1582	1971
浙 江	Zhejiang	80	219	219	460	805	1155
安 徽	Anhui	32	138	482	491	581	649
福 建	Fujian	19	79	133	170	176	243
江 西	Jiangxi	19	132	460	364	586	621
山 东	Shandong	76	320	412	575	748	810
河 南	Henan	66	186	472	380	431	419
湖 北	Hubei	76	169	316	382	424	479
湖 南	Hunan	30	122	424	469	665	780
广 东	Guangdong	79	228	271	415	386	416
广 西	Guangxi	44	113	188	200	309	428
海 南	Hainan	10	13	2	1	6	11
重 庆	Chongqing	14	64	133	153	193	253
四 川	Sichuan	69	250	220	276	384	389
贵 州	Guizhou	117	44	31	22	26	34
云 南	Yunnan	14	29	49	33	72	84
西 藏	Tibet	2	2	5	7	10	10
陕 西	Shaanxi	59	111	112	110	173	172
甘 肃	Gansu	12	63	69	79	73	163
青 海	Qinghai	4	5	5	11	11	9
宁 夏	Ningxia	4	7	5	12	26	25
新 疆	Xinjiang	4	14	22	16	25	20

3-1-10 续表 2 continued

地 区	Region	建成投产项目（个） Number of Projects Completed and Put into Use (unit)					
		2000	2005	2010	2011	2012	2013
全 国	**Total**	**1057**	**2394**	**5192**	**6698**	**8064**	**9567**
东部地区	Eastern Region	474	1088	1849	3536	3664	4695
中部地区	Middle Region	226	604	1850	1947	2483	2719
西部地区	Western Region	231	383	522	629	1152	1482
东北地区	Northeastern Region	126	319	971	586	765	671
北 京	Beijing	31	15	16	24	9	38
天 津	Tianjin	34	17	51	86	122	135
河 北	Hebei	52	128	188	194	293	331
山 西	Shanxi	13	44	49	78	69	89
内蒙古	Inner Mongolia	12	39	47	53	56	92
辽 宁	Liaoning	57	147	137	225	355	268
吉 林	Jilin	28	103	735	303	291	304
黑龙江	Heilongjiang	41	69	99	58	119	99
上 海	Shanghai	7	29	46	38	46	23
江 苏	Jiangsu	92	290	612	1545	1532	2001
浙 江	Zhejiang	61	156	176	414	554	869
安 徽	Anhui	24	78	361	367	523	646
福 建	Fujian	16	54	63	124	166	218
江 西	Jiangxi	27	122	485	394	582	548
山 东	Shandong	62	163	314	548	635	679
河 南	Henan	50	137	369	391	410	419
湖 北	Hubei	79	104	278	331	349	354
湖 南	Hunan	21	80	261	333	550	663
广 东	Guangdong	74	166	227	398	304	395
广 西	Guangxi	41	65	155	159	255	392
海 南	Hainan	4	5	1	6	3	6
重 庆	Chongqing	12	36	103	131	175	174
四 川	Sichuan	59	120	211	283	378	391
贵 州	Guizhou	97	41	14	11	14	15
云 南	Yunnan	14	24	28	39	54	71
西 藏	Tibet	2	1	11	9	4	9
陕 西	Shaanxi	33	100	96	85	128	166
甘 肃	Gansu	6	29	33	43	43	124
青 海	Qinghai	2	12	7	10	15	7
宁 夏	Ningxia	5	8	4	12	17	21
新 疆	Xinjiang	1	12	15	6	13	20

3-1-10 续表 3 continued

地 区	Region	项目建成投产率 (%) Rate of Projects Completed and Put into Use (%)					
		2000	2005	2010	2011	2012	2013
全 国	**Total**	**46.56**	**44.14**	**56.87**	**58.83**	**57.84**	**59.97**
东部地区	Eastern Region	44.89	43.98	51.18	59.75	56.34	60.88
中部地区	Middle Region	53.68	44.12	58.32	59.13	60.35	59.86
西部地区	Western Region	44.34	37.81	48.11	51.98	54.21	56.20
东北地区	Northeastern Region	46.32	56.16	77.12	60.79	63.80	63.24
北 京	Beijing	33.70	29.41	21.33	22.43	9.18	24.05
天 津	Tianjin	72.34	39.53	53.13	48.04	51.05	54.00
河 北	Hebei	42.62	56.39	58.20	54.65	59.55	66.60
山 西	Shanxi	38.24	40.00	56.32	60.47	49.29	53.29
内 蒙 古	Inner Mongolia	54.55	60.94	68.12	73.61	58.95	67.65
辽 宁	Liaoning	52.29	59.04	48.75	59.06	67.23	65.37
吉 林	Jilin	33.33	53.65	89.42	67.18	62.45	70.37
黑 龙 江	Heilongjiang	51.90	54.33	63.46	43.94	58.05	45.21
上 海	Shanghai	7.53	46.03	32.17	22.09	21.10	11.92
江 苏	Jiangsu	55.42	59.55	66.23	75.18	73.23	79.50
浙 江	Zhejiang	40.40	40.84	40.74	47.37	43.90	50.00
安 徽	Anhui	48.98	34.06	53.17	52.43	57.92	64.60
福 建	Fujian	37.21	37.50	29.17	41.33	48.12	53.69
江 西	Jiangxi	62.79	48.22	71.64	72.29	69.70	62.63
山 东	Shandong	51.24	35.36	49.06	62.77	59.40	59.25
河 南	Henan	52.63	54.15	57.66	58.80	55.78	55.87
湖 北	Hubei	60.77	40.15	60.96	60.62	54.45	48.23
湖 南	Hunan	43.75	39.80	46.28	52.36	63.95	65.26
广 东	Guangdong	51.75	38.97	46.23	56.14	44.90	50.13
广 西	Guangxi	63.08	38.24	58.49	55.59	64.07	66.67
海 南	Hainan	30.77	25.00	12.50	75.00	27.27	31.58
重 庆	Chongqing	46.15	35.64	55.08	57.21	58.33	47.03
四 川	Sichuan	44.36	31.25	54.24	59.83	59.81	58.62
贵 州	Guizhou	67.36	59.42	27.45	31.43	31.82	26.32
云 南	Yunnan	30.43	37.50	31.82	48.75	46.15	51.82
西 藏	Tibet	100.00	50.00	61.11	69.23	23.53	52.94
陕 西	Shaanxi	28.95	38.46	46.38	42.50	42.95	51.88
甘 肃	Gansu	24.00	35.37	34.38	35.83	34.40	51.24
青 海	Qinghai	18.18	85.71	58.33	66.67	68.18	46.67
宁 夏	Ningxia	35.71	88.89	33.33	63.16	50.00	52.50
新 疆	Xinjiang	16.67	42.86	60.00	23.08	30.23	41.67

3-1-10 续表 4 continued

地 区	Region	投资额（亿元） Investment (100 million yuan)					
		2000	2005	2010	2011	2012	2013
全 国	**Total**	**300.49**	**1150.48**	**5195.76**	**7346.64**	**10622.58**	**13168.47**
东部地区	Eastern Region	158.87	561.81	2210.96	3670.80	4559.67	5433.02
中部地区	Middle Region	36.89	255.16	1605.10	2088.48	3346.20	4444.24
西部地区	Western Region	67.01	187.22	720.04	880.10	1778.61	2154.25
东北地区	Northeastern Region	37.72	146.30	659.65	707.25	938.10	1136.96
北 京	Beijing	11.39	10.34	78.81	196.15	77.27	96.55
天 津	Tianjin	9.21	16.64	137.09	268.89	226.48	266.75
河 北	Hebei	12.32	58.61	183.98	265.13	435.55	545.63
山 西	Shanxi	2.82	18.48	26.91	64.63	112.34	201.62
内蒙古	Inner Mongolia	1.85	21.92	52.57	111.68	205.07	252.37
辽 宁	Liaoning	11.36	49.65	307.32	308.13	432.92	561.48
吉 林	Jilin	11.50	54.27	262.19	299.81	353.49	431.78
黑龙江	Heilongjiang	14.86	42.38	90.14	99.31	151.69	143.70
上 海	Shanghai	16.66	13.36	152.40	133.40	135.58	182.11
江 苏	Jiangsu	18.80	131.62	722.56	1334.20	1660.24	1899.92
浙 江	Zhejiang	16.54	69.78	103.32	237.73	352.99	459.74
安 徽	Anhui	4.54	28.89	400.38	474.08	652.37	839.21
福 建	Fujian	4.39	16.97	86.81	118.74	186.31	235.50
江 西	Jiangxi	2.36	60.62	402.12	380.88	633.65	791.47
山 东	Shandong	16.84	130.33	414.75	609.48	1009.27	1194.18
河 南	Henan	8.54	45.53	290.00	494.27	818.28	1132.21
湖 北	Hubei	14.08	43.14	232.35	316.56	646.22	875.18
湖 南	Hunan	2.69	36.59	200.76	246.38	483.34	604.55
广 东	Guangdong	48.20	88.41	246.33	369.05	452.27	516.88
广 西	Guangxi	1.99	20.57	77.32	124.43	173.01	208.12
海 南	Hainan	2.52	5.19	7.61	13.61	23.71	35.76
重 庆	Chongqing	2.68	27.80	182.07	204.24	299.76	336.22
四 川	Sichuan	24.10	74.34	311.06	387.33	622.13	743.26
贵 州	Guizhou	6.29	8.14	18.99	61.41	85.58	105.61
云 南	Yunnan	1.24	11.91	27.69	30.18	50.29	59.88
西 藏	Tibet	0.07	0.22	1.68	2.68	3.72	3.23
陕 西	Shaanxi	28.02	47.63	144.55	128.52	195.51	257.19
甘 肃	Gansu	2.89	9.87	22.03	35.20	69.86	112.49
青 海	Qinghai	0.30	2.21	4.53	6.50	15.81	26.67
宁 夏	Ningxia	1.22	1.59	3.80	6.99	15.85	17.74
新 疆	Xinjiang	0.19	3.51	3.63	17.06	42.01	31.47

3-1-10 续表 5 continued

地 区	Region	新增固定资产（亿元） Newly Increased Fixed Assets (100 million yuan)					
		2000	2005	2010	2011	2012	2013
全 国	**Total**	**234.07**	**699.11**	**3332.79**	**4693.19**	**6679.28**	**8387.56**
东部地区	Eastern Region	130.70	334.60	1275.66	2309.51	2934.32	3995.18
中部地区	Middle Region	25.14	171.30	914.59	1260.15	2036.20	2539.66
西部地区	Western Region	46.63	95.87	731.93	586.56	1061.38	1157.65
东北地区	Northeastern Region	31.60	97.34	410.60	536.97	647.38	695.07
北 京	Beijing	6.99	10.26	10.18	25.83	22.31	242.00
天 津	Tianjin	5.87	16.12	145.39	80.78	122.58	207.18
河 北	Hebei	8.98	37.56	117.64	172.47	273.53	490.74
山 西	Shanxi	1.69	14.43	16.02	36.78	63.17	99.04
内蒙古	Inner Mongolia	0.65	13.96	18.20	46.16	60.72	86.00
辽 宁	Liaoning	8.14	28.84	142.67	238.27	310.03	323.95
吉 林	Jilin	7.00	29.80	199.18	247.21	237.85	273.51
黑龙江	Heilongjiang	16.46	38.70	68.75	51.49	99.51	97.61
上 海	Shanghai	14.04	9.56	25.43	42.05	29.64	36.48
江 苏	Jiangsu	16.78	78.30	510.68	1060.28	1233.57	1411.82
浙 江	Zhejiang	13.80	39.27	67.27	138.18	176.60	285.63
安 徽	Anhui	2.81	18.95	135.41	320.97	309.91	436.55
福 建	Fujian	2.66	9.88	37.76	57.01	79.61	166.41
江 西	Jiangxi	2.23	38.97	320.91	275.76	431.92	485.82
山 东	Shandong	14.55	68.93	210.92	338.27	550.58	783.11
河 南	Henan	5.24	28.90	172.24	238.41	471.10	696.23
湖 北	Hubei	9.99	26.75	147.36	201.11	390.87	395.97
湖 南	Hunan	2.54	29.31	104.45	140.98	369.23	426.05
广 东	Guangdong	44.70	54.64	106.30	308.24	440.73	349.47
广 西	Guangxi	1.51	7.64	42.93	83.95	122.94	144.71
海 南	Hainan	0.83	2.43	1.17	2.46	5.18	22.34
重 庆	Chongqing	1.17	9.65	45.00	146.80	138.89	159.28
四 川	Sichuan	22.12	29.06	377.02	295.27	479.28	432.46
贵 州	Guizhou	4.91	8.58	4.00	20.59	37.16	40.99
云 南	Yunnan	1.17	4.37	8.89	18.36	47.38	30.47
西 藏	Tibet	0.07	0.22	1.22	1.93	1.21	1.77
陕 西	Shaanxi	13.62	32.19	278.41	77.64	117.34	139.76
甘 肃	Gansu	2.66	4.22	9.75	14.99	42.70	74.55
青 海	Qinghai	0.24	2.86	4.20	3.25	4.93	4.20
宁 夏	Ningxia	0.45	1.59	0.87	6.72	4.60	14.62
新 疆	Xinjiang	0.20	3.12	2.57	1.01	4.25	28.84

3-1-10 续表 6 continued

地 区	Region	固定资产交付使用率 (%) Rate of Fixed Assets Put into Use (%)					
		2000	2005	2010	2011	2012	2013
全 国	**Total**	**77.90**	**60.77**	**64.14**	**63.88**	**62.88**	**63.69**
东部地区	Eastern Region	82.27	59.56	57.70	62.92	64.35	73.54
中部地区	Middle Region	68.15	67.13	56.98	60.34	60.85	57.14
西部地区	Western Region	69.59	51.21	101.65	66.65	59.67	53.74
东北地区	Northeastern Region	83.78	66.53	62.25	75.92	69.01	61.13
北 京	Beijing	61.37	99.23	12.92	13.17	28.87	250.65
天 津	Tianjin	63.74	96.88	106.05	30.04	54.12	77.67
河 北	Hebei	72.89	64.08	63.94	65.05	62.80	89.94
山 西	Shanxi	59.93	78.08	59.53	56.91	56.23	49.12
内蒙古	Inner Mongolia	35.14	63.69	34.62	41.33	29.61	34.08
辽 宁	Liaoning	71.65	58.09	46.42	77.33	71.61	57.70
吉 林	Jilin	60.87	54.91	75.97	82.46	67.29	63.34
黑龙江	Heilongjiang	110.77	91.32	76.27	51.85	65.60	67.93
上 海	Shanghai	84.27	71.56	16.69	31.52	21.86	20.03
江 苏	Jiangsu	89.26	59.49	70.68	79.47	74.30	74.31
浙 江	Zhejiang	83.43	56.28	65.11	58.12	50.03	62.13
安 徽	Anhui	61.89	65.59	33.82	67.70	47.51	52.02
福 建	Fujian	60.59	58.22	43.50	48.01	42.73	70.66
江 西	Jiangxi	94.49	64.29	79.80	72.40	68.16	61.38
山 东	Shandong	86.40	52.89	50.85	55.50	54.55	65.58
河 南	Henan	61.36	63.47	59.39	48.23	57.57	61.49
湖 北	Hubei	70.95	62.01	63.42	63.53	60.49	45.24
湖 南	Hunan	94.42	80.10	52.03	57.22	76.39	70.47
广 东	Guangdong	92.74	61.80	43.15	83.52	97.45	67.61
广 西	Guangxi	75.88	37.14	55.52	67.47	71.06	69.53
海 南	Hainan	32.94	46.82	15.37	18.07	21.84	62.48
重 庆	Chongqing	43.66	34.71	24.72	71.88	46.33	47.37
四 川	Sichuan	91.78	39.09	121.20	76.23	77.04	58.18
贵 州	Guizhou	78.06	105.41	21.06	33.53	43.42	38.82
云 南	Yunnan	94.35	36.69	32.11	60.83	94.20	50.88
西 藏	Tibet	100.00	100.00	72.62	72.01	32.53	54.88
陕 西	Shaanxi	48.61	67.58	192.60	60.41	60.02	54.34
甘 肃	Gansu	92.04	42.76	44.26	42.59	61.13	66.27
青 海	Qinghai	80.00	129.41	92.72	50.00	31.16	15.76
宁 夏	Ningxia	36.89	100.00	22.89	96.14	29.01	82.41
新 疆	Xinjiang	105.26	88.89	70.80	5.92	10.11	91.63

3-1-11　各地区港澳台资企业固定资产投资情况

Statistics on Investment in Fixed Assets in Hong Kong, Macau and Taiwan Funded Enterprises by Region

地　区	Region	施工项目（个） Number of Projects under Construction (unit)					
		2000	2005	2010	2011	2012	2013
全　国	**Total**	**201**	**700**	**701**	**811**	**750**	**745**
东部地区	Eastern Region	147	577	557	659	606	583
中部地区	Middle Region	30	88	98	93	80	88
西部地区	Western Region	9	24	22	38	50	64
东北地区	Northeastern Region	15	11	24	21	14	10
北　京	Beijing	8	3	5	10	15	16
天　津	Tianjin	3	4	3	4	10	7
河　北	Hebei	7	11	12	12	9	5
山　西	Shanxi	2	1	3	2	1	2
内蒙古	Inner Mongolia		6	1	4	4	5
辽　宁	Liaoning	7	5	16	15	6	4
吉　林	Jilin	7	3	5	5	3	2
黑龙江	Heilongjiang	1	3	3	1	5	4
上　海	Shanghai	9	11	20	23	39	31
江　苏	Jiangsu	12	106	178	238	176	170
浙　江	Zhejiang	14	46	74	94	94	101
安　徽	Anhui	9	18	13	9	18	19
福　建	Fujian	18	48	43	53	50	57
江　西	Jiangxi	1	25	33	26	20	31
山　东	Shandong	8	19	37	28	22	24
河　南	Henan	3	10	21	18	6	5
湖　北	Hubei	9	18	17	22	19	19
湖　南	Hunan	6	10	10	12	16	12
广　东	Guangdong	63	317	170	183	190	171
广　西	Guangxi	3	9	15	13	10	14
海　南	Hainan	2	3		1	1	1
重　庆	Chongqing	3	1	3	14	17	28
四　川	Sichuan	4	16	8	10	10	9
贵　州	Guizhou		1	1	1		
云　南	Yunnan		1	6	9	4	4
西　藏	Tibet						
陕　西	Shaanxi	1	4	4	3	4	3
甘　肃	Gansu	1	1				
青　海	Qinghai						
宁　夏	Ningxia				1	1	1
新　疆	Xinjiang						

3-1-11 续表 1 continued

地 区	Region	新开工项目（个） Number of Projects Started This Year (unit) 2000	2005	2010	2011	2012	2013
全 国	**Total**	**123**	**432**	**411**	**434**	**382**	**380**
东部地区	Eastern Region	89	352	328	349	302	288
中部地区	Middle Region	24	58	58	50	48	58
西部地区	Western Region	5	15	10	25	25	30
东北地区	Northeastern Region	5	7	15	10	7	4
北 京	Beijing	5	2	2	4	3	1
天 津	Tianjin	3	2	1		3	2
河 北	Hebei	5	6	10	8	2	2
山 西	Shanxi	2		1	2		1
内蒙古	Inner Mongolia		3		4	4	2
辽 宁	Liaoning	2	3	12	7	1	2
吉 林	Jilin	2	3	2	2	2	1
黑龙江	Heilongjiang	1	1	1	1	4	1
上 海	Shanghai	5	6	9	13	15	9
江 苏	Jiangsu	6	67	133	142	110	107
浙 江	Zhejiang	9	30	37	45	44	45
安 徽	Anhui	8	11	10	7	13	10
福 建	Fujian	7	25	17	26	19	25
江 西	Jiangxi		17	12	11	11	25
山 东	Shandong	6	15	18	8	13	14
河 南	Henan	3	8	16	5	1	3
湖 北	Hubei	6	12	12	13	12	13
湖 南	Hunan	5	7	7	8	11	6
广 东	Guangdong	39	195	91	93	93	82
广 西	Guangxi	2	3	10	9	5	9
海 南	Hainan	2	1		1		1
重 庆	Chongqing	3	1	1	13	7	15
四 川	Sichuan		9	4	4	6	2
贵 州	Guizhou		1	1	1		
云 南	Yunnan		1	2	5	1	2
西 藏	Tibet						
陕 西	Shaanxi	1	3	2	1	2	
甘 肃	Gansu	1					
青 海	Qinghai						
宁 夏	Ningxia				1		
新 疆	Xinjiang						

3-1-11 续表 2 continued

地 区	Region	建成投产项目（个） Number of Projects Completed and Put into Use (unit)					
		2000	2005	2010	2011	2012	2013
全 国	**Total**	**96**	**296**	**336**	**451**	**360**	**397**
东部地区	Eastern Region	64	251	275	373	291	304
中部地区	Middle Region	22	31	45	53	47	52
西部地区	Western Region	8	11	4	14	15	38
东北地区	Northeastern Region	2	3	12	11	7	3
北 京	Beijing	5	2	1	2	2	2
天 津	Tianjin	1			2	3	1
河 北	Hebei	3	5	8	6	4	3
山 西	Shanxi				2		1
内蒙古	Inner Mongolia		4	1	4	1	3
辽 宁	Liaoning		1	7	7	4	1
吉 林	Jilin	2	2	3	4	2	1
黑龙江	Heilongjiang			2		1	1
上 海	Shanghai		6	9	6	8	3
江 苏	Jiangsu	10	58	98	172	119	135
浙 江	Zhejiang	6	18	36	46	31	49
安 徽	Anhui	9	3	7	2	11	12
福 建	Fujian	5	14	9	17	14	11
江 西	Jiangxi	1	10	17	18	13	20
山 东	Shandong	4	6	16	18	14	16
河 南	Henan	2	3	6	11	3	3
湖 北	Hubei	5	9	8	13	11	7
湖 南	Hunan	5	2	6	3	9	9
广 东	Guangdong	28	138	89	97	95	83
广 西	Guangxi	2	4	9	7	6	10
海 南	Hainan					1	1
重 庆	Chongqing	2	1		4	4	14
四 川	Sichuan	4	5	2	5	2	7
贵 州	Guizhou		1				
云 南	Yunnan			1	4	2	4
西 藏	Tibet						
陕 西	Shaanxi	1	4	1	1		
甘 肃	Gansu	1					
青 海	Qinghai						
宁 夏	Ningxia						
新 疆	Xinjiang						

3-1-11　续表 3　continued

地　区	Region	项目建成投产率 (%) Rate of Projects Completed and Put into Use (%)					
		2000	2005	2010	2011	2012	2013
全　国	**Total**	**47.76**	**42.29**	**47.93**	**55.61**	**48.00**	**53.29**
东部地区	Eastern Region	43.54	43.50	49.37	56.60	48.02	52.14
中部地区	Middle Region	73.33	35.23	45.92	56.99	58.75	59.09
西部地区	Western Region	88.89	45.83	18.18	36.84	30.00	59.38
东北地区	Northeastern Region	13.33	27.27	50.00	52.38	50.00	30.00
北　京	Beijing	62.50	66.67	20.00	20.00	13.33	12.50
天　津	Tianjin	33.33			50.00	30.00	14.29
河　北	Hebei	42.86	45.45	66.67	50.00	44.44	60.00
山　西	Shanxi				100.00		50.00
内蒙古	Inner Mongolia		66.67	100.00	100.00	25.00	60.00
辽　宁	Liaoning		20.00	43.75	46.67	66.67	25.00
吉　林	Jilin	28.57	66.67	60.00	80.00	66.67	50.00
黑龙江	Heilongjiang			66.67		20.00	25.00
上　海	Shanghai		54.55	45.00	26.09	20.51	9.68
江　苏	Jiangsu	83.33	54.72	55.06	72.27	67.61	79.41
浙　江	Zhejiang	42.86	39.13	48.65	48.94	32.98	48.51
安　徽	Anhui	100.00	16.67	53.85	22.22	61.11	63.16
福　建	Fujian	27.78	29.17	20.93	32.08	28.00	19.30
江　西	Jiangxi	100.00	40.00	51.52	69.23	65.00	64.52
山　东	Shandong	50.00	31.58	43.24	64.29	63.64	66.67
河　南	Henan	66.67	30.00	28.57	61.11	50.00	60.00
湖　北	Hubei	55.56	50.00	47.06	59.09	57.89	36.84
湖　南	Hunan	83.33	20.00	60.00	25.00	56.25	75.00
广　东	Guangdong	44.44	43.53	52.35	53.01	50.00	48.54
广　西	Guangxi	66.67	44.44	60.00	53.85	60.00	71.43
海　南	Hainan					100.00	100.00
重　庆	Chongqing	66.67	100.00		28.57	23.53	50.00
四　川	Sichuan	100.00	31.25	25.00	50.00	20.00	77.78
贵　州	Guizhou		100.00				
云　南	Yunnan			16.67	44.44	50.00	100.00
西　藏	Tibet						
陕　西	Shaanxi	100.00	100.00	25.00	33.33		
甘　肃	Gansu	100.00					
青　海	Qinghai						
宁　夏	Ningxia						
新　疆	Xinjiang						

3-1-11 续表 4 continued

地区	Region	投资额（亿元） Investment (100 million yuan)					
		2000	2005	2010	2011	2012	2013
全国	**Total**	**53.91**	**365.51**	**729.61**	**941.04**	**1032.56**	**967.66**
东部地区	Eastern Region	40.72	300.49	536.35	643.08	713.64	607.06
中部地区	Middle Region	6.16	46.92	128.56	179.24	200.16	177.72
西部地区	Western Region	1.25	12.96	21.77	99.33	104.99	164.24
东北地区	Northeastern Region	5.78	5.14	42.93	19.39	13.77	18.64
北京	Beijing	1.05	35.22	6.01	7.31	10.74	18.50
天津	Tianjin	0.96	4.38	13.15	38.99	38.99	13.53
河北	Hebei	0.64	4.15	25.27	14.99	8.75	7.84
山西	Shanxi	0.15	14.11	15.76	0.35	5.88	20.27
内蒙古	Inner Mongolia		8.25	0.04	7.88	19.51	15.97
辽宁	Liaoning	1.08	2.42	39.43	15.83	5.86	14.09
吉林	Jilin	4.63	1.97	3.11	2.80	6.65	2.98
黑龙江	Heilongjiang	0.07	0.75	0.39	0.76	1.26	1.57
上海	Shanghai	8.20	20.09	18.67	20.11	24.84	17.89
江苏	Jiangsu	1.93	71.85	260.35	266.02	281.37	217.68
浙江	Zhejiang	1.33	14.69	19.60	35.68	38.17	40.58
安徽	Anhui	0.64	2.99	8.71	11.35	20.63	14.56
福建	Fujian	3.11	11.14	27.56	31.56	51.03	101.26
江西	Jiangxi	0.01	6.66	29.98	38.12	16.63	30.56
山东	Shandong	2.09	21.63	33.90	27.56	17.24	25.78
河南	Henan	4.14	4.71	33.35	68.23	72.56	64.45
湖北	Hubei	1.00	9.05	21.09	30.51	54.13	24.11
湖南	Hunan	0.23	1.14	19.64	22.80	30.33	23.77
广东	Guangdong	21.12	114.59	125.64	190.15	241.43	163.43
广西	Guangxi	0.06	1.86	6.21	10.21	8.13	15.59
海南	Hainan	0.23	0.88		0.50	1.07	0.56
重庆	Chongqing	0.53	0.09	11.17	22.61	59.41	68.27
四川	Sichuan	0.60	10.31	3.21	69.18	14.55	60.74
贵州	Guizhou		0.75	0.26	0.80		
云南	Yunnan		0.31	1.67	1.83	1.67	1.22
西藏	Tibet						
陕西	Shaanxi	0.04	0.89	5.47	4.52	1.55	2.22
甘肃	Gansu	0.09	0.60				
青海	Qinghai						0.18
宁夏	Ningxia				0.39	0.17	0.06
新疆	Xinjiang						

3-1-11 续表 5 continued

地 区	Region	新增固定资产（亿元） Newly Increased Fixed Assets (100 million yuan)					
		2000	2005	2010	2011	2012	2013
全 国	**Total**	**41.61**	**304.76**	**488.58**	**745.27**	**695.68**	**573.16**
东部地区	Eastern Region	33.60	272.83	410.34	499.58	515.35	367.67
中部地区	Middle Region	1.29	26.32	64.97	148.45	142.42	63.57
西部地区	Western Region	1.26	3.25	2.97	63.47	28.45	109.85
东北地区	Northeastern Region	5.47	2.36	10.30	33.77	9.47	32.08
北 京	Beijing	1.90	80.52	3.87	3.91	3.99	7.75
天 津	Tianjin	0.69	3.37	9.69	2.13	5.34	4.97
河 北	Hebei	0.72	3.86	15.36	8.90	0.67	3.08
山 西	Shanxi		2.35	1.00	0.27		0.60
内蒙古	Inner Mongolia		5.69	4.80	7.88	0.48	17.40
辽 宁	Liaoning	1.44	0.69	8.38	26.92	1.96	30.00
吉 林	Jilin	4.01	1.67	1.18	6.85	7.10	1.88
黑龙江	Heilongjiang	0.02		0.74		0.40	0.20
上 海	Shanghai	3.38	4.36	9.27	5.94	24.17	4.69
江 苏	Jiangsu	2.38	76.05	217.60	194.71	246.19	177.57
浙 江	Zhejiang	0.74	8.53	15.82	40.35	20.12	20.02
安 徽	Anhui	0.65	0.71	2.82	1.66	12.80	8.38
福 建	Fujian	1.39	6.28	14.43	29.11	40.05	33.36
江 西	Jiangxi	0.01	5.59	20.52	46.76	10.42	19.36
山 东	Shandong	2.13	1.97	13.64	13.11	12.25	11.23
河 南	Henan	0.07	3.69	12.85	62.98	68.34	15.00
湖 北	Hubei	0.35	7.68	8.05	17.64	36.78	14.26
湖 南	Hunan	0.22	0.61	14.92	11.26	14.08	5.98
广 东	Guangdong	20.22	85.94	108.68	190.49	161.51	104.42
广 西	Guangxi	0.05	1.74	1.98	10.94	5.82	15.89
海 南	Hainan		0.19			1.07	0.56
重 庆	Chongqing	0.33	0.09	0.91	1.37	16.49	51.11
四 川	Sichuan	0.81	1.07	1.01	60.19	4.85	23.53
贵 州	Guizhou		0.75				
云 南	Yunnan			0.89	1.29	0.80	1.92
西 藏	Tibet						
陕 西	Shaanxi	0.04	0.85	0.17	0.62		
甘 肃	Gansu	0.09	0.49				
青 海	Qinghai						
宁 夏	Ningxia						
新 疆	Xinjiang						

3-1-11 续表 6 continued

地 区	Region	固定资产交付使用率 (%) Rate of Fixed Assets Put into Use (%)					
		2000	2005	2010	2011	2012	2013
全 国	**Total**	**77.18**	**83.38**	**66.96**	**79.20**	**67.37**	**59.23**
东部地区	Eastern Region	82.51	90.80	76.51	77.69	72.21	60.57
中部地区	Middle Region	20.94	56.10	50.54	82.82	71.15	35.77
西部地区	Western Region	100.80	25.08	13.64	63.90	27.09	66.89
东北地区	Northeastern Region	94.64	45.91	23.99	174.16	68.76	172.07
北 京	Beijing	180.95	228.62	64.39	53.49	37.11	41.92
天 津	Tianjin	71.88	76.94	73.69	5.46	13.69	36.72
河 北	Hebei	112.50	93.01	60.78	59.37	7.69	39.24
山 西	Shanxi		16.65	6.35	77.14		2.96
内 蒙 古	Inner Mongolia		68.97	12000.00	100.00	2.46	108.97
辽 宁	Liaoning	133.33	28.51	21.25	170.06	33.48	212.87
吉 林	Jilin	86.61	84.77	37.94	244.64	106.86	63.06
黑 龙 江	Heilongjiang	28.57		189.74		31.78	12.74
上 海	Shanghai	41.22	21.70	49.65	29.54	97.28	26.21
江 苏	Jiangsu	123.32	105.85	83.58	73.19	87.50	81.58
浙 江	Zhejiang	55.64	58.07	80.71	113.09	52.70	49.35
安 徽	Anhui	101.56	23.75	32.38	14.63	62.06	57.51
福 建	Fujian	44.69	56.37	52.36	92.24	78.49	32.95
江 西	Jiangxi	100.00	83.93	68.45	122.67	62.65	63.34
山 东	Shandong	101.91	9.11	40.24	47.57	71.02	43.56
河 南	Henan	1.69	78.34	38.53	92.31	94.19	23.27
湖 北	Hubei	35.00	84.86	38.17	57.82	67.94	59.14
湖 南	Hunan	95.65	53.51	75.97	49.39	46.40	25.15
广 东	Guangdong	95.74	75.00	86.50	100.18	66.90	63.89
广 西	Guangxi	83.33	93.55	31.88	107.15	71.63	101.96
海 南	Hainan		21.59			100.00	100.00
重 庆	Chongqing	62.26	100.00	8.15	6.06	27.76	74.86
四 川	Sichuan	135.00	10.38	31.46	87.00	33.36	38.75
贵 州	Guizhou		100.00				
云 南	Yunnan			53.29	70.49	47.84	157.75
西 藏	Tibet						
陕 西	Shaanxi	100.00	95.51	3.11	13.72		
甘 肃	Gansu	100.00	81.67				
青 海	Qinghai						
宁 夏	Ningxia						
新 疆	Xinjiang						

3-1-12　各地区外资企业固定资产投资情况

Statistics on Investment in Fixed Assets in Foreign funded Enterprises by Region

地　区	Region	施工项目（个） Number of Projects under Construction (unit)					
		2000	2005	2010	2011	2012	2013
全　国	**Total**	**263**	**971**	**893**	**1008**	**952**	**958**
东部地区	Eastern Region	214	824	728	881	783	811
中部地区	Middle Region	13	59	85	68	83	79
西部地区	Western Region	12	44	32	27	48	44
东北地区	Northeastern Region	24	44	48	32	38	24
北　京	Beijing	11	18	25	22	18	23
天　津	Tianjin	33	29	32	39	44	38
河　北	Hebei	9	13	7	14	9	7
山　西	Shanxi		5	4	7	4	3
内 蒙 古	Inner Mongolia	1	2	2	2		
辽　宁	Liaoning	16	36	21	14	13	7
吉　林	Jilin	5	5	20	13	17	10
黑 龙 江	Heilongjiang	3	3	7	5	8	7
上　海	Shanghai	32	53	48	64	59	52
江　苏	Jiangsu	28	211	275	394	325	319
浙　江	Zhejiang	6	74	81	100	115	131
安　徽	Anhui	1	10	9	16	21	16
福　建	Fujian	9	51	41	44	37	35
江　西	Jiangxi		13	30	14	25	20
山　东	Shandong	26	134	85	79	61	62
河　南	Henan	1	13	7	1	6	9
湖　北	Hubei	7	11	18	17	13	14
湖　南	Hunan	3	5	15	11	14	17
广　东	Guangdong	58	233	108	107	113	141
广　西	Guangxi		5	22	14	13	9
海　南	Hainan	2	3	4	4	2	3
重　庆	Chongqing		6	7	10	14	12
四　川	Sichuan	9	21	9	7	10	18
贵　州	Guizhou	1	4	3			1
云　南	Yunnan		3	3	6	5	1
西　藏	Tibet						
陕　西	Shaanxi	2	4	7	4	6	3
甘　肃	Gansu			2			
青　海	Qinghai		2				
宁　夏	Ningxia						
新　疆	Xinjiang		4	1			

3-1-12 续表 1 continued

地 区	Region	新开工项目（个） Number of Projects Started This Year (unit)					
		2000	2005	2010	2011	2012	2013
全 国	**Total**	**145**	**606**	**482**	**585**	**556**	**570**
东部地区	Eastern Region	115	511	388	509	448	491
中部地区	Middle Region	9	32	45	45	50	49
西部地区	Western Region	9	26	11	13	33	23
东北地区	Northeastern Region	12	37	38	18	25	7
北 京	Beijing	4	6	12	6	4	6
天 津	Tianjin	20	19	19	24	22	25
河 北	Hebei	7	9	3	8	3	1
山 西	Shanxi		2	2	4		
内 蒙 古	Inner Mongolia	1	1		1		
辽 宁	Liaoning	7	33	16	5	10	
吉 林	Jilin	3	3	19	11	14	6
黑 龙 江	Heilongjiang	2	1	3	2	1	1
上 海	Shanghai	14	28	23	37	33	25
江 苏	Jiangsu	18	124	166	262	202	215
浙 江	Zhejiang	5	36	38	43	59	66
安 徽	Anhui	1	6	4	11	10	12
福 建	Fujian	2	30	17	24	11	13
江 西	Jiangxi		3	19	9	19	15
山 东	Shandong	12	100	34	48	43	50
河 南	Henan	1	7	4		6	7
湖 北	Hubei	5	8	9	12	7	6
湖 南	Hunan	1	5	7	8	8	9
广 东	Guangdong	32	155	62	50	70	88
广 西	Guangxi		2	13	7	8	6
海 南	Hainan	1	2	1		1	2
重 庆	Chongqing		3	2	5	9	3
四 川	Sichuan	6	14	6	3	8	13
贵 州	Guizhou	1	2	1			1
云 南	Yunnan		1	1	3	4	
西 藏	Tibet						
陕 西	Shaanxi	2	1	1	2	4	
甘 肃	Gansu						
青 海	Qinghai		1				
宁 夏	Ningxia						
新 疆	Xinjiang		4				

3-1-12　续表 2　continued

地　区	Region	建成投产项目（个）Number of Projects Completed and Put into Use (unit)					
		2000	2005	2010	2011	2012	2013
全　国	**Total**	**129**	**468**	**483**	**586**	**517**	**538**
东部地区	Eastern Region	101	402	396	521	420	456
中部地区	Middle Region	10	26	42	30	50	39
西部地区	Western Region	3	12	11	18	28	27
东北地区	Northeastern Region	15	28	34	17	19	16
北　京	Beijing	2	9	7	8	3	5
天　津	Tianjin	11	11	15	17	17	20
河　北	Hebei	6	3	2	9	3	2
山　西	Shanxi		1	1	3	1	2
内蒙古	Inner Mongolia	1	1		1		
辽　宁	Liaoning	9	23	13	8	5	4
吉　林	Jilin	4	4	19	9	12	8
黑龙江	Heilongjiang	2	1	2		2	4
上　海	Shanghai	14	22	23	28	14	11
江　苏	Jiangsu	18	147	183	274	221	225
浙　江	Zhejiang	3	26	29	39	40	64
安　徽	Anhui		3	4	8	15	10
福　建	Fujian	1	20	12	18	12	13
江　西	Jiangxi		5	15	8	20	16
山　东	Shandong	13	55	54	60	45	50
河　南	Henan	1	6	6	1	3	3
湖　北	Hubei	7	7	10	6	5	3
湖　南	Hunan	1	3	6	3	6	5
广　东	Guangdong	32	108	58	58	64	65
广　西	Guangxi		1	13	7	11	9
海　南	Hainan	1			3	1	1
重　庆	Chongqing		3	2	6	6	8
四　川	Sichuan	3	4	3	6	7	8
贵　州	Guizhou			2			1
云　南	Yunnan		1		5	3	
西　藏	Tibet						
陕　西	Shaanxi		1	2	1	1	1
甘　肃	Gansu			2			
青　海	Qinghai		2				
宁　夏	Ningxia						
新　疆	Xinjiang		1				

3-1-12 续表 3 continued

地 区	Region	项目建成投产率（%） Rate of Projects Completed and Put into Use (%)					
		2000	2005	2010	2011	2012	2013
全 国	**Total**	**49.05**	**48.20**	**54.09**	**58.13**	**54.31**	**56.16**
东部地区	Eastern Region	47.20	48.79	54.40	59.14	53.64	56.23
中部地区	Middle Region	76.92	44.07	49.41	44.12	60.24	49.37
西部地区	Western Region	25.00	27.27	34.38	66.67	58.33	61.36
东北地区	Northeastern Region	62.50	63.64	70.83	53.13	50.00	66.67
北 京	Beijing	18.18	50.00	28.00	36.36	16.67	21.74
天 津	Tianjin	33.33	37.93	46.88	43.59	38.64	52.63
河 北	Hebei	66.67	23.08	28.57	64.29	33.33	28.57
山 西	Shanxi		20.00	25.00	42.86	25.00	66.67
内蒙古	Inner Mongolia	100.00	50.00		50.00		
辽 宁	Liaoning	56.25	63.89	61.90	57.14	38.46	57.14
吉 林	Jilin	80.00	80.00	95.00	69.23	70.59	80.00
黑龙江	Heilongjiang	66.67	33.33	28.57		25.00	57.14
上 海	Shanghai	43.75	41.51	47.92	43.75	23.73	21.15
江 苏	Jiangsu	64.29	69.67	66.55	69.54	68.00	70.53
浙 江	Zhejiang	50.00	35.14	35.80	39.00	34.78	48.85
安 徽	Anhui		30.00	44.44	50.00	71.43	62.50
福 建	Fujian	11.11	39.22	29.27	40.91	32.43	37.14
江 西	Jiangxi		38.46	50.00	57.14	80.00	80.00
山 东	Shandong	50.00	41.04	63.53	75.95	73.77	80.65
河 南	Henan	100.00	46.15	85.71	100.00	50.00	33.33
湖 北	Hubei	100.00	63.64	55.56	35.29	38.46	21.43
湖 南	Hunan	33.33	60.00	40.00	27.27	42.86	29.41
广 东	Guangdong	55.17	46.35	53.70	54.21	56.64	46.10
广 西	Guangxi		20.00	59.09	50.00	84.62	100.00
海 南	Hainan	50.00			75.00	50.00	33.33
重 庆	Chongqing		50.00	28.57	60.00	42.86	66.67
四 川	Sichuan	33.33	19.05	33.33	85.71	70.00	44.44
贵 州	Guizhou			66.67			100.00
云 南	Yunnan		33.33		83.33	60.00	
西 藏	Tibet						
陕 西	Shaanxi		25.00	28.57	25.00	16.67	33.33
甘 肃	Gansu			100.00			
青 海	Qinghai		100.00				
宁 夏	Ningxia						
新 疆	Xinjiang		25.00				

3-1-12 续表 4 continued

地 区	Region	投资额（亿元） Investment (100 million yuan)					
		2000	2005	2010	2011	2012	2013
全 国	**Total**	**208.56**	**628.10**	**1019.36**	**1180.78**	**1264.98**	**1405.32**
东部地区	Eastern Region	180.38	575.76	808.12	1050.24	1044.22	1075.52
中部地区	Middle Region	15.20	9.11	55.91	58.17	117.62	104.10
西部地区	Western Region	6.56	18.82	38.31	21.76	60.21	183.78
东北地区	Northeastern Region	6.42	24.41	117.02	50.61	42.94	41.92
北 京	Beijing	12.05	38.54	52.12	63.09	48.58	23.68
天 津	Tianjin	43.70	37.02	65.69	42.39	48.60	32.30
河 北	Hebei	0.93	4.05	4.87	8.25	9.86	8.44
山 西	Shanxi		0.22	5.41	12.42	8.70	6.02
内蒙古	Inner Mongolia	0.02	0.22	1.29	0.75		
辽 宁	Liaoning	5.70	23.09	93.52	26.67	17.68	30.17
吉 林	Jilin	0.14	0.98	10.13	8.72	11.84	8.04
黑龙江	Heilongjiang	0.58	0.34	13.37	15.22	13.42	3.72
上 海	Shanghai	60.67	93.36	61.28	125.03	111.73	108.19
江 苏	Jiangsu	11.97	196.69	341.32	504.69	490.74	499.77
浙 江	Zhejiang	1.72	18.32	29.71	33.46	44.58	50.65
安 徽	Anhui	0.36	1.04	6.20	15.42	27.63	15.20
福 建	Fujian	4.58	22.94	46.82	62.34	42.72	40.27
江 西	Jiangxi		2.60	20.94	9.57	23.54	10.80
山 东	Shandong	5.07	46.60	72.31	58.23	59.37	57.43
河 南	Henan	0.01	2.19	2.50	0.41	7.92	9.49
湖 北	Hubei	0.45	1.76	12.80	14.36	12.56	9.20
湖 南	Hunan	14.37	1.07	6.76	5.24	37.27	53.38
广 东	Guangdong	39.32	115.30	123.88	144.32	186.90	252.33
广 西	Guangxi		1.69	9.81	7.45	14.06	6.87
海 南	Hainan	0.37	1.26	0.32	0.99	1.13	2.45
重 庆	Chongqing		0.41	1.97	5.41	12.42	10.61
四 川	Sichuan	6.35	14.93	20.16	3.40	6.45	19.60
贵 州	Guizhou	0.02	1.47	0.45			1.86
云 南	Yunnan		0.72	1.73	2.26	2.25	0.50
西 藏	Tibet						
陕 西	Shaanxi	0.18	0.79	13.58	10.45	25.03	144.21
甘 肃	Gansu			0.40			
青 海	Qinghai		0.08		0.24		0.14
宁 夏	Ningxia						
新 疆	Xinjiang		0.43	0.02			

3-1-12 续表 5 continued

地 区	Region	新增固定资产（亿元） Newly Increased Fixed Assets (100 million yuan)					
		2000	2005	2010	2011	2012	2013
全 国	**Total**	**145.33**	**460.01**	**629.04**	**916.70**	**994.36**	**898.55**
东部地区	Eastern Region	121.46	435.35	545.94	844.31	878.43	798.51
中部地区	Middle Region	12.53	4.66	36.50	28.58	53.39	49.28
西部地区	Western Region	6.00	5.71	12.21	20.37	32.21	27.76
东北地区	Northeastern Region	5.35	14.29	34.39	23.44	30.33	22.99
北 京	Beijing	7.00	14.11	22.46	19.96	44.91	46.49
天 津	Tianjin	13.97	8.56	37.82	19.88	45.05	29.80
河 北	Hebei	0.80	2.73	1.19	5.09	7.93	4.51
山 西	Shanxi		0.03	0.03	2.77	4.89	5.62
内 蒙 古	Inner Mongolia	0.02	0.18		0.35		
辽 宁	Liaoning	4.31	13.24	23.51	19.45	8.82	7.20
吉 林	Jilin	0.46	0.91	7.77	3.99	13.70	8.00
黑 龙 江	Heilongjiang	0.58	0.14	3.11		7.81	7.80
上 海	Shanghai	48.78	54.21	50.33	135.94	70.05	45.05
江 苏	Jiangsu	9.60	213.26	243.16	446.51	434.14	355.97
浙 江	Zhejiang	1.94	11.23	21.91	24.72	29.53	36.65
安 徽	Anhui	0.35	0.47	8.83	5.99	10.74	18.75
福 建	Fujian	3.00	14.09	36.21	54.80	29.20	34.68
江 西	Jiangxi		1.98	14.84	7.28	19.80	7.24
山 东	Shandong	4.71	31.41	36.15	32.49	35.25	47.77
河 南	Henan	0.01	0.37	2.24	0.65	5.40	5.60
湖 北	Hubei	0.44	1.18	5.52	10.71	8.42	0.34
湖 南	Hunan	11.72	0.47	5.04	0.83	4.13	11.74
广 东	Guangdong	31.58	85.46	87.72	101.04	181.25	197.13
广 西	Guangxi		0.24	9.00	3.04	14.37	7.40
海 南	Hainan	0.06	0.05		0.83	1.13	0.47
重 庆	Chongqing		0.13	0.46	2.27	2.44	4.31
四 川	Sichuan	6.00	2.87	0.66	9.63	4.33	5.99
贵 州	Guizhou		1.07	1.95			1.86
云 南	Yunnan		1.13	0.02	1.63	1.21	
西 藏	Tibet						
陕 西	Shaanxi		0.20	7.86	6.85	9.85	8.21
甘 肃	Gansu			1.27			
青 海	Qinghai		0.26				
宁 夏	Ningxia						
新 疆	Xinjiang		0.04				

3-1-12　续表 6　continued

地　区	Region	固定资产交付使用率 (%) Rate of Fixed Assets Put into Use (%)					
		2000	2005	2010	2011	2012	2013
全　国	**Total**	**69.68**	**73.24**	**61.71**	**77.64**	**78.61**	**63.94**
东部地区	Eastern Region	67.34	75.61	67.56	80.39	84.12	74.24
中部地区	Middle Region	82.43	51.15	65.28	49.13	45.39	47.35
西部地区	Western Region	91.46	30.34	31.87	93.61	53.50	15.11
东北地区	Northeastern Region	83.33	58.54	29.39	29.39	70.63	54.85
北　京	Beijing	58.09	36.61	43.09	31.64	92.45	196.32
天　津	Tianjin	31.97	23.12	57.57	46.90	92.70	92.24
河　北	Hebei	86.02	67.41	24.44	61.70	80.37	53.44
山　西	Shanxi		13.64	0.55	22.30	56.19	93.36
内蒙古	Inner Mongolia	100.00	81.82		46.67		
辽　宁	Liaoning	75.61	57.34	25.14	72.93	49.89	23.85
吉　林	Jilin	328.57	92.86	76.70	45.76	115.70	99.47
黑龙江	Heilongjiang	100.00	41.18	23.26		58.18	209.89
上　海	Shanghai	80.40	58.07	82.13	108.73	62.69	41.64
江　苏	Jiangsu	80.20	108.42	71.24	88.47	88.46	71.23
浙　江	Zhejiang	112.79	61.30	73.75	73.88	66.25	72.35
安　徽	Anhui	97.22	45.19	142.42	38.85	38.89	123.31
福　建	Fujian	65.50	61.42	77.34	87.91	68.36	86.11
江　西	Jiangxi		76.15	70.87	76.07	84.12	67.02
山　东	Shandong	92.90	67.40	49.99	55.80	59.37	83.18
河　南	Henan	100.00	16.89	89.60	158.54	68.20	59.01
湖　北	Hubei	97.78	67.05	43.13	74.58	67.04	3.68
湖　南	Hunan	81.56	43.93	74.56	15.84	11.09	22.00
广　东	Guangdong	80.32	74.12	70.81	70.01	96.98	78.13
广　西	Guangxi		14.20	91.74	40.81	102.19	107.62
海　南	Hainan	16.22	3.97		83.84	100.00	18.99
重　庆	Chongqing		31.71	23.35	41.96	19.64	40.61
四　川	Sichuan	94.49	19.22	3.27	283.24	67.25	30.56
贵　州	Guizhou		72.79	433.33			100.00
云　南	Yunnan		156.94	1.16	72.12	53.98	
西　藏	Tibet						
陕　西	Shaanxi		25.32	57.88	65.55	39.35	5.69
甘　肃	Gansu			317.50			
青　海	Qinghai		325.00				
宁　夏	Ningxia						
新　疆	Xinjiang		9.30				

3-2-1 按行业分高技术产业投资基本情况(2013年)

Basic Statistics on Investment in Fixed Assets in High-tech Industry by Industrial Sector (2013)

行业	Industry	施工项目(个) Number of Projects under Construction (unit)	#新开工 Number of Projects Started This Year	建成投产项目(个) Number of Projects Completed and Put into Use (unit)
合计	**Total**	**17691**	**11637**	**10528**
医药制造业	**Manufacture of Medicines**	**5755**	**3706**	**3335**
#化学药品制造	Manufacture of Chemical Medicine	1810	1117	1048
中成药生产	Production of Finished Traditional Chinese Herbal Medicine	1131	718	652
生物药品制造	Manufacture of Biological Medicine	1025	642	546
航空、航天器及设备制造业	**Manufacture of Aircrafts and Spacecrafts and Related Equipment**	**370**	**206**	**191**
#飞机制造	Manufacture of Airplanes	127	63	58
航天器制造	Manufacture of Spacecrafts	31	14	20
电子及通信设备制造业	**Manufacture of Electronic Equipment and Communication Equipment**	**7754**	**5118**	**4586**
#通信设备制造	Manufacture of Communication Equipment	791	480	399
#通信系统设备制造	Manufacture of Communication System Equipment	500	313	255
通信终端设备制造	Manufacture of Communication Terminal Equipment	291	167	144
广播电视设备制造	Manufacture of Broadcasting and TV Equipment	315	192	223
雷达及配套设备制造	Manufacture of Radar and Its Fittings	88	45	54
视听设备制造	Manufacture of TV Set and Radio Receiver	193	131	116
电子器件制造	Manufacture of Electronic Appliances	1608	1014	930
#电子真空器件制造	Manufacture of Electronic Vacuum Appliance	186	108	129
半导体分立器件制造	Manufacture of Semiconductor Discreting Appliances	117	71	72
集成电路制造	Manufacture of Integrate Circuit	249	142	127
电子元件制造	Manufacture of Electronic Components	2606	1858	1600
其他电子设备制造	Manufacture of Other Electronic Equipment	901	611	519
计算机及办公设备制造业	**Manufacture of Computers and Office Equipment**	**799**	**524**	**464**
#计算机整机制造	Manufacture of Entired Computer	128	65	71
计算机零部件制造	Manufacture of Computer Components and Parts	276	184	167
计算机外围设备制造	Manufacture of Computer Peripheral Equipment	130	92	85
办公设备制造	Manufacture of Office Equipment	49	34	26
医疗仪器设备及仪器仪表制造业	**Manufacture of Medical Equipments and Measuring Instrument**	**3013**	**2083**	**1952**
1.医疗仪器设备及器械制造	Manufacture of Medical Equipment and Appliance	1064	771	702
2.仪器仪表制造	Manufacture of Measuring Instrument	1949	1312	1250

注：本表数据口径为投资额在500万元以上的全部项目。以下至3-2-7表相同。

3-2-1　续表　continued

行　业	Industry	项目建成投产率(%) Rate of Projects Completed and Put into Use (%)	投资额(亿元) Investment (100 million yuan)	新增固定资产(亿元) Newly Increased Fixed Assets (100 million yuan)	固定资产交付使用率(%) Rate of Fixed Assets Put into Use (%)
合计	**Total**	**59.51**	**15557.68**	**9874.27**	**63.47**
医药制造业	**Manufacture of Medicines**	**57.95**	**4529.35**	**2989.45**	**66.00**
#化学药品制造	Manufacture of Chemical Medicine	57.90	1591.98	1131.58	71.08
中成药生产	Production of Finished Traditional Chinese Herbal Medicine	57.65	831.76	522.25	62.79
生物药品制造	Manufacture of Biological Medicine	53.27	994.84	527.76	53.05
航空、航天器及设备制造业	**Manufacture of Aircrafts and Spacecrafts and Related Equipment**	**51.62**	**620.60**	**352.68**	**56.83**
#飞机制造	Manufacture of Airplanes	45.67	232.33	100.13	43.10
航天器制造	Manufacture of Spacecrafts	64.52	40.58	34.48	84.97
电子及通信设备制造业	**Manufacture of Electronic Equipment and Communication Equipment**	**59.14**	**7573.37**	**4682.65**	**61.83**
#通信设备制造	Manufacture of Communication Equipment	50.44	897.01	509.17	56.76
#通信系统设备制造	Manufacture of Communication System Equipment	51.00	454.70	232.09	51.04
通信终端设备制造	Manufacture of Communication Terminal Equipment	49.48	442.31	277.08	62.64
广播电视设备制造	Manufacture of Broadcasting and TV Equipment	70.79	215.90	150.95	69.91
雷达及配套设备制造	Manufacture of Radar and Its Fittings	61.36	66.95	37.68	56.29
视听设备制造	Manufacture of TV Set and Radio Receiver	60.10	210.10	148.82	70.83
电子器件制造	Manufacture of Electronic Appliances	57.84	2485.88	1467.56	59.04
#电子真空器件制造	Manufacture of Electronic Vacuum Appliance	69.35	121.71	88.30	72.56
半导体分立器件制造	Manufacture of Semiconductor Discreting Appliances	61.54	115.27	76.53	66.39
集成电路制造	Manufacture of Integrate Circuit	51.00	575.60	265.32	46.09
电子元件制造	Manufacture of Electronic Components	61.40	1655.82	1110.15	67.05
其他电子设备制造	Manufacture of Other Electronic Equipment	57.60	852.58	507.04	59.47
计算机及办公设备制造业	**Manufacture of Computers and Office Equipment**	**58.07**	**835.81**	**497.90**	**59.57**
#计算机整机制造	Manufacture of Entired Computer	55.47	282.67	155.25	54.92
计算机零部件制造	Manufacture of Computer Components and Parts	60.51	248.18	157.66	63.52
计算机外围设备制造	Manufacture of Computer Peripheral Equipment	65.38	124.86	77.30	61.91
办公设备制造	Manufacture of Office Equipment	53.06	32.87	18.25	55.53
医疗仪器设备及仪器仪表制造业	**Manufacture of Medical Equipments and Measuring Instrument**	**64.79**	**1998.55**	**1351.60**	**67.63**
1.医疗仪器设备及器械制造	Manufacture of Medical Equipment and Appliance	65.98	673.03	477.66	70.97
2.仪器仪表制造	Manufacture of Measuring Instrument	64.14	1325.53	873.94	65.93

注：本表数据口径为投资额在500万元以上的全部项目。以下至3-2-7表相同。

3-2-2 各地区高技术产业投资基本情况(2013年)

Basic Statistics on Investment in Fixed Assets in High-tech Industry by Region (2013)

地区	Region	施工项目(个) Number of Projects under Construction (unit)	#新开工 Number of Projects Started This Year	建成投产项目(个) Number of Projects Completed and Put into Use (unit)
全国	**Total**	**17691**	**11637**	**10528**
东部地区	Eastern Region	9118	5973	5463
中部地区	Middle Region	4725	3159	2821
西部地区	Western Region	2749	1741	1550
东北地区	Northeastern Region	1099	764	694
北京	Beijing	197	40	45
天津	Tianjin	295	194	156
河北	Hebei	510	305	337
山西	Shanxi	175	95	94
内蒙古	Inner Mongolia	141	99	95
辽宁	Liaoning	423	295	275
吉林	Jilin	446	323	315
黑龙江	Heilongjiang	230	146	104
上海	Shanghai	276	111	37
江苏	Jiangsu	3009	2296	2363
浙江	Zhejiang	1972	1267	983
安徽	Anhui	1038	674	670
福建	Fujian	500	283	243
江西	Jiangxi	928	661	585
山东	Shandong	1233	874	746
河南	Henan	764	429	425
湖北	Hubei	769	500	365
湖南	Hunan	1051	800	682
广东	Guangdong	1103	589	545
广西	Guangxi	615	447	414
海南	Hainan	23	14	8
重庆	Chongqing	410	271	196
四川	Sichuan	694	404	406
贵州	Guizhou	58	35	16
云南	Yunnan	142	86	75
西藏	Tibet	17	10	9
陕西	Shaanxi	326	172	167
甘肃	Gansu	242	163	124
青海	Qinghai	15	9	7
宁夏	Ningxia	41	25	21
新疆	Xinjiang	48	20	20

3-2-2　续表　continued

地　区	Region	项目建成投产率(%) Rate of Projects Completed and Put into Use (%)	投资额(亿元) Investment (100 million yuan)	新增固定资产(亿元) Newly Increased Fixed Assets (100 million yuan)	固定资产交付使用率(%) Rate of Fixed Assets Put into Use (%)
全　国	**Total**	**59.51**	**15557.68**	**9874.27**	**63.47**
东部地区	Eastern Region	59.91	7119.79	5165.06	72.55
中部地区	Middle Region	59.70	4730.53	2656.28	56.15
西部地区	Western Region	56.38	2503.61	1296.57	51.79
东北地区	Northeastern Region	63.15	1203.74	756.36	62.83
北　京	Beijing	22.84	138.73	296.24	213.55
天　津	Tianjin	52.88	312.59	241.94	77.40
河　北	Hebei	66.08	562.92	499.34	88.70
山　西	Shanxi	53.71	228.45	105.76	46.29
内蒙古	Inner Mongolia	67.38	268.33	103.40	38.53
辽　宁	Liaoning	65.01	611.52	366.93	60.00
吉　林	Jilin	70.63	443.24	283.82	64.03
黑龙江	Heilongjiang	45.22	148.99	105.61	70.89
上　海	Shanghai	13.41	308.20	86.22	27.97
江　苏	Jiangsu	78.53	2617.75	1945.72	74.33
浙　江	Zhejiang	49.85	551.13	342.41	62.13
安　徽	Anhui	64.55	870.03	464.35	53.37
福　建	Fujian	48.60	377.48	234.86	62.22
江　西	Jiangxi	63.04	833.10	512.60	61.53
山　东	Shandong	60.50	1277.65	842.25	65.92
河　南	Henan	55.63	1206.15	716.83	59.43
湖　北	Hubei	47.46	909.12	411.16	45.23
湖　南	Hunan	64.89	683.68	445.58	65.17
广　东	Guangdong	49.41	934.57	652.70	69.84
广　西	Guangxi	67.32	231.92	169.31	73.00
海　南	Hainan	34.78	38.78	23.37	60.27
重　庆	Chongqing	47.80	415.10	214.70	51.72
四　川	Sichuan	58.50	823.59	461.98	56.09
贵　州	Guizhou	27.59	107.46	42.85	39.87
云　南	Yunnan	52.82	61.60	32.39	52.58
西　藏	Tibet	52.94	3.23	1.77	54.88
陕　西	Shaanxi	51.23	403.63	147.97	36.66
甘　肃	Gansu	51.24	112.49	74.55	66.27
青　海	Qinghai	46.67	26.98	4.20	15.58
宁　夏	Ningxia	51.22	17.80	14.62	82.14
新　疆	Xinjiang	41.67	31.47	28.84	91.63

3-2-3 按行业分国有及国有控股企业高技术产业投资基本情况(2013年)

Basic Statistics on Investment in Fixed Assets in High-tech Industry of State-owned and State-controlled Enterprises by Industrial Sector (2013)

行业	Industry	施工项目(个) Number of Projects under Construction (unit)	#新开工 Number of Projects Started This Year	建成投产项目(个) Number of Projects Completed and Put into Use (unit)
合计	**Total**	**1304**	**670**	**568**
医药制造业	**Manufacture of Medicines**	**345**	**188**	**156**
#化学药品制造	Manufacture of Chemical Medicine	119	64	52
中成药生产	Production of Finished Traditional Chinese Herbal Medicine	88	56	41
生物药品制造	Manufacture of Biological Medicine	70	28	27
航空、航天器及设备制造业	**Manufacture of Aircrafts and Spacecrafts and Related Equipment**	**162**	**80**	**82**
#飞机制造	Manufacture of Airplanes	83	36	42
航天器制造	Manufacture of Spacecrafts	9	2	4
电子及通信设备制造业	**Manufacture of Electronic Equipment and Communication Equipment**	**556**	**282**	**212**
#通信设备制造	Manufacture of Communication Equipment	143	77	47
#通信系统设备制造	Manufacture of Communication System Equipment	96	52	33
通信终端设备制造	Manufacture of Communication Terminal Equipment	47	25	14
广播电视设备制造	Manufacture of Broadcasting and TV Equipment	15	6	10
雷达及配套设备制造	Manufacture of Radar and Its Fittings	15	6	1
视听设备制造	Manufacture of TV Set and Radio Receiver	18	13	7
电子器件制造	Manufacture of Electronic Appliances	119	54	41
#电子真空器件制造	Manufacture of Electronic Vacuum Appliance	11	4	8
半导体分立器件制造	Manufacture of Semiconductor Discreting Appliances	8	1	2
集成电路制造	Manufacture of Integrate Circuit	30	11	9
电子元件制造	Manufacture of Electronic Components	103	50	49
其他电子设备制造	Manufacture of Other Electronic Equipment	84	46	29
计算机及办公设备制造业	**Manufacture of Computers and Office Equipment**	**73**	**33**	**33**
#计算机整机制造	Manufacture of Entired Computer	24	7	13
计算机零部件制造	Manufacture of Computer Components and Parts	17	8	6
计算机外围设备制造	Manufacture of Computer Peripheral Equipment	5	1	1
办公设备制造	Manufacture of Office Equipment	5	2	3
医疗仪器设备及仪器仪表制造业	**Manufacture of Medical Equipments and Measuring Instrument**	**168**	**87**	**85**
1.医疗仪器设备及器械制造	Manufacture of Medical Equipment and Appliance	33	21	14
2.仪器仪表制造	Manufacture of Measuring Instrument	135	66	71

3-2-3 续表 continued

行业	Industry	项目建成投产率(%) Rate of Projects Completed and Put into Use (%)	投资额(亿元) Investment (100 million yuan)	新增固定资产(亿元) Newly Increased Fixed Assets (100 million yuan)	固定资产交付使用率(%) Rate of Fixed Assets Put into Use (%)
合计	**Total**	**43.56**	**1892.79**	**1170.99**	**61.87**
医药制造业	**Manufacture of Medicines**	**45.22**	**305.59**	**156.91**	**51.35**
#化学药品制造	Manufacture of Chemical Medicine	43.70	107.35	64.35	59.94
中成药生产	Production of Finished Traditional Chinese Herbal Medicine	46.59	66.28	31.94	48.19
生物药品制造	Manufacture of Biological Medicine	38.57	82.01	25.04	30.54
航空、航天器及设备制造业	**Manufacture of Aircrafts and Spacecrafts and Related Equipment**	**50.62**	**317.72**	**152.80**	**48.09**
#飞机制造	Manufacture of Airplanes	50.60	150.65	78.26	51.94
航天器制造	Manufacture of Spacecrafts	44.44	19.78	21.18	107.08
电子及通信设备制造业	**Manufacture of Electronic Equipment and Communication Equipment**	**38.13**	**1012.32**	**649.69**	**64.18**
#通信设备制造	Manufacture of Communication Equipment	32.87	194.09	98.49	50.74
#通信系统设备制造	Manufacture of Communication System Equipment	34.38	86.72	34.36	39.62
通信终端设备制造	Manufacture of Communication Terminal Equipment	29.79	107.37	64.13	59.73
广播电视设备制造	Manufacture of Broadcasting and TV Equipment	66.67	4.22	2.30	54.62
雷达及配套设备制造	Manufacture of Radar and Its Fittings	6.67	12.79	0.91	7.11
视听设备制造	Manufacture of TV Set and Radio Receiver	38.89	27.95	18.13	64.85
电子器件制造	Manufacture of Electronic Appliances	34.45	490.10	324.29	66.17
#电子真空器件制造	Manufacture of Electronic Vacuum Appliance	72.73	10.86	8.58	79.00
半导体分立器件制造	Manufacture of Semiconductor Discreting Appliances	25.00	4.02	1.65	40.97
集成电路制造	Manufacture of Integrate Circuit	30.00	65.60	42.67	65.04
电子元件制造	Manufacture of Electronic Components	47.57	95.20	86.15	90.50
其他电子设备制造	Manufacture of Other Electronic Equipment	34.52	98.70	52.19	52.88
计算机及办公设备制造业	**Manufacture of Computers and Office Equipment**	**45.21**	**116.78**	**88.62**	**75.89**
#计算机整机制造	Manufacture of Entired Computer	54.17	51.83	61.44	118.53
计算机零部件制造	Manufacture of Computer Components and Parts	35.29	22.13	14.68	66.32
计算机外围设备制造	Manufacture of Computer Peripheral Equipment	20.00	8.44	0.91	10.76
办公设备制造	Manufacture of Office Equipment	60.00	6.26	5.45	86.94
医疗仪器设备及仪器仪表制造业	**Manufacture of Medical Equipments and Measuring Instrument**	**50.60**	**140.39**	**122.97**	**87.59**
1.医疗仪器设备及器械制造	Manufacture of Medical Equipment and Appliance	42.42	18.31	26.69	145.81
2.仪器仪表制造	Manufacture of Measuring Instrument	52.59	122.08	96.28	78.87

3-2-4 按行业和登记注册类型分高技术产业投资基本情况(2013年)

Basic Statistics on Investment in Fixed Assets in High-tech Industry in High-tech Industry by Industrial Sector and Registration Status (2013)

行 业	Industry	内资企业 Domestic Funded		
		施工项目 (个) Number of Projects under Construction (unit)	#新开工 Number of Projects Started This Year	建成投产项目 (个) Number of Projects Completed and Put into Use (unit)
合计	**Total**	**15952**	**10657**	**9567**
医药制造业	**Manufacture of Medicines**	**5376**	**3496**	**3144**
#化学药品制造	Manufacture of Chemical Medicine	1629	1009	959
中成药生产	Production of Finished Traditional Chinese Herbal Medicine	1069	686	616
生物药品制造	Manufacture of Biological Medicine	960	609	520
航空、航天器及设备制造业	**Manufacture of Aircrafts and Spacecrafts and Related Equipment**	**337**	**191**	**176**
#飞机制造	Manufacture of Airplanes	119	60	54
航天器制造	Manufacture of Spacecrafts	29	14	18
电子及通信设备制造业	**Manufacture of Electronic Equipment and Communication Equipment**	**6801**	**4572**	**4042**
#通信设备制造	Manufacture of Communication Equipment	710	435	364
#通信系统设备制造	Manufacture of Communication System Equipment	469	295	241
通信终端设备制造	Manufacture of Communication Terminal Equipment	241	140	123
广播电视设备制造	Manufacture of Broadcasting and TV Equipment	286	175	209
雷达及配套设备制造	Manufacture of Radar and Its Fittings	80	41	48
视听设备制造	Manufacture of TV Set and Radio Receiver	158	113	94
电子器件制造	Manufacture of Electronic Appliances	1370	900	800
#电子真空器件制造	Manufacture of Electronic Vacuum Appliance	174	102	120
半导体分立器件制造	Manufacture of Semiconductor Discreting Appliances	92	58	57
集成电路制造	Manufacture of Integrate Circuit	182	109	95
电子元件制造	Manufacture of Electronic Components	2251	1632	1370
其他电子设备制造	Manufacture of Other Electronic Equipment	821	561	481
计算机及办公设备制造业	**Manufacture of Computers and Office Equipment**	**652**	**438**	**389**
#计算机整机制造	Manufacture of Entired Computer	106	54	63
计算机零部件制造	Manufacture of Computer Components and Parts	219	154	134
计算机外围设备制造	Manufacture of Computer Peripheral Equipment	89	64	59
办公设备制造	Manufacture of Office Equipment	43	30	24
医疗仪器设备及仪器仪表制造业	**Manufacture of Medical Equipments and Measuring Instrument**	**2786**	**1960**	**1816**
1.医疗仪器设备及器械制造	Manufacture of Medical Equipment and Appliance	980	720	654
2.仪器仪表制造	Manufacture of Measuring Instrument	1806	1240	1162

3-2-4　续表 1　continued

行　业	Industry	内资企业 Domestic Funded			
		项目建成投产率 (%) Rate of Projects Completed and Put into Use (%)	投资额 (亿元) Investment (100 million yuan)	新增固定资产 (亿元) Newly Increased Fixed Assets (100 million yuan)	固定资产交付使用率 (%) Rate of Fixed Assets Put into Use (%)
合计	**Total**	**59.97**	**13168.47**	**8387.56**	**63.69**
医药制造业	**Manufacture of Medicines**	**58.48**	**4252.80**	**2814.61**	**66.18**
#化学药品制造	Manufacture of Chemical Medicine	58.87	1442.77	1029.51	71.36
中成药生产	Production of Finished Traditional Chinese Herbal Medicine	57.62	793.20	499.70	63.00
生物药品制造	Manufacture of Biological Medicine	54.17	950.05	506.53	53.32
航空、航天器及设备制造业	**Manufacture of Aircrafts and Spacecrafts and Related Equipment**	**52.23**	**575.27**	**305.03**	**53.02**
#飞机制造	Manufacture of Airplanes	45.38	222.57	94.41	42.42
航天器制造	Manufacture of Spacecrafts	62.07	37.23	31.13	83.61
电子及通信设备制造业	**Manufacture of Electronic Equipment and Communication Equipment**	**59.43**	**5982.73**	**3734.58**	**62.42**
#通信设备制造	Manufacture of Communication Equipment	51.27	737.06	408.39	55.41
#通信系统设备制造	Manufacture of Communication System Equipment	51.39	423.21	218.40	51.60
通信终端设备制造	Manufacture of Communication Terminal Equipment	51.04	313.85	189.99	60.54
广播电视设备制造	Manufacture of Broadcasting and TV Equipment	73.08	186.78	134.52	72.02
雷达及配套设备制造	Manufacture of Radar and Its Fittings	60.00	59.41	27.63	46.51
视听设备制造	Manufacture of TV Set and Radio Receiver	59.49	170.99	120.76	70.62
电子器件制造	Manufacture of Electronic Appliances	58.39	1774.90	1053.83	59.37
#电子真空器件制造	Manufacture of Electronic Vacuum Appliance	68.97	108.64	76.95	70.83
半导体分立器件制造	Manufacture of Semiconductor Discreting Appliances	61.96	71.83	50.30	70.02
集成电路制造	Manufacture of Integrate Circuit	52.20	277.20	130.22	46.98
电子元件制造	Manufacture of Electronic Components	60.86	1279.36	860.82	67.29
其他电子设备制造	Manufacture of Other Electronic Equipment	58.59	714.40	442.31	61.91
计算机及办公设备制造业	**Manufacture of Computers and Office Equipment**	**59.66**	**575.20**	**359.26**	**62.46**
#计算机整机制造	Manufacture of Entired Computer	59.43	174.03	113.52	65.23
计算机零部件制造	Manufacture of Computer Components and Parts	61.19	180.55	105.80	58.60
计算机外围设备制造	Manufacture of Computer Peripheral Equipment	66.29	87.79	53.29	60.70
办公设备制造	Manufacture of Office Equipment	55.81	22.57	17.66	78.24
医疗仪器设备及仪器仪表制造业	**Manufacture of Medical Equipments and Measuring Instrument**	**65.18**	**1782.47**	**1174.07**	**65.87**
1.医疗仪器设备及器械制造	Manufacture of Medical Equipment and Appliance	66.73	607.44	424.47	69.88
2.仪器仪表制造	Manufacture of Measuring Instrument	64.34	1175.03	749.60	63.79

3-2-4 续表 2 continued

行 业	Industry	#国有企业 State-owned Enterprises 施工项目(个) Number of Projects under Construction (unit)	#新开工 Number of Projects Started This Year	建成投产项目(个) Number of Projects Completed and Put into Use (unit)
合计	**Total**	**714**	**392**	**333**
医药制造业	**Manufacture of Medicines**	**175**	**103**	**79**
#化学药品制造	Manufacture of Chemical Medicine	50	30	22
中成药生产	Production of Finished Traditional Chinese Herbal Medicine	47	33	21
生物药品制造	Manufacture of Biological Medicine	39	12	15
航空、航天器及设备制造业	**Manufacture of Aircrafts and Spacecrafts and Related Equipment**	**113**	**58**	**59**
#飞机制造	Manufacture of Airplanes	55	22	24
航天器制造	Manufacture of Spacecrafts	8	2	4
电子及通信设备制造业	**Manufacture of Electronic Equipment and Communication Equipment**	**293**	**160**	**133**
#通信设备制造	Manufacture of Communication Equipment	58	34	23
#通信系统设备制造	Manufacture of Communication System Equipment	40	21	18
通信终端设备制造	Manufacture of Communication Terminal Equipment	18	13	5
广播电视设备制造	Manufacture of Broadcasting and TV Equipment	8	5	7
雷达及配套设备制造	Manufacture of Radar and Its Fittings	12	5	1
视听设备制造	Manufacture of TV Set and Radio Receiver	11	8	6
电子器件制造	Manufacture of Electronic Appliances	58	27	22
#电子真空器件制造	Manufacture of Electronic Vacuum Appliance	8	3	5
半导体分立器件制造	Manufacture of Semiconductor Discreting Appliances	6	1	1
集成电路制造	Manufacture of Integrate Circuit	20	9	7
电子元件制造	Manufacture of Electronic Components	57	31	31
其他电子设备制造	Manufacture of Other Electronic Equipment	55	32	24
计算机及办公设备制造业	**Manufacture of Computers and Office Equipment**	**45**	**22**	**17**
#计算机整机制造	Manufacture of Entired Computer	17	4	9
计算机零部件制造	Manufacture of Computer Components and Parts	13	8	4
计算机外围设备制造	Manufacture of Computer Peripheral Equipment	2	1	1
办公设备制造	Manufacture of Office Equipment	1		1
医疗仪器设备及仪器仪表制造业	**Manufacture of Medical Equipments and Measuring Instrument**	**88**	**49**	**45**
1.医疗仪器设备及器械制造	Manufacture of Medical Equipment and Appliance	12	8	3
2.仪器仪表制造	Manufacture of Measuring Instrument	76	41	42

3-2-4 续表 3 continued

行 业	Industry	#国有企业 State-owned Enterprises			
		项目建成投产率(%) Rate of Projects Completed and Put into Use (%)	投资额(亿元) Investment (100 million yuan)	新增固定资产(亿元) Newly Increased Fixed Assets (100 million yuan)	固定资产交付使用率(%) Rate of Fixed Assets Put into Use (%)
合计	**Total**	**46.64**	**1040.19**	**586.63**	**56.40**
医药制造业	**Manufacture of Medicines**	**45.14**	**149.84**	**71.05**	**47.41**
#化学药品制造	Manufacture of Chemical Medicine	44.00	48.45	24.04	49.63
中成药生产	Production of Finished Traditional Chinese Herbal Medicine	44.68	35.21	15.14	43.00
生物药品制造	Manufacture of Biological Medicine	38.46	44.31	13.47	30.40
航空、航天器及设备制造业	**Manufacture of Aircrafts and Spacecrafts and Related Equipment**	**52.21**	**234.12**	**114.38**	**48.85**
#飞机制造	Manufacture of Airplanes	43.64	96.21	42.97	44.67
航天器制造	Manufacture of Spacecrafts	50.00	14.64	21.18	144.69
电子及通信设备制造业	**Manufacture of Electronic Equipment and Communication Equipment**	**45.39**	**474.61**	**252.35**	**53.17**
#通信设备制造	Manufacture of Communication Equipment	39.66	92.01	35.79	38.90
#通信系统设备制造	Manufacture of Communication System Equipment	45.00	63.32	25.48	40.25
通信终端设备制造	Manufacture of Communication Terminal Equipment	27.78	28.70	10.31	35.92
广播电视设备制造	Manufacture of Broadcasting and TV Equipment	87.50	3.27	1.51	46.18
雷达及配套设备制造	Manufacture of Radar and Its Fittings	8.33	10.32	0.85	8.23
视听设备制造	Manufacture of TV Set and Radio Receiver	54.55	19.25	16.67	86.58
电子器件制造	Manufacture of Electronic Appliances	37.93	159.33	38.06	23.89
#电子真空器件制造	Manufacture of Electronic Vacuum Appliance	62.50	8.59	5.97	69.55
半导体分立器件制造	Manufacture of Semiconductor Discreting Appliances	16.67	2.86	0.49	17.12
集成电路制造	Manufacture of Integrate Circuit	35.00	34.34	22.35	65.08
电子元件制造	Manufacture of Electronic Components	54.39	57.10	60.08	105.23
其他电子设备制造	Manufacture of Other Electronic Equipment	43.64	76.31	45.53	59.67
计算机及办公设备制造业	**Manufacture of Computers and Office Equipment**	**37.78**	**85.68**	**60.40**	**70.50**
#计算机整机制造	Manufacture of Entired Computer	52.94	36.01	42.42	117.80
计算机零部件制造	Manufacture of Computer Components and Parts	30.77	21.51	13.86	64.45
计算机外围设备制造	Manufacture of Computer Peripheral Equipment	50.00	7.05	0.36	5.11
办公设备制造	Manufacture of Office Equipment	100.00	2.75	2.75	100.00
医疗仪器设备及仪器仪表制造业	**Manufacture of Medical Equipments and Measuring Instrument**	**51.14**	**95.94**	**88.46**	**92.20**
1.医疗仪器设备及器械制造	Manufacture of Medical Equipment and Appliance	25.00	9.15	17.93	196.06
2.仪器仪表制造	Manufacture of Measuring Instrument	55.26	86.79	70.53	81.26

3-2-4 续表 4 continued

行 业	Industry	港澳台投资企业 Enterprises with Funds from Hong Kong, Macau and Taiwan 施工项目(个) Number of Projects under Construction (unit)	#新开工 Number of Projects Started This Year	建成投产项目(个) Number of Projects Completed and Put into Use (unit)
合计	**Total**	**745**	**380**	**397**
医药制造业	**Manufacture of Medicines**	**181**	**99**	**91**
#化学药品制造	Manufacture of Chemical Medicine	84	50	43
中成药生产	Production of Finished Traditional Chinese Herbal Medicine	38	19	22
生物药品制造	Manufacture of Biological Medicine	27	14	10
航空、航天器及设备制造业	**Manufacture of Aircrafts and Spacecrafts and Related Equipment**	**9**	**3**	**6**
#飞机制造	Manufacture of Airplanes	1		1
航天器制造	Manufacture of Spacecrafts	2		2
电子及通信设备制造业	**Manufacture of Electronic Equipment and Communication Equipment**	**405**	**203**	**222**
#通信设备制造	Manufacture of Communication Equipment	32	16	17
#通信系统设备制造	Manufacture of Communication System Equipment	19	9	9
通信终端设备制造	Manufacture of Communication Terminal Equipment	13	7	8
广播电视设备制造	Manufacture of Broadcasting and TV Equipment	16	8	7
雷达及配套设备制造	Manufacture of Radar and Its Fittings	4	2	3
视听设备制造	Manufacture of TV Set and Radio Receiver	23	12	14
电子器件制造	Manufacture of Electronic Appliances	89	35	47
#电子真空器件制造	Manufacture of Electronic Vacuum Appliance	6	3	5
半导体分立器件制造	Manufacture of Semiconductor Discreting Appliances	7	1	3
集成电路制造	Manufacture of Integrate Circuit	20	6	8
电子元件制造	Manufacture of Electronic Components	164	90	95
其他电子设备制造	Manufacture of Other Electronic Equipment	28	16	12
计算机及办公设备制造业	**Manufacture of Computers and Office Equipment**	**68**	**34**	**30**
#计算机整机制造	Manufacture of Entired Computer	8	4	3
计算机零部件制造	Manufacture of Computer Components and Parts	37	18	16
计算机外围设备制造	Manufacture of Computer Peripheral Equipment	16	11	10
办公设备制造	Manufacture of Office Equipment			
医疗仪器设备及仪器仪表制造业	**Manufacture of Medical Equipments and Measuring Instrument**	**82**	**41**	**48**
1.医疗仪器设备及器械制造	Manufacture of Medical Equipment and Appliance	31	18	16
2.仪器仪表制造	Manufacture of Measuring Instrument	51	23	32

3-2-4 续表 5 continued

行 业	Industry	港澳台投资企业 Enterprises with Funds from Hong Kong, Macau and Taiwan			
		项目建成投产率 (%) Rate of Projects Completed and Put into Use (%)	投资额 (亿元) Investment (100 million yuan)	新增固定资产 (亿元) Newly Increased Fixed Assets (100 million yuan)	固定资产交付使用率 (%) Rate of Fixed Assets Put into Use (%)
合计	**Total**	**53.29**	**967.66**	**573.16**	**59.23**
医药制造业	**Manufacture of Medicines**	**50.28**	**119.65**	**86.20**	**72.04**
#化学药品制造	Manufacture of Chemical Medicine	51.19	57.85	50.38	87.09
中成药生产	Production of Finished Traditional Chinese Herbal Medicine	57.89	23.35	11.61	49.72
生物药品制造	Manufacture of Biological Medicine	37.04	19.12	8.58	44.87
航空、航天器及设备制造业	**Manufacture of Aircrafts and Spacecrafts and Related Equipment**	**66.67**	**15.58**	**7.88**	**50.55**
#飞机制造	Manufacture of Airplanes	100.00	0.93	0.68	73.12
航天器制造	Manufacture of Spacecrafts	100.00	2.89	2.89	100.00
电子及通信设备制造业	**Manufacture of Electronic Equipment and Communication Equipment**	**54.81**	**598.12**	**336.93**	**56.33**
#通信设备制造	Manufacture of Communication Equipment	53.13	79.98	56.21	70.27
#通信系统设备制造	Manufacture of Communication System Equipment	47.37	11.95	6.58	55.07
通信终端设备制造	Manufacture of Communication Terminal Equipment	61.54	68.03	49.62	72.94
广播电视设备制造	Manufacture of Broadcasting and TV Equipment	43.75	21.60	7.06	32.68
雷达及配套设备制造	Manufacture of Radar and Its Fittings	75.00	4.20	4.17	99.28
视听设备制造	Manufacture of TV Set and Radio Receiver	60.87	20.03	17.01	84.94
电子器件制造	Manufacture of Electronic Appliances	52.81	165.51	98.77	59.68
#电子真空器件制造	Manufacture of Electronic Vacuum Appliance	83.33	4.41	3.99	90.45
半导体分立器件制造	Manufacture of Semiconductor Discreting Appliances	42.86	7.26	4.57	62.94
集成电路制造	Manufacture of Integrate Circuit	40.00	19.45	14.48	74.47
电子元件制造	Manufacture of Electronic Components	57.93	195.14	111.49	57.13
其他电子设备制造	Manufacture of Other Electronic Equipment	42.86	63.38	20.16	31.81
计算机及办公设备制造业	**Manufacture of Computers and Office Equipment**	**44.12**	**137.30**	**55.49**	**40.41**
#计算机整机制造	Manufacture of Entired Computer	37.50	62.16	8.15	13.12
计算机零部件制造	Manufacture of Computer Components and Parts	43.24	39.37	28.96	73.56
计算机外围设备制造	Manufacture of Computer Peripheral Equipment	62.50	22.87	11.72	51.22
办公设备制造	Manufacture of Office Equipment				
医疗仪器设备及仪器仪表制造业	**Manufacture of Medical Equipments and Measuring Instrument**	**58.54**	**97.00**	**86.68**	**89.36**
1.医疗仪器设备及器械制造	Manufacture of Medical Equipment and Appliance	51.61	24.96	14.89	59.68
2.仪器仪表制造	Manufacture of Measuring Instrument	62.75	72.04	71.78	99.64

3-2-4 续表 6 continued

行 业	Industry	外商投资企业 Foreign Funded Enterprises 施工项目(个) Number of Projects under Construction (unit)	#新开工 Number of Projects Started This Year	建成投产项目(个) Number of Projects Completed and Put into Use (unit)
合计	**Total**	**958**	**570**	**538**
医药制造业	**Manufacture of Medicines**	**187**	**100**	**92**
#化学药品制造	Manufacture of Chemical Medicine	97	58	46
中成药生产	Production of Finished Traditional Chinese Herbal Medicine	18	7	10
生物药品制造	Manufacture of Biological Medicine	38	19	16
航空、航天器及设备制造业	**Manufacture of Aircrafts and Spacecrafts and Related Equipment**	**24**	**12**	**9**
#飞机制造	Manufacture of Airplanes	7	3	3
航天器制造	Manufacture of Spacecrafts			
电子及通信设备制造业	**Manufacture of Electronic Equipment and Communication Equipment**	**529**	**328**	**308**
#通信设备制造	Manufacture of Communication Equipment	49	29	18
#通信系统设备制造	Manufacture of Communication System Equipment	12	9	5
通信终端设备制造	Manufacture of Communication Terminal Equipment	37	20	13
广播电视设备制造	Manufacture of Broadcasting and TV Equipment	13	9	7
雷达及配套设备制造	Manufacture of Radar and Its Fittings	4	2	3
视听设备制造	Manufacture of TV Set and Radio Receiver	10	5	6
电子器件制造	Manufacture of Electronic Appliances	147	77	82
#电子真空器件制造	Manufacture of Electronic Vacuum Appliance	6	3	4
半导体分立器件制造	Manufacture of Semiconductor Discreting Appliances	18	12	12
集成电路制造	Manufacture of Integrate Circuit	47	27	24
电子元件制造	Manufacture of Electronic Components	184	131	129
其他电子设备制造	Manufacture of Other Electronic Equipment	50	32	24
计算机及办公设备制造业	**Manufacture of Computers and Office Equipment**	**77**	**50**	**43**
#计算机整机制造	Manufacture of Entired Computer	14	7	5
计算机零部件制造	Manufacture of Computer Components and Parts	19	11	16
计算机外围设备制造	Manufacture of Computer Peripheral Equipment	24	16	15
办公设备制造	Manufacture of Office Equipment	6	4	2
医疗仪器设备及仪器仪表制造业	**Manufacture of Medical Equipments and Measuring Instrument**	**141**	**80**	**86**
1.医疗仪器设备及器械制造	Manufacture of Medical Equipment and Appliance	52	33	31
2.仪器仪表制造	Manufacture of Measuring Instrument	89	47	55

3-2-4　续表 7　continued

行　业	Industry	外商投资企业 Foreign Funded Enterprises 项目建成投产率(%) Rate of Projects Completed and Put into Use (%)	投资额(亿元) Investment (100 million yuan)	新增固定资产(亿元) Newly Increased Fixed Assets (100 million yuan)	固定资产交付使用率(%) Rate of Fixed Assets Put into Use (%)
合计	**Total**	**56.16**	**1405.32**	**898.55**	**63.94**
医药制造业	**Manufacture of Medicines**	**49.20**	**153.99**	**85.85**	**55.75**
#化学药品制造	Manufacture of Chemical Medicine	47.42	91.36	51.69	56.58
中成药生产	Production of Finished Traditional Chinese Herbal Medicine	55.56	13.23	9.12	68.96
生物药品制造	Manufacture of Biological Medicine	42.11	25.67	12.65	49.28
航空、航天器及设备制造业	**Manufacture of Aircrafts and Spacecrafts and Related Equipment**	**37.50**	**29.75**	**39.77**	**133.68**
#飞机制造	Manufacture of Airplanes	42.86	8.83	5.04	57.05
航天器制造	Manufacture of Spacecrafts		0.47	0.47	100.00
电子及通信设备制造业	**Manufacture of Electronic Equipment and Communication Equipment**	**58.22**	**980.79**	**600.31**	**61.21**
#通信设备制造	Manufacture of Communication Equipment	36.73	79.97	44.57	55.73
#通信系统设备制造	Manufacture of Communication System Equipment	41.67	19.54	7.11	36.39
通信终端设备制造	Manufacture of Communication Terminal Equipment	35.14	60.43	37.46	61.98
广播电视设备制造	Manufacture of Broadcasting and TV Equipment	53.85	7.52	9.37	124.64
雷达及配套设备制造	Manufacture of Radar and Its Fittings	75.00	3.34	5.88	176.04
视听设备制造	Manufacture of TV Set and Radio Receiver	60.00	18.22	10.13	55.61
电子器件制造	Manufacture of Electronic Appliances	55.78	544.35	313.85	57.65
#电子真空器件制造	Manufacture of Electronic Vacuum Appliance	66.67	8.66	7.37	85.07
半导体分立器件制造	Manufacture of Semiconductor Discreting Appliances	66.67	36.18	21.66	59.86
集成电路制造	Manufacture of Integrate Circuit	51.06	278.96	120.63	43.24
电子元件制造	Manufacture of Electronic Components	70.11	177.46	133.90	75.46
其他电子设备制造	Manufacture of Other Electronic Equipment	48.00	70.71	40.49	57.26
计算机及办公设备制造业	**Manufacture of Computers and Office Equipment**	**55.84**	**122.61**	**82.46**	**67.25**
#计算机整机制造	Manufacture of Entired Computer	35.71	46.48	33.57	72.22
计算机零部件制造	Manufacture of Computer Components and Parts	84.21	27.98	22.61	80.82
计算机外围设备制造	Manufacture of Computer Peripheral Equipment	62.50	13.79	11.88	86.20
办公设备制造	Manufacture of Office Equipment	33.33	10.29	0.59	5.72
医疗仪器设备及仪器仪表制造业	**Manufacture of Medical Equipments and Measuring Instrument**	**60.99**	**118.18**	**90.15**	**76.28**
1.医疗仪器设备及器械制造	Manufacture of Medical Equipment and Appliance	59.62	40.23	37.81	93.99
2.仪器仪表制造	Manufacture of Measuring Instrument	61.80	77.95	52.34	67.14

3-2-5 各地区国有及国有控股企业高技术产业投资基本情况(2013年) Basic Statistics on Investment in Fixed Assets in High-tech Industry of State-owned and State-controlled Enterprises by Region (2013)

地区	Region	施工项目(个) Number of Projects under Construction (unit)	#新开工 Number of Projects Started This Year	建成投产项目(个) Number of Projects Completed and Put into Use (unit)	项目建成投产率(%) Rate of Projects Completed and Put into Use (%)	投资额(亿元) Investment (100 million yuan)	新增固定资产(亿元) Newly Increased Fixed Assets (100 million yuan)	固定资产交付使用率(%) Rate of Fixed Assets Put into Use (%)
全国	**Total**	**1304**	**670**	**568**	**43.56**	**1892.79**	**1170.99**	**61.87**
东部地区	Eastern Region	582	249	215	36.94	780.81	635.68	81.41
中部地区	Middle Region	258	151	125	48.45	585.07	224.03	38.29
西部地区	Western Region	383	223	187	48.83	446.92	260.53	58.29
东北地区	Northeastern Region	81	47	41	50.62	79.99	50.74	63.43
北京	Beijing	39	5	7	17.95	42.66	224.55	526.40
天津	Tianjin	41	20	14	34.15	35.05	46.35	132.22
河北	Hebei	26	15	19	73.08	39.49	62.11	157.28
山西	Shanxi	18	11	10	55.56	26.21	11.90	45.40
内蒙古	Inner Mongolia	4	4	2	50.00	3.87	1.89	48.84
辽宁	Liaoning	24	15	12	50.00	39.01	26.46	67.84
吉林	Jilin	27	22	22	81.48	20.43	15.26	74.68
黑龙江	Heilongjiang	30	10	7	23.33	20.55	9.02	43.88
上海	Shanghai	50	14	9	18.00	122.95	20.58	16.74
江苏	Jiangsu	96	55	55	57.29	219.92	86.61	39.38
浙江	Zhejiang	47	22	11	23.40	34.39	13.37	38.88
安徽	Anhui	51	32	29	56.86	256.68	54.45	21.21
福建	Fujian	38	19	11	28.95	58.19	29.51	50.72
江西	Jiangxi	32	13	17	53.13	57.10	35.94	62.93
山东	Shandong	52	28	29	55.77	92.70	45.69	49.28
河南	Henan	21	9	7	33.33	42.57	33.55	78.81
湖北	Hubei	72	37	15	20.83	134.11	29.28	21.83
湖南	Hunan	64	49	47	73.44	68.39	58.91	86.15
广东	Guangdong	186	67	56	30.11	107.27	85.17	79.40
广西	Guangxi	51	33	25	49.02	19.28	6.90	35.80
海南	Hainan	7	4	4	57.14	28.19	21.73	77.08
重庆	Chongqing	73	38	27	36.99	140.84	73.73	52.35
四川	Sichuan	100	58	52	52.00	142.38	97.01	68.13
贵州	Guizhou	15	7	3	20.00	24.95	8.04	32.23
云南	Yunnan	13	4	7	53.85	10.13	8.04	79.42
西藏	Tibet	4	3	2	50.00	0.49	0.25	51.02
陕西	Shaanxi	84	48	49	58.33	81.39	52.03	63.93
甘肃	Gansu	31	24	17	54.84	19.57	12.47	63.71
青海	Qinghai	1		1	100.00			100.00
宁夏	Ningxia	3	3	2	66.67	0.20	0.17	84.96
新疆	Xinjiang	4	1			3.82		

3-2-6 按地区和登记注册类型分高技术产业投资基本情况(2013年)

Basic Statistics on Investment in Fixed Assets in High-tech Industry by Region and Registration Status (2013)

地区	Region	内资企业 Domestic Funded						
		施工项目(个) Number of Projects under Construction (unit)	#新开工 Number of Projects Started This Year	建成投产项目(个) Number of Projects Completed and Put into Use (unit)	项目建成投产率(%) Rate of Projects Completed and Put into Use (%)	投资额(亿元) Investment (100 million yuan)	新增固定资产(亿元) Newly Increased Fixed Assets (100 million yuan)	固定资产交付使用率(%) Rate of Fixed Assets Put into Use (%)
全国	**Total**	**15952**	**10657**	**9567**	**59.97**	**13168.47**	**8387.56**	**63.69**
东部地区	Eastern Region	7712	5184	4695	60.88	5433.02	3995.18	73.54
中部地区	Middle Region	4542	3039	2719	59.86	4444.24	2539.66	57.14
西部地区	Western Region	2637	1684	1482	56.20	2154.25	1157.65	53.74
东北地区	Northeastern Region	1061	750	671	63.24	1136.96	695.07	61.13
北京	Beijing	158	33	38	24.05	96.55	242.00	250.65
天津	Tianjin	250	167	135	54.00	266.75	207.18	77.67
河北	Hebei	497	301	331	66.60	545.63	490.74	89.94
山西	Shanxi	167	91	89	53.29	201.62	99.04	49.12
内蒙古	Inner Mongolia	136	97	92	67.65	252.37	86.00	34.08
辽宁	Liaoning	410	292	268	65.37	561.48	323.95	57.70
吉林	Jilin	432	314	304	70.37	431.78	273.51	63.34
黑龙江	Heilongjiang	219	144	99	45.21	143.70	97.61	67.93
上海	Shanghai	193	77	23	11.92	182.11	36.48	20.03
江苏	Jiangsu	2517	1971	2001	79.50	1899.92	1411.82	74.31
浙江	Zhejiang	1738	1155	869	50.00	459.74	285.63	62.13
安徽	Anhui	1000	649	646	64.60	839.21	436.55	52.02
福建	Fujian	406	243	218	53.69	235.50	166.41	70.66
江西	Jiangxi	875	621	548	62.63	791.47	485.82	61.38
山东	Shandong	1146	810	679	59.25	1194.18	783.11	65.58
河南	Henan	750	419	419	55.87	1132.21	696.23	61.49
湖北	Hubei	734	479	354	48.23	875.18	395.97	45.24
湖南	Hunan	1016	780	663	65.26	604.55	426.05	70.47
广东	Guangdong	788	416	395	50.13	516.88	349.47	67.61
广西	Guangxi	588	428	392	66.67	208.12	144.71	69.53
海南	Hainan	19	11	6	31.58	35.76	22.34	62.48
重庆	Chongqing	370	253	174	47.03	336.22	159.28	47.37
四川	Sichuan	667	389	391	58.62	743.26	432.46	58.18
贵州	Guizhou	57	34	15	26.32	105.61	40.99	38.82
云南	Yunnan	137	84	71	51.82	59.88	30.47	50.88
西藏	Tibet	17	10	9	52.94	3.23	1.77	54.88
陕西	Shaanxi	320	172	166	51.88	257.19	139.76	54.34
甘肃	Gansu	242	163	124	51.24	112.49	74.55	66.27
青海	Qinghai	15	9	7	46.67	26.67	4.20	15.76
宁夏	Ningxia	40	25	21	52.50	17.74	14.62	82.41
新疆	Xinjiang	48	20	20	41.67	31.47	28.84	91.63

3-2-6 续表 1 continued

地 区	Region	#国有企业 State-owned Enterprises						
		施工项目(个) Number of Projects under Construction (unit)	#新开工 Number of Projects Started This Year	建成投产项目(个) Number of Projects Completed and Put into Use (unit)	项目建成投产率(%) Rate of Projects Completed and Put into Use (%)	投资额(亿元) Investment (100 million yuan)	新增固定资产(亿元) Newly Increased Fixed Assets (100 million yuan)	固定资产交付使用率(%) Rate of Fixed Assets Put into Use (%)
全 国	**Total**	**714**	**392**	**333**	**46.64**	**1040.19**	**586.63**	**56.40**
东部地区	Eastern Region	225	99	91	40.44	424.27	226.19	53.31
中部地区	Middle Region	153	90	79	51.63	250.74	145.28	57.94
西部地区	Western Region	279	171	137	49.10	304.89	173.90	57.04
东北地区	Northeastern Region	57	32	26	45.61	60.29	41.26	68.44
北 京	Beijing	7	2	2	28.57	4.80	1.65	34.41
天 津	Tianjin	21	9	9	42.86	21.72	42.08	193.75
河 北	Hebei	19	10	17	89.47	30.70	54.07	176.15
山 西	Shanxi	8	3	5	62.50	5.32	2.60	48.88
内蒙古	Inner Mongolia	2	2			1.98		
辽 宁	Liaoning	22	15	11	50.00	37.96	25.61	67.47
吉 林	Jilin	14	9	10	71.43	11.44	7.12	62.28
黑龙江	Heilongjiang	21	8	5	23.81	10.90	8.53	78.27
上 海	Shanghai	26	5	4	15.38	82.09	16.74	20.39
江 苏	Jiangsu	52	27	23	44.23	174.78	55.54	31.77
浙 江	Zhejiang	22	7	2	9.09	18.97	0.72	3.78
安 徽	Anhui	31	19	18	58.06	41.08	28.11	68.42
福 建	Fujian	26	14	9	34.62	25.25	21.68	85.86
江 西	Jiangxi	18	10	8	44.44	38.97	20.45	52.47
山 东	Shandong	28	16	15	53.57	48.63	26.38	54.24
河 南	Henan	14	7	5	35.71	29.55	29.80	100.84
湖 北	Hubei	43	19	13	30.23	96.70	28.79	29.77
湖 南	Hunan	39	32	30	76.92	39.12	35.54	90.85
广 东	Guangdong	22	7	9	40.91	16.24	6.50	40.02
广 西	Guangxi	40	26	16	40.00	13.81	4.86	35.16
海 南	Hainan	2	2	1	50.00	1.08	0.83	76.91
重 庆	Chongqing	58	32	22	37.93	81.66	31.08	38.06
四 川	Sichuan	59	34	30	50.85	111.01	80.87	72.85
贵 州	Guizhou	10	4	2	20.00	17.11	5.75	33.58
云 南	Yunnan	9	4	4	44.44	6.69	2.92	43.62
西 藏	Tibet	3	2	1	33.33	0.34	0.10	29.41
陕 西	Shaanxi	67	44	43	64.18	59.88	40.18	67.11
甘 肃	Gansu	27	20	16	59.26	12.21	7.97	65.26
青 海	Qinghai	1		1	100.00			100.00
宁 夏	Ningxia	3	3	2	66.67	0.20	0.17	84.96
新 疆	Xinjiang							

3-2-6 续表 2 continued

地区	Region	港澳台投资企业 Enterprises with Funds from Hong Kong, Macau and Taiwan						
		施工项目(个) Number of Projects under Construction (unit)	#新开工 Number of Projects Started This Year	建成投产项目(个) Number of Projects Completed and Put into Use (unit)	项目建成投产率(%) Rate of Projects Completed and Put into Use (%)	投资额(亿元) Investment (100 million yuan)	新增固定资产(亿元) Newly Increased Fixed Assets (100 million yuan)	固定资产交付使用率(%) Rate of Fixed Assets Put into Use (%)
全　国	**Total**	**745**	**380**	**397**	**53.29**	**967.66**	**573.16**	**59.23**
东部地区	Eastern Region	583	288	304	52.14	607.06	367.67	60.57
中部地区	Middle Region	88	58	52	59.09	177.72	63.57	35.77
西部地区	Western Region	64	30	38	59.38	164.24	109.85	66.89
东北地区	Northeastern Region	10	4	3	30.00	18.64	32.08	172.07
北　京	Beijing	16	1	2	12.50	18.50	7.75	41.92
天　津	Tianjin	7	2	1	14.29	13.53	4.97	36.72
河　北	Hebei	5	2	3	60.00	7.84	3.08	39.24
山　西	Shanxi	2	1	1	50.00	20.27	0.60	2.96
内蒙古	Inner Mongolia	5	2	3	60.00	15.97	17.40	108.97
辽　宁	Liaoning	4	2	1	25.00	14.09	30.00	212.87
吉　林	Jilin	2	1	1	50.00	2.98	1.88	63.06
黑龙江	Heilongjiang	4	1	1	25.00	1.57	0.20	12.74
上　海	Shanghai	31	9	3	9.68	17.89	4.69	26.21
江　苏	Jiangsu	170	107	135	79.41	217.68	177.57	81.58
浙　江	Zhejiang	101	45	49	48.51	40.58	20.02	49.35
安　徽	Anhui	19	10	12	63.16	14.56	8.38	57.51
福　建	Fujian	57	25	11	19.30	101.26	33.36	32.95
江　西	Jiangxi	31	25	20	64.52	30.56	19.36	63.34
山　东	Shandong	24	14	16	66.67	25.78	11.23	43.56
河　南	Henan	5	3	3	60.00	64.45	15.00	23.27
湖　北	Hubei	19	13	7	36.84	24.11	14.26	59.14
湖　南	Hunan	12	6	9	75.00	23.77	5.98	25.15
广　东	Guangdong	171	82	83	48.54	163.43	104.42	63.89
广　西	Guangxi	14	9	10	71.43	15.59	15.89	101.96
海　南	Hainan	1	1	1	100.00	0.56	0.56	100.00
重　庆	Chongqing	28	15	14	50.00	68.27	51.11	74.86
四　川	Sichuan	9	2	7	77.78	60.74	23.53	38.75
贵　州	Guizhou							
云　南	Yunnan	4	2	4	100.00	1.22	1.92	157.75
西　藏	Tibet							
陕　西	Shaanxi	3				2.22		
甘　肃	Gansu							
青　海	Qinghai					0.18		
宁　夏	Ningxia	1				0.06		
新　疆	Xinjiang							

3-2-6 续表 3 continued

地 区	Region	外商投资企业 Foreign Funded Enterprises						
		施工项目(个) Number of Projects under Construction (unit)	#新开工 Number of Projects Started This Year	建成投产项目(个) Number of Projects Completed and Put into Use (unit)	项目建成投产率(%) Rate of Projects Completed and Put into Use (%)	投资额(亿元) Investment (100 million yuan)	新增固定资产(亿元) Newly Increased Fixed Assets (100 million yuan)	固定资产交付使用率(%) Rate of Fixed Assets Put into Use (%)
全 国	**Total**	**958**	**570**	**538**	**56.16**	**1405.32**	**898.55**	**63.94**
东部地区	Eastern Region	811	491	456	56.23	1075.52	798.51	74.24
中部地区	Middle Region	79	49	39	49.37	104.10	49.28	47.35
西部地区	Western Region	44	23	27	61.36	183.78	27.76	15.11
东北地区	Northeastern Region	24	7	16	66.67	41.92	22.99	54.85
北 京	Beijing	23	6	5	21.74	23.68	46.49	196.32
天 津	Tianjin	38	25	20	52.63	32.30	29.80	92.24
河 北	Hebei	7	1	2	28.57	8.44	4.51	53.44
山 西	Shanxi	3		2	66.67	6.02	5.62	93.36
内蒙古	Inner Mongolia							
辽 宁	Liaoning	7		4	57.14	30.17	7.20	23.85
吉 林	Jilin	10	6	8	80.00	8.04	8.00	99.47
黑龙江	Heilongjiang	7	1	4	57.14	3.72	7.80	209.89
上 海	Shanghai	52	25	11	21.15	108.19	45.05	41.64
江 苏	Jiangsu	319	215	225	70.53	499.77	355.97	71.23
浙 江	Zhejiang	131	66	64	48.85	50.65	36.65	72.35
安 徽	Anhui	16	12	10	62.50	15.20	18.75	123.31
福 建	Fujian	35	13	13	37.14	40.27	34.68	86.11
江 西	Jiangxi	20	15	16	80.00	10.80	7.24	67.02
山 东	Shandong	62	50	50	80.65	57.43	47.77	83.18
河 南	Henan	9	7	3	33.33	9.49	5.60	59.01
湖 北	Hubei	14	6	3	21.43	9.20	0.34	3.68
湖 南	Hunan	17	9	5	29.41	53.38	11.74	22.00
广 东	Guangdong	141	88	65	46.10	252.33	197.13	78.13
广 西	Guangxi	9	6	9	100.00	6.87	7.40	107.62
海 南	Hainan	3	2	1	33.33	2.45	0.47	18.99
重 庆	Chongqing	12	3	8	66.67	10.61	4.31	40.61
四 川	Sichuan	18	13	8	44.44	19.60	5.99	30.56
贵 州	Guizhou	1	1	1	100.00	1.86	1.86	100.00
云 南	Yunnan	1				0.50		
西 藏	Tibet							
陕 西	Shaanxi	3		1	33.33	144.21	8.21	5.69
甘 肃	Gansu							
青 海	Qinghai					0.14		
宁 夏	Ningxia							
新 疆	Xinjiang							

3-2-7 按地区和行业分高技术产业投资基本情况(2013年)

Basic Statistics on Investment in Fixed Assets in High-tech Industry by Region and Industrial Sector (2013)

地区	Region	医药制造业 Medical and Pharmaceutical Products Manufacturing						
		施工项目(个) Number of Projects under Construction (unit)	#新开工 Number of Projects Started This Year	建成投产项目(个) Number of Projects Completed and Put into Use (unit)	项目建成投产率(%) Rate of Projects Completed and Put into Use (%)	投资额(亿元) Investment (100 million yuan)	新增固定资产(亿元) Newly Increased Fixed Assets (100 million yuan)	固定资产交付使用率(%) Rate of Fixed Assets Put into Use (%)
全 国	**Total**	**5755**	**3706**	**3335**	**57.95**	**4529.35**	**2989.45**	**66.00**
东部地区	Eastern Region	2219	1374	1218	54.89	1714.35	1175.51	68.57
中部地区	Middle Region	1635	1090	1003	61.35	1321.55	917.54	69.43
西部地区	Western Region	1317	848	757	57.48	879.66	506.00	57.52
东北地区	Northeastern Region	584	394	357	61.13	613.79	390.39	63.60
北 京	Beijing	103	25	22	21.36	50.33	11.93	23.70
天 津	Tianjin	83	51	33	39.76	60.00	36.67	61.12
河 北	Hebei	219	129	146	66.67	252.67	220.10	87.11
山 西	Shanxi	111	68	68	61.26	90.86	63.97	70.40
内蒙古	Inner Mongolia	91	61	61	67.03	188.84	76.86	40.70
辽 宁	Liaoning	152	98	96	63.16	206.40	141.15	68.38
吉 林	Jilin	292	203	197	67.47	318.69	187.38	58.80
黑龙江	Heilongjiang	140	93	64	45.71	88.70	61.86	69.75
上 海	Shanghai	74	31	13	17.57	55.82	11.81	21.16
江 苏	Jiangsu	484	357	360	74.38	434.59	285.22	65.63
浙 江	Zhejiang	391	229	192	49.10	162.29	109.53	67.49
安 徽	Anhui	357	211	215	60.22	202.18	136.76	67.64
福 建	Fujian	141	90	68	48.23	65.77	41.36	62.89
江 西	Jiangxi	294	216	197	67.01	217.56	140.79	64.72
山 东	Shandong	493	340	268	54.36	505.83	364.69	72.10
河 南	Henan	291	165	166	57.04	366.00	276.43	75.53
湖 北	Hubei	288	201	157	54.51	261.57	165.82	63.39
湖 南	Hunan	294	229	200	68.03	183.39	133.77	72.94
广 东	Guangdong	214	111	109	50.93	115.71	90.37	78.10
广 西	Guangxi	269	197	181	67.29	96.64	68.16	70.53
海 南	Hainan	17	11	7	41.18	11.33	3.83	33.79
重 庆	Chongqing	115	82	56	48.70	76.77	43.21	56.28
四 川	Sichuan	289	163	186	64.36	205.79	153.44	74.56
贵 州	Guizhou	30	21	7	23.33	63.14	15.05	23.84
云 南	Yunnan	118	72	58	49.15	50.63	24.67	48.74
西 藏	Tibet	12	6	7	58.33	2.53	1.56	61.46
陕 西	Shaanxi	119	63	63	52.94	70.85	41.05	57.94
甘 肃	Gansu	207	147	104	50.24	81.49	60.92	74.76
青 海	Qinghai	8	5	5	62.50	9.26	2.33	25.20
宁 夏	Ningxia	27	18	13	48.15	13.95	9.51	68.14
新 疆	Xinjiang	32	13	16	50.00	19.78	9.25	46.76

3-2-7 续表 1 continued

地 区	Region	航空、航天器及设备制造业 Manufacture of Aircrafts and Spacecrafts and Related Equipment						
		施工项目(个) Number of Projects under Construction (unit)	#新开工 Number of Projects Started This Year	建成投产项目(个) Number of Projects Completed and Put into Use (unit)	项目建成投产率(%) Rate of Projects Completed and Put into Use (%)	投资额(亿元) Investment (100 million yuan)	新增固定资产(亿元) Newly Increased Fixed Assets (100 million yuan)	固定资产交付使用率(%) Rate of Fixed Assets Put into Use (%)
全 国	**Total**	**370**	**206**	**191**	**51.62**	**620.60**	**352.68**	**56.83**
东部地区	Eastern Region	141	70	71	50.35	255.19	177.10	69.40
中部地区	Middle Region	66	37	37	56.06	182.41	81.08	44.45
西部地区	Western Region	123	75	64	52.03	140.84	64.61	45.88
东北地区	Northeastern Region	40	24	19	47.50	42.16	29.89	70.90
北 京	Beijing	9	1	3	33.33	5.23	1.86	35.54
天 津	Tianjin	18	8	10	55.56	29.08	21.20	72.91
河 北	Hebei	11	5	8	72.73	28.45	37.59	132.12
山 西	Shanxi	3				43.57		
内 蒙 古	Inner Mongolia	3	2			16.78		
辽 宁	Liaoning	17	12	12	70.59	29.73	26.58	89.42
吉 林	Jilin	7	7	6	85.71	3.52	3.17	90.05
黑 龙 江	Heilongjiang	16	5	1	6.25	8.92	0.15	1.63
上 海	Shanghai	15	7	2	13.33	45.25	4.56	10.09
江 苏	Jiangsu	55	29	37	67.27	99.85	88.58	88.71
浙 江	Zhejiang	7	3	3	42.86	3.20	1.68	52.62
安 徽	Anhui	4	4	3	75.00	2.49	2.21	88.81
福 建	Fujian	3	2	1	33.33	6.09	5.00	82.15
江 西	Jiangxi	18	6	7	38.89	43.65	19.54	44.76
山 东	Shandong	14	10	5	35.71	25.23	11.78	46.67
河 南	Henan	9	4	4	44.44	2.92	3.76	128.76
湖 北	Hubei	11	5	5	45.45	39.14	9.01	23.03
湖 南	Hunan	21	18	18	85.71	50.63	46.55	91.94
广 东	Guangdong	9	5	2	22.22	12.82	4.85	37.79
广 西	Guangxi	3		2	66.67	0.97	0.20	20.75
海 南	Hainan							
重 庆	Chongqing	5	2	1	20.00	5.07	0.88	17.35
四 川	Sichuan	20	13	13	65.00	37.45	30.57	81.61
贵 州	Guizhou	5	1			13.85		
云 南	Yunnan	3	3	3	100.00	0.65	0.60	92.55
西 藏	Tibet							
陕 西	Shaanxi	80	53	42	52.50	64.57	31.94	49.47
甘 肃	Gansu	2		1	50.00	1.37		0.15
青 海	Qinghai							
宁 夏	Ningxia	2	1	2	100.00	0.13	0.42	327.45
新 疆	Xinjiang							

3-2-7　续表 2　continued

地　区	Region	电子及通信设备制造业 Manufacture of Electronic Equipment and Communication Equipment						
		施工项目（个）Number of Projects under Construction (unit)	#新开工 Number of Projects Started This Year	建成投产项目（个）Number of Projects Completed and Put into Use (unit)	项目建成投产率（%）Rate of Projects Completed and Put into Use (%)	投资额（亿元）Investment (100 million yuan)	新增固定资产（亿元）Newly Increased Fixed Assets (100 million yuan)	固定资产交付使用率（%）Rate of Fixed Assets Put into Use (%)
全　国	**Total**	**7754**	**5118**	**4586**	**59.14**	**7573.37**	**4682.65**	**61.83**
东部地区	Eastern Region	4617	3091	2812	60.91	3814.05	2822.78	74.01
中部地区	Middle Region	2101	1389	1203	57.26	2468.17	1256.59	50.91
西部地区	Western Region	810	484	429	52.96	1001.51	421.81	42.12
东北地区	Northeastern Region	226	154	142	62.83	289.64	181.47	62.65
北　京	Beijing	43	6	8	18.60	62.59	271.35	433.57
天　津	Tianjin	130	89	76	58.46	171.97	139.62	81.19
河　北	Hebei	185	123	127	68.65	203.72	168.78	82.85
山　西	Shanxi	37	14	15	40.54	70.68	35.43	50.13
内蒙古	Inner Mongolia	24	17	15	62.50	48.49	11.51	23.74
辽　宁	Liaoning	121	84	82	67.77	201.42	123.98	61.55
吉　林	Jilin	68	47	45	66.18	63.41	34.75	54.80
黑龙江	Heilongjiang	37	23	15	40.54	24.82	22.74	91.63
上　海	Shanghai	124	46	14	11.29	166.25	51.60	31.04
江　苏	Jiangsu	1542	1178	1236	80.16	1481.72	1101.43	74.33
浙　江	Zhejiang	1166	803	573	49.14	277.85	173.21	62.34
安　徽	Anhui	455	299	303	66.59	537.70	230.45	42.86
福　建	Fujian	255	136	123	48.24	259.66	142.33	54.81
江　西	Jiangxi	387	259	222	57.36	423.32	253.19	59.81
山　东	Shandong	466	335	307	65.88	496.91	302.59	60.90
河　南	Henan	312	174	169	54.17	619.49	352.54	56.91
湖　北	Hubei	326	207	139	42.64	451.41	183.48	40.65
湖　南	Hunan	584	436	355	60.79	365.57	201.51	55.12
广　东	Guangdong	701	373	347	49.50	666.48	452.34	67.87
广　西	Guangxi	226	155	146	64.60	83.33	54.41	65.30
海　南	Hainan	5	2	1	20.00	26.92	19.54	72.60
重　庆	Chongqing	135	83	63	46.67	155.33	61.14	39.36
四　川	Sichuan	271	157	138	50.92	406.91	189.14	46.48
贵　州	Guizhou	18	11	7	38.89	26.59	24.89	93.60
云　南	Yunnan	9	5	4	44.44	4.65	2.07	44.63
西　藏	Tibet	3	2	2	66.67	0.43	0.22	50.59
陕　西	Shaanxi	84	35	38	45.24	232.94	48.33	20.75
甘　肃	Gansu	20	9	12	60.00	14.99	8.39	55.99
青　海	Qinghai	5	2			15.62		
宁　夏	Ningxia	5	3	1	20.00	1.76	2.51	142.22
新　疆	Xinjiang	10	5	3	30.00	10.46	19.19	183.37

3-2-7 续表 3 continued

地区	Region	计算机及办公设备制造业 Manufacture of Computer and Office Equipments 施工项目(个) Number of Projects under Construction (unit)	#新开工 Number of Projects Started This Year	建成投产项目(个) Number of Projects Completed and Put into Use (unit)	项目建成投产率(%) Rate of Projects Completed and Put into Use (%)	投资额(亿元) Investment (100 million yuan)	新增固定资产(亿元) Newly Increased Fixed Assets (100 million yuan)	固定资产交付使用率(%) Rate of Fixed Assets Put into Use (%)
全　国	**Total**	**799**	**524**	**464**	**58.07**	**835.81**	**497.90**	**59.57**
东部地区	Eastern Region	404	253	221	54.70	316.88	235.22	74.23
中部地区	Middle Region	179	121	115	64.25	224.39	116.00	51.70
西部地区	Western Region	186	132	107	57.53	268.39	125.49	46.76
东北地区	Northeastern Region	30	18	21	70.00	26.15	21.19	81.02
北　京	Beijing	3		1	33.33	10.44	5.66	54.21
天　津	Tianjin	13	6	8	61.54	14.99	23.90	159.44
河　北	Hebei	9	7	6	66.67	3.84	5.81	151.35
山　西	Shanxi	4	2	2	50.00	1.98	0.64	32.30
内蒙古	Inner Mongolia	2	2	2	100.00	1.50	1.50	100.00
辽　宁	Liaoning	12	10	7	58.33	12.49	5.07	40.55
吉　林	Jilin	10	5	8	80.00	9.51	12.51	131.59
黑龙江	Heilongjiang	8	3	6	75.00	4.15	3.61	86.97
上　海	Shanghai	21	11	3	14.29	27.41	15.03	54.84
江　苏	Jiangsu	136	111	91	66.91	107.61	83.12	77.24
浙　江	Zhejiang	79	45	38	48.10	27.03	13.52	50.02
安　徽	Anhui	39	26	26	66.67	40.91	26.87	65.68
福　建	Fujian	33	17	15	45.45	10.02	8.98	89.63
江　西	Jiangxi	50	44	38	76.00	43.71	36.24	82.90
山　东	Shandong	38	22	29	76.32	37.63	21.86	58.08
河　南	Henan	31	16	17	54.84	82.08	20.64	25.15
湖　北	Hubei	24	12	10	41.67	37.27	10.61	28.46
湖　南	Hunan	31	21	22	70.97	18.43	21.00	113.95
广　东	Guangdong	72	34	30	41.67	77.91	57.34	73.60
广　西	Guangxi	45	41	34	75.56	30.70	27.88	90.81
海　南	Hainan							
重　庆	Chongqing	104	71	51	49.04	109.52	64.52	58.91
四　川	Sichuan	24	13	13	54.17	114.77	27.64	24.08
贵　州	Guizhou							
云　南	Yunnan	2	1	2	100.00	0.78	2.00	257.50
西　藏	Tibet							
陕　西	Shaanxi	7	3	4	57.14	1.77	1.18	66.56
甘　肃	Gansu	2	1	1	50.00	9.36	0.79	8.40
青　海	Qinghai							
宁　夏	Ningxia							
新　疆	Xinjiang							

3-2-7　续表 4　continued

地　区	Region	医疗仪器设备及仪器仪表制造业 Manufacture of Medical Equipments and Measuring Instrument						
		施工项目（个） Number of Projects under Construction (unit)	#新开工 Number of Projects Started This Year	建成投产项目（个） Number of Projects Completed and Put into Use (unit)	项目建成投产率（%） Rate of Projects Completed and Put into Use (%)	投资额（亿元） Investment (100 million yuan)	新增固定资产（亿元） Newly Increased Fixed Assets (100 million yuan)	固定资产交付使用率（%） Rate of Fixed Assets Put into Use (%)
全　国	**Total**	**3013**	**2083**	**1952**	**64.79**	**1998.55**	**1351.60**	**67.63**
东部地区	Eastern Region	1737	1185	1141	65.69	1019.31	754.45	74.02
中部地区	Middle Region	744	522	463	62.23	534.02	285.07	53.38
西部地区	Western Region	313	202	193	61.66	213.22	178.66	83.79
东北地区	Northeastern Region	219	174	155	70.78	232.00	133.42	57.51
北　京	Beijing	39	8	11	28.21	10.14	5.45	53.71
天　津	Tianjin	51	40	29	56.86	36.55	20.55	56.22
河　北	Hebei	86	41	50	58.14	74.24	67.05	90.31
山　西	Shanxi	20	11	9	45.00	21.37	5.73	26.80
内蒙古	Inner Mongolia	21	17	17	80.95	12.73	13.54	106.33
辽　宁	Liaoning	121	91	78	64.46	161.48	70.15	43.45
吉　林	Jilin	69	61	59	85.51	48.12	46.01	95.63
黑龙江	Heilongjiang	29	22	18	62.07	22.41	17.25	77.00
上　海	Shanghai	42	16	5	11.90	13.47	3.21	23.83
江　苏	Jiangsu	792	621	639	80.68	493.97	387.39	78.42
浙　江	Zhejiang	329	187	177	53.80	80.76	44.47	55.06
安　徽	Anhui	183	134	123	67.21	86.75	68.05	78.45
福　建	Fujian	68	38	36	52.94	35.95	37.19	103.47
江　西	Jiangxi	179	136	121	67.60	104.86	62.84	59.93
山　东	Shandong	222	167	137	61.71	212.05	141.34	66.65
河　南	Henan	121	70	69	57.02	135.66	63.45	46.77
湖　北	Hubei	120	75	54	45.00	119.73	42.23	35.27
湖　南	Hunan	121	96	87	71.90	65.66	42.76	65.12
广　东	Guangdong	107	66	57	53.27	61.65	47.81	77.55
广　西	Guangxi	72	54	51	70.83	20.29	18.66	91.98
海　南	Hainan	1	1			0.53		
重　庆	Chongqing	51	33	25	49.02	68.40	44.95	65.71
四　川	Sichuan	90	58	56	62.22	58.68	61.19	104.28
贵　州	Guizhou	5	2	2	40.00	3.88	2.91	74.93
云　南	Yunnan	10	5	8	80.00	4.90	3.04	62.07
西　藏	Tibet	2	2			0.27		
陕　西	Shaanxi	36	18	20	55.56	33.50	25.46	76.00
甘　肃	Gansu	11	6	6	54.55	5.28	4.45	84.21
青　海	Qinghai	2	2	2	100.00	2.10	1.87	89.05
宁　夏	Ningxia	7	3	5	71.43	1.96	2.19	111.80
新　疆	Xinjiang	6	2	1	16.67	1.23	0.40	32.61

4

国际比较情况
International Comparison

4-1　高技术产业出口总额(2002-2012)
High-technology exports (2002-2012)

单位：百万美元　　(million US $)

国家	Country	2002	2003	2004	2005	2006	2007	2008	2009	2010	2011	2012
中　国	China	69226	108669	163007	215928	273132	302773	340118	309601	406090	457107	505646
美　国	USA	162082	160291	176282	190737	219026	218116	220884	132407	145498	145273	148772
日　本	Japan	95882	107081	126245	125445	129241	117858	119915	95159	122047	126478	123412
英　国	UK	69892	62599	65343	83697	116296	61149	59427	55135	59785	69315	67787
法　国	France	53277	57053	66065	70506	81538	78822	91980	82531	99736	105101	108365
德　国	Germany	93578	106203	135678	146389	163169	153419	159812	139961	158507	183371	183354
澳大利亚	Australia	2957	2744	3102	3289	3374	3260	3794	3247	3826	4859	4761
加拿大	Canada	22537	22652	21526	25352	26735	26311	26911	23210	23963	25017	24039
意大利	Italy	20512	20757	24518	25301	25885	26448	28813	25027	26419	31192	27526
瑞　典	Sweden	12327	13497	17296	17339	18364	15069	15424	12794	16178	18499	16547
瑞　士	Switzerland	19767	23165	26743	28364	31213	35336	42670	39447	42820	50301	50102
土耳其	Turkey	536	763	1011	882	1281	1644	1680	1359	1714	1921	1979
奥地利	Austria	9508	11393	14709	13019	14331	14554	15327	12255	13721	15706	16176
比利时	Belgium	15376	18198	20959	23385	23739	24932	28302	29553	31949	34681	36504
捷　克	Czech	5717	5927	7829	8934	12081	14440	17304	14252	17469	23366	22008
丹　麦	Denmark	8313	8649	9972	12118	11446	11051	11445	10630	8224	9464	8827
芬　兰	Finland	9119	10482	10616	13752	13987	13026	13506	6747	5853	5358	4448
希　腊	Greece	687	992	1071	1032	1185	923	1291	1170	1090	1171	1041
冰　岛	Iceland	37	47	68	203	308	774	416	246	141	156	104
爱尔兰	Ireland	31755	27741	30425	32874	31829	28169	27795	24287	21232	23752	22702
墨西哥	Mexico	28938	28726	31956	32400	35899	33482	33387	31184	37657	40795	44013
荷　兰	Netherlands	34099	50241	60073	65910	69510	67416	58128	50765	59510	67148	63963
新西兰	New Zealand	390	474	566	603	590	603	584	473	548	661	706
挪　威	Norway	2640	2404	2690	2799	3338	3584	4264	3808	3834		4514
葡萄牙	Portugal	1601	2322	2701	2532	2960	3213	3263	1166	1221	1547	1744
西班牙	Spain	7047	9033	10242	10718	10367	9814	10851	10157	11290	13370	13378
韩　国	South Korea	46936	57458	76117	83907	93352	101032	100909	92856	121478	122021	121313
新加坡	Singapore	64120	76411	94225	105656	124739	102854	117068	95398	126982	126435	128239
匈牙利	Hungary	7401	9654	14225	13695	14995	18271	20254	16919	18816	20649	14878
波　兰	Poland	951	1337	1989	2645	3225	3371	5907	6627	8305	8614	9560
俄罗斯联邦	Russian Federation	4664	5501	5254	3820	3866	4109	5071	4527	5075	5443	7095
巴　西	Brazil	5224	4515	5954	8031	8418	9076	10286	7896	8122	8415	8820
印　度	India	2354	2710	3356	4139	4876	5998	7738	10728	10087	12871	12434

数据来源：世界银行《世界发展指标2014》。
World Bank, World Development Indicators 2014.

4-2 部分国家高技术产业出口占制造业出口的比重(2002-2012年)
The Ratio of Exports of High Technology Industry to Exports of Manufacturing in Selected Countries (2002-2012)

(%)

国 家	Countries	2002	2003	2004	2005	2006	2007	2008	2009	2010	2011	2012
中 国	China	23.7	27.4	30.1	30.8	30.5	26.7	25.6	27.5	27.5	25.8	26.3
美 国	USA	31.8	30.8	30.3	29.9	30.1	27.2	25.9	21.5	19.9	18.1	17.8
日 本	Japan	24.8	24.4	24.1	23.0	22.1	18.4	17.3	18.8	18.0	17.5	17.4
英 国	UK	31.7	26.3	24.5	28.3	33.9	18.9	18.5	21.8	21.0	21.4	21.7
法 国	France	21.5	19.7	19.8	20.3	21.5	18.5	20.0	22.6	24.9	23.7	25.4
德 国	Germany	17.5	16.9	17.8	17.4	17.1	14.0	13.3	15.3	15.3	15.0	15.8
澳大利亚	Australia	16.5	13.7	13.5	12.8	12.3	10.3	10.8	11.9	11.9	13.1	12.7
加拿大	Canada	14.2	13.7	12.1	13.1	13.3	12.8	13.6	16.3	14.0	13.4	12.4
意大利	Italy	9.2	8.0	8.0	8.0	7.3	6.3	6.4	7.5	7.2	7.4	7.1
瑞 典	Sweden	18.2	16.3	17.4	16.9	16.1	11.5	11.2	12.9	13.7	13.4	13.4
瑞 士	Switzerland	24.3	24.8	24.4	24.3	24.0	23.4	24.5	26.1	25.4	24.9	25.8
土耳其	Turkey	1.8	1.9	1.9	1.5	1.9	1.9	1.6	1.7	1.9	1.8	1.8
奥地利	Austria	16.4	15.5	16.2	13.7	13.3	11.3	11.0	11.6	11.9	11.7	12.8
比利时	Belgium	8.9	8.9	8.6	8.9	8.4	7.4	8.0	10.4	10.5	10.0	11.4
捷 克	Czech	14.5	13.5	13.2	13.0	14.3	13.2	13.6	14.6	15.3	16.3	16.1
丹 麦	Denmark	22.5	20.2	20.3	23.4	20.2	16.8	15.6	17.9	14.2	14.0	14.2
芬 兰	Finland	24.1	23.7	20.9	25.1	22.3	18.0	17.2	14.0	10.9	9.3	8.5
希 腊	Greece	12.0	12.6	11.8	10.6	11.0	7.4	9.3	10.9	10.1	9.7	9.2
冰 岛	Iceland	12.0	13.6	14.0	34.0	46.9	60.7	40.7	31.4	21.0	20.9	14.3
爱尔兰	Ireland	40.8	34.7	34.0	34.7	34.5	27.3	25.7	24.3	21.2	21.7	22.6
墨西哥	Mexico	21.4	21.4	21.3	19.6	19.0	17.2	15.7	18.2	16.9	16.5	16.3
荷 兰	Netherlands	28.0	31.4	30.5	30.9	29.0	23.3	19.2	20.9	21.3	19.8	20.1
新西兰	New Zealand	9.4	9.6	9.6	10.2	10.3	9.1	8.5	8.9	9.0	9.3	9.7
挪 威	Norway	20.6	16.8	17.4	16.1	17.2	14.7	14.8	15.8	16.2		18.8
葡萄牙	Portugal	7.2	8.5	8.7	8.9	9.3	8.4	8.1	3.8	3.4	3.5	4.1
西班牙	Spain	7.2	7.5	7.3	7.3	6.4	5.1	5.3	6.2	6.4	6.5	7.0
韩 国	South Korea	31.5	32.3	32.9	32.5	32.1	30.5	27.6	28.7	29.5	25.7	26.2
新加坡	Singapore	60.6	56.5	56.9	56.9	58.1	45.2	49.4	48.1	49.9	45.2	45.3
匈牙利	Hungary	24.9	25.8	29.1	25.8	24.1	23.8	23.3	24.9	24.1	22.7	18.1
波 兰	Poland	2.9	3.1	3.3	3.8	3.7	3.0	4.3	6.1	6.7	5.9	7.0
俄罗斯联邦	Russian Federation	19.2	19.0	12.9	8.4	7.8	6.9	6.5	9.2	9.1	8.0	8.4
巴 西	Brazil	16.5	12.0	11.6	12.8	12.1	11.9	11.6	13.2	11.2	9.7	10.5
印 度	India	6.2	5.9	6.0	5.8	6.1	6.4	6.8	9.1	7.2	6.9	6.6

数据来源：世界银行《世界发展指标2014》。
World Bank, World Development Indicators 2014.

附　录
Appendix

附录 1　高技术产业（制造业）分类（2013）

High-technology Industry（Manufacturing Industry）Classifications (2013)

一、目的

为界定高技术产业（制造业）统计范围，特制定本分类。本分类适用于各地区、各部门开展高技术制造业统计调查。

二、定义和范围

本分类规定的高技术产业（制造业）是指国民经济行业中 R&D 投入强度（即 R&D 经费支出占主营业务收入的比重）相对较高的制造业行业，包括：医药制造，航空、航天器及设备制造，电子及通信设备制造，计算机及办公设备制造，医疗仪器设备及仪器仪表制造，信息化学品制造等 6 大类。

R&D（即研究与试验发展）是指在科学技术领域，为增加知识总量，以及运用这些知识创造新的应用而进行的系统的创造性活动。

三、编制原则

（一）以《国民经济行业分类》为基础。

本分类是以《国民经济行业分类》（GB/T 4754-2011）为基础，对国民经济行业分类中符合高技术产业（制造业）范畴相关活动的再分类。

（二）借鉴国际分类标准。

本分类借鉴 OECD（经济合作与发展组织）关于高技术产业的分类方法；分类表中第一类至第五类内容可与有关国际分类基本衔接，能够满足国际比较的需要。

四、结构和编码

本分类将高技术制造业划分为三层。

第一层为 6 个大类，用汉字数字一、二……表示；

第二层为 29 个中类，用汉字数字（一）、（二）……表示；

第三层为 42 个小类。

本分类已标明与《国民经济行业分类》（GB/T 4754-2011）直接对应的行业类别的相应代码。

五、对有关问题的说明

本分类在《高技术产业统计分类目录》（国统字〔2002〕33 号）的基础上修订完成，采用了原分类的基本结构框架。

本分类中与《国民经济行业分类》（GB/T 4754-2011）对应的行业类别的具体范围说明参见《2011 国民经济行业分类注释》。

六、高技术产业（制造业）分类表

名　　称	国民经济行业分类代码
一、医药制造业	27
（一）化学药品制造	
化学药品原料药制造	2710
化学药品制剂制造	2720
（二）中药饮片加工	2730
（三）中成药生产	2740
（四）兽用药品制造	2750
（五）生物药品制造	2760
（六）卫生材料及医药用品制造	2770
二、航空、航天器及设备制造业	
（一）飞机制造	3741
（二）航天器制造	3742
（三）航空、航天相关设备制造	3743
（四）其他航空航天器制造	3749
（五）航空航天器修理	4343
三、电子及通信设备制造业	
（一）电子工业专用设备制造	3562
（二）光纤、光缆制造	3832
（三）锂离子电池制造	3841
（四）通信设备制造	392
通信系统设备制造	3921
通信终端设备制造	3922
（五）广播电视设备制造	393
广播电视节目制作及发射设备制造	3931
广播电视接收设备及器材制造	3932
应用电视设备及其他广播电视设备制造	3939

续表

名　　称	国民经济行业分类代码
（六）雷达及配套设备制造	3940
（七）视听设备制造	395
电视机制造	3951
音响设备制造	3952
影视录放设备制造	3953
（八）电子器件制造	396
电子真空器件制造	3961
半导体分立器件制造	3962
集成电路制造	3963
光电子器件及其他电子器件制造	3969
（九）电子元件制造	397
电子元件及组件制造	3971
印制电路版制造	3972
（十）其他电子设备制造	3990
四、计算机及办公设备制造业	
（一）计算机整机制造	3911
（二）计算机零部件制造	3912
（三）计算机外围设备制造	3913
（四）其他计算机制造	3919
（五）办公设备制造	
复印和胶印设备制造	3474
计算器及货币专用设备制造	3475
五、医疗仪器设备及仪器仪表制造业	
（一）医疗仪器设备及器械制造	358
医疗诊断、监护及治疗设备制造	3581
口腔科用设备及器具制造	3582

续表

名　　称	国民经济行业分类代码
医疗实验室及医用消毒设备和器具制造	3583
医疗、外科及兽医用器械制造	3584
机械治疗及病房护理设备制造	3585
假肢、人工器官及植（介）入器械制造	3586
其他医疗设备及器械制造	3589
（二）仪器仪表制造	
工业自动控制系统装置制造	4011
电工仪器仪表制造	4012
绘图、计算及测量仪器制造	4013
实验分析仪器制造	4014
试验机制造	4015
供应用仪表及其他通用仪器制造	4019
环境监测专用仪器仪表制造	4021
运输设备及生产用计数仪表制造	4022
导航、气象及海洋专用仪器制造	4023
农林牧渔专用仪器仪表制造	4024
地质勘探和地震专用仪器制造	4025
教学专用仪器制造	4026
核子及核辐射测量仪器制造	4027
电子测量仪器制造	4028
其他专用仪器制造	4029
光学仪器制造	4041
其他仪器仪表制造业	4090
六、信息化学品制造业	
（一）信息化学品制造	2664

附录2 《高技术产业（制造业）分类（2013)》与《高技术产业统计分类目录》（国统字〔2002〕33号）对照表

Check List of High-technology Industry (Manufacturing Industry) Classifications (2013) and Statistics Catalogue of High-technology Industry Classifications (2002)

高技术产业（制造业）分类（2013）及对应2011国民经济行业分类代码		《高技术产业统计分类目录》（2002）及对应2002国民经济行业分类代码		说 明
		核燃料加工	253	删除
一、医药制造业	27	医药制造业	27	
（一）化学药品制造				
化学药品原料药制造	2710	化学药品原药制造	2710	更名
化学药品制剂制造	2720	化学药品制剂制造	2720	
（二）中药饮片加工	2730	中药饮片加工	2730	
（三）中成药生产	2740	中成药制造	2740	更名
（四）兽用药品制造	2750	兽用药品制造	2750	
（五）生物药品制造	2760	生物、生化制品的制造	2760	更名
（六）卫生材料及医药用品制造	2770	卫生材料及医药用品制造	2770	
二、航空、航天器及设备制造业		航空航天器制造	376	
（一）飞机制造	3741	飞机制造及修理	3761	旧行业3761部分内容调出
（二）航天器制造	3742	航天器制造	3762	
（三）航空、航天相关设备制造	3743			新增
（四）其他航空航天器制造	3749	其他飞行器制造	3769	更名
（五）航空航天器修理	4343			新增，旧行业3761部分内容调入
三、电子及通信设备制造业				
（一）电子工业专用设备制造	3562			新增
（二）光纤、光缆制造	3832			新增
（三）锂离子电池制造	3841			新增
（四）通信设备制造	392	通信设备制造	401	
通信系统设备制造	3921	通信传输设备制造	4011	旧行业 4011、4012和4019合并
		通信交换设备制造	4012	
		其他通信设备制造	4019	
通信终端设备制造	3922	通信终端设备制造	4013	旧行业4013和4014合并
		移动通信及终端设备制造	4014	
（五）广播电视设备制造	393	广播电视设备制造	403	
广播电视节目制作及发射设备制造	3931	广播电视节目制作及发射设备制造	4031	
广播电视接收设备及器材制造	3932	广播电视接收设备及器材制造	4032	

续表

高技术产业（制造业）分类（2013）及对应 2011 国民经济行业分类代码		《高技术产业统计分类目录》（2002）及对应 2002 国民经济行业分类代码		说　明
应用电视设备及其他广播电视设备制造	3939	应用电视设备及其他广播电视设备制造	4039	
（六）雷达及配套设备制造	3940	雷达及配套设备制造	402	
（七）视听设备制造	395	家用视听设备制造	407	更名
电视机制造	3951	家用影视设备制造	4071	旧行业 4071 分解
音响设备制造	3952	家用音响设备制造	4072	更名
影视录放设备制造	3953	家用影视设备制造	4071	旧行业 4071 分解
（八）电子器件制造	396	电子器件制造	405	
电子真空器件制造	3961	电子真空器件制造	4051	
半导体分立器件制造	3962	半导体分立器件制造	4052	
集成电路制造	3963	集成电路制造	4053	
光电子器件及其他电子器件制造	3969	光电子器件及其他电子器件制造	4059	
（九）电子元件制造	397	电子元件制造	406	
电子元件及组件制造	3971	电子元件及组件制造	4061	
印制电路版制造	3972	印制电路版制造	4062	
（十）其他电子设备制造	3990	其他电子设备制造	409	
四、计算机及办公设备制造业				与旧行业 404、4154、4155 对应
		电子计算机制造	404	
（一）计算机整机制造	3911	电子计算机整机制造	4041	
（二）计算机零部件制造	3912	电子计算机外部设备制造	4043	旧行业 4043 分解
（三）计算机外围设备制造	3913	电子计算机外部设备制造	4043	旧行业 4043 分解
（四）其他计算机制造	3919	计算机网络设备制造 电子计算机外部设备制造	4042 4043	旧行业 4042 加上旧行业 4043 的部分内容调入
（五）办公设备制造				与旧行业 4154、4155 对应
复印和胶印设备制造	3474	复印和胶印设备制造	4154	
计算器及货币专用设备制造	3475	计算器及货币专用设备制造	4155	
五、医疗仪器设备及仪器仪表制造业				与旧行业 368、411、412、4141、419 对应，但不含这些行业的调出部分
（一）医疗仪器设备及器械制造	358	医疗仪器设备及器械制造	368	旧行业 368 部分内容调出
医疗诊断、监护及治疗设备制造	3581	医疗诊断、监护及治疗设备制造	3681	旧行业 3681 部分内容调出
口腔科用设备及器具制造	3582	口腔科用设备及器具制造	3682	旧行业 3682 部分内容调出
医疗实验室及医用消毒设备和器具制造	3583	实验室及医用消毒设备和器具的制造	3683	旧行业 3683 部分内容调出

续表

高技术产业（制造业）分类（2013）及对应2011国民经济行业分类代码		《高技术产业统计分类目录》（2002）及对应2002国民经济行业分类代码		说 明
医疗、外科及兽医用器械制造	3584	医疗、外科及兽医用器械制造	3684	旧行业3684部分内容调出
机械治疗及病房护理设备制造	3585	机械治疗及病房护理设备制造	3685	旧行业3685部分内容调出
假肢、人工器官及植（介）入器械制造	3586	假肢、人工器官及植（介）入器械制造	3686	
其他医疗设备及器械制造	3589	其他医疗设备及器械制造	3689	旧行业3689部分内容调出
（二）仪器仪表制造				与旧行业411、412、4141、4190对应，但不含4190的调出部分
		通用仪器仪表制造	411	
工业自动控制系统装置制造	4011	工业自动控制系统装置制造	4111	
电工仪器仪表制造	4012	电工仪器仪表制造	4112	
绘图、计算及测量仪器制造	4013	绘图、计算及测量仪器制造	4113	
实验分析仪器制造	4014	实验分析仪器制造	4114	
试验机制造	4015	试验机制造	4115	
供应用仪表及其他通用仪器制造	4019	供应用仪表及其他通用仪器制造	4119	
		专用仪器仪表制造	412	
环境监测专用仪器仪表制造	4021	环境监测专用仪器仪表制造	4121	
运输设备及生产用计数仪表制造	4022	汽车及其他用计数仪表制造	4122	更名
导航、气象及海洋专用仪器制造	4023	导航、气象及海洋专用仪器制造	4123	
农林牧渔专用仪器仪表制造	4024	农林牧渔专用仪器仪表制造	4124	
地质勘探和地震专用仪器制造	4025	地质勘探和地震专用仪器制造	4125	
教学专用仪器制造	4026	教学专用仪器制造	4126	
核子及核辐射测量仪器制造	4027	核子及核辐射测量仪器制造	4127	
电子测量仪器制造	4028	电子测量仪器制造	4128	
其他专用仪器制造	4029	其他专用仪器制造	4129	
光学仪器制造	4041	光学仪器制造	4141	
其他仪器仪表制造业	4090	其他仪器仪表的制造及修理	4190	旧行业4190部分内容调出
六、信息化学品制造业				
（一）信息化学品制造	2664	信息化学品制造	2665	
		公共软件服务	621	删除
		基础软件服务	6211	删除
		应用软件服务	6212	删除

附录3　高技术产业(制造业)统计分类目录

Statistics Catalogue of High-technology Industry (Manufacturing Industry) Classifications

行业代码	行业名称	行业代码	行业名称
2664	信息化学品制造	3931	广播电视节目制作及发射设备
27	医药制造业	3932	广播电视接收设备及器材制造
2710	化学药品原料药制造	3939	应用电视设备及其他广播电视
2720	化学药品制剂制造	394	雷达及配套设备制造
2730	中药饮片加工	395	视听设备制造
2740	中成药生产	3951	电视机制造
2750	兽用药品制造	3952	音响设备制造
2760	生物药品制造	3953	影视录放设备制造
2770	卫生材料及医药用品制造	396	电子器件制造
3474	复印和胶印设备制造	3961	电子真空器件制造
3475	计算器及货币专用设备制造	3962	半导体分立器件制造
3562	电子工业专用设备制造	3963	集成电路制造
358	医疗仪器设备及器械制造	3969	光电子器件及其他电子器件制
3581	医疗诊断、监护及治疗设备制	397	电子元件制造
3582	口腔科用设备及器具制造	3971	电子元件及组件制造
3583	医疗实验室及医用消毒设备和	3972	印制电路版制造
3584	医疗、外科及兽医用器械制造	399	其他电子设备制造
3585	机械治疗及病房护理设备制造	401	通用仪器仪表制造
3586	假肢、人工器官及植(介)入	4011	工业自动控制系统装置制造
3589	其他医疗设备及器械制造	4012	电工仪器仪表制造
374	航空、航天器及设备制造业	4013	绘图、计算及测量仪器制造
3741	飞机制造	4014	实验分析仪器制造
3742	航天器制造	4015	试验机制造
3743	航空、航天相关设备制造	4019	供应用仪表及其他通用仪器制
3749	其他航空航天器制造	402	专用仪器仪表制造
3832	光纤、光缆制造	4021	环境监测专用仪器仪表制造
3841	锂离子电池制造	4022	运输设备及生产用计数仪表制
39	计算机、通信和其他电子设备制造业	4023	导航、气象及海洋专用仪器制
391	计算机制造	4024	农林牧渔专用仪器仪表制造
3911	计算机整机制造	4025	地质勘探和地震专用仪器制造
3912	计算机零部件制造	4026	教学专用仪器制造
3913	计算机外围设备制造	4027	核子及核辐射测量仪器制造
3919	其他计算机制造	4028	电子测量仪器制造
392	通信设备制造	4029	其他专用仪器制造
3921	通信系统设备制造	4041	光学仪器制造
3922	通信终端设备制造	409	其他仪器仪表制造业
393	广播电视设备制造	4343	航空航天器修理

注：此目录摘自国家统计局国统字[2013]55号文件。

附录4 高技术产业(制造业)统计资料整理公布格式

Published Format for Sorting-out the Statistical Data of High-technology Industry (Manufacturing Industry)

行 业	对应代码
一、医药制造业	27
其中：化学药品制造	271+272
中成药生产	274
生物药品制造	276
二、航空、航天器及设备制造业	374+4343
其中：飞机制造	3741
航天器制造	3742
三、电子及通信设备制造业	39-391+3562+3832+3841
其中：通信设备制造	392
其中：通信系统设备制造	3921
通信终端设备制造	3922
广播电视设备制造	393
雷达及配套设备制造	394
视听设备制造	395
电子器件制造	396
其中：电子真空器件制造	3961
半导体分立器件制造	3962
集成电路制造	3963
电子元件制造	397
其他电子设备制造	399
四、计算机及办公设备制造业	391+3474+3475
其中：计算机整机制造	3911
计算机零部件制造	3912
计算机外围设备制造	3913
办公设备制造	3474+3475
五、医疗仪器设备及仪器仪表制造业	358+401+402+409+4041
1.医疗仪器设备及器械制造	358
2.仪器仪表制造	401+402+409+4041
六、信息化学品制造业	2664

注：受统计资料来源的限制，本年鉴只包括一、二、三、四、五类行业。

附录 5　指标解释

Explanatory Notes of Indicators

资产总计　指企业拥有或控制的能以货币计量的经济资源，包括各种财产、债权和其他权利。资产按流动性分为流动资产、长期投资、固定资产、无形资产、递延资产和其他资产。该指标根据企业会计“资产负债表”中“资产总计”项目的期末数增列。

主营业务收入　指会计“利润表”中对应指标的本年累计数。未执行 2001 年《企业会计制度》的企业，用“产品销售收入”的本期累计数代替。

利润总额　指企业生产经营活动的最终成果，是企业在一定时期内实现的盈亏相抵后的利润总额(亏损以“-”号表示)，它等于营业利润加上补贴收入加上投资收益加上营业外净收入再加上以前年度损益调整。

R&D　即研究与试验发展的简称，指在科学技术领域，为增加知识总量、以及运用这些知识去创造新的应用而进行的系统的、创造性的活动，包括基础研究、应用研究、试验发展三类活动。

R&D 人员全时当量　是国际上通用的、用于比较科技人力投入的指标。指 R&D 全时人员（全年从事 R&D 活动累积工作时间占全部工作时间的 90%及以上人员）工作量与非全时人员按实际工作时间折算的工作量之和。例如：有 2 个 R&D 全时人员(工作时间分别为 0.9 年和 1 年)和 3 个 R&D 非全时人员(工作时间分别为 0.2 年、0.3 年和 0.7 年)，则 R&D 人员全时当量＝1+1+0.2+0.3+0.7=3.2(人年)。

R&D 经费内部支出　指调查单位在报告年度用于内部开展 R&D 活动的实际支出。包括用于 R&D 项目（课题）活动的直接支出，以及间接用于 R&D 活动的管理费、服务费、与 R&D 有关的基本建设支出以及外协加工费等。不包括生产性活动支出、归还贷款支出以及与外单位合作或委托外单位进行 R&D 活动而转拨给对方的经费支出。

政府资金　指调查单位R&D经费内部支出中来自各级政府部门的各类资金。

企业资金　指调查单位R&D经费内部支出中来自本企业的自有资金和接受其他企业委托而获得的经费。

新产品　指采用新技术原理、新设计构思研制、生产的全新产品，或在结构、材质、工艺等某一方面比原有产品有明显改进，从而显著提高了产品性能或扩大了使用功能的产品。

企业办研发机构数　指企业自办（或与外单位合办），管理上同生产系统相对独立（或者单独核算）的专门研发机构，如企业办的技术中心、研究院所、开发中心、开发部、实验室、中试车间、试验基地等。企业办科技活动机构经过资源整合，被国家或省级有关部门认定为国家级或省级技术中心的，应按一个机构填报。与外单位合办的科技活动机构若主要由本企业出资兴办，则由本企业统计，否则应由合办方统计。企业科技管理职能处（科）室（如科研处、技术科等）一般不统计在内；若科研处、技术科等同时挂有科技活动机构的牌子，视其报告年度内主要工作任务而定，主要任务是从事科技活动的可以统计，否则不予统计。本指标不含企业在中国境外设立的科技活动机构数。

机构人员　指报告期末企业办研发活动机构中从业人员合计。

机构经费支出　指报告期企业办研发机构用于内部开展研发活动实际支出的总费用。包括机构人员劳务费（含工资）支出、机构业务费支出、管理费支出、固定资产购建支出以及其他维持机构正常工作的日